SPSS PASW Statistics 18.0

통계조사분석

원태연 · 정성원 지음

한나래아카데미

통계조사분석
SPSS(PASW Statistics) 18.0

지은이 | 원태연 · 정성원
펴낸이 | 한기철

2010년 1월 15일 1판 1쇄 펴냄
2015년 3월 31일 1판 6쇄 펴냄

펴낸곳 | 한나래출판사
등록 | 1991. 2. 25 제22-80호
주소 | 서울시 마포구 월드컵로3길 39, 2층 (합정동)
전화 | 02-738-5637 · 팩스 | 02-363-5637 · e-mail | hannarae91@naver.com
www.hannarae.net

ISBN 978-89-5566-095-1 94310
ISBN 978-89-5566-051-7 (세트)

* 이 도서의 국립중앙도서관 출판시도서목록(CIP)은 e-CIP 홈페이지(http://www.nl.go.kr/ecip)와 국가자료공동목록시스템(http://www.nl.go.kr/kolisnet)에서 이용하실 수 있습니다.
(CIP제어번호: CIP2009003898)

통계자료 분석이 매우 어렵고 이해하기 힘들다고 생각하십니까?

우리나라의 통계학 강의는 주로 이론 중심으로 이루어져 왔습니다. 거의 모든 통계 서적들이 이론을 설명하는 데 치우쳐 있기 때문에, 통계학을 전공하는 사람들이나 전공하지 않는 사람들에게 통계학을 배우고 통계분석기법을 익히는 것이 매우 공허하고 머리 아픈 일이었으며, 이론을 이해할지라도 실제 적용할 때 많은 어려움을 느끼고 있는 실정입니다. 따라서 통계자료 분석을 절실히 필요로 하면서도 통계분석을 가까이 하지 못하는 경우가 많은 것이 사실입니다. 복잡한 통계 이론을 배우지 않고도 통계분석법을 사용할 수 있게 하는 것이 현실적으로 절실히 필요합니다. 사실 통계분석법을 활용하기 위해서 도든 사람이 통계 이론을 숙달할 필요는 없습니다. 통계 이론가가 아닌 일반적인 분석자들은 통계의 기본원리와 SPSS 사용법을 숙지하고 결과를 옳게 해석하는 지식을 배우는 것으로 충분합니다. 마치, 자동차를 운전하는 사람이 자동차의 구조와 원리를 모두 다 알아야 하는 것이 아니듯이 분석자도 복잡한 통계 이론을 모두 이해할 필요가 없으며, 이론을 개발하는 것은 통계학자가 해야 할 일입니다. 물론 분석자들도 통계학의 원리를 알면 좋겠지만 그러기에는 너무 많은 시간과 노력이 필요하므로 효율적인 학습이 필요합니다. 통계학자들이 통계 이론과 방법을 발전시켜 나가고, 일반 분석자들은 이것을 어떻게 활용 및 적용할 것인가를 배우는 것으로 충분합니다. 이러한 관점에서 SPSS는 분석자에게 보다 쉽게 통계분석에 접근할 수 있는 다양한 방법 및 분석도구들을 제공하고 있습니다. **[참고로 SPSS사는 최근 예측적 분야를 강화하여 제품명을 PASW (Predictive Analytics Software) Statistics로 변경하였습니다. 기존 SPSS 이용자들과 새롭게 통계학에 입문하는 이들의 혼란을 막기 위하여 이 책에서는 SPSS과 PASW를 병기하여 표기하였습니다.]** 통계 이론이 어려워 통계를 제대로 사용하지 못하던 많은 사람들이 SPSS를 사용하여 손쉽게 자신의 데이터를 분석하고, 통계자료를 정보로서 활용할 수 있도록 제작되었으므로 보다 짧은 시간과 노력으로 전문적인 통계조사 분석가가 될 수 있으리라 확신합니다.

원태연, Ph.D.

Contents

Chapter 9 갈증해소음료 개발-Case Study 247

Chapter 10 통계적 가설검정 261

Chapter 11 평균의 비교(T-검정) 279

Chapter 20 요인분석(Factor Analysis) 415

Chapter 21 군집분석(Cluster Analysis) 449

Chapter 01

SPSS(PASW Statistics)의 기초 개념

1.1 PASW Statistics 18 설치하기

PASW(SPSS) Statistics 18 CD를 CD-ROM 드라이브에 넣으면 자동 실행되어 다음과 같은 화면이 나타난다. 만일 자동으로 실행되지 않을 경우 CD의 "setup.exe" 파일을 더블 클릭한다.

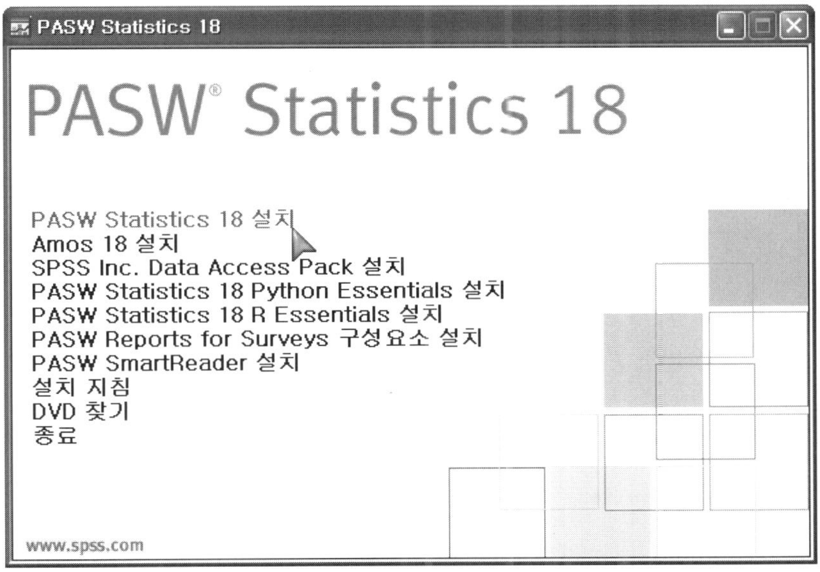

설치 메뉴에서 'PASW Statistics 18 설치'를 클릭하면 설치가 시작된다. [다음(N) >] 단추를 클릭하여 계속 진행한다.

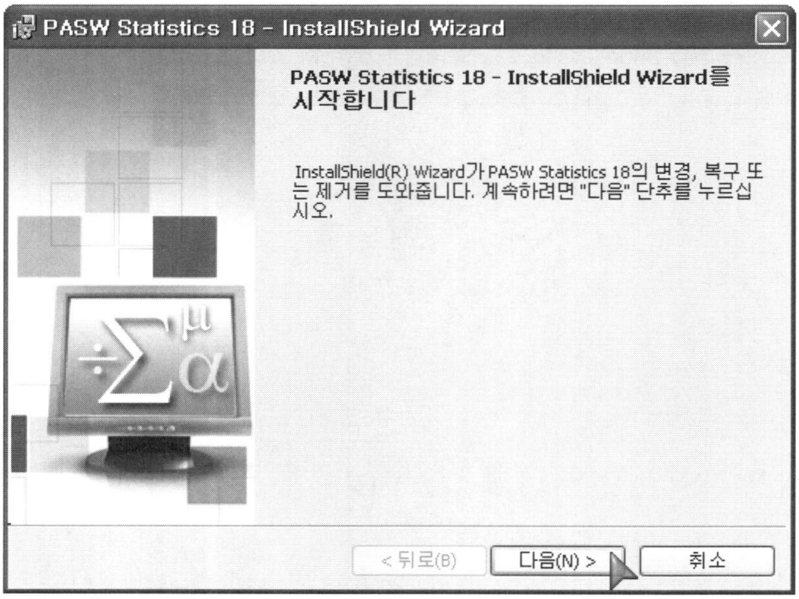

다음과 같이 라이센스 타입을 지정하고 다음(N) > 단추를 클릭하면 소프트웨어 사용권 계약서가 나타나고 다음과 같이 계약에 동의하면 다음(N) > 단추를 클릭할 수 있게 되며 클릭하면 다음과 같이 추가 정보가 나타난다.

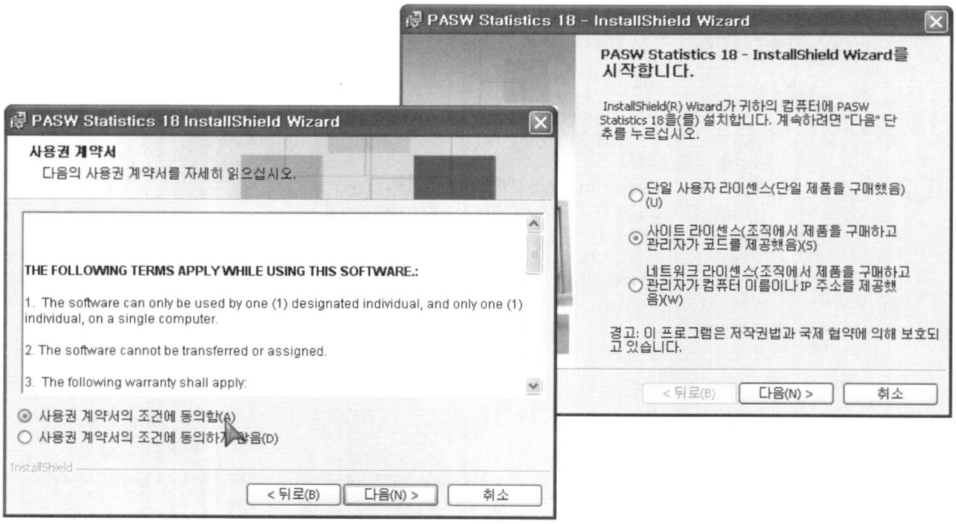

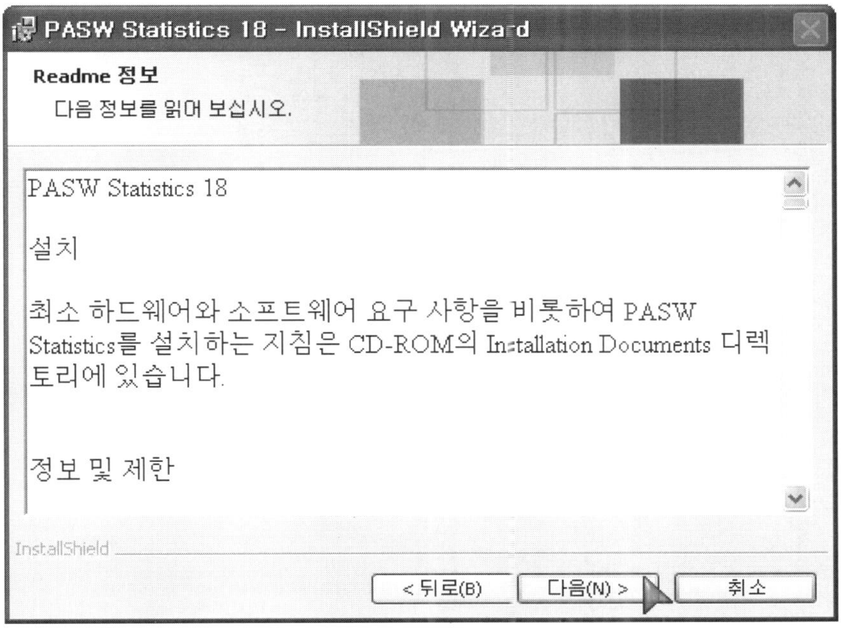

다음(N) > 단추를 클릭하고 사용자 정보를 입력하고 부여받은 사용권 코드를 일련번호란에 입력한 후 다음(N) > 단추를 클릭하면 언어를 지정하게 되고 각 모듈별로 사용 연한이 표시된다. 다음(N) > 단추를 클릭하여 계속 진행한다.

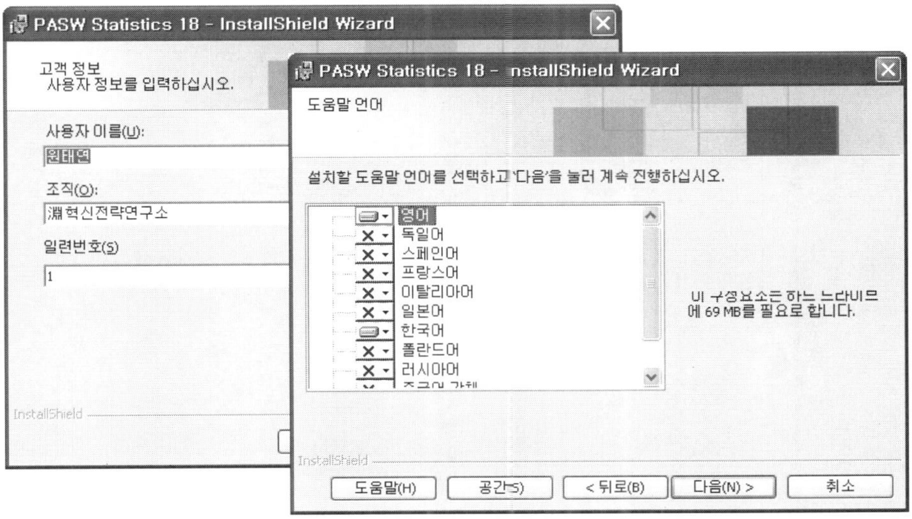

보통 설치 폴더는 “C:\Program Files\SPSSInc\PASWStatistics18\”로 되어 있으나 폴더의 설치 위치를 변경할 수 있다. 설치 폴더를 변경할 경우 [변경(C)...] 단추를 클릭하여 위치를 지정하면 된다.

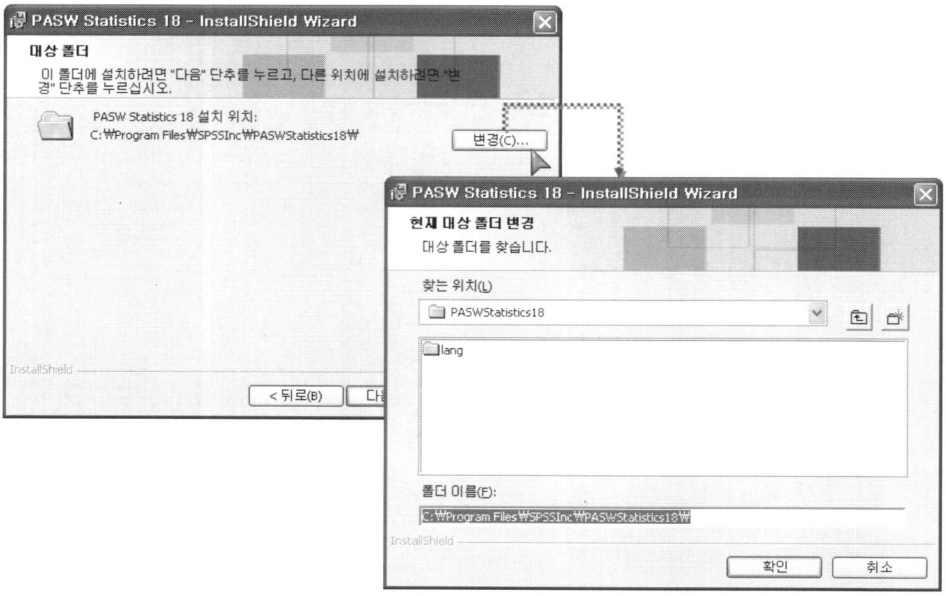

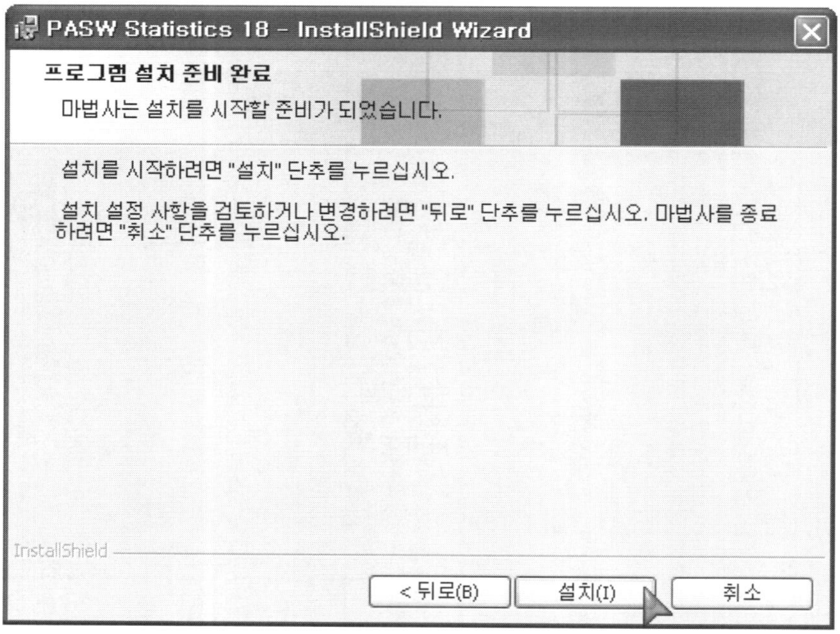

이제 설치(I) 단추를 클릭하여 설치를 진행하면 SPSS 설치 마법사에 의해 자동으로 설치된다.

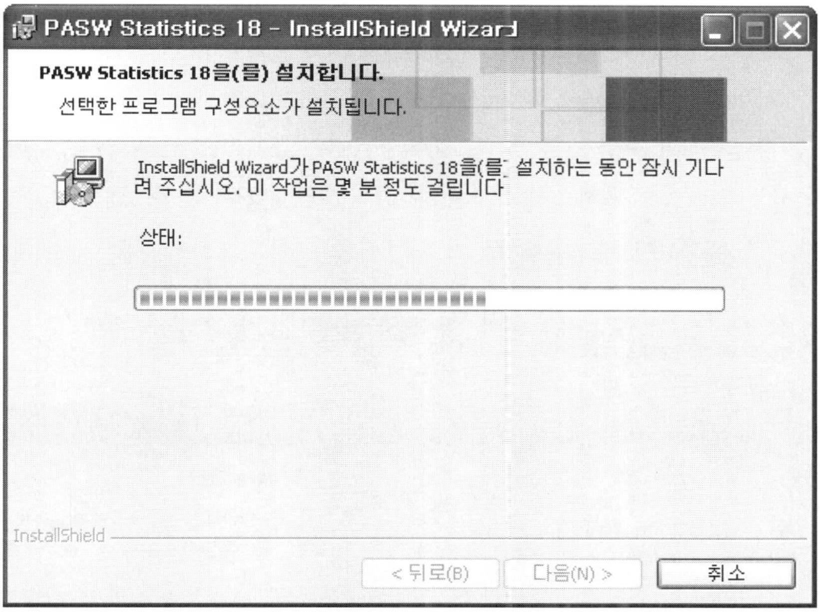

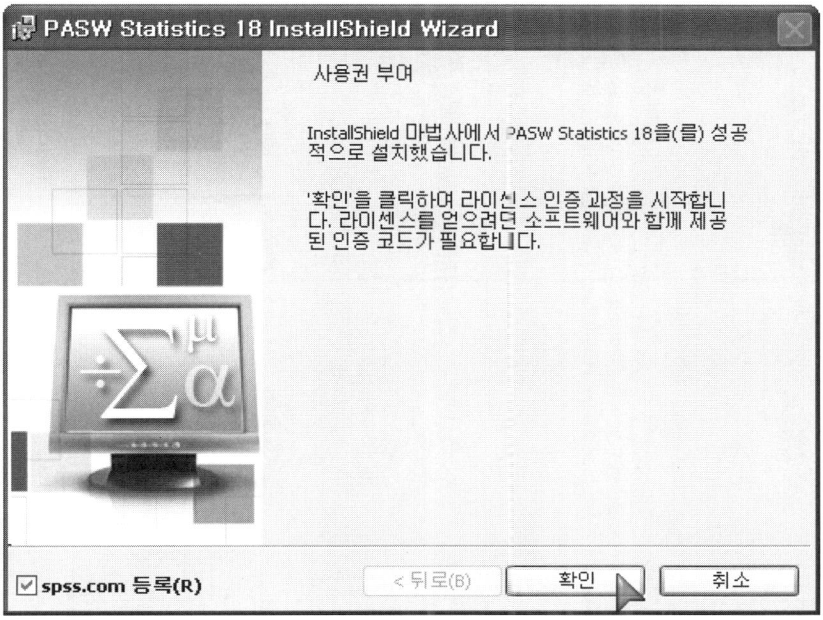

이제 사용권 인증 절차를 거치기 위하여 [확인] 단추를 클릭하고 다음과 같은 사용권 인증 절차를 따라간다. 성공했다면 이제 SPSS의 강력함을 맛볼 수 있는 자격이 주어진다. 그리고 필요에 따라 SPSS사에서 제공하는 Patch 버전이 있는지 홈페이지를 참고하여 있다면 추가 설치해야 정상적인 작동에 문제가 생기지 않는다. 현 18 버전을 설치하는 시점에서 Patch 버전은 없는 것으로 확인되었으나 차후에 홈페이지를 통해 제공될 수 있다. 이제 PASW Statistics 18의 사용 준비가 완료되었다. 설치에 대한 자세한 내용은 SPSS 설치 관련 문건들을 참고하기 바란다. 이 책에서는 주로 분석적인 관점에 모든 노력을 다할 것이다.

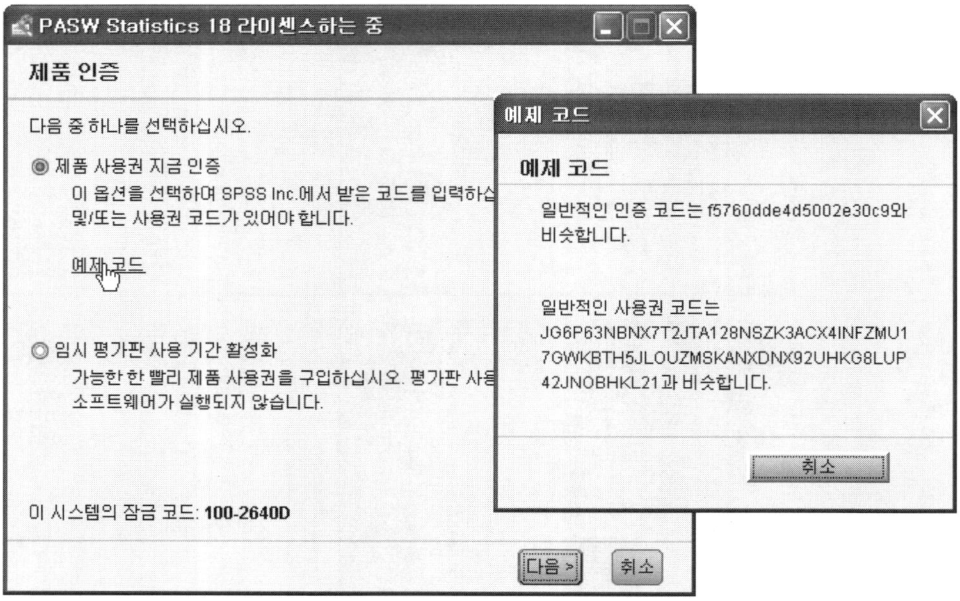

1.2 SPSS의 실행 및 옵션 설정

작업 표시줄의 을 클릭한 다음 [프로그램(P)] 메뉴에서 [SPSS Inc > PASW Statistics 18] 메뉴를 선택하고 다음과 같이 [PASW Statistics 18] 아이콘을 선택하면 SPSS가 실행된다.

SPSS가 실행되면 SPSS 데이터 편집기가 열리는데, 이곳에서 새로운 데이터 파일을 작성하거나 이미 작성된 SPSS 데이터 파일의 내용을 읽고 편집할 수 있다.

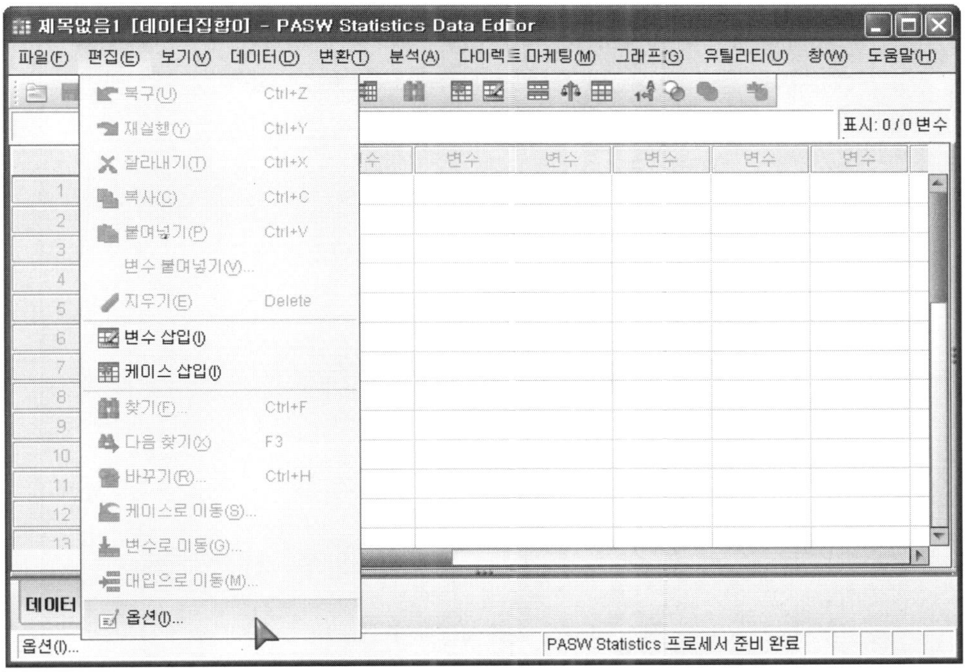

편집 메뉴에서 옵션을 선택하여 SPSS 시스템을 사용하는 데 불편함을 최소화할 수 있도록 옵션을 지정하기로 한다. '일반' 탭에서 변수 목록 창에 변수 이름이 나타날 수 있도록 '이름 표시'로 지정하고 출력결과가 한글로 출력되도록 언어를 '한국어'

로 지정되어 있는지 확인한다. 그리고 '도표' 탭에서 도표의 비율을 1.25로 조정하여 입력한다. 도표가 출력될 때 집단별로 색상 및 패턴을 구분하기 위하여 유형을 지정한다. 그러나 아직 PASW Statistics 18의 그래프 모듈이 몇 가지 미숙한(?) 부분이 있으므로 분석 시에 불편한 점들이 발견될 것이다. 앞으로 사용자가 보다 더 편리하게 사용할 수 있도록 많은 부분이 개선되어야 할 것이다.

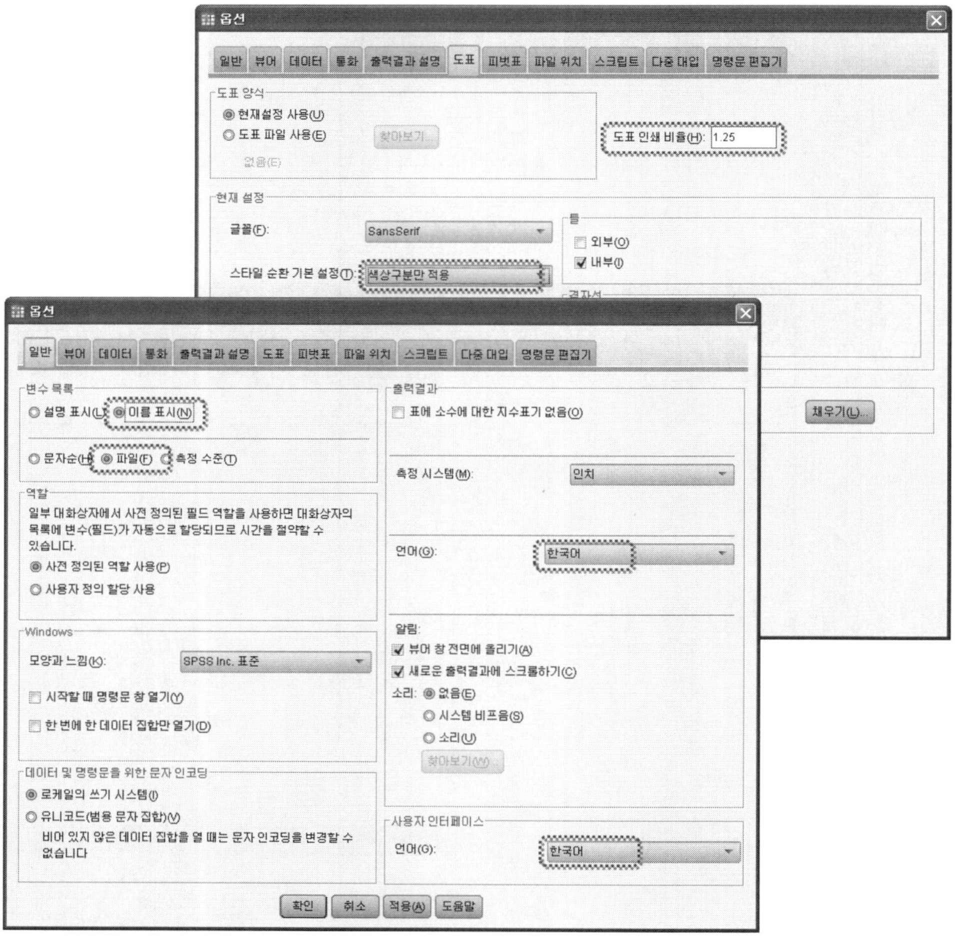

마지막으로 '피벗표' 탭에서 다양한 표의 모양을 지정할 수 있으며 각 사용자의 취향에 맞게 피벗표를 편집하여 저장하고 수시로 사용 가능하다. 이보다 자세한 설명은 1.14 시스템 환경 설정에서 설명하기로 하자.

1.3 데이터 편집기의 구성

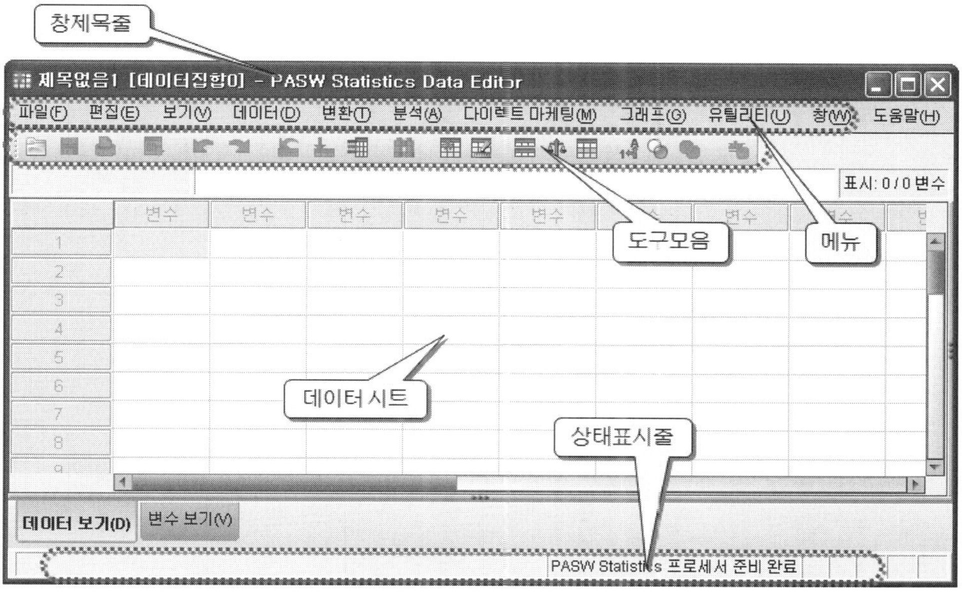

창제목줄

새로운 데이터 파일을 작성할 때는 이곳에 "제목없음#"으로 표시되고, 이미 작성된 파일을 읽었을 때는 데이터 파일의 이름이 출력된다.

메뉴

데이터 편집기에서 사용할 수 있는 대부분의 기능이 나열되어 있는 곳이다.

도구모음

자주 사용되는 메뉴의 기능이 등록된 도구 단추들을 모아 놓은 곳이다.

데이터 시트

데이터의 내용이 표시되는 부분으로 엑셀의 시트와 유사하다.

상태 표시줄

SPSS가 동작하는 각종 작업 상태를 표시하는 곳이다. SPSS가 아무런 작업을 수행하지 않고 정상 작동 중임을 나타낼 때에는 이곳에 'PASW Statistics 프로세서 준비 완료'가 표시된다.

1.4 도구모음의 이동

도구모음은 위치 이동이 가능하므로 마우스의 끌기 기능을 사용하면, 화면의 상단, 하단, 왼쪽 끝, 오른쪽 끝 및 중앙 어느 곳에도 이동시킬 수 있다.

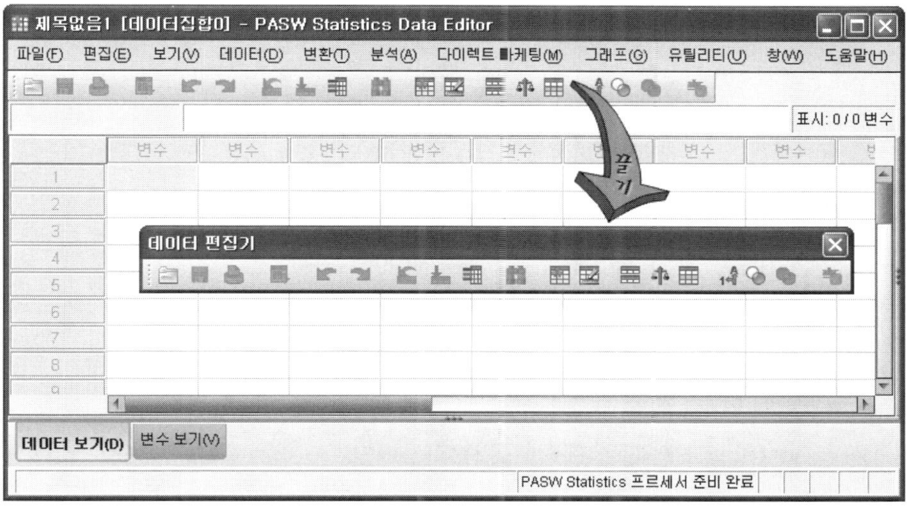

도구모음을 화면에서 나타나지 않게 할 수도 있다. 메뉴에서 '보기 ▷ 도구모음 ▷ 사용자 정의(C)...'를 선택하면 도구 막대의 표시 상태를 지정할 수 있다.

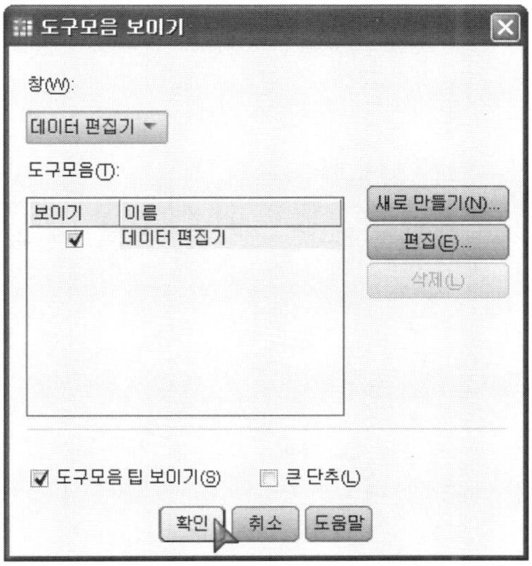

1.5 SPSS 분석의 기본 절차

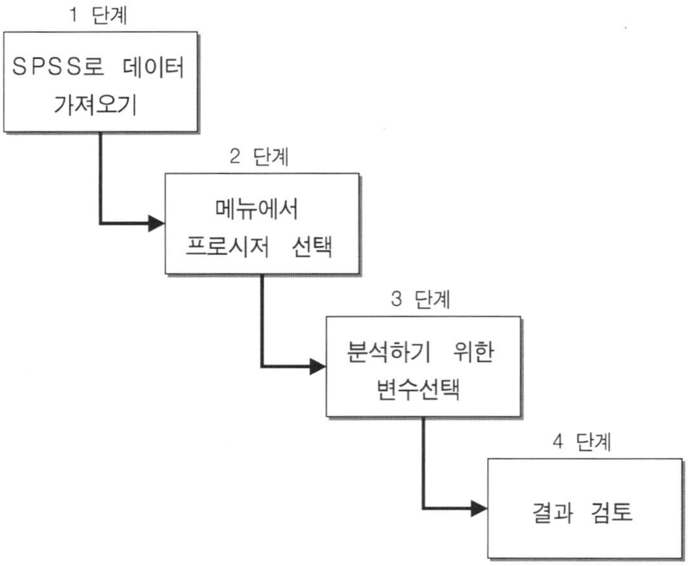

1단계 SPSS로 데이터를 불러들인다.

SPSS 데이터 파일을 불러오거나 엑셀 등의 스프레드시트 파일이나 데이터베이스 파일, 아스키 파일을 읽어 들이거나, SPSS의 데이터 편집기에서 직접 데이터를 입력한다.

2단계 메뉴에서 분석 프로시저를 선택한다.

메뉴에서 통계분석을 수행하는 프로시저나 고해상도 도표를 작성하는 프로시저를 선택한다.

3단계 분석하고자 하는 변수를 선택한다.

데이터 파일의 변수들이 프로시저의 대화상자에 나타나는데, 분석에 적용시키고자 하는 변수를 선택한다.

4단계 프로시저를 수행하고 결과를 검토한다.

수행된 결과는 '출력결과#[문서#] - PASW Statistics Viewer'라는 창에 나타나는데, 이곳에서 결과를 검토한다.

1.6 데이터 파일의 구조

데이터 편집기의 메뉴에서 '파일 ▷ 열기 ▷ 데이터(A)'를 선택하거나 'Ctrl + O'를 누르거나, 단추를 클릭하면 '데이터 열기' 대화상자가 열린다.

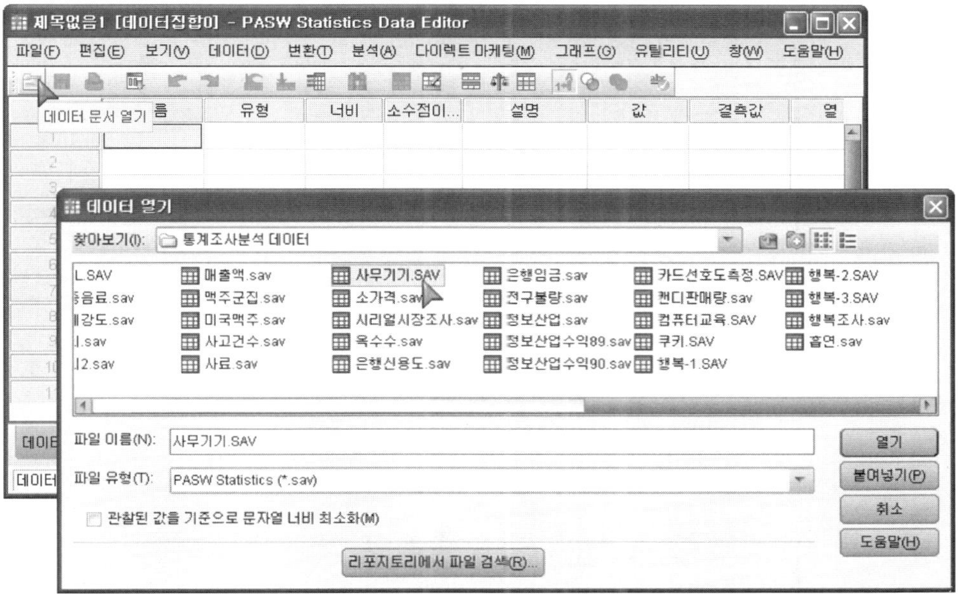

읽어 들이고자 하는 데이터 파일을 선택하고 열기 단추를 클릭하면, 데이터 편집기에 그 내용이 나타난다. 다음은 "사무기기.SAV"라는 SPSS 데이터 파일을 읽어 들인 경우이다.

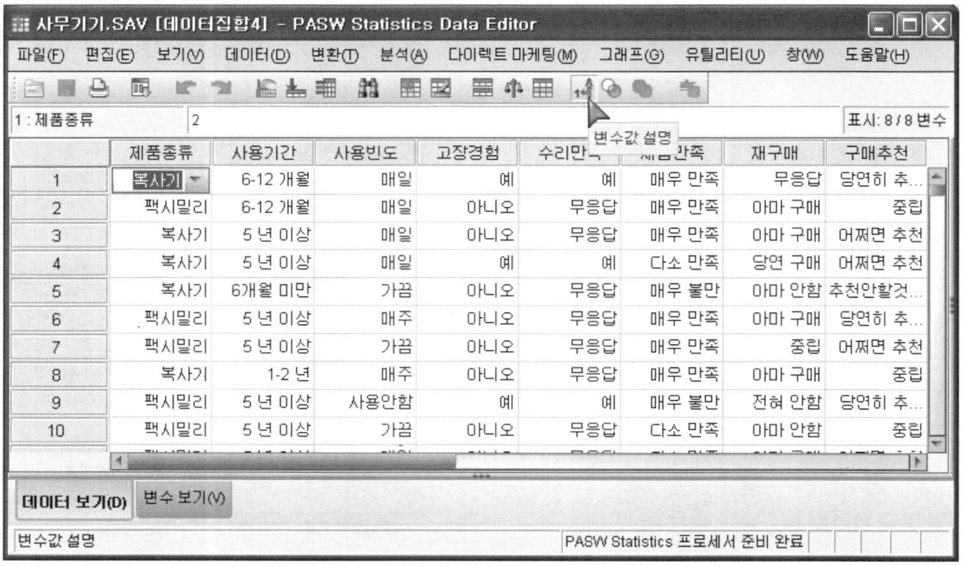

하단 상태 표시줄 바로 위에 '변수 보기' 탭을 클릭하면 입력되어 있는 변수 이름과 각 유형, 너비, 소수점 이하 자리수, 설명문, …, 척도 등의 변수들의 등록 정보를 한눈에 알아볼 수 있으며 수정 및 편집도 할 수 있다.

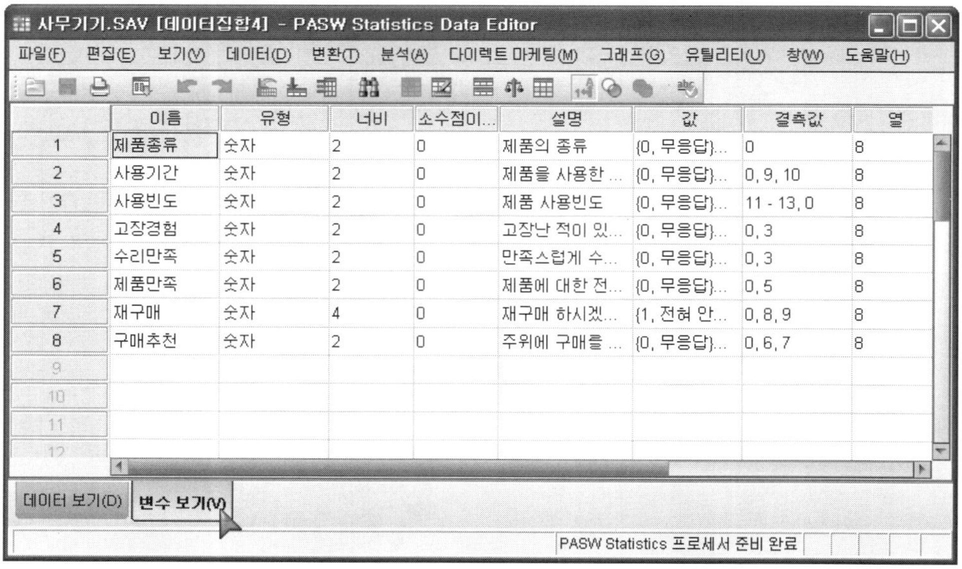

1.7 데이터 시트

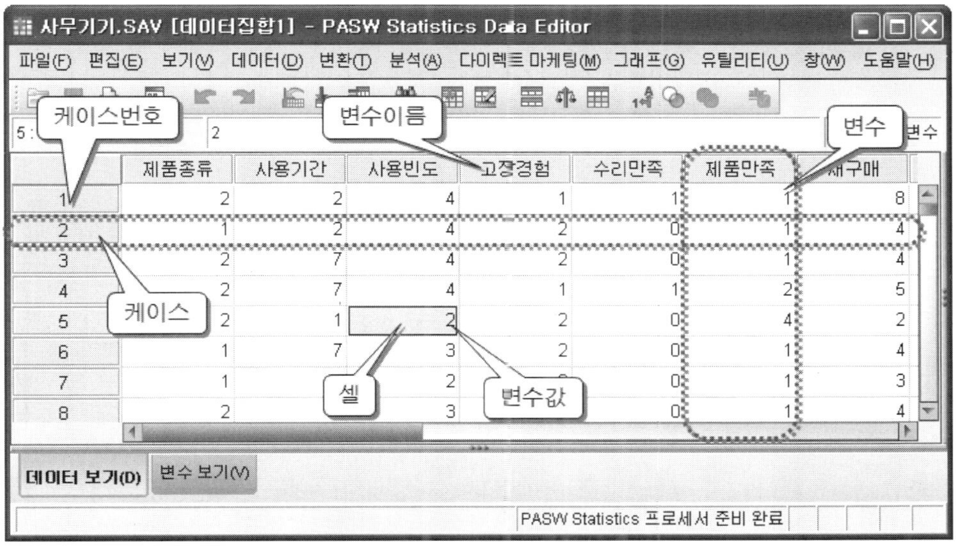

열(column)은 변수를 의미한다.

각 열을 변수(variable)라 한다. 설문조사에서 설문지의 각 문항이 변수가 된다. 일반적으로 다중응답 문항이 아닌 한 20개의 문항이 포함된 설문지를 작성하여 조사를 하였을 경우에 변수의 수는 20개가 된다.

행(row)은 케이스를 의미한다.

각 행을 케이스(case) 또는 관측값(observations)이라고 한다. 설문조사에서 응답자들이 작성한 각 설문지가 케이스가 된다. 1,000명의 응답자로부터 1,000매의 설문지를 회수하였을 경우에 케이스의 수는 1,000이 된다.

셀(cell)은 변수값이 된다.

행과 열이 교차되는 부분을 셀이라고 하는데, 각 셀에 나타나는 값을 변수값이라 한다.

데이터 파일은 직사각형의 구조를 갖는다.

데이터 파일의 크기는 케이스의 수와 변수의 수에 의하여 결정되며 직사각형의 구조를 갖게 된다. 그리고 이러한 데이터 자체를 행렬로 취급할 수도 있음을 알아두자.

데이터 편집기의 메뉴에서 '유틸리티 ▷ 변수...'를 선택하면 변수 정보를 확인할 수 있는 대화상자가 열린다.

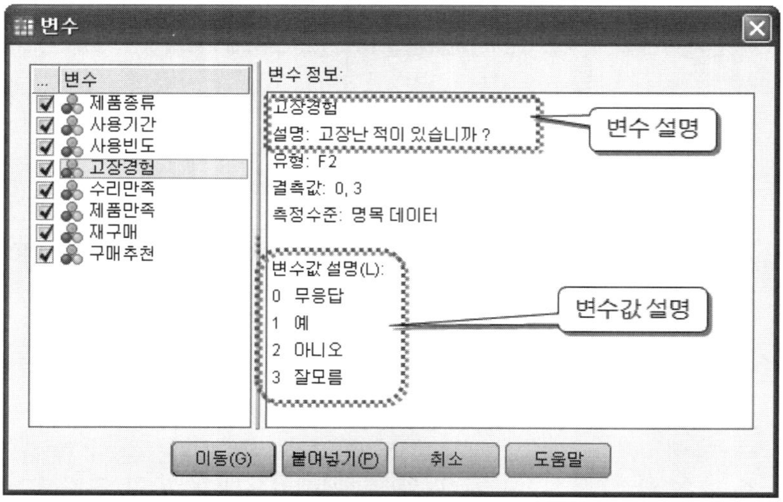

1.8 대화상자

대화상자는 사용자가 SPSS에 작업을 지시할 때 사용하는 기본적인 매개체 역할을 한다. 예를 들어 빈도분석을 하고자 한다면, 메뉴에서 '분석 ▷ 기술통계량 ▷ 빈도분석'을 선택하면 빈도분석(Frequencies) 대화상자가 나타난다.

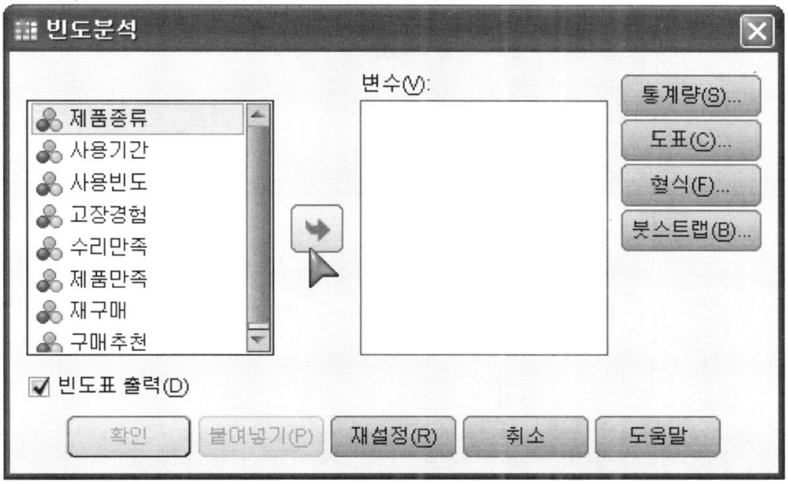

분석을 수행하는 모든 대화상자의 왼쪽 부분의 변수 목록 상자에 현재 데이터 파일의 변수 이름들이 나타난다. 분석하고자 하는 변수를 선택하려면 변수 이름을 마우스 왼쪽 버튼을 클릭하여 선택한 후  단추를 클릭하면 된다.

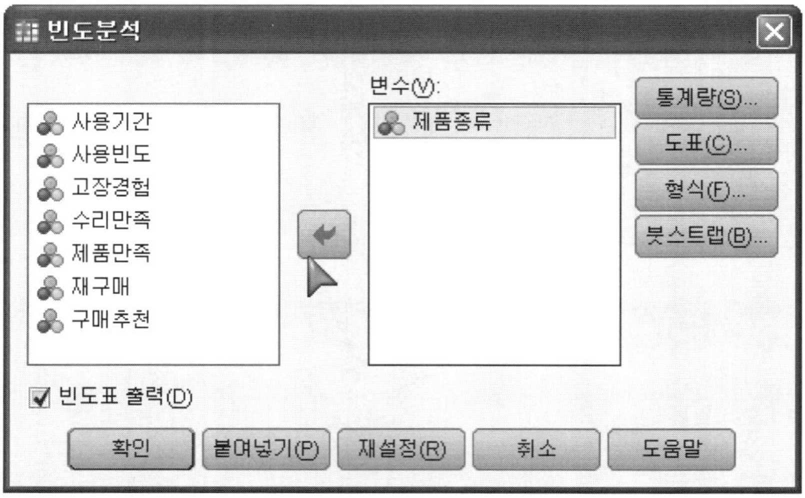

여러 변수를 선택하려면 한 변수 이름을 마우스 왼쪽 버튼으로 클릭한 상태에서 끌기를 하거나 첫 번째 변수를 선택하고 Shift 키를 누른 상태에서 마지막 변수를 선택하면 중간의 변수들도 같이 선택된다.

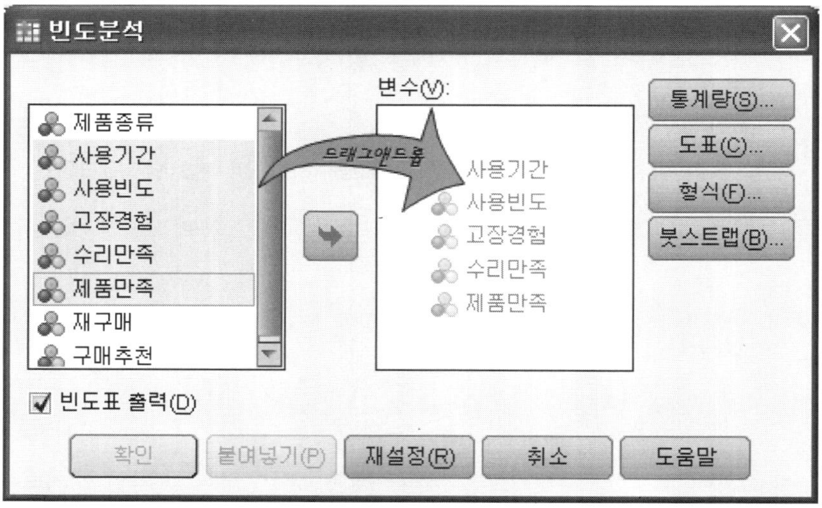

변수 이름 목록에서 이어져 있지 않은 변수들을 선택하려면 키보드의 Ctrl키를 누르고 있는 상태에서 마우스를 사용하여 해당 변수들을 선택하면 된다.

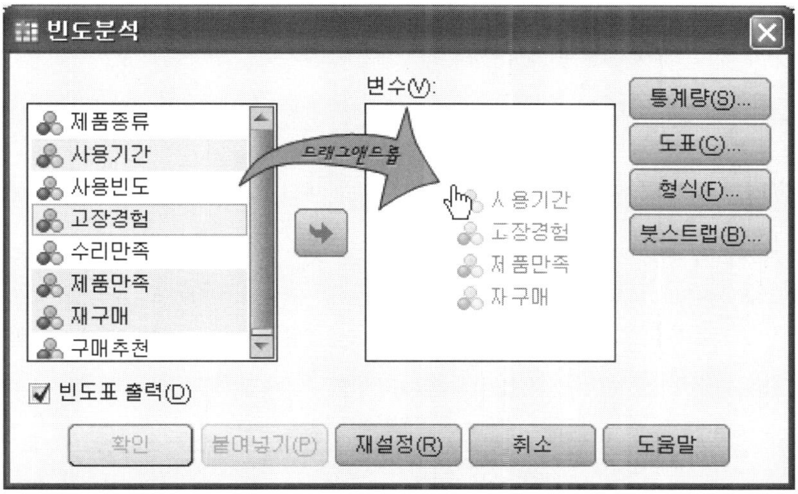

모든 주대화상자는 아래 부분이나 오른쪽 측면에 부대화상자를 여는 단추가 배열되어 있다. 예를 들어 형식(F)... 단추를 클릭하면, '빈도분석: 형식'이라는 부대화상자가 열린다

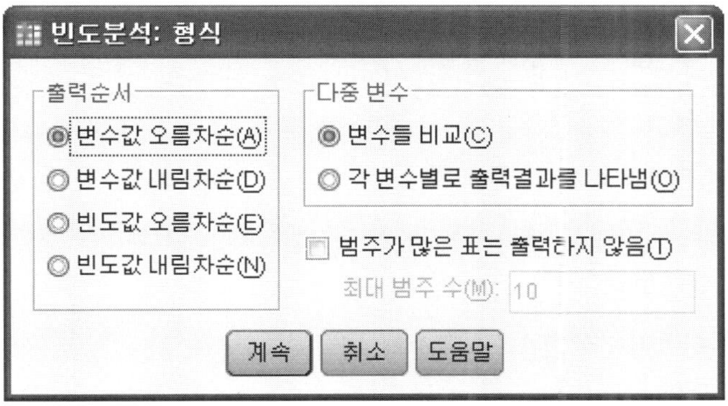

1.9 PASW Statistics Viewer

변수를 선택한 후, [확인] 단추를 클릭하면 PASW Statistics Viewer라 불리는 창이 자동으로 열리고 이곳에 수행 결과가 출력된다.

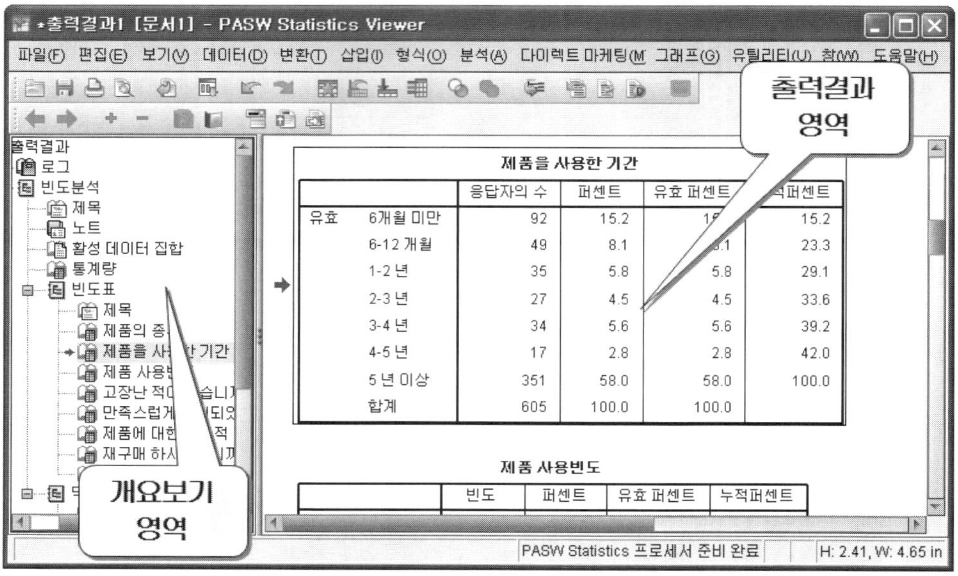

PASW Statistics Viewer는 윈도 기본 프로그램 중의 하나인 윈도 탐색기와 유사한 구조를 갖고 있다. PASW Statistics Viewer의 중앙이 개요보기와 출력결과 영역으로서 두 부분으로 나뉘는데, 개요보기는 수행 결과의 제목들이 나무구조의 계층적 구조로 나타나고, 출력결과 영역은 실제 수행 결과가 피벗표, 텍스트 박스, 도표의 형태로 나타난다.

개요보기 영역의 특정한 제목을 마우스로 선택하면 그에 상응하는 출력결과 영역의 수행 결과가 선택되고, 개요보기 영역의 각 수행 결과 제목들 앞의 아이콘을 더블 클릭하면 출력결과의 수행 결과가 감추어지고 다시 더블 클릭하면 수행 결과가 나타난다. 또한 개요보기 영역과 출력결과 영역을 나누는 창틀을 마우스로 끌면 영역의 크기를 변경할 수 있다.

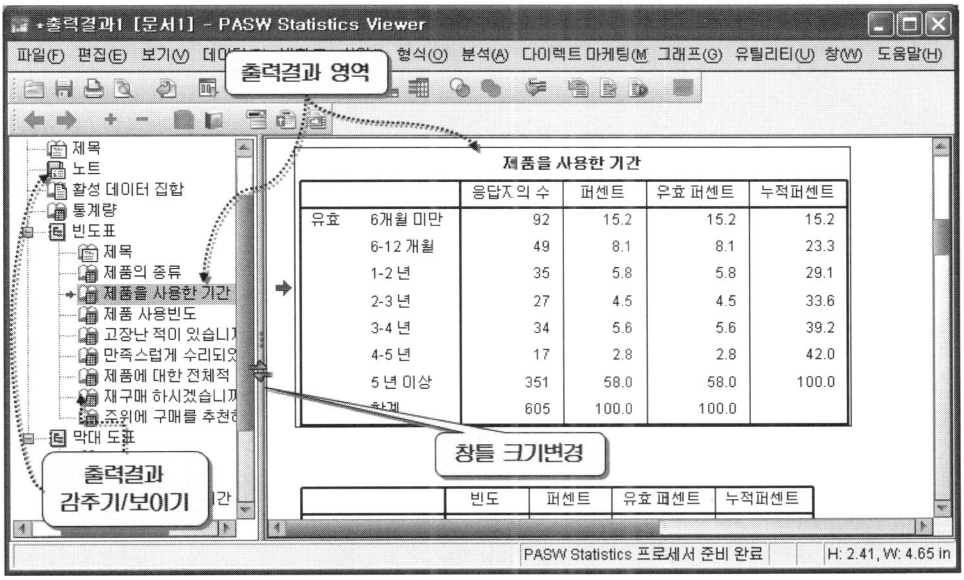
*출력결과1 [문서1] - PASW Statistics Viewer
출력결과 영역
창틀 크기변경
출력결과
감추기/보이기
제품을 사용한 기간
PASW Statistics 프로세서 준비 완료
H: 2.41, W: 4.65 in

1.10 피벗표의 수정

PASW Statistics Viewer에 출력된 표를 피벗표라 부르는데, 피벗표를 마우스로 더블 클릭하면 해당 피벗표를 수정할 수 있다.

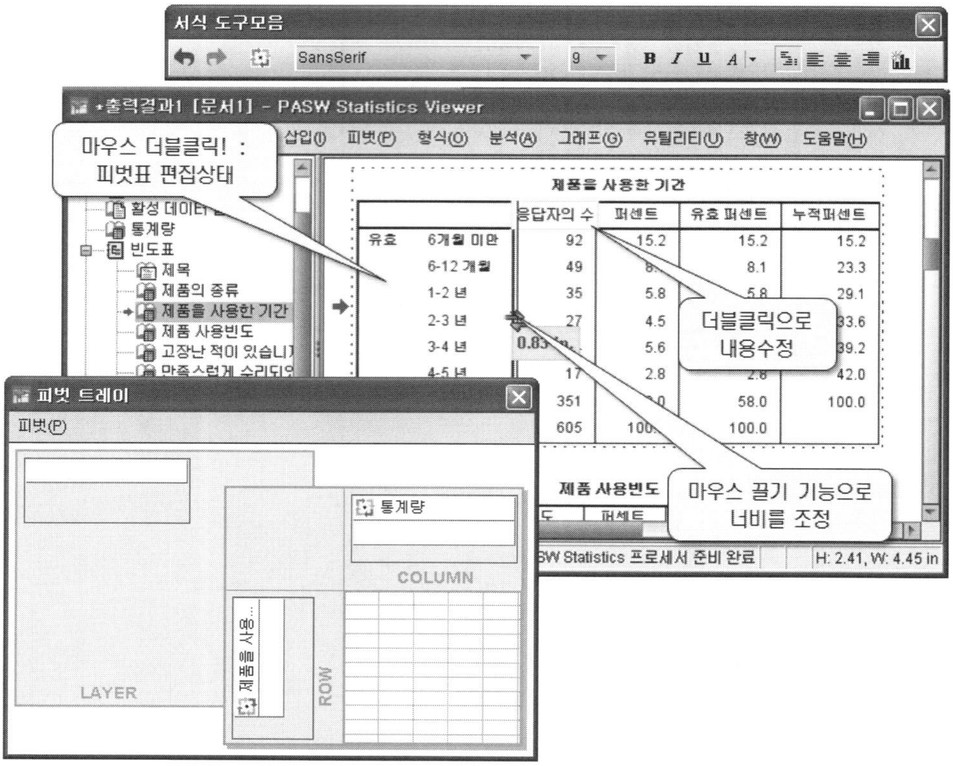

피벗표의 열의 크기를 변경하려면, 각 열의 경계 부분에 마우스 끌기를 하면 된다. 특정한 문자열을 수정하려면, 문자열 부분을 더블 클릭하고 그 내용을 수정하면 된다. 예를 들어 피벗표의 '빈도'를 '응답자 수'로 바꾸려면 '빈도'를 마우스로 더블 클릭한 후 '응답자 수'를 입력하면 된다.

PASW에는 사전에 정의된 여러 가지 피벗표 모양이 있다. 메뉴에서 '형식 ▷ 표 모양...'을 선택하면 이러한 피벗표 모양을 적용시킬 수 있다.

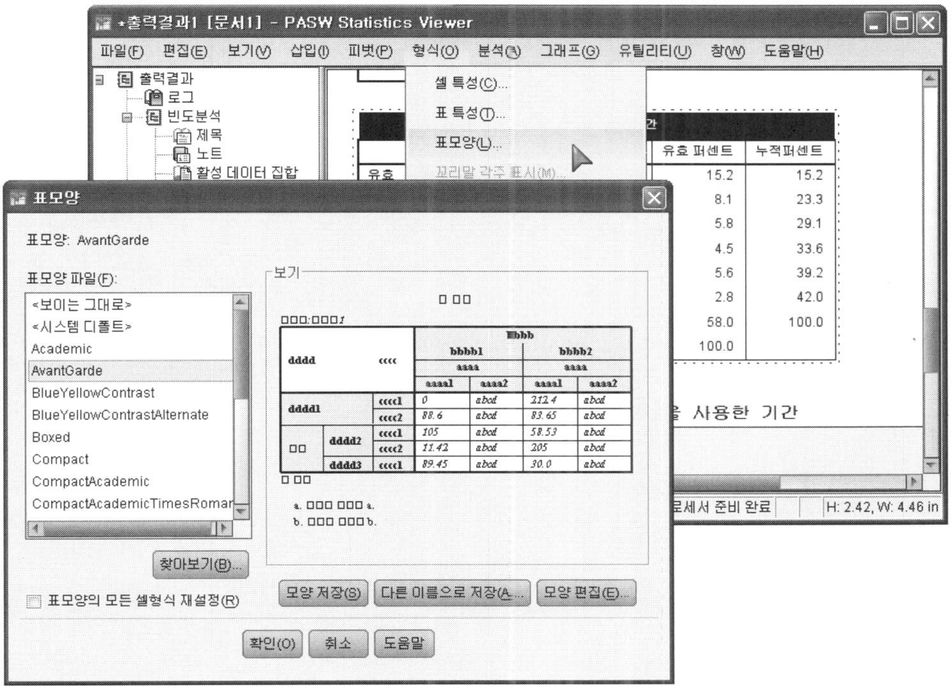

예를 들어 'AvantGrade'란 모양을 적용시키면 피벗표가 다음과 같이 된다.

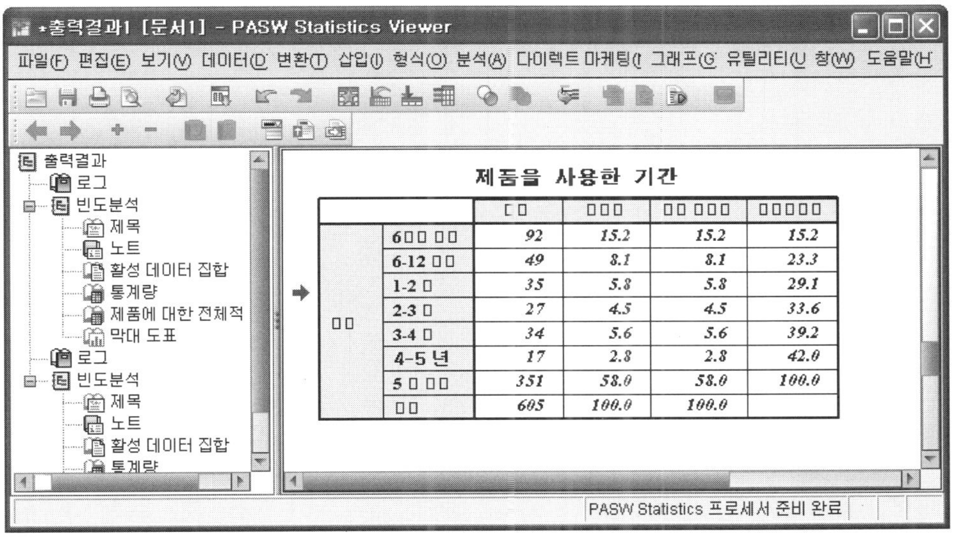

1.11 도표 편집기

SPSS는 통계분석을 수행하면서 동시에 수반된 도표를 간편하게 작성할 수 있다. 가령 빈도분석을 하면서 막대도표를 작성하고자 할 경우, 빈도분석 대화상자에서 [도표(C)...] 단추를 클릭하면 '빈도분석: 도표'라는 부대화상자가 열린다. 도표 유형의 막대도표(Bar charts)를 선택하고 [계속] 단추를 클릭하고, 다시 주대화상자에서 [확인] 단추를 클릭하면, 빈도분석의 결과와 함께 막대도표가 출력된다.

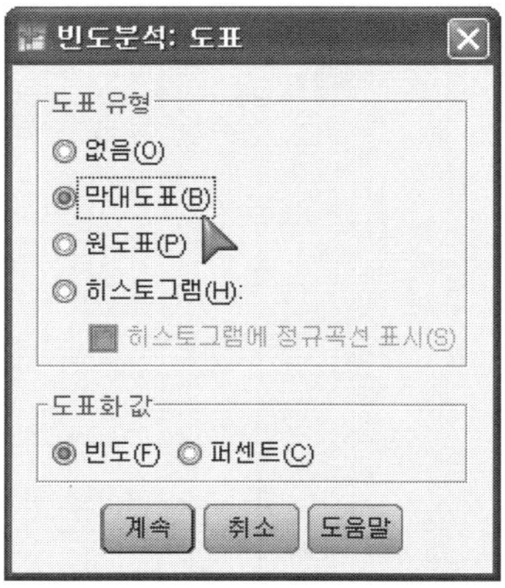

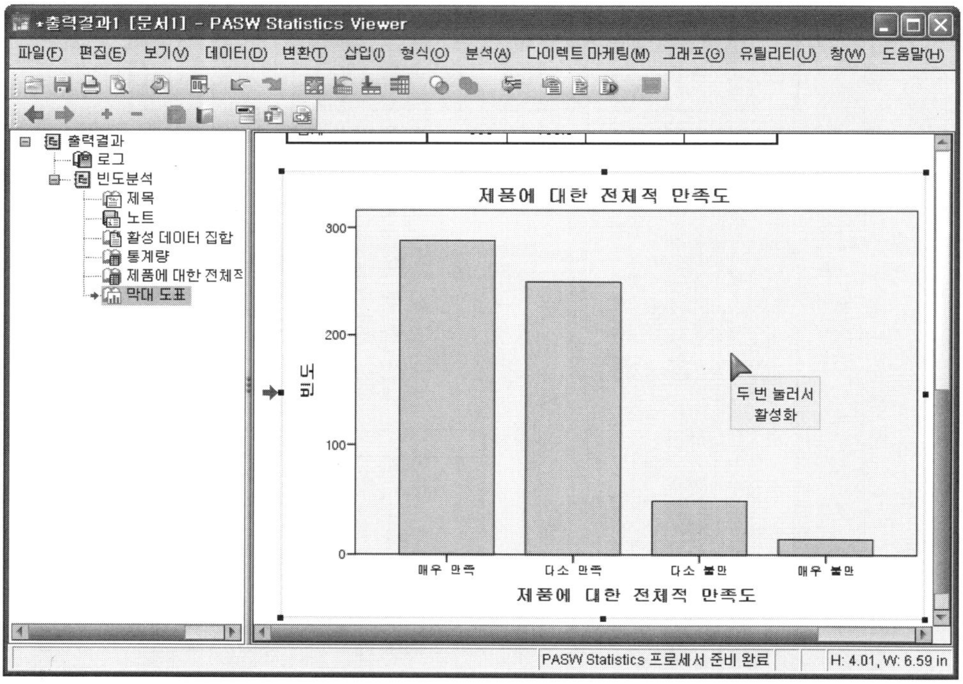

PASW Statistics Viewer에서 도표를 마우스로 더블 클릭하면, 도표 편집기가 열리며 이곳에서 도표를 수정할 수 있다. 도표의 X축과 Y축을 서로 바꾸려면, 도표 편집기 메뉴에서 '도표 ▷ 도표 전치'를 선택하거나 도구모음의 [아이콘]을 클릭하면 된다.

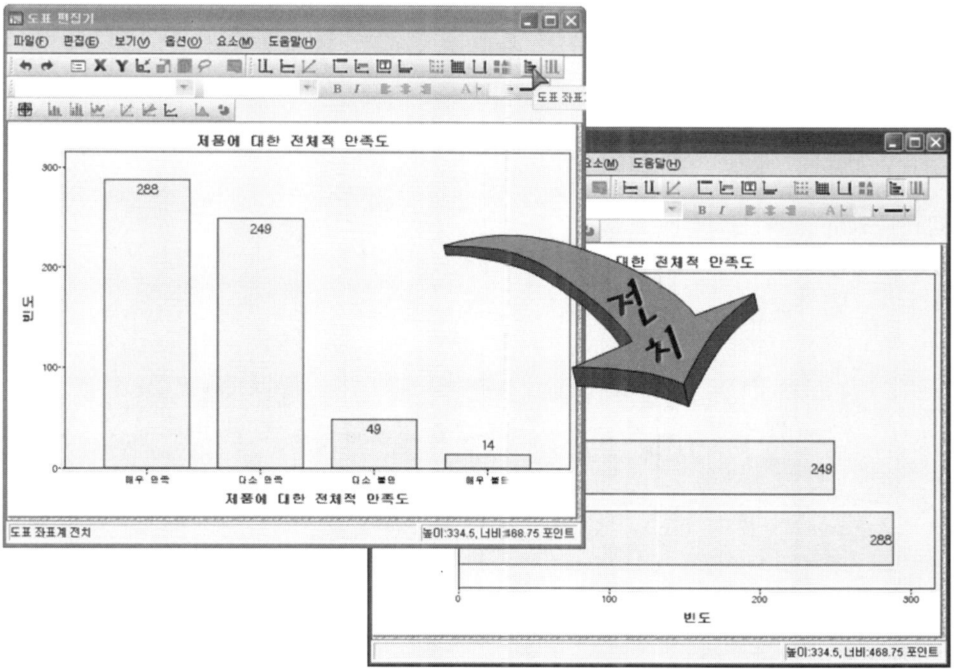
도표 편집기
파일(F) 편집(E) 보기(V) 옵션(O) 요소(M) 도움말(H)
제품에 대한 전체적 만족도
288
249
49
14
빈도
제품에 대한 전체적 만족도
도표 좌표계 전치
높이:334.5, 너비:468.75 포인트
전치
요소(M) 도움말(H)
대한 전체적 만족도
249
288
0
100
200
300
빈도
높이:334.5, 너비:468.75 포인트

1.12 SPSS의 창 종류

데이터 편집기(Data Editor)

새로운 데이터의 작성은 물론이고 기존의 데이터 파일을 읽어 들여서 데이터를 삭제, 수정, 추가할 수 있다. 데이터 편집기는 SPSS 실행 시 자동으로 열리며, 동시에 2개 이상의 데이터 셋을 사용할 수 있다.

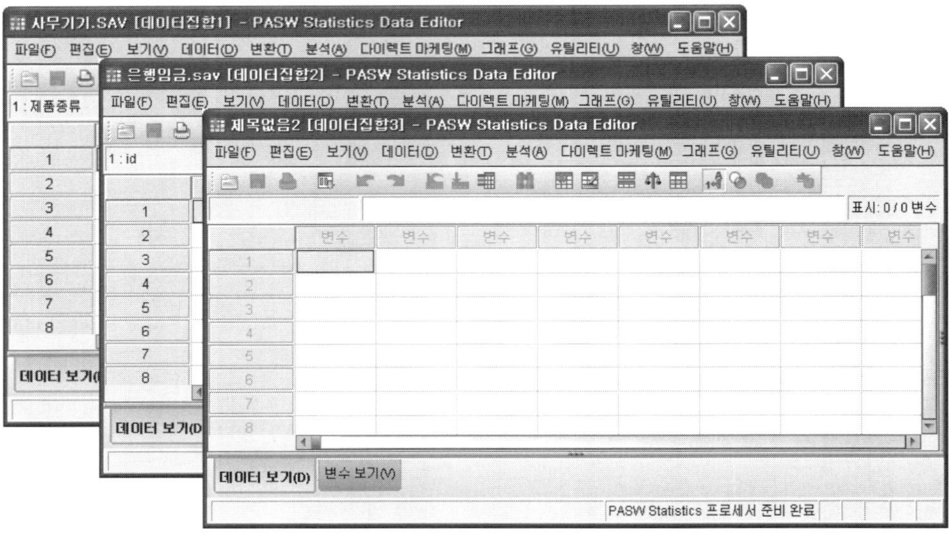

SPSS 출력결과(PASW Statistics Viewer)

SPSS 수행 결과가 저장되는 창으로 처음으로 결과가 출력될 때 자동으로 PASW Statistics Viewer가 열린다. PASW Statistics Viewer는 동시에 2개 이상을 열 수 있다. 특별히 구분할 필요가 없는 한 앞으로 '출력결과 창'이라고 하기로 한다.

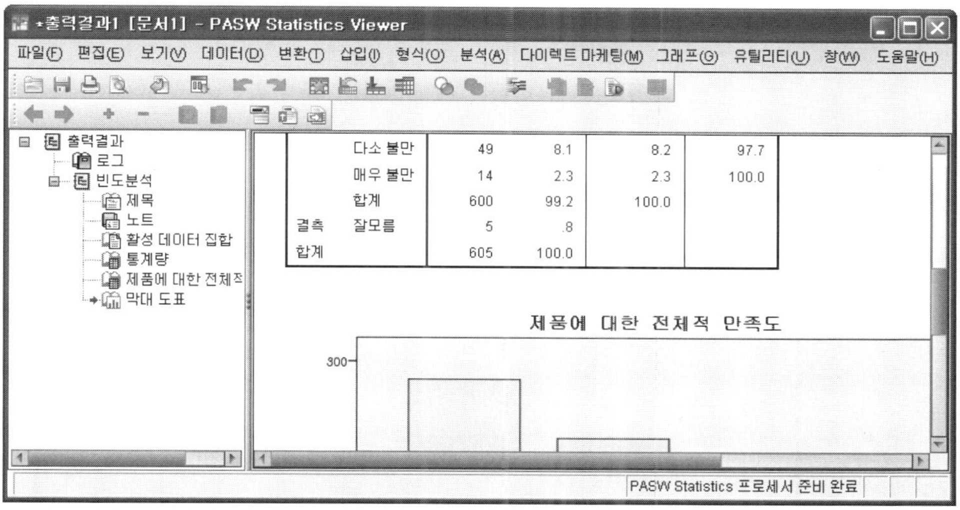

피벗표 편집기(Pivot Table Editor)

PASW Statistics Viewer의 특정한 출력물을 편집, 수정할 때 사용되는 창으로 문자열을 편집하거나, 행과 열을 바꾸거나, 색상 등을 변경할 수 있다. 피벗표 편집기는 동시에 2개 이상을 열 수 없다.

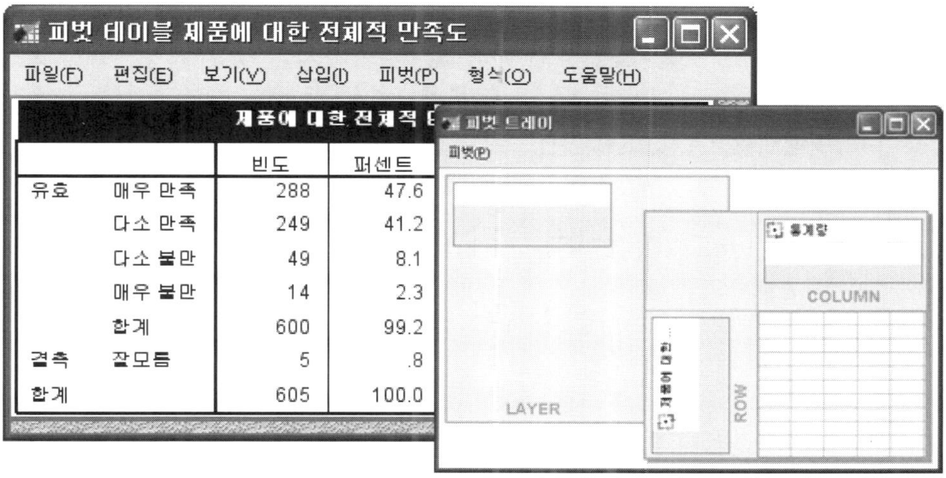

도표 편집기(Chart Editor)

도표를 다양하게 편집할 때 사용되는 창으로 'Viewer'에서 특정한 도표를 더블 클릭하면 자동으로 도표 편집기가 열린다.

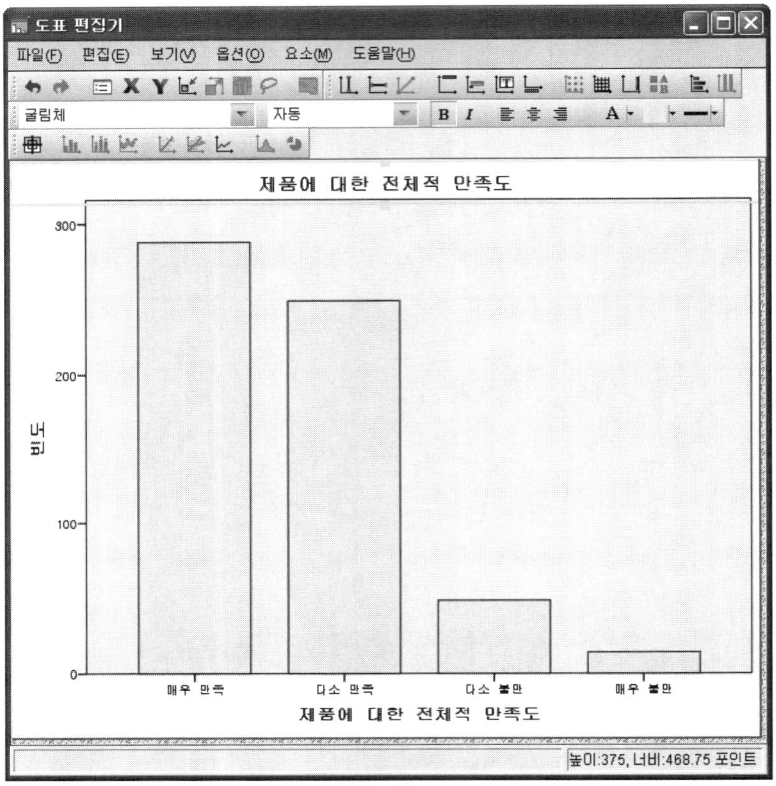

텍스트 출력결과(Text Output)

피벗표로 나타낼 수 없는 출력결과를 편집할 때 사용되는 창이다.

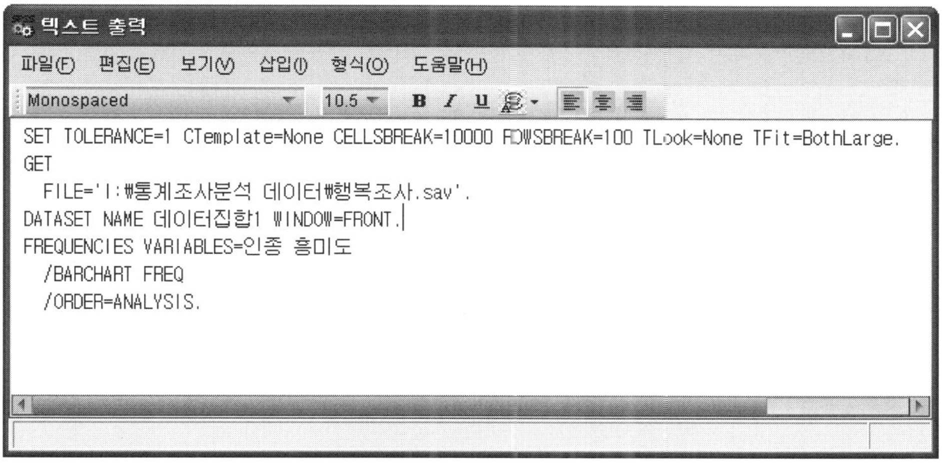

명령문 편집기(Syntax Editor)

SPSS 명령문을 작성, 편집 및 수행을 위한 창으로, 명령문 편집기에서 직접 SPSS 명령문을 입력하거나 대화상자에서 붙여넣기(P) 단추를 클릭하면 해당되는 SPSS 명령문이 자동으로 명령문 편집기에 작성된다.

1.13 윈도용 SPSS의 취급 파일

데이터 파일(Data File)

데이터가 보관된 파일(확장자 *.sav)을 데이터 편집기로 읽어올 수 있다.

출력결과 파일(Viewer File)

SPSS 수행 결과가 보관된 파일(확장자 *.spv)로 PASW Statistics Viewer로 읽어올 수 있다.

명령문 파일(Syntax File)

SPSS 명령문이 보관된 파일(확장자 *.sps)을 명령문 편집기로 읽어올 수 있다.

표 모양 파일(Table Template File)

피벗표의 표 모양이 보관된 파일(확장자 *.stt)이다. 이전 버전에서 작성한 표 모양은 16.0 이후 버전에서는 사용할 수 없다.

그래프 양식 파일(Graph Template File)

도표 양식이 보관된 파일(확장자 *.sgt)이다. Release 12.0 이전 버전에서 작성된 도표 양식은 Release 12.0 이후 제품에서 사용할 수 없고 새로운 도표 양식을 작성해야 한다. 이제 확장자가 .sct인 도표 양식은 더 이상 사용할 수 없으며 새로운 도표 양식의 확장자를 가지는 *.sgt 파일을 사용해야 한다.

1.14 SPSS 시스템 환경 설정

SPSS 작업을 보다 용이하게 하기 위해서는 SPSS 시스템의 환경을 미리 사용자에 맞게 설정하는 것이 좋다. SPSS 환경 설정은 '편집' 메뉴에서 다음과 같이 옵션을 선택하면 된다.

'편집 〉 옵션...'

SPSS 옵션 대화상자는 여러 가지 탭으로 구성된다. 이 탭 중에서 사용자가 원하는 탭을 마우스로 클릭하고 원하는 옵션을 설정하면 된다.

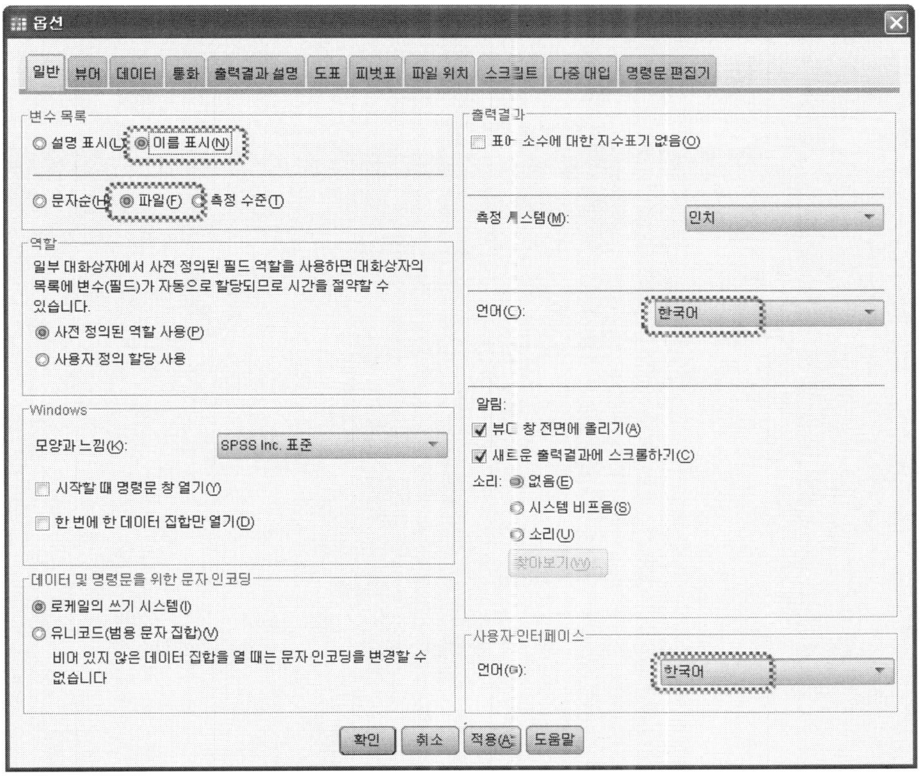

일반 탭에서 변수 목록 표시는 '설명 표시'가 디폴트로 되어 있다. 이렇게 설명 표시로 되면 분석 대화상자의 변수 목록 상자에 변수 설명문이 나타나는데 일반적으로 그 설명이 긴 경우가 많아 변수를 즉각적으로 알아보기가 쉽지 않으며 장시간 작업

할 경우 피로도 상승될 수 있으므로 변수의 이름만 나타나도록 하는 것이 유리하다. 표시 순서는 각 대화상자에 변수 목록을 표시하는 방법을 지정하는데 '문자순'은 변수 이름의 문자 순서에 따라 차례대로 표시한다. '파일' 순서는 데이터를 읽어 들일 때 지정한 변수의 순서대로 목록을 표시한다. 이는 디폴트를 사용하는 것이 편리하다.

언어는 '한국어'로 지정하는 것이 좋겠다. 이 경우 모든 출력결과가 한글로 번역된 상태로 출력된다. 다른 옵션은 디폴트로 남겨두는 것이 좋다.

도표 탭은 SPSS 도표의 상태를 지정할 수 있는 옵션들이 있다. 여기에서 글꼴을 '굴림체'로 지정한다. 물론 다른 글꼴을 지정해도 무방하나 한글 글꼴을 지정하는 것을 잊지 않기 바란다. 그리고 도표의 비율은 1.25로 지정하고 도표의 집단별 유형 및 패턴은 색상만을 적용하도록 지정한다. 그러나 상황에 따라 패턴을 적용해야 될 경우도 종종 발생한다.

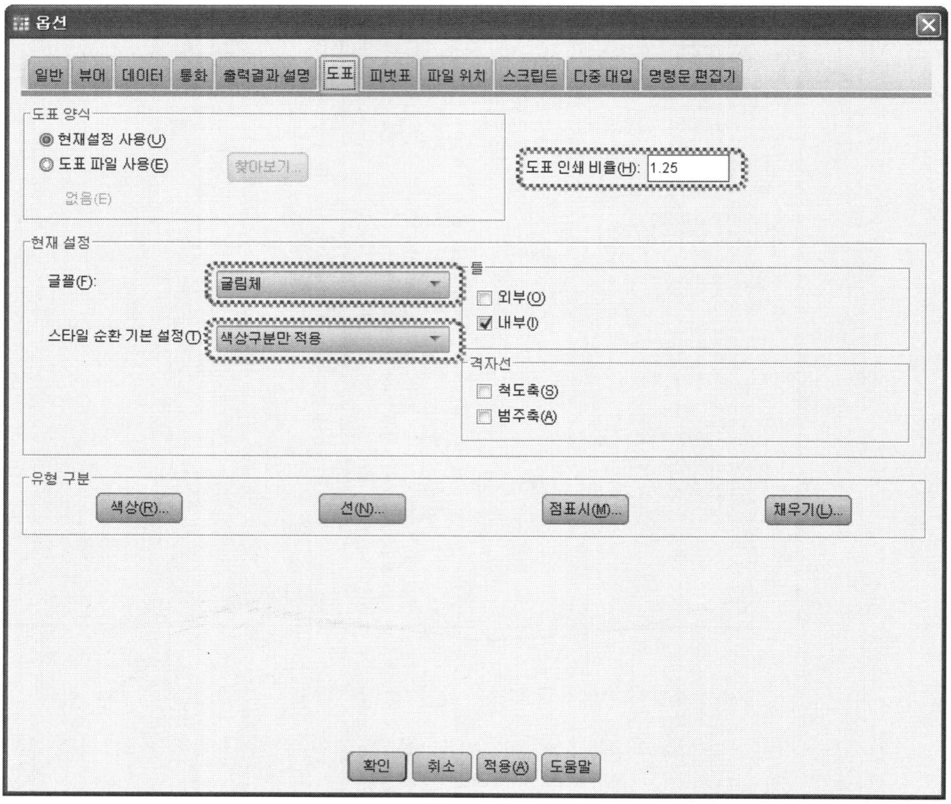

그러나 집단별로 선도표나 산점도를 그릴 경우 색상뿐 아니라 패턴(모양)도 집단별로 구분하여 적용할 경우는 적용되지 않는다. 그러므로 그래프 양식을 미리 작성해 놓은 후에 그때 그때 적절하게 적용하는 것이 최선이라 하겠다. 이는 아직은 SPSS 12.0 이후 새롭게 이식된 그래프 모듈의 불완전성 때문이다. 버그(bugs)가 무척 많았으나 18.0에서는 비약적으로 많은 부분이 개선되었음을 볼 수 있다. 앞으로의 개정판에서는 보다 향상되기를 기대해 본다.

이제 마지막으로 '피벗표' 탭에서 12.0에서는 표의 모양을 한국형으로 지정하기 위해 'korean.tlo'를 선택했었다. 그러나 16.0 이후 버전에서는 새롭게 *.stt라는 파일을 도입하여, 기존의 *.tlo 파일을 사용할 수 없다. 앞으로 출력되는 모든 피벗표는 이 양식을 적용하여 출력된다. 몇 가지 다른 표 모양도 있으므로 적절한 표 모양을 찾고 자신에 맞게 수정 편집하고 표 모양 파일로 저장하여 지속적으로 사용할 수도 있다. 여기에서는 디폴트를 사용하기로 한다

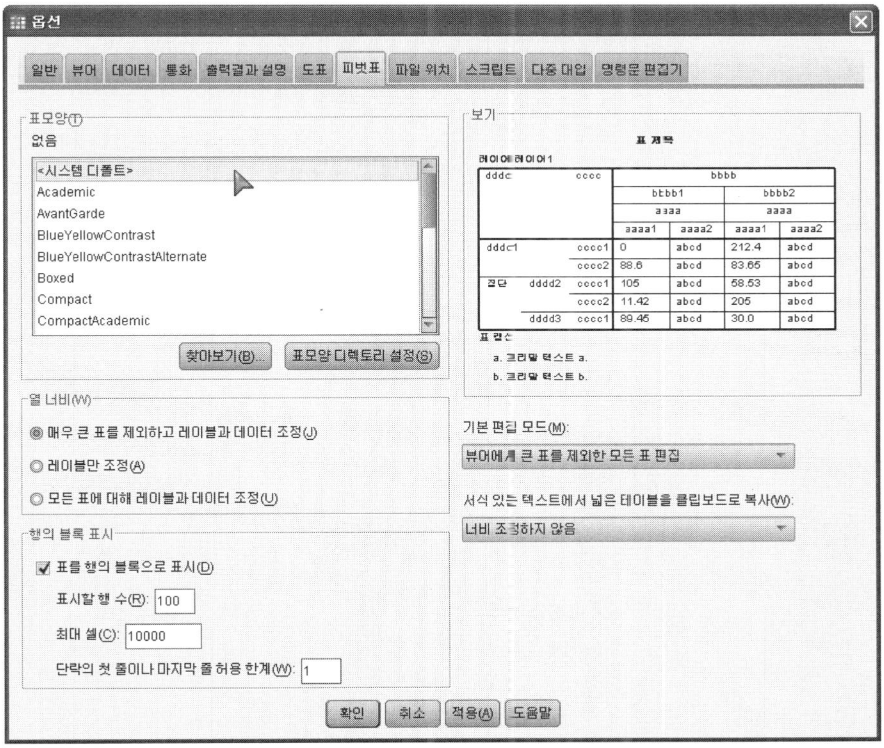

기타 옵션들은 필요에 따라 추가로 지정하여 사용하기 바란다.

SPSS 10K는 지정한 옵션들 중 일부는 SPSS 종료한 다음 다시 시작해야만 적용되는 옵션들이 있었으나 SPSS 12K 이후 버전에서는 다시 시작할 필요 없이 옵션을 변경하고 적용하는 즉시 사용이 가능하다.

Chapter 02

데이터 준비

2.1 예제 설문조사

PC만족도 조사

다음 각 물음에 대하여 해당되는 항목에 ○표시하여 주세요.

1. 현재 귀하가 사용하는 PC는 다음 중 어느 회사 제품입니까 ?
   1) 삼성 __ 2) 삼보 __ 3) LG __
   4) 조립품 __ 5) 기타 __ 6) 잘 모름

2. 귀하의 PC는 다음 중 어떤 종류의 PC 입니까 ?
   1) 펜티엄 __ 2) 펜티엄 II __ 3) 펜티엄 III __
   4) 기타 __ 5) 잘 모름 __

3. 상기의 PC를 언제 구입하셨습니까 ?
   ______ 년

4. 귀하가 사용하고 계신 PC에 대하여 어느 정도 만족하고 계십니까 ?
   1) 매우 만족 __
   2) 조금 만족 __
   3) 중립 __
   4) 조금 불만 __
   5) 매우 불만 __

5. 다시 PC를 구입한다면, 같은 회사의 PC를 구입하시겠습니까 ?
   1) 예 __ 2) 아니오 __ 3) 잘 모름 __

6. 주위에서 PC구입 시, 같은 회사의 PC를 추천하시겠습니까 ?
   1) 예 __ 2) 아니오 __ 3) 잘 모름 __

7. 귀하가 주로 사용하는 소프트웨어의 종류를 있는 대로 다 선택하여 주세요.
   1) 워드프로세싱 __ 2) 스프레드시트 __ 3) 데이터베이스 __
   4) 그래픽 __ 5) 컴퓨터통신 __ 6) 통계분석 __

2.2 새로운 데이터 파일의 작성

변수 정의(Define Variable)

변수를 정의하려면 데이터 편집기에서 '변수 보기' 탭을 선택하거나, 데이터 편집기의 데이터 시트 변수 이름 부분을 마우스로 더블 클릭하면 다음과 같은 '변수 보기' 창이 나타난다. 이 창에서 변수의 이름, 유형, 자리수, 소수점 이하 자리수, 설명, 값, 결측값, 열, 맞춤, 측도 등을 지정할 수 있다.

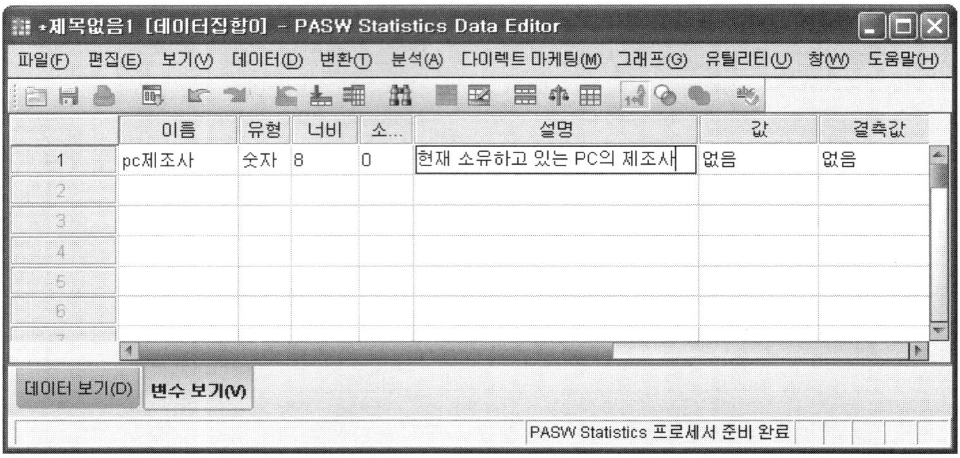

변수 이름(Variable Name)

변수 이름을 달리 지정하지 않으면 접두문자 VAR + 5자리의 숫자(VAR00001, VAR00002, VAR00003, ... 등)가 변수 이름이 된다. 변수 이름을 지정하려면 '변수 보기' 창에서 '이름' 열에 변수 이름을 입력하면 된다.

- 변수 이름은 영문 64자, 한글 32자 이내(64 byte 이내)로 작성하여야 한다.
- 변수 이름은 반드시 문자로 시작해야 한다. 이후 나머지 부분은 문자, 숫자, 마침표, 부호(@, #, _, $) 등을 사용할 수 있다. 예를 들어 A._$@#1은 유효한 변수 이름이다. 그리고 절대로 공백 문자를 포함해서는 안 된다.
- 변수 이름은 마침표(.)로 끝나지 않아야 한다. 이 경우 변수 이름으로 등록되기

는 하나 실제 SPSS가 명령문을 실행할 경우 명령문의 끝을 표시하는 문자를 마침표로 사용하므로 시스템에서 명령문의 일부인 변수 이름을 만나면 명령문이 중도에 끝나는 것으로 인지하게 되어 에러가 생긴다.

- 공백과 특수 문자(예: !,?, ', * 등)를 사용하지 않아야 한다.
- 동일한 변수 이름은 있을 수 없다.
- 다음과 같은 예약어(reserved keyword)는 변수 이름으로 사용할 수 없다.

ALL	NE	EQ	TC	LE	LT	BY
OR	GT	AND	NOT	GE	WITH	

- 변수 이름은 대문자와 소문자를 혼합하여 정의할 수 있으며 표시를 목적으로 대소문자를 유지한다.
- 출력결과에서 긴 변수 이름을 여러 줄로 줄바꿈해야 할 경우 SPSS는 밑줄, 마침표, 소문자에서 대문자로 변경된 위치 등에서 줄바꿈을 한다.

유형(Type)

변수 유형을 달리 지정하지 않으면, SPSS는 새로운 변수를 숫자 변수로 간주한다. 변수 유형을 지정하려면 '변수 보기' 창에서 다음과 같이 유형 내의 ... 단추를 클릭하면 '변수 유형' 대화상자가 열린다.

◉ 숫자(Numeric 표기형): 변수값이 숫자인 경우, 예) 1234.56

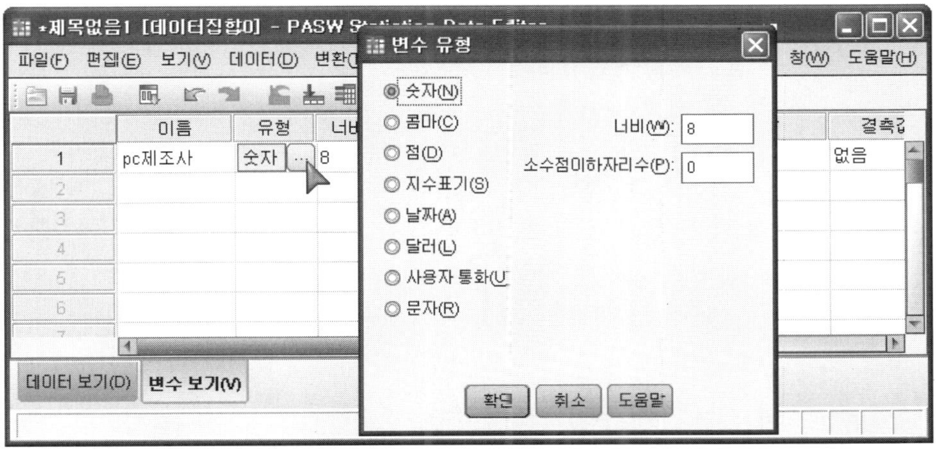

○ 콤마(Comma 표기형): 세 자리마다 콤마를 표기, 예) 1,234.56

○ 점(Dot 표기형): 세 자리마다 점을 표기, 예) 1.234,56

○ 지수표기(Scientific notation): 지수 형식으로 표기, 예) 1.2E+03

○ 날짜(Date): 날짜 및 시간을 표기하는 경우로 27가지 표기 방법이 있다.

○ 달러(Dollar 표시형): 미국 화폐를 접두어로 표기, 예) $1,234.56

○ 사용자 통화(Custom currency): CCA, CCB, CCC, CCD, CCE 등의 5가지의 사용자 통화 중에서 하나를 선택하여 표기.

○ 문자(String): 문자 변수를 표기하는 경우로, 디폴트 자리수는 문자 8자리이고 최대 영문 225(한글 128)자까지 입력할 수 있다.

너비(Width): 전체 자리수를 지정한다.

소수점이하자리수(Decimal Places): 소수점 이하 자리수를 지정한다.

설명(Labels)

변수와 변수값에 대한 이해를 돕기 위하여 사용되는 것이 설명문인데, 변수의 의미를 설명하는 '변수 설명'과 변수값의 의미를 설명하는 '변수값 설명'이 있다. '변수 보기' 창의 설명은 변수 이름에 대한 설명문을 입력하고 '값'이라 표시된 열은 변수값 설명을 입력하는 부분으로 변수값 설명은 다음과 같은 대화상자가 열린다.

변수 설명(Variable Label)

최대 영문 256자(한글 128자)까지 지정할 수 있으나, 대부분의 수행 결과에서는 공간의 제약성으로 인하여 지정한 모든 변수 설명을 출력하지 못하므로, 가능한 적은 수의 문자로 변수 설명을 지정하는 것이 좋다.

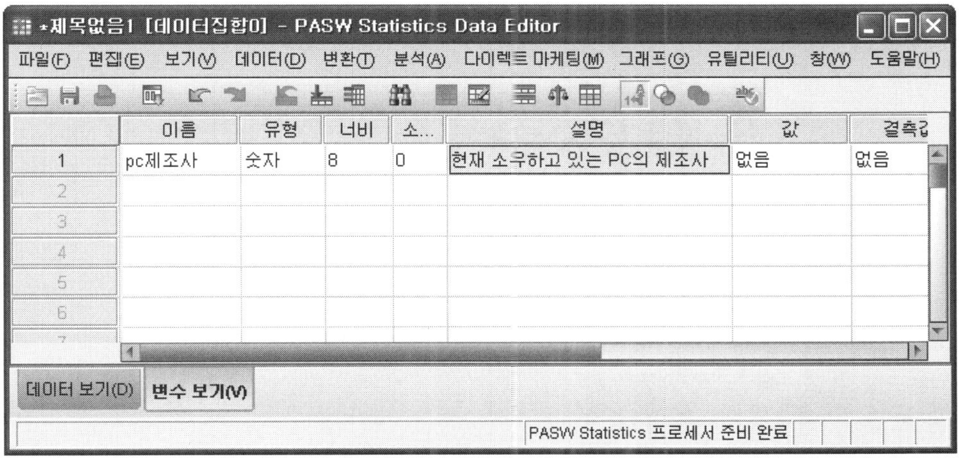

변수값 설명(Value Labels)

각 변수값에 대한 설명을 부여하는 것으로 각 변수값 설명은 최대 60자(한글 30자)까지 지정할 수 있으나, 변수 설명과 마찬가지로 수행 결과에서 변수값 설명이 잘리는 경우가 발생되므로 가능한 적은 수의 문자로 지정하는 것이 좋다.

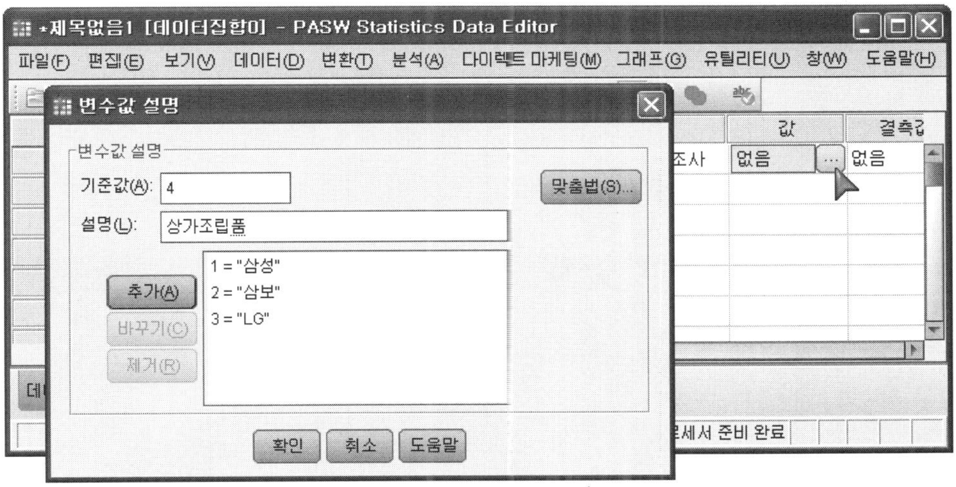

Tip

변수값 설명을 입력할 때는 키보드를 사용하므로 [추가(A)], [바꾸기(C)], [제거(R)] 단추를 마우스로 클릭하는 것보다 Alt+A, Alt+C, Alt+R 등의 단축키를 사용하는 것이 더 편리하다.

결측값(Missing Values)

SPSS에는 두 종류의 결측값이 있다.

시스템-결측값(System-missing values):

숫자 변수에 공백 문자가 할당된 경우 이를 시스템-결측값이라 한다. 시스템-결측값은 점(.)으로 나타난다.

사용자-결측값(User-missing values):

데이터가 어떻게 누락되었는가를 나타내기 위해 사용되는 결측값으로 설문조사에서 '잘 모르겠음', '해당 없음', '응답 거부' 등을 사용자-결측값으로 지정한다. 이때 각 응답값에 대하여 '0', '9', '99' 등의 값을 부여한 후 이를 사용자-결측값으로 지정한다.

결측값을 지정하려면 '변수 보기' 창에서 결측값 열에서 [...] 단추를 클릭하면 다음과 같은 '결측값' 대화상자가 열린다.

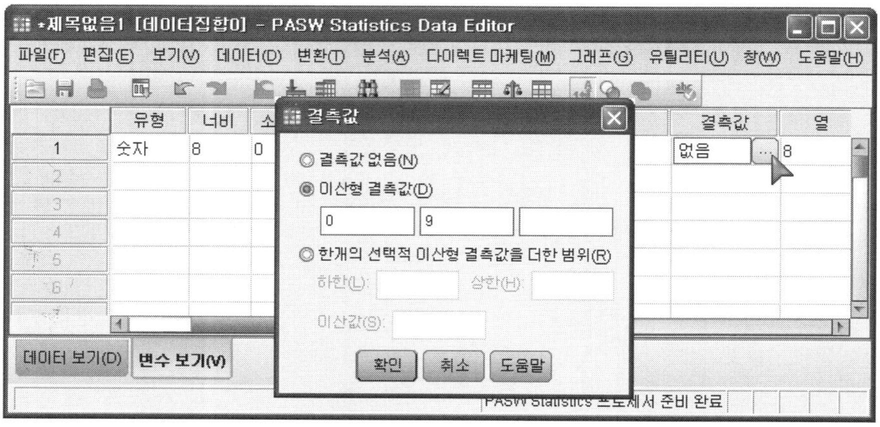

○ 결측값 없음(No missing values): 결측값이 없는 경우, 모든 변수값들은 유효한(valid) 값으로 취급된다.

◉ 이산형 결측값(Discrete missing values): 최대 3개까지의 수치를 결측값으로 지정한다.

○ 한개의 선택적 이산형 + 범위(Range plus one discrete missing value): 하한과 상한 사이의 범위와 한 개의 이산형 숫자를 결측값으로 지정한다.

열형식

데이터 편집창의 각 열의 자리수와 정렬 방식을 지정하려면, '변수 보기' 창에서 '열과 맞춤'의 각 셀에서 다음과 같이 숫자와 정렬 방법을 지정한다. 이는 단지 데이터를 화면 또는 출력결과 중 일부에 출력하는 기준일 뿐이며 실제 값이 변하는 것은 아니다.

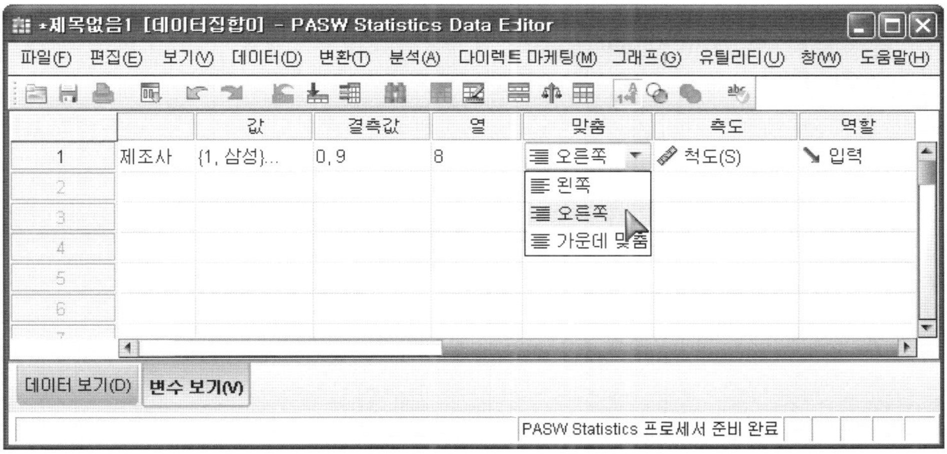

열(Column Width):

각 변수의 열 자리수를 지정하는 것으로, 디폴트는 변수 유형을 지정하는 부대화상자에서 지정한 전체 자리수의 크기이다.

맞춤(좌우정렬)

- 왼쪽(Left): 좌측 정렬, 문자 변수의 경우에 디폴트이다.
- 가운데(Center): 중앙 정렬
- 오른쪽(Right): 우측 정렬, 문자 변수 이외의 경우에 디폴트이다.

측도

- 척도(scale): 변수의 측정수준이 등간척도와 비율척도로서 데이터 값은 숫자이다(예: 연령, 가구 소득 등). 연속형 변수임을 지정한다.
- 순서(ordinal): 변수의 측정수준이 순서척도임을 지정한다. 예를 들어 상–중–하, 매우 찬성–찬성–반대–매우 반대 등의 경우이며 순서 변수는 고유한 범주(예: 1=하한, 2=중간, 3=상한)를 나타내는 문자 또는 숫자 변수로 지정될 수 있으나 일반적으로 '0'을 포함한 양의 정수로 수치화하는 것이 관례이다.
- 명목(nominal): 변수의 측정수준이 명목임을 지정한다. 예로 직업 범주 또는 회사 부서 등 명목변수는 고유한 범주(예: 1 = 남자, 2 = 여자)를 나타내는 문자 또는 숫자 변수가 될 수 있다.

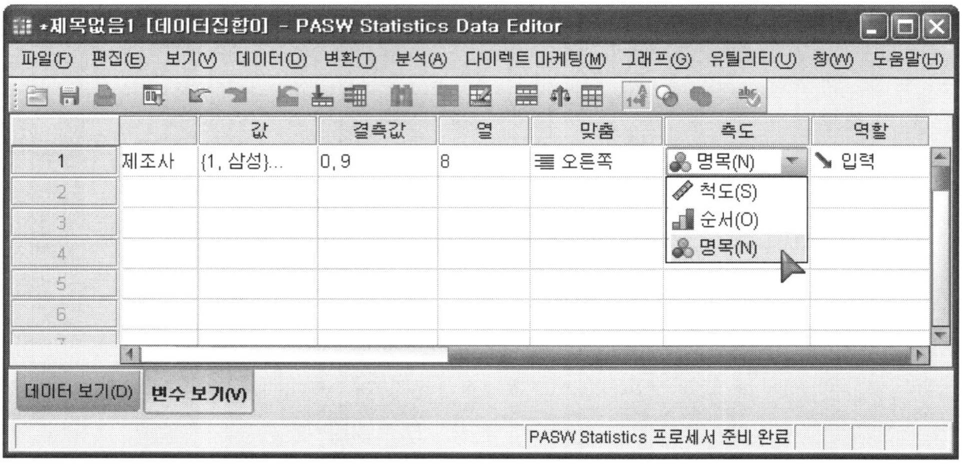

역할

일부 대화 상자에서는 분석에 사용되는 변수를 미리 선택하는 데 사용할 수 있는 사전 정의된 역할을 지정하면 이에 해당하는 대화상자를 실행할 때 역할 요구사항과 일치하는 변수가 대상 목록에 자동으로 표시된다. 사용 가능한 역할은 다음과 같다.

- 입력: 변수가 입력(예: 예측자, 독립변수)으로 사용된다.
- 대상: 변수가 출력결과 또는 대상(예: 종속변수)으로 사용된다.
- 모두: 변수가 입력 및 출력결과 양쪽으로 사용된다.
- 없음: 변수에 역할이 할당되지 않는다.
- 분할: 변수가 훈련, 검정, 타당성 검사용으로 별도의 표본에 데이터를 분할하는 데 사용된다.
- 분할: PASW Modeler와 라운드 트립 호환성용으로 포함되며 이 역할이 있는 변수는 PASW Statistics에서 분할 파일 변수로 사용되지 않는다.

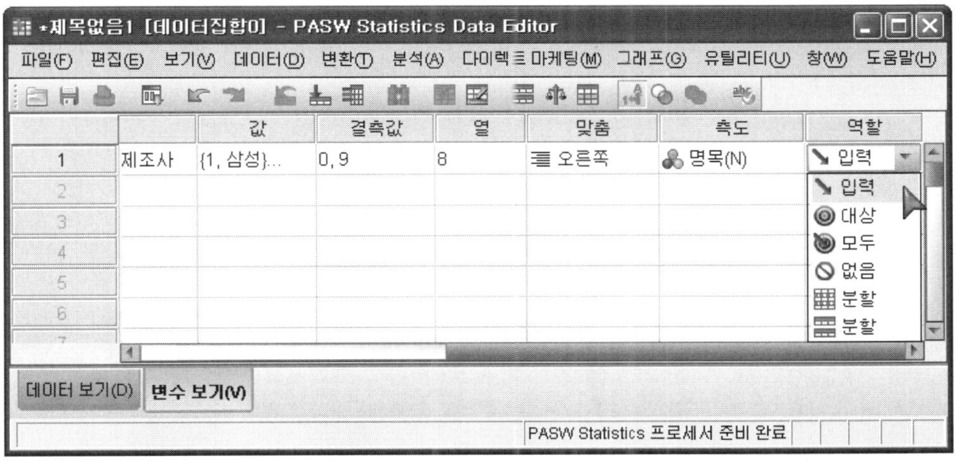

기본적으로 모든 변수에 입력 역할을 할당할 수 있으며 버전 18 이전의 PASW Statistics 버전의 데이터 파일과 외부 파일 형식의 데이터가 포함된다. 역할 할당은 역할 할당을 지원하는 대화상자에만 영향을 주며 명령구문에는 영향을 주지는 않는다.

데이터의 입력

모든 변수에 대한 변수 이름, 유형, 설명 및 열 형식 등을 지정하였으면, 수집한 데이터를 입력하는 단계이다.

① 원하는 위치로 마우스 포인터를 이동한 후 마우스 왼쪽 버튼을 클릭하거나, 좌우상하 화살표를 사용하여 원하는 셀로 이동한다. 셀의 경계선에 굵은 선의 박스가 그어지는데 이것이 현재 셀(active cell)을 가리키는 셀 포인터이다.

② 수치를 입력한다. 입력된 수치는 데이터 편집기 상단의 박스에 표시된다.

③ 엔터키(⏎)를 누른다. 데이터 편집기 상단의 박스에 표시되었던 입력 수치가 현재 셀에 표시된다.

Tip

데이터 편집기에서 ⏎ 키는 셀 포인터를 아래로 이동시키고, ⇆ 키는 셀 포인터를 우측으로 이동시킨다. 또한 Home 키는 현재 케이스의 첫 번째 변수의 위치로 셀 포인터를 이동시키고, End 키는 현재 케이스의 마지막 변수의 위치로 셀 포인터를 이동시킨다.

변수값 설명을 이용한 데이터 입력

① 데이터 편집기 메뉴의 '보기 ▷ 변수값 설명'을 선택하거나 도구 막대의 [A/1] 단추를 클릭하면, 데이터 편집기의 변수값들이 변수값 설명으로 바뀔 것이다.

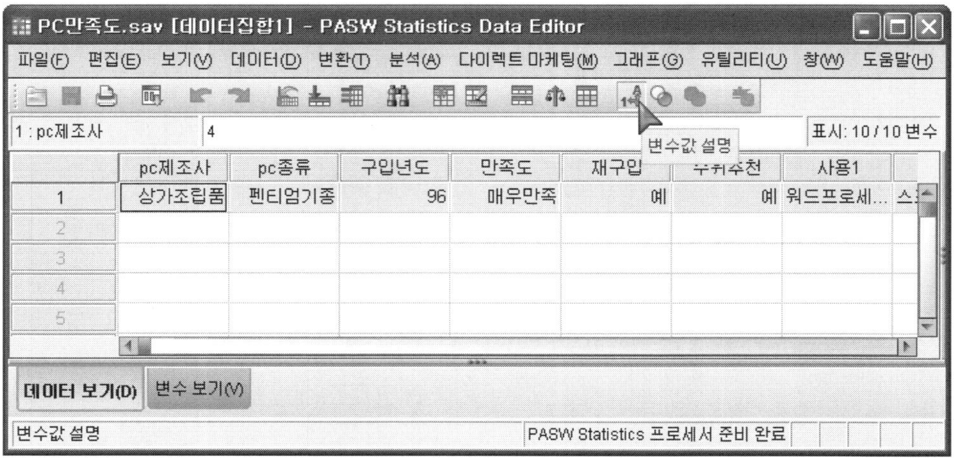

② 데이터를 입력하고자 하는 셀로 이동한 후, ▼ 버튼을 클릭하면 해당 변수의 변수값의 설명문이 다음과 같이 풀다운 메뉴로 나타난다.

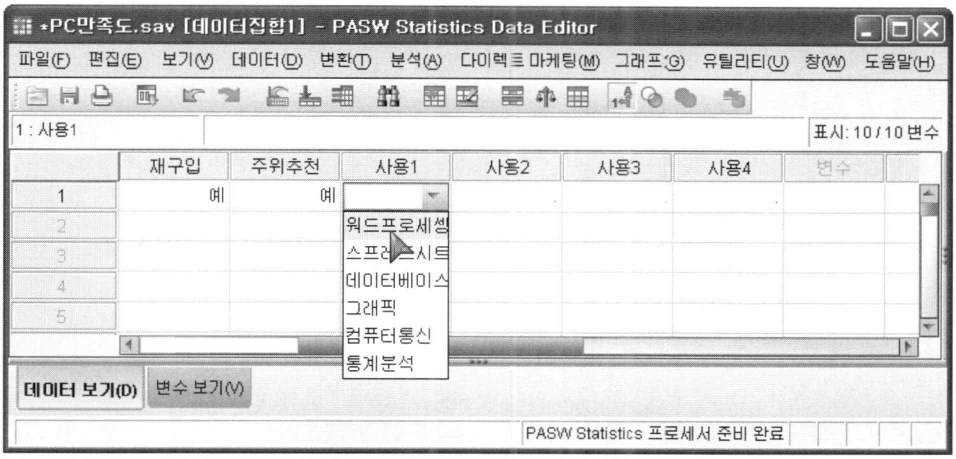

③ 입력하고자 하는 변수값 설명문에서 왼쪽 버튼을 더블 클릭하면, 변수값 설명문이 현재 셀에 입력된다.

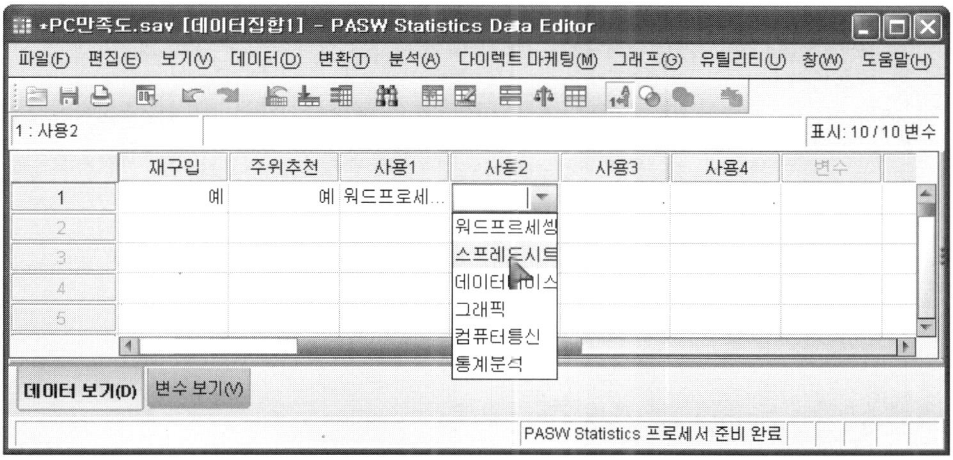

셀 값의 이동 및 복사

특정한 셀의 값을 다른 셀로 복사하거나 이동하려면

① 복사하거나 잘라내고자 하는 셀을 선택한다(마우스 왼쪽 버튼 사용).

② 주메뉴의 '편집 ▷ 복사'(Ctrl+C) 또는 '편집 ▷ 잘라내기'(Ctrl+X)를 선택한다.

③ 복사하거나 이동하고자 하는 셀에 셀 포인터를 위치시킨다.

④ 주메뉴의 '편집 ▷ 붙여넣기'(Ctrl+V)를 선택한다(또한 마우스의 오른쪽 버튼을 클릭하여 복사, 잘라내기, 붙여넣기 등을 수행할 수 있다).

새로운 변수의 추가

기존의 입력된 변수들 사이에 새로운 변수를 추가하려면

① 추가시키고자 하는 열(변수)로 이동한다.

② 주메뉴의 '데이터 ▷ 변수 삽입'을 선택한다.

③ VAR00001이라는 새로운 변수가 작성되고 모든 셀의 변수값들이 시스템-결측값으로 입력된다.

변수의 삭제 및 케이스의 삭제

변수를 삭제하려면

① 삭제하고자 하는 변수의 변수 이름이 표시되어 있는 셀을 선택한다(마우스 오른쪽 버튼을 클릭한 상태에서 마우스를 움직이면 여러 변수를 선택할 수 있다).

② 팝업 메뉴에서 '지우기'를 선택하거나 주메뉴의 '편집 ▷ 지우기'를 선택한다(변수를 선택한 후에 Del 키를 눌러도 된다).

③ 선택된 범위의 변수들이 삭제된다.

케이스를 삭제하려면

① 삭제하고자 하는 케이스의 번호가 표시되어 있는 셀을 선택한다(마우스 왼쪽 버튼을 클릭한 상태에서 마우스를 움직이면 여러 케이스를 선택할 수 있다).

② 팝업 메뉴에서 '지우기'를 선택하거나 주메뉴의 '편집 ▷ 지우기'를 선택한다(변수를 선택한 후에 Del 키를 눌러도 된다).

③ 선택된 범위의 케이스들이 삭제된다.

데이터 파일의 저장

입력이 끝난 데이터 파일을 저장하려면 주메뉴의 '파일 ▷ 저장'을 선택하거나 도구모음에서 단추를 클릭한다.

파일 이름을 다르게 하여 저장하려면 주메뉴의 '파일 > 다른 이름으로 저장...'을 선택하면 다음과 같은 '다른 이름으로 저장' 대화상자가 열린다.

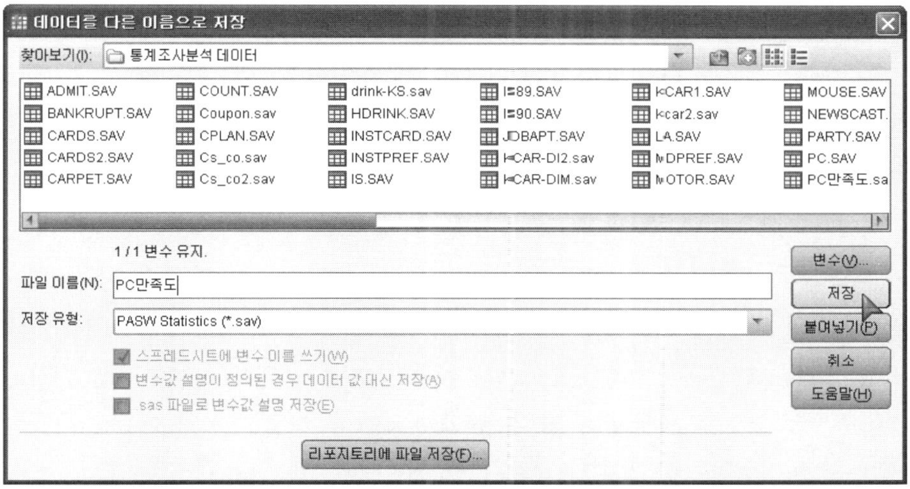

파일 이름 부분에 저장할 파일 이름을 입력한 후 [저장]을 클릭하면 데이터가 저장된다.

파일 형식(T):

- SPSS 통계량(*.sav): PASW Statistics 18의 저장 방식의 파일
- SPSS 7.0(*.sav): SPSS 7.0 저장 방식의 파일
- SPSS/PC+(*.sys): DOS용 SPSS/PC + 저장 방식의 파일
- SPSS portable(*.por): 메인 프레임용, 유닉스용 및 매킨토시용 SPSS와 DOS용 SPSS/PC+에서 EXPORT 명령문에 의하여 저장된 파일
- 탭으로 구분(*.dat): ASCII 형식으로 저장된 파일로 Tab 문자로 변수를 구분하고, CR(줄넘김 문자)로 케이스를 구분한 경우
- 쉼표로 구분(*.csv): ASCII 형식으로 저장된 파일로 쉼표(,)로 변수를 구분하고, CR(줄넘김 문자)로 케이스를 구분한 경우
- 고정 형식 ASCII(*.dat): 고정 형식으로 입력된 아스키(ASCII) 형식의 저장된 파일
- Excel(*.xls): 'MS-Excel'로 저장된 파일, 통합 문서 형식뿐만 아니라 Excel 4.0 이하의 스프레드시트 형식으로 저장되어 있는 파일도 읽을 수 있다.
- 1-2-3 Rel 3.0(*.wk3): 'Lotus 1-2-3 Release 3.0'으로 저장된 파일
- 1-2-3 Rel 2.0(*.wk1): 'Lotus 1-2-3 Release 2.0'으로 저장된 파일
- 1-2-3 Rel 1.0(*.wks): 'Lotus 1-2-3 Release 1.0A'로 저장된 파일
- SYLK(*.slk): Microsoft사의 SYLK 형식으로 저장된 파일
- dBASE IV(*.dbf): dBASE IV로 저장된 파일
- dBASE III(*.dbf): dBASE III Plus로 저장된 파일
- dBASE II(*.dbf): dBASE II로 저장된 파일
- SAS V?(*.ssd?): SAS V6 이상의 각종 저장 파일

□ 스프레드시트에 변수 이름 쓰기: 파일 형식이 탭 구분(Tab-delimited) 데이터, Excel, 1-2-3 Rel 3.0, 1-2-3 Rel 2.0, 1-2-3 Rel 1.0 및 SYLK인 경우에 SPSS 변수 이름을 포함하여 저장할지 여부를 지정한다.

2.3 엑셀 파일의 읽기

데이터가 다음과 같은 엑셀 파일로 저장도어 있다. 첫 번째 행은 SPSS 시스템이 변수 이름으로 읽어 들여야 하므로 변수 이름을 지정하는 규칙인 문자로 시작하되 8byte(8개의 영문자나 4자의 한글)로 지정되어 있어야 한다. 그렇지 않은 경우 에러를 유발하게 되어 데이터를 올바르게 읽을 수 없다.

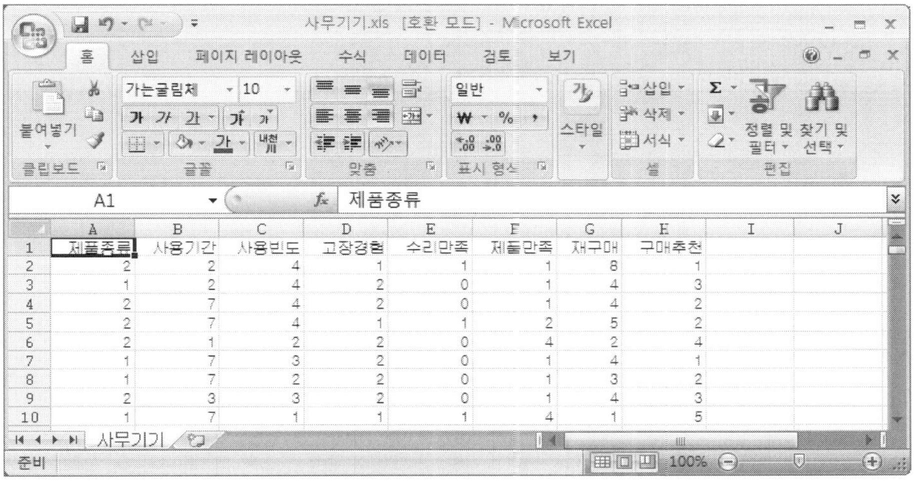

데이터 편집기의 메뉴에서 '파일 ▷ 열기..'를 선택하거나 'Ctrl + O' 또는 단추를 클릭하면 '데이터 열기' 대화상자가 열린다.

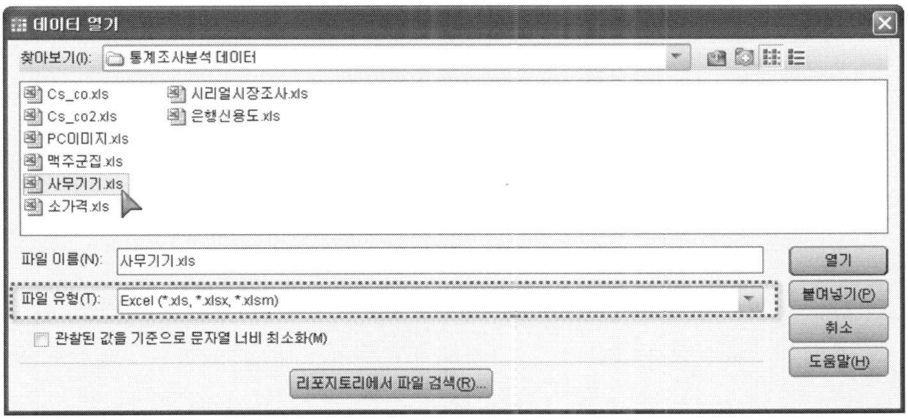

파일 형식을 "Excel(*.xls)"로 바꾼 후, '사무기기'를 선택하고 [열기] 단추를 클릭하면 'Excel 데이터 소스 열기' 대화상자가 열린다. 엑셀 파일의 첫 번째 행에 변수 이름이 입력되어 있으므로 '데이터 첫 행에서 변수 이름 읽어오기'가 체크되어 있는지를 확인한 후 [확인] 단추를 클릭한다.

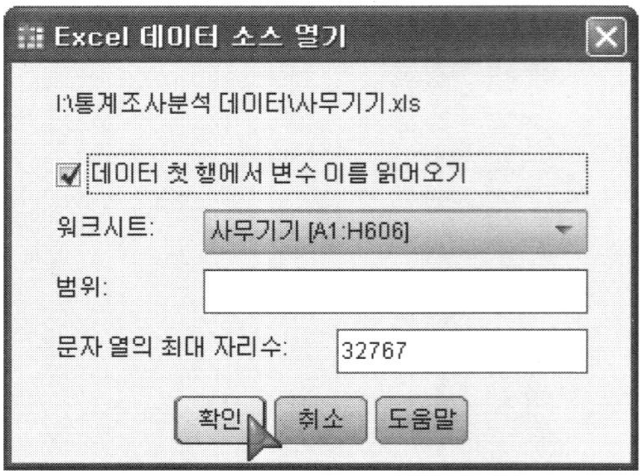

엑셀 파일의 내용이 SPSS의 데이터 시트에 나타난다.

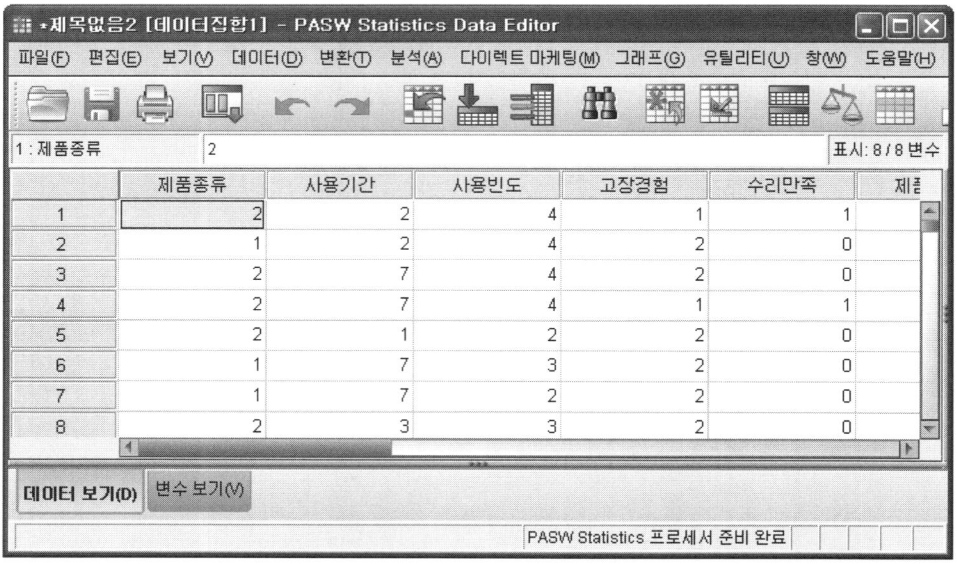

엑셀 파일에는 변수 설명, 결측값 등에 대한 변수 정보를 포함하고 있지 않으므로, 데이터 시트에는 변수값이 숫자로만 나타났다. 이러한 정보들은 SPSS 상에서 입력하여 주어야 한다.

2.4 데이터베이스 파일의 읽기

데이터베이스 파일을 읽으려면 MS사의 ODBC(Open Data Base Connectivity)가 PC에 설치되어 있어야 한다. 또한 읽고자 하는 데이터베이스 종류가 ODBC에 등록되어 있어야 한다.

먼저 SPSS의 데이터 편집기 메뉴에서 '파일 ▷ 열기 ▷ 데이터'를 선택한다. 그러면 다음과 같이 '데이터 열기'가 열린다.

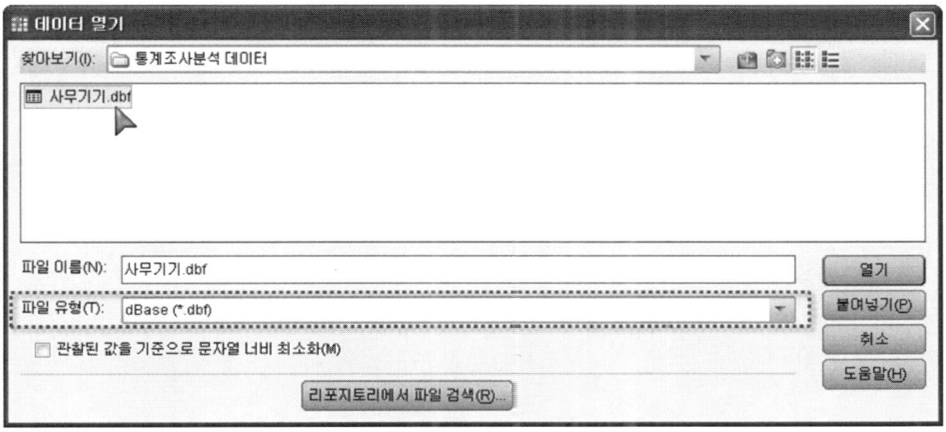

읽고자 하는 데이터베이스 종류를 선택하고 데이터베이스 파일을 지정한 다음 열기 단추를 클릭한다.

데이터가 SPSS로 읽혀진 다음 변수 이름과 설명문 등의 기본적인 데이터 정의 작업을 수행해야 한다.

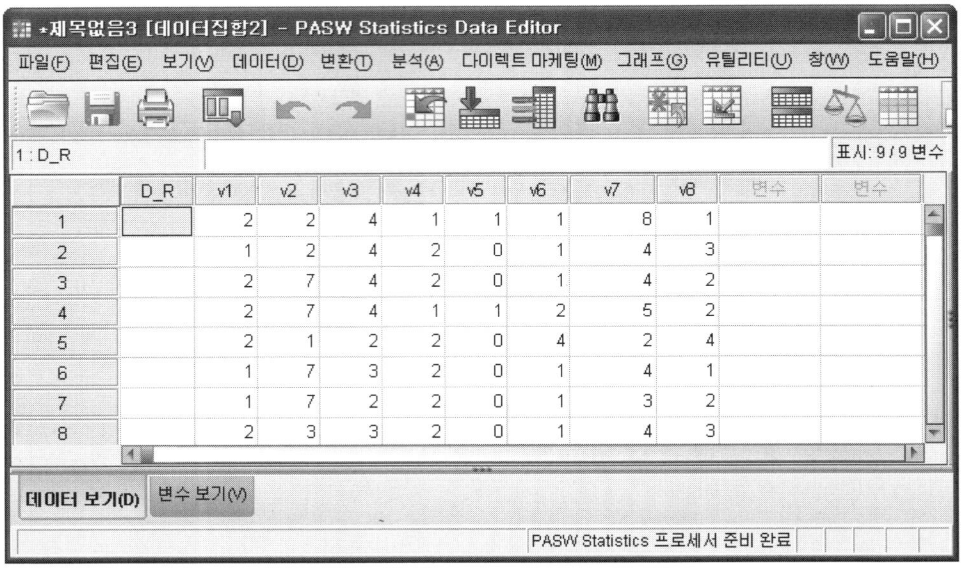

	D_R	v1	v2	v3	v4	v5	v6	v7	v8	변수	변수
1		2	2	4	1	1	1	8	1		
2		1	2	4	2	0	1	4	3		
3		2	7	4	2	0	1	4	2		
4		2	7	4	1	1	2	5	2		
5		2	1	2	2	0	4	2	4		
6		1	7	3	2	0	1	4	1		
7		1	7	2	2	0	1	3	2		
8		2	3	3	2	0	1	4	3		

2.5 텍스트(아스키) 데이터 파일의 읽기

미국에서 판매되는 35가지 맥주에 대한 데이터가 "미국맥주.dat"라는 아스키 파일에 다음과 같은 형식으로 저장되어 있다.

입력 컬럼	변수의 내용	응답 범주와 내용
1	평가 등급	1 = 매우 우수 2 = 우수 3 = 보통
3~23	상품명	문자 변수
25	생산국	1 = 미국, 2 = 캐나다 3 = 프랑스, 4 = 네덜란드 5 = 멕시코, 6 = 독일 7 = 일본
27	판매지	1 = 전국 2 = 지역
29~31	판매가(달러, 12온스 용량 6병)	소수점 이하 2자리
33~35	생산가(달러,12온스 용량 1병)	소수점 이하 2자리
37~39	칼로리 함량(cal,12온스 용량 1병)	
41~42	염분 함량(mg,12온스 용량 1병)	
44~45	알코올 농도(%,퍼센트)	소수점 이하 1자리
47	가격 등급	0 = 미표기 1 = 초특제 2 = 특제 3 = 대중품
49	종류	0 = 보통 1 = 라이트

이러한 아스키 데이터 파일을 SPSS로 읽어 들이려면, 데이터 편집기의 메뉴에서 '파일 ▷ 열기 ▷ 데이터'를 선택한다. 대화상자의 '파일 형식'에서 "데이터(*.dat)"로 지정하면 확장자가 dat인 파일들이 나타난다.

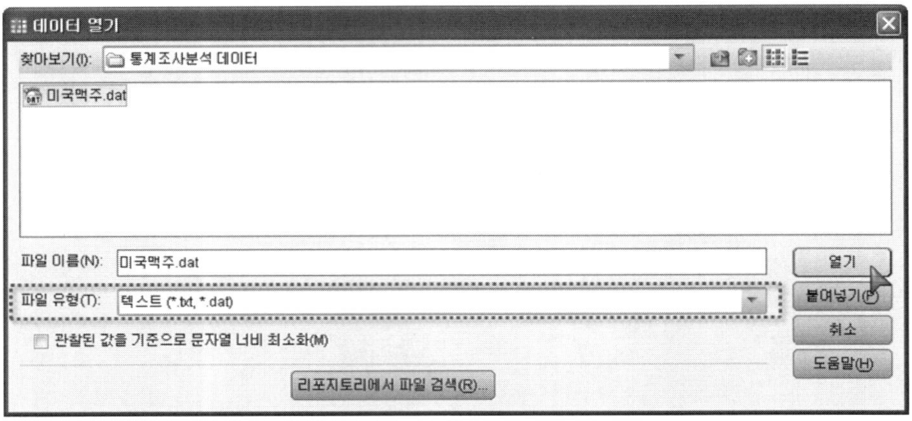

읽고자 하는 파일 이름을 지정한 후, 열기 단추를 클릭한다.

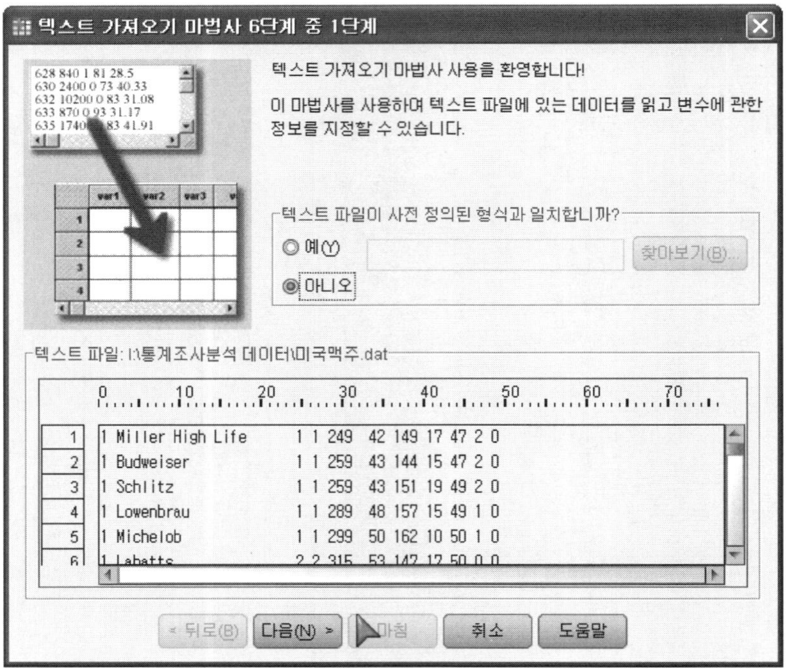

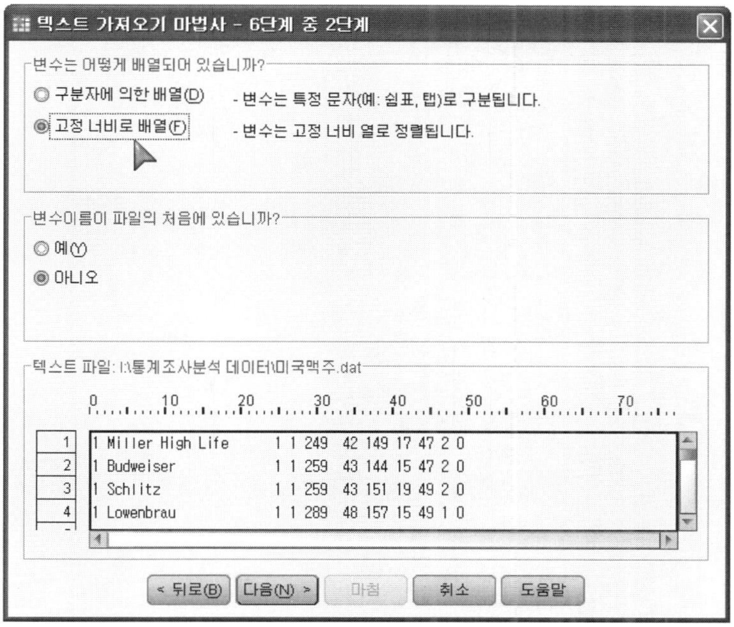

미국맥주.dat 파일은 읽고자 하는 변수값들이 고정된 열에 입력되어 있으므로 '고정 너비로 배열' 옵션을 선택하고 다음(N) > 단추를 클릭한다.

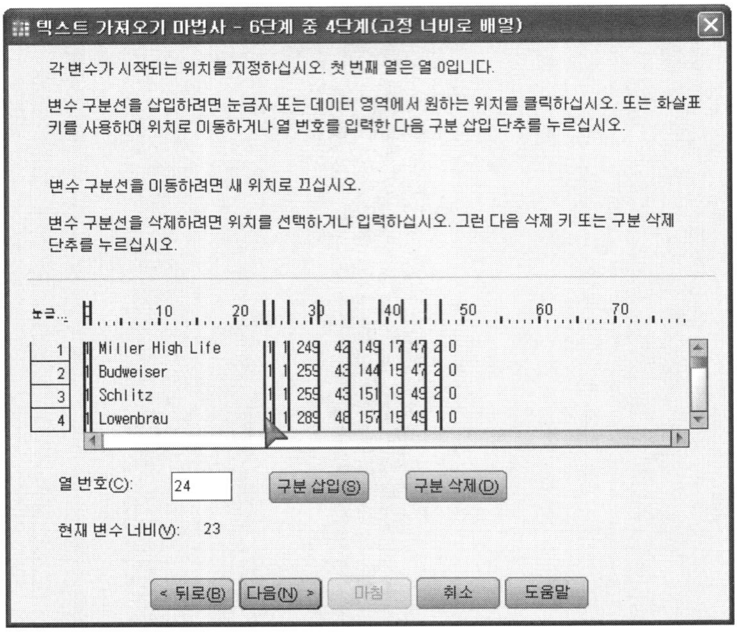

구분선의 위치를 원하는 위치로 이동하고 필요 없는 구분선은 데이터 미리보기 화면에서 밖으로 끌어내기 한다. 다음(N) > 단추를 클릭한다.

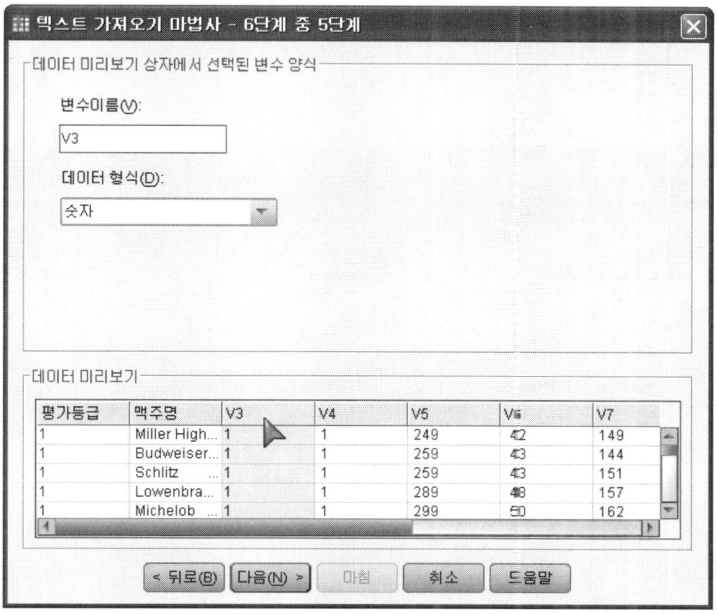

데이터 미리보기에서 V1을 선택하면 상단의 '변수 이름'에서 변수 이름을 수정할 수 있게 된다. '평가등급'이라고 입력하고 다른 변수들도 같은 방법으로 수정 완료하고 다음(N) > 단추를 클릭한다.

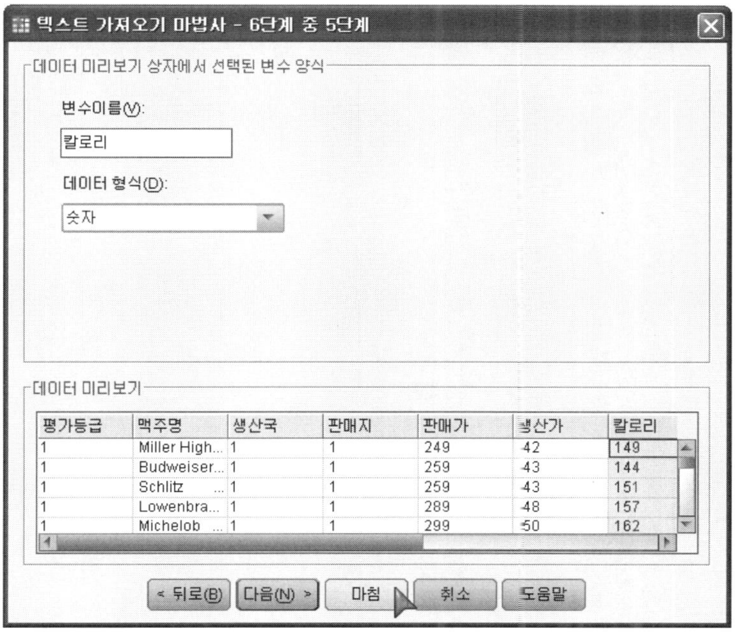

변수 설명, 변수값 설명, 결측값 등은 부여되지 않았으므로, 이 단계에서 부여하면 된다. [마침] 단추를 클릭한다.

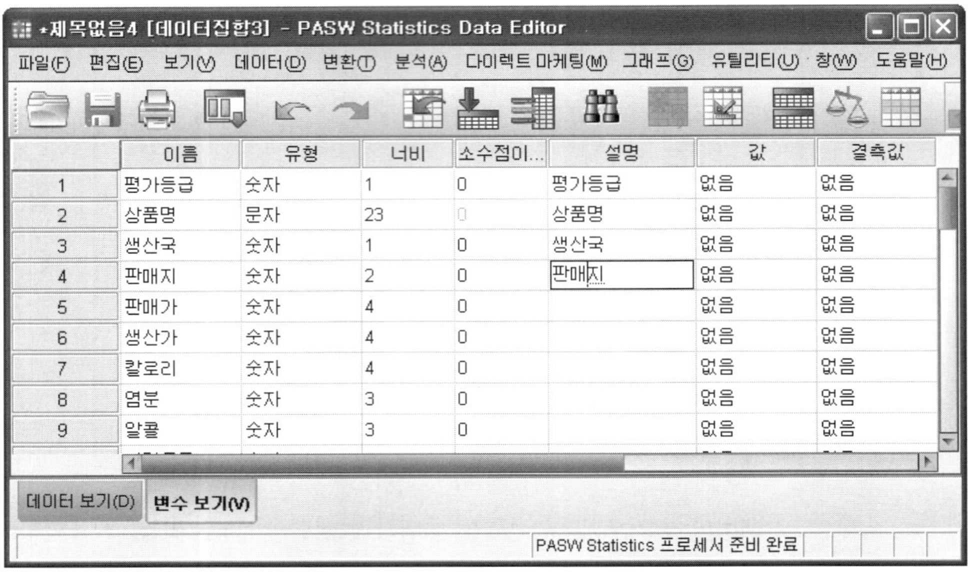

이제 변수 보기에서 각 변수 이름 및 변수값에 대한 설명문을 입력하고 저장하면 된다.

2.6 변수의 종류

측정수준에 따른 분류

어떤 결론을 내리는 데 있어서 근거가 될 수 있는 모든 사실을 통칭하여 데이터(또는 자료)라고 한다. 데이터는 숫자, 문자, 화상, 소리 등의 형태로 표현될 수 있지만 데이터 분석에서는 주로 수치 데이터를 대상으로 한다. 이렇게 어떤 현상에 대해 수치를 부여하는 과정을 "수치화"라고 한다.

이렇게 수치화 과정을 통하여 부여된 각 숫자를 변수값이라고 하며, 이러한 변수값들이 가지는 상호 관계를 측정수준(level of measurement)이라 한다. 수치화된 변수값들 간의 관계에 따라 명목척도(nominal scale), 순서척도(ordinal scale), 등간척도(interval scale), 비율척도(ratio scale) 등으로 나누어진다.

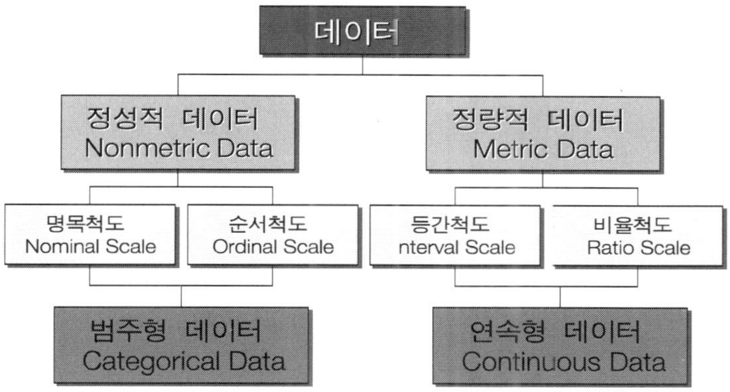

명목척도 변수

측정 대상을 고유한 특성에 따라 분류하거나 구분할 목적으로, 동일한 특성을 갖는 대상들이 동일한 수치를 갖도록 한 데이터를 명목척도 데이터라 한다. 즉, 명목척도는 분류에 기초를 두고 수치화된 데이터이다. 명목척도에서는 유일한 속성에 부여된 숫자 변수값이 단지 이름에 불과하다. 케이스들에 순서적인 의미가 없다. 예를 들어, 어떤 상품의 전체 구매 고객 집단을 성별로 분류하여 남자 고객에게는 '1', 여자 고객에게는 '2'라는 수치를 부여한다면 이것이 바로 명목 데이터인데, 이러한 수치들은 단지 그 집단의 명칭을 대신할 뿐, 통상적인 수량의 의미로서 '1'과 '2'를 뜻하지 않는다. 또 다른 예로 농구에서 셔츠의 등번호는 명목상의 의미로 부여된 이름에 불과하다. 등번호 30인 선수는 등번호 15인 선수보다 운동 능력이 뛰어난 것이 아니며, 능력이 두 배라고 할 수도 없다. 따라서 명목척도는 사칙연산 등 일체의 수학적 계산이 불가능하며, 데이터의 값을 바꾸어도 무방하다. 즉, 성별에 있어서 남자를 '2', 여자를 '1'로 하여도 아무런 문제가 발생되지 않는다.

예) 성별: 남자=1, 여자=2
　　직업: 회사원=1, 공무원=2, 자영업=3, 학생=4
　　지역: 서울=1, 경기=2, 강원=3, 전라=4, 경상=5, 제주=6 등
수학적 의미) A=B 또는 A B

순서척도 변수

측정 대상들을 비교하기 위해 특성의 많고 적음 또는 크고 작음의 순서(서열)에 따라 측정 대상들에게 수치를 부여한 데이터를 순서척도 데이터 또는 서열척도 데이터라 한다. 즉, 측정 대상을 그 특성에 따라 순서대로 배열하고, 그 순서에 따라 1, 2, 3 등의 수치를 부여하면 이것이 바로 순서척도 데이터에 해당된다. 예를 들어, 특정 상품의 고객 만족도에 따라 매우 만족=5, 만족=4, 보통=3, 불만=2, 매우 불만=1 등으로 수치를 부여하였을 경우, 5는 1과 다르게 분류된다는 점 이외에 수치가 커질수록 고객 만족도라는 특성의 순서가 높아지게 된다. 그러나 1, 2, 3, 4, 5 등의 수치들은 단지 순서적 배열에서의 상대적 위치만을 가리킬 뿐이므로, 고객들이 절대적으로 얼마나 많은 만족감을 느끼고 있는지는 알 수 없다. 즉, 매우 만족=5로 응답한 고객의 호응도가 매우 불만=1로 답한 고객의 만족도의 5배에 해당하는 호응도라고는 말할 수 없다.

예) 건강 상태: 양호=3, 보통=2, 나쁨=1
　　지지도: 적극 찬성=5, 약간 찬성=4, 중립=3, 약간 반대=2, 적극 반대=1
　　상품 소비도: 대량 소비=3 중간 소비=2, 소량 소비=1, 비소비=0
수학적 의미) A>B, A=B, A<B

등간척도 변수

측정 대상이 갖고 있는 속성의 양적인 정도의 차이에 따라 등간격으로 수치를 부여한 데이터를 등간척도 데이터 혹은 구간척도 데이터라 한다. 등간척도 데이터는 해당 속성이 전혀 없는 상태인 절대적 원점(absolute zero)이 존재하지 않으며 비율의 의미가 존재하지 않는 데이터이다. 등간척도 데이터는 수학에서 사용되는 사칙연산이 가능하며, 평균, 표준편차 등의 계산도 가능하다.

등간척도의 가장 대표적인 예로 온도를 들 수 있는데, 화씨 온도와 섭씨 온도에 있어서 양자 모두 서로 다른 임의의 '0'점을 가지고 있지만, 실제로 '0'이라는 양을 가리키거나 온도가 없다는 것을 의미하지는 않는다. 또한, 100℃의 온도가 50℃의 온도의 정확히 두 배 높은 온도라고 말할 수 없다. 이는 섭씨 0도가 열이 전혀 없는 상태인 절대적 '0'점이 아니라 편의에 의하여 설정된 상대적 '0'점이기 때문이다.

예) 온도: 섭씨　0℃　50℃　100℃
　　　화씨　32°F　122°F　212°F
　　　물가지수, 산업생산지수, 무역수지
　　　만족도: 매우 만족=5, 만족=4, 보통=3, 불만=2, 매우 불만=1

수학적 의미) (A−B)+(B−C) = A−C

비율척도 변수

등간척도가 갖는 특성에 추가로 절대적 원점(absolute zero)이 존재하고 비율 계산이 가능한 데이터를 비율척도 데이터라 한다. 즉, 소득이 0이라면 소득이 전혀 없음을 의미하며, 소득 200만 원은 소득 100만 원 두 배라고 확실하게 말할 수 있다. 수학에서 사용되는 사칙연산이 가능하며, 평균, 표준편차 등의 계산이 가능하다.

예) 광고비, 판매량, 매출액, 무게, 제품 가격, 소득 등

수학적 의미) A=KB B=LC 이면 A=KLC (단, K, L 0)

상기 4종류의 변수는 명목척도 변수, 순서척도 변수, 등간척도 변수, 비율척도 변수의 순으로 변수가 갖고 있는 정보의 수준이 높아지므로 보다 정밀한 분석방법에 적용시킬 수 있다.

통상적으로 명목척도 변수와 순서척도 변수를 묶어서 범주형 변수(categorical variable)라고 하며, 등간척도 변수와 비율척도 변수를 묶어서 연속형 변수(continuous variable)라고 한다.

인과관계에 따른 분류

독립변수(설명변수)

- 다른 변수에 영향을 주는 변수로 원인이 된다.

종속변수(반응변수)

- 다른 변수에 영향을 받는 변수로 결과가 된다.

코딩 형식에 따른 분류

숫자 변수

- 숫자로 코딩된 변수

문자 변수

- 문자열로 코딩된 변수

날짜 변수

- 날짜 표기 형식으로 코딩된 변수

Chapter 03

범주형 변수의 기초 분석

3.1 빈도분석

범주형 변수를 분석하는 첫 번째 단계는 각각의 변수에 해당되는 변수값의 빈도와 비율을 계산하는 것이다. SPSS에서 단일변수에 대한 빈도분석을 수행하려면 주메뉴에서 '분석 ▷ 기술통계량 ▷ 빈도분석...'을 선택하면 '빈도분석' 대화상자가 열린다.

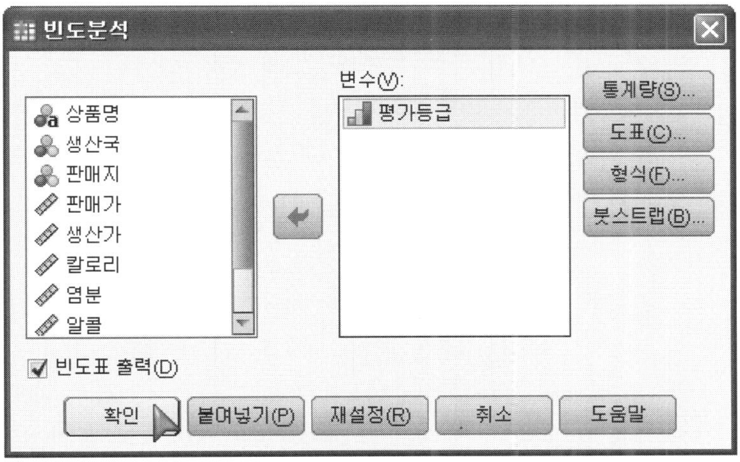

빈도분석을 수행하고자 하는 변수를 선택한 후 확인 단추를 클릭하면, SPSS 뷰어에 빈도표가 출력된다.

평가등급					
		빈도	퍼센트	유효 퍼센트	누적퍼센트
유효	매우우수	11	31.4	31.4	31.4
	우 수	14	40.0	40.0	71.4
	보 통	10	28.6	28.6	100.0
	합계	35	100.0	100.0	

빈도분석표의 각각의 열은 맥주에 대한 세 가지 평가등급의 빈도와 퍼센트를 표시하여 준다. 전체 케이스는 35이고 무응답(결측값) 케이스는 없다.

네 번째 칼럼의 '유효 퍼센트'는 무응답을 제외한 퍼센트이다. 여기서는 무응답 케이스가 없으므로 세 번째 열의 '퍼센트'와 동일하다. 마지막 열의 '누적 퍼센트'는 각 퍼센트의 누적합을 나타낸다.

'빈도분석' 대화상자의 옵션

□ 빈도표 출력(Display frequency tables): 디폴트로 빈도표가 출력된다. 빈도표의 출력을 원하지 않는 경우(예를 들어 도표만을 출력하고자 할 경우)에 이 옵션을 해제하면 된다.

3.2 빈도분석: 통계량

숫자 변수에 대한 다양한 기술통계량을 계산하고자 하는 경우에는, '빈도분석' 대화상자에서 [통계량(S)...] 단추를 클릭하면 '빈도분석: 통계량' 부대화상자가 열린다.

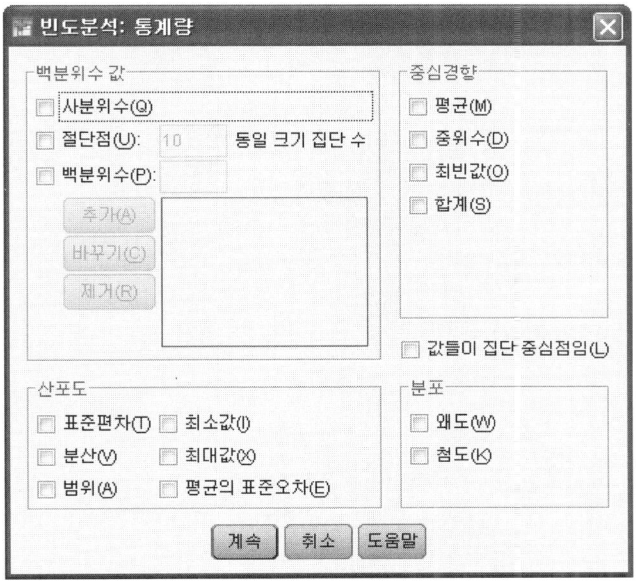

백분위수 값(Percentile Values) 출력 옵션

- 다음 중에서 하나 이상을 선택할 수 있다.

□ 사분위수(Quartiles): 사분위수로 가장 작은 값에서 큰 값의 순서로 나열하였을 때, 아래서부터 25%, 50%, 75%에 해당하는 값이 출력된다.

□ 절단점 - n개 동일크기 집단수(Cut points for n equal groups): 크기대로 정렬된 수치들을 지정하는 n개의 집단으로 나누었을 경우에 각 집단의 구분점(cut points)에 위치하는 값이 출력(n 분위수라고 함)된다.

□ 백분위수(Percentiles): 사용자가 지정하는 분위수로 0~100 사이의 분위수를 지정하면, 지정한 분위수들이 출력된다.

산포도(Dispersion) 출력 옵션

- 다음 중에서 하나 이상을 선택할 수 있다.

☐ 표준편차(Std. deviation): 관측값들이 평균을 중심으로 얼마나 퍼져 있는가를 측정하는 통계량을 출력한다.

☐ 분산(Variance): 관측값들이 평균으로부터 얼마나 떨어져 있는가를 측정하는 통계량으로, 표준편차를 제곱한 값이다.

☐ 범위(Range): 가장 큰 값(최대값)에서 가장 작은 값(최소값)을 뺀 값으로 표준편차나 분산의 보조 통계량으로 사용된다.

☐ 최소값(Minimum): 관측값 중에서 가장 작은 값

☐ 최대값(Maximum): 관측값 중에서 가장 큰 값

☐ 평균의 표준오차(S.E. mean): 표본평균의 산포 정도를 측정하는 통계량

중심경향(Central Tendency) 출력 옵션

- 다음 중에서 하나 이상을 선택할 수 있다.

☐ 평균(Mean): 산술 평균으로 모든 관측값의 합을 관측값의 수로 나눈 값

☐ 중위수(Median): 중앙값이라고도 하며, 크기 순서로 가장 작은 값 가장 큰 값으로 나열하였을 경우에 한가운데 위치하는 관측값. 관측값의 수가 짝수일 경우에는 중앙에 위치하는 두 관측값의 산술평균이 중위수가 된다.

☐ 최빈값(Mode): 가장 많은 빈도를 가지고 있는 관측값. 빈도가 같은 여러 관측값이 존재할 경우에는 이중에 가장 작은 관측값만이 최빈값으로 출력된다.

☐ 합계(Sum): 모든 관측값을 합산한 값

분포(Distribution) 출력 옵션

- 다음 중에서 하나 이상을 선택할 수 있다.

☐ 왜도(Skewness): 분포의 비대칭도 – 분포의 모양이 얼마나 좌우대칭인지를 나타내는 통계량으로 왜도의 표준오차가 같이 출력된다.

☐ 첨도(Kurtosis): 분포의 뾰족한 정도 – 분포의 모양이 중심점에서 뾰족한가를 나타내는 통계량으로, 첨도의 표준오차가 같이 출력된다.

일반 옵션

☐ 값들이 집단 중심점임(Values are group midpoints): 원래의 데이터가 집단으로 변환되었다고 가정하고 각 집단 값들이 원래 집단의 중심점(평균)이라는 가정 하에 백분위수와 중위수 등을 계산할 때 사용

3.3 빈도분석: 도표

빈도분석표의 결과에 따라 막대도표나 히스토그램을 작성할 경우, '빈도분석' 대화상자에서 도표(C)... 단추를 클릭하면 '빈도분석: 도표' 부대화상자가 열린다.

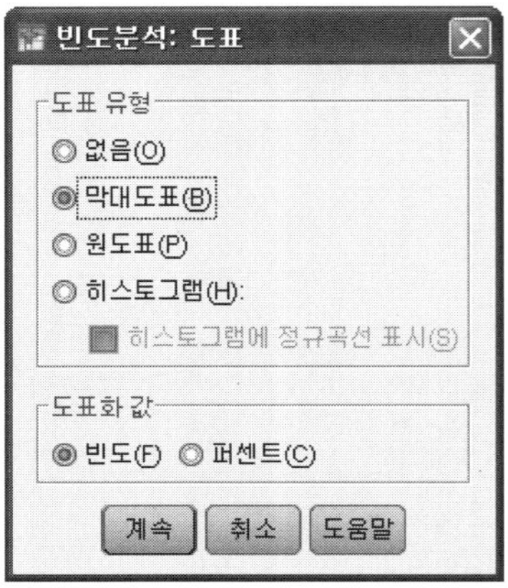

도표 유형(Chart Type)

– 다음 중에서 하나를 선택할 수 있다.

◉ 없음(None): 도표를 출력하지 않음 – 디폴트

○ 막대도표(Bar charts): 각 범주의 수만큼 막대를 그린다.

○ 원도표(Pie charts): 각 범주의 수만큼 원조각을 그린다.

○ 히스토그램(Histograms): 최대 21개 구간까지 작성할 수 있다.

□ 정규곡선 표시(With normal curve): 이 옵션을 선택하면 정규분포곡선이 히스토그램 위에 겹쳐지게 되어 데이터가 정규분포와 비교할 때 얼마나 다른지 알 수 있다.

도표화 값(Chart Values)

– 다음 중에서 하나를 선택할 수 있다.

◉ 빈도(Frequencies): 수직축의 눈금은 각 범주의 빈도이다. – 디폴트

○ 퍼센트(Percentages): 수직축의 눈금은 각 범주의 퍼센트이다.

다음은 '맥주의 평가등급'에 대한 막대도표를 출력한 결과이다. 수평축에 각 범주가 나타나고 수직축에는 각 범주에 해당하는 빈도가 나타났다.

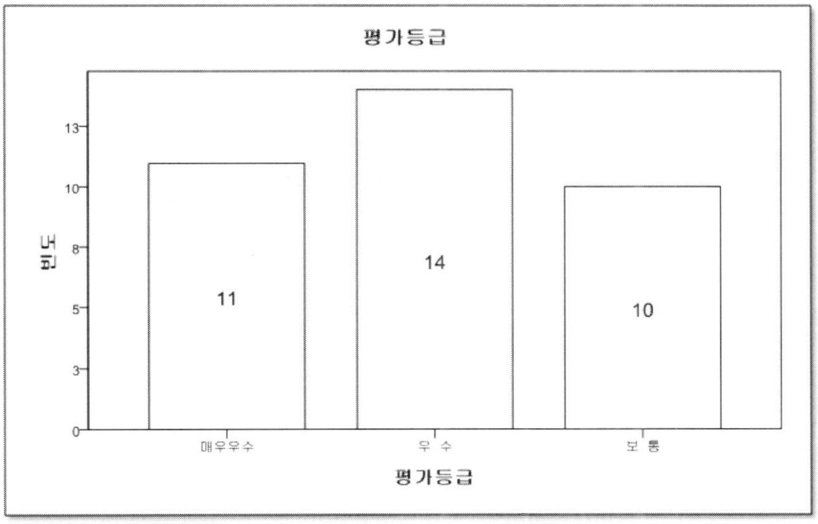

다음은 맥주의 '판매가'에 대한 히스토그램을 출력한 결과이다. 수평축에 각 구간이 나타나고 수직축에는 각 구간에 해당하는 빈도가 나타난다. '정규곡선 표시' 옵션을 지정하였으므로 정규분포곡선이 히스토그램에 겹쳐서 출력되었다.

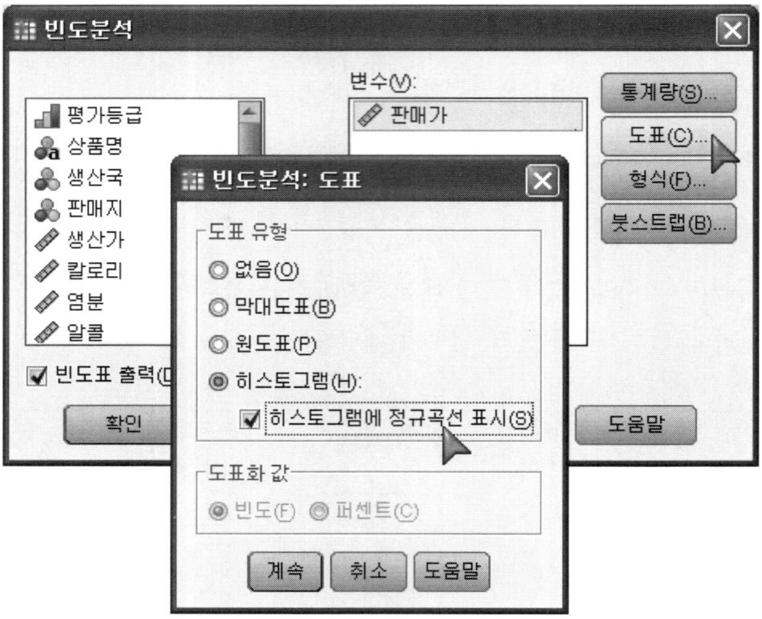
빈도분석
변수(V):
판매가
통계량(S)...
도표(C)...
형식(F)...
붓스트랩(B)...
평가등급
상품명
생산국
판매지
생산가
칼로리
염분
알콜
빈도표 출력(D)
확인
도움말
빈도분석: 도표
도표 유형
없음(O)
막대도표(B)
원도표(P)
히스토그램(H):
히스토그램에 정규곡선 표시(S)
도표화 값
빈도(F)
퍼센트(C)
계속
취소
도움말

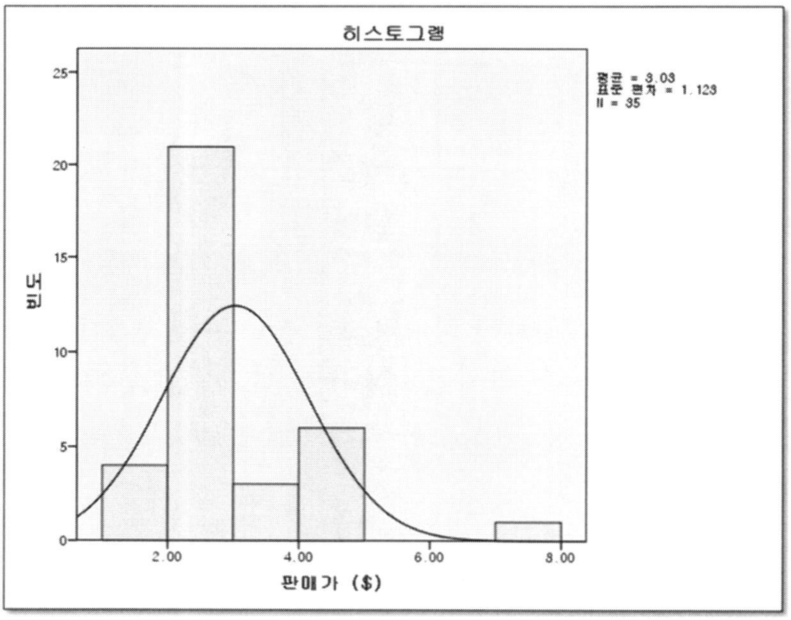
히스토그램
평균 = 3.03
표준 편차 = 1.123
N = 35
빈도
판매가 ($)

3.4 빈도분석: 형식

빈도표를 출력할 때 그 형식을 변경하고자 하는 경우, '빈도분석' 대화상자에서 [형식(F)...] 단추를 클릭하면 '빈도분석: 형식' 부대화상자가 열린다.

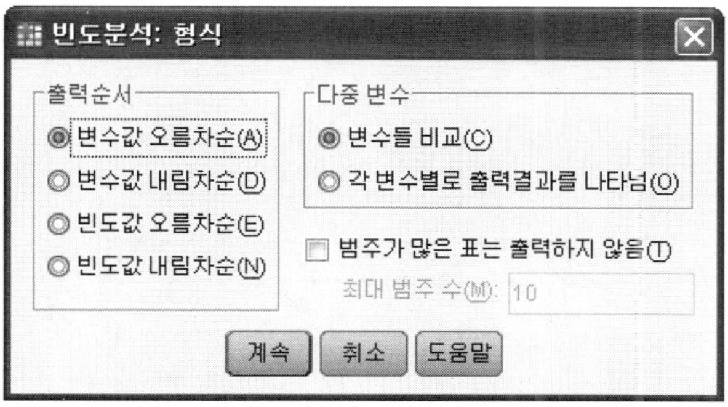

출력순서(Order by)

– 다음 중에서 하나를 선택할 수 있다.

◉ 변수값 오름차순(Ascending values): 수직축의 라벨은 각 범주의 빈도이다. 디폴트

평가등급

		빈도	퍼센트	유효 퍼센트	누적퍼센트
유효	매우우수	11	31.4	31.4	31.4
	우 수	14	40.0	40.0	71.4
	보 통	10	28.6	28.6	100.0
	합계	35	100.0	100.0	

○ 변수값 내림차순(Descending values): 수직축의 라벨은 각 범주의 퍼센트이다.

평가등급

		빈도	퍼센트	유효 퍼센트	누적퍼센트
유효	보 통	10	28.6	28.6	28.6
	우 수	14	40.0	40.0	68.6
	매우우수	11	31.4	31.4	100.0
	합계	35	100.0	100.0	

○ 빈도값 오름차순(Ascending counts): 수직축의 라벨은 각 범주의 퍼센트이다.

평가등급

		빈도	퍼센트	유효 퍼센트	누적퍼센트
유효	보 통	10	28.6	28.6	28.6
	매우우수	11	31.4	31.4	60.0
	우 수	14	40.0	40.0	100.0
	합계	35	100.0	100.0	

○ 빈도값 내림차순(Descending counts): 수직축의 라벨은 각 범주의 퍼센트이다.

평가등급

		빈도	퍼센트	유효 퍼센트	누적퍼센트
유효	우 수	14	40.0	40.0	40.0
	매우우수	11	31.4	31.4	71.4
	보 통	10	28.6	28.6	100.0
	합계	35	100.0	100.0	

일반 옵션

□ n범주 이상은 표에 출력하지 않음: 지정한 범주의 수보다 범주가 많은 변수에 대한 빈도표는 출력하지 않는다. 변수 목록에 범주가 많은 범주형 변수나 연속형 변수가 혼합되어 있는 경우 제한된 범주 수보다 작은 범주형 변수들만 빈도표를 출력하고자 할 때 매우 유용하게 사용할 수 있다.

최대 범주 수: 지정한 개수만큼의 범주에 해당하는 빈도분석표만 출력된다.

3.5 교차분석

앞에서 단일변수의 빈도분석을 설명하였다. 그러한 단일변수의 빈도분석이 널리 사용되고 있기는 하나, 두 가지 이상의 변수를 결합하여 교차분석하면 보다 유용한 정보를 얻을 수 있는 경우가 많다. 이러한 교차분석은 한 변수의 빈도분석표를 작성하는 것과는 달리, 두 개 이상의 행과 열을 갖는 교차표(crosstabs)를 작성하게 된다. SPSS에서 교차분석을 하려면, 주메뉴에서 '분석 ▷ 기술통계량 ▷ 교차분석'을 선택하면 '교차분석' 대화상자가 열린다.

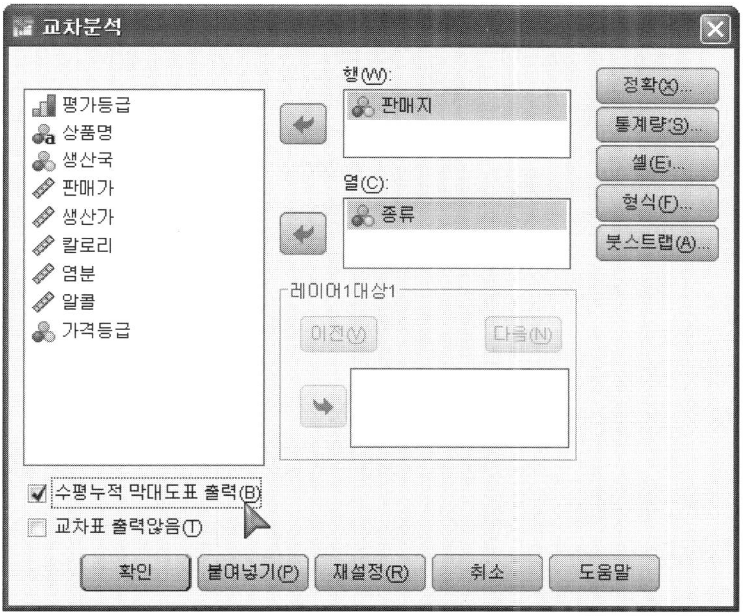

교차분석을 수행하고자 하는 변수들을 선택한 후 [셀(E)...] 단추를 클릭하여 다음과 같이 퍼센트 항목을 지정하고 [계속] 단추를 클릭한다.

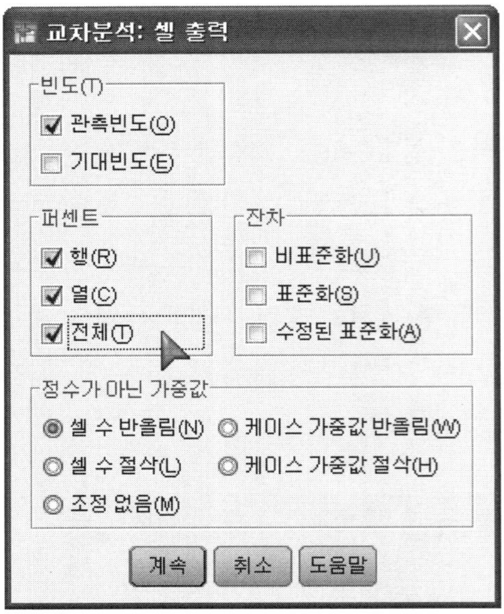

주대화상자에서 [확인] 단추를 클릭하면, SPSS 뷰어에 교차표가 출력된다.

판매지 * 종 류 교차표

			종 류		
			보 통	라이트	전체
판매지	전국	빈도	7	5	12
		판매지 중 %	58.3%	41.7%	100.0%
		종 류 중 %	25.0%	71.4%	34.3%
		전체 %	20.0%	14.3%	34.3%
	지역	빈도	21	2	23
		판매지 중 %	91.3%	8.7%	100.0%
		종 류 중 %	75.0%	28.6%	65.7%
		전체 %	60.0%	5.7%	65.7%
전체		빈도	28	7	35
		판매지 중 %	80.0%	20.0%	100.0%
		종 류 중 %	100.0%	100.0%	100.0%
		전체 %	80.0%	20.0%	100.0%

맥주의 종류가 행변수로 나타났고, 판매 지역이 열변수로 교차표에 나타났다. 행변수와 열변수의 두 개 변수가 각각 2개씩의 응답범주를 가지고 있으므로, 2×2=4가지 경우의 빈도와 퍼센트가 출력되었다. 두 변수의 응답범주의 각 교차영역을 가리켜

셀(cell)이라 하는데, 이 경우에는 4개의 셀이 존재한다. 각각의 셀에는 빈도, 행 퍼센트(row percent), 열 퍼센트(column percent), 전체 퍼센트(total percent)가 출력되었다. 보통 맥주의 경우 전국적으로 판매되는 제품이 7개 지역적으로 판매되는 제품이 21개로 압도적으로 지역적으로 판매되는 맥주 제품의 종류가 많으며, 라이트 맥주의 경우 전국적인 제품이 5개이고 지역적인 제품이 2개로 전국적으로 판매되는 맥주의 종류가 다소 많은 것을 알 수 있다.

퍼센트를 계산할 때 어떠한 합계치를 기준으로 계산하였는가에 따라 행 퍼센트 열 퍼센트 총 퍼센트 등 3개가 출력될 수 있는데, 먼저 행 퍼센트는 행의 빈도의 합계치 12, 23에 대한 각각의 퍼센트로서, 전국적으로 판매되는 맥주 제품 중 '58.3%'가 보통 맥주이고 '41.7%'가 라이트 맥주이며, 지역적으로 판매되는 맥주 제품 중 '91.3%'가 보통 맥주이며, '8.7%'만이 라이트 맥주이다. 또한 열 퍼센트는 열의 빈도의 합계치 28, 7에 대한 각각의 퍼센트로서, 보통 맥주 제품의 경우 '25%'의 제품만이 전국적으로 판매되고 '75%'에 해당하는 제품이 지역적인 판매되고 있으며, 라이트 맥주 제품의 경우에는 '71.4%'의 제품이 전국적으로 판매되고 '28.6%'만이 지역적으로 판매된다. 마지막으로 총 퍼센트는 전체 35개 맥주 제품에 대한 각각의 셀에 소속된 제품의 퍼센트이다.

'교차분석' 대화상자의 옵션

- ☐ 수평누적 막대도표 출력(Display clustered bar charts): 수평누적 막대도표의 출력 여부를 지정한다.
- ☐ 교차표 출력않음(Suppress tables): 교차표의 출력 여부를 지정한다.

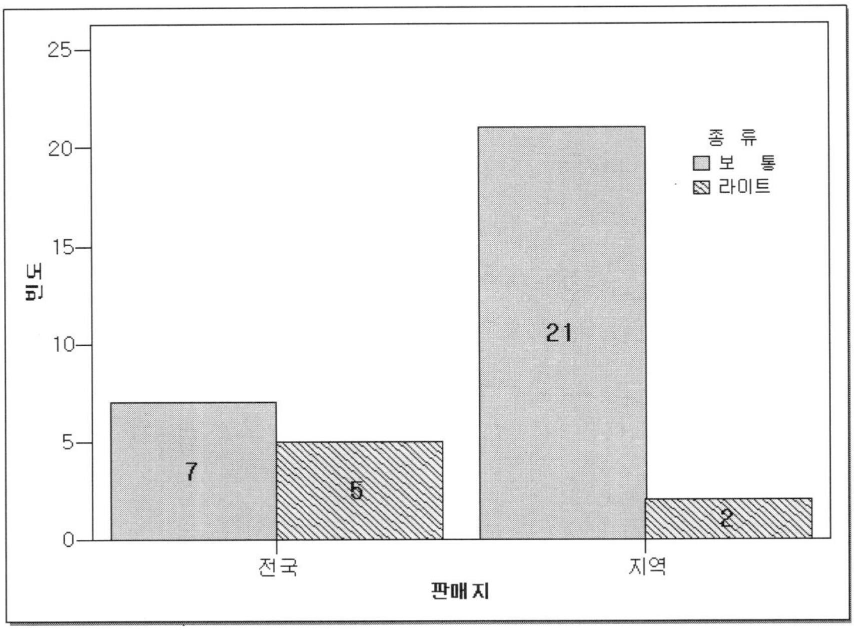
25
20
15
10
5
0
빈도
종 류
보 통
라이트
21
7
5
2
전국
지역
판매지

3.6 교차분석: 통계량

교차분석의 수행 시, 통계량을 계산하고자 하는 경우에는, '교차분석' 대화상자에서 통계량(S)... 단추를 클릭하면 '교차분석: 통계량' 부대화상자가 열린다.

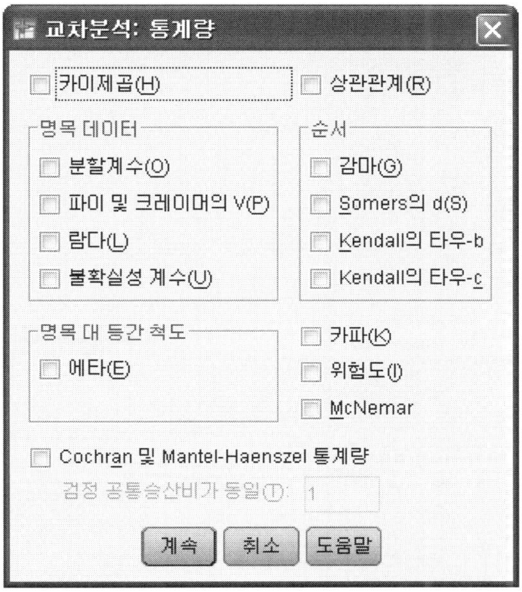

일반 옵션

☐ 카이제곱(Chi-square): 카이제곱 검정통계량 출력

☐ 상관관계(Correlations): 피어슨 상관계수 출력

이외의 통계량은 15장 카이제곱검정에서 설명하기로 한다.

3.7 교차분석: 셀 출력

교차분석 수행 시, 각 셀에 표시하고자 하는 빈도, 퍼센트 등을 조정하고자 하는 경우에는, '교차분석' 대화상자에서 [셀(E)...] 단추를 클릭하면 '교차분석: 셀 출력' 부대화상자가 열린다.

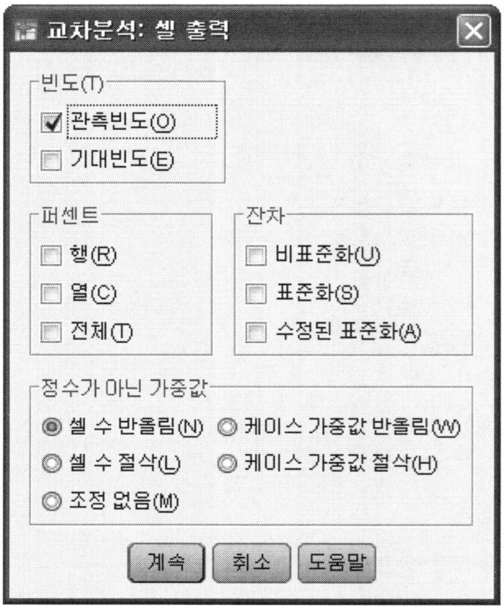

빈도(Counts)

- ☐ 관측빈도(Observed): 관측값에서 계산된 빈도
- ☐ 기대빈도(Expected): 해당하는 셀을 기준으로 행과 열의 주변 관측빈도의 곱을 전체 관측빈도로 나눈 값

퍼센트(Percentages)

- ☐ 행(Row): 행을 기준으로 계산한 퍼센트
- ☐ 열(Column): 열을 기준으로 계산한 퍼센트

☐ 전체(Total): 전체를 기준으로 계산한 퍼센트

잔차(Residuals)

☐ 비표준화(Unstandardized): 관측빈도에서 기대빈도를 뺀 것을 잔차라고 한다. 이는 표준화하지 않은 잔차

☐ 표준화(Standardized): 잔차의 평균이 0 표준편차가 1이 되도록 표준화된 잔차

☐ 수정된 표준화(Adj. standardized): 수정된 표준화 잔차

3.8 교차분석: 표 형식

교차분석의 수행 시, 교차표의 출력 형식을 조정하고자 하는 경우에는, **'교차분석'** 대화상자에서 형식(F)... 단추를 클릭하면 **'교차분석: 표 형식'** 대화상자가 열린다.

행 순서

- ◉ 오름차순(Ascending): 행변수값을 기준으로 오름차순으로 출력한다. 디폴트.
- ○ 내림차순(Descending): 행변수값을 기준으로 내림차순으로 출력한다.

Chapter 04

연속형 변수의 기초 분석

4.1 기술통계값의 개요

많은 경우 주어진 데이터를 적절히 요약할 필요가 있다. 이러한 요약성은 주어진 데이터를 간단하게 표시하는 이점이 있는 반견에 데이터를 요약하는 과정은 필연적으로 정보의 손실(loss of information)을 동반하기 되어 정확성을 상실하게 된다. 그러나 대부분의 경우 요약성이 정확성보다 더욱 중요한 의미를 갖는다.

정보의 손실을 최대로 줄이면서 주어진 데이터를 가장 효과적으로 요약할 수 있는 몇 개의 요약값을 찾아내는 분석방법이 바로 기술통계분석이다. 이러한 기술통계값의 계산은 차후에 보다 차원 높은 데이터 분석을 하기 위한 준비 과정이라 할 수 있다.

대표적인 기술통계값은 크게 분포의 중심을 나타내는 중심경향값, 분포의 퍼짐 정도를 나타내는 산포도, 분포의 모양을 나타내는 분포도 등으로 나누어 볼 수 있다. 중심경향값으로는 평균, 중위수, 최빈값 등을 많이 사용하며, 산포도는 표준편차, 분산, 범위, 사분위 범위 등이 있으며, 분포도로 왜도와 첨도가 있다.

모집단으로부터 추출된 n개의 표본(sample)을 $X_1, X_2, \cdots, X_n$으로 표기하면, X_i는 i번째로 뽑힌 표본의 값이 되며, n을 표본 크기(sample size)라고 한다. 이제 여러 기술통계량에 대한 특성을 살펴보기로 한다.

[그림 4-1] 기술통계값

표본평균(sample mean)

$X_1, X_2, \cdots, X_n$이 표본 데이터일 때 표본평균은 다음과 같이 $\overline{X}$로 정의된다.

$$\overline{X} = \frac{1}{n}\sum_{i=1}^{n} X_i$$

표본평균은 모든 관측값을 합하고 전체 관측값의 수로 나누어 주기 때문에 수학적으로 다루기 편하고 계산이 쉬운 장점이 있으나 극단값(extreme values)에 대하여 민감하기 때문에 몇 개의 극단값들만 있어도 표본의 크기가 작을 경우 대표값으로서의 기능을 상실하는 단점이 있다. 이러한 경우의 예로 웃지 못할 이야기가 있다.

평균 깊이가 1미터가 되는 강을 건너다가 익사한 병사의 이야기:

대열로부터 이탈한 한 병사가 부대로 복귀하다가 강을 접하게 되었다. 강에서 낚시를 즐기고 있는 노인에게 “강의 깊이가 얼마나 됩니까?”라고 물어 보았다. 이러한 질문은 강의 평균 깊이를 물어본 것이라 할 수 있다. 그러자 노인은 “대략 1미터 정도 될 거요”라고 대답하자 병사는 자신의 키가 175임을 감안하고 자신 있게 강을 건너기 시작했다. 처음 강으로 들어가자 병사의 무릎 밑에 물이 흐르고 있었다. 그러나 강의 중간쯤에 다다르자 병사는 외마디와 함께 사라지고 말았다. 강의 가장자리의 수심은 1미터를 훨씬 밑도는 정도였으나 강의 중간 지점의 수심이 약 5미터(극단값) 정도 되었던 것이다.

중위수(median)

중위수는 중앙값이라고도 하며, 데이터를 크기순으로 정렬하였을 때 가운데 위치한 관측값을 말한다. 즉 데이터를 크기순으로 나열하여 i 번째로 관측값을 $X_{(i)}$, $(i=1,2,\cdots,n)$로 표시하면

$$X_{(1)} < X_{(2)} < \cdots < X_{(n)}$$

을 얻는다. 그리고 이때 $X_{(1)}, X_{(2)}, \cdots, X_{(n)}$을 순서통계량(order statistics)이라 하며, $X_{(1)}$은 최소값, $X_{(n)}$은 최대값이 되고 중위수 M은 다음과 같이 계산된다.

$$M=\begin{cases} X_{(\frac{n+1}{2})} & , n\text{이 홀수일 때} \\ \dfrac{X_{(\frac{n}{2})}+X_{(\frac{n}{2}+1)}}{2} & , n\text{이 짝수일 때} \end{cases}$$

중위수는 중앙값이라고도 하며 관측값의 수가 홀수일 때는 정확하게 중간에 위치한 값이 존재하므로 쉽게 중위수를 찾을 수 있지만 관측값의 수가 짝수일 때는 중앙에 위치한 하나의 관측값이 존재하지 않는다. 이러한 경우는 통상적으로 중앙에 위치한 2개의 관측값의 평균을 중위수로 사용한다. 또한 대표값으로서 중위수의 장점은 극단값에 민감한 반응을 보이지 않는다. 그러므로 관측값의 수가 작고 극단값이 존재하는 경우에도 대표값으로서 그 기능을 상실하지 않는다. 예를 들어 어느 아파트의 5가구의 월별 소득이 100만 원, 150만 원, 200만 원, 250만 원, 3,000만 원이라면 평균 740만 원으로 극단값 3,000만 원에 민감한 반응을 보여 대표값으로서 기능이 상실되었음을 알 수 있다. 그러나 중위수는 200만 원으로 5가구 중 4가구가 대표값으로서 설득력이 있는 것으로 인정할 것이다. 그러므로 관측값의 수가 작고 극단값이 존재하는 경우에 중위수는 대표값으로서 제대로 기능을 다하고 있음을 알 수 있다.

최빈값(mode)

최빈값은 가장 빈도가 많은 관측값(observation)을 말한다. 최빈값은 존재하지 않을 수도 있으며, 또 존재한다 하더라도 유일하지 않을 수도 있다. 예로 다음을 참고하면 쉽게 이해할 수 있을 것이다.

(예 1) 22, 23, 32, 40, 79 ⇒ 최빈값이 존재하지 않음
(예 2) 2, 3, 7, 7, 7, 7, 8, 9, 9, 9, 9 ⇒ 최빈값은 7과 9가 됨
(예 3) 2, 3, 7, 7, 7, 8, 9, 9 ⇒ 최빈값은 7임

이상의 예로 볼 때 최빈값은 존재하지 않을 수도 있으며 존재한다면 유일한 값이거나 여러 개의 최빈값이 존재할 수 있음을 알 수 있다. 일반적으로 최빈값은 대표값으로서 단독으로 사용하기에는 부족하므로 대체로 평균이나 중위수의 보조용으로 사용한다.

표준편차와 분산

표준편차와 분산은 가장 널리 사용되는 분산도로서 $X_1, X_2, \cdots, X_n$ 이 주어진 표본관측값일 때 표본표준편차는 S로 표시되며 표본분산은 S^2 으로 표시된다.

$$\text{표본표준편차: } S = \sqrt{\frac{1}{n-1}\sum_{i=1}^{n}(X_i - \overline{X})^2}$$

$$\text{표본분산: } S^2 = \frac{1}{n-1}\sum_{i=1}^{n}(X_i - \overline{X})^2$$

범위(range)

가장 단순한 형태의 분산도로서 다른 분산도의 보조용으로 쓰이고 있으며 관측값의 최대값에서 최소값을 뺀 값으로서 순서통계량을 사용하여 나타내면 다음과 같다.

$$R = X_{(n)} - X_{(1)} = \text{최대값} - \text{최소값}$$

사분위수 범위(interquartile range: IQR)

사분위수 범위는 상위 25%에 해당하는 관측값과 하위 25%에 해당하는 관측값을 제외하고 범위를 구한 값으로 $Q_{0.75} - Q_{0.25}$로 정의된다.

$Q_{0.75}$: 관측값을 크기순으로 나열했을 때 전체의 75%보다 큰 값 중 제일 작은 값(三四分位: third quartile)

$Q_{0.25}$: 관측값을 크기순으로 나열했을 때 전체의 25%보다 큰 값 중 제일 작은 값(一四分位: first quartile)

즉, IQR은 중위수($= Q_{0.5}$)를 중심으로 상위 25%에 해당하는 관측값과 하위 25%에 해당되는 관측값과의 차이를 말한다.

왜도(Skewness)

왜도란 분포가 기울어진 방향과 정도를 나타내는 양으로써 분포의 비대칭 정도를 나타내는 척도를 말한다.

왜도 ⇒ 비대칭의 정도

$$S_k = \frac{n}{(n-1)(n-2)} \cdot \sum_{i=1}^{n} \frac{(X_i - \overline{X})^3}{S^3}$$

$S_k = 0$, 좌우대칭

$S_k < 0$, 왼쪽으로 긴 꼬리(음수)

$S_k > 0$, 오른쪽으로 긴 꼬리(양수)

S_k 값이 크면 클수록 분포의 모양이 왼쪽 또는 오른쪽으로 기울어진다. 정규분포의 왜도는 '0'이다. 그러므로 왜도가 '0'에 가까운 값을 가질수록 정규분포와 비슷하다고 할 수 있다.

첨도(Kurtosis)

첨도는 분포의 모양이 얼마나 뾰족한가를 나타내는 양을 말한다.

첨도 ⇒ 뾰족함의 정도

$$K = \frac{n(n+1)}{(n-1)(n-2)(n-3)} \cdot \sum_{i=1}^{n} \frac{(X_i - \overline{X})^4}{S^4} - \frac{3(n-1)^2}{(n-2)(n-3)}$$

$K = 0$, 정규분포와 뾰족함이 동일

$K < 0$, 정규분포보다 납작함

$K > 0$, 정규분포보다 뾰족함

K의 값이 클수록 분포의 모양이 뾰족해지고 작을수록 분포의 모양이 평편한 모양을 나타낸다. 정규분포의 첨도는 '0'이다. 그러므로 첨도가 '0'에 가까운 값을 가질수록 정규분포와 비슷하다고 할 수 있다.

4.2 기술통계분석

단일변수에 대한 기술통계값을 계산하려면, 주메뉴에서 '분석 ▷ 기술통계량 ▷ 기술통계'를 선택하면 '기술통계' 대화상자가 열린다.

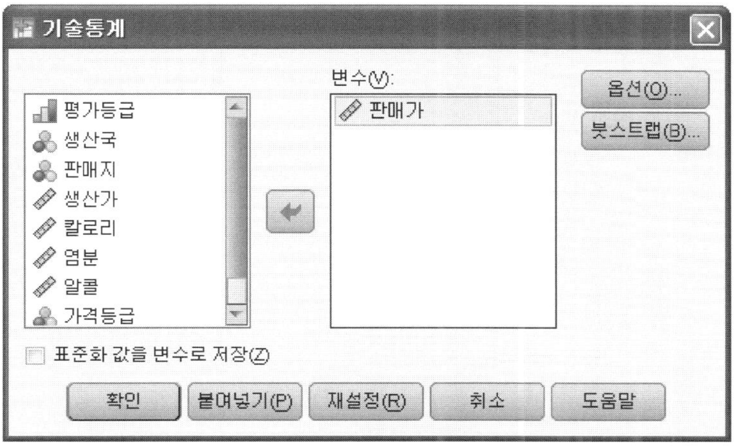

계산하고자 하는 변수를 선택한 후 [확인] 단추를 클릭하면, SPSS 뷰어에 기술통계량이 출력된다.

기술통계량

	N	최소값	최대값	평균	표준편차
판매가 ($)	35	1.59	7.19	3.0274	1.12343
유효수 (목록별)	35				

35종류 맥주들의 평균 판매 가격은 $3.0274이고 표준편차가 $1.12343이며, 가장 저가의 맥주는 $1.59이고 가장 고가의 맥주는 $7.19임을 알 수 있다.

'기술통계' 대화상자의 옵션

□ 표준화 값을 변수로 저장: 선택된 변수의 표준화 점수(Z-점수)를 변수로 저장할지 여부를 지정함. 새로 생성되는 변수 이름은 원래의 변수 이름의 앞에 'z'가 붙게 된다. (예: z판매가, z생산가)

4.3 기술통계: 옵션

숫자 변수에 대한 다양한 기술통계량을 계산하고자 하는 경우에는, '기술통계' 대화상자에서 옵션(O)... 단추를 클릭하면 '기술통계: 옵션' 부대화상자가 열린다.

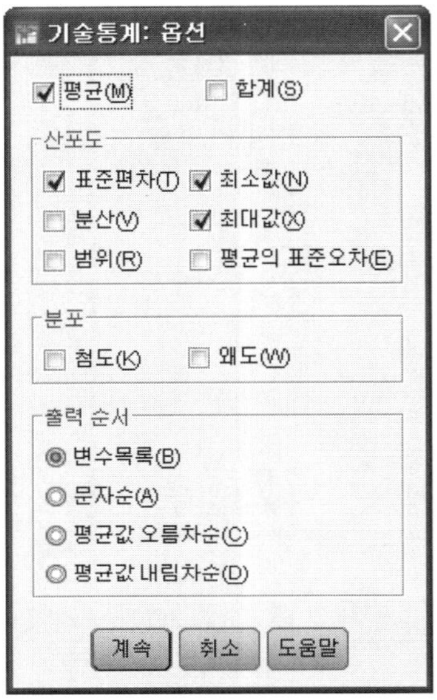

Tip

최소한 하나 이상의 통계량을 선택하여야 한다.

일반 옵션

– 다음 중에 하나 이상을 선택할 수 있다.

☐ 평균(Mean): 산술 평균 – 디폴트

☐ 합계(Sum): 변수값들의 총합

산포도(Dispersion) 출력 옵션

– 다음 중에서 하나 이상을 선택할 수 있다.

☐ 표준편차(Std. deviation): 관측값들이 평균을 중심으로 얼마나 퍼져 있는가를 측정하는 통계량을 출력한다.

☐ 분산(Variance): 관측값들이 평균으로부터 얼마나 떨어져 있는가를 측정하는 통계량으로, 표준편차를 제곱한 값이다.

☐ 범위(Range): 가장 큰 값(최대값)에서 가장 작은 값(최소값)을 뺀 값으로 표준편차나 분산의 보조 통계량으로 사용된다.

☐ 최소값(Minimum): 관측값 중에서 가장 작은 값

☐ 최대값(Maximum): 관측값 중에서 가장 큰 값

☐ 평균의 표준오차(S.E. mean): 표본평균의 산포도 $\frac{S}{\sqrt{n}}$

분포(Distribution) 출력 옵션

– 다음 중에서 하나 이상을 선택할 수 있다.

☐ 첨도(Kurtosis): 분포의 모양이 중심점에서 뾰족한가를 나타내는 통계량으로, 첨도의 표준오차가 같이 출력된다.

☐ 왜도(Skewness): 분포의 모양이 얼마나 좌우대칭인지를 나타내는 통계량으로 왜도의 표준오차가 같이 출력된다.

출력 순서(Display Order)

– 다음 중에서 하나를 선택할 수 있다.

◉ 변수 목록(Variable list): 정의된 변수의 순서에 따라 기술통계량을 출력한다.

○ 문자순(Alphabetic): 변수 이름의 알파벳 순서에 따라 기술통계량을 출력한다.

○ 평균값 오름차순(Ascending means): 각 변수의 평균의 크기가 적은 변수에서 큰 변수의 순으로 기술통계량을 출력한다.

○ 평균값 내림차순(Descending means): 각 변수의 평균의 크기가 큰 변수에서 적은 변수의 순으로 기술통계량을 출력한다.

4.4 탐색적 데이터 분석

데이터 분석의 초기 단계에서 각각의 데이터를 면밀히 검토하여야 한다. 이 단계에서 데이터에 입력 오류가 있는지 혹은 데이터가 매우 특이한 형태를 이루고 있는지를 개략적으로 판단하여야 한다. 이는 차후에 수행할 '고급통계분석'의 기초 정보가 되는데, 이와 같은 기술통계분석의 한 분야를 가리켜 탐색적 데이터 분석(Exploratory Data Analysis: EDA)이라 한다.

탐색적 데이터 분석은 데이터의 구조와 특징을 알아내기 위한 분석 방법들을 통칭한다. 이는 전통적인 기술통계분석 분야와 유사점이 많이 있지만, 한 걸음 더 나가서 데이터가 내포하고 있는 구조적 특성을 가려낼 뿐만 아니라, 기대했던 구조에서 벗어나는 점들을 가려내어, 그 구조의 특성을 더욱 명확히 전시할 수 있다는 데 큰 차이가 있다. 탐색적 데이터 분석에서는 데이터 분석의 결과를 쉽게 전달하기 위하여 여러 통계량을 시각화하여 표현하는 그래프 표현법을 많이 사용한다.

SPSS에서 탐색적 데이터 분석을 수행하려면, 주메뉴에서 '분석 ▷ 기술통계량 ▷ 데이터 탐색...'을 선택하면 '데이터 탐색' 대화상자가 열린다. 탐색적 데이터 분석을 수행하고자 하는 변수를 선택한 후 [확인] 단추를 클릭하면 SPSS 뷰어에 기술통계값이 출력된다.

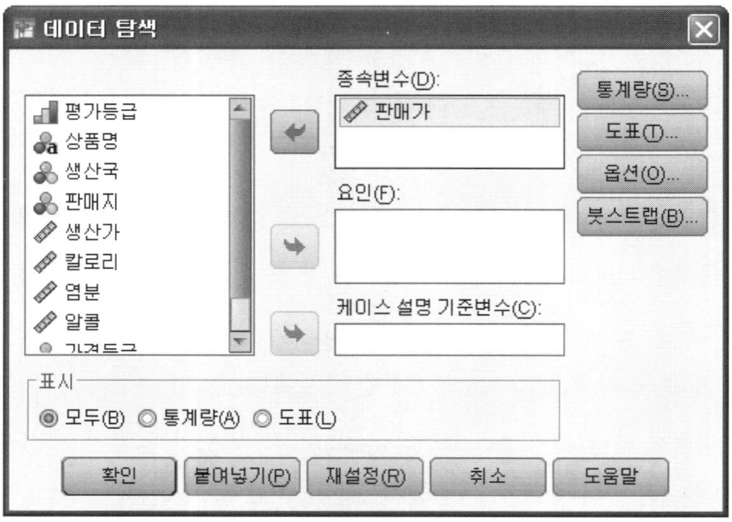

기술통계값

기술통계

			통계량	표준오차
판매가 ($)	평균		3.0274	.18989
	평균의 95% 신뢰구간	하한	2.6415	
		상한	3.4133	
	5% 절삭평균		2.9317	
	중위수		2.6500	
	분산		1.262	
	표준편차		1.12343	
	최소값		1.59	
	최대값		7.19	
	범위		5.60	
	사분위수 범위		.86	
	왜도		1.781	.398
	첨도		4.338	.778

미국에서 판매되는 35종의 맥주의 평균 판매가는 약 3달러 정도로 나타났으며 표준편차는 약 1.1달러로 나타났다. 여기에서 평균이 대표값으로서의 설득력을 잃지 않고 있는지는 가늠해 보아야 한다. 즉 다음의 출력결과인 상자도표와 줄기와 잎 그림을 보면 오른쪽으로 극단점이 있지만 빈도가 많지 않기 때문에 그다지 중심경향을 크게 이탈하지 않는 것으로 판단된다.

'5% 절삭평균(Trimmed Mean)'은 상위 5%의 큰 값과 하위 5%의 작은 값을 제외하고 가운데 위치한 90%의 관측값만을 가지고 계산한 평균이다. 그러므로 절삭평균이 2.9317로 평균 3.0274와 크게 차이가 나지 않으므로 평균이 극단치에 의해 영향받지 않음을 알 수 있다. '평균의 95% 신뢰구간'은 평균에 대한 95% 신뢰구간(하한, 상한)을 나타낸다.

줄기-잎 그림(Stem-and-Leaf Plot)

히스토그램과 상당히 유사한 표현 방법이 바로 '줄기-잎 그림'이다. 이는 히스토그램에서 막대로 빈도를 표시하는 대신에 실제적인 수치를 사용하여 그림을 그린다. 이렇게 함으로써 히스토그램에서 보다 많은 실제 정보를 제공할 수 있다.

```
판매가 ($) Stem-and-Leaf Plot

 Frequency    Stem &  Leaf

     4.00        1 .  5677
     6.00        2 .  122344
    15.00        2 .  555555666777899
     2.00        3 .  13
     1.00        3 .  6
     2.00        4 .  23
     5.00 Extremes    (>=4.6)

 Stem width:   1.00
 Each leaf:        1 case(s)
```

상자그림(Boxplot)

히스토그램과 나무-줄기 그림은 수집된 데이터가 어떠한 분포를 이루고 있는가에 대한 유용한 정보를 제공하여 준다. 즉, 데이터들이 어떤 정점을 기준으로 조밀하게 또는 넓게 분포되어 있는지를 판단할 수 있으며, 개개의 데이터의 분포 정점이 하나인지 또는 두 개인지를 파악할 수 있고 특이치나 극단값 등이 존재하는지를 아울러 살펴볼 수 있다. 이러한 두 가지의 데이터 표현 방법보다 좀 더 요약된 통계량을 제시하여 주는 표현 방법이 바로 "상자그림(Boxplot)"이다.

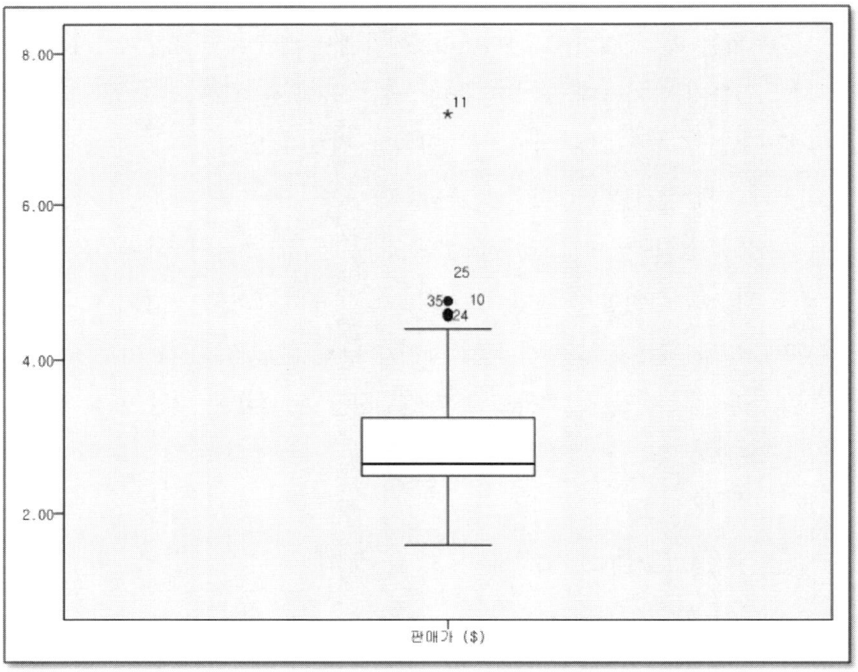

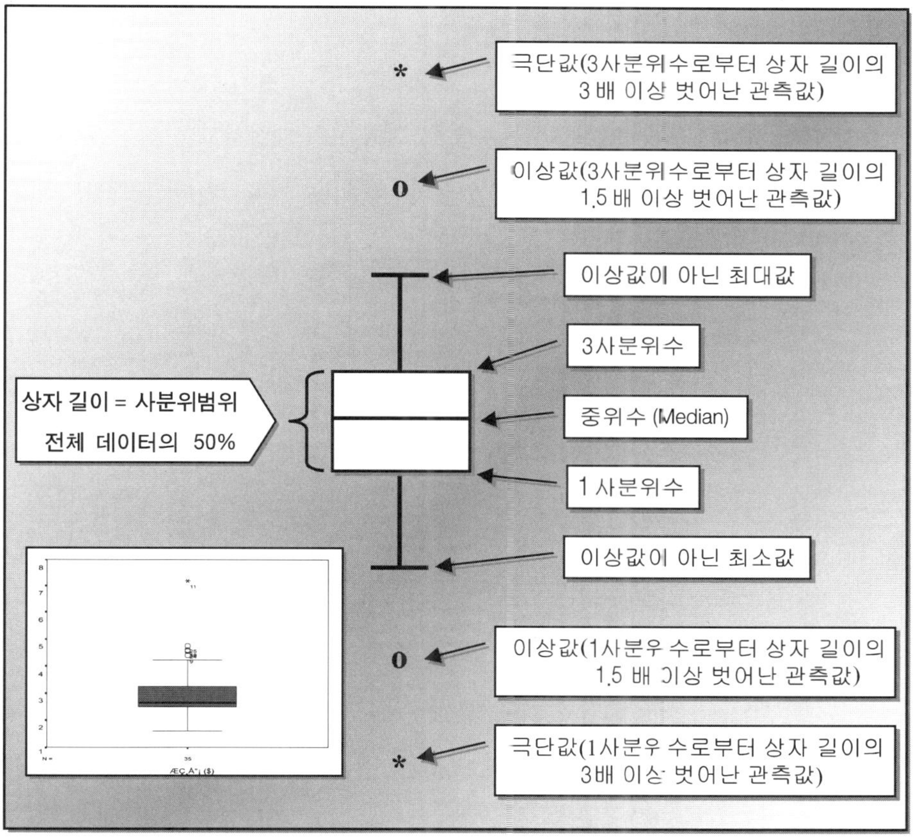

'*'로 표시된 극단값 옆에 숫자는 케이스의 번호를 나타낸다. 맥주의 판매가는 극단적으로 비싼 맥주가 하나 있는 것으로 판단된다.

'데이터 탐색' 대화상자의 옵션

– 다음 중에서 하나만을 선택할 수 있다.

출력(Display)

◉ 모두(Both): 통계량과 도표를 모두 출력한다. – 디폴트

○ 통계량(Statistics): 통계량만을 출력한다.

○ 도표(Plot): 도표만을 출력한다.

4.5 데이터 탐색: 통계량

탐색적 데이터 분석의 수행시, 통계량을 계산하고자 하는 경우에는 '데이터 탐색' 대화상자에서 [통계량(S)...] 단추를 클릭하면 '데이터 탐색: 통계량' 대화상자가 열린다.

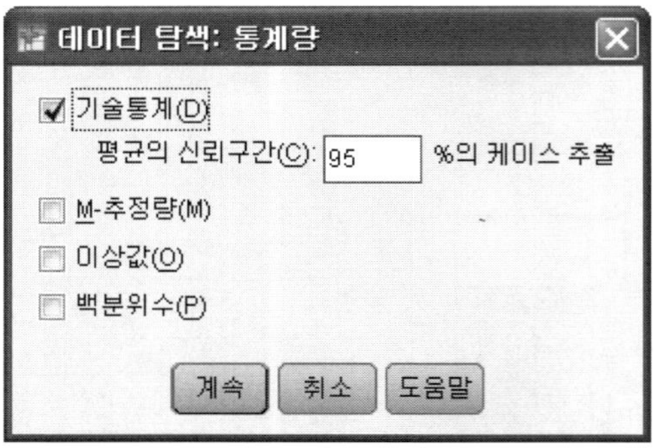

적어도 하나 이상의 통계량을 선택하여야 하며, 2개 이상의 통계량을 지정할 수 있다.

☐ 기술통계(Descriptives): 평균, 평균의 신뢰구간, 분산, 표준편차 등의 기술통계값 출력

평균의 신뢰구간(Confidence interval for Mean): 평균의 신뢰구간 계산의 유의 퍼센트를 지정한다.

☐ M-추정량(M-estimators): 로버스트 최대-우도 위치 추정치(Robust maximum-likelihood estimators of location)

☐ 이상값(Outliers): 상위 큰 값 5개와 하위 작은 값 5개를 출력

☐ 백분위수(Percentiles): 5, 10, 25, 50, 75, 90, 95%에 해당하는 분위수를 출력

4.6 데이터 탐색: 도표

탐색적 데이터 분석의 수행 시 다양한 도표를 출력하고자 하는 경우에는, '데이터 탐색' 대화상자에서 [도표(T)...] 단추를 클릭하면, '데이터 탐색: 도표' 부대화상자가 열린다.

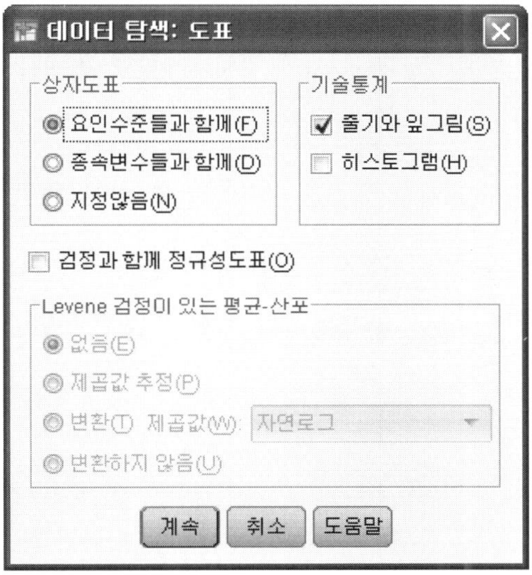

상자도표(Boxplots)

◉ 요인수준들과 함께(Factor levels together): 특정한 종속변수에 대하여, 각 집단별로 상자도표를 나란히 출력, 집단 간의 비교를 할 경우에 사용한다. – 디폴트

○ 종속변수들과 함께(Dependents together): 특정한 집단에 대하여, 각 종속변수별로 상자도표를 나란히 출력, 특정한 집단의 여러 종속변수들을 비교할 경우에 사용한다.

○ 지정않음(None): 상자도표를 출력하지 않음.

기술통계(Descriptive)

☐ 줄기와 잎그림(Stem–and–leaf): 디폴트

☐ 히스토그램(Histogram)

Levene 검정과 평균-산포 도표(Spread vs. Level with Levene Test)

◉ 없음(None): 평균-산포 도표와 Levene-검정통계량을 출력하지 않음. - 디폴트

○ 제곱값 추정(Power estimation): 제곱값 추정방법에 의해 데이터를 변환함.

○ 변환(Transformed): 사용자가 지정하는 제곱수에 따라 데이터를 변환함.

○ 변환하지 않음(Untransformed): 데이터를 변환하지 않음(파워 값이 1).

일반옵션

☐ 검정과 함께 정규성 도표(Normality plot with tests): 정규확률도표, 경향제거-확률도표를 여러 가지 정규성 검정통계량과 함께 출력한다.

4.7 데이터 탐색: 옵션

탐색적 데이터 분석의 수행 시, 결측값의 처리 방법을 변경하고자 하는 경우에는, '데이터 탐색' 대화상자에서 옵션(O)... 단추를 클릭하면, '데이터 탐색: 옵션' 부대화상자가 열린다.

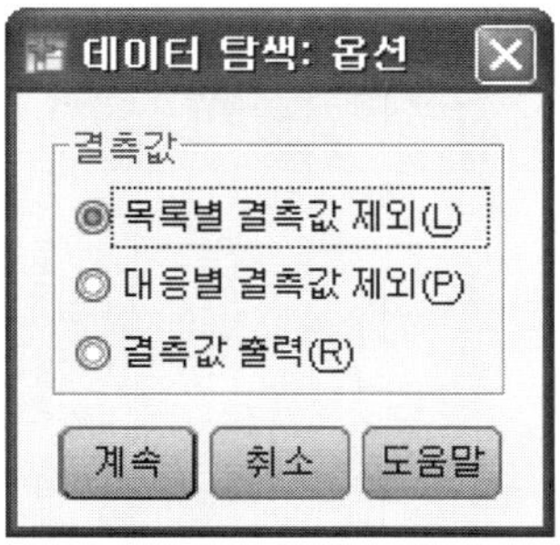

결측값(Missing Values)

- 결측값 처리 방법으로 다음 중에 하나만을 지정한다.

◉ 목록별 결측값 제외(Exclude cases listwise): 종속변수 또는 요인변수 내에 결측값이 있는 케이스를 모든 분석에서 제외시킨다. - 디폴트

○ 대응별 결측값 제외(Exclude cases pairwise): 각 셀에 해당되는 종속변수 내에서 결측값이 있는 케이스를 제외한다.

○ 결측값 출력(Report values): 요인변수 내에 결측값이 있는 케이스들을 별도의 범주로 처리한다.

4.8 집단별 평균분석

앞에서 단일변수에 대한 기술통계분석을 수행하였는데, 집단들 간의 차이 여부를 알아보기 위해서는 각 집단별로 기술통계값을 계산하여야 한다.

주메뉴에서 '분석 ▷ 평균비교 ▷ 집단별 평균분석...'을 선택하면 '집단별 평균분석' 대화상자가 열린다.

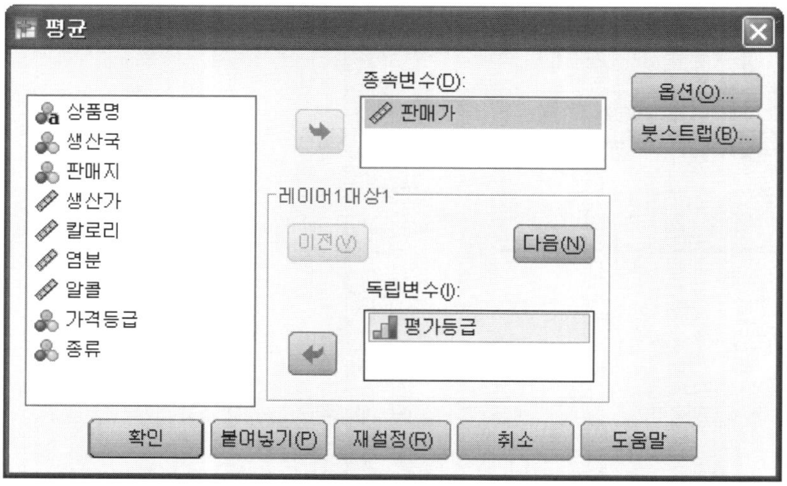

집단별 평균분석을 수행하고자 하는 변수들을 선택한 후 확인 단추를 클릭하면 표가 출력된다.

집단을 구분하는 변수를 '독립변수:'에 지정하고, 기술통계값을 구하고자 하는 변수를 '종속변수:'에 지정하여야 한다.

Tip

독립변수는 '범주형 데이터'이어야 하며, 종속변수는 '연속형 데이터'이어야 한다.

보고서

판매가 ($)

평가등급	평균	N	표준편차
매우우수	3.6245	11	1.37483
우 수	2.8836	14	.95020
보 통	2.5720	10	.81554
합계	3.0274	35	1.12343

전체 35개 맥주의 평균 판매가는 $3.0274인 데 반해서, 평가등급이 '매우우수'인 맥주의 평균 판매가는 $3.6245, '우수'인 맥주의 평균 판매가는 $2.8836, '보통'인 맥주의 평균 판매가는 $2.5720으로 나타났다. 이는 맥주의 판매가가 맥주의 평가 등급에 따라 차이가 있음을 의미한다. 즉, 맥주를 평가하는 데 있어서 맥주의 판매가가 영향을 주었음을 말한다.

4.9 집단별 평균분석: 옵션

집단별 평균분석의 수행시, 출력되는 기술통계값을 변경하려면, '집단별 평균분석' 대화상자에서 [옵션(O)...] 단추를 클릭하면 '집단별 평균분석: 옵션' 부대화상자가 열린다.

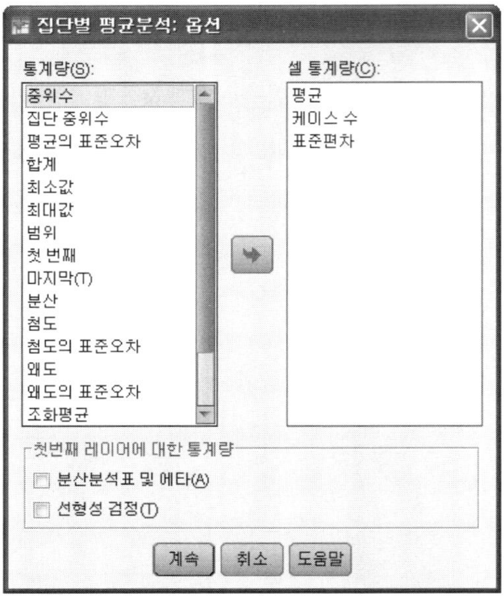

통계량(Statistics):

기술통계 참조

첫번째 레이어에 대한 통계량(Statistics for First Layer)

☐ 분산분석표와 에타(ANOVA table and eta): 집단별로 평균의 차이가 인정되는지를 알 수 있는 분산분석표를 출력하고 결합 정도를 나타내는 에타(eta) 값을 출력한다.

☐ 선형성 검정(Test of linearity): 선형인지 비선형인지를 판단할 수 있는 통계량인 R, R-제곱, F-비 등을 계산하여 출력한다.

Chapter 05

통계보고서 출력

5.1 케이스 요약 보고서

케이스 요약 보고서를 출력하려면, 메뉴에서 '분석 ▷ 보고서 ▷ 케이스 요약...'을 선택하면 '케이스 요약' 대화상자가 열린다.

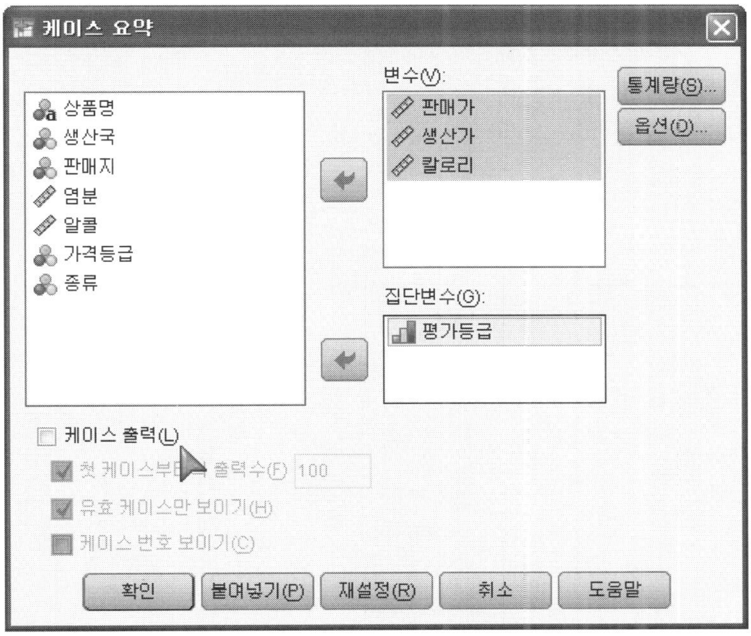

판매가, 생산가, 칼로리 등의 변수를 지정하고 집단변수에 평가등급을 지정한다. 개별 케이스의 변수값은 출력할 필요가 없으므로, '케이스 출력' 부분의 체크 표시를 해제한다.

주대화상자에서 [통계량(S)...] 단추를 클릭하고 '요약보고서: 통계량' 부대화상자에서 평균, 표준편차 등의 통계량을 지정한다.

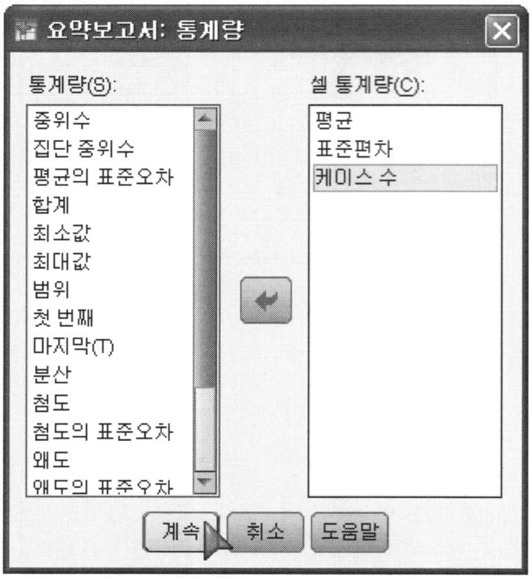

[계속] 단추를 클릭하고 주대화상자에서 [확인] 단추를 클릭하면 요약보고서가 출력된다.

케이스 요약

평가등급		판매가 ($)	생산가 ($)	칼로리 (cal)
매우우수	평균	3.6245	.6055	153.55
	표준편차	1.37483	.22949	7.340
	N	11	11	11
우 수	평균	2.8836	.4814	139.57
	표준편차	.95020	.15772	21.078
	N	14	14	14
보 통	평균	2.5720	.4300	124.90
	표준편차	.81554	.13663	32.841
	N	10	10	10
합계	평균	3.0274	.5057	139.77
	표준편차	1.12343	.18732	24.447
	N	35	35	35

5.2 통계표의 개요

간단한 요약보고서는 '케이스 요약' 기능을 사용하면 되지만, 복잡한 통계보고서를 작성하려면 'SPSS Tables' 옵션에 포함되어 있는 '통계표' 기능을 사용하여야 한다.

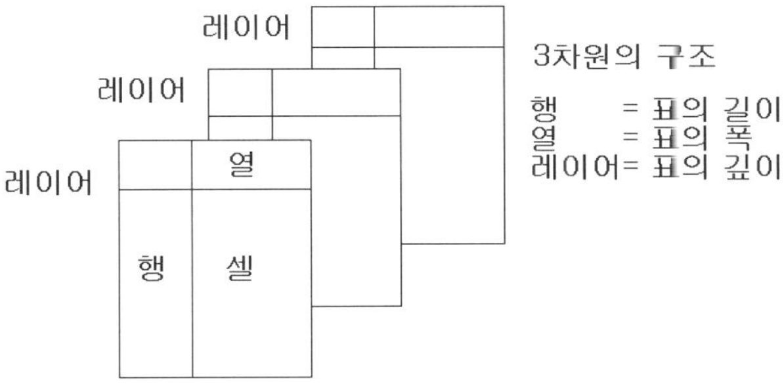

통계표는 최대 3차원의 구조를 가질 수 있다. 각 차원은 단일변수나 변수들의 조합에 의해서 정의된다. 통계표의 왼쪽에 수직으로 나타나는 변수를 행변수라고 하며, 상단의 수평으로 나타나는 변수를 열변수라고 한다. 또한 행변수와 열변수 이외에 하나 이상의 변수를 지정하면 통계표를 층으로 중첩시킬 수 있는데 이때 중첩의 기준이 되는 변수를 가리켜 레이어 변수라 한다.

통계표의 행이나 열에 두 개 이상의 변수를 지정할 때는 변수들을 단순하게 나란히 연결할 것인지 아니면 변수들을 나뭇가지 형태로 중첩연결시킬 것인지를 결정하여야 한다.

단순연결된 통계표

		판매지		종류	
		전국	지역	보통	라이트
평가등급	매우우수	6	5	11	
	우수	4	10	10	4
	보통	2	8	7	3

중첩연결된 통계표

		판매지			
		전국		지역	
		종 류		종 류	
		보 통	라이트	보 통	라이트
평가등급	매우우수	6		5	
	우 수	1	3	9	1
	보 통		2	7	1

SPSS에서 통계표를 출력할 때 사용되는 대화상자는 크게 네 가지가 있다. 주메뉴의 '분석 ▷ 표 ▷ 통계표 작성...'을 선택하면 다양한 통계표를 출력할 수 있는 대화상자가 나타난다. 처음에는 좀 복잡한 듯하지만 구석구석 기능들을 활용하고 연습하면 매우 편리하고 강력한 도구임을 알게 될 것이다.

5.3 통계표의 작성 기초

간단한 일차원 통계표

평가등급		
매우우수	우 수	보 통
11	14	10

이차원 통계표

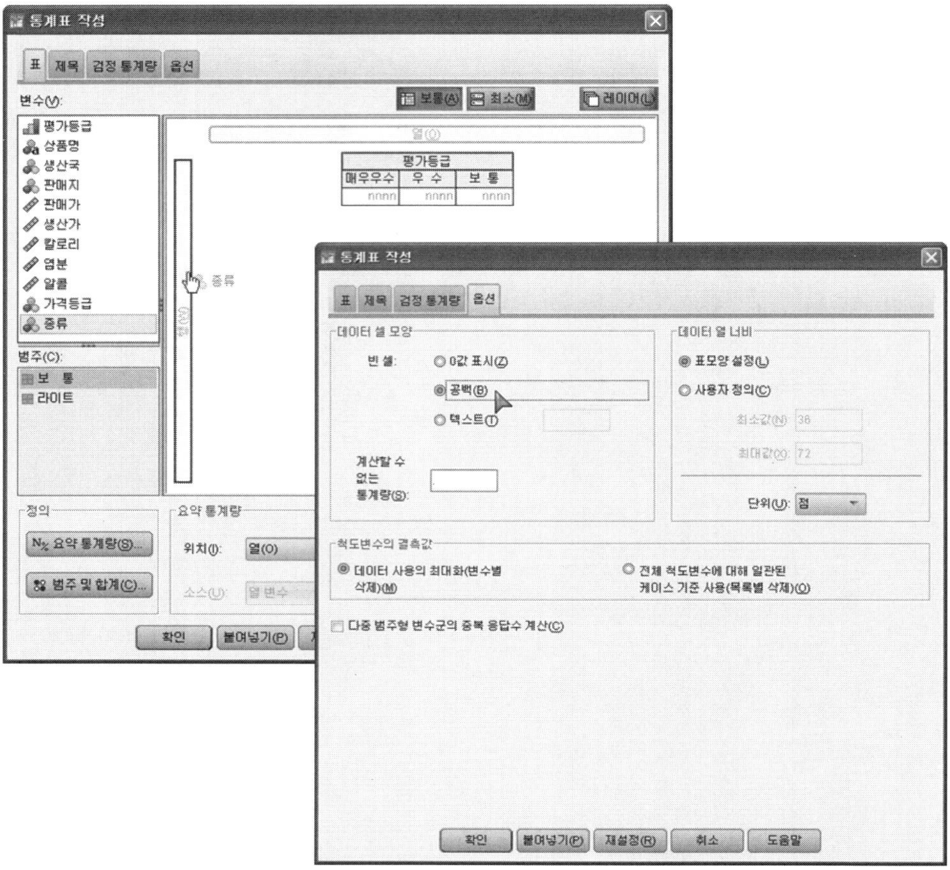

	평가등급		
	매우우수	우 수	보 통
종 류 보 통	11	10	7
라이트		4	3

행변수의 단순연결

		평가등급		
		매우우수	우 수	보 통
종 류	보 통	11	10	7
	라이트		4	3
판매지	전국	6	4	2
	지역	5	10	8

행변수의 중첩연결

				평가등급		
				매우우수	우 수	보 통
종 류	보 통	판매지	전국	6	1	
			지역	5	9	7
	라이트	판매지	전국		3	2
			지역		1	1

집단 합계의 추가

합계를 추가하려면 주대화상자에서 범주 및 합계(C)... 단추를 클릭하고, '합계' 부대화상자에서 '각 집단변수의 합계'를 선택한 후 '설명'에 디폴트로 입력되어 있는 '집단 합계'를 사용자의 편의에 따라 변경 입력해도 된다.

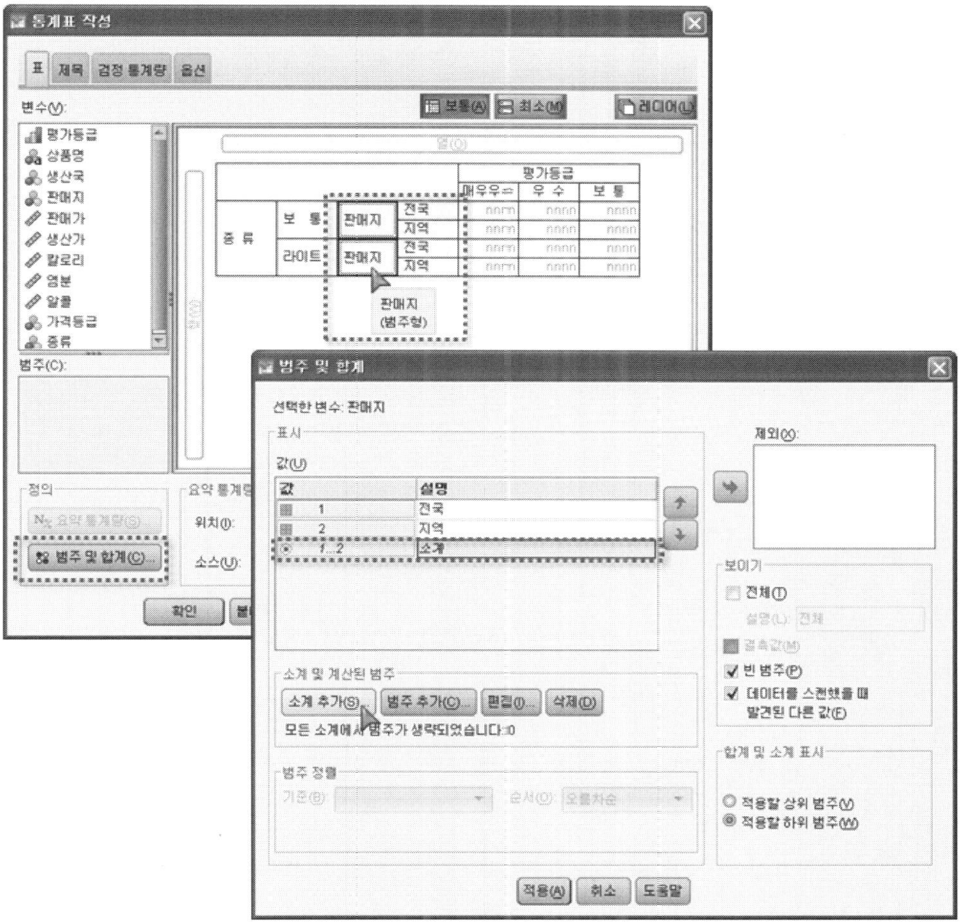

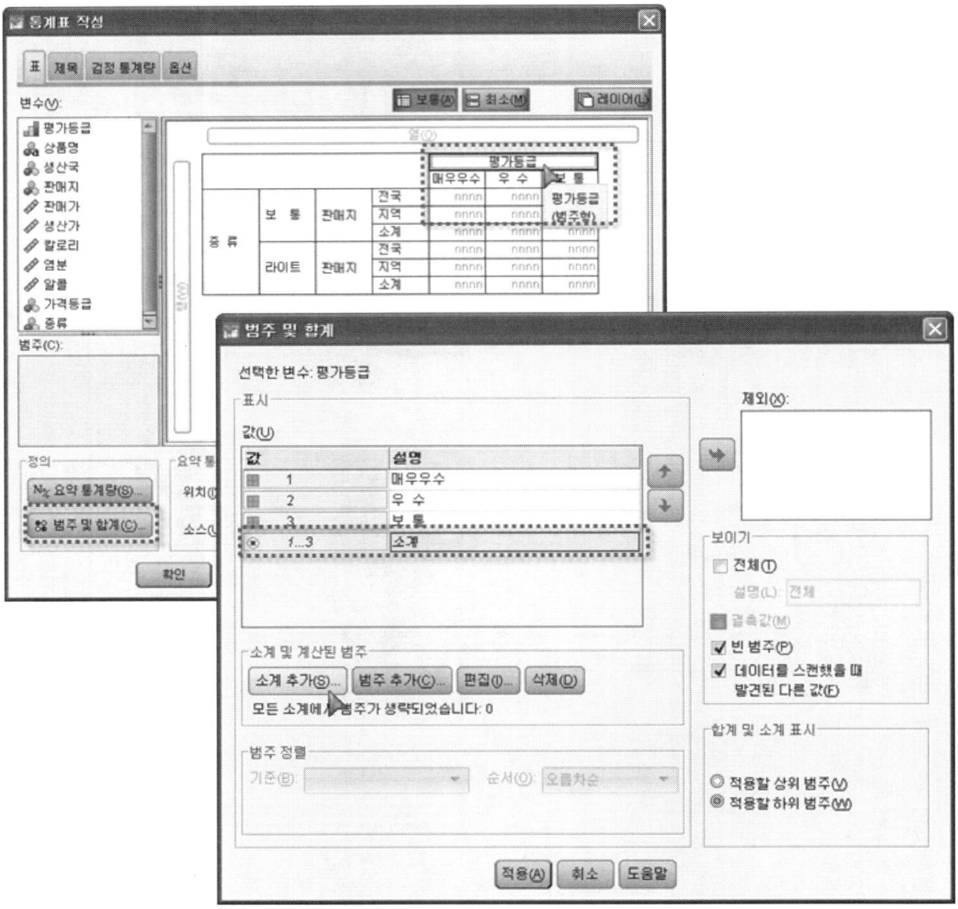

				평가등급			
				매우우수	우 수	보 통	소계
종 류	보 통	판매지	전국	6	1		7
			지역	5	9	7	21
			소계	11	10	7	28
	라이트	판매지	전국		3	2	5
			지역		1	1	2
			소계		4	3	7

표-주변합계의 추가

표-주변합계를 추가하려면, '합계' 부대화상자에서 '표-주변합계(결측집단 데이터는 무시함)'을 선택한다. '설명:'에 '표 합계'로 입력되어 있으나 필요한 경우 바꾸어도 된다.

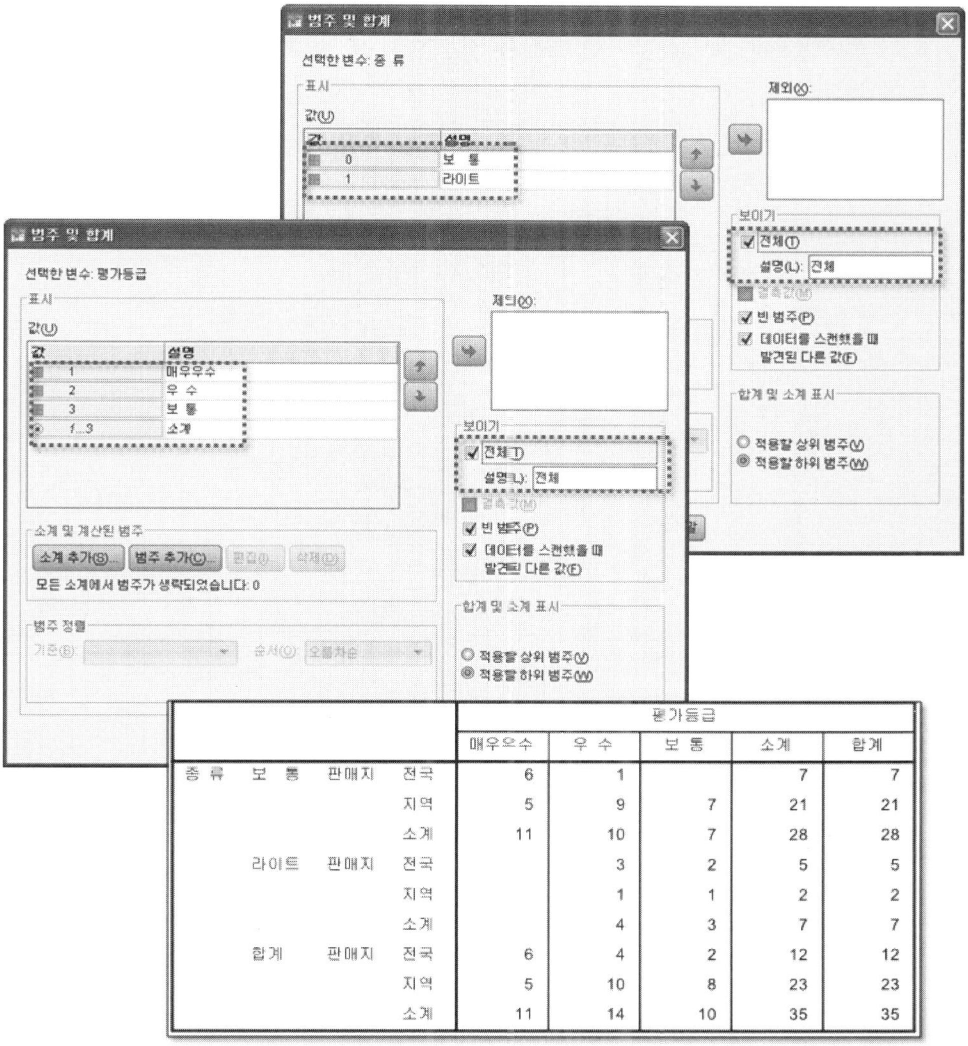

				평가등급				
				매우우수	우 수	보 통	소계	합계
종 류	보 통	판매지	전국	6	1		7	7
			지역	5	9	7	21	21
			소계	11	10	7	28	28
	라이트	판매지	전국		3	2	5	5
			지역		1	1	2	2
			소계		4	3	7	7
	합계	판매지	전국	6	4	2	12	12
			지역	5	10	8	23	23
			소계	11	14	10	35	35

통계량의 변경

빈도를 행 퍼센트로 바꾸려면, 주대화상자의 표 미리보기에서 '평가등급'을 선택하고 [N% 요약 통계량(S)...]를 클릭하여, '통계량' 부대화상자에서 '행 N%'를 추가하면 된다. 통계표에 '행 N%' 설명이 출력되게 하려면 '요약 통계량명' 부분에서 '감추기' 선택하여 해제시키면 된다.

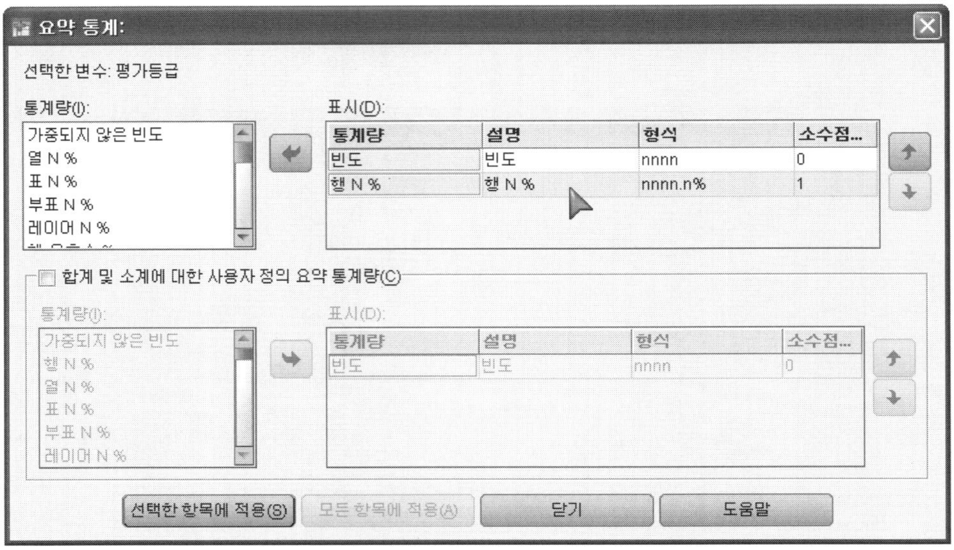

				평가등급									
				매우우수		우 수		보 통		소계		합계	
				빈도	행 %	빈도	행 %	빈도	행 %	빈도	행 %	빈도	행 %
종 류	보 통	판매지	전국	6	85.7%	1	14.3%			7	100.0%	7	100.0%
			지역	5	23.8%	9	42.9%	7	33.3%	21	100.0%	21	100.0%
			소계	11	39.3%	10	35.7%	7	25.0%	28	100.0%	28	100.0%
	라이트	판매지	전국			3	60.0%	2	40.0%	5	100.0%	5	100.0%
			지역			1	50.0%	1	50.0%	2	100.0%	2	100.0%
			소계			4	57.1%	3	42.9%	7	100.0%	7	100.0%
	전체:	판매지	전국	6	50.0%	4	33.3%	2	16.7%	12	100.0%	12	100.0%
			지역	5	21.7%	10	43.5%	8	34.8%	23	100.0%	23	100.0%
			소계	11	31.4%	14	40.0%	10	28.6%	35	100.0%	35	100.0%

5.4 통계표의 작성 확장

이제 다른 예제 데이터를 사용하여 일반적인 통계표를 작성하여 보자. 여기에서 사용하는 데이터는 '갈증음료.sav'이다.

이차원 통계표의 단순연결

행에 선택된 변수가 통계표 상의 세로로 위치하고, 열에 선택된 변수가 가로로 위치하게 된다.

		가장 존경하는 선수					
		Ivan Lendl	John McEnroe	Martina Navratilova	Jimmy Connors	Chris Evert Lloyd	Yannick Noah
미국내 조사지역	북동부	28	32	30	32	12	16
	남부	38	45	36	29	22	15
	중북부	27	31	49	17	14	18
	서부	35	43	50	17	25	12
	남서부	32	12	20	16	9	19
응답자 성별	여자	64	59	117	34	58	31
	남자	96	104	68	77	24	49

지역별로 존경하는 선수의 분포를 살펴보면 북동부 지역에서는 "Connors"를, 남부 지역에서는 "McEnroe"를, 중북부 지역과 서부 지역에서는 "Navratilova"를 가장 존경하는 것으로 나타났다. 성별로는 여자는 "Navratilova"를 남자는 "McEnroe"를 존경하는 것으로 나타났다.

이차원 통계표의 중첩연결

두 개 이상의 변수를 중첩연결하려면 두 번째 변수를 클릭하여 첫 변수 영역의 오른쪽 끝에 끌어놓기하면 중첩(nested)되어 단으로 들어가게 되고, 지역별로 성별에 따른 중첩연결된 존경선수의 통계표가 출력된다.

				가장 존경하는 선수					
				Ivan Lendl	John McEnroe	Martina Navratilova	Jimmy Connors	Chris Evert Lloyd	Yannick Noah
미국내 조사지역	북동부	응답자 성별	여자	8	10	16	14	8	2
			남자	20	22	14	18	4	14
	남부	응답자 성별	여자	17	17	25	7	15	7
			남자	21	28	11	22	7	8
	중북부	응답자 성별	여자	14	17	31	6	8	7
			남자	13	14	18	11	6	11
	서부	응답자 성별	여자	11	13	34	3	20	5
			남자	24	30	16	14	5	7
	남서부	응답자 성별	여자	14	2	11	4	7	10
			남자	18	10	9	12	2	9

통계량의 변경

통계량을 변경하려면, 주대화상자에서 표 미리보기 창에서 '소스:'에 지정된 행 또는 열 변수를 선택하고 나면 [N% 요약 통계량(S)...] 단추를 사용할 수 있게 되고 클릭하여 통계량 부대화상자에서 통계량을 변경하거나 추가하면 된다.

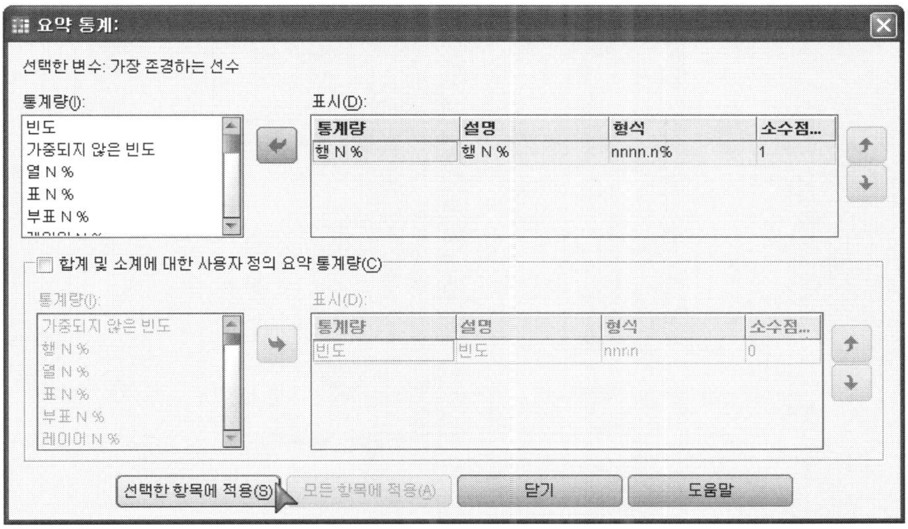

합계를 추가하려면, 추가하고자 하는 변수를 선택하고 [범주 및 합계(C)...] 단추를 클릭하면 된다. '존경선수'라는 변수에 합계를 추가하게 되면 '존경선수 합계'라는 이름이 생긴다.

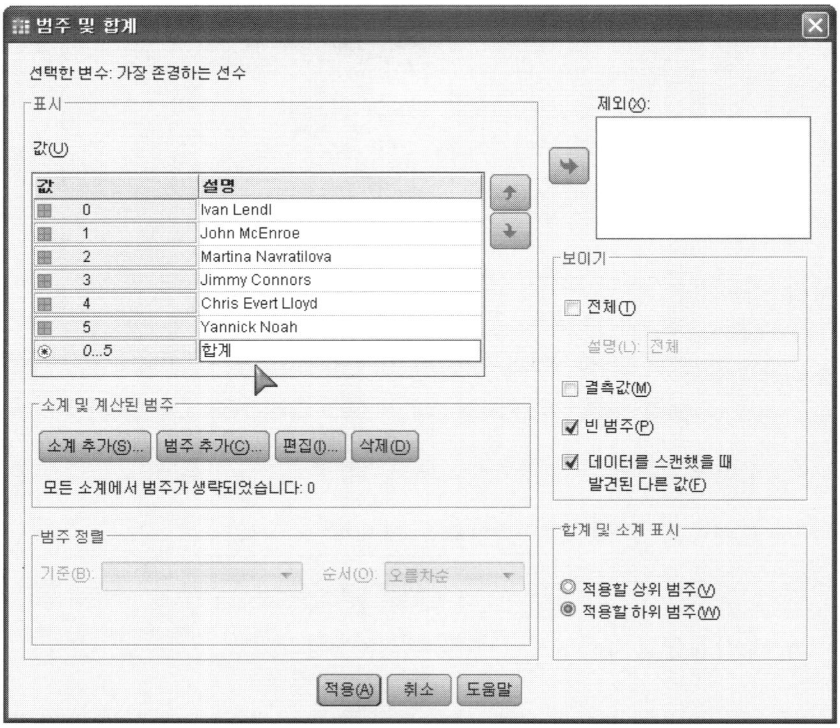

				가장 존경하는 선수						
				Ivan Lendl	John McEnroe	Martina Navratilova	Jimmy Connors	Chris Evert Lloyd	Yannick Noah	합계
				행 N %	행 N %	행 N %	행 N %	행 N %	행 N %	행 N %
미국내 조사지역	북동부	응답자 성별	여자	13.8%	17.2%	27.6%	24.1%	13.8%	3.4%	100.0%
			남자	21.7%	23.9%	15.2%	19.6%	4.3%	15.2%	100.0%
	남부	응답자 성별	여자	19.3%	19.3%	28.4%	8.0%	17.0%	8.0%	100.0%
			남자	21.6%	28.9%	11.3%	22.7%	7.2%	8.2%	100.0%
	중북부	응답자 성별	여자	16.9%	20.5%	37.3%	7.2%	9.6%	8.4%	100.0%
			남자	17.8%	19.2%	24.7%	15.1%	8.2%	15.1%	100.0%
	서부	응답자 성별	여자	12.8%	15.1%	39.5%	3.5%	23.3%	5.8%	100.0%
			남자	25.0%	31.3%	16.7%	14.6%	5.2%	7.3%	100.0%
	남서부	응답자 성별	여자	29.2%	4.2%	22.9%	8.3%	14.6%	20.8%	100.0%
			남자	30.0%	16.7%	15.0%	20.0%	3.3%	15.0%	100.0%

조사지역별로 성별로 합계가 100%가 되는 존경선수의 분포표가 출력되었다.

이는 조사지역별 성별 응답자 세분집단 내에서 각 선수들이 얻은 지지도 비율로 보면 되겠다. 예를 들어 "Navratilov"는 서부 지역 여자 응답자들로부터 가장 높은 지지율(39.5%)을 얻은 것으로 나타났고, "McEnroe"는 서부 지역 남자들로부터 가장 높은 지지율(31.3%)을 얻었다.

단순연결과 중첩연결

새로운 변수를 행에 끌어놓기 추가하면 중첩연결된다. 따라서 중첩시키지 않으려면 행 첫 변수영역에서 아래쪽에 끌어놓기하면 중첩되지 않고 단순표가 아래에 독립적으로 추가로 연결된다.

				가장 존경하는 선수						
				Ivan Lendl	John McEnroe	Martina Navratilova	Jimmy Connors	Chris Evert Lloyd	Yannick Noah	합계
				행 N %	행 N %	행 N %	행 N %	행 N %	행 N %	행 N %
미국내 조사지역	북동부	응답자 성별	여자	13.8%	17.2%	27.6%	24.1%	13.8%	3.4%	100.0%
			남자	21.7%	23.9%	15.2%	19.6%	4.3%	15.2%	100.0%
	남부	응답자 성별	여자	19.3%	19.3%	28.4%	8.0%	17.0%	8.0%	100.0%
			남자	21.6%	28.9%	11.3%	22.7%	7.2%	8.2%	100.0%
	중북부	응답자 성별	여자	16.9%	20.5%	37.3%	7.2%	9.6%	8.4%	100.0%
			남자	17.8%	19.2%	24.7%	15.1%	8.2%	15.1%	100.0%
	서부	응답자 성별	여자	12.8%	15.1%	39.5%	3.5%	23.3%	5.8%	100.0%
			남자	25.0%	31.3%	16.7%	14.6%	5.2%	7.3%	100.0%
	남서부	응답자 성별	여자	29.2%	4.2%	22.9%	8.3%	14.6%	20.8%	100.0%
			남자	30.0%	16.7%	15.0%	20.0%	3.3%	15.0%	100.0%
면접 상점명	Flight Sports			24.5%	24.0%	19.8%	14.4%	7.0%	10.3%	100.0%
	Searbuck & Co			20.1%	16.8%	25.9%	15.0%	12.0%	10.2%	100.0%
	Ms. Tennis			8.4%	20.2%	31.1%	11.8%	18.5%	10.1%	100.0%

범주형 변수와 연속형 변수의 통계표

범주형 변수는 빈도나 비율을 계산해야 하지만, 연속형 변수는 평균이나 표준편차와 같은 요약값을 계산하여야 한다. 통계표의 기능에서는 이와 같은 다양한 통계량을 같은 통계표에 출력시킬 수 있다.

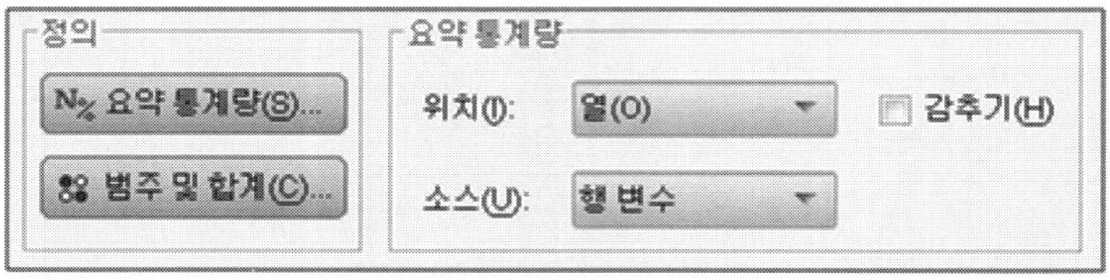

평균이나 표준편차와 같은 요약값을 출력하려면 변수를 선택하고 선택변수를 '소스:'로 변경하여야 한다.

다음의 결과표를 보면 "Connors"를 존경하는 응답자의 평균연령은 31세임을 알 수 있다.

			가장 존경하는 선수					
			Ivan Lendl	John McEnroe	Martina Navratilova	Jimmy Connors	Chris Evert Lloyd	Yannick Noah
응답자 성별	여자	행 N %	17.6%	16.3%	32.2%	9.4%	16.0%	8.5%
	남자	행 N %	23.0%	24.9%	16.3%	18.4%	5.7%	11.7%
응답자 연령	평균		29	29	29	31	29	29

5.5 다중응답문항의 코딩

한 문항에서 두 가지 이상의 항목을 선택하도록 구성된 문항을 다중응답문항이라 한다. 다중응답문항을 코딩하는 방법은 크게 이분법과 중복법 등의 두 가지 방법이 있다. 예를 들어 다음과 같은 문항을 고려하여 보자.

아래의 운동들 중에 당신이 즐겨하는 운동을 모두 고르시오.

1. 라켓볼, 스쿼시, 핸드볼
✓ 2. 달리기, 조깅
3. 에어로빅
4. 자전거 타기
✓ 5. 야구, 소프트볼
6. 축구
✓ 7. 배구

이를 이분법으로 코딩하면 다음과 같다.

ID	라켓볼	달리기	에어로빅	자전거	야구	축구	배구
1	0	1	0	0	1	0	1
2	0	1	1	1	0	1	0
3	0	1	0	0	1	1	0
4	1	1	1	1	0	0	0
5	0	1	0	1	1	0	0

중복법으로 코딩하면 다음과 같다.

ID	운동1	운동2	운동3	운동4
1	2	5	7	0
2	2	3	4	6
3	2	5	6	0
4	1	2	3	4
5	2	4	5	0

일반적으로는 이분법으로 코딩하는 것이 편리하다.

5.6 이분법으로 코딩된 다중응답 변수

다음은 이분법으로 코딩되어 있는 SPSS 데이터이다.

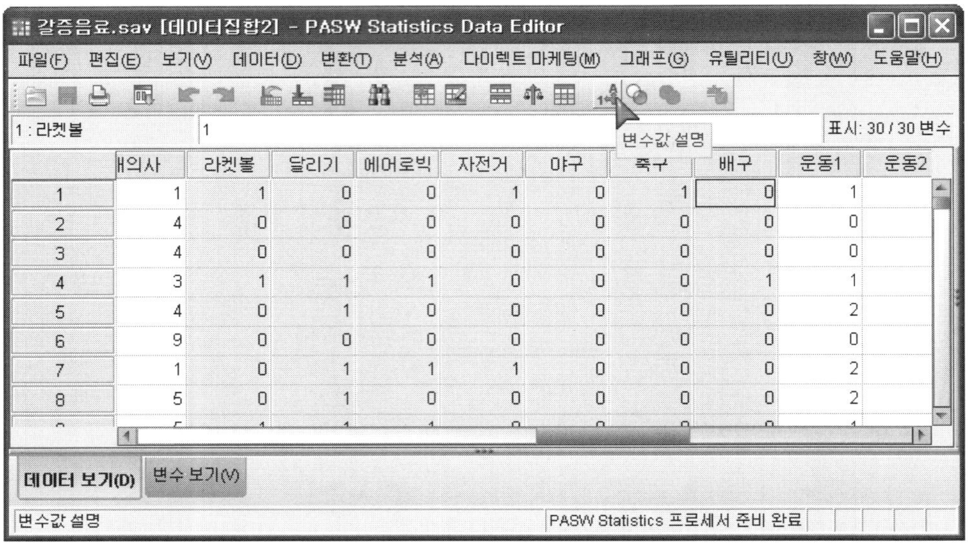

다중응답 변수는 통상적인 단일응답 변수와 구별되므로, 다중응답 변수를 정의하여야 한다. 메뉴에서 '분석 ▶ 표 ▶ 다중응답 변수군...'을 선택하면 '다중응답 변수군 정의' 대화상자가 열리고 이곳에서 다중응답 변수군에 포함시킬 변수들을 선택하고 코딩 형식을 지정한다. 다중응답 변수군 이름을 부여한 후 [추가(A)] 단추를 클릭하면 이분법으로 코딩된 다중응답 변수군이 정의된다.

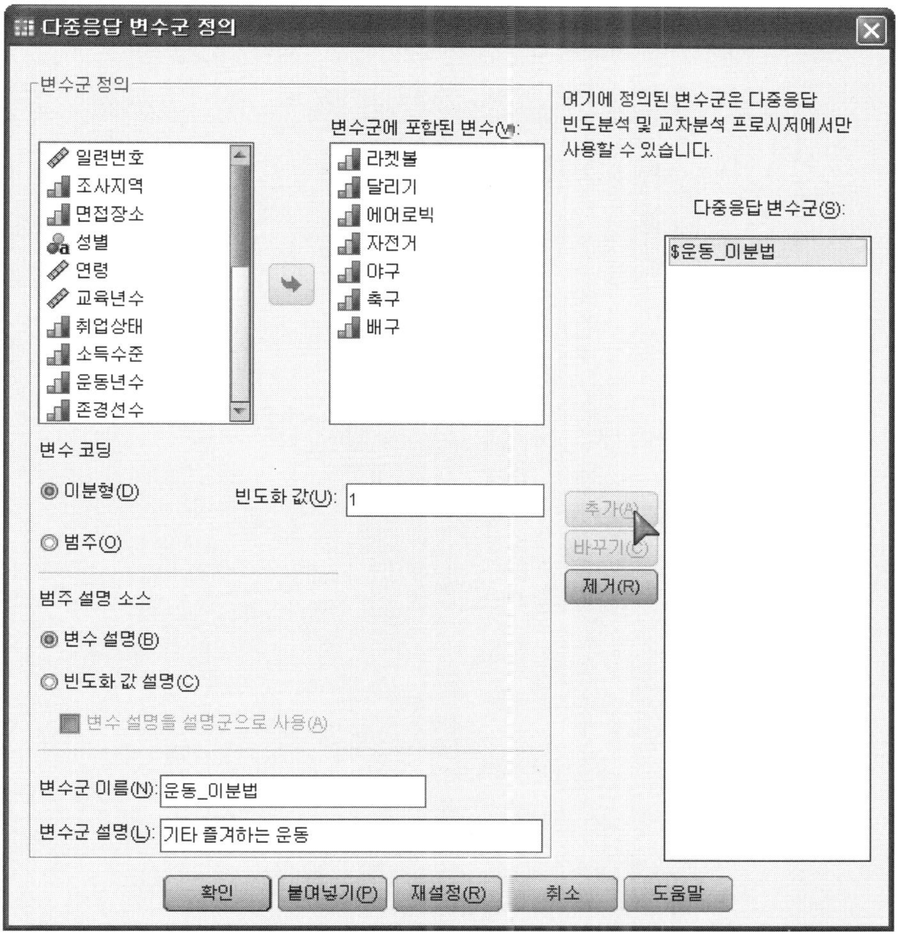

다중응답 변수군을 정의하였으면 확인 단추를 클릭하여 완료하면 다음과 같이 정의되었음을 알 수 있다.

다중응답 변수군

이름	설명	코드화 형식	빈도화 값	데이터 유형	요소 변수
$운동_이분법	기타 즐겨하는 운동	이분형	1	숫자	라켓볼, 스쿼시, 핸드볼 달리기, 조깅 에어로빅 자전거 타기 야구, 소프트볼 축구 배구

이제 통계표로 분석해 보자.

이곳에서 분석할 다중응답 변수군 '$운동_이분법'을 행에 끌어놓기하고 [범주 및 합계(C)...] 단추를 클릭하여 보이기에서 '전체'를 선택한 후 [적용(A)]을 클릭하고 [요약 통계량(S)...] 단추를 클릭하여 '열－응답%'과 '열 빈도%(기준: 응답)'를 추가하고 [선택한 항목에 적용(S)]을 클릭하여 적용하고 주대화상자에서 [확인] 단추를 클릭하면 다중응답 빈도표가 출력된다.

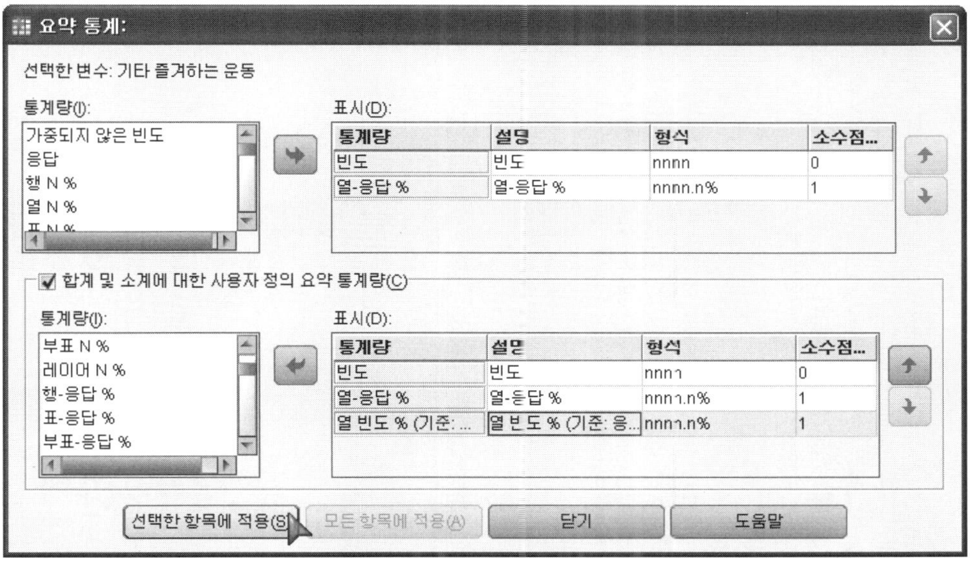

		빈도	열 응답 %	열 빈도 % (기준: 응답)
기타 즐겨하는 운동	달리기, 조깅	434	32.4%	
	라켓볼, 스쿼시, 핸드볼	250	18.7%	
	배구	69	5.2%	
	야구, 소프트볼	37	2.8%	
	에어로빅	275	20.6%	
	자전거 타기	179	13.4%	
	축구	94	7.0%	
	합계	652	100.0%	48.7%

빈도는 반응수를 나타내며, 마지막 합계 행에 나타난 652는 유효 응답자의 수를 나타낸다. 그리고 열 %는 반응수를 기준으로 한 퍼센트이므로 퍼센트의 합은 100%이다. 즉, 유효 응답자 652명이며, 전체 반응수(1338)에서 32.4%의 반응이 "달리기, 조깅"을 즐겨한다고 나타났다. 마지막에 나타난 48.7%는 (응답자의 수)/(전체 응답수)*100으로 계산된 결과로 전체 응답수에 대한 응답자의 비율을 의미하므로 약 50% 정도로 본다면 평균적으로 1인당 2종목 정도 반응한 것을 알 수 있다.

5.7 중복법으로 코딩된 다중응답 변수

다음은 중복법으로 코딩되어 있는 SPSS 데이터이다.

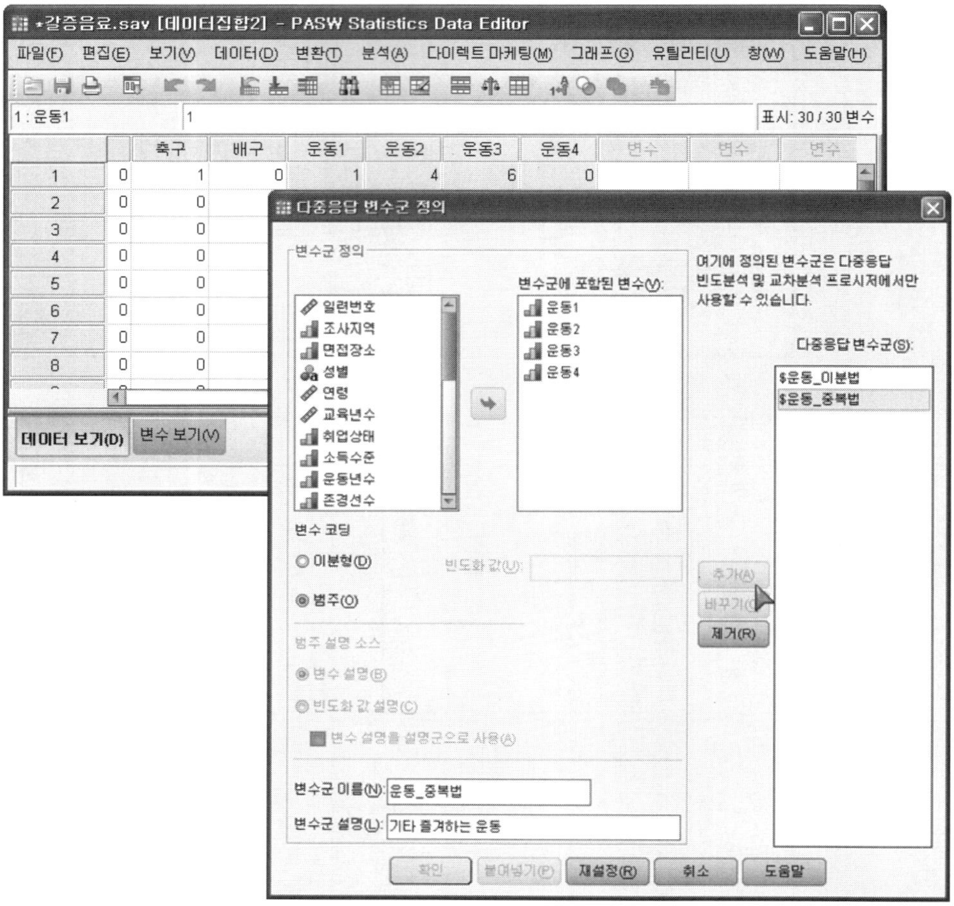

다중응답 변수를 정의하기 위해 앞에서 이분법의 절차와 유사하게 진행한다.

다중응답 변수군에 포함시킬 변수들을 선택하고 코딩 형식을 지정하고 다중응답 변수군 이름을 부여한 후 [추가(A)] 단추를 클릭하면 중복법으로 코딩된 다중응답 변수군이 정의된다. 중복법으로 정의된 다중응답 변수군에 대한 빈도 집계는 이분법의 경우와 동일하다.

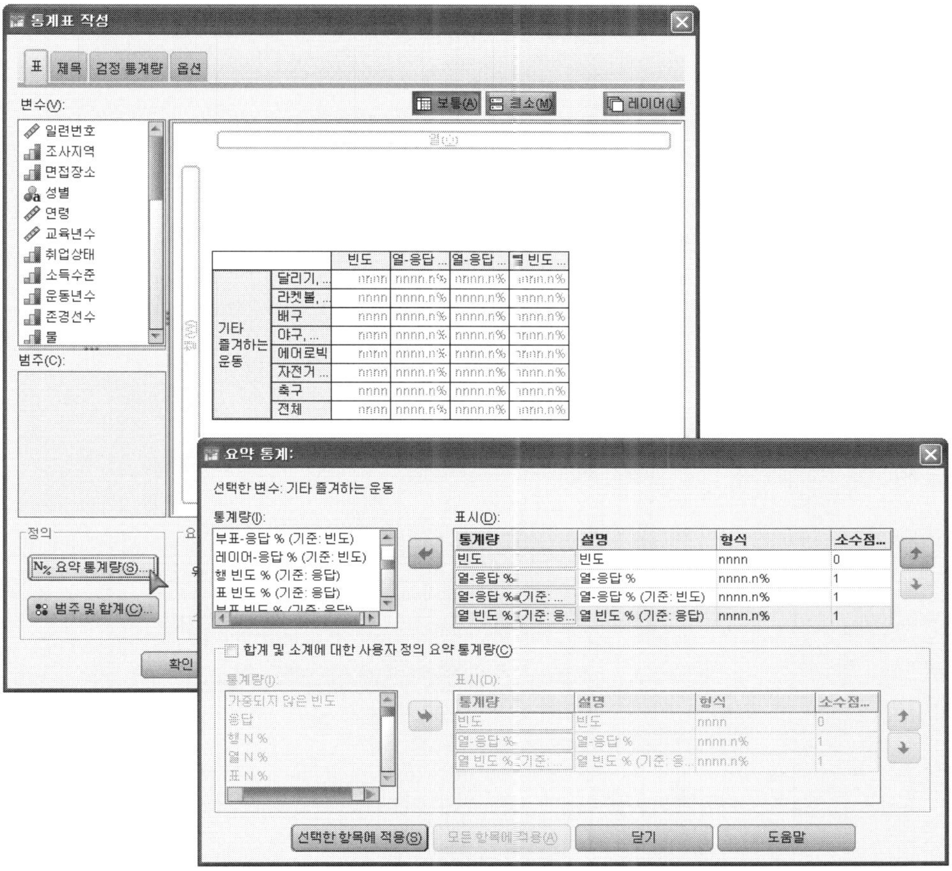

		빈도	열 응답 %	열 응답 % (기준: 빈도)	열 빈도 % (기준: 응답)
기타 즐겨하는 운동	달리기, 조깅	434	32.4%	66.6%	32.4%
	라켓볼, 스쿼시, 핸드볼	250	18.7%	38.3%	18.7%
	배구	69	5.2%	10.6%	5.2%
	야구, 소프트볼	37	2.8%	5.7%	2.8%
	에어로빅	275	20.6%	42.2%	20.6%
	자전거 타기	179	13.4%	27.5%	13.4%
	축구	94	7.0%	14.4%	7.0%
	합계	652	100.0%	205.2%	48.7%

5.8 다중응답 변수의 교차분석

다중응답 변수와 단일응답 변수와 교차집계를 하려면, 메뉴에서 '분석 ▷ 표 ▷ 통계표 작성...'을 선택하면 작성 대화상자가 열린다.

즐겨하는 운동 종목에 따라서 구매 의사를 확인하여 보자.

다중응답변수군 '$운동_이분법'을 행에 끌어놓기하고 구매 의사 변수를 '열:'에 끌어놓기한다. [범주 및 합계(C)...] 단추를 클릭하여 보이기에서 '전체'를 선택한 후 [적용(A)]을 클릭하고 [N% 요약 통계량(S)...] 단추를 클릭하여 '응답'과 '열 빈도%(기준: 응답)'를 추가하고 [선택한 항목에 적용(S)]을 클릭하여 적용하고 주대화상자에서 [확인] 단추를 클릭하면 다중응답 빈도표가 출력된다.

		포장싸인한 제품에 대한 구매의사									
		구매하겠다		구매할 것 같다		그때가서 결정하겠다		구매하지 않을 것 같다		구매하지 않겠다	
		응답	열 빈도 % (기준: 응답)	응답	열 빈도 % (기준: 응답)	응답	열 빈도 % (기준: 응답)	응답	열 빈도 % (기준: 응답)	응답	열 빈도 % (기준: 응답)
기타 즐겨하는 운동	라켓볼, 스쿼시, 핸드볼	61	17.7%	49	15.8%	55	19.7%	32	21.5%	5	23.8%
	달리기, 조깅	117	33.9%	101	32.6%	91	32.6%	52	34.9%	6	28.6%
	에어로빅	75	21.7%	73	23.5%	52	18.6%	25	16.8%	2	9.5%
	자전거 타기	47	13.6%	43	13.9%	33	11.8%	19	12.8%	3	14.3%
	야구, 소프트볼	8	2.3%	9	2.9%	6	2.2%	3	2.0%	1	4.8%
	축구	22	6.4%	21	6.8%	26	9.3%	8	5.4%	3	14.3%
	배구	15	4.3%	14	4.5%	16	5.7%	10	6.7%	1	4.8%
	합계	345	49.3%	310	48.7%	279	52.0%	149	49.0%	21	52.4%

Chapter 06

출력결과 다루기

6.1 PASW Statistics Viewer

SPSS에서 프로시저를 수행시키면 결과가 'PASW Statistics Viewer'라 부르는 창에 출력된다. 이곳에서 출력결과물의 특정 부분으로 쉽게 이동할 수 있다. 또한 출력물을 적절히 편집하여 최종보고서를 만들어 낼 수 있다.

PASW Statistics Viewer에서 할 수 있는 일들은:

- 출력결과물을 수정한다.
- 특정한 통계표나 도표를 감추거나 보이게 한다.
- 항목을 이동시켜 표시 순서를 바꾼다.
- 피벗표 편집기, 텍스트 편집기, 도표 편집기 등으로 신속히 이동한다.
- SPSS와 다른 응용 프로그램 간에 항목들을 이동시킨다.

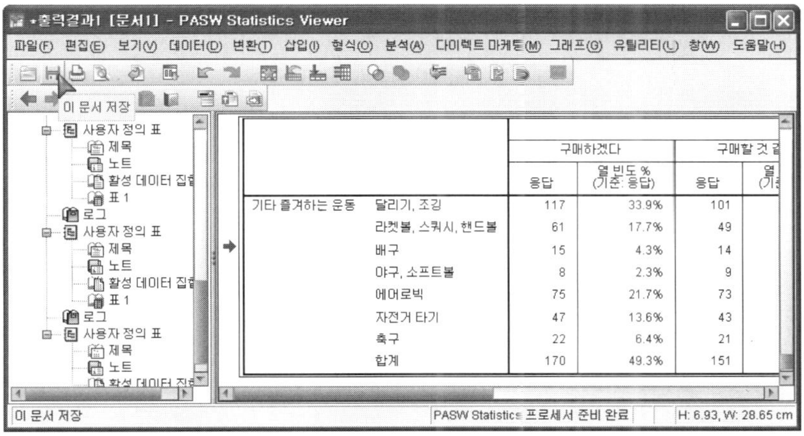

출력결과 저장

SPSS 뷰어의 메뉴에서 '파일 ▷ 저장'을 선택한다. 파일 이름을 입력하고 저장 단추를 클릭한다. 저장 파일은 확장자가 *.spv 파일로 저장된다. 이 파일은 16.0 버전 이하에서 읽을 수 없다.

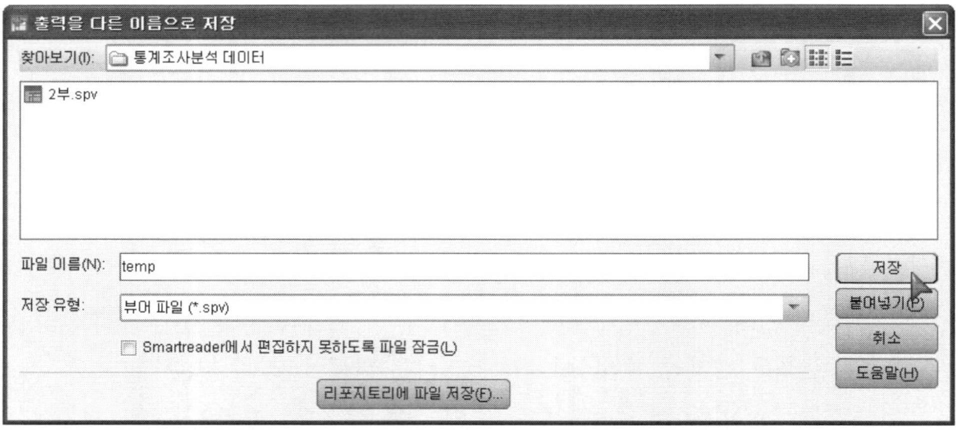

HTML이나 텍스트 파일 또는 그 외의 다양한 파일 유형으로 저장하고 싶으면 메뉴에서 '파일 ▷ 내보내기'를 선택하면 여러 가지 파일 유형을 지정하여 저장할 수 있는 복잡다단(?)한 대화상자가 나타난다. 그리고 출력결과 상의 그림 파일들을 여러 가지 그림 포맷으로 또한 저장할 수 있다. 잘만 활용한다면 많은 편리를 누릴 수 있을 것이다.

6.2 피벗표

피벗표를 수정하려면, 피벗표를 더블 클릭하여 피벗표 편집기를 활성화시킨다.

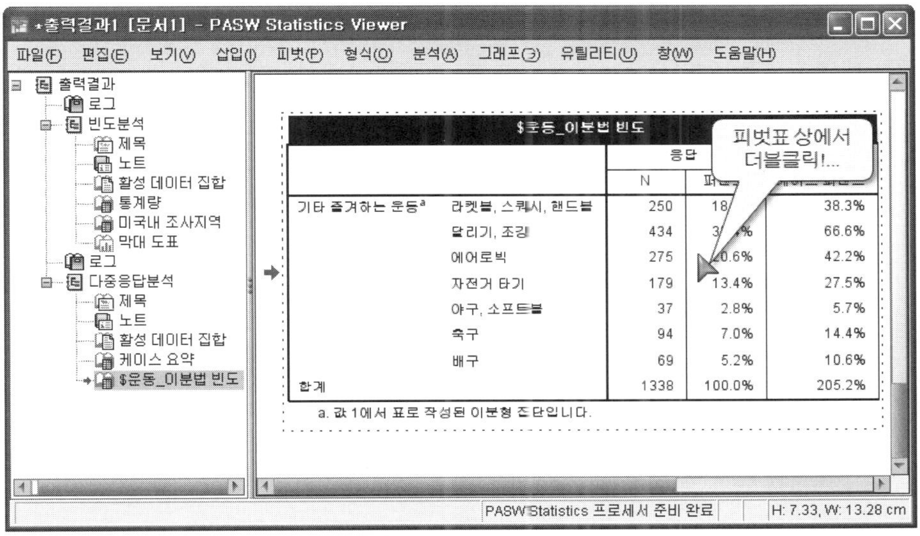

특정 셀 감추기

피벗표의 행이나 열을 감추려면

Ctrl 키와 Alt 키를 동시에 누른 상태에서 특정한 행이나 열의 범주 설명문 부분을 마우스 왼쪽 버튼을 클릭하면, 특정한 행이나 열이 반전되면서 선택된다.

반전된 행이나 열의 설명문 부분을 마우스 오른쪽 버튼을 클릭하면 메뉴가 열리는데, '범주 감추기'를 선택한다. 또는 주메뉴의 '보기 ▷ 감추기'를 선택하면 해당 행이나 열이 감추어진다.

감추어진 행이나 열을 다시 나타나게 하려면

주메뉴의 '보기 ▷ 모든 범주 보이기' 또는 '모두 보이기'를 선택한다.

피벗표 주석 달기

특정 피벗표를 설명하는 주석을 피벗표 아래에 첨가하려면

▶ 메뉴에서 '삽입 ▷ 캡션'을 선택한다.

▶ 피벗표 하단에 '표 캡션' 부분을 마우스 더블 클릭한다.

▶ 주석 문장을 입력한다.

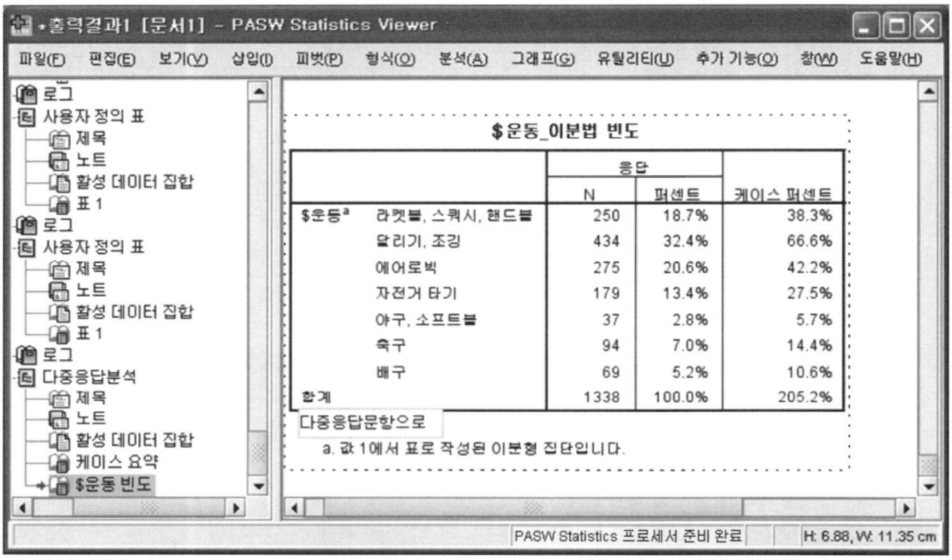

$운동_이분법 빈도

		응답		케이스 퍼센트
		N	퍼센트	
$운동a	라켓볼, 스쿼시, 핸드볼	250	18.7%	38.3%
	달리기, 조깅	434	32.4%	66.6%
	에어로빅	275	20.6%	42.2%
	자전거 타기	179	13.4%	27.5%
	야구, 소프트볼	37	2.8%	5.7%
	축구	94	7.0%	14.4%
	배구	69	5.2%	10.6%
합계		1338	100.0%	205.2%

다중응답문항으로

a. 값 1에서 표로 작성된 이분형 집단입니다.

특정한 행이나 열 또는 셀에 대한 주석 달기

주목해야만 하는 부분에 대한 주석을 피벗표에 첨가하려면

▶ 주목해야만 하는 행이나 열 또는 셀을 선택한다.

▶ 메뉴에서 '삽입 ▷ 꼬리말'을 선택한다.

▶ 피벗표 하단에 'a. 꼬리말' 부분을 마우스 더블 클릭한다.

▶ 주석 문장을 입력한다.

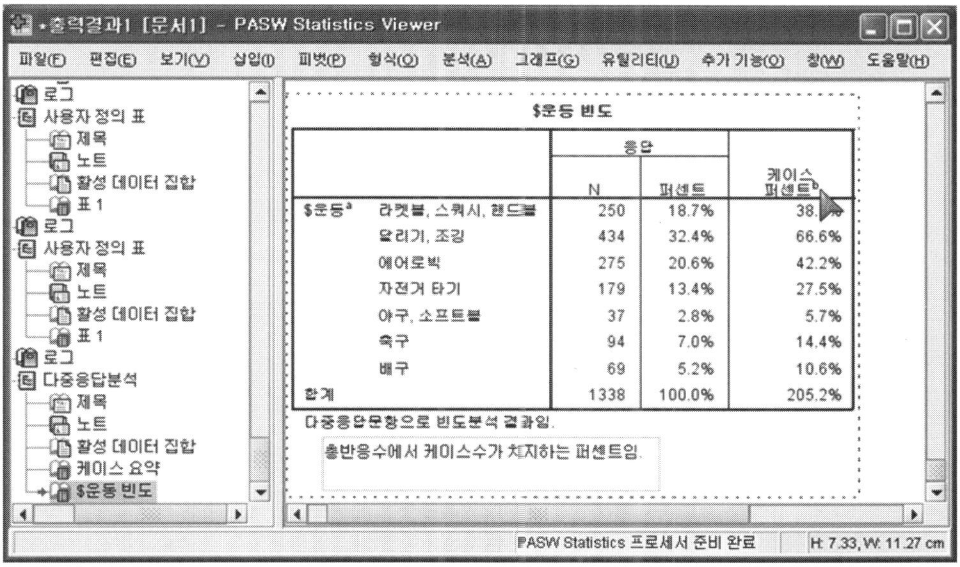

피벗표 모양

사전에 정의된 모양 파일에 의해 피벗표의 모양을 변경할 수 있다. 또한 선호하는 모양의 피벗표를 하나의 모양 파일로 정의할 수도 있다.

피벗표 모양 파일을 적용하려면

▶ 피벗표를 더블 클릭을 하여 편집 상태로 만든다.

▶ 메뉴에서 '형식 ▷ 표모양...'을 선택한다.

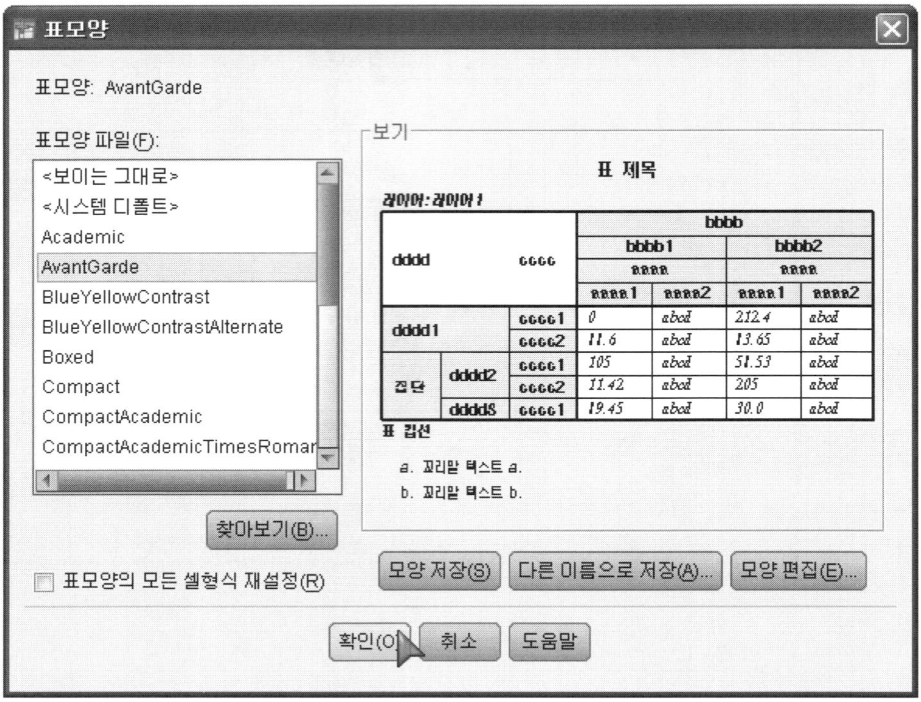

▶ 적용시키고자 하는 피벗표 모양 파일을 선택한 후 확인 단추를 클릭한다.

$운동_이분법 빈도

		응답 N	응답 퍼센트	케이스 퍼센트[b]
기타 즐겨하는 운동[a]	라켓볼, 스쿼시, 핸드볼	250	18.7%	38.3%
	달리기, 조깅	434	32.4%	66.6%
	에어로빅	275	20.6%	42.2%
	자전거 타기	179	13.4%	27.5%
	야구, 소프트볼	37	2.8%	5.7%
	축구	94	7.0%	14.4%
	배구	69	5.2%	10.6%
합계		1338	100.0%	205.2%

다중응답문항으로 빈도분석 결과임.

a. 값 1에서 표로 작성된 이분형 집단입니다.

b. 총반응수에서 케이스 수가 차지하는 퍼센트임.

피벗표 형식 변경

피벗표를 다양하게 변경하려면 메뉴에서 '형식 ▷ 표 특성...'을 선택한다. '피벗표 형식' 대화상자는 모두 다섯 가지 탭으로 구성되어 있다.

- 일반(General): 일반적인 형식
- 꼬리말(Footnotes): 꼬리말 주석의 형식
- 셀 형식(Cell Formats): 셀의 형식
- 경계선(Borders): 경계선의 형식
- 인쇄중(Print): 인쇄 형식

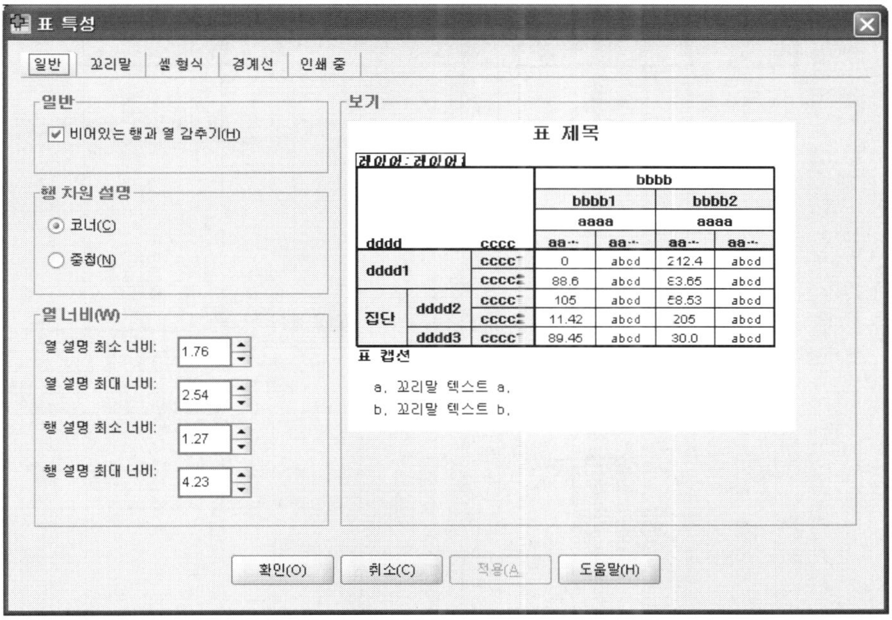

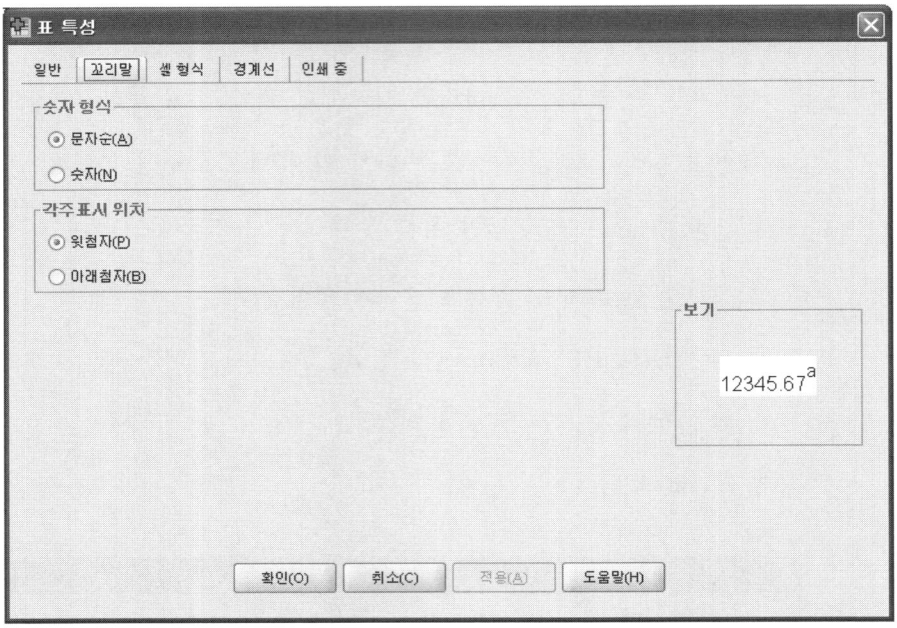
표 특성
일반
꼬리말
셀 형식
경계선
인쇄 중
숫자 형식
문자순(A)
숫자(N)
각주 표시 위치
윗첨자(P)
아래첨자(B)
보기
12345.67a
확인(O)
취소(C)
적용(A)
도움말(H)

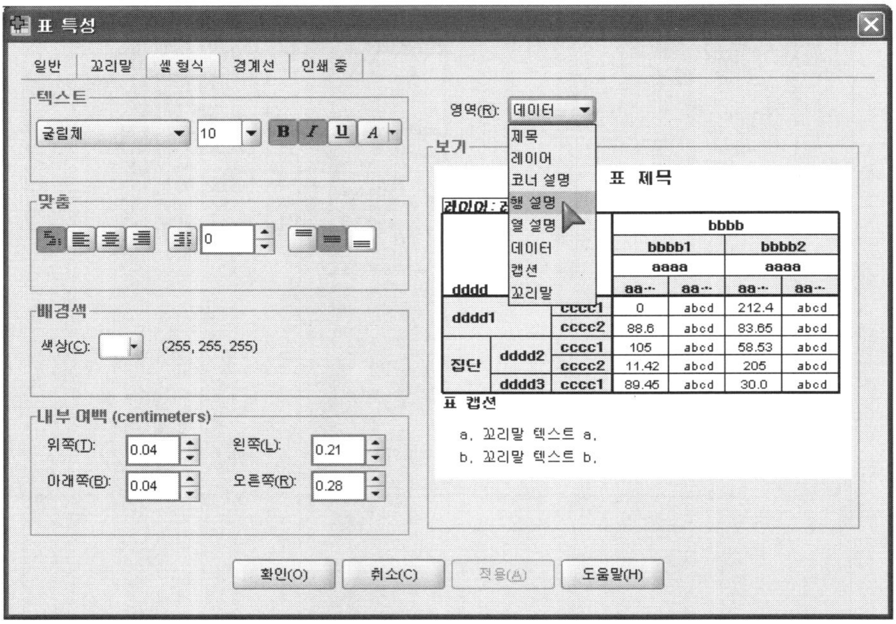
표 특성
일반
꼬리말
셀 형식
경계선
인쇄 중
텍스트
굴림체
10
맞춤
배경색
색상(C):
(255, 255, 255)
내부 여백 (centimeters)
위쪽(T):
0.04
왼쪽(L):
0.21
아래쪽(B):
0.04
오른쪽(R):
0.28
영역(R):
데이터
제목
레이어
코너 설명
행 설명
열 설명
데이터
캡션
꼬리말
보기
표 제목
bbbb
bbbb1
bbbb2
aaaa
dddd
dddd1
dddd2
dddd3
집단
cccc1
cccc2
표 캡션
a. 꼬리말 텍스트 a.
b. 꼬리말 텍스트 b.
확인(O)
취소(C)
적용(A)
도움말(H)

제목

레이어

코너 설명	열 설명
행 설명	데이터

캡션

꼬리말

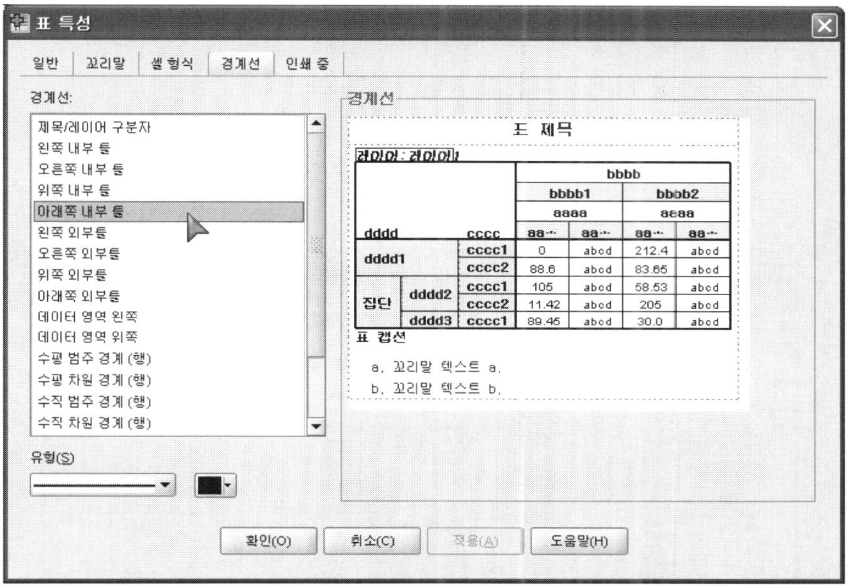

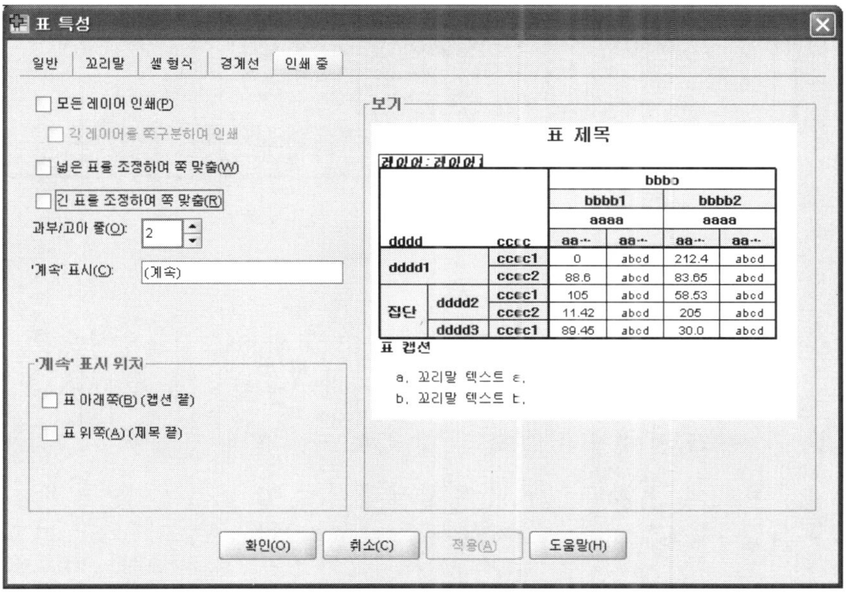

셀 너비의 조정

피벗표의 셀 너비를 조정하려면 피벗표를 더블 클릭하여 편집 상태로 한 후 메뉴에서 '형식 ▷ 데이터 셀 너비 설정'을 선택하여 '데이터 셀 너비 설정' 대화상자에서 너비(폭)를 지정한다.

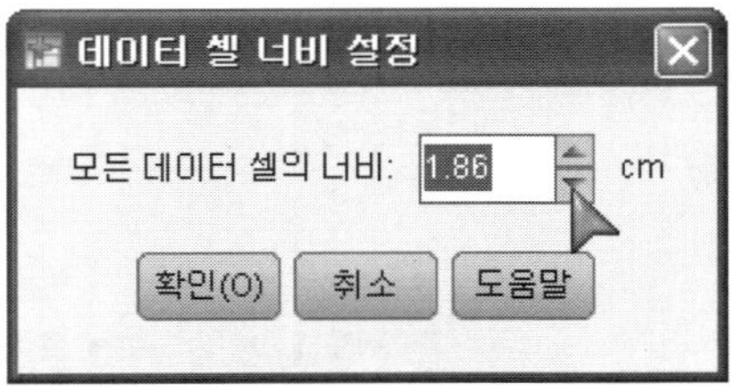

각각의 셀 너비를 다르게 지정하려면 마우스를 셀의 경계선으로 위치시키면 마우스 포인터가 좌우 화살표로 변경되는데 이때 마우스 끌기 기능을 사용하면 셀 너비를 조정할 수 있다.

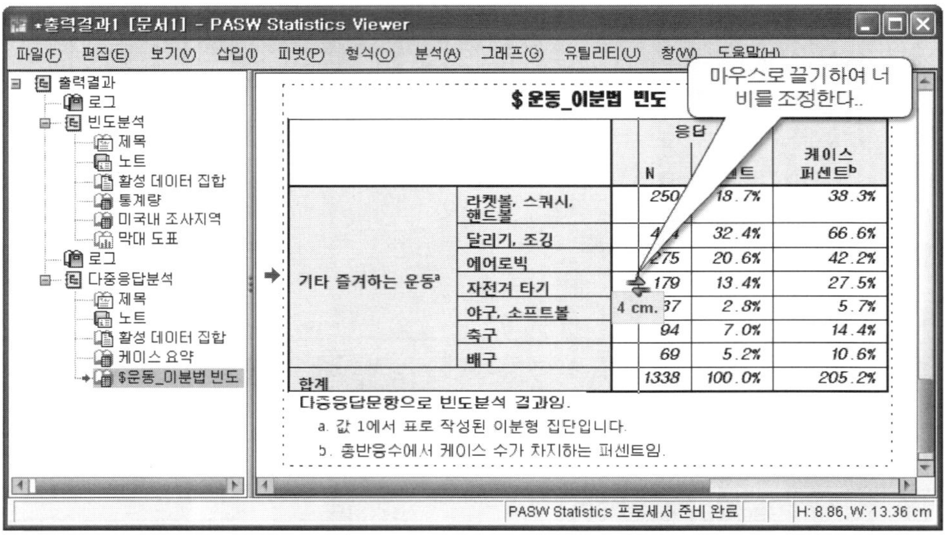

셀 형식 변경

셀 형식을 다양하게 변경하려면 변경하고자 하는 셀을 선택한 후, 메뉴에서 '형식 ▷ 셀 특성...'을 선택한다. '셀 형식' 대화상자는 모두 세 가지 탭으로 구성되어 있다.

- 글꼴 및 배경: 글꼴 형식 및 채움 모양 형식
- 형식 값(Value): 셀 값의 표시 형식
- 맞춤 및 여백: 정렬 형식 및 여백 형식

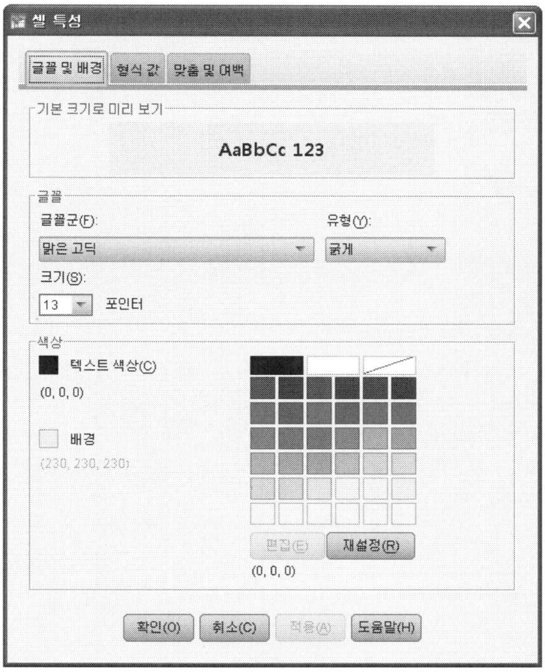

셀 특성
글꼴 및 배경
형식 값
맞춤 및 여백
기본 크기로 미리 보기
AaBbCc 123
글꼴
글꼴군(F):
맑은 고딕
유형(Y):
굵게
크기(S):
13
포인터
색상
텍스트 색상(C)
(0, 0, 0)
배경
(230, 230, 230)
편집(E)
재설정(R)
(0, 0, 0)
확인(O)
취소(C)
적용(A)
도움말(H)

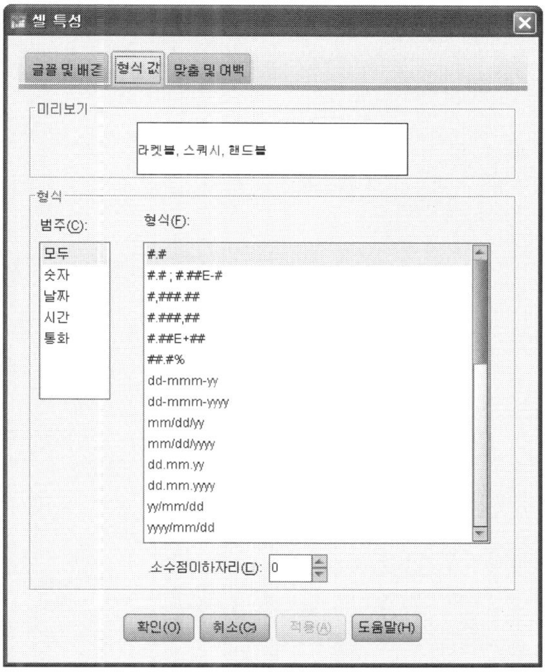

셀 특성
글꼴 및 배경
형식 값
맞춤 및 여백
미리보기
라켓볼, 스쿼시, 핸드볼
형식
범주(C):
모두
숫자
날자
시간
통화
형식(F):
#.#
#.#;#.##E-#
#,###.##
#.###,##
#.##E+##
##.#%
dd-mmm-yy
dd-mmm-yyyy
mm/dd/yy
mm/dd/yyyy
dd.mm.yy
dd.mm.yyyy
yy/mm/dd
yyyy/mm/dd
소수점이하자리(C):
0
확인(O)
취소(C)
적용(A)
도움말(H)

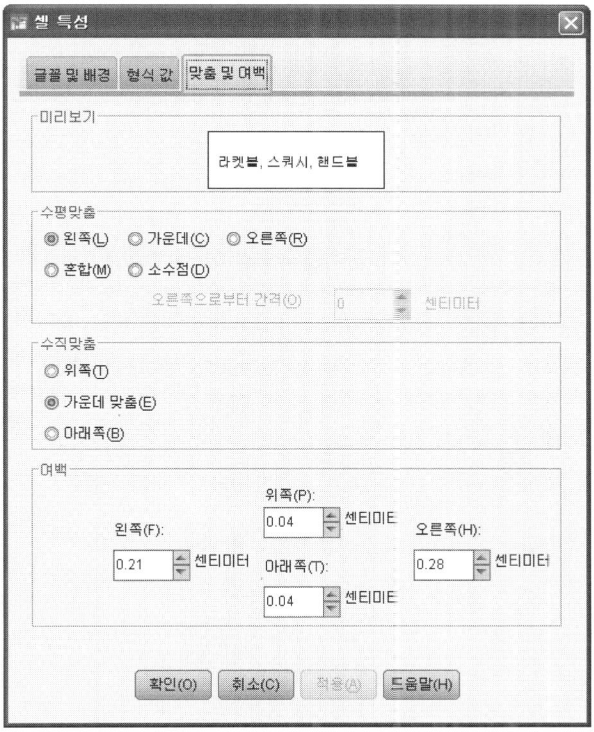

셀 특성
글꼴 및 배경
형식 값
맞춤 및 여백
미리보기
라켓볼, 스쿼시, 핸드볼
수평맞춤
왼쪽(L)
가운데(C)
오른쪽(R)
혼합(M)
소수점(D)
오른쪽으로부터 간격(O)
0
센티미터
수직맞춤
위쪽(T)
가운데 맞춤(E)
아래쪽(B)
여백
위쪽(P):
0.04
센티미터
왼쪽(F):
0.21
센티미터
아래쪽(T):
0.04
센티미터
오른쪽(H):
0.28
센티미터
확인(O)
취소(C)
적용(A)
도움말(H)

6.3 다른 응용 프로그램과 개체 공유

특정한 피벗표나 도표를 선택한 후 메뉴에서 '편집 ▷ 복사'를 선택하거나, 마우스 오른쪽 버튼을 클릭하여 팝업 메뉴에서 '복사'를 선택한다.

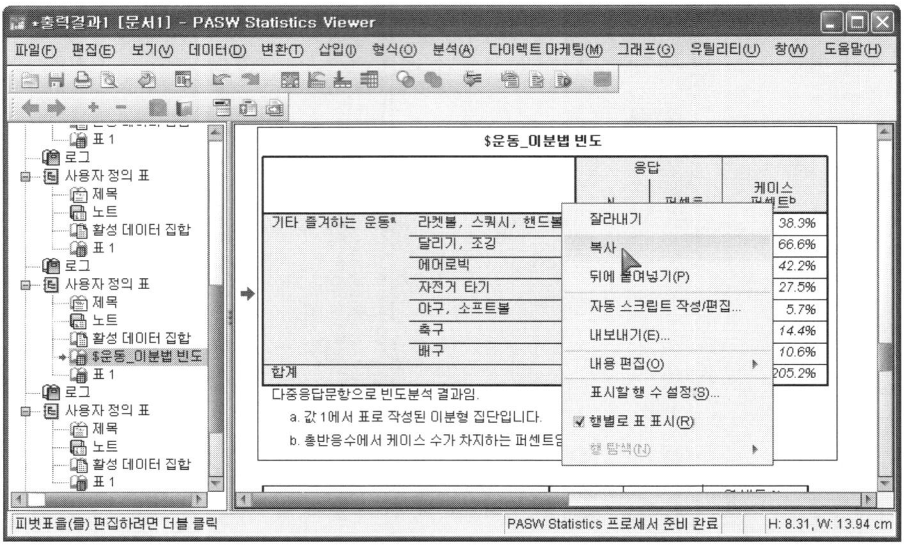

다른 응용 프로그램에서 '붙여넣기' 또는 '선택하여 붙여넣기'를 한다.

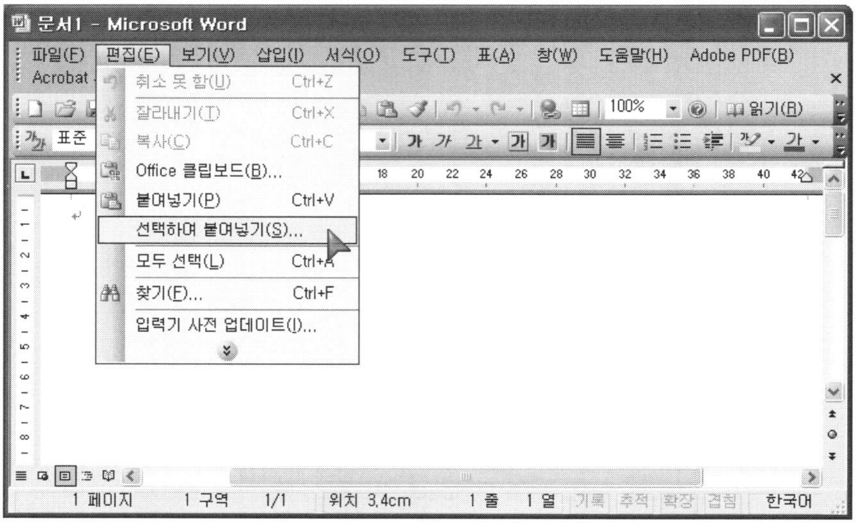

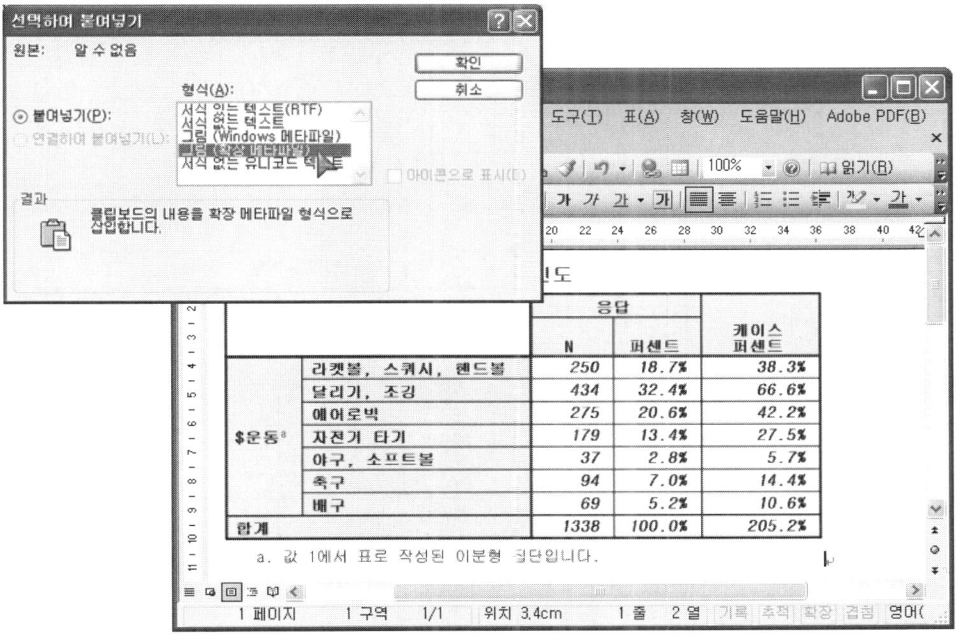

혼글에서도 역시 같은 방법으로 붙여넣기 한다.

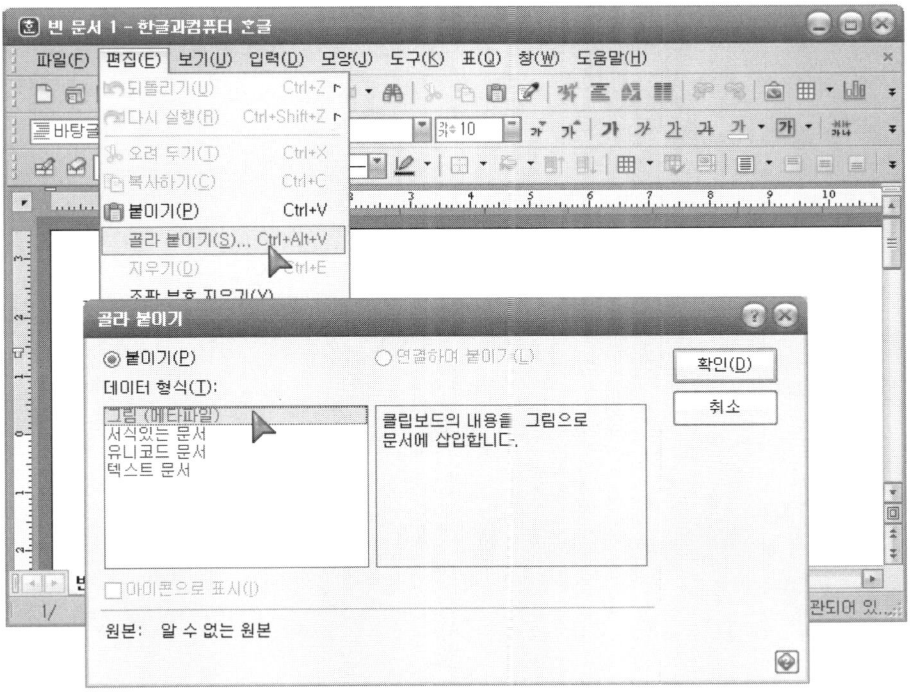

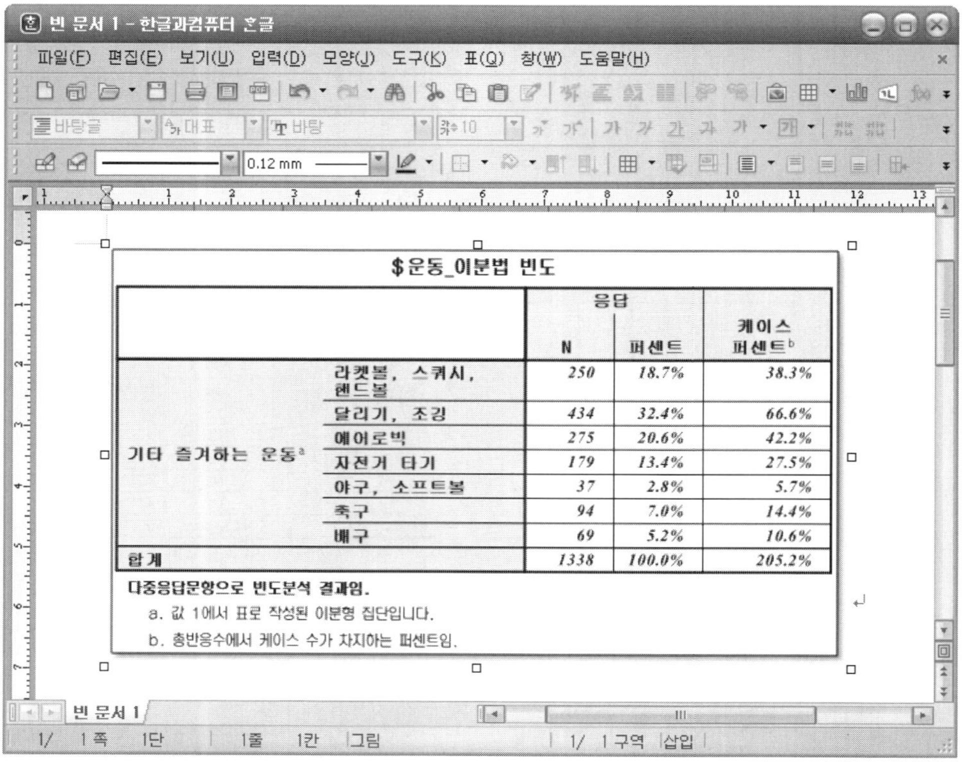

$운동_이분법 빈도

		응답 N	응답 퍼센트	케이스 퍼센트[b]
기타 즐거하는 운동[a]	라켓볼, 스쿼시, 핸드볼	250	18.7%	38.3%
	달리기, 조깅	434	32.4%	66.6%
	에어로빅	275	20.6%	42.2%
	자전거 타기	179	13.4%	27.5%
	야구, 소프트볼	37	2.8%	5.7%
	축구	94	7.0%	14.4%
	배구	69	5.2%	10.6%
합계		1338	100.0%	205.2%

다중응답문항으로 빈도분석 결과임.

a. 값 1에서 표로 작성된 이분형 집단입니다.

b. 총반응수에서 케이스 수가 차지하는 퍼센트임.

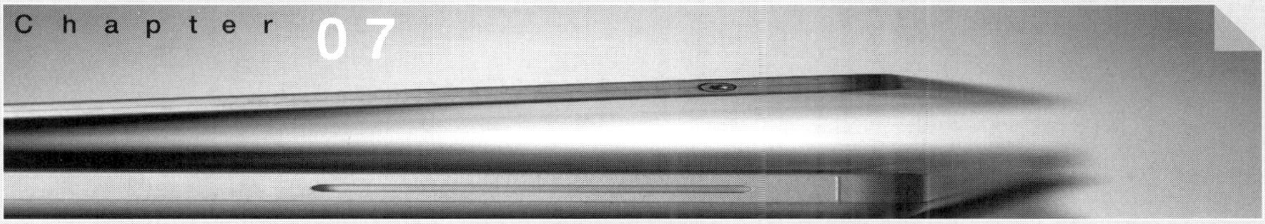

Chapter 07 그래프 작성

7.1 그래프의 작성 개요

"하나의 도표는 수천 개의 수치보다 더 가치가 있다"라는 말이 있듯이 주어진 데이터를 잘 묘사하는 최선의 방법은 데이터를 눈으로 보고 쉽게 인지할 수 있도록 시각화하는 것이다. 이러한 시각화 데이터 분석의 결과 이미지를 만드는 방법 중 가장 널리 사용될 수 있는 것이 바로 그래프 표현법이라고 할 수 있다.

일반적으로 하나의 범주형 변수는 원도표나 막대도표로서 시각화할 수 있다. 그러나 원도표는 범주가 많은 경우에 각 조각(slice)들이 너무 조밀하게 나누어져 그 각의 크기를 한눈으로 비교하기가 힘든 경우가 종종 발생하게 된다. 그러므로 범주의 수가 5개 미만인 경우에 원도표를 사용하는 것이 바람직하다. 많은 범주를 가지는 변수에 대해서는 막대도표를 활용하는 것이 더 적절하다고 하겠다. 막대도표는 범주의 수에 상관없이 언제라도 활용할 수 있는 시각적 표현법이라고 할 수 있다. 두 개의 범주형 변수를 나타내는 방법으로 역시 막대도표의 수평누적 막대도표나 수직누적 막대도표를 활용하면 된다. 3개 이상의 범주형 변수는 사실상 표현하기 어려우며 표현한다고 해도 인지하기 쉽지 않은 것이 단점이다. 그러므로 시각화할 경우에 사람이 가장 잘 인지할 수 있는 차원의 수는 2차원이라고 해도 과언은 아닐 것이다. 한편 하나의 연속형 변수를 시각화하는 방법은 히스토그램을 그려 보는 것이다. 히스토그램은 평균과 표준편차, 표본 크기 등의 수치적 정보(통계량)들도 나타내 준다. 그러므로 얼마나 중심인 평균으로부터 퍼져 있는가와 분포의 모양이 뾰족한지, 치우쳐 있는지 등을 쉽게 볼 수 있도록 해준다. 둘 이상의 연속형 변수들의 시각적 표현법은 산점도를 그려 보는 것이다. 산점도는 2차원 및 3차원 도표를 그릴 수 있으며 다차원의 경우는 행렬 산점도로 대신하여 간접적으로 확인하는 수밖에 없다. 그리고 범주형과 연속형 변수들을 시각화하는 방법으로 다중선도표를 주로 활용하다면 매우 효과적인 시각적 결과 이미지를 만들 수 있다. 이러한 기본적인 그래프 표현법들을 체험을 통하여 익힌다면 그 외의 다른 응용된 그래프나 도표들을 활용할 수 있는 능력을 가지게 된다. 또한 더 나아가 새로운 그래프 표현법을 자신 나름대로 개발하여 적용하고 활용할 수도 있게 될 것이다.

SPSS에서 그래프를 작성하려면 주메뉴에서 [그림 7-1]과 같은 그래프 메뉴를 클릭하면 유저의 편의에 따라 '도표 작성기'와 '레거시 대화상자'로 선택하여 작성할 수 있다. 작성하고자 하는 도표의 종류를 선택하면 해당되는 대화상자가 열린다.

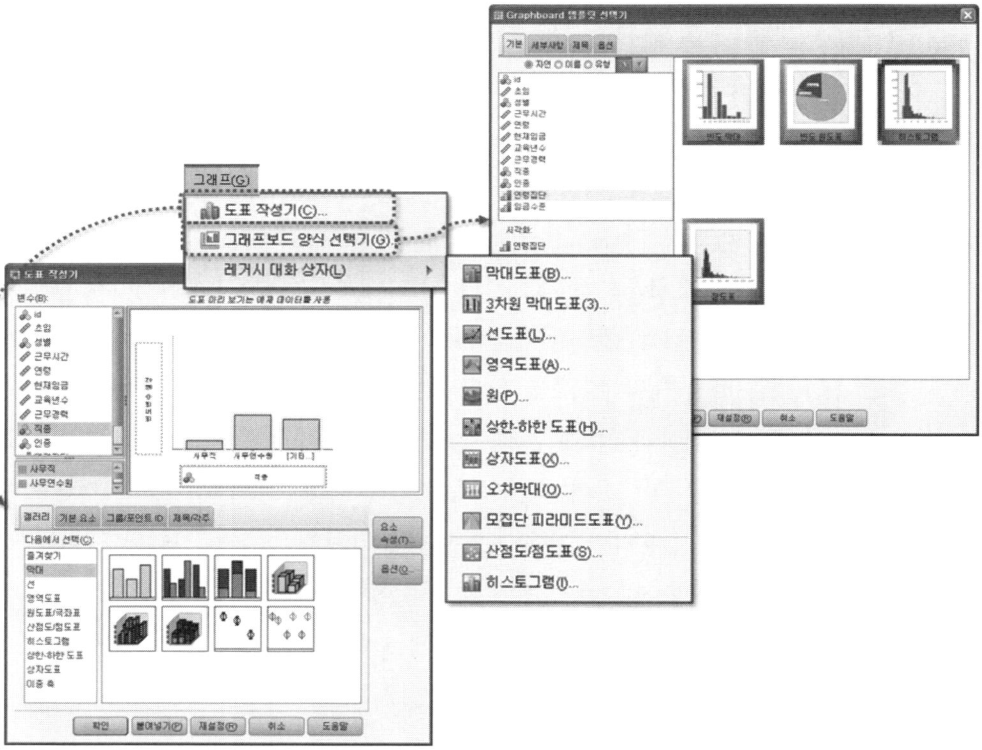

[그림 7-1] 그래프 메뉴

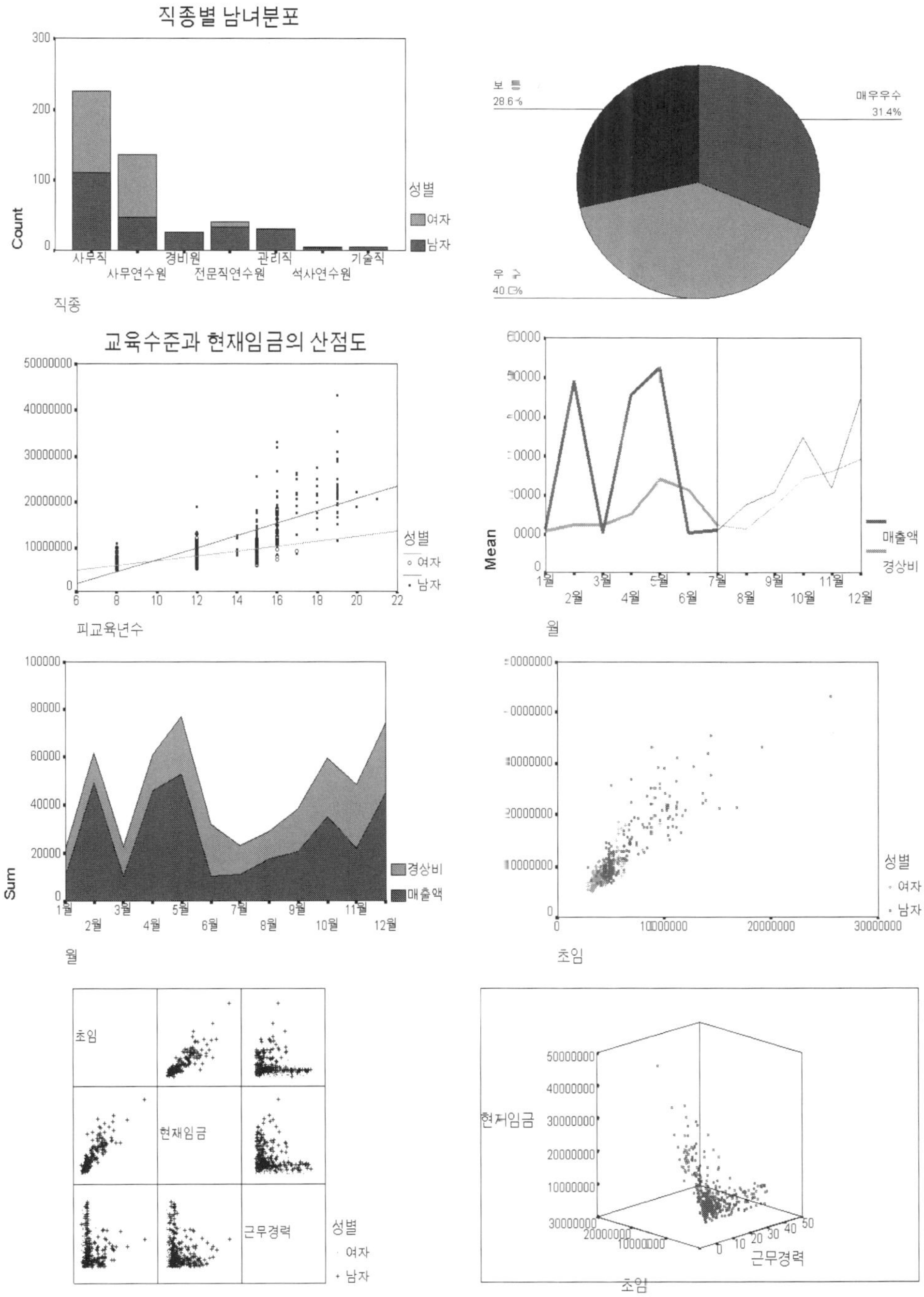

[그림 7-2] SPSS에서 작성할 수 있는 도표의 예

7.2 막대도표의 작성

[그림 7-1]의 그래프 메뉴에서 레거시 대화상자의 '막대도표'를 선택하면 [그림 7-3]과 같은 '막대도표' 대화상자가 열린다.

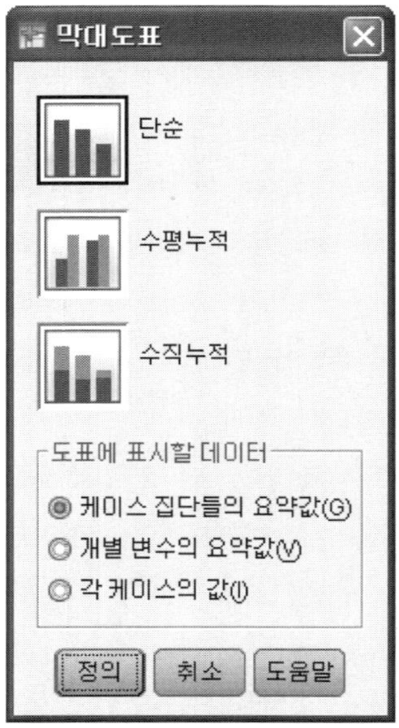

[그림 7-3] '막대도표' 레거시 대화상자

막대도표의 종류

◉ 단순(Simple): 단순 막대도표

○ 수평누적(Clustered): 수평누적 막대도표

○ 수직누적(Stacked): 수직누적 막대도표

도표의 데이터(도표에 적용할 데이터의 구조)

- 다음 중에 하나를 지정할 수 있다.

◉ 케이스 집단들의 요약값(Summaries for groups of cases): 한 변수에 대한 요약값을 도표로 작성한다. 집단을 구분하는 변수는 하나 이상이 될 수 있다.

○ 개별 변수(들)의 요약값(Summaries of separate variables): 두 개 이상의 변수에 대한 요약값을 도표를 작성한다.

○ 각 케이스의 값(Values of individual cases): 요약값을 사용하지 않고, 개별 변수값을 도표로 작성한다.

단순:

케이스 집단들의 요약값

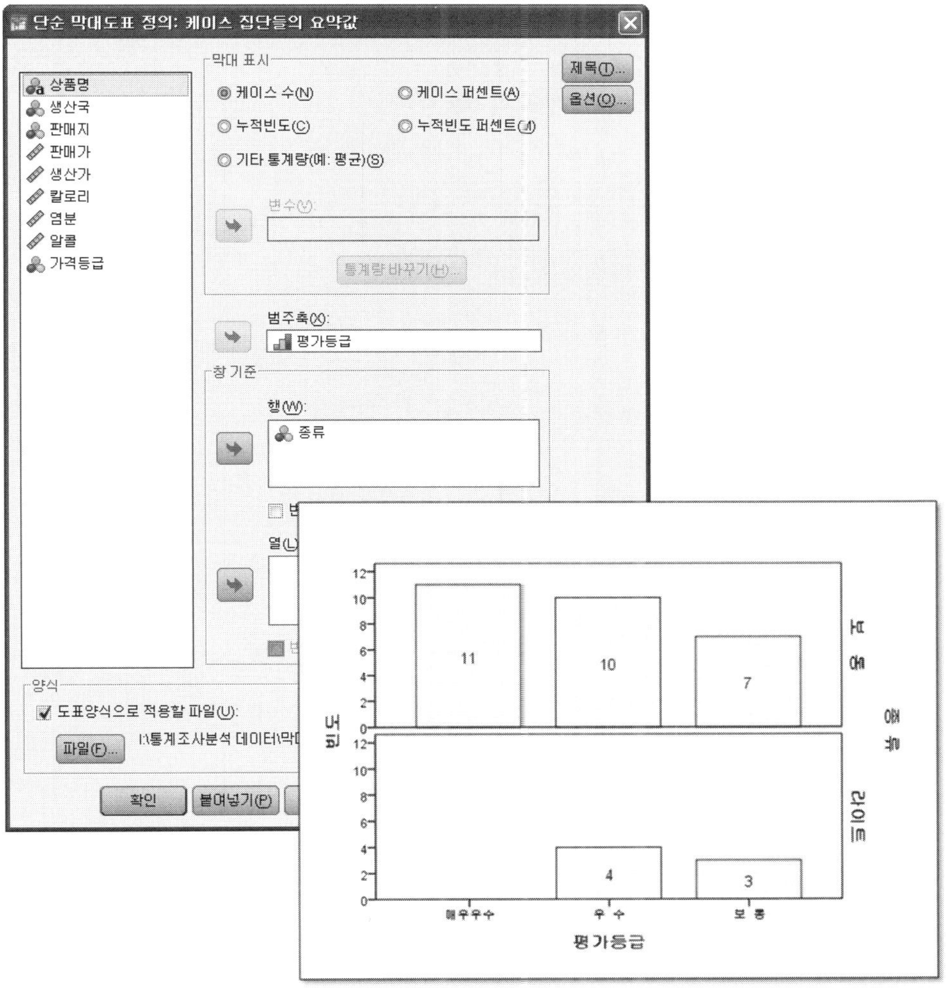

[그림 7-4] 단순 막대도표: 평가등급의 빈도(미국맥주.sav)

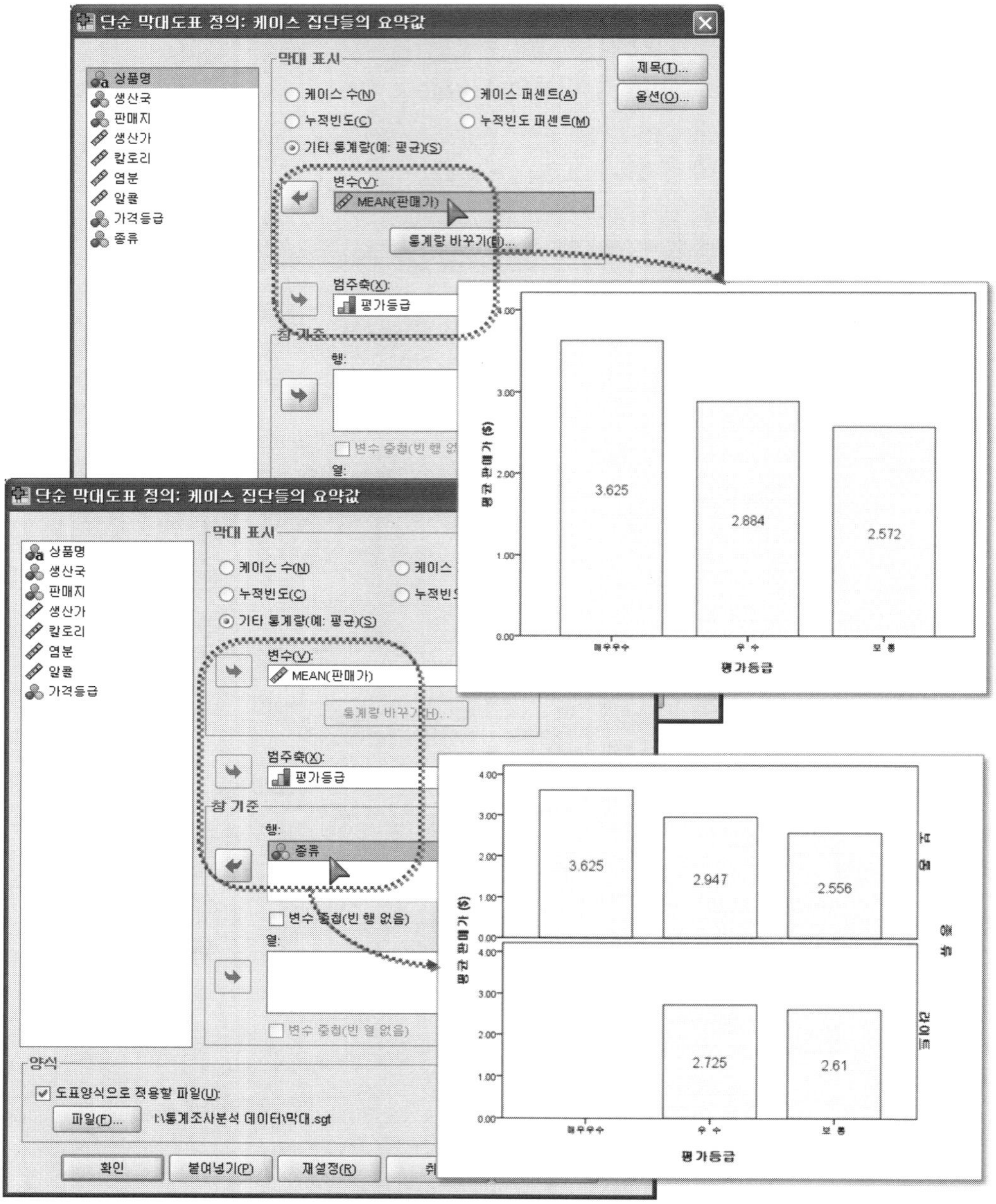

[그림 7-5] 단순 막대도표: 평가등급별(X종류별) 평균 판매가

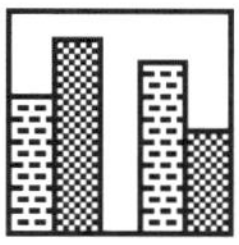

수평누적:
케이스 집단들의 요약값

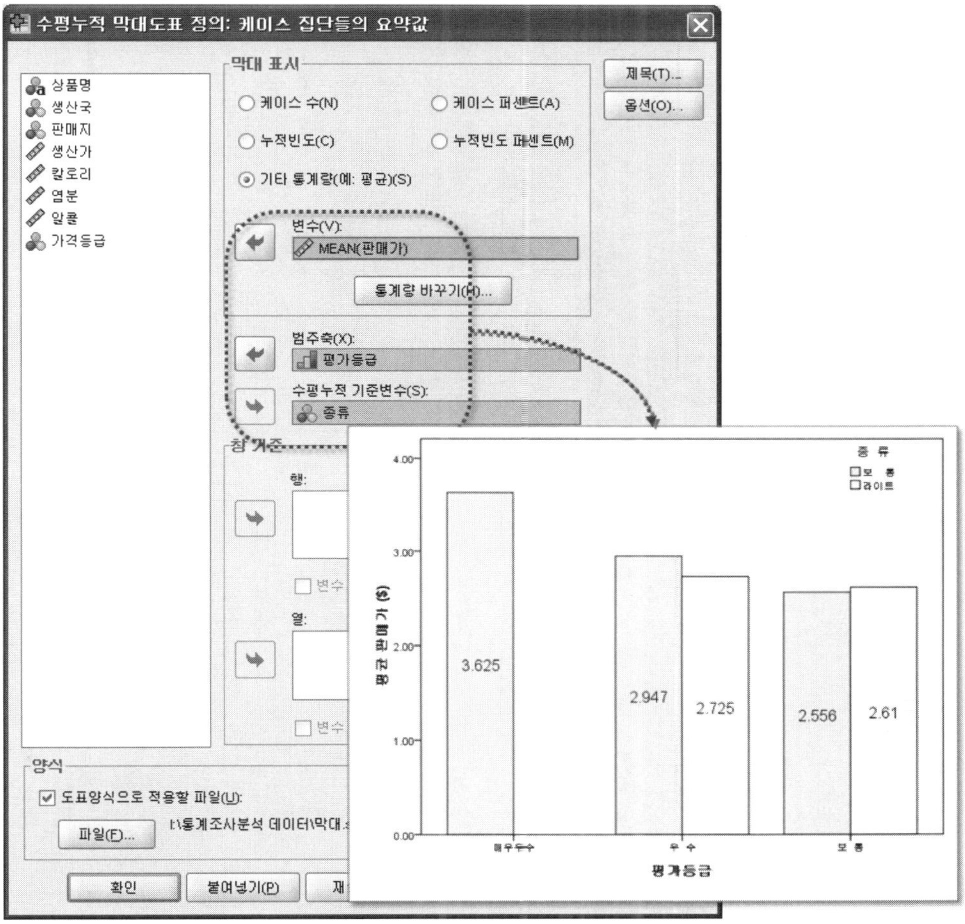

[그림 7-6] 수평누적 막대도표: 평가등급별-종류별 평균 판매가

수직누적:

케이스 집단들의 요약값

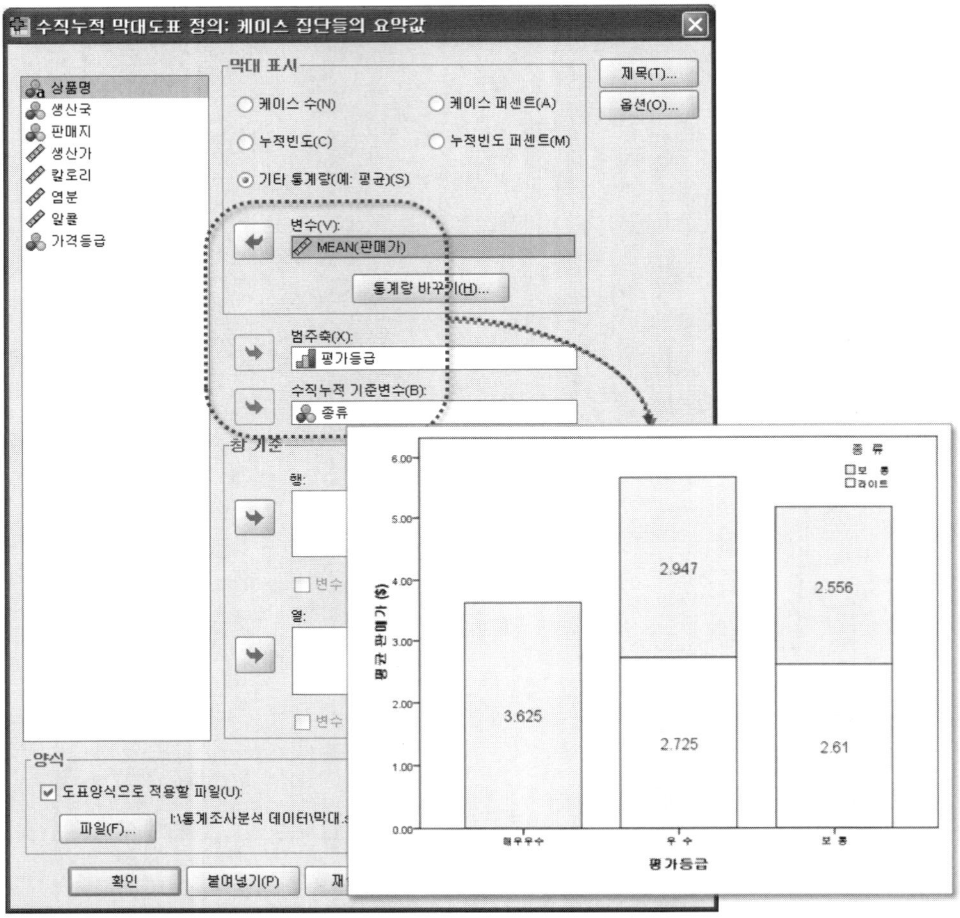

[그림 7-7] 수직누적 막대도표: 평가등급별-종류별 평균 판매가

단순:

개별 변수들의 요약값

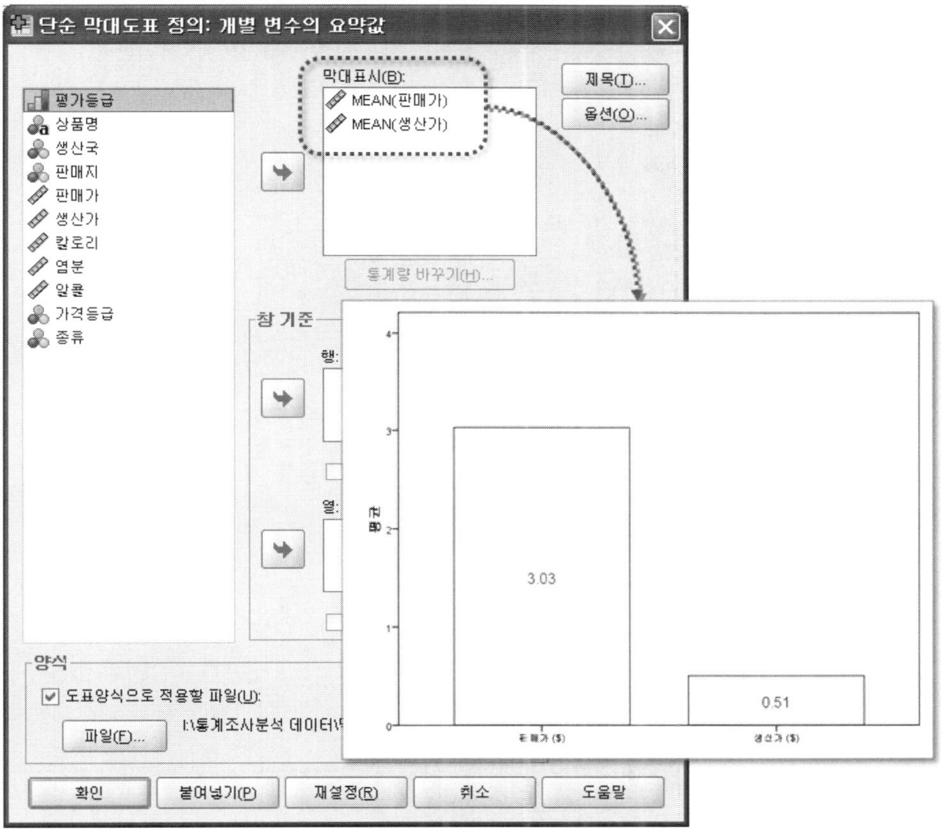

[그림 7-8] 단순 막대도표: 평균판매가-평균 생산가

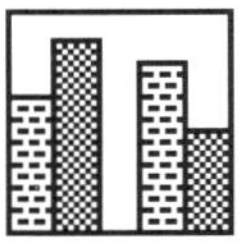

수평누적:

개별 변수들의 요약값

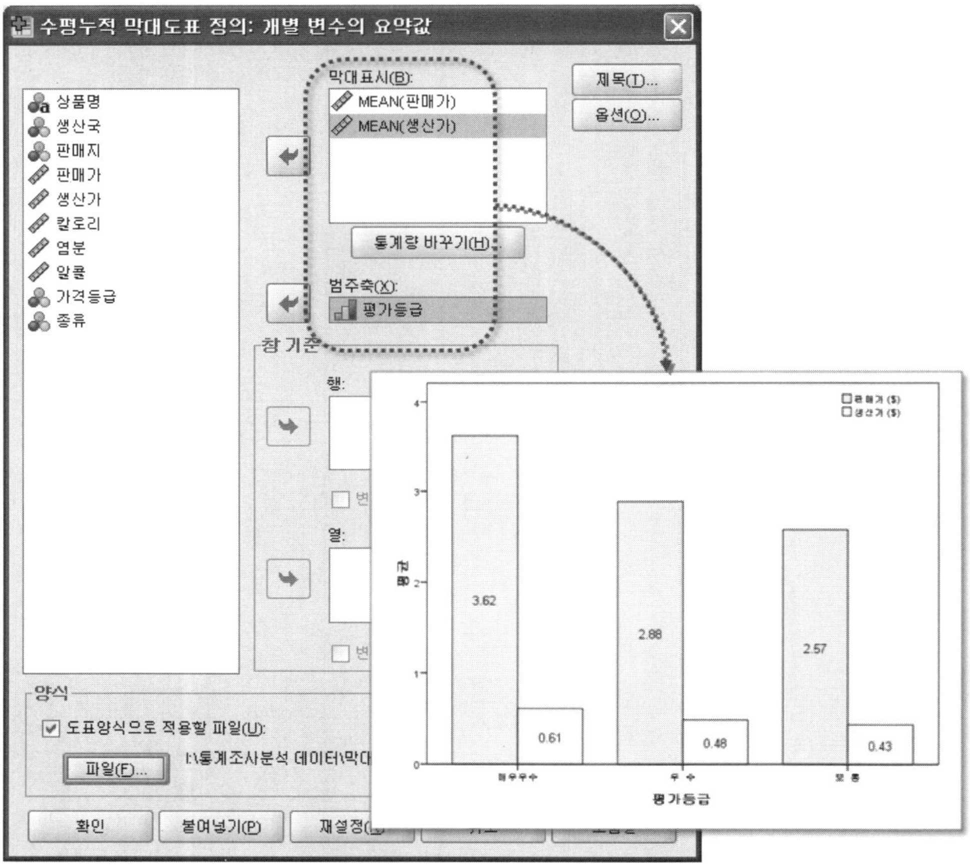

[그림 7-9] 수평누적 막대도표: 평가등급별 평균 판매가-평균 생산가

수직누적:

개별 변수들의 요약값

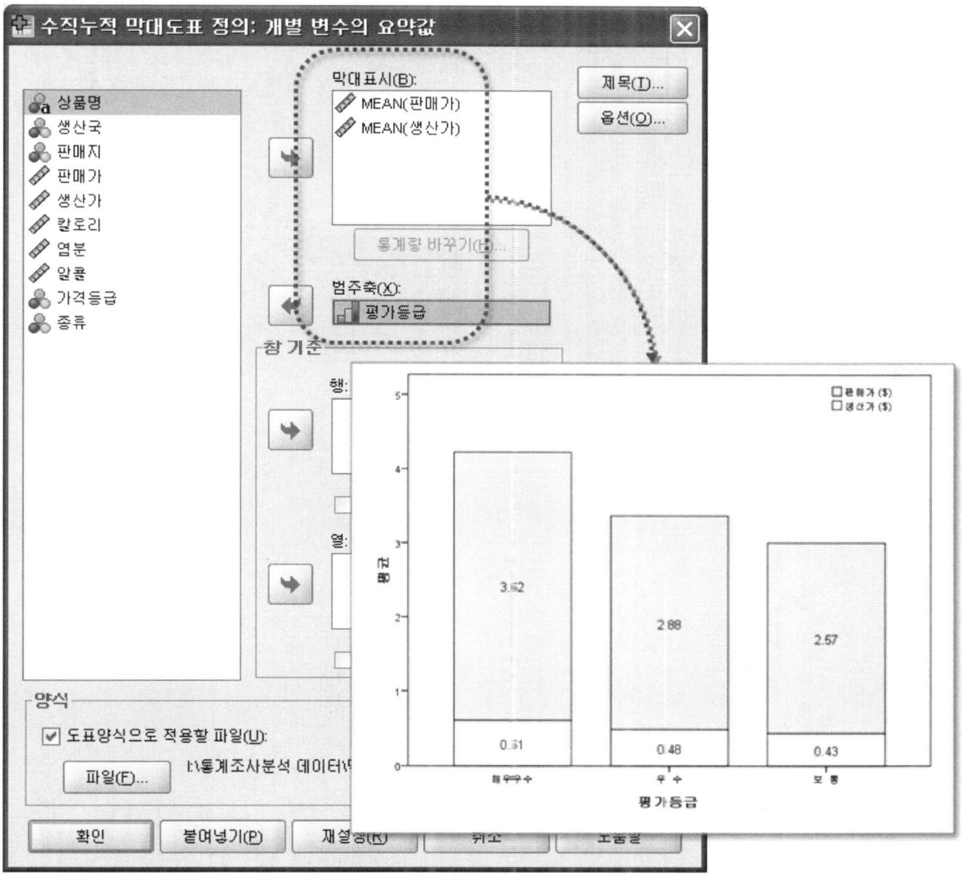

[그림 7-10] 수직누적 막대도표: 평가등급별 평균 판매가-평균 생산가

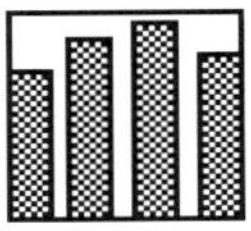

단순:

각 케이스의 값

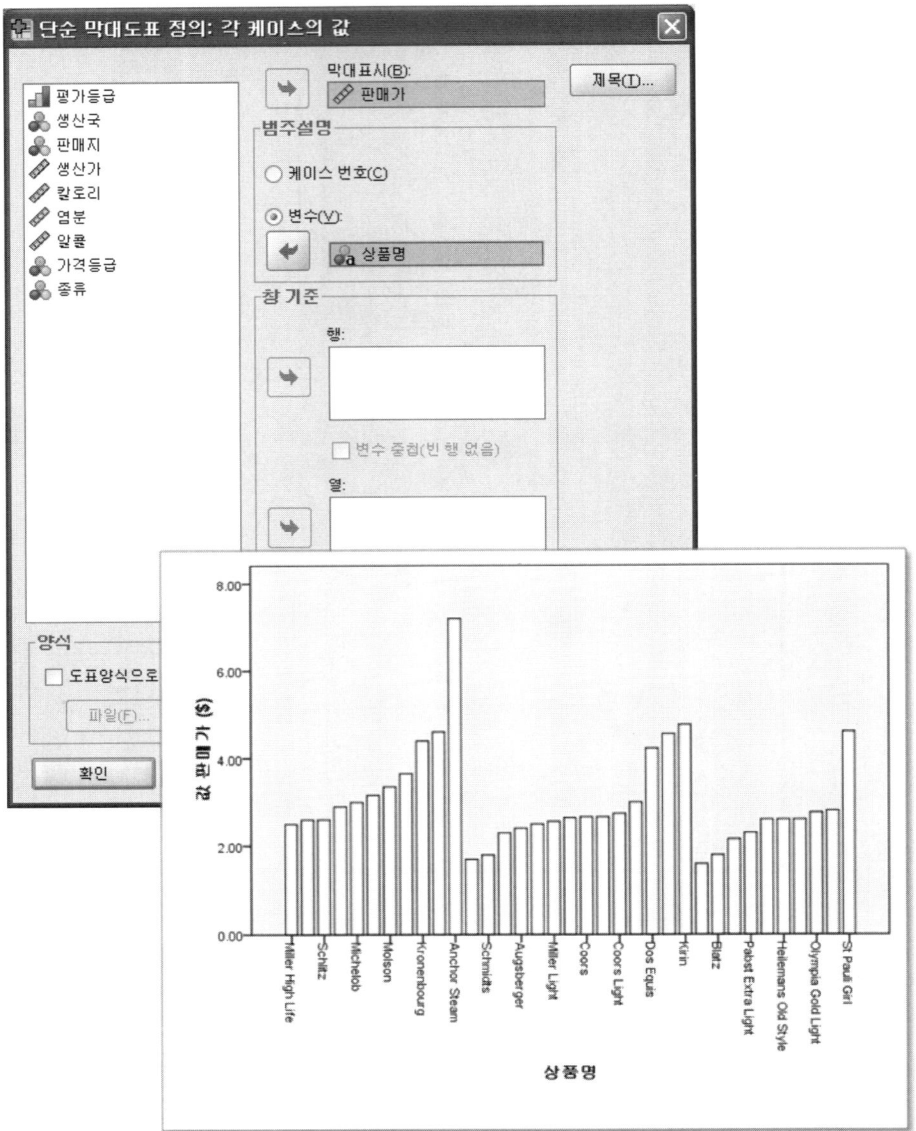

[그림 7-11] 단순 막대도표: 상품별 판매가

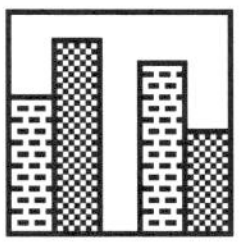

수평누적:

각 케이스의 값

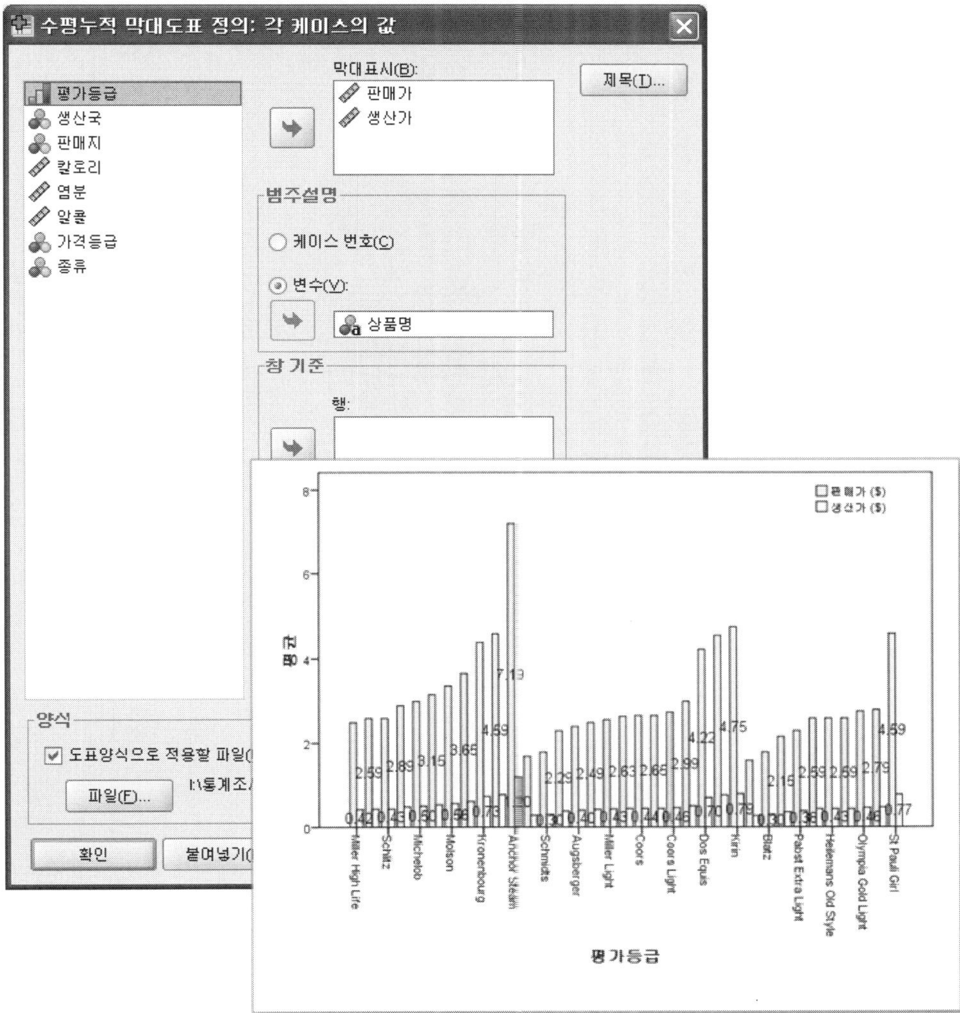

[그림 7-12] 수평누적 막대도표: 상품별 판매가-생산가

수직누적:

각 케이스의 값

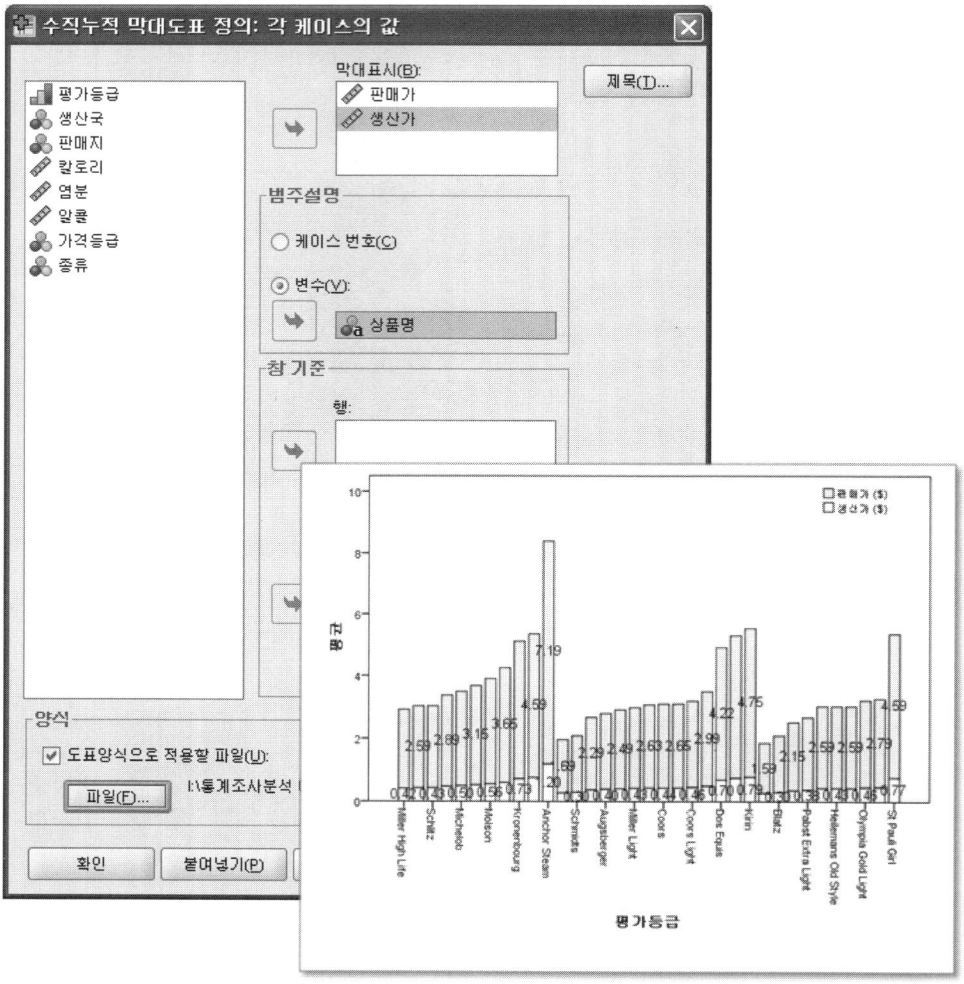

[그림 7-13] 수직누적 막대도표: 상품별 판매가-생산가

7.3 선도표의 작성

[그림 7-1]의 그래프 메뉴에서 '선도표'를 선택하면 [그림 7-14]와 같은 '선도표' 대화상자가 열린다.

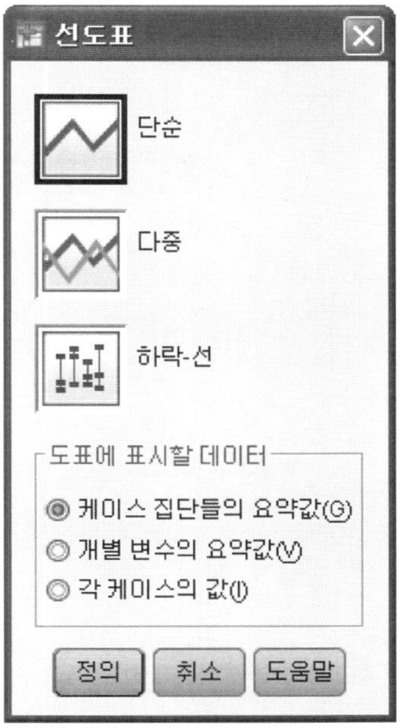

[그림 7-14] 선도표 레거시 대화상자

선도표의 종류

- ◉ 단순(Simple): 단순 선도표
- ○ 다중(Multiple): 중복 선도표
- ○ 하락-선(Drop-line): 구간 선도표

도표의 데이터(도표에 적용할 데이터의 구조)

- 다음 중에 하나를 지정할 수 있다.

- ◉ 케이스 집단들의 요약값(Summaries for groups of cases): 한 변수에 대한 요약값을 도표로 작성한다. 집단을 구분하는 변수는 하나 이상이 될 수 있다.
- ○ 개별 변수(들)의 요약값(Summaries of separate variables): 두 개 이상의 변수에 대한 요약값을 도표를 작성한다.
- ○ 각 케이스의 값(Values of individual cases): 요약값을 사용하지 않고, 개별 변수값을 도표로 작성한다.

단순:
케이스 집단들의 요약값

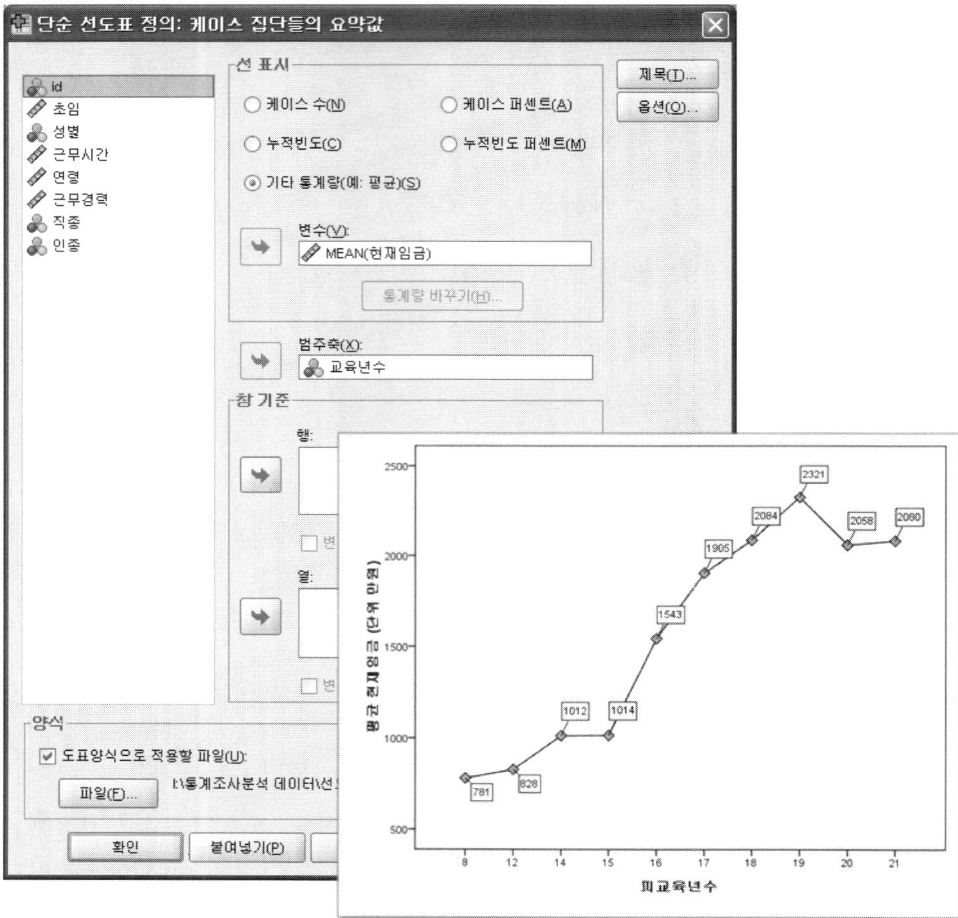

[그림 7-15] 단순 선도표: 교육년수별 평균 현재임금(은행임금.sav)

다중:

케이스 집단들의 요약값

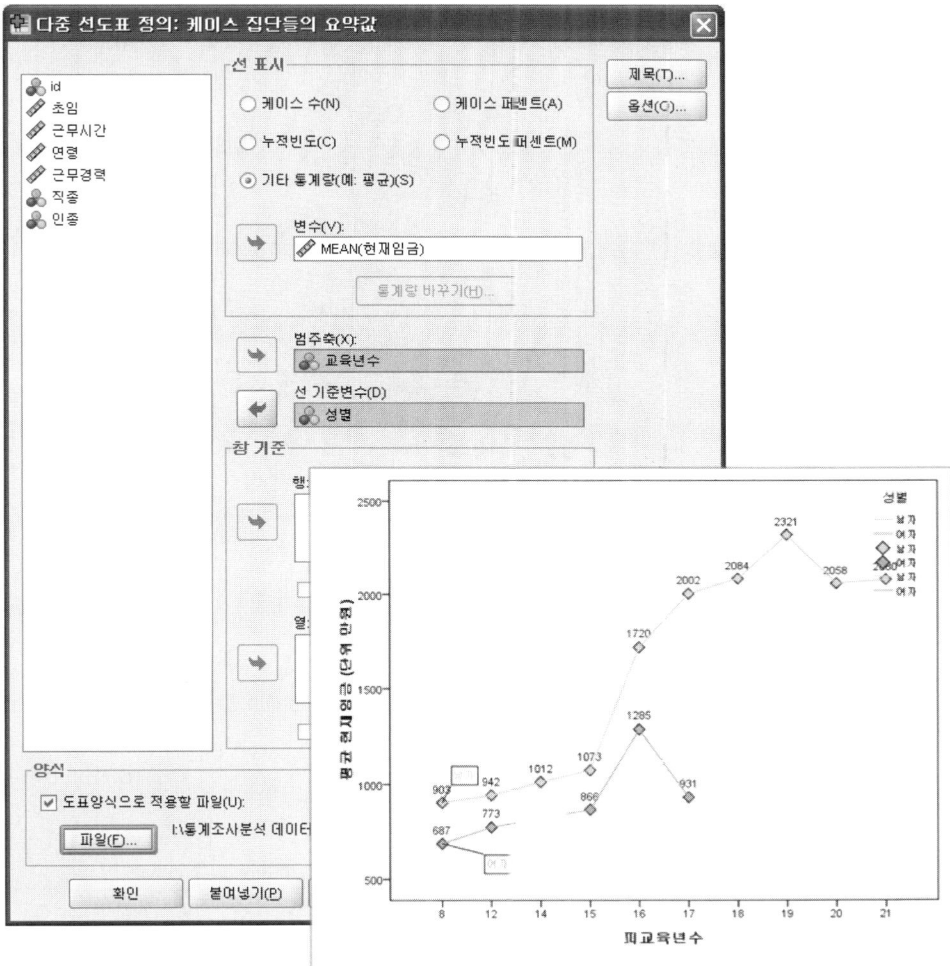

[그림 7-16] 다중 선도표: 교육년수별-성별 평균 현재임금

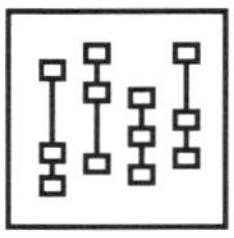

하락-선:

케이스 집단들의 요약값

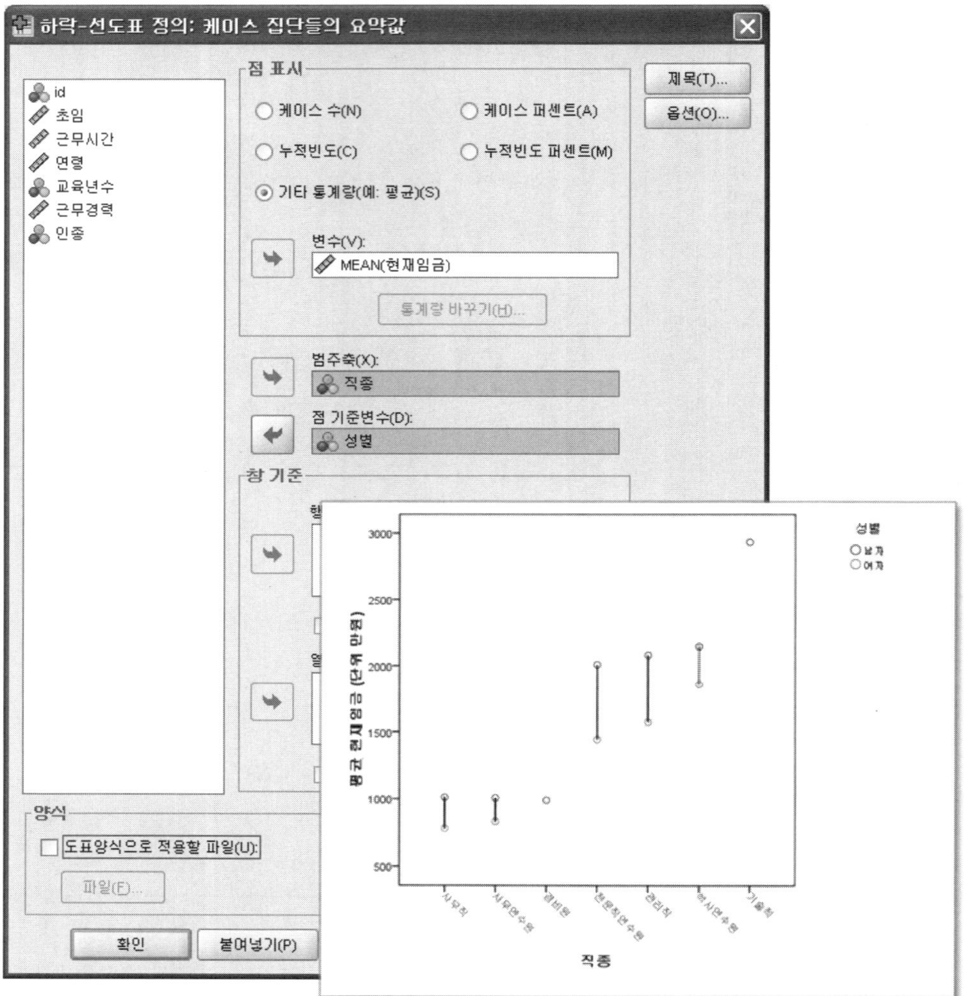

[그림 7-17] 하락-선도표: 직종별-성별 평균 현재임금

단순:

개별 변수들의 요약값

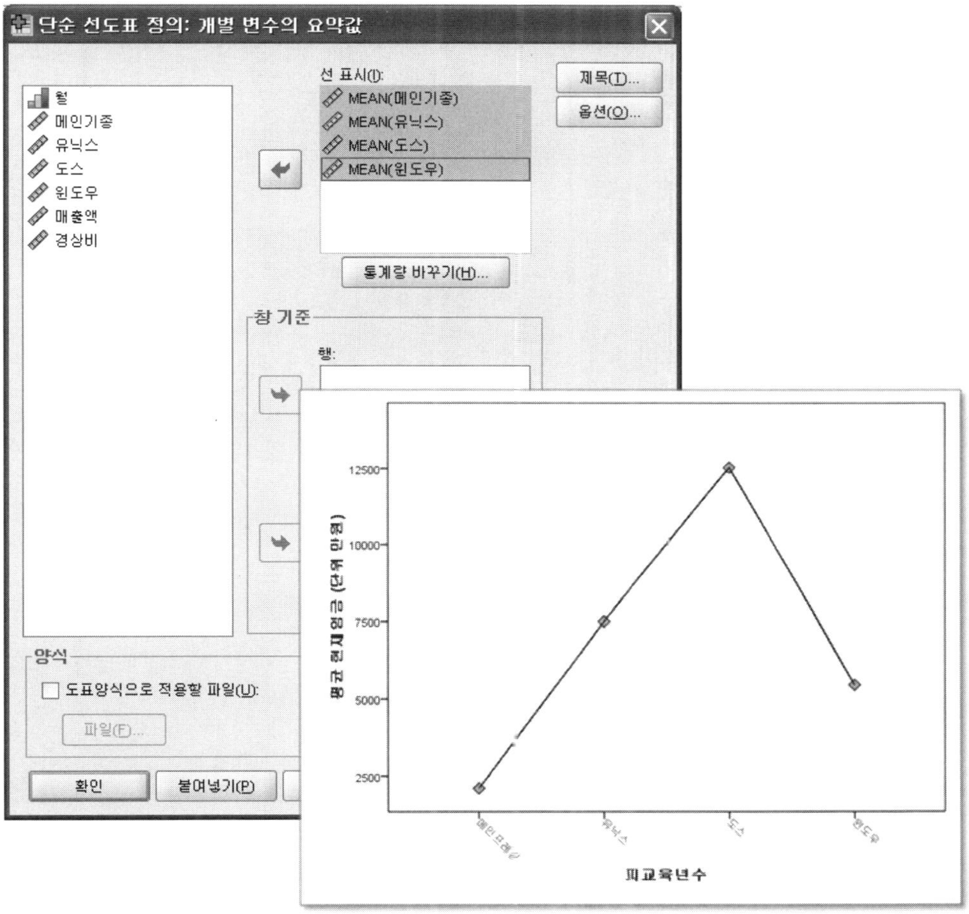

[그림 7-18] 단순 선도표: 플랫폼별 매출액 평균(매출액.sav)

다중:

개별 변수들의 요약값

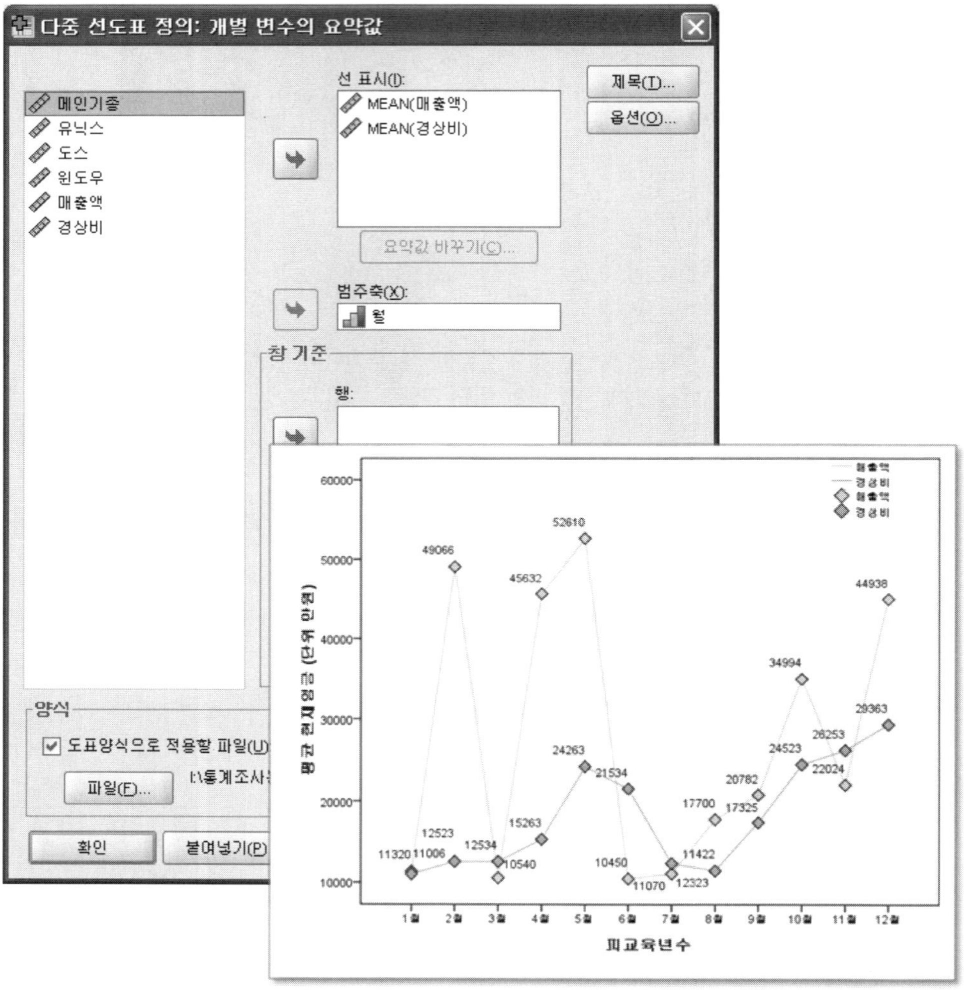

[그림 7-19] 다중 선도표: 월별 매출액 평균-경상비 평균

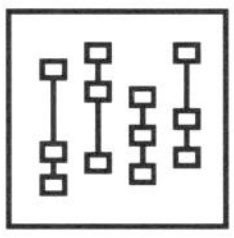

하락-선:

개별 변수들의 요약값

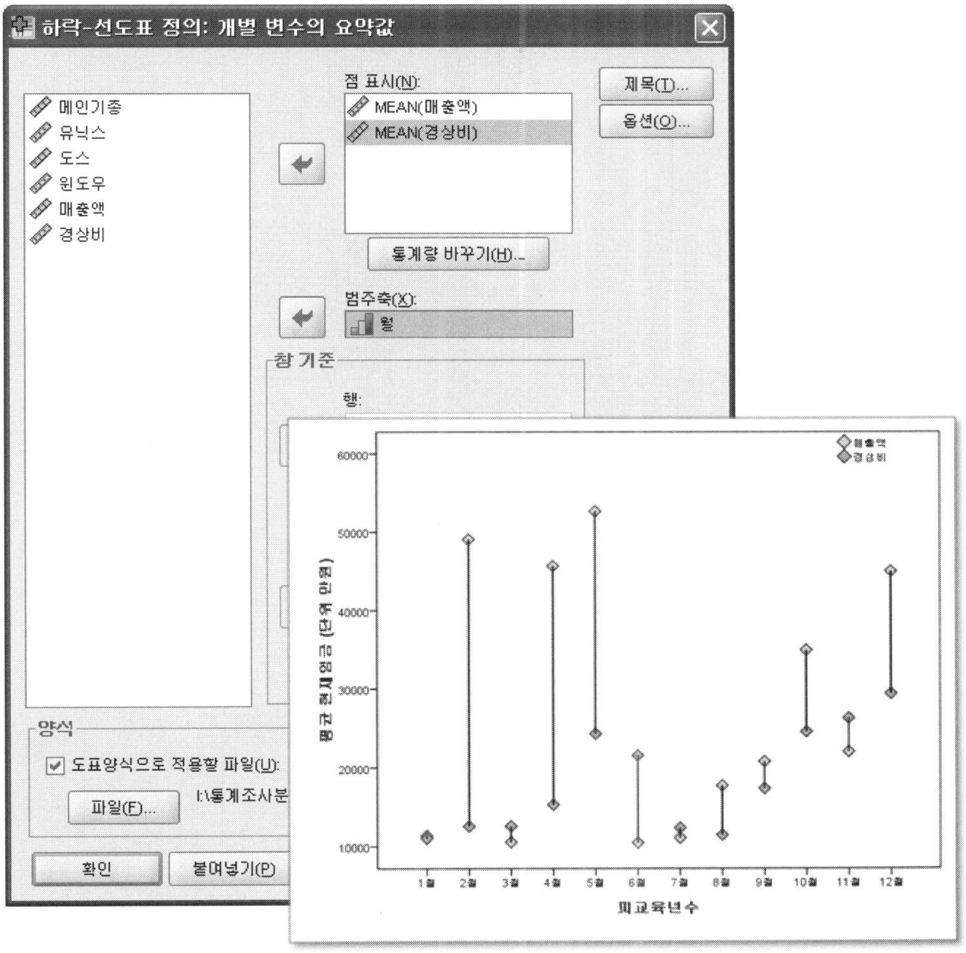

[그림 7-20] 구간 선도표: 월별 매출액 평균-경상비 평균

단순:

각 케이스의 값

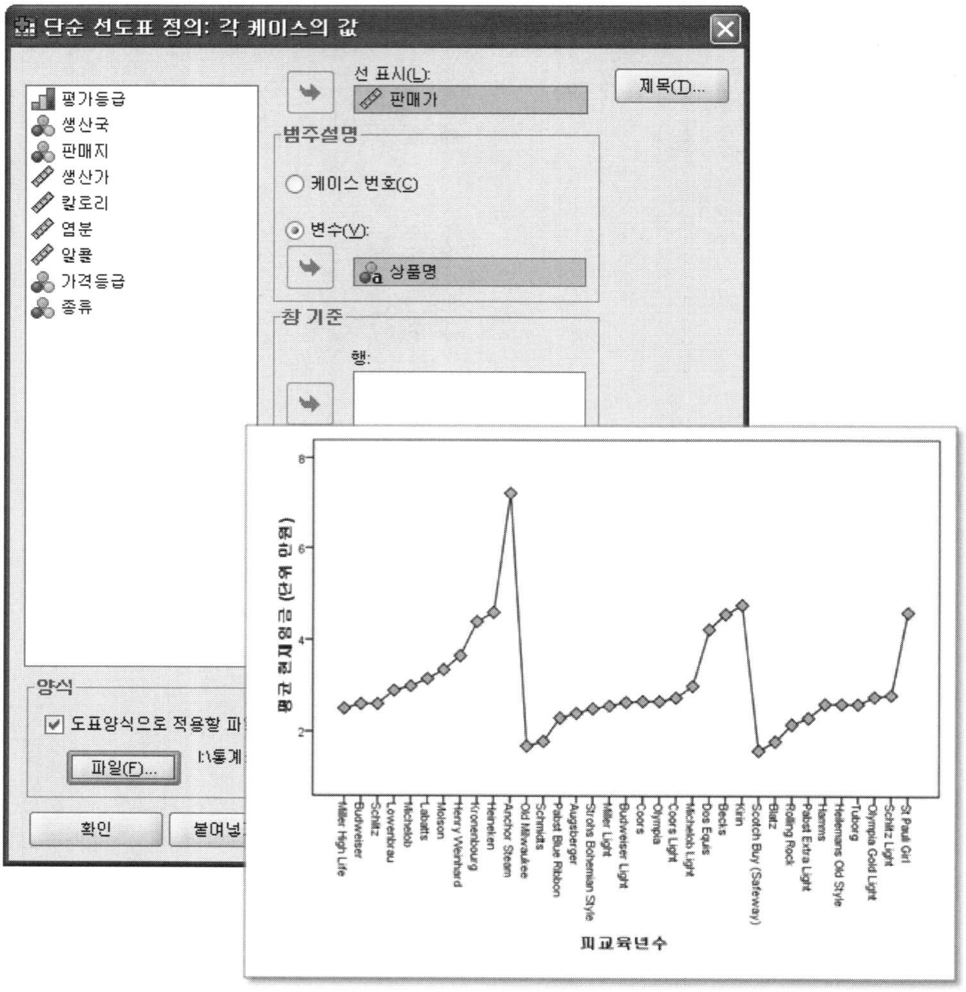

[그림 7-21] 단순 선도표: 상품별 판매가(미국맥주.sav)

다중:
케이스의 값

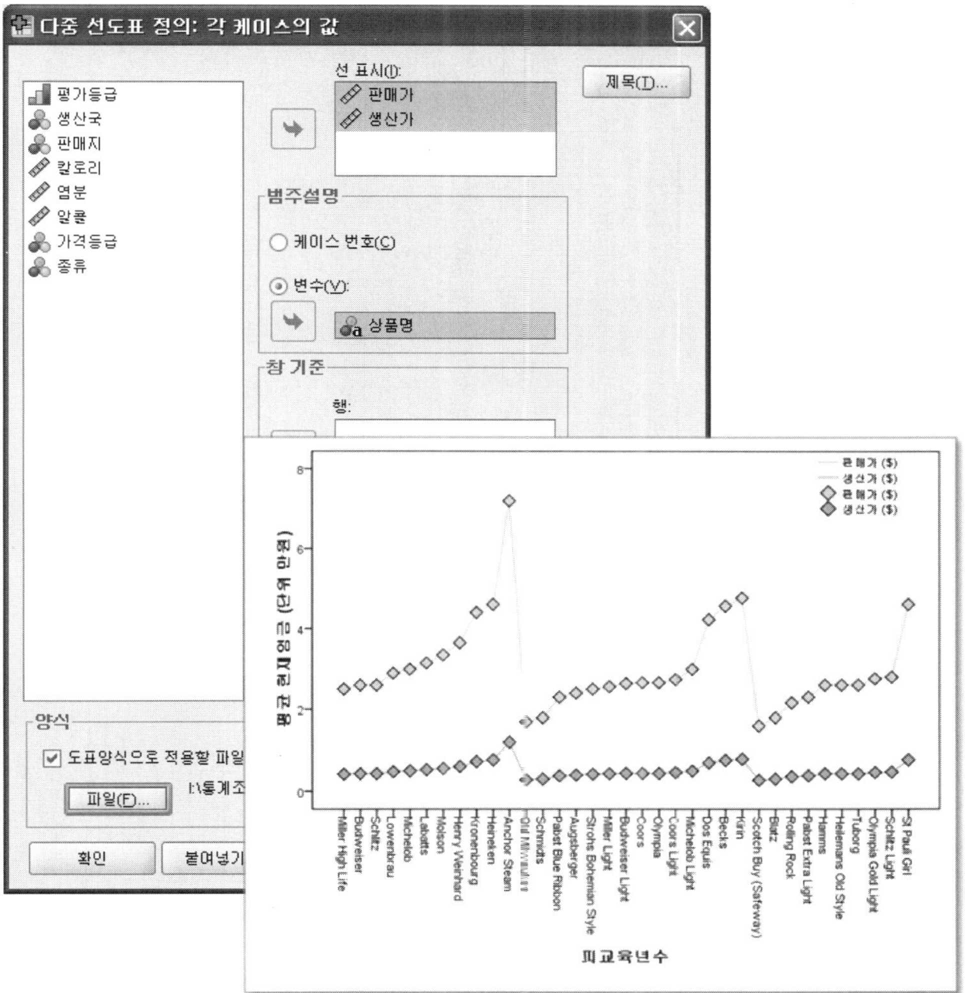

[그림 7-22] 다중 선도표: 상품별 판매가-생산가

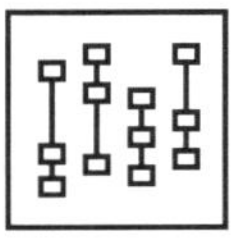

하락-선:
각 케이스의 값

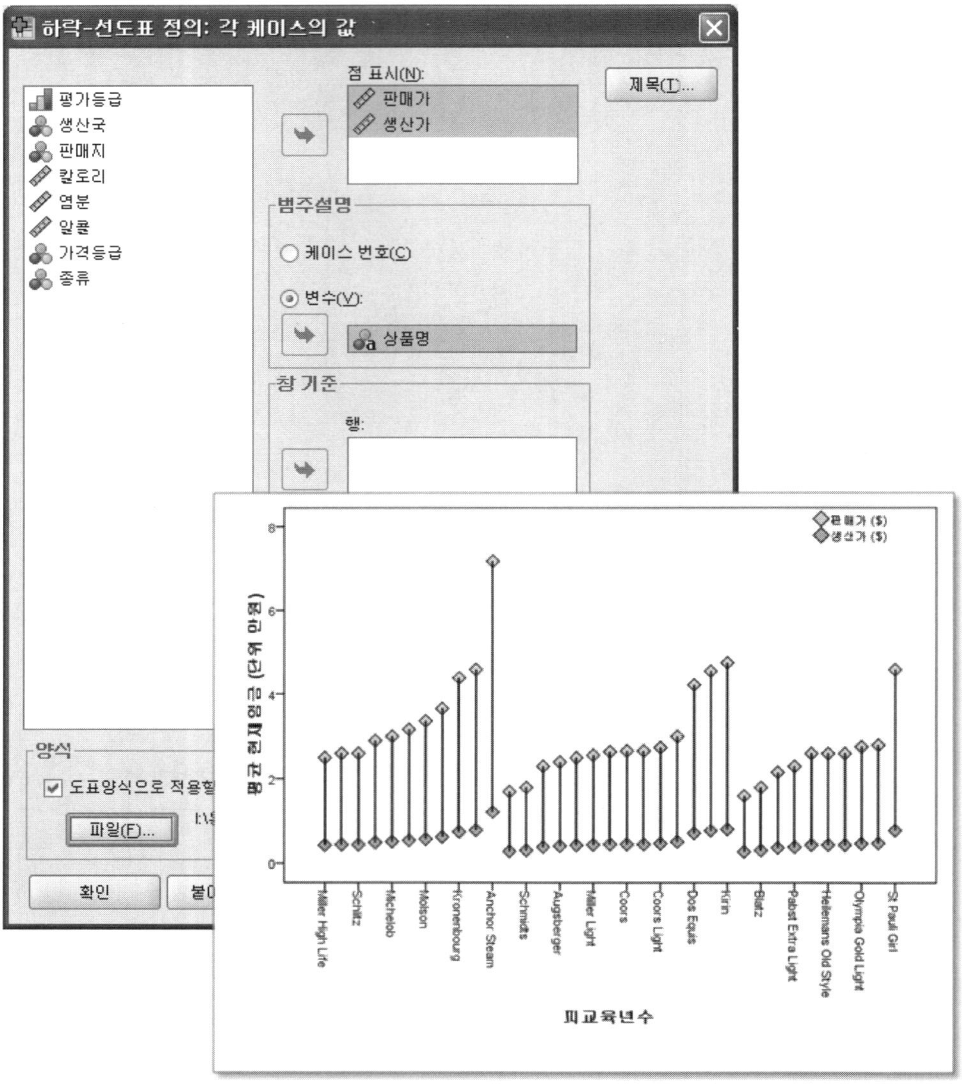

[그림 7-23] 하락-선도표: 상품별 판매가-생산가

7.4 영역도표의 작성

[그림 7-1]의 그래프 메뉴에서 '영역도표'를 선택하면 [그림 7-24]와 같은 '영역도표' 대화상자가 열린다.

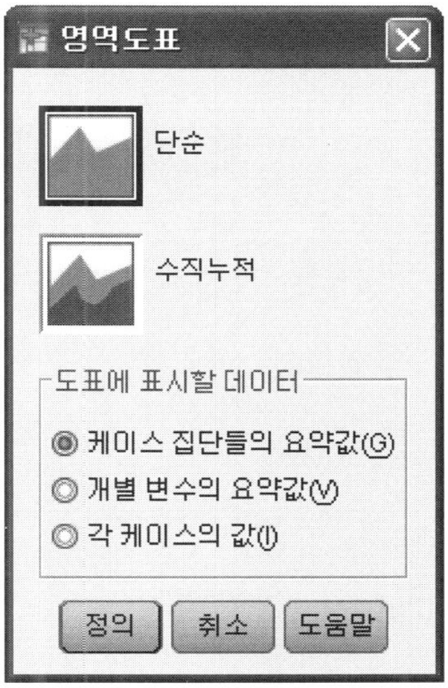

[그림 7-24] '영역도표' 레거시 대화상자

영역도표의 종류

- ◉ 단순(Simple): 단순 영역도표
- ○ 수직누적(Stacked): 수직누적 영역도표

도표의 데이터(도표에 적용할 데이터의 구조)

\- 다음 중에 하나를 지정할 수 있다.

- ◉ 케이스 집단들의 요약값(Summaries for groups of cases): 한 변수에 대한 요약값을 도표로 작성한다. 집단을 구분하는 변수는 하나 이상이 될 수 있다.
- ○ 개별 변수(들)의 요약값(Summaries of separate variables): 두 개 이상의 변수에 대한 요약값을 도표로 작성한다.
- ○ 각 케이스의 값(Values of individual cases): 요약값을 사용하지 않고, 개별 변수값을 도표로 작성한다.

단순:

케이스 집단들의 요약값

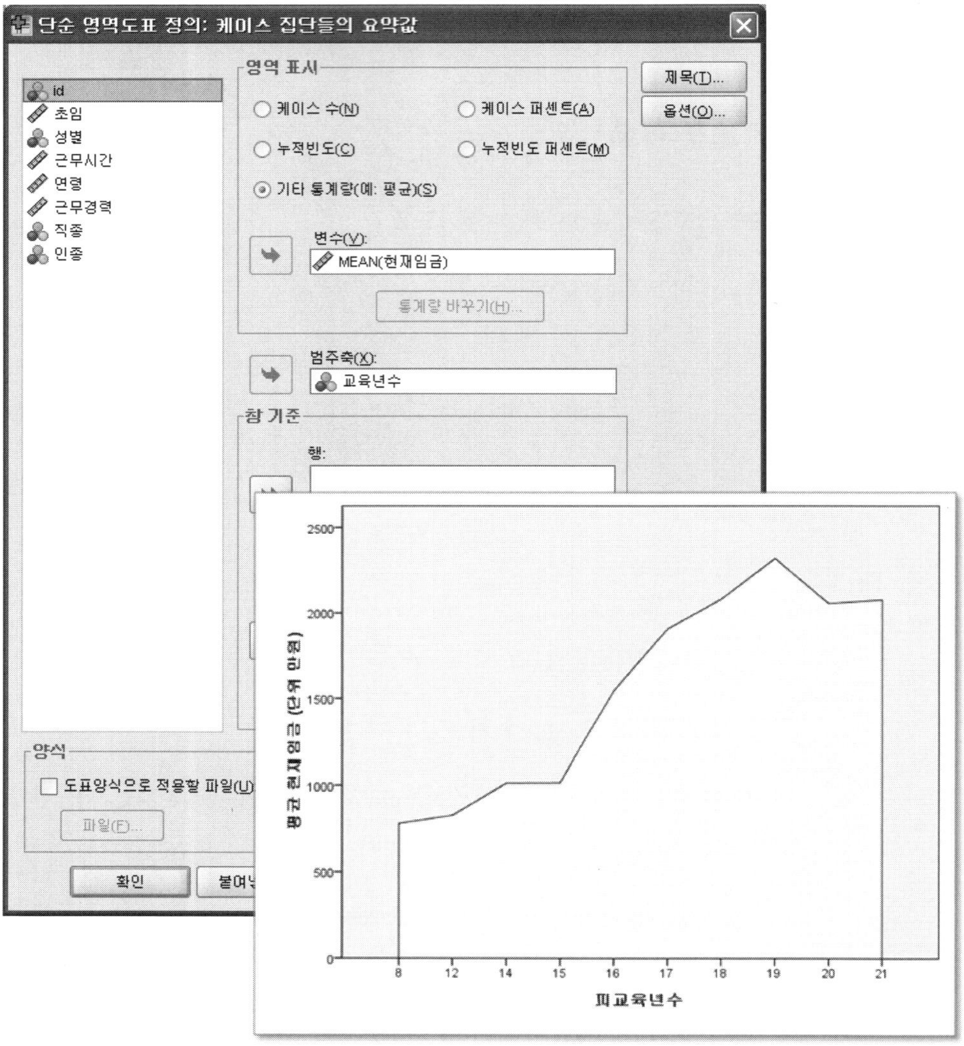

[그림 7-25] 단순 영역도표: 교육년수별 평균 현재임금(은행임금.sav)

수직누적:
케이스 집단들의 요약값

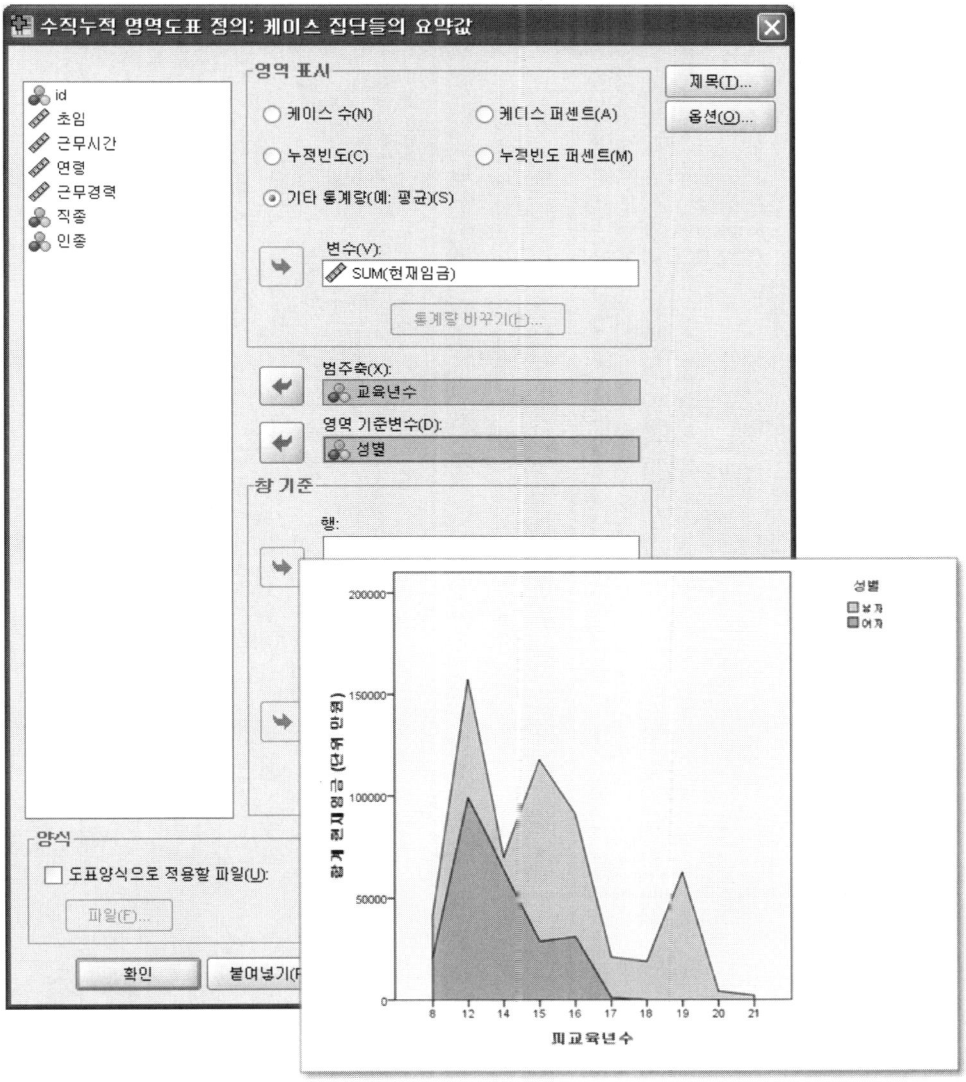

[그림 7-26] 수직누적 영역도표: 교육년수별-성별 현재임금 합계

단순:

개별 변수들의 요약값

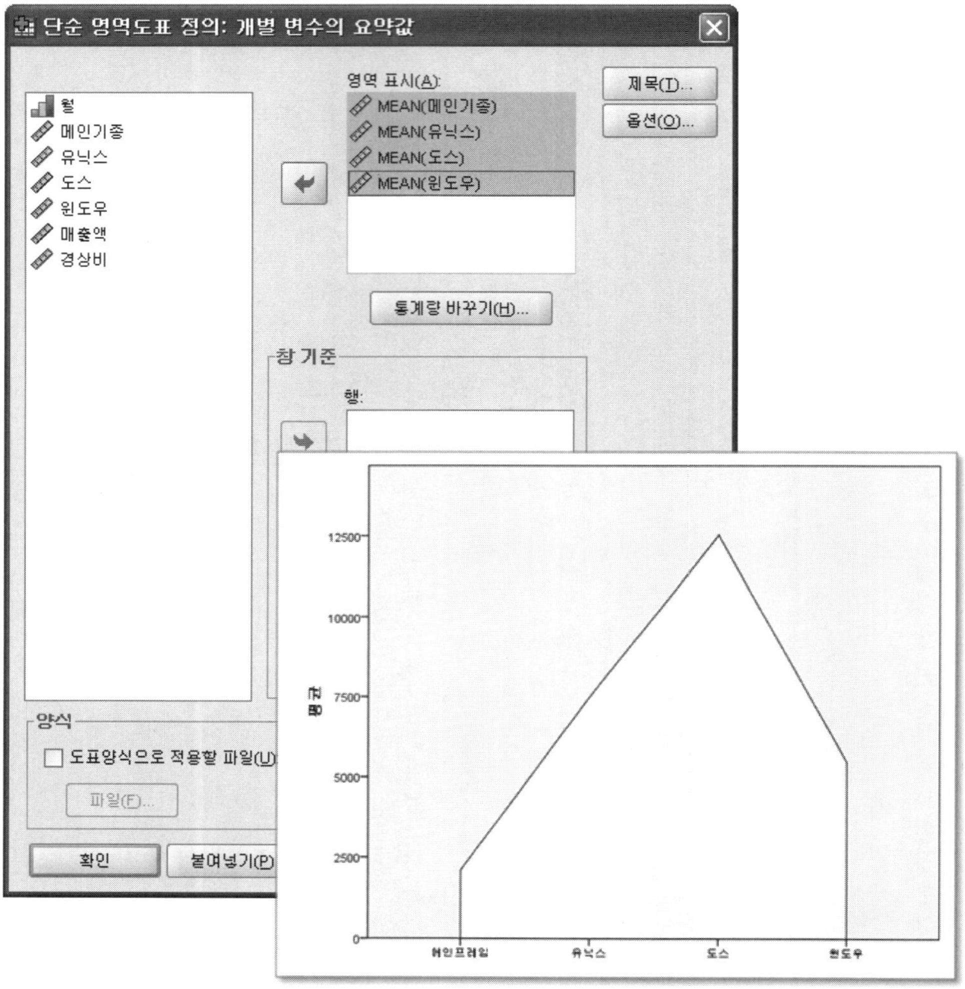

[그림 7-27] 단순 영역도표: 플랫폼별 월평균 매출액(매출액.sav)

수직누적:

개별 변수들의 요약값

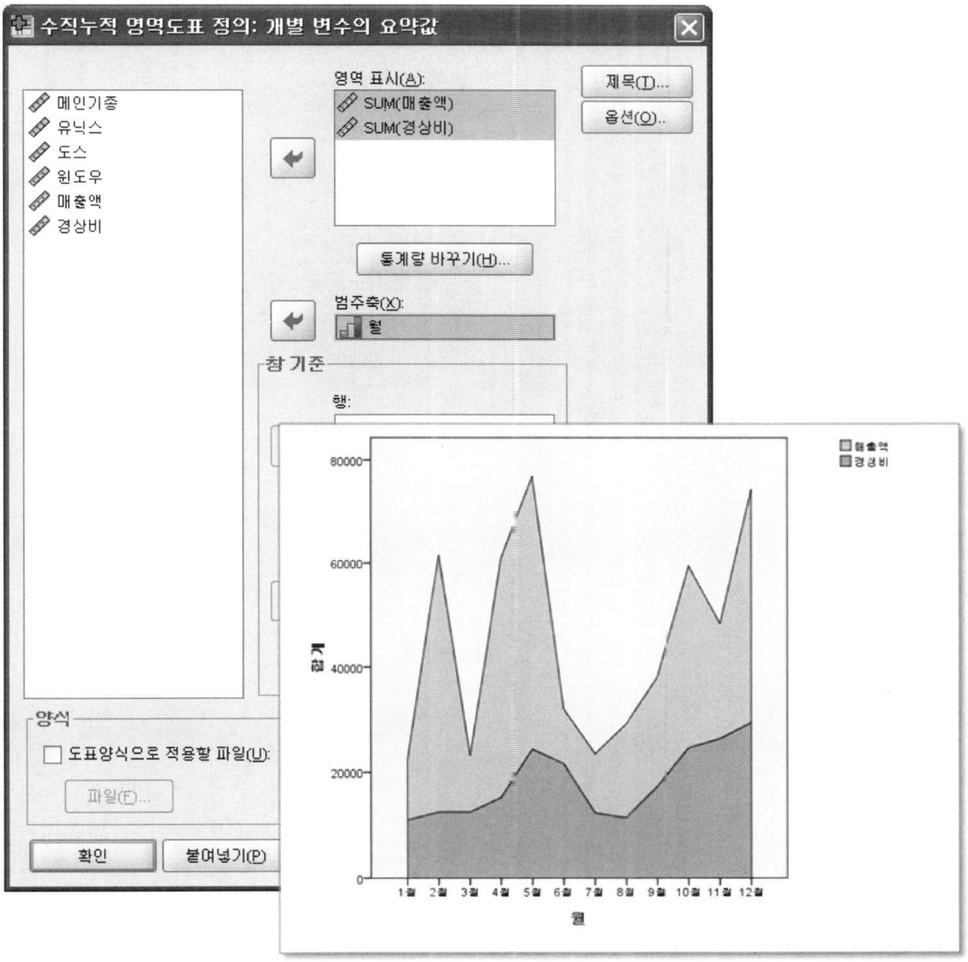

[그림 7-28] 수직누적 영역도표: 월별 매출액-경상비

단순:

각 케이스의 값

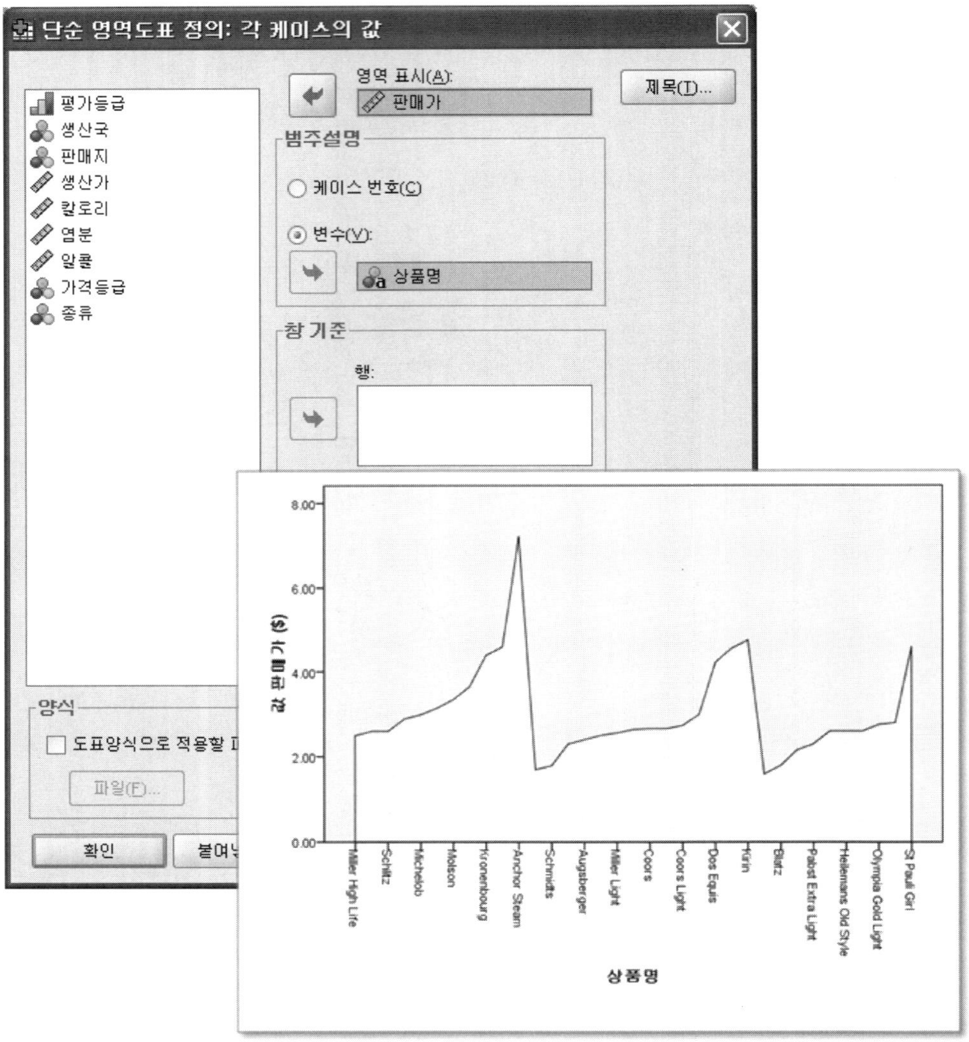

[그림 7-29] 단순 영역도표: 상품별 판매가(미국맥주.sav)

수직누적:

각 케이스의 값

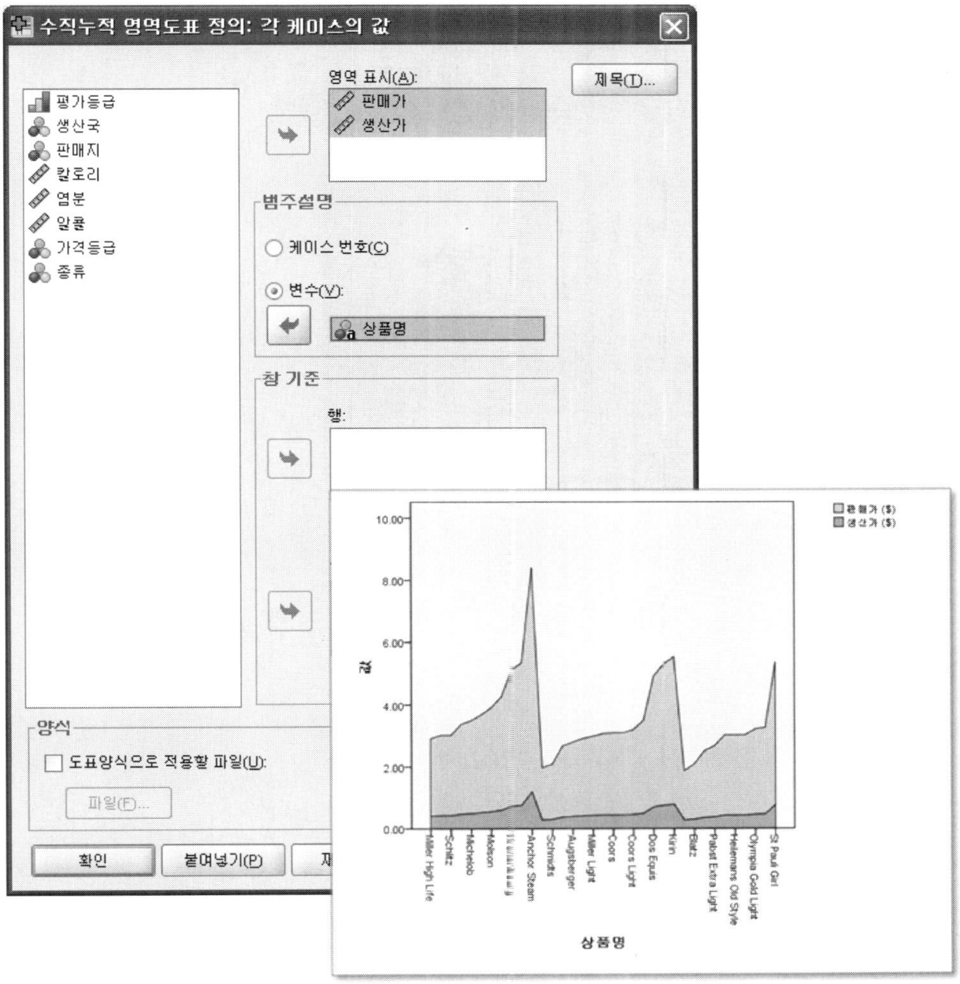

[그림 7-30] 수직누적 영역도표: 상품별 판매가-생산가

7.5 원도표의 작성

[그림 7-1]의 그래프 메뉴에서 '원도표'를 선택하면 [그림 7-31]과 같은 '원도표' 대화상자가 열린다.

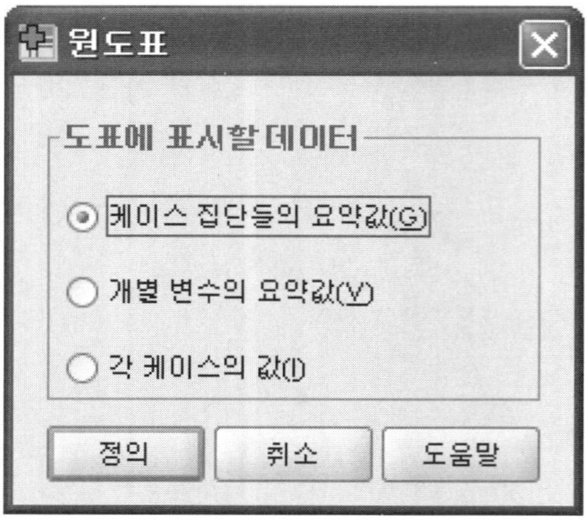

[그림 7-31] '원도표' 레거시 대화상자

도표의 데이터(도표에 적용할 데이터의 구조)

- 다음 중에 하나를 지정할 수 있다.

◉ 케이스 집단들의 요약값: 한 변수에 대한 요약값을 도표로 작성한다. 집단을 구분하는 변수는 하나 이상이 될 수 있다.

○ 개별 변수의 요약값: 두 개 이상의 변수에 대한 요약값을 도표로 작성한다.

○ 각 케이스의 값: 요약값을 사용하지 않고, 개별 변수값을 도표로 작성한다.

케이스 집단들의 요약값

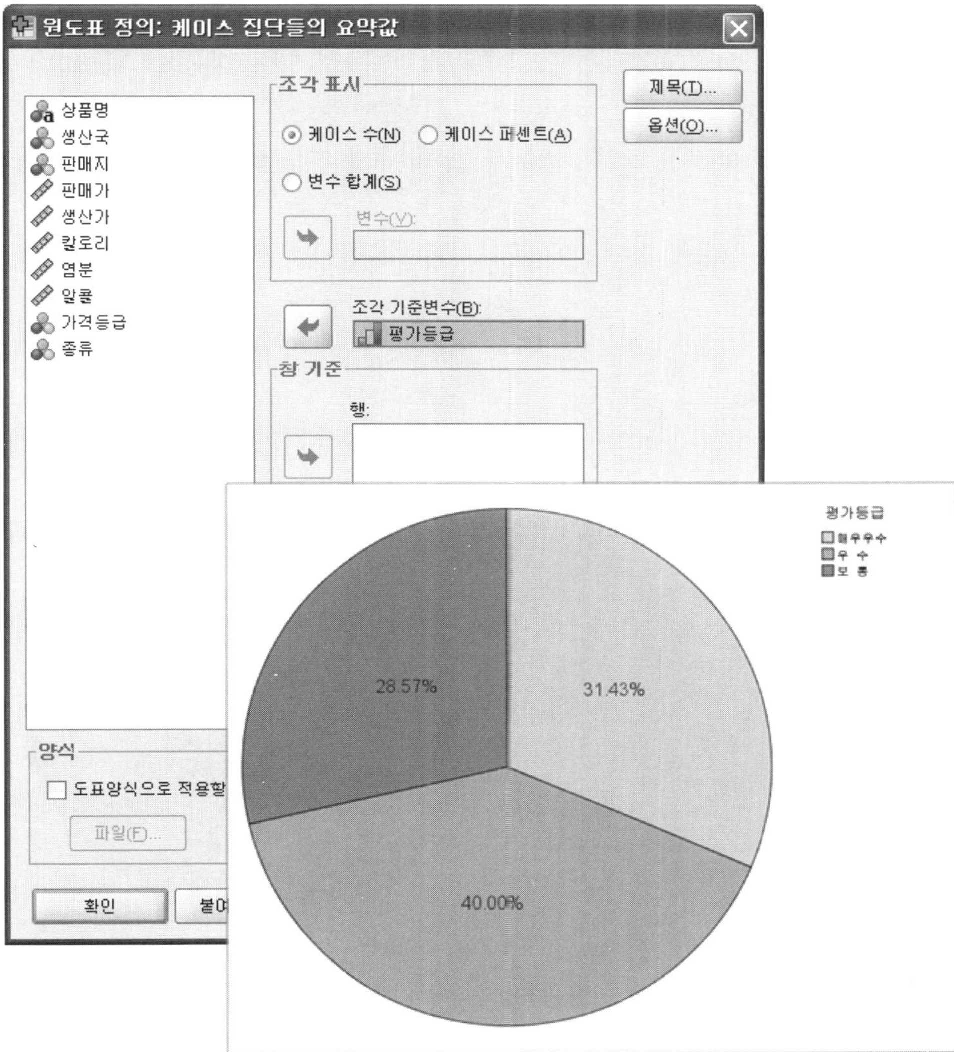

[그림 7-32] 원도표: 맥주의 평가등급

개별 변수들의 요약값

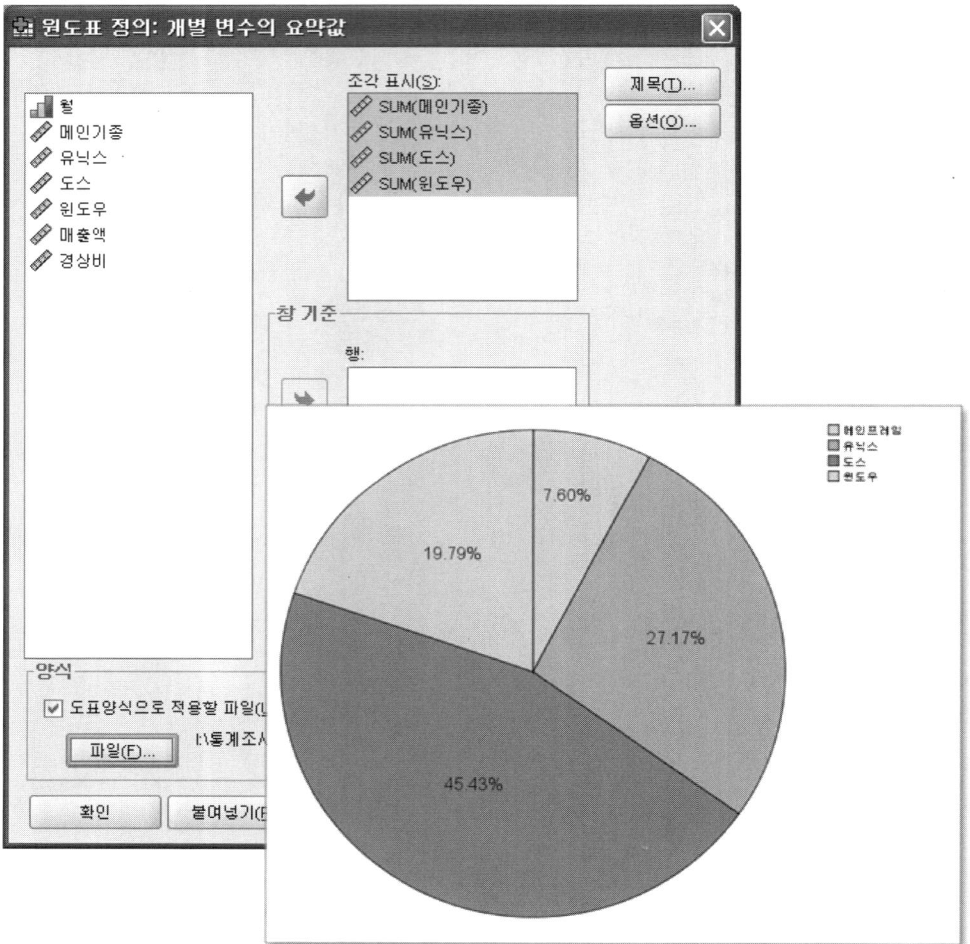

[그림 7-33] 원도표: 플랫폼별 매출액 합계(매출액.sav)

각 케이스의 값

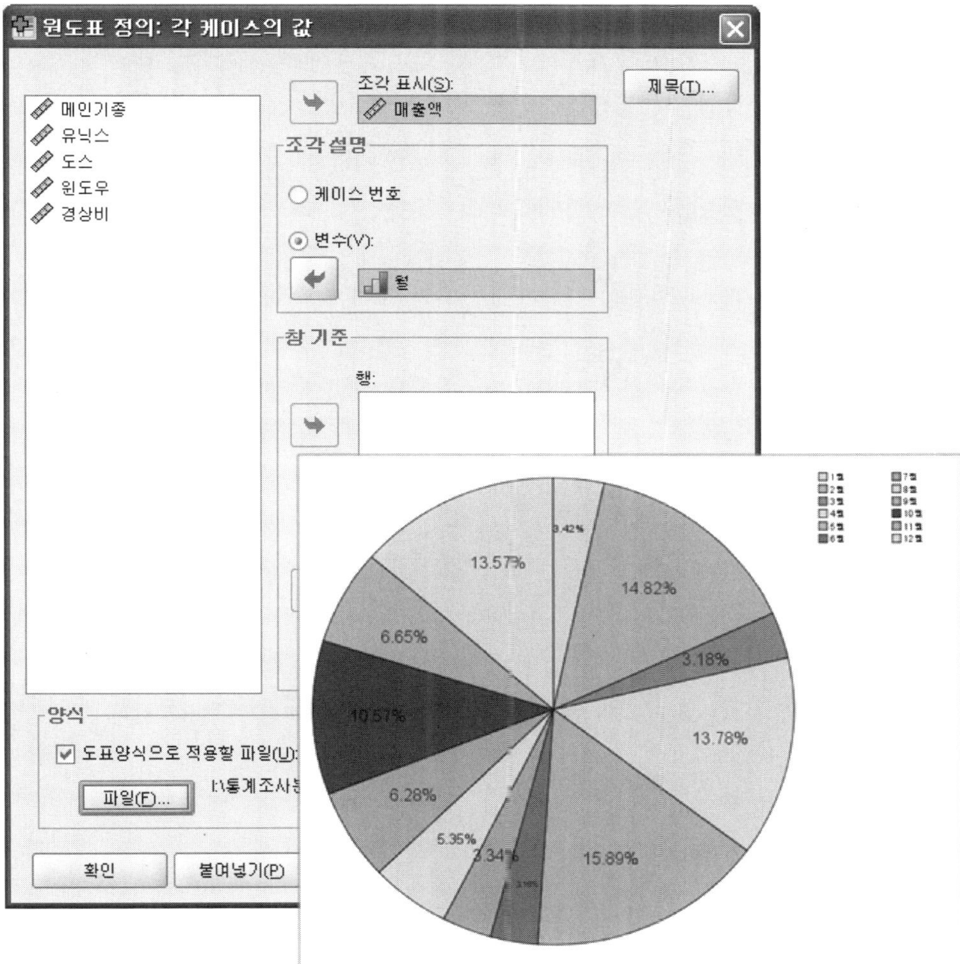

[그림 7-34] 원도표: 월별 판매액

7.6 산점도의 작성

[그림 7-1]의 그래프 메뉴에서 '산점도'를 선택하면 [그림 7-35]와 같은 '산점도' 대화상자가 열린다.

[그림 7-35] '산점도' 레거시 대화상자

산점도의 종류

◉ 단순(Simple): 단순 산점도

○ 겹쳐그리기(Overlay): 중복 산점도

○ 행렬(Matrix): 행렬형 산점도

○ 3차원(3-D): 3차원 산점도

○ 단순 점도표: 히스토그램과 비슷하다. 단지 점으로 막대를 표시함

단순 산점도

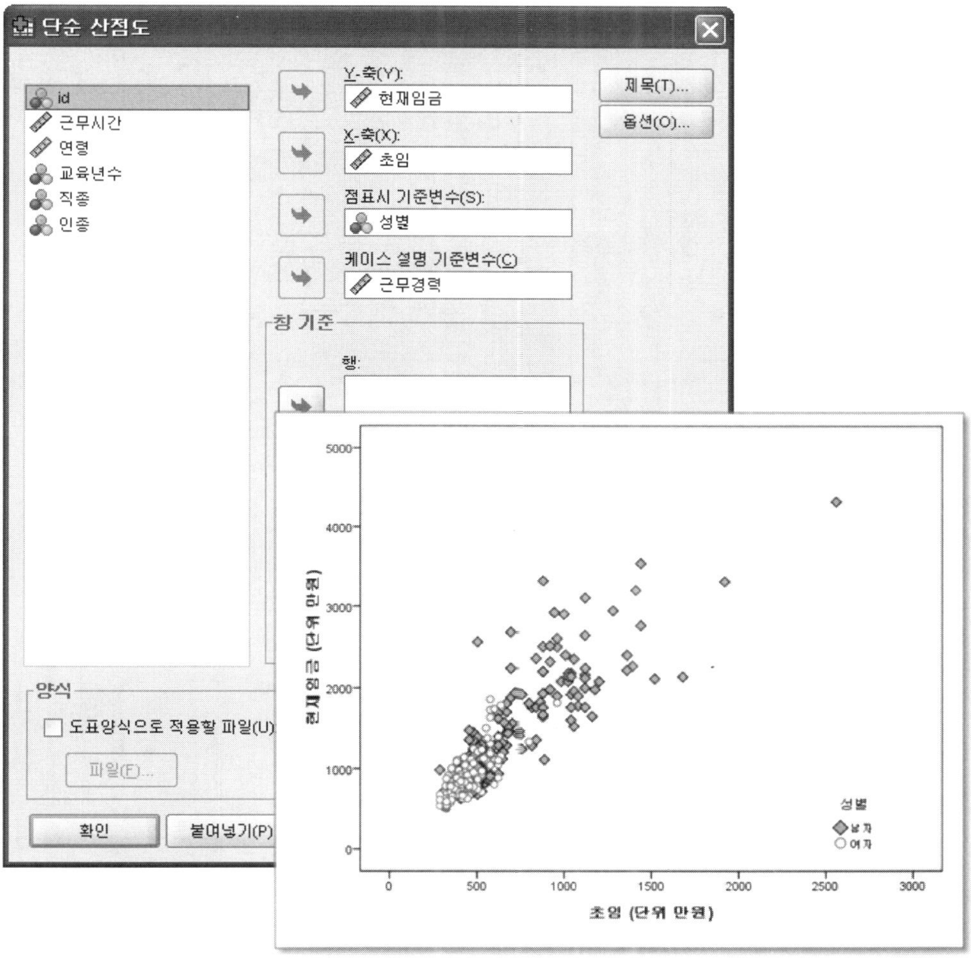

[그림 7-36] 단순 산점도: 성별 초임-현재임금(은행임금.sav)

겹쳐그리기 산점도

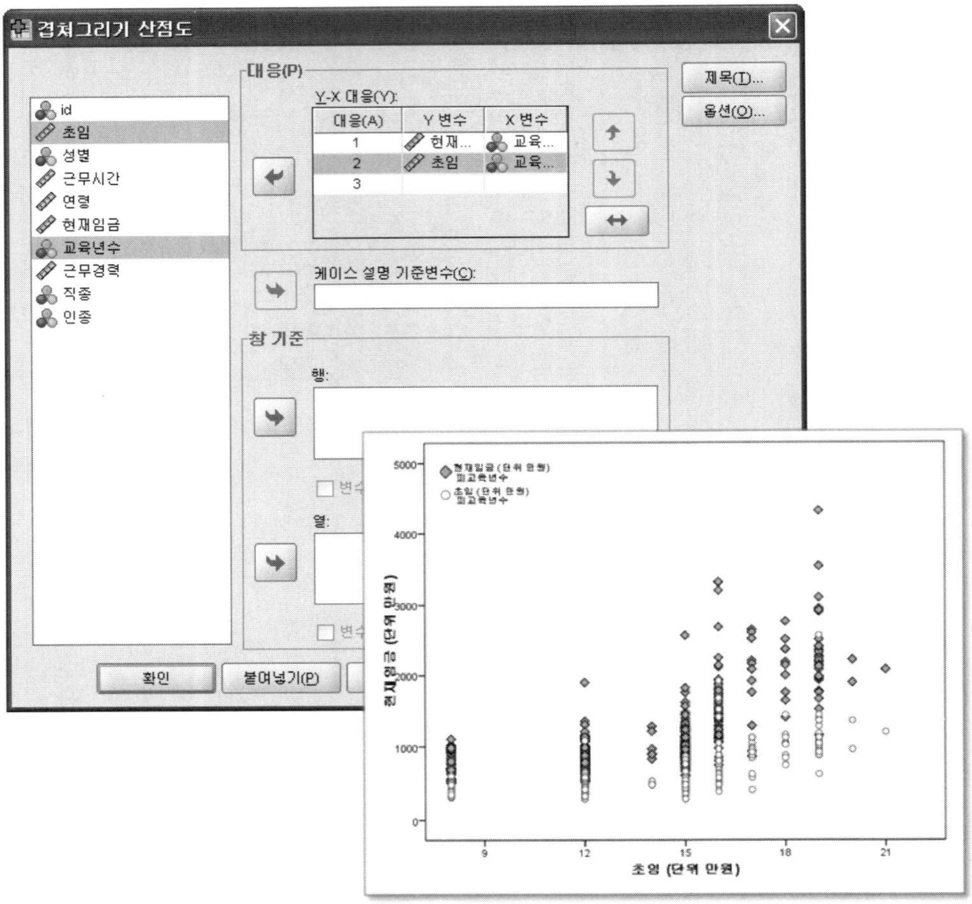

[그림 7-37] 겹쳐그리기 산점도: 현재임금-교육년수, 초임-교육년수

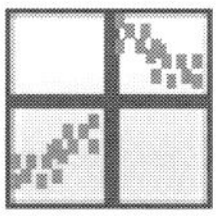

산점도 행렬

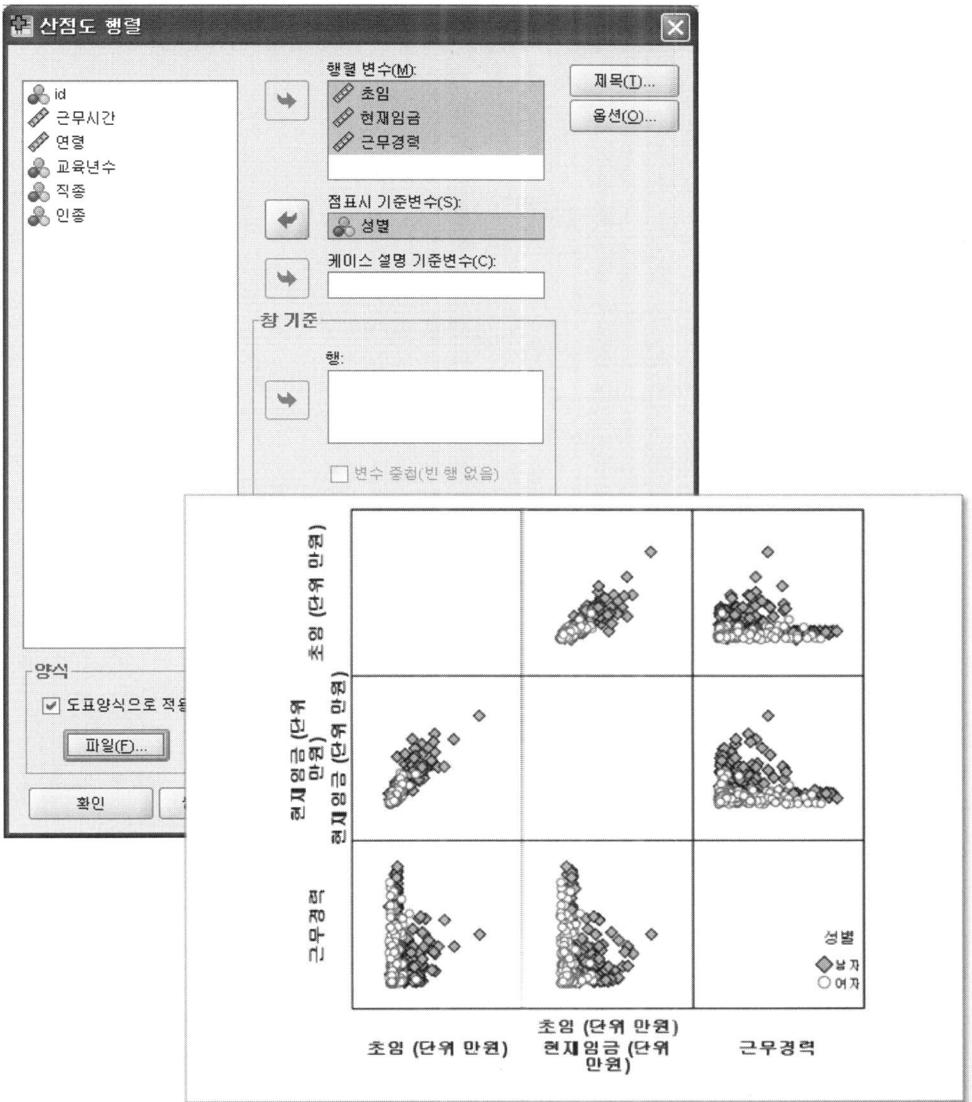

[그림 7-38] 산점도 행렬: 성별 근무경력-초임-현재임금

3차원 산점도

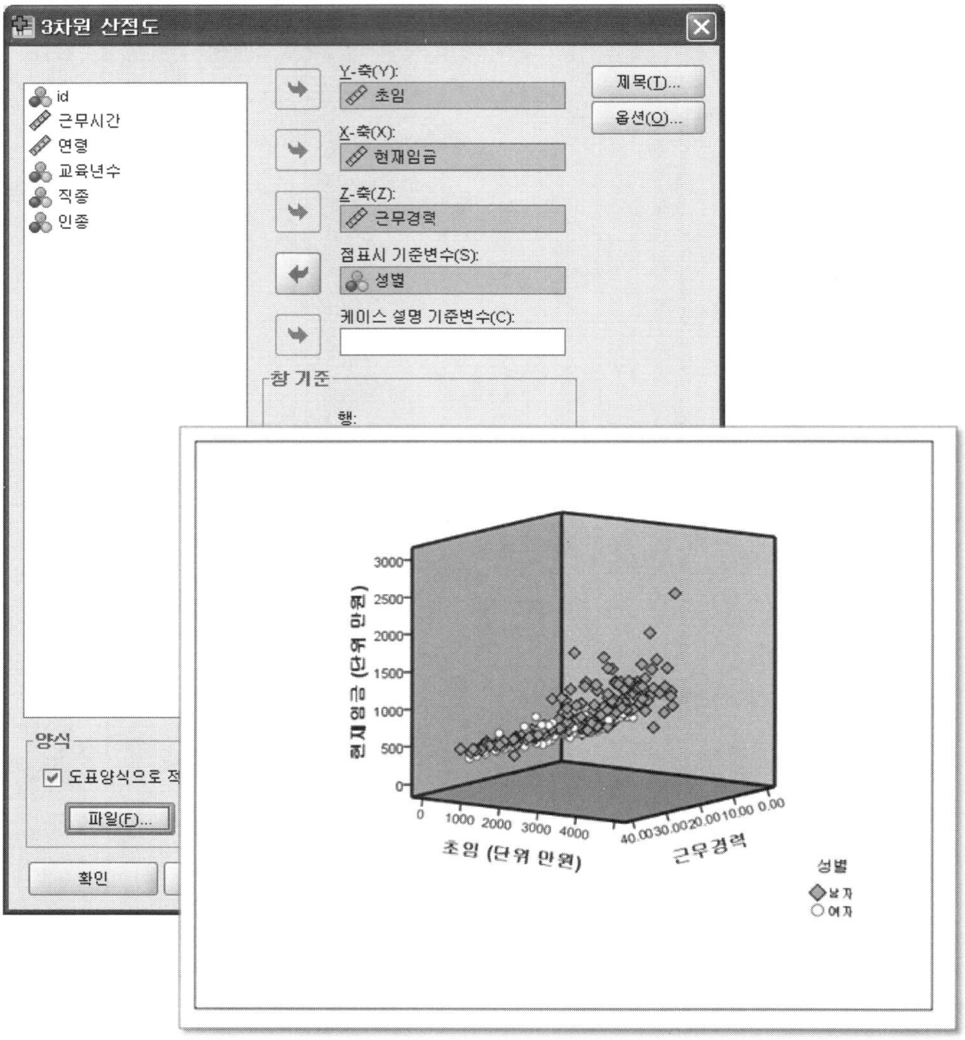

[그림 7-39] 3차원 산점도: 근무경력-초임-현재임금

단순 점도표

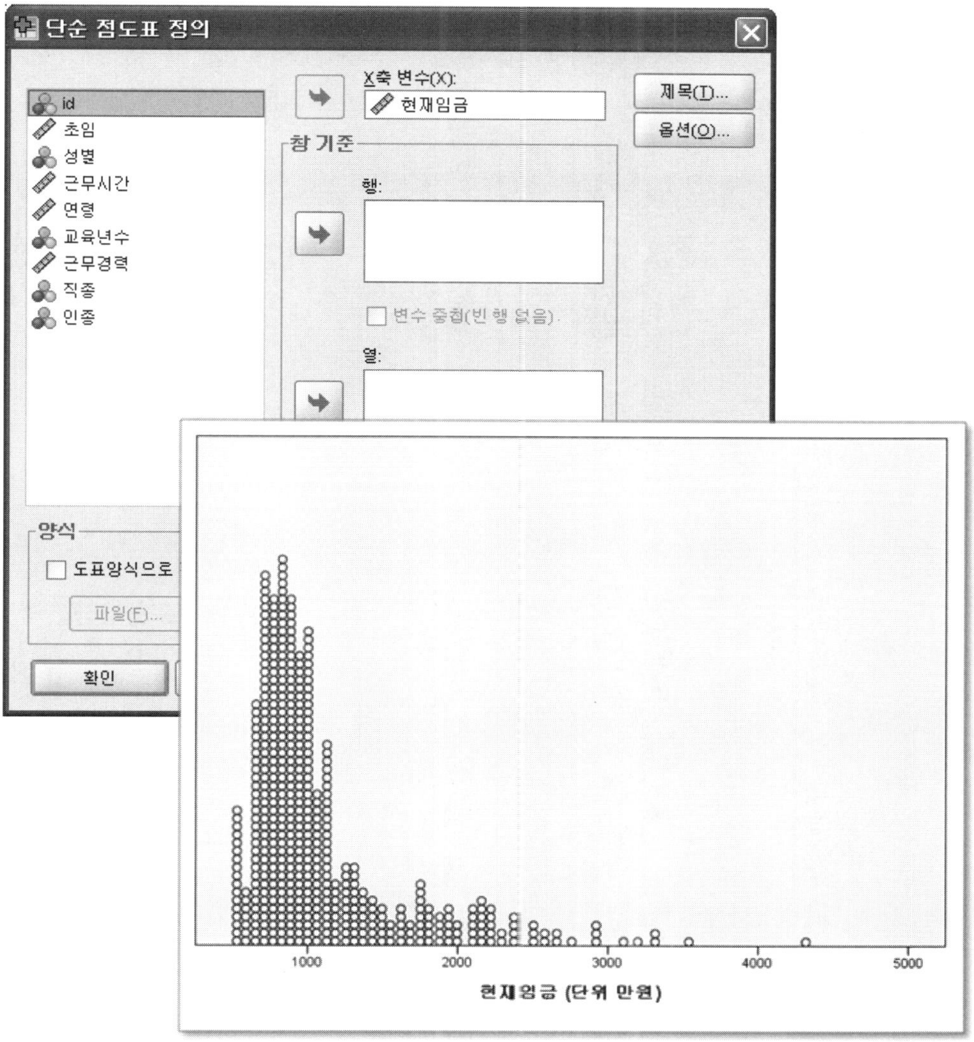

[그림 7-40] 단순 점도표: 현재임금 분포

7.7 도표의 수정

막대/선/영역도표의 옵션

막대도표, 선도표 및 영역도표의 모양을 변경하려면 막대, 선, 영역 또는 산점에 더블 클릭하면 [그림 7-42]와 같은 '막대/선/영역/산점'을 변경할 수 있는 다양한 탭들을 사용할 수 있는 대화상자가 나타난다.

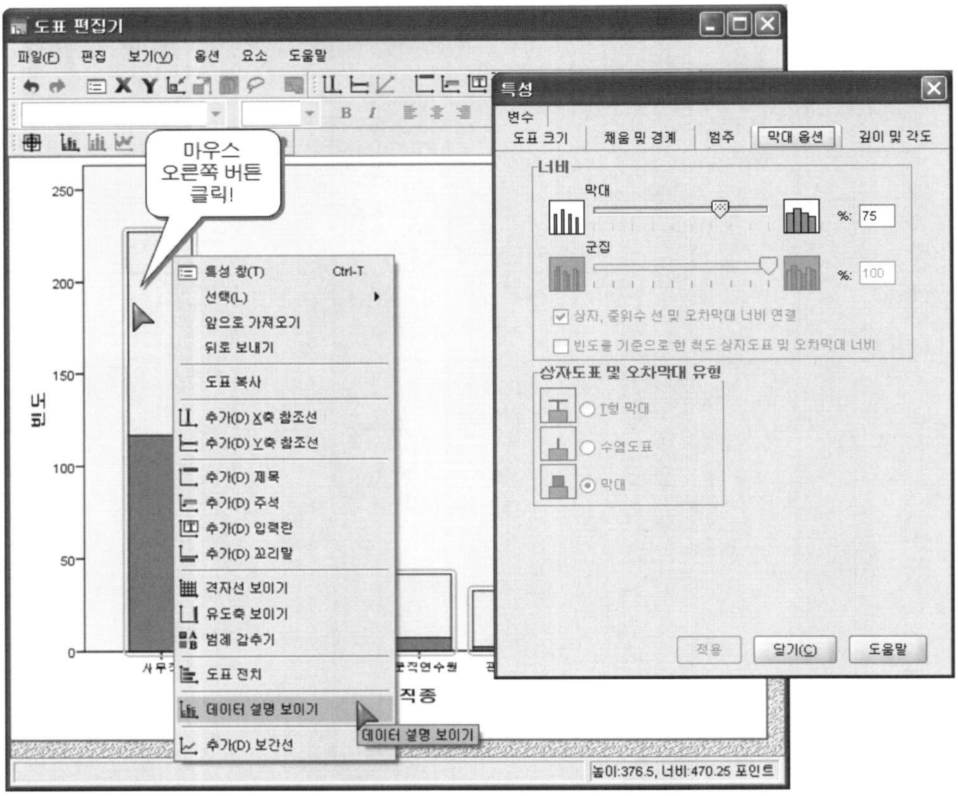

[그림 7-42] '막대/선/영역도표' 특성 대화상자

도표에서 해당하는 부분에 포인터를 대고 오른쪽 버튼을 클릭하면 항상 팝업 메뉴가 나타난다. 여기에서 적절한 메뉴를 선택하면 도표의 해당 부분의 모양이 바뀌거나 새로운 개체가 도표 상에 나타나게 된다. 이렇게 나타난 새로운 개체를 다시 선택하여 다양한 효과를 구현할 수도 있다.

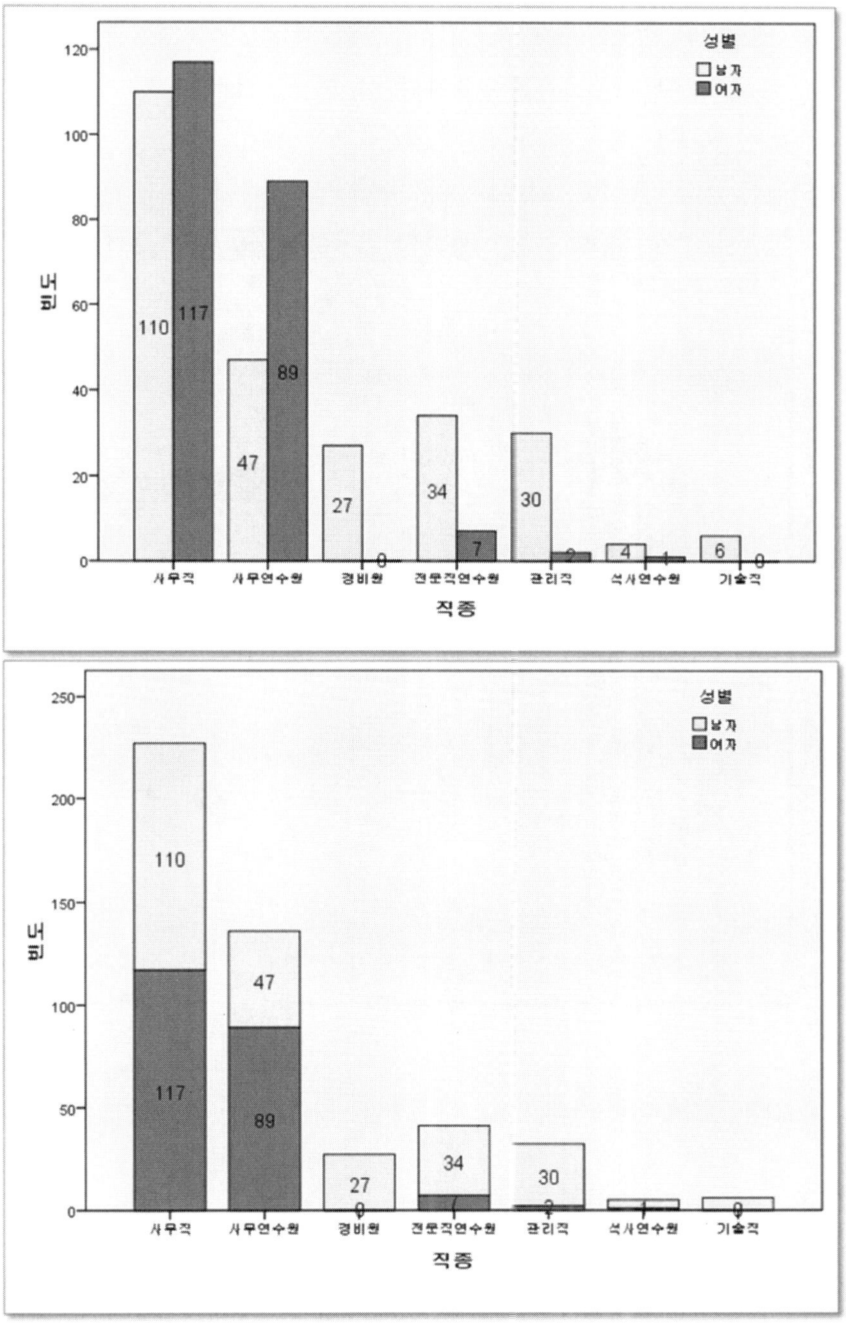

[그림 7-43] 수직누적 막대도표와 수평누적 막대도표

원도표의 옵션

원도표의 모양 효과를 변경하려면 원도표의 조각을 더블 클릭하면 [그림 7-44]와 같은 '원도표' 특성 대화상자가 열린다.

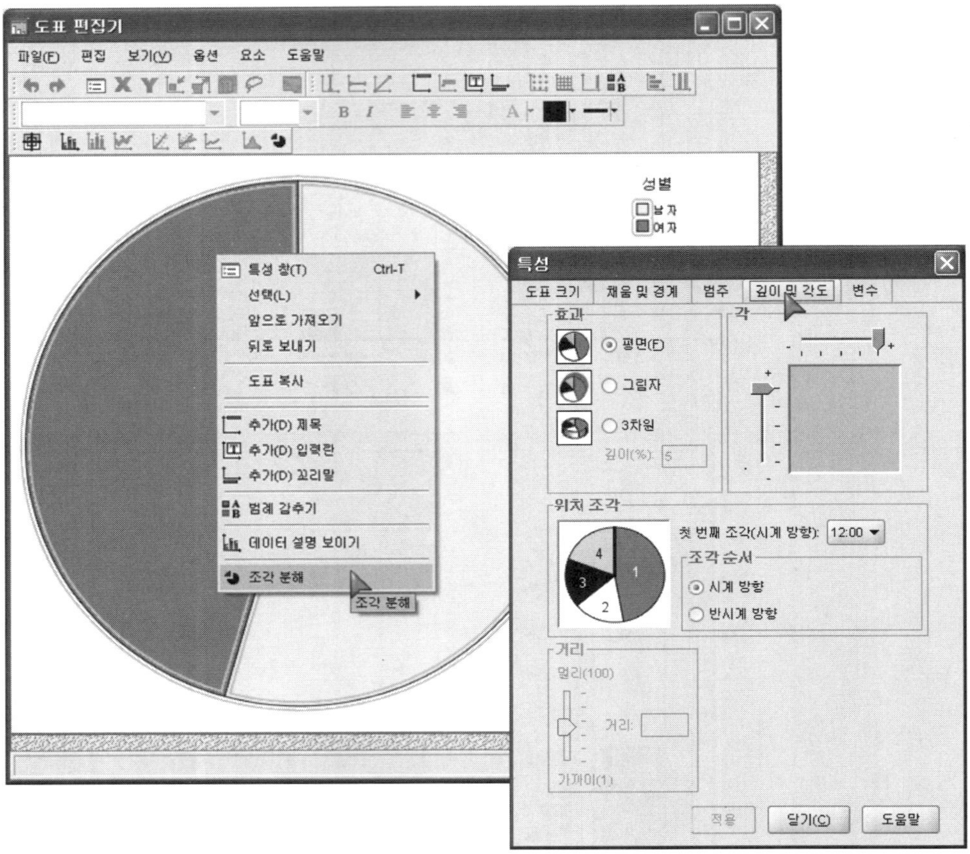

[그림 7-44] '원도표' 특성 대화상자

원도표의 조각에 포인터를 대고 오른쪽 버튼을 클릭하면 [그림 7-44]와 같이 팝업 메뉴가 나타나고 여기에서 '조각 분해'를 선택하면 원도표의 조각이 서로 떨어져 분리된다. 그리고 조각에 더블 클릭하면 특성 대화상자가 나타나며 이들 탭들의 옵션들을 변경함으로써 조각에 다양한 효과를 낼 수 있다. 원도표의 조각에 오른쪽 버튼을 클릭하여 '데이터 설명 보이기'를 선택하면 [그림 7-45]와 같이 변수값 설명문을 나타내고 이 설명에 더블 클릭하면 특성 대화상자가 나타나는데 여기에서 성별을 '내용' 상자로 이동시킨 후 버튼을 클릭하면 성별에 대한 변수값 설명문이 수치 표현 밑에 나타난다.

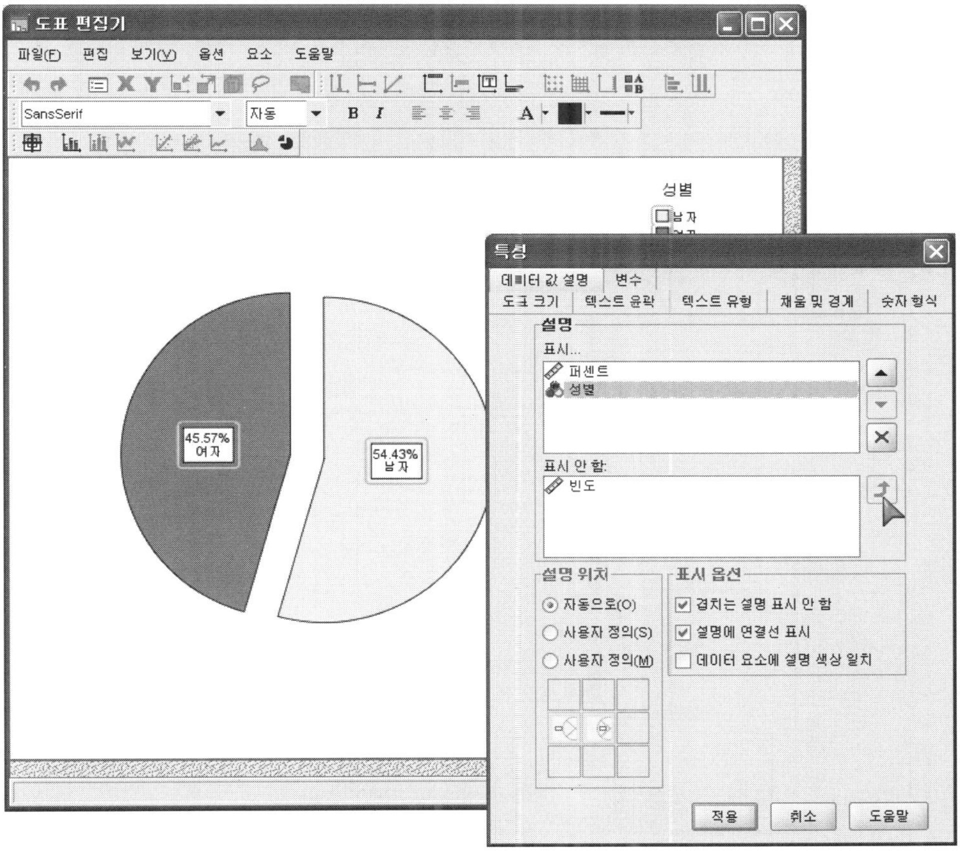

[그림 7-45] 원도표의 변수값 설명문 표시와 퍼센트 표시

산점도의 적합선 표시

산점도에서 적합선을 나타내려면 산점도의 점표시에 마우스 포인터를 대고 오른쪽 버튼을 클릭하면 [그림 7-46]의 팝업 메뉴가 나타나며 여기에서 **'추가 전체 적합선'**을 선택하면 특성 대화상자의 '적합선' 탭이 나타난다. 여기에서 적합 방법을 선택하면 적합된 추세선을 나타낼 수 있다.

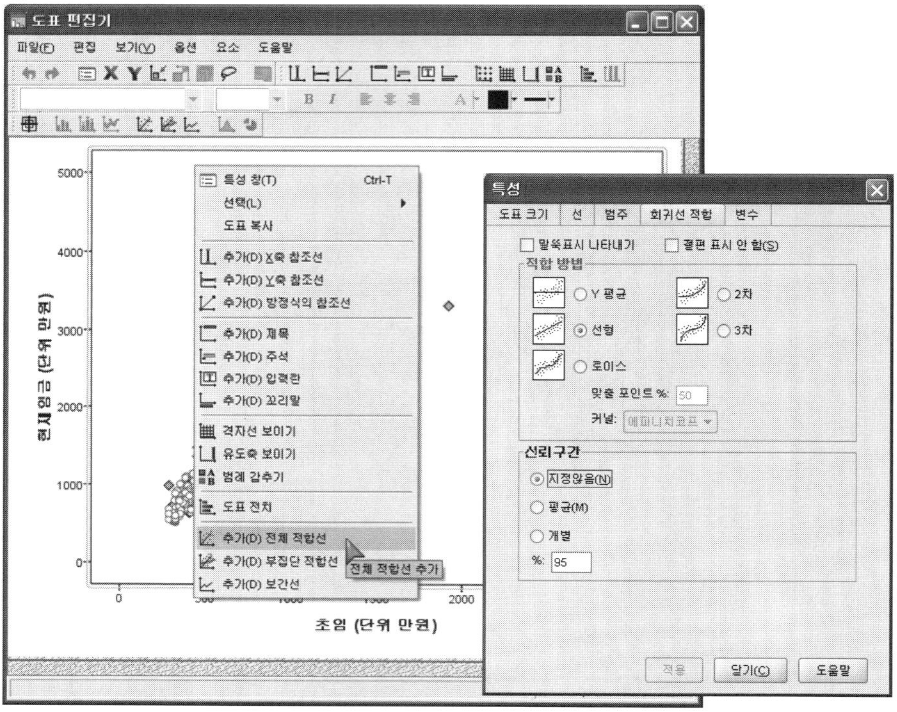

[그림 7-46] '접합선 출력' 특성 대화상자

만일 산점 표시가 집단별로 분리하여 나타난 경우, 예를 들어 성별에 따라 점표시가 다르게 작성할 경우는 범례에서 남자의 점표시를 선택하고 점표시 모양을 변경한다. 그리고 성별에 따라 다르게 적합선을 적합하고자 할 경우 팝업 메뉴에서 **'추가 부집단 적합선'**을 선택하면 성별에 따라 두 개의 적합된 추세선을 나타내 주고 범례에 이에 대한 적합 정도를 나타내는 결정계수(R-square) 값을 표시해 준다. 이 값에 대해서는 회귀분석을 참조하기 바란다.

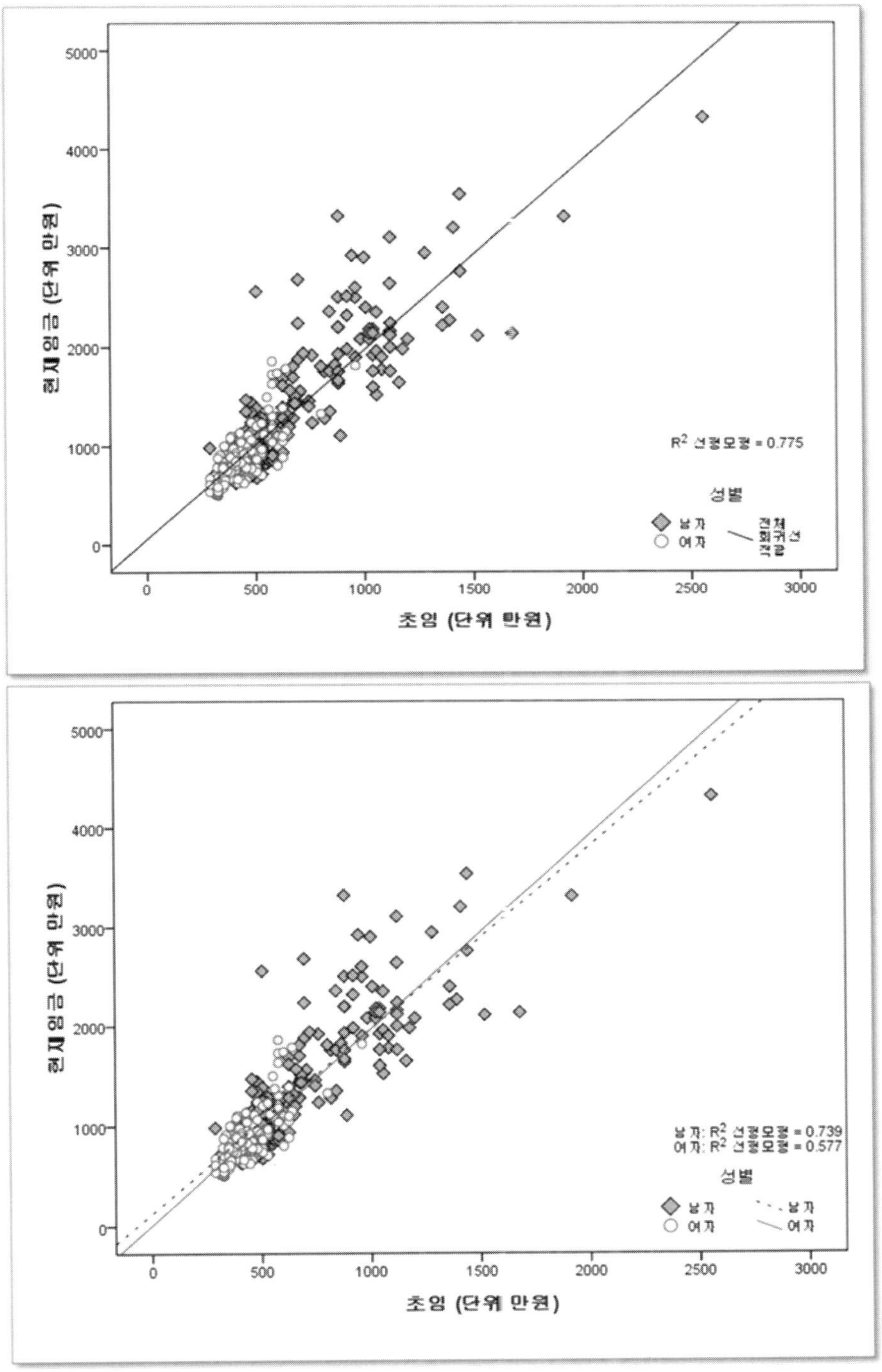

[그림 7-47] 산점도의 적합선 추정

채움 모양(Fill Patterns)의 변경

막대, 영역도표, 원도표 등의 채움모양을 변경하려면 '**도표 편집기**'의 도표의 채울 부분을 클릭하거나 더블 클릭하면 [그림 7-48]과 같은 '**채움 및 경계**' 탭이 나타난다.

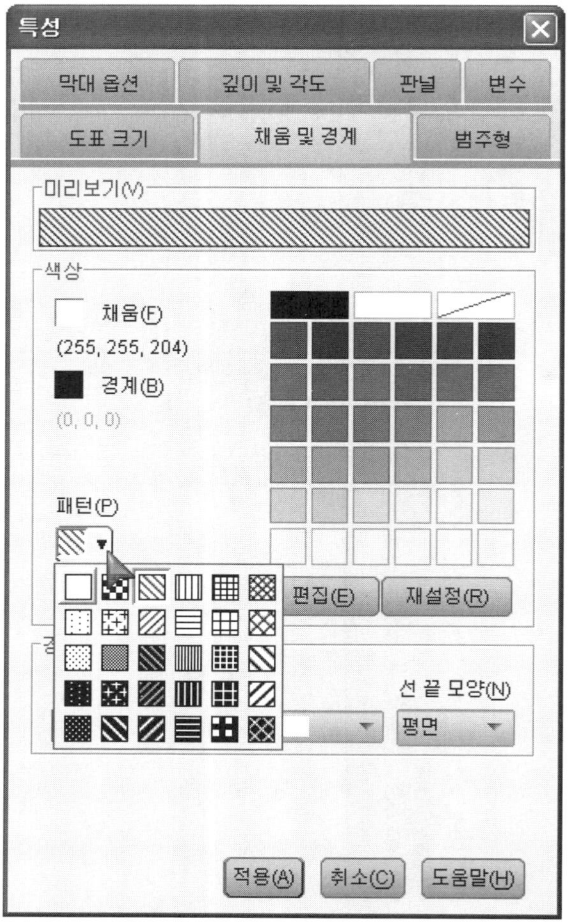

[그림 7-48] '채움모양' 대화상자

도표에서 채움 모양을 바꾸고자 하는 부분을 선택(마우스 왼쪽 버튼 사용)한 후, '채움 및 경계' 탭에서 패턴의 모양을 선택하고 적용(A) 단추를 클릭하면 도표의 채움 모양이 바뀐다.

색상(Colors)의 변경

막대, 선, 면적, 원도표에서 선, 표시, 채색 부분 등의 색상을 변경하려면 '도표 편집기'의 도표에서 색상을 변경하고자 하는 부분을 클릭한다. 그러면 [그림 7-49]와 같은 '색상' 대화상자 탭이 나타난다.

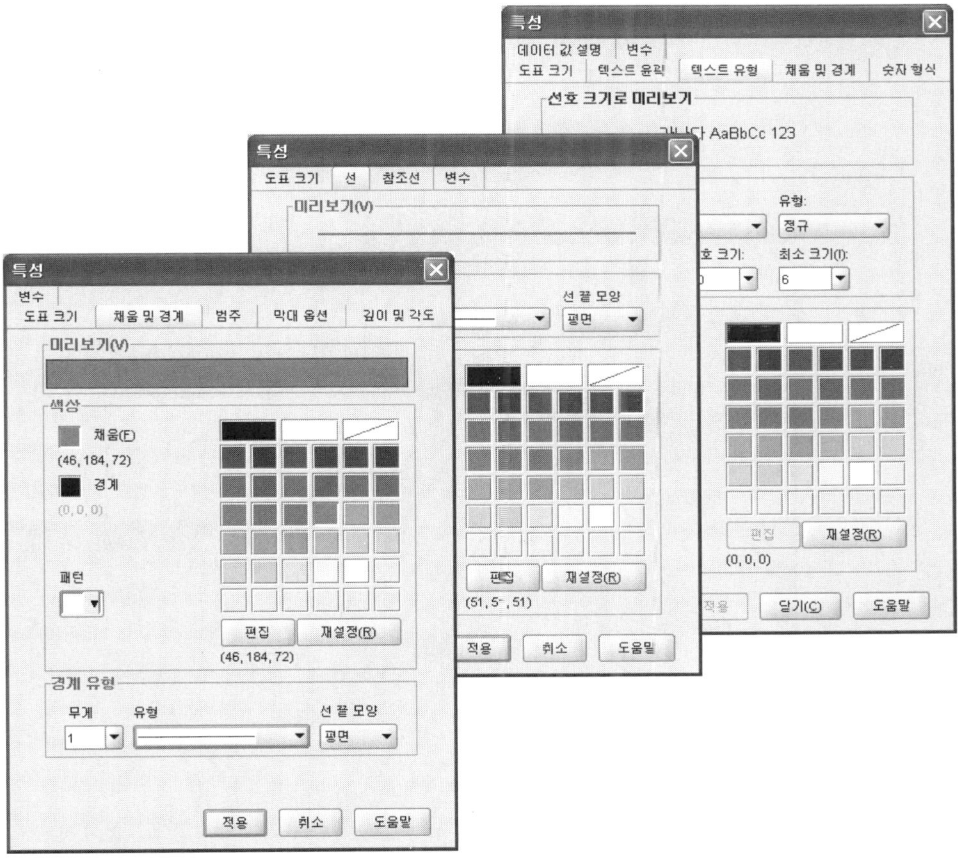

[그림 7-49] '색상' 대화상자 탭

도표에서 색상을 바꾸고자 하는 부분(선, 막대, 조각, 점표시, 텍스트)을 선택(마우스 왼쪽 버튼 사용)한 후, 해당된 대화상자 탭에서 원하는 색상을 선택하고 적용(A) 단추를 클릭하면 선택한 부분의 색상이 바뀐다.

막대 유형 바꾸기

막대도표의 막대 모양을 변경하려면 '도표 편집기'의 막대를 클릭하거나 더블 클릭하면 [그림 7-50]과 같은 '막대' 특성 대화상자가 열린다.

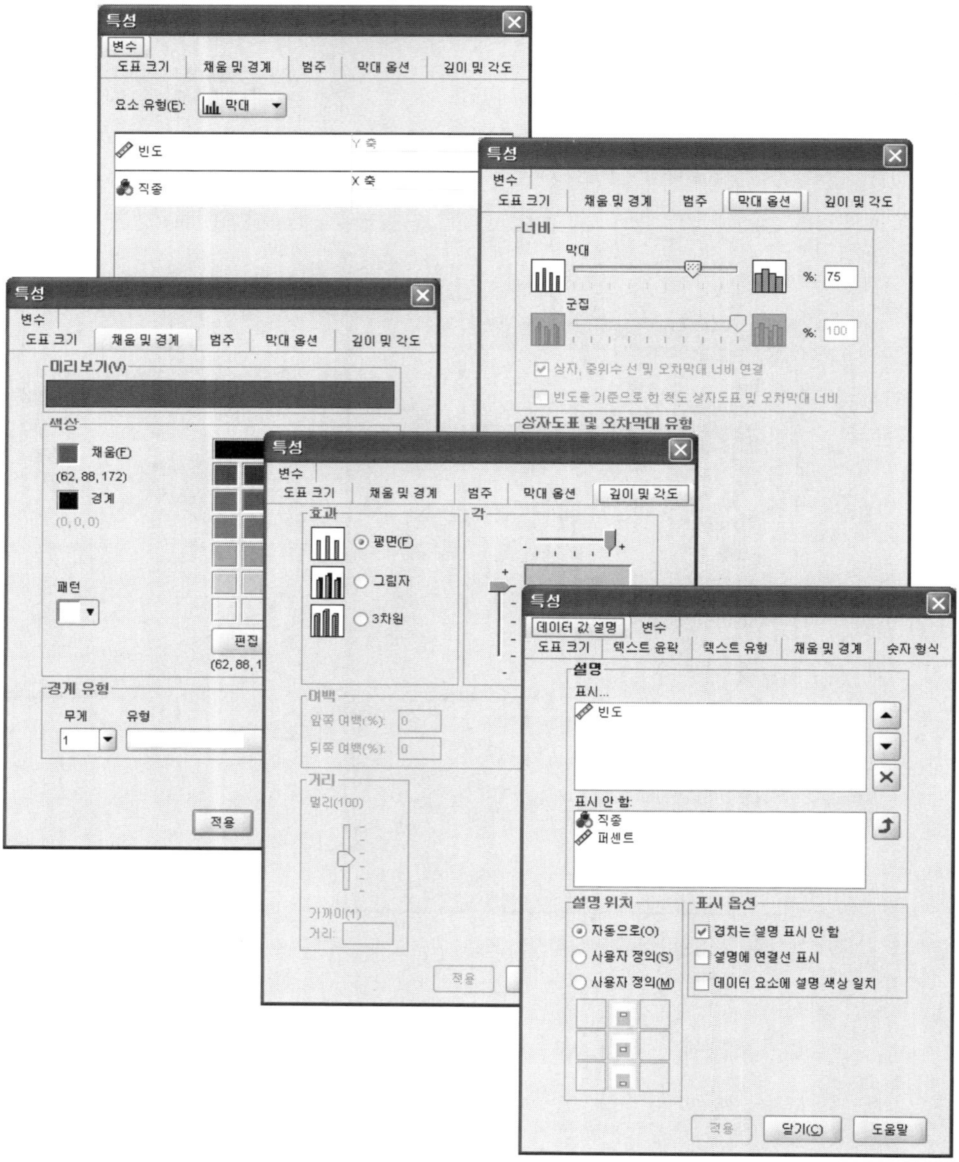

[그림 7-50] '막대유형' 대화상자의 탭

도표에서 막대 모양을 바꾸고자 하는 부분을 선택(마우스 왼쪽 버튼 사용)한 후, 각 탭에서 원하는 유형을 선택하고 적용(A) 단추를 클릭하면 도표의 막대의 모양이 바뀐다.

막대 데이터 값 설명 모양 바꾸기

막대도표의 막대 데이터 값 설명 유형을 변경하려면 '도표 편집기'의 막대 위에 클릭하거나 더블 클릭하면 [그림 7-51]과 같은 '막대' 특성 대화상자가 열린다.

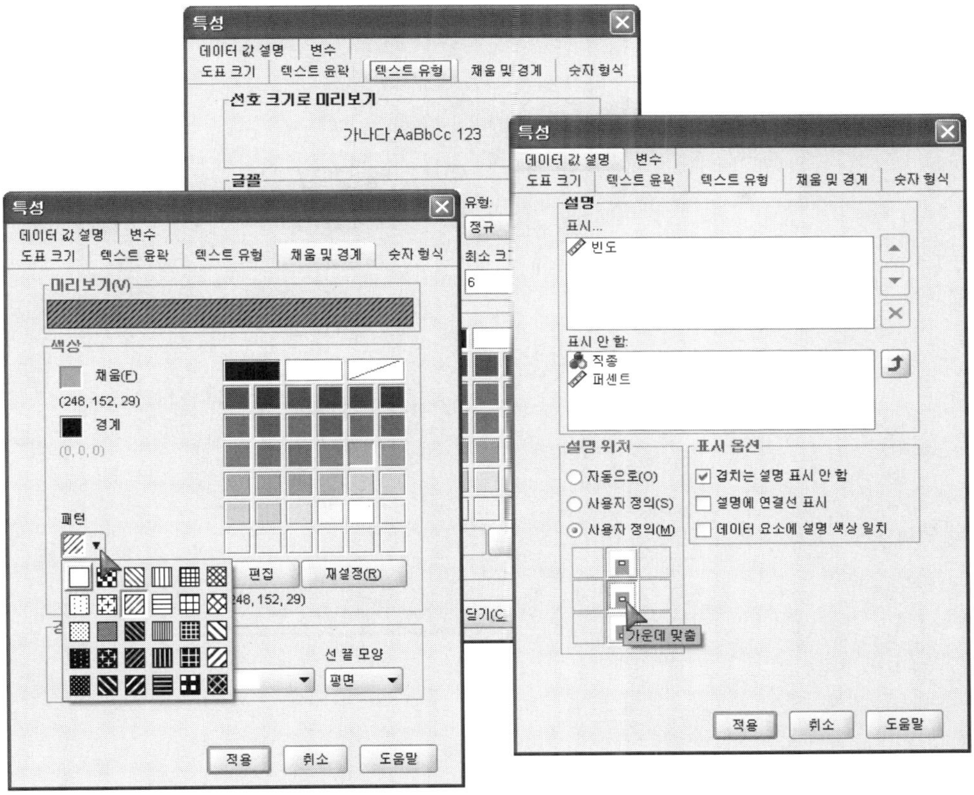

[그림 7-51] '막대 데이터 설명 유형' 대화상자

도표에서 막대 설명 유형을 바꾸고자 하는 부분을 선택(마우스 왼쪽 버튼 사용)한 후, 각 해당된 탭의 옵션에서 모양을 선택하고 적용(A) 단추를 클릭하면 막대의 데이터 값의 설명 유형이 바뀐다.

선 유형 바꾸기

선 유형(Line Styles)을 변경하려면 '도표 편집기'의 도표 상의 선을 선택하거나 더블 클릭하면 [그림 7-52]와 같은 '선' 특성 대화상자 탭이 나타난다.

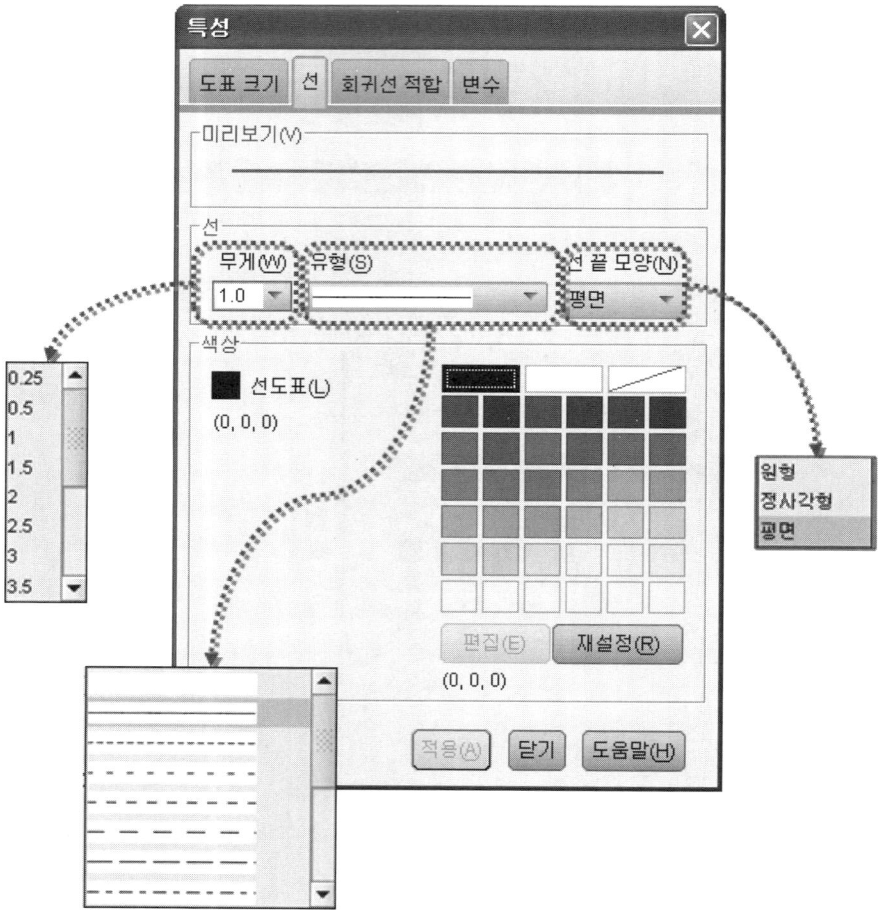

[그림 7-52] '선 유형' 대화상자

여기에서 선의 굵기, 색상, 유형, 선 끝의 모양 등을 변경할 수 있으며 원하는 모양을 선택하고 적용(A) 단추를 클릭하면 선의 모양이 바뀐다.

점표시 바꾸기

산점도나 선도표에서 점표시(Markers)를 변경하려면 '도표 편집기'의 도표 상의 점을 선택하거나 더블 클릭하면 [그림 7-53]과 같은 '점표시' 대화상자 탭이 열린다.

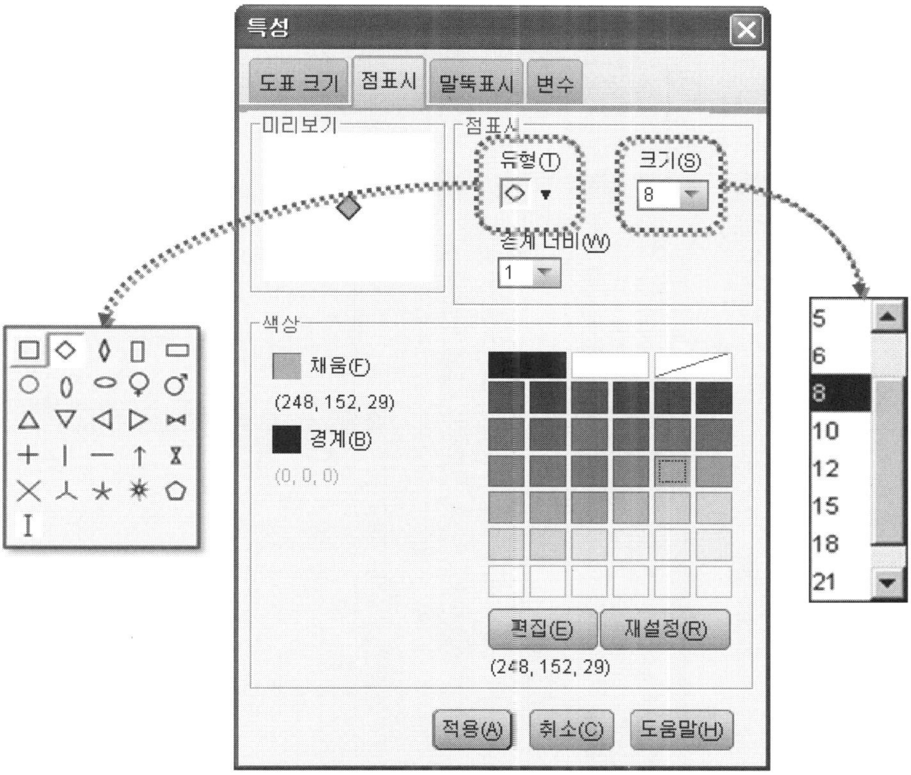

[그림 7-53] '점표시' 탭

도표에서 점표시를 바꾸고자 하는 부분을 선택(마우스 왼쪽 버튼 사용)한 후, '점표시' 탭에서 원하는 모양을 선택하고 적용(A) 단추를 클릭하면 도표의 점표시가 바뀐다.

7.8 도표 양식의 사용

SPSS는 도표의 양식을 저장하여 이를 다른 도표를 작성할 때 적용시키는 기능이 있는데 이를 도표 양식이라 한다.

먼저 막대도표를 다음과 같이 수정하였다고 가정하자. 각 막대에 수치적 정보를 표시하도록 하였고 색상은 밝은 계통의 색으로 하였고, 누적 기준으로 분리된 다른 집단들을 구분하기 위하여 한 집단에 빗금 채움 모양을 지정하였다.

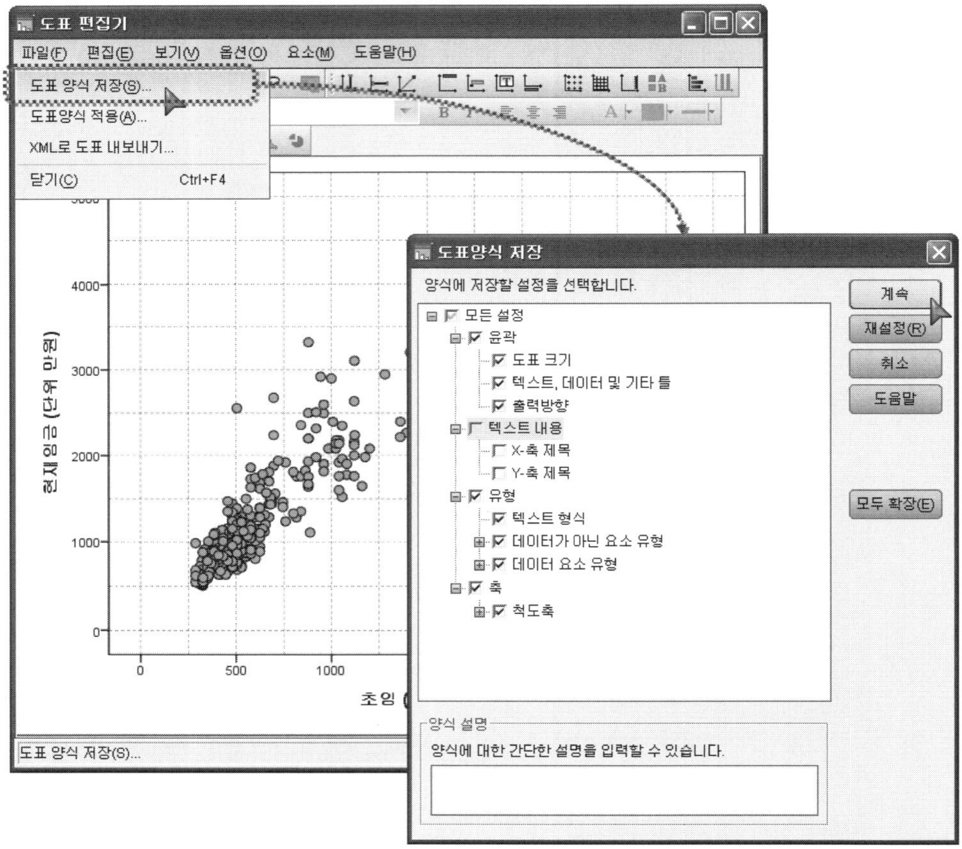

SPSS 도표 편집기의 주메뉴에서 '파일–도표양식 저장...'을 선택하고 "연습.sct"로 저장한다.

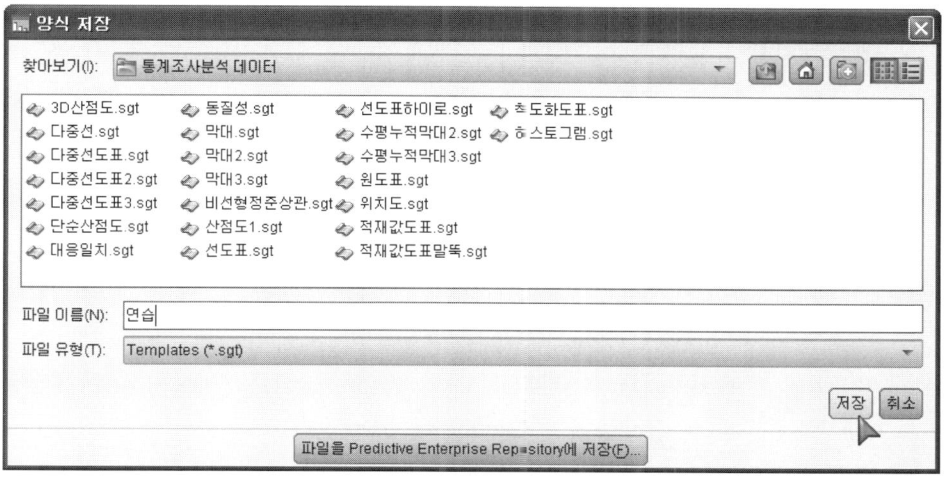

다른 변수에 대하여 같은 도표를 그릴 때 이미 저장한 도표 양식을 다음과 같이 사용하면 된다.

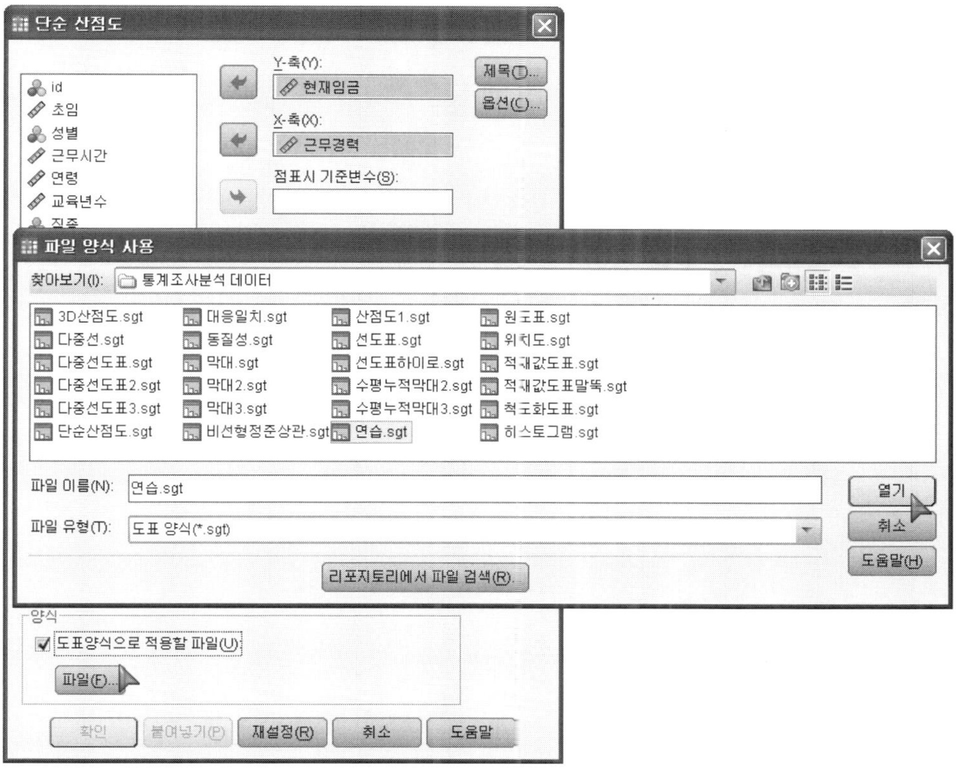

'도표 양식으로 적용할 파일:'을 선택하고 파일(F)... 단추를 클릭하여 "연습.sct"를 지정한다.

주대화상자에서 확인 단추를 클릭하여 수행하면 도표 양식이 적용되어 도표가 출력된다. 자주 사용해야 하는 기능이므로 충분히 익히길 바란다.

Chapter 08

데이터 변환

8.1 데이터 변환의 개요

이상적인 상황에서는 주어진 데이터가 수행하고자 하는 분석에 완벽하게 적합하기도 하지만 대개의 경우에는 데이터를 적절하게 변환하여야 한다. SPSS 내에는 다양한 데이터 변환 기능이 있으므로 상황에 맞게 적절한 변환을 할 수 있다.

변수 단위의 변환

- 변수 계산(Compute)
- 코딩변경(Recode)
- 변수 범주화(Recode)
- 자동 코딩변경(Autorecode)
- 빈도변수 생성(Count)
- 순위변수 생성(Rank Cases)
- 결측값 대체(Replace Missing Values)

케이스 단위의 변환

- 케이스 정렬(Sort Cases)
- 가중값 부여(Weight Cases)
- 케이스 선택(Select Cases)

파일 단위의 변환

- 파일 합치기 → 케이스 추가(Merge Files → Add Cases)
- 파일 합치기 → 변수 추가(Merge Files → Add Variables)
- 파일 분할(Split Files)
- 데이터 통합(Aggregate)

8.2 새로운 변수 계산

다른 변수의 수치적 변환을 통하여 새로운 변수를 계산하거나 기존의 변수값을 변경하려면 데이터 편집기의 메뉴에서 '변환 ▷ 변수 계산...'을 선택한다. 그러면 다음과 같은 대화상자가 열린다(데이터: 정보산업.sav).

'대상변수:' 란에 새로 만들고자 하는 변수 이름을 입력하고 '숫자표현식' 항목에 계산식을 입력하고 확인 단추를 클릭하면 새로운 변수가 생성된다.

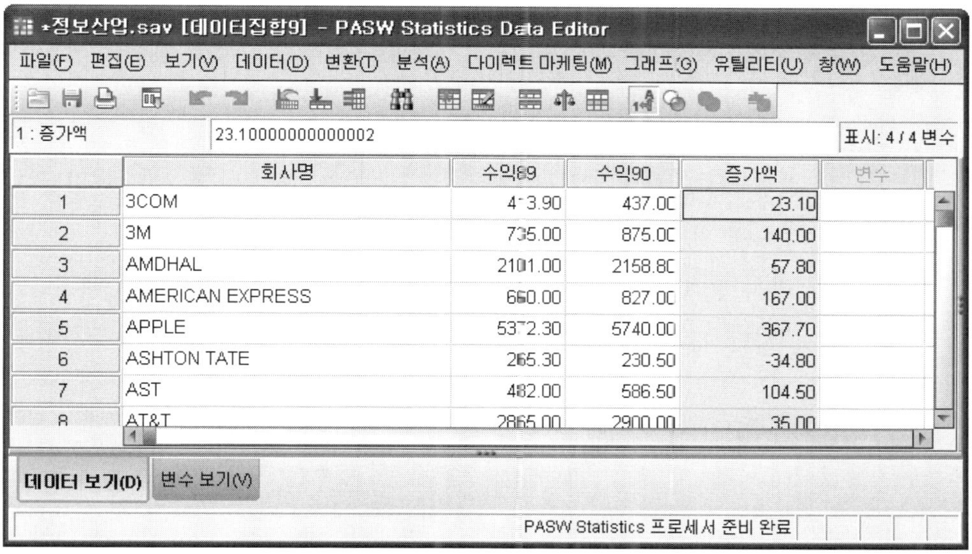
*정보산업.sav [데이터집합9] - PASW Statistics Data Editor
파일(F) 편집(E) 보기(V) 데이터(D) 변환(T) 분석(A) 다이렉트 마케팅(M) 그래프(G) 유틸리티(U) 창(W) 도움말(H)
1 : 증가액
23.10000000000002
표시: 4 / 4 변수
회사명
수익89
수익90
증가액
변수
1 3COM 413.90 437.00 23.10
2 3M 735.00 875.00 140.00
3 AMDHAL 2101.00 2158.80 57.80
4 AMERICAN EXPRESS 660.00 827.00 167.00
5 APPLE 5372.30 5740.00 367.70
6 ASHTON TATE 265.30 230.50 -34.80
7 AST 482.00 586.50 104.50
8 AT&T 2865.00 2900.00 35.00
데이터 보기(D)
변수 보기(V)
PASW Statistics 프로세서 준비 완료

8.3 변수값의 코딩변경

데이터를 다시 코딩함으로써 변수값을 변경할 수 있다. '코딩변경' 기능은 여러 변수값을 갖는 범주형 변수의 값을 나누거나 합치는 것으로, 변경된 코딩값을 원래의 변수에 저장하려면 주메뉴에서 '변환 ▷ 같은 변수로 코딩변경...'을 선택하고, 변경된 코딩값을 다른 변수에 저장하려면 주메뉴에서 '변환 ▷ 다른 변수로 코딩변경...'을 선택하면 된다. 그러면 다음과 같은 대화상자가 열린다(데이터: 은행임금.sav).

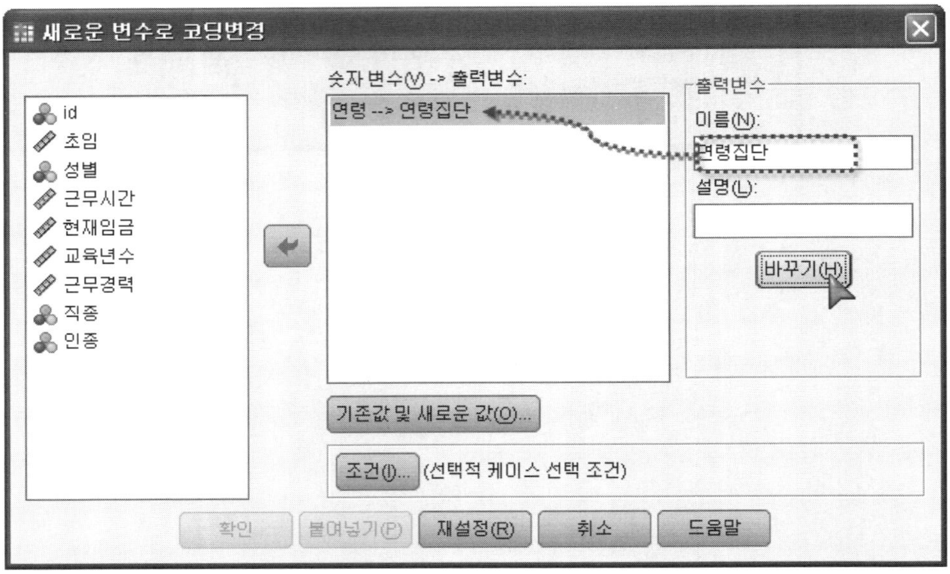

숫자 변수와 출력변수를 지정하고 나서 [기존값 및 새로운 값(O)...] 단추를 클릭하면 다음과 같은 부대화상자가 열리고 코딩변경 규칙을 입력할 수 있다.

왼쪽 부분에 기존 변수의 코딩값을 입력하고 오른쪽 부분에는 새로운 변수의 변수값을 입력한다.

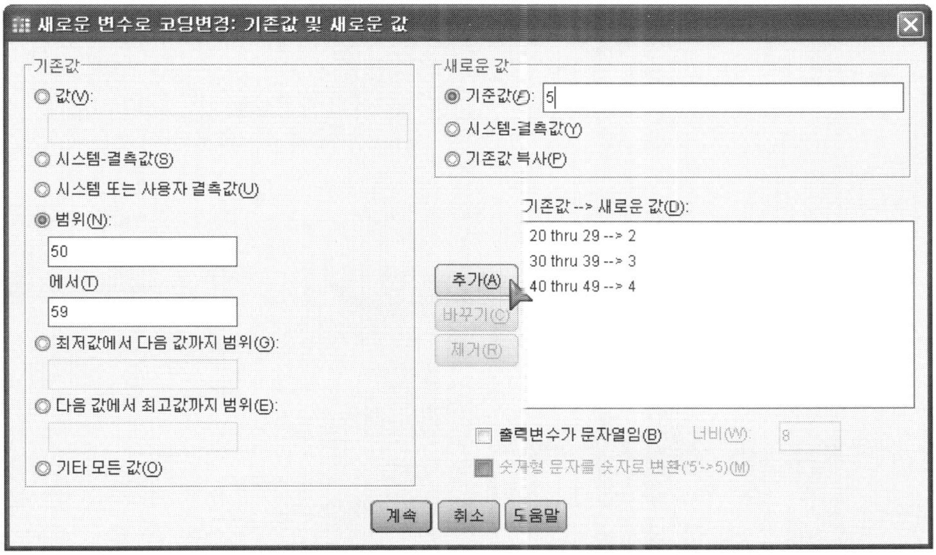

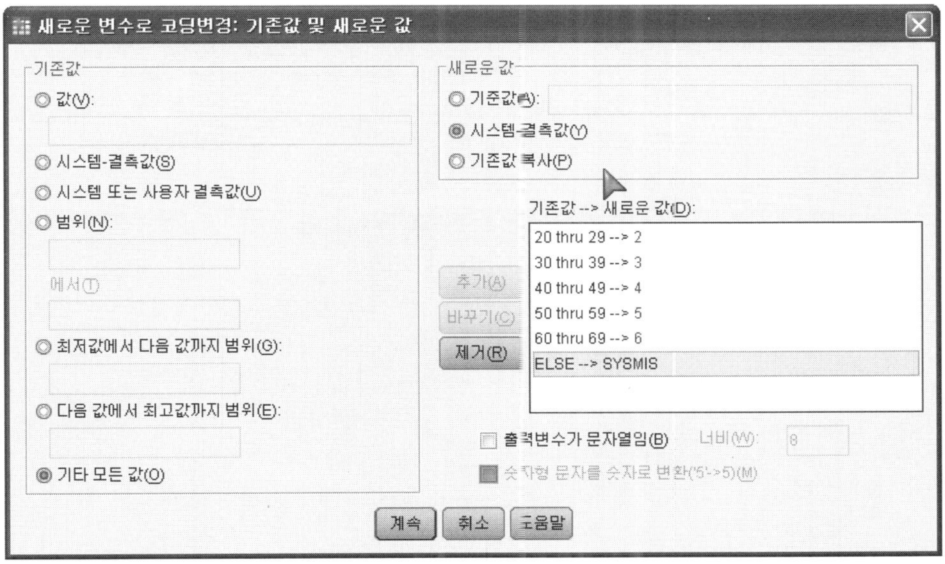

모든 연령대의 구간을 집단값으로 지정한 다음에 그 밖의 다른 값이 존재할 수 있으므로 반드시 '기타 모든 값'은 '시스템-결측값'으로 지정하여 마무리한다. 이제 편집기에서 새로운 변수 연령집단을 볼 수 있으며, 변수 보기에서 변수값 설명을 다음과 같이 입력한다.

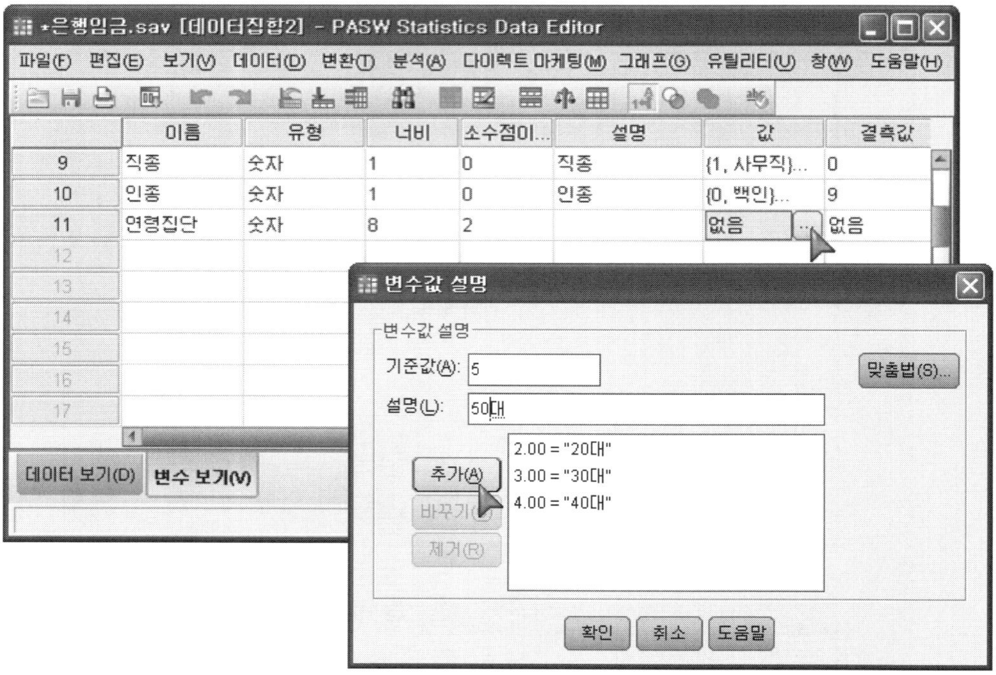

이제 연령집단 변수에 대한 빈도분석을 수행하여 결과를 확인한다.

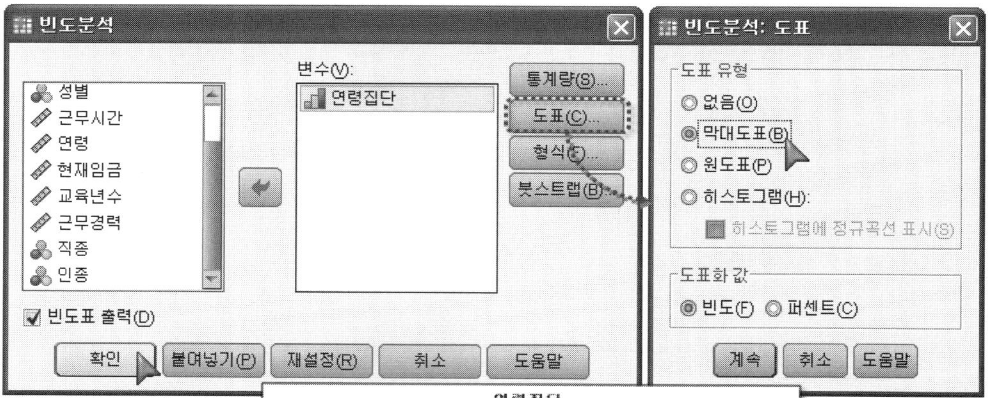

연령집단

		빈도	퍼센트	유효 퍼센트	누적퍼센트
유효	20대	133	28.1	28.1	28.1
	30대	175	36.9	36.9	65.0
	40대	68	14.3	14.3	79.3
	50대	60	12.7	12.7	92.0
	60대	38	8.0	8.0	100.0
	합계	474	100.0	100.0	

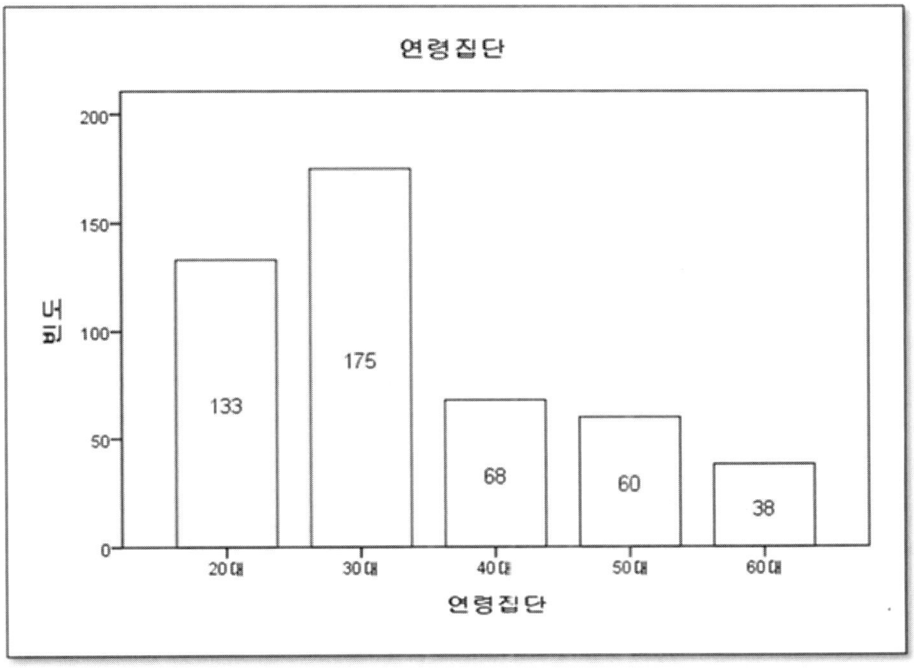

연령집단
200
150
100
50
0
빈도
133
175
68
60
38
20대
30대
40대
50대
60대
연령집단

8.4 연속형 변수의 범주화

일반적으로 연속형으로 취급되는 변수들을 범주형 변수로 변환할 수 있다면 분석에 유리한 면이 있다. 연령과 같은 연속형은 사회적 통념이 존재하기 때문에 10대, 20대, 30대, …… 등으로 변환해도 문제가 발생되지 않지만 임금과 같은 금액은 집단화하기 위한 경계점을 결정하는 데 사회적인 합의를 도출하기가 어렵다. 그러므로 통계적인 방법의 분위수를 이용하여 집단화하는 방법을 주로 사용한다. 즉 현재임금의 수준을 저임금, 중임금, 고임금의 수준으로 집단화하는 방법을 설명한다(데이터: 은행임금.sav).

SPSS 메뉴에서 '변환 ▷ 비주얼 빈 만들기...'를 선택한다.

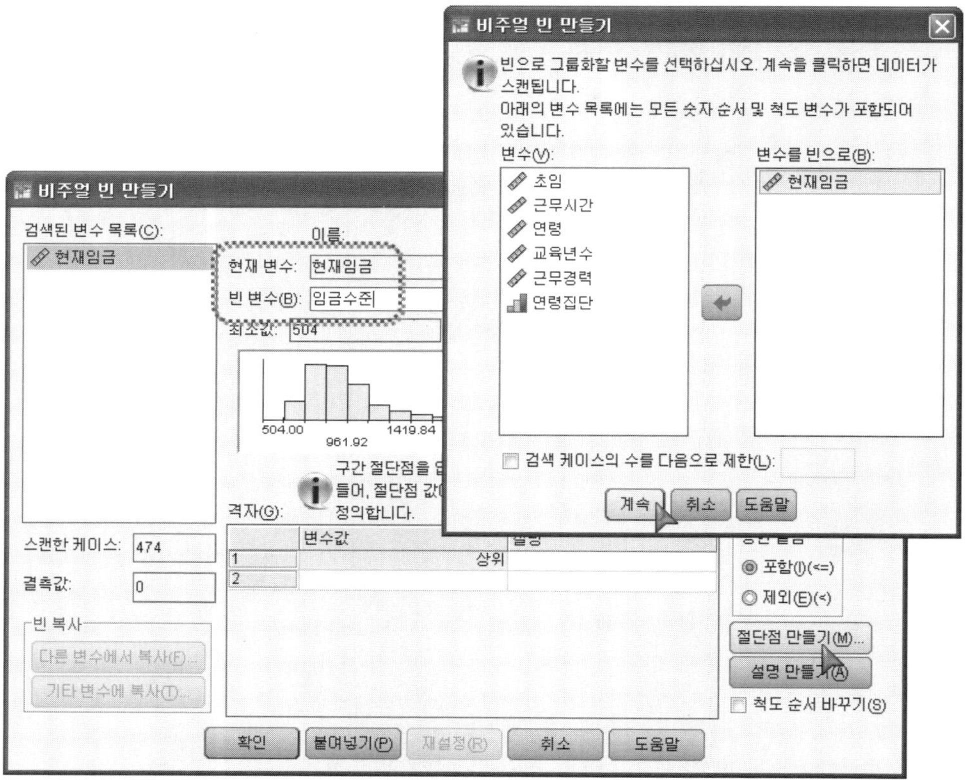

연속형 변수인 현재임금을 선택하여 '변수를 빈으로:' 상자로 이동시킨다. 그리고 계속 단추를 클릭하여 계속 진행한다.

왼쪽 상단의 변수상자에서 현재임금을 선택하고 구간화될 변수 이름을 '빈 변수:'에 '임금수준'이라고 입력한다. 그리고 [절단점 만들기(M)...] 단추를 클릭하여 다음과 같이 절단점의 수를 '2'로 지정한다. 이는 표본 크기(sample size)를 기준으로 3개 집단의 동일 크기로 집단화하는 방법으로 삼분위수를 이용하는 방법이다.

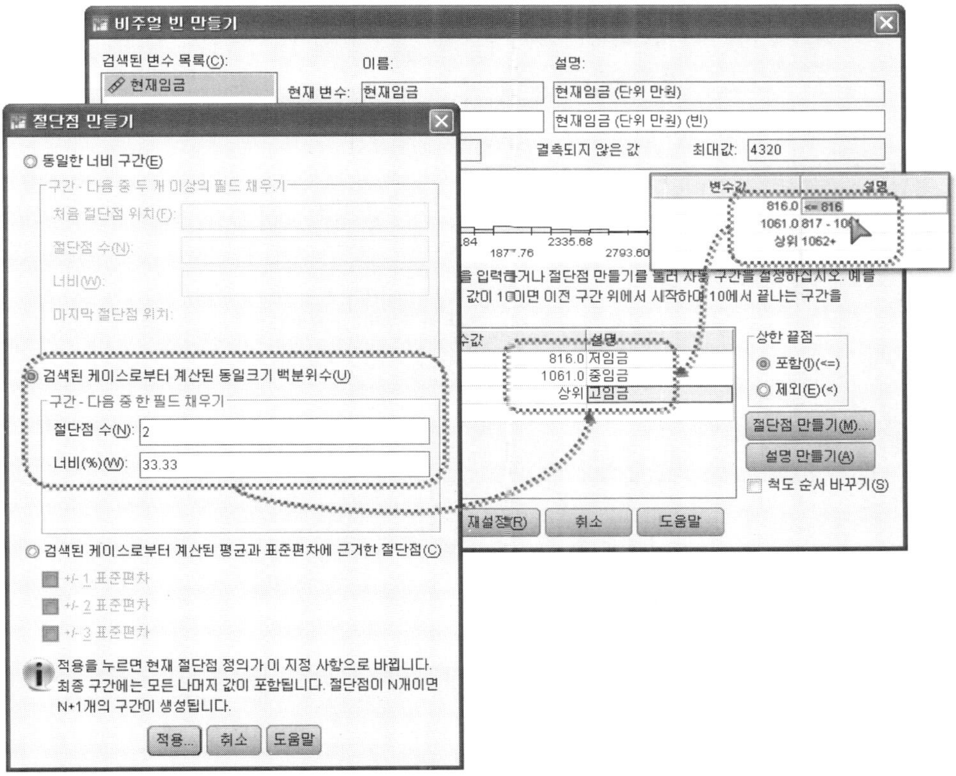

[적용...] 단추를 클릭하면 삼분위수를 기준으로 한 분리점이 설정된다. 다음으로 [설명 만들기(A)] 단추를 클릭하면 삼분위수를 기준으로 변수값 설명문이 만들어진다. 그러나 이러한 설명문은 너무 통계적인 수치로 표현되므로 행태적인 용어로 나타내기 위하여 해당된 셀을 더블 클릭하여 변수값 설명문을 '저임금', '중임금', '고임금'으로 다시 입력한다. 그리고 [확인] 단추를 클릭하면 빈 변수가 만들어진다. 이러한 일련의 과정은 출력결과 창에 명령문으로 다음과 같이 나타난다. 이는 차후에 임금 수준이라는 변수를 어떤 기준으로 코딩 변환하였는지를 알 수 있으므로 따로 명령문을

보관해야 할 필요가 있다. 그렇게 하기 위하여 다시 대화상자를 호출하고 주 대화상자에서 붙여넣기(P)를 클릭하며 아래와 같은 명령문 편집기에 빈 만들기 과정의 명령문이 붙여넣기가 된다. 이를 저장하면 될 것이다.

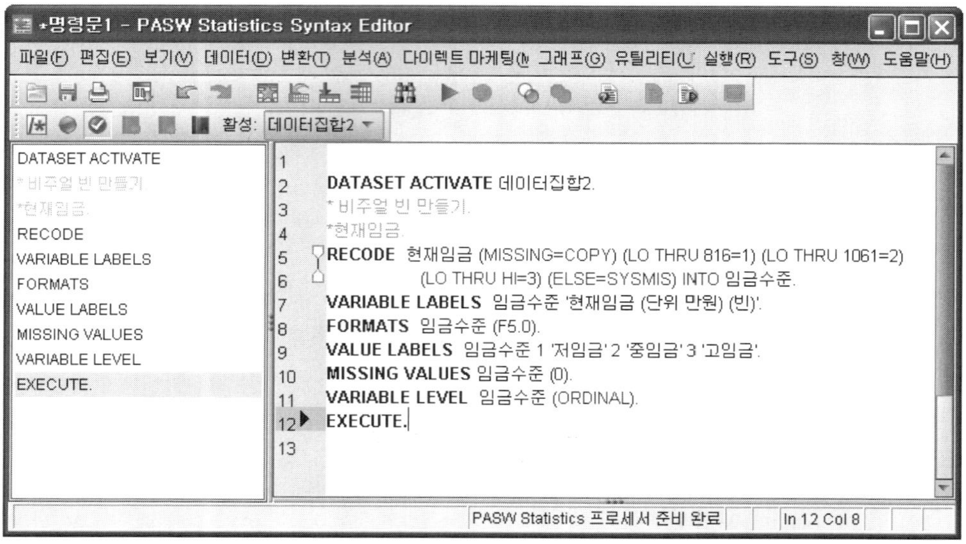

이제 설명문까지 붙였으므로 생성된 집단변수를 확인하기 위하여 빈도분석을 실시해 보고 막대도표를 그려 집단별로 빈도를 확인한다.

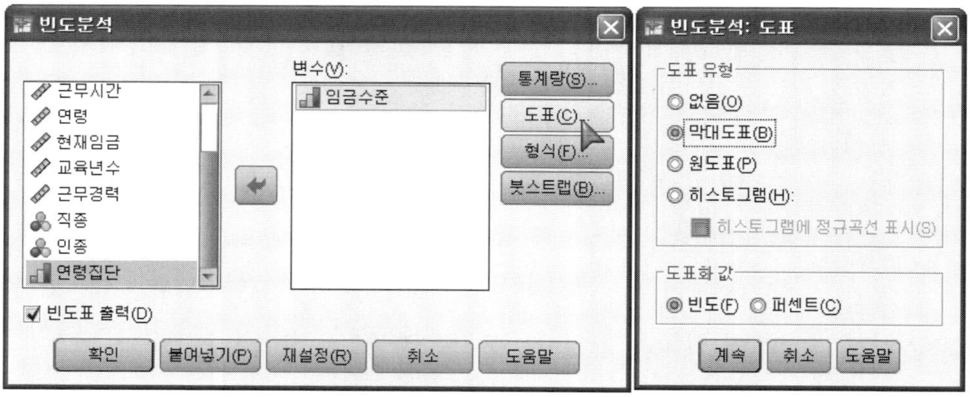

현재임금 (단위 만원) (빈)

		빈도	퍼센트	유효 퍼센트	누적퍼센트
유효	저임금	158	33.3	33.3	33.3
	중임금	158	33.3	33.3	66.7
	고임금	158	33.3	33.3	100.0
	합계	474	100.0	100.0	

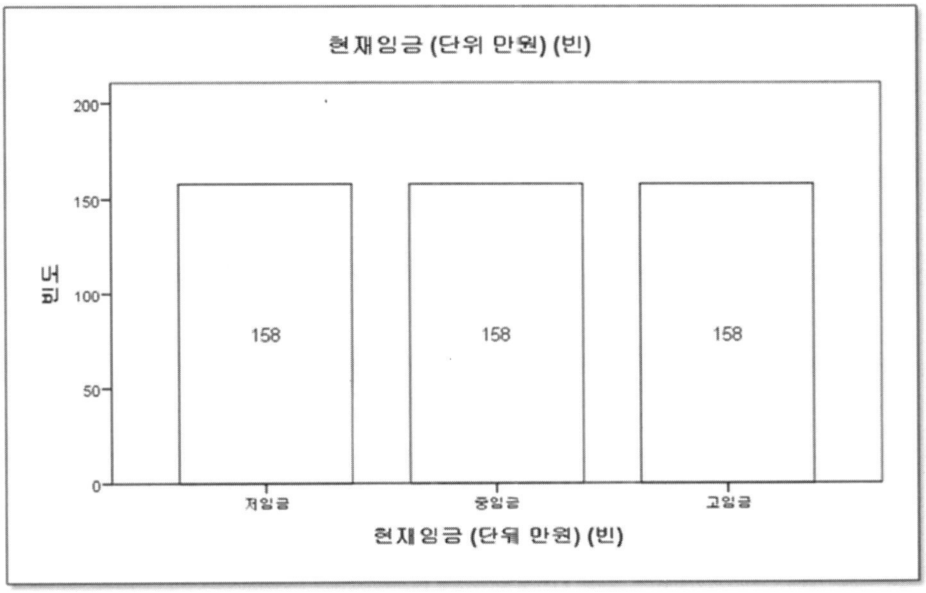

8.5 변수값의 자동 코딩변경

문자 변수는 통계분석 시 불편한 경우가 많다. 그래서 SPSS의 변수값의 자동 코딩변경 기능을 이용하면 쉽게 문자 변수를 숫자 변수로 바꿀 수 있다(데이터: 미국맥주.sav).

데이터 편집기 메뉴에서 '변환 ▷ 자동 코딩변경...'을 선택한다.

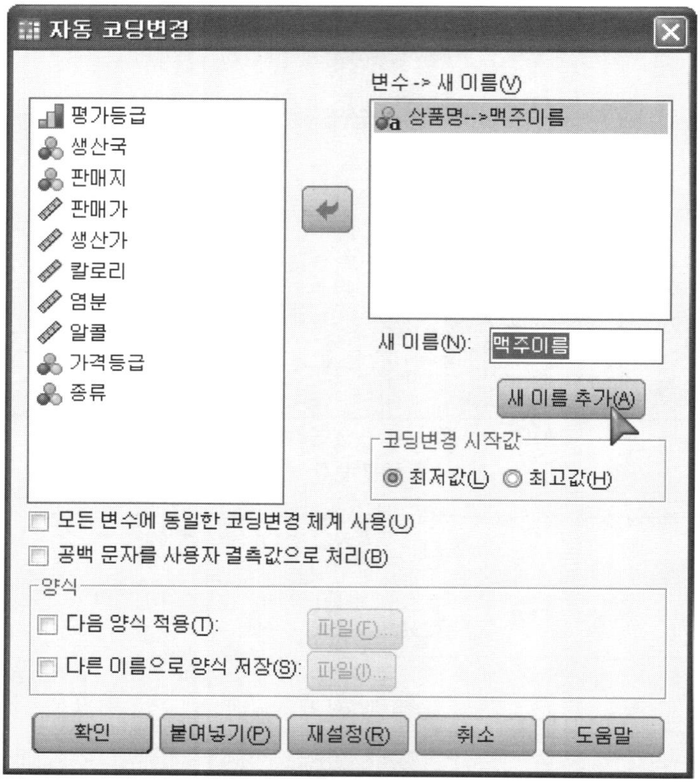

자동 코딩변경할 변수를 선택하고 코딩 변경된 값을 저장할 변수 이름을 입력하면 된다. 확인 단추를 클릭하면 다음과 같이 문자 변수를 숫자 변수로 자동 코딩한 결과를 출력결과 창에 보고해 준다.

```
AUTORECODE VARIABLES=상품명
  /INTO 맥주이름
  /PRINT.
상품명 into 맥주이름 (상품명)
Old Value                 New Value  Value Label

Anchor Steam                      1  Anchor Steam
Augsberger                        2  Augsberger
Becks                             3  Becks
Blatz                             4  Blatz
Budweiser                         5  Budweiser
Budweiser Light                   6  Budweiser Light
Coors                             7  Coors
Coors Light                       8  Coors Light
Dos Equis                         9  Dos Equis
Hamms                            10  Hamms
Heilemans Old Style              11  Heilemans Old Style
Heineken                         12  Heineken
Henry Weinhard                   13  Henry Weinhard
Kirin                            14  Kirin
Kronenbourg                      15  Kronenbourg
Labatts                          16  Labatts
Lowenbrau                        17  Lowenbrau
Michelob                         18  Michelob
Michelob Light                   19  Michelob Light
Miller High Life                 20  Miller High Life
Miller Light                     21  Miller Light
Molson                           22  Molson
Old Milwaukee                    23  Old Milwaukee
Olympia                          24  Olympia
Olympia Gold Light               25  Olympia Gold Light
Pabst Blue Ribbon                26  Pabst Blue Ribbon
Pabst Extra Light                27  Pabst Extra Light
Rolling Rock                     28  Rolling Rock
Schlitz                          29  Schlitz
Schlitz Light                    30  Schlitz Light
Schmidts                         31  Schmidts
Scotch Buy (Safeway)             32  Scotch Buy (Safeway)
St Pauli Girl                    33  St Pauli Girl
Strohs Bohemian Style            34  Strohs Bohemian Style
Tuborg                           35  Tuborg
```

8.6 빈도변수 생성

"Count.sav" 파일을 읽어 들인 후, 빈도를 변수값으로 하는 변수를 생성하려면 메뉴에서 '변환 ▷ 케이스 내의 값 빈도...'를 선택하면 된다.

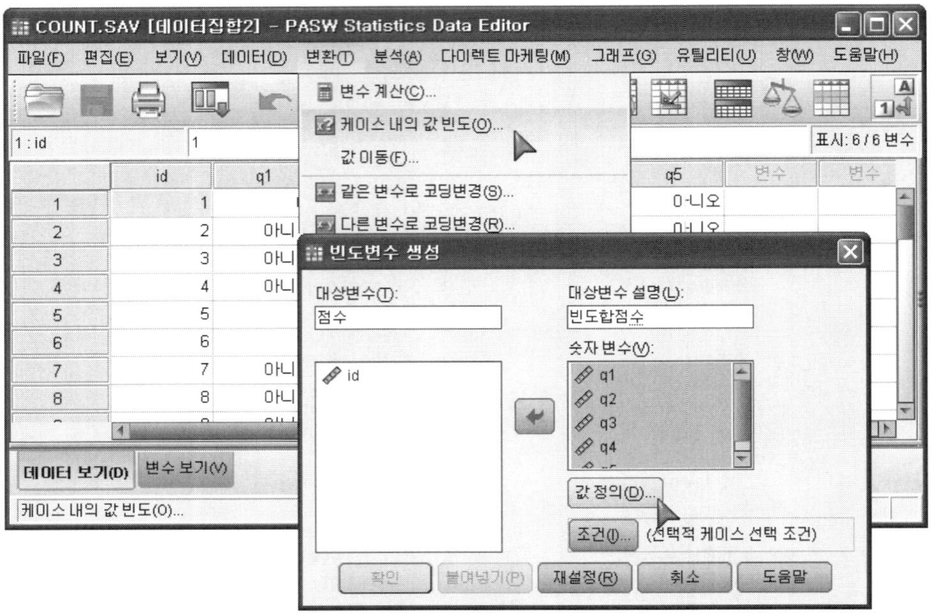

빈도를 셈한 결과를 저장할 새 변수 이름을 입력한 후, 빈도를 셀 변수들을 지정한다. [값 정의(D)...] 단추를 클릭하면 셈할 변수값을 지정할 수 있다.

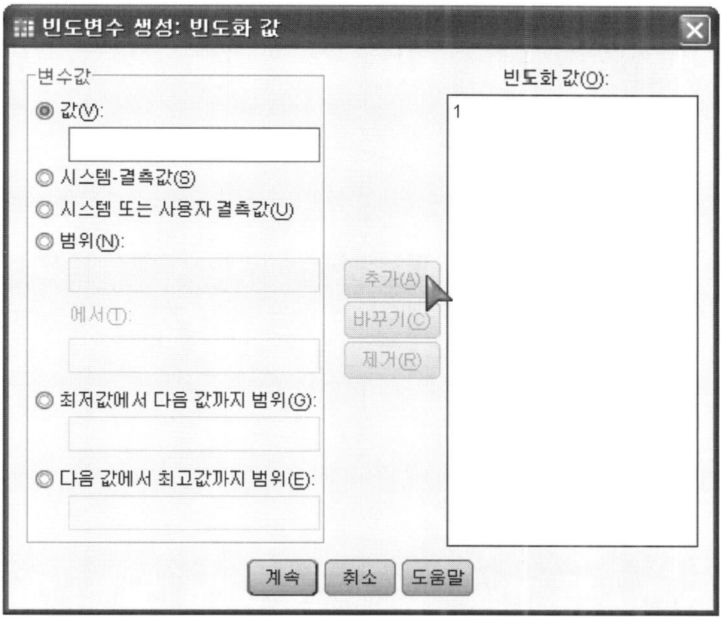

응답자가 '예'라고 대답한 값에 '1'을 지정하고 추가(A) 단추를 클릭하고 계속 단추를 클릭한다. 그리고 주대화상자에서 확인 단추를 클릭하면 다음과 같이 데이터 편집기에 새로운 변수 빈도변수인 '점수'가 계산된다. 즉 이 점수는 5개 문항에 대해 '예'라고 응답한 수로 이를 점수로 환산하는 예라고 할 수 있다.

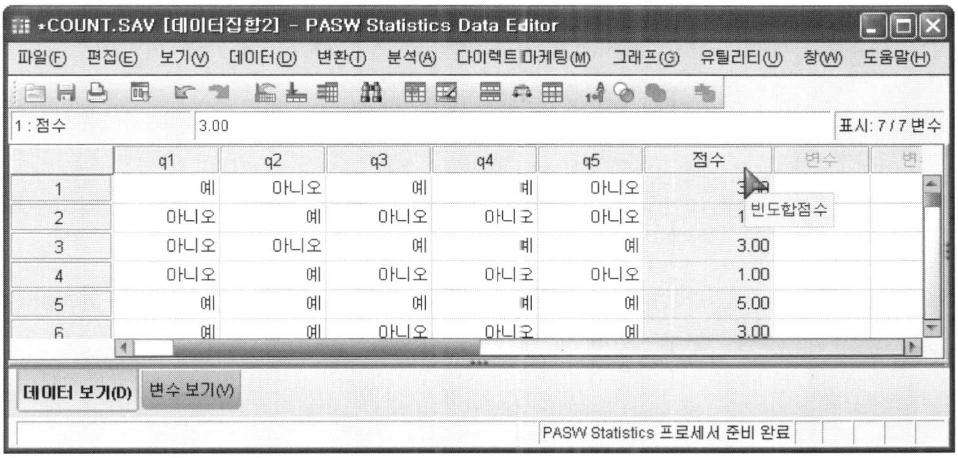

8.7 순위변수 생성

순위를 변수값으로 보관하는 변수를 생성하려면 메뉴에서 '변환 ▷ 순위변수 생성...'을 선택하면 된다(데이터: COUNT.SAV).

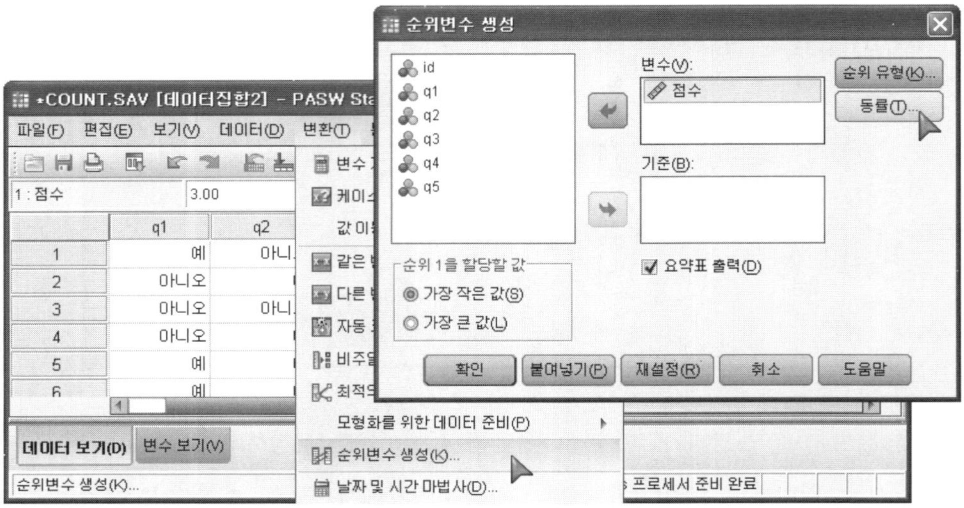

순위를 부여하는 데 기준이 되는 변수를 선택하면 된다. 같은 값이 존재할 경우 동률(ties)이 발생하는데 동률을 처리하는 방법을 지정하려면 [동률(T)...] 단추를 클릭한다.

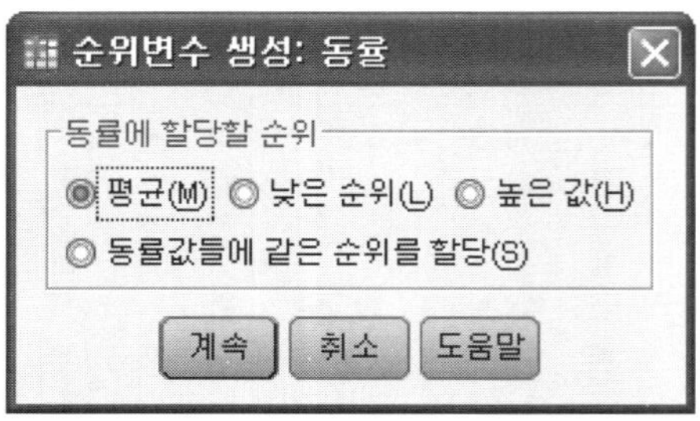

기준변수	평균	낮은 순위	높은 순위	순차적 순위
10	1	1	1	1
15	3	2	4	2
15	3	2	4	2
15	3	2	4	2
16	5	5	5	3
20	6	6	6	4

최종적으로 계산된 순위는 변수 이름 앞에 'R'문자가 접두사로 붙어서 데이터 편집기에 나타난다.

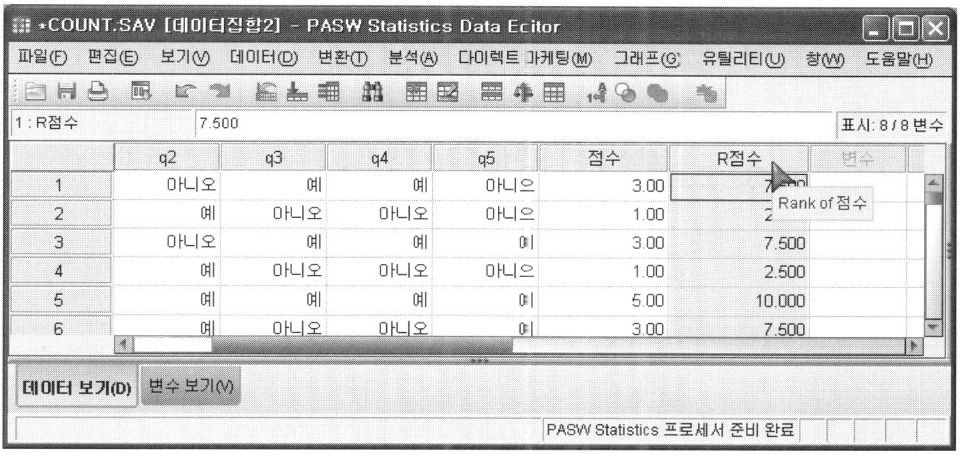

8.8 케이스 정렬

특정한 한 개 이상의 변수의 변수값의 크기에 따라 케이스의 순서를 정렬하려면 SPSS 데이터 편집기 메뉴에서 '데이터 ▷ 케이스 정렬...'을 선택한다.

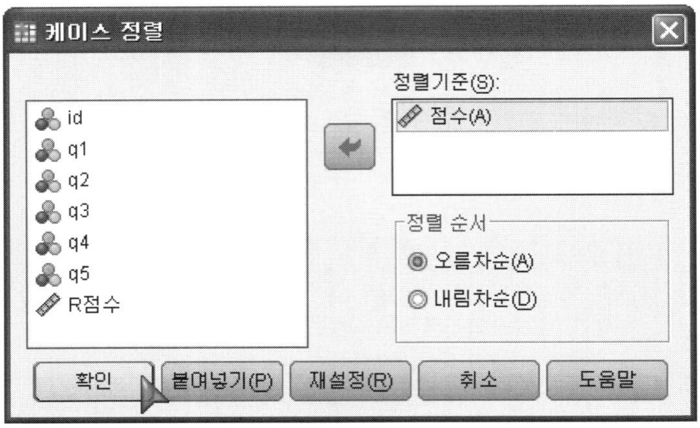

기준변수와 정렬 방법을 지정한 후 [확인] 단추를 클릭한다.

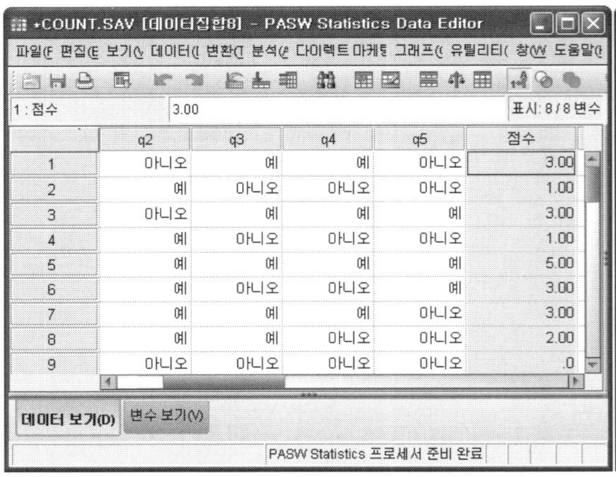

[정렬 전]

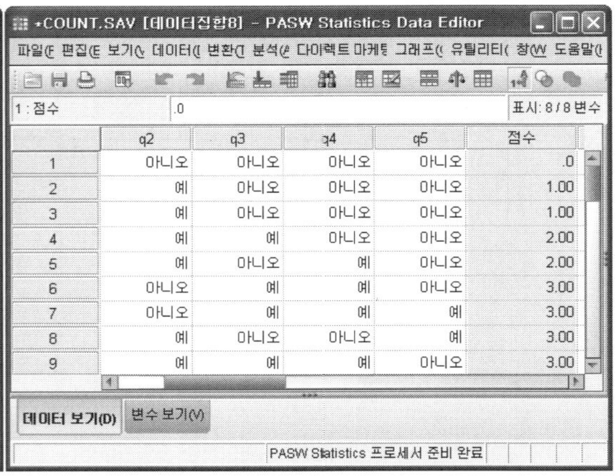

[정렬 후]

8.9 가중값 부여

전체 케이스를 특정한 변수의 변수값에 따라 서로 다른 비중을 두어 처리하고자 할 경우에 가중값 부여 기능을 사용한다.

기준이 되는 가중값이 없는 경우에는 가중변수를 하나 생성하여야 한다. 예를 들어 "행복조사.sav" 데이터에서 조사지역이 북동부인 경우에는 가중값 '2'를 부여하고 나머지 조사지역인 경우에는 '1'을 부여하기 위해 데이터 변환 기능을 사용하여 변수를 하나 생성한다. 즉, '변환 ▷ 다른 변수로 코딩변경...'을 선택하여 다음과 같이 지정한다.

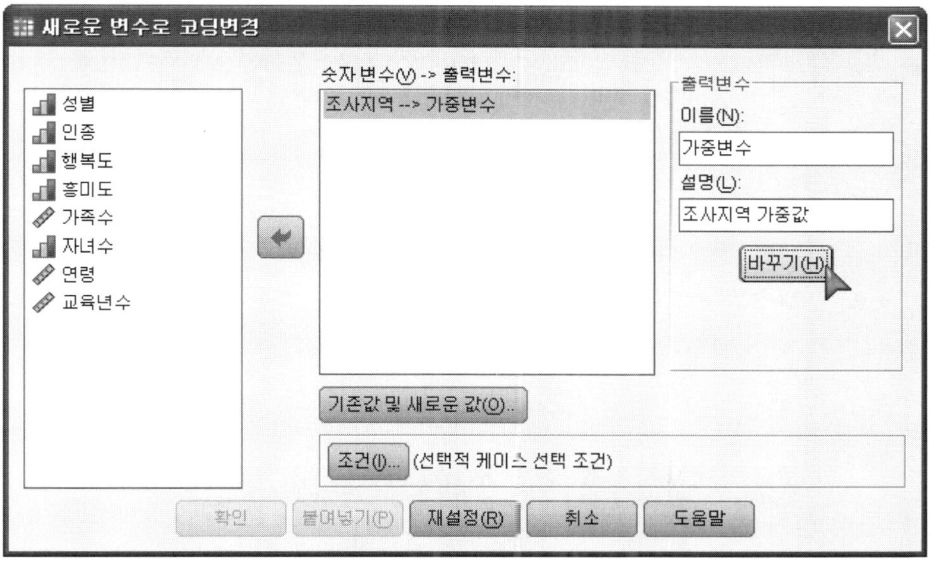

[기존값 및 새로운 값(O)...] 단추를 클릭하여 다음과 같이 지정한다.

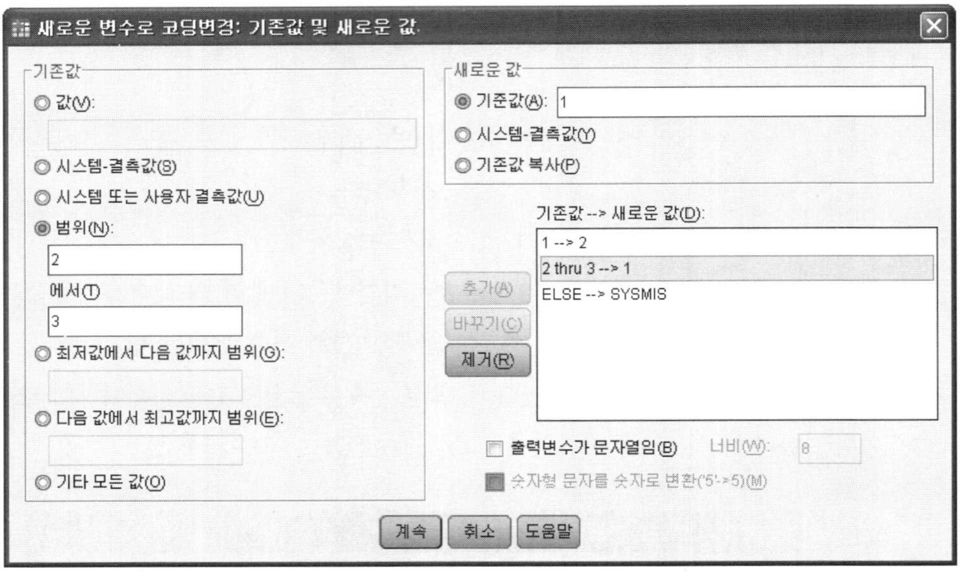

[추가(A)] 단추를 클릭하여 모든 지정을 완료한 후에 만약의 실수를 방지하기 위하여 '기타 모든 값'은 반드시 '시스템 결측값'으로 지정하고 [계속] 단추를 클릭하고 주 대화상자에서 [확인] 단추를 클릭하여 실행한다. 그리고 데이터 편집기에서 가중변수를 확인한다.

이제 가중값을 부여하기 위하여, 데이터 편집기 메뉴에서 '데이터 ▷ 가중값 케이스...'를 선택하면 다음과 같은 대화상자가 열린다.

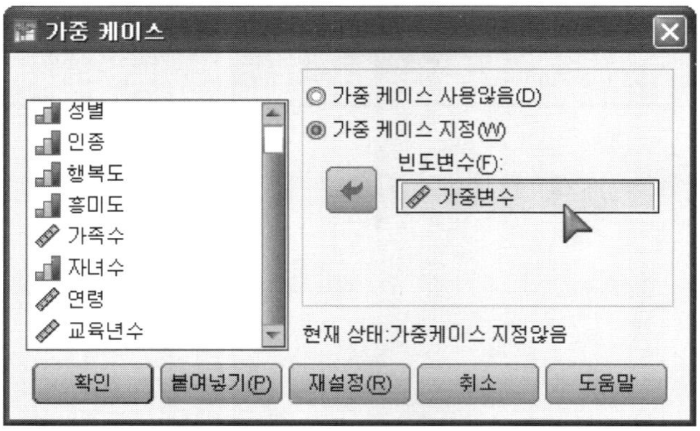

가중변수를 선택하고 [확인] 단추를 클릭하면 가중값이 부여된다.

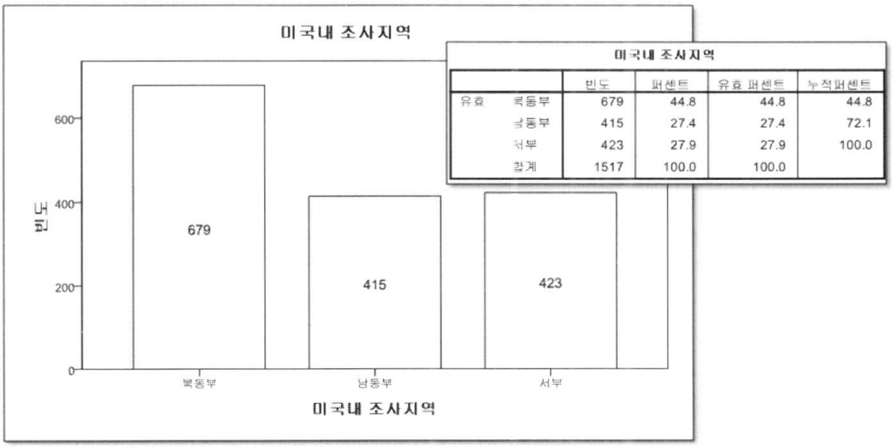

미국내 조사지역

		빈도	퍼센트	유효 퍼센트	누적퍼센트
유효	북동부	679	44.8	44.8	44.8
	남동부	415	27.4	27.4	72.1
	서부	423	27.9	27.9	100.0
	합계	1517	100.0	100.0	

[가중값 부여 전]

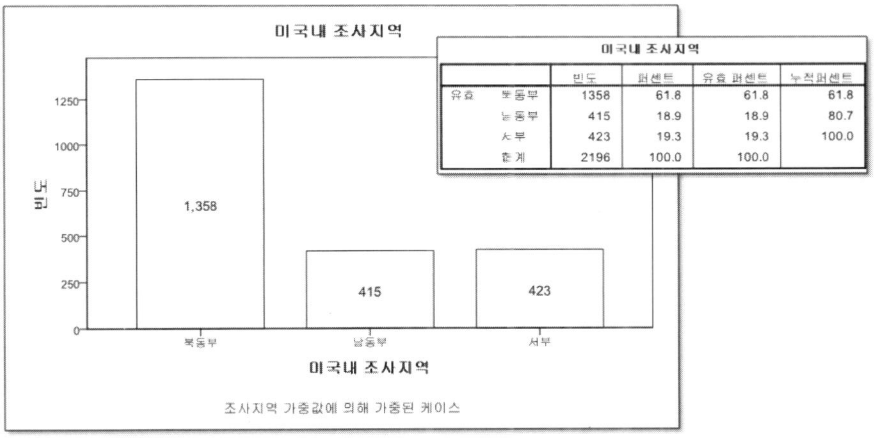

미국내 조사지역

		빈도	퍼센트	유효 퍼센트	누적퍼센트
유효	북동부	1358	61.8	61.8	61.8
	남동부	415	18.9	18.9	80.7
	서부	423	19.3	19.3	100.0
	합계	2196	100.0	100.0	

[가중치 부여 후]

8.10 케이스 선택

특정한 조건에 맞는 케이스만을 선택하려면 메뉴에서 '데이터 ▷ 케이스 선택... ' 을 선택하면 다음과 같은 '케이스 선택' 대화상자가 열린다.

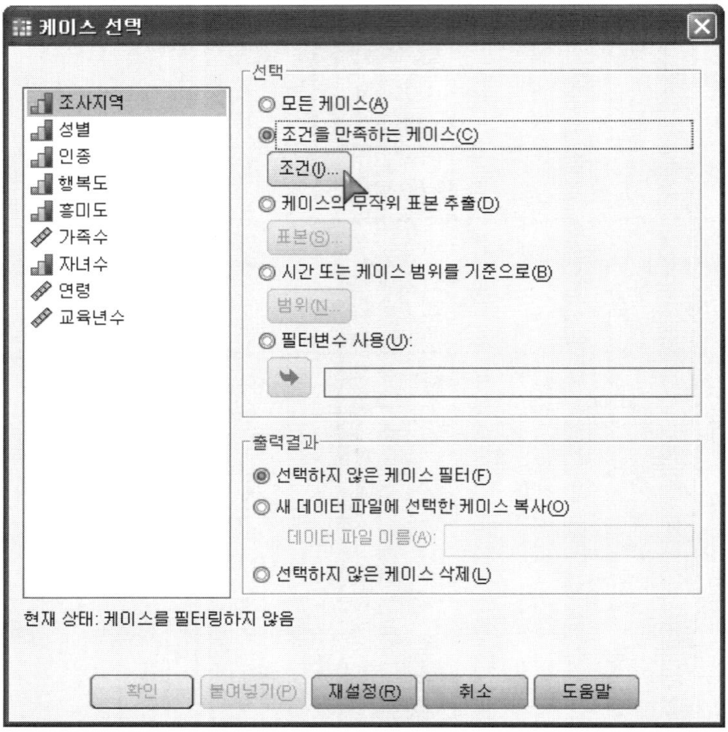

케이스 선택 조건을 지정하려면, '조건을 만족하는 케이스'를 선택하고 [조건(I)...] 단추를 클릭하면 '케이스 선택: 조건' 부대화상자가 열린다.

케이스 선택조건에 '조사지역=1'을 입력하고, [계속] 단추를 클릭하고 케이스 선별 주대화상자에서 [확인] 단추를 클릭하면 조건에 맞는 케이스가 선별된다.

만약에 조건에 맞지 않는 케이스를 완전히 파일에서 삭제하려면 주대화상자의 '출력결과' 옵션상자에서 '선택하지 않은 케이스 삭제'를 지정하면 된다.

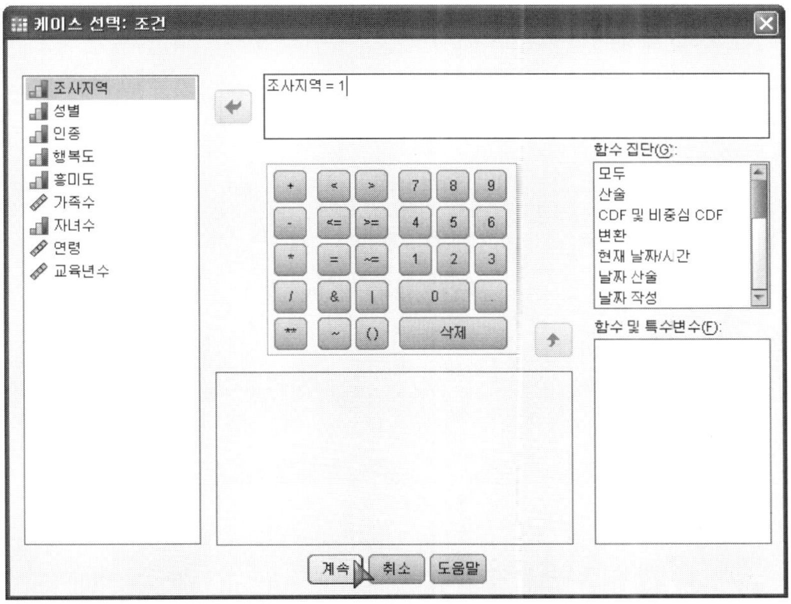

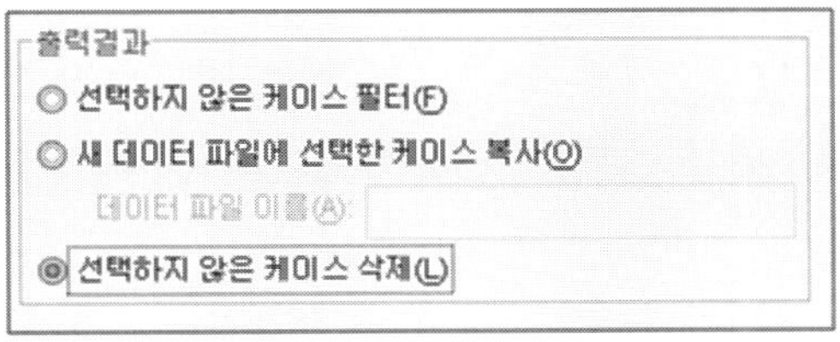

디폴트인 '선택하지 않은 케이스 필터'는 SPSS 데이터 편집기에 선택되지 않은 케이스 번호에 대각선이 그어진다.

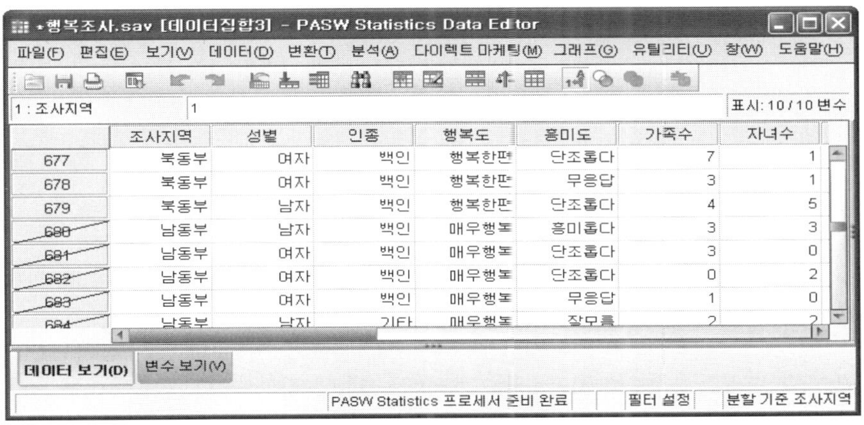

8.11 파일 합치기: 케이스 추가

SPSS 데이터 파일 중에서 "행복-1.sav", "행복-2.sav", "행복-3.sav"는 조사지역이 서로 다른 데이터 파일이다. 미국의 북동부, 남동부, 서부 등의 3개 지역에서 조사하여 SPSS 작업 파일로 저장되어 있다. 이 3개의 시스템 파일을 세로로 합쳐 케이스를 늘이려면, 먼저 첫 번째 파일 "행복-1.sav"를 데이터 편집기로 읽어 들인 다음 주 메뉴에서 '데이터 ▷ 파일 합치기 ▷ 케이스 추가...'를 선택한다. 그러면 다음과 같은 대화상자가 열린다.

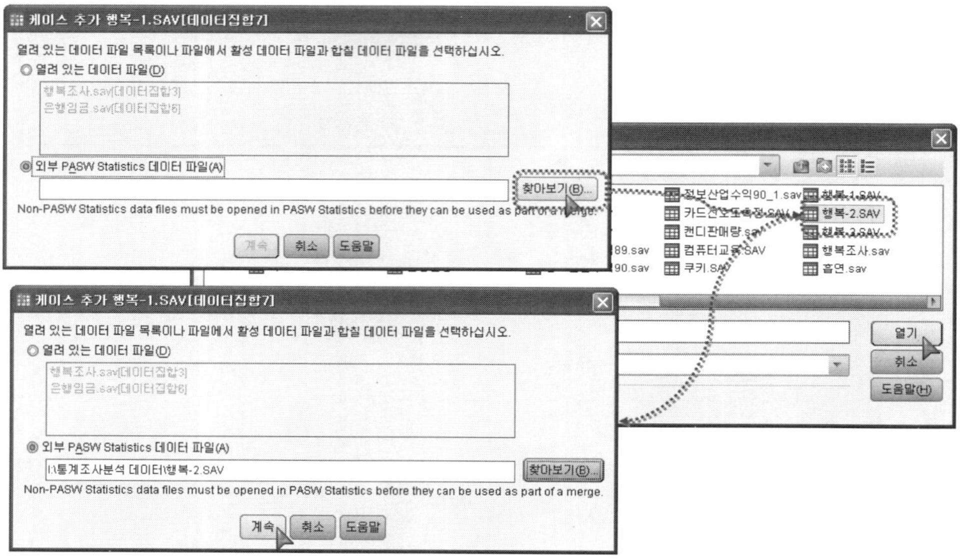

케이스를 읽어 올 파일 이름을 선택하고 [열기] 단추를 클릭하면 다음과 같은 대화상자가 열린다.

현재의 데이터 파일과 케이스를 읽어 올 데이터 파일 간에 일치하지 않은 변수가 존재할 경우에는 왼쪽의 '대응되지 않는 변수:' 부분에 나타난다.

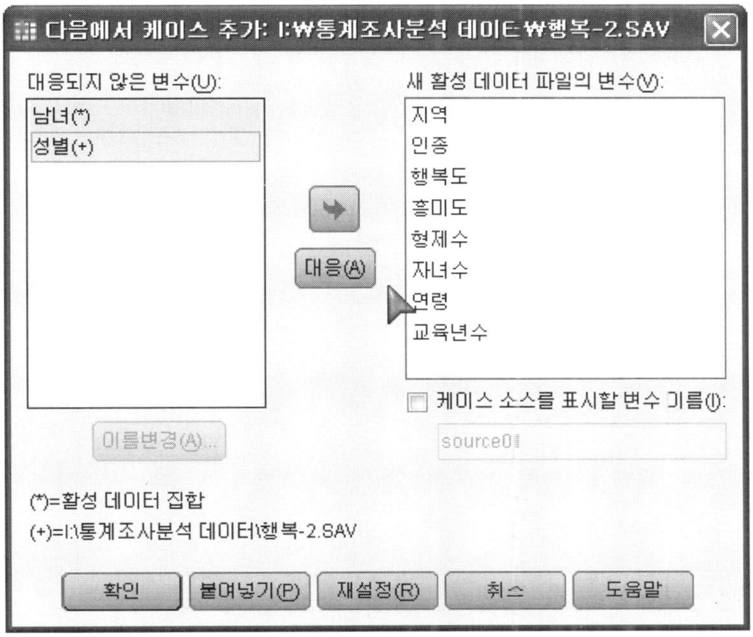

두 변수는 동일한 변수지만 이름이 다르므로 이를 동시에 선택한 다음 대응(A) 단추를 클릭하면 하나의 변수로 인정되며 변수 이름은 현재 데이터 파일에 있는 '남녀'라는 변수 이름으로 따라간다. 만약에 실제으 변수 내용은 같은데 변수 이름이 다를 경우에는 이름변경(A)... 단추를 클릭해서 변수 이름을 변경시킬 수 있다.

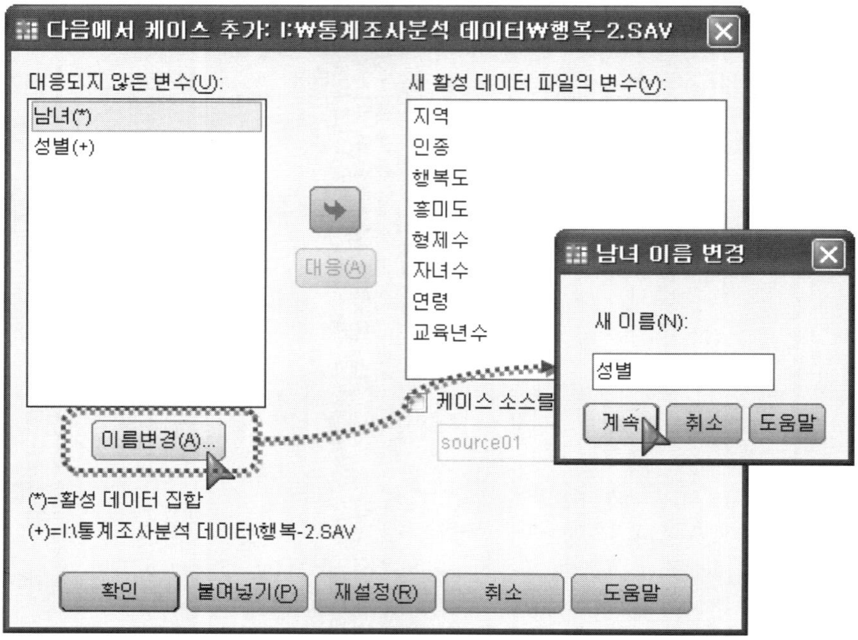

변경하고자 하는 변수를 선택하고 [이름변경(A)...] 단추를 클릭하여 '성별'이라 입력한다.

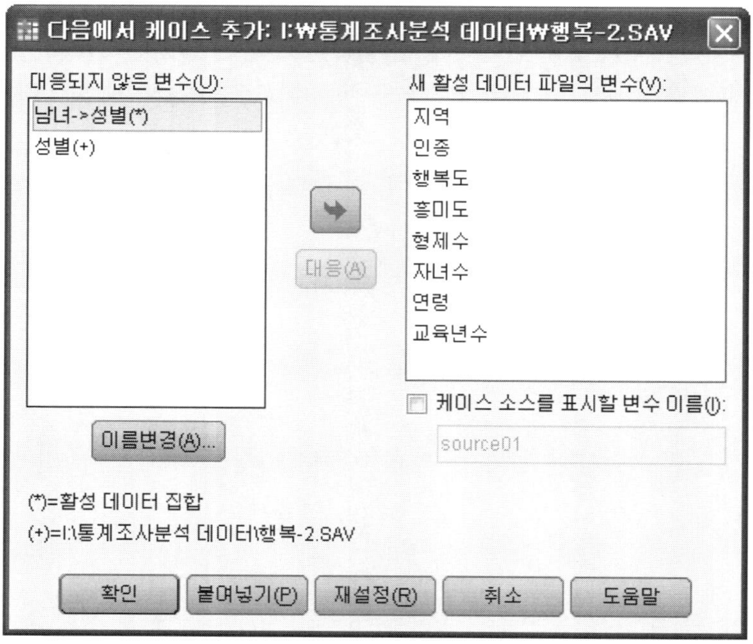

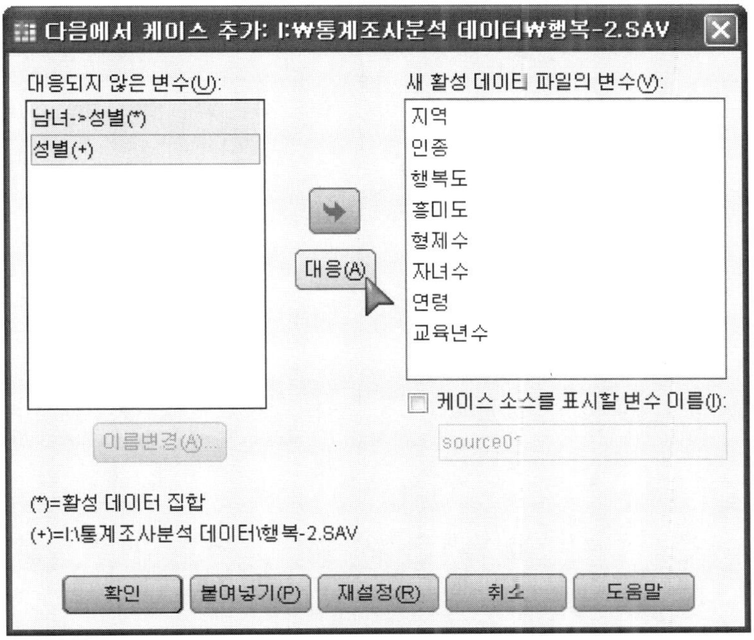

두 대응되는 변수를 선택하고 [대응(A)] 단추를 클릭하면 오른쪽 상자로 이동된다.

마지막으로 [확인] 단추를 클릭하면 파일이 합쳐진다. 같은 요령으로 "행복-3.sav" 데이터 파일의 케이스도 합친다. 최종적으로 합쳐진 파일은 데이터 편집기에서 새로운 데이터로 변경되므로 "행복.sav"라는 다른 이름으로 저장해 둔다.

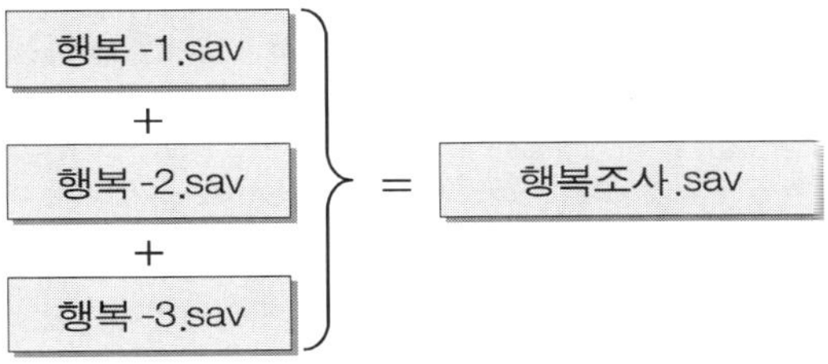

8.12 파일 합치기: 변수 추가

1989년과 1990년에 정보산업체의 수익을 조사한 데이터가 두 개의 시스템 파일로 저장되어 있다. 이 두 개의 파일, “정보산업수익89.sav”와 “정보산업수익90.sav”를 가로로 합쳐 변수를 늘이려면, “정보산업수익89.sav”를 SPSS 데이터 편집기로 읽은 후 주메뉴에서 ‘데이터 ▷ 파일 합치기 ▷ 변수 추가...’를 선택한다. 그러면 다음과 같은 대화상자가 열린다.

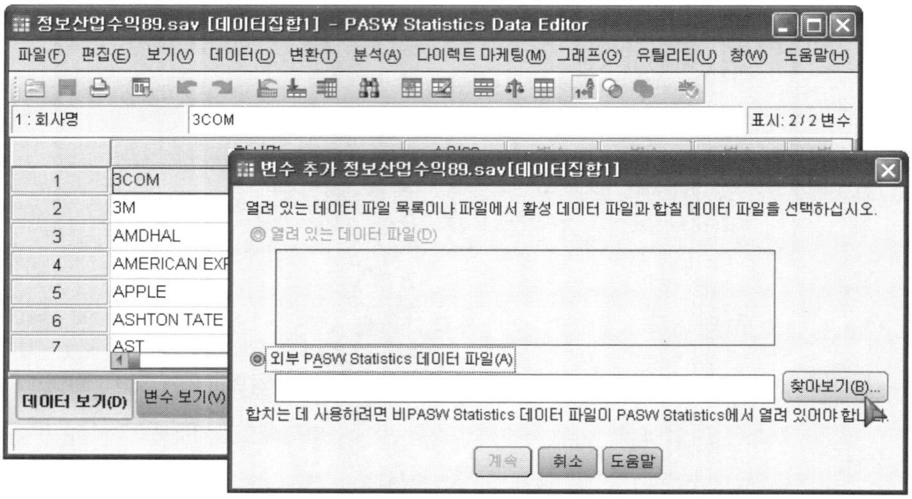

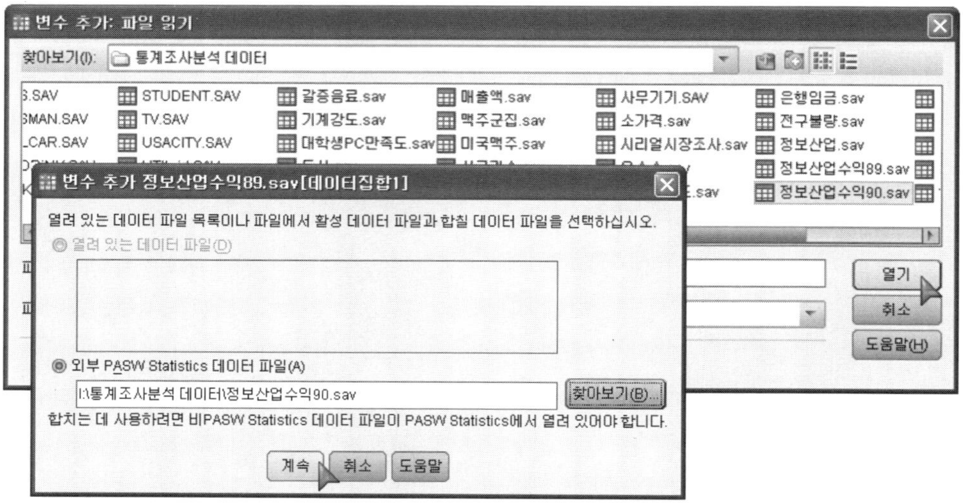

변수를 읽어 올 파일 이름을 선택하고 [열기] 단추를 클릭하면 다음과 같은 대화상자가 열린다.

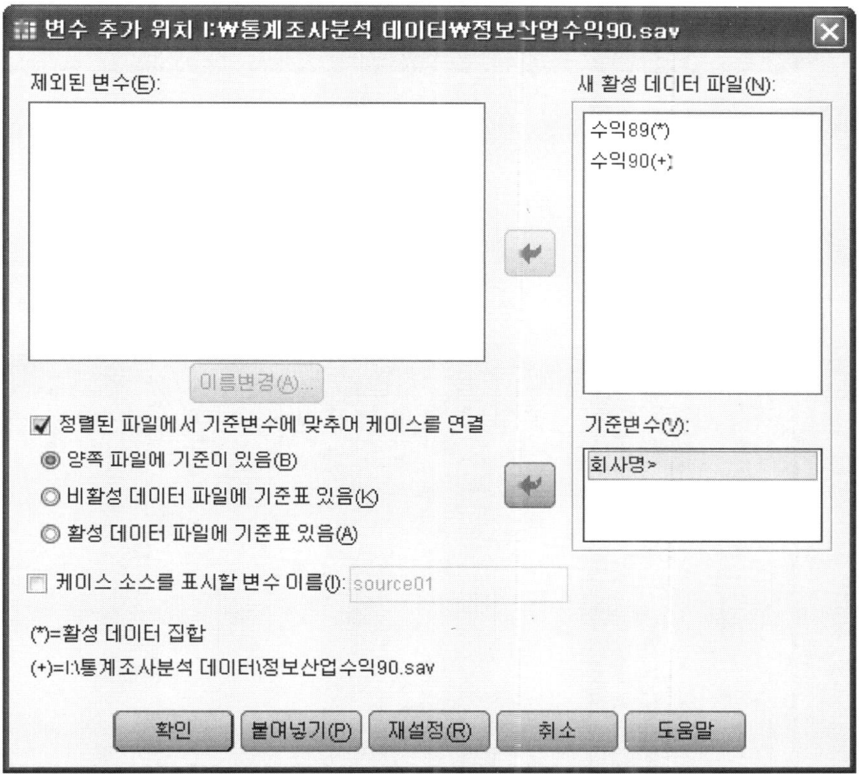

'정렬된 파일의 기준변수에 맞추어 케이스를 연결'을 선택하고 '제외된 변수:' 상자의 회사명 변수를 선택하여 '기준변수:' 상자로 이동시킨 후 [확인] 단추를 클릭하면 다음과 같은 경고 메시지가 나타난다. 합쳐질 두 파일의 기준변수인 회사명이 정렬이 되어 있어야 한다는 것을 의미한다. 정렬되어 있지 않다면 케이스들을 잘못 연결할 수 있으므로 반드시 각각의 파일의 기준변수를 정렬하고 저장한 다음 시도해야 한다.

여기에서는 이미 정렬되어 있으므로 [확인] 단추를 클릭한다. 이제 변수가 추가된다.

[정보산업수익89.sav] + [정보산업수익90.sav] = [정보산업수익.sav]

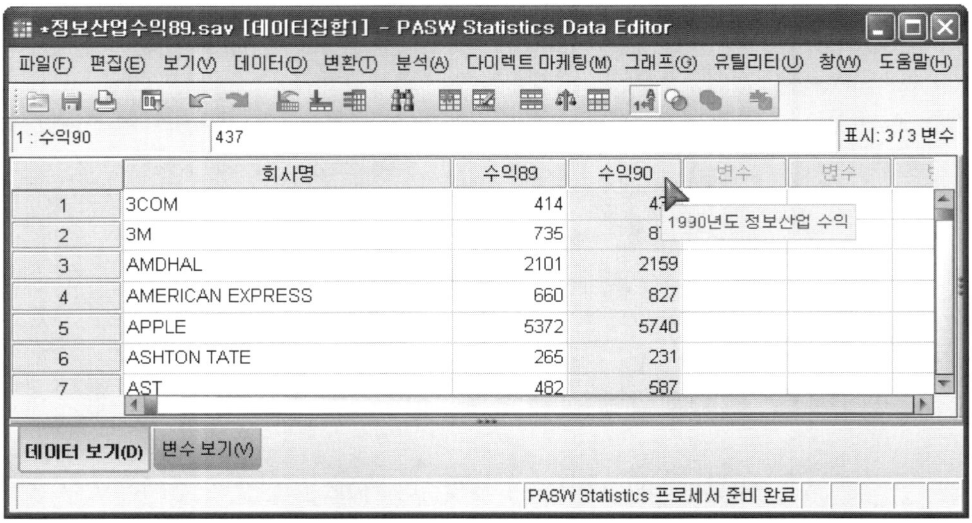

8.13 파일분할

앞에서 '케이스 선택' 기능은 조건에 맞는 케이스만 분석하고 나머지 케이스는 분석을 하지 않을 목적에 적합한 기능이다. 만약 특정한 변수를 기준으로 전체 케이스를 몇 개의 소집단으로 분할하여 분석을 반복적으로 시행하고자 한다면 '파일분할' 기능을 사용하는 것이 더 편리하다.

여기에서 실제로 파일이 분할되는 것이 아니라 가상으로 분할되어 있는 것처럼 처리하는 것이다(데이터: 행복조사.sav).

메뉴에서 '데이터 ▷ 파일분할...'을 선택하면 다음과 같은 대화상자가 열린다.

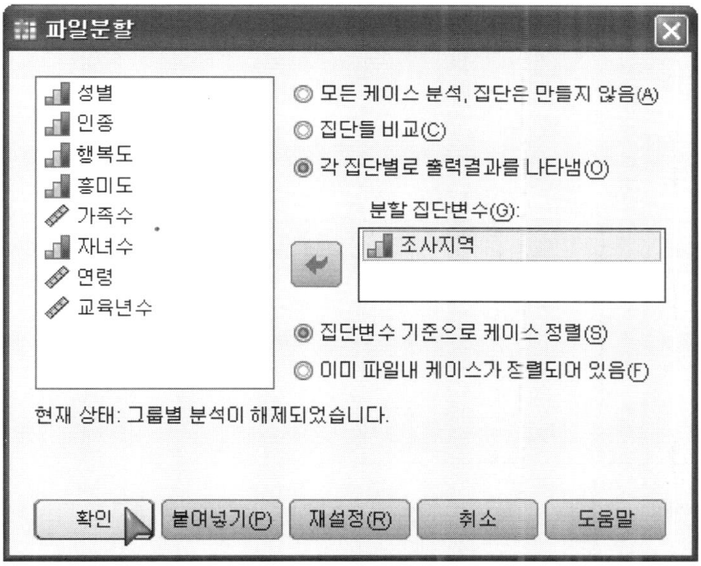

'⊙ 각 집단별로 출력결과를 나타냄'을 선택하고 파일 나누기 집단변수를 지정하면 파일분할 상태가 된다.

이런 상태에서 분석을 수행하면 마치 기준변수의 범주 수만큼 분할된 파일이 있는 것처럼 분석이 반복된다.

다음의 수행 결과는 하나의 빈도분석을 수행한 결과이다.

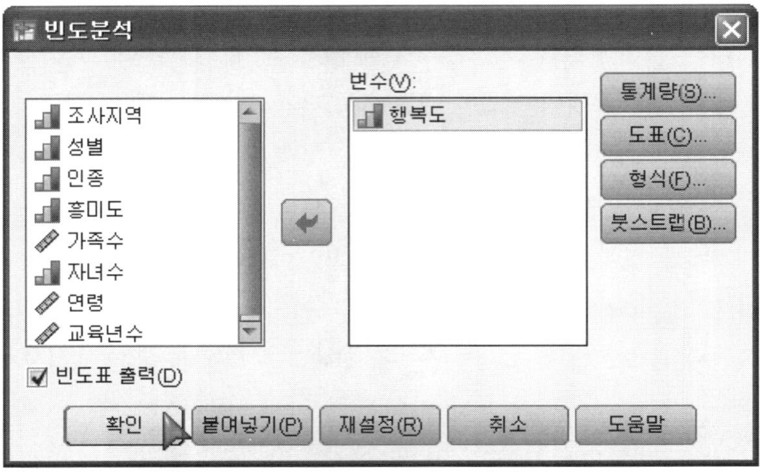

[미국내 조사지역 = 북동부]

행복한 정도[a]

		빈도	퍼센트	유효 퍼센트	누적퍼센트
유효	매우행복	185	27.2	27.5	27.5
	행복한편	412	60.7	61.2	88.7
	불행한편	76	11.2	11.3	100.0
	합계	673	99.1	100.0	
결측	응답거부	6	.9		
합계		679	100.0		

a. 미국내 조사지역 = 북동부

[미국내 조사지역 = 남동부]

행복한 정도[a]

		빈도	퍼센트	유효 퍼센트	누적퍼센트
유효	매우행복	149	35.9	36.3	36.3
	행복한편	215	51.8	52.3	88.6
	불행한편	47	11.3	11.4	100.0
	합계	411	99.0	100.0	
결측	응답거부	4	1.0		
합계		415	100.0		

a. 미국내 조사지역 = 남동부

[미국내 조사지역 = 서부]

행복한 정도[a]

		빈도	퍼센트	유효 퍼센트	누적퍼센트
유효	매우행복	133	31.4	31.7	31.7
	행복한편	245	57.9	58.3	90.0
	불행한편	42	9.9	10.0	100.0
	합계	420	99.3	100.0	
결측	응답거부	3	.7		
합계		423	100.0		

a. 미국내 조사지역 = 서부

8.14 데이터 통합

몇 개의 변수를 기준으로 부집단으로 나누어 부집단의 통계값을 새로운 시스템 파일로 저장하려면, 주메뉴에서 '데이터 ▷ 데이터 통합...'을 선택한다. 그러면 다음과 같은 대화상자가 열린다(파일: 은행임금.sav).

케이스 통합의 기준변수를 지정하고, 통합할 변수들의 함수식을 지정한다.

Chapter 09

갈증해소음료 개발 – Case Study

9.1 일반적 배경

국민들의 소득 수준이 높아짐에 따라 여가 활동의 시간이 점점 늘어나고 있다. 선행된 조사 결과에 따르면, 미국의 경우 국민의 65%가 여가 활동을 하고 있다. 또한 이중에 54%가 스포츠를 여가 활동으로 하고 있으며, 이 중에 42%가 스포츠 종목으로 테니스를 하고 있다(국민적 스포츠의 개념).

한편, 다른 조사 결과에 따르면 스포츠와 관련하여 소비되는 음료가 전체 음료 소비의 57%에 해당한다고 한다(주소비 시장).

9.2 조사 배경 및 조사 대상

1984년 미국의 한 음료회사 마케팅 조사부에서 갈증해소음료(스포츠 음료)의 신규 판매를 계획하기 위하여, 테니스를 즐기는 사람들을 최초 목표 시장으로 설정하고, 미국의 3개 회사들이 운영하는 스포츠 용품 체인점들에서 다음과 같은 시장 조사를 하였다. 즉, "Flight Sports"라는 스포츠 용품 전문 상점들의 테니스 용품 코너, "Searbuck & Co" 라는 대형 백화점의 스포츠 코너, "Ms. Tennis"라는 여성 테니스 용품 전문점 등에서 테니스 용품이나 테니스 의복을 구입하는 고객들을 대상으로 면접 형식으로 수행되었다.

9.3 데이터 수집, 코딩 및 입력

총 1,200명이 응답하였으며, 이중 유효한 설문지 895장이 분석을 위하여 다음과 같은 코딩 형식에 따라 코딩되어 "갈증음료.sav"라는 데이터 파일에 입력되어 있다. 단, 중북부 지방에는 "Ms. Tennis" 상점의 체인점이 없으므로, 여기에 해당하는 응답자는 존재하지 않는다.

9.4 조사 목적 및 조사 항목

① 어떤 테니스 스타를 선택하여 스포츠 음료 소개 광고를 하고, 제품의 포장에 싸인하여 판매한다면 제품 판매에 가장 큰 효과를 얻을 수 있겠는가?(최초 목표 시장에 관한 문제)

⇒ 현재 활동 중인 6명의 프로 테니스 선수들 가운데 응답자가 가장 좋아하는 선수가 누구인가를 질문하였으며, 선택한 테니스 선수가 제품 포장에 싸인한 갈증해소음료가 시판된다면 이를 구입할 것인가를 질문하였다.

② "갈증해소음료"라는 신제품의 직접 또는 간접적인 경쟁 제품은 어떤 것들인가?(경쟁 제품에 관한 문제)

⇒ 스포츠 활동을 한 후 생기는 갈증을 해소하기 위하여 현재 즐겨 마시고 있는 "Crokade"(주경쟁 상표), 물, 맥주, 탄산음료 및 기타 음료 등의 식습 정도를 질문하였다.

③ 테니스 종목에 참여하는 사람들이 테니스 종목 이외에 참여하는 스포츠 종목은 어떤 것들인가?(차기 목표 시장에 관한 문제)

⇒ 테니스 종목 이외에 7개 종목을 예시하고 응답자가 참여하는 종목을 있는 대로 모두 선택하게 하였다.

갈증해소 음료(스포츠 음료)에 대한 조사

일련번호: __________

조사지역: __________

면접장소: __________

1. 귀하의 성별은? (여(F) □ / 남(M) □)

2. 귀하의 연령은? ( ) 세

3. 귀하는 교육년수는? ( ) 년

4. 현재 귀하의 취업상태는?

___ 0 = 미취업

___ 1 = 시간제 취업

___ 2 = 전일제 취업

5. 귀하의 연간 총수입은 얼마나 됩니까?

___ 1 = $10,000 미만

___ 2 = 10,000 ~ 14,999

___ 3 = 15,000 ~ 19,999

___ 4 = 20,000 ~ 24,999

___ 5 = 25,000 ~ 29,999

___ 6 = 30,000 ~ 34,999

___ 7 = 35,000 ~ 39,999

___ 8 = $40,000 이상

6. 귀하는 테니스를 하신 지 몇 년이나 되었습니까? ( ) 년

7. 현재 활동 중인 다음 6명의 프로 테니스 중에 누구를 가장 존경하거나 좋아하십니까? (가장 존경하거나 좋아하는 한 선수를 선택하십시오)
   ___ 0 Ivan Lendl
   ___ 1 John McEnroe
   ___ 2 Martina Navratilova
   ___ 3 Jimmy Connors
   ___ 4 Chris Evert Llyod
   ___ 5 Yannick Noah

8. 스포츠 활동을 한 후에 생기는 갈증 해소를 위하여 물을 자주 마시는 편입니까?
   ___ 1 전혀 마시지 않는다.
   ___ 2 어쩌다 한번씩 마신다.
   ___ 3 가끔 마신다.
   ___ 4 자주 마신다.
   ___ 5 항상 마신다.

9. 스포츠 활동을 한 후에 생기는 갈증 해소를 위하여 <u>Crokade</u>를 자주 마시는 편입니까?
   ___ 1 전혀 마시지 않는다.
   ___ 2 어쩌다 한번씩 마신다.
   ___ 3 가끔 마신다.
   ___ 4 자주 마신다.
   ___ 5 항상 마신다.

10. <u>스포츠</u> 활동을 한 후에 생기는 갈증 해소를 위하여 <u>맥주</u>를 자주 마시는 편입니까?
   ___ 1 전혀 마시지 않는다.
   ___ 2 어쩌다 한번씩 마신다.
   ___ 3 가끔 마신다.
   ___ 4 자주 마신다.
   ___ 5 항상 마신다.

11. 스포츠 활동을 한 후에 생기는 갈증 해소를 위하여 탄산음료를 자주 마시는 편입니까?
   ___ 1 전혀 마시지 않는다.
   ___ 2 어쩌다 한번씩 마신다.
   ___ 3 가끔 마신다.
   ___ 4 자주 마신다.
   ___ 5 항상 마신다.

12. 스포츠 활동을 한 후에 생기는 갈증 해소를 위하여 포도주를 자주 마시는 편입니까?
   ___ 1 전혀 마시지 않는다.
   ___ 2 어쩌다 한번씩 마신다.
   ___ 3 가끔 마신다.
   ___ 4 자주 마신다.
   ___ 5 항상 마신다.

13. 스포츠 활동을 한 후에 생기는 갈증 해소를 위하여 레몬주스를 자주 마시는 편입니까?
   ___ 1 전혀 마시지 않는다.
   ___ 2 어쩌다 한번씩 마신다.
   ___ 3 가끔 마신다.
   ___ 4 자주 마신다.
   ___ 5 항상 마신다.

14. 스포츠 활동을 한 후에 생기는 갈증 해소를 위하여 오렌지주스를 자주 마시는 편입니까?
   ___ 1 전혀 마시지 않는다.
   ___ 2 어쩌다 한번씩 마신다.
   ___ 3 가끔 마신다.
   ___ 4 자주 마신다.
   ___ 5 항상 마신다.

15. 스포츠 활동을 한 후에 생기는 갈증 해소를 위하여 냉차/냉커피를 자주 마시는 편입니까?
  ___ 1 전혀 마시지 않는다.
  ___ 2 어쩌다 한번씩 마신다.
  ___ 3 가끔 마신다.
  ___ 4 자주 마신다.
  ___ 5 항상 마신다.

16. 귀하가 좋아하는 테니스 스타가 포장싸인한 스포츠 연관 음료가 시판된다면, 이 제품을 구매하겠습니까?
  ___ 1 구매하겠다.
  ___ 2 구매할 것 같다.
  ___ 3 그때 가서 결정하겠다.
  ___ 4 구매하지 않을 것 같다.
  ___ 5 구매하지 않겠다.

17. 테니스 이외에 참여하는 운동 종목은?(있는 대로 다 선택)
  ___ 1 라켓볼, 스쿼시, 핸드볼
  ___ 2 달리기, 조깅
  ___ 3 에어로빅
  ___ 4 자전거 타기
  ___ 5 야구, 소프트볼
  ___ 6 축구
  ___ 7 배구

[갈증해소음료 조사의 코딩 형식]

변수명	내용	코딩 형식
일련번호	응답자 일련번호	
조사지역	미국내 조사지역	1 = 북동부 2 = 남부 3 = 중북부 4 = 서부 5 = 남서부
면접장소	면접 상점명	1 = Flight sports 2 = Searbuck & Co 3 = Ms. Tennis
성별	응답자 성별	F = 여자, M = 남자
연령	응답자 연령	99 = 무응답
교육년수	피교육 년수	99 = 무응답
취업상태	취업상태	0 = 미취업 1 = 시간제 취업 2 = 전일제 취업 9 = 무응답
소득 수준	연간 총수입	1 = $10,000 미만 2 = 10,000~14,999 3 = 15,000~19,999 4 = 20,000~24,999 5 = 25,000~29,999 6 = 30,000~34,999 7 = 35,000~39,999 8 = $40,000 이상 0 = 수입 없음 9 = 무응답
운동년수	테니스 운동년수	1 = 1년 미만 2 = 1년~2년 3 = 3년~5년 4 = 5년 이상 9 = 무응답
존경선수	가장 존경하는 선수	0 = Ivan Lendl 1 = John McEnroe 2 = Martina Navratilova 3 = Jimmy Connors 4 = Chris Evert Llyod 5 = Yannick Noah 9 = 무응답

변수명	내용	코딩 형식
물 크로케드 맥주 탄산음료 포도주 레몬주스 오렌지 차_커피	식습 음료: 물 식습 음료: crokade 식습 음료: 맥주 식습 음료: 탄산음료 식습 음료: 포도주 식습 음료: 레몬주스 식습 음료: 오렌지주스 식습 음료: 냉차/냉커피	1 = 전혀 마시지 않는다. 2 = 어쩌다 한번씩 마신다. 3 = 가끔 마신다. 4 = 자주 마신다. 5 = 항상 마신다. 9 = 무응답
구매 의사	포장싸인한 제품에 대한 구매 의사	1 = 구매하겠다. 2 = 구매할 것 같다. 3 = 그때 가서 결정하겠다. 4 = 구매하지 않을 것 같다. 5 = 구매하지 않겠다. 9 = 무응답
라켓볼 달리기 에어로빅 자전거 야구 축구 배구	라켓볼, 스쿼시, 핸드볼 달리기, 조깅 에어로빅 자전거 타기 야구, 소프트볼 축구 배구	0 = 참여하지 않음 1 = 참여함 (이분법에 의한 코딩)
운동 1 운동 2 운동 3 운동 4	참여 종목 1 참여 종목 2 참여 종목 3 참여 종목 4	1 = 라켓볼, 스쿼시, 핸드볼 2 = 달리기, 조깅 3 = 에어로빅 4 = 자전거 타기 5 = 야구, 소프트볼 6 = 축구 7 = 배구 (중복법에 의한 코딩)

9.5 데이터 분석 절차

1. 중요한 변수(종속변수)의 선정

- 어떤 변수가 중요 변수가 될 수 있는가? 존경선수, 구매의사, ...

2. 중요한 요인(독립변수)의 선정

- 어떤 변수가 앞의 중요 변수에 영향을 줄 수 있는가? 성별, 연령, 교육년수, ...

3. 분석 항목의 설정(조사 가설, 연구 가설의 설정)

1) 조사지역별, 면접장소별, 성별, 소득 수준별 등 인구통계학적 변수에 따라 응답자들의 분포는 어떠한가?

2) 존경선수의 분포는 어떠한가?

3) 인구통계학적 변수에 따른 존경선수의 분포는 어떠한가?
   ① 성별에 존경선수는 차이가 있는가?
   ② 연령에 따라 존경선수는 차이가 있는가?

4) 포장싸인한 제품에 대한 구매 의사의 분포는 어떠한가?

5) 인구통계학적 변수에 따른 구매 의사의 분포는 어떠한가?
   ① 성별에 따라 구매 의사는 차이가 있는가?

6) 현재 스포츠 활동 후, 갈증해소를 위해 마시는 음료들의 분포는 어떠한가?

7) 기타 즐겨하는 운동 종목의 분포는 어떠한가?

9.6 데이터 분석 결과

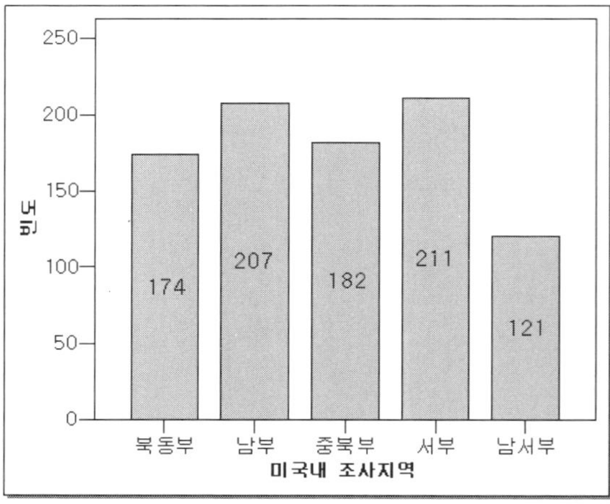
250
200
150
100
50
0
빈도
174
207
182
211
121
북동부
남부
중북부
서부
남서부
미국내 조사지역

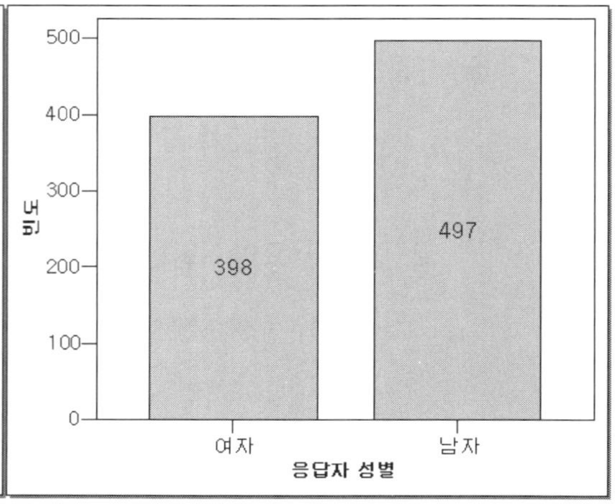
500
400
300
200
100
0
빈도
398
497
여자
남자
응답자 성별

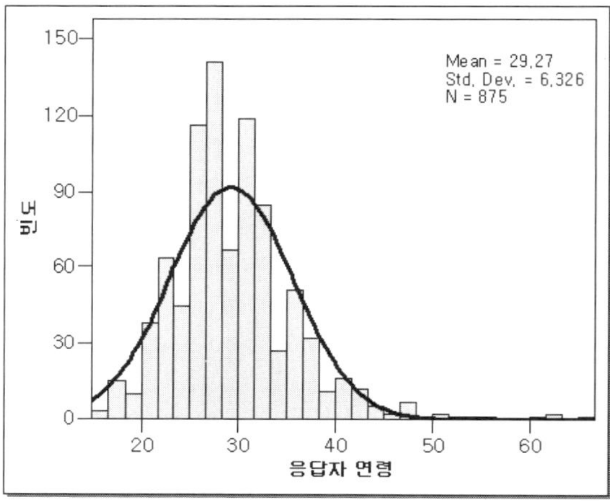
Mean = 29.27
Std. Dev. = 6.326
N = 875
150
120
90
60
30
0
빈도
20
30
40
50
60
응답자 연령

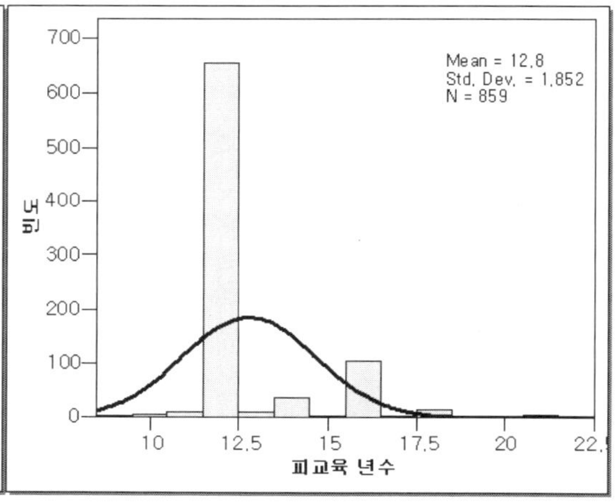
Mean = 12.8
Std. Dev. = 1.852
N = 859
700
600
500
400
300
200
100
0
빈도
10
12.5
15
17.5
20
피교육 년수

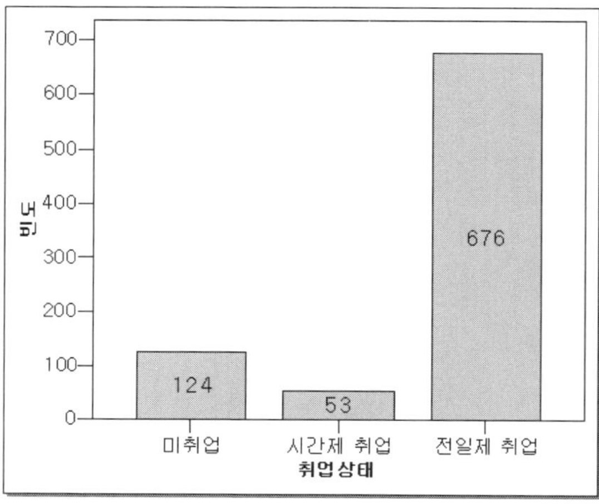
700
600
500
400
300
200
100
0
빈도
124
53
676
미취업
시간제 취업
전일제 취업
취업상태

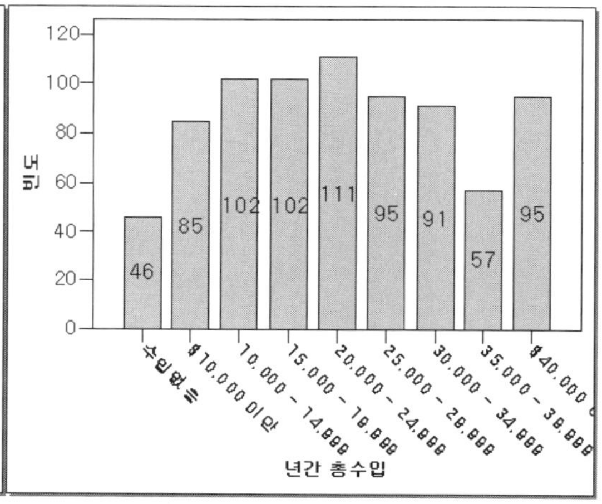
120
100
80
60
40
20
0
빈도
46
85
102
102
111
95
91
57
95
년간 총수입

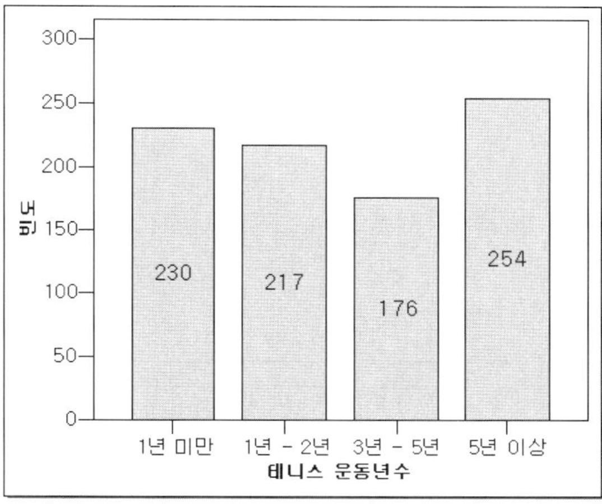

빈도
300
250
200
150
100
50
0
230
217
176
254
1년 미만
1년 - 2년
3년 - 5년
5년 이상
테니스 운동년수

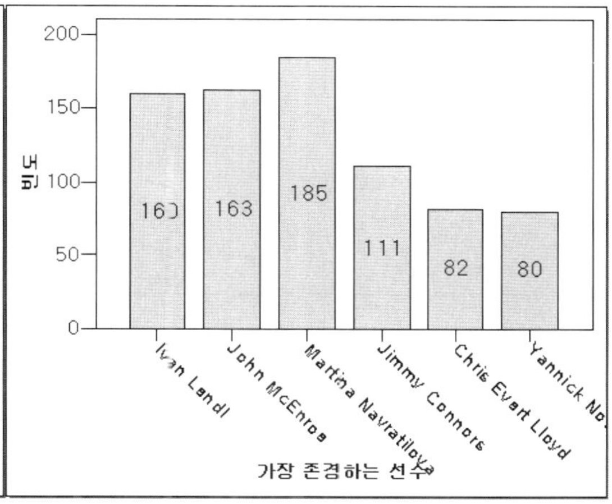

빈도
200
150
100
50
0
163
185
111
82
80
Ivan Lendl
John McEnroe
Martina Navratilova
Jimmy Connors
Chris Evert Lloyd
가장 존경하는 선수

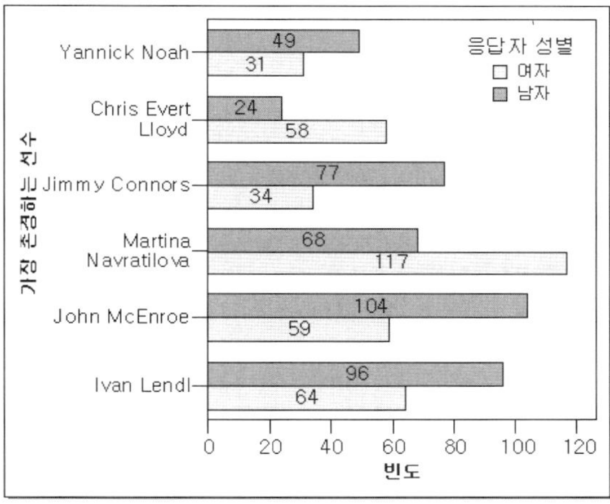

응답자 성별
여자
남자
가장 존경하는 선수
Yannick Noah
Chris Evert Lloyd
Jimmy Connors
Martina Navratilova
John McEnroe
Ivan Lendl
49
31
24
58
77
34
68
117
104
59
96
64
0
20
40
60
80
100
120
빈도

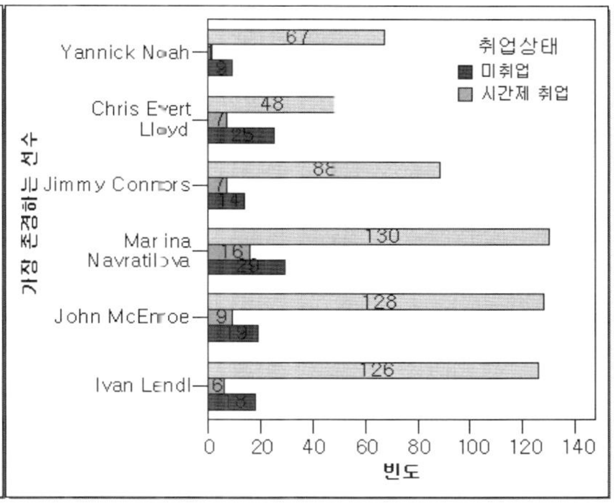

취업상태
미취업
시간제 취업
가장 존경하는 선수
Yannick Noah
Chris Evert Lloyd
Jimmy Connors
Martina Navratilova
John McEnroe
Ivan Lendl
48
7
25
7
14
130
16
128
9
19
126
6
0
20
40
60
80
100
120
140
빈도

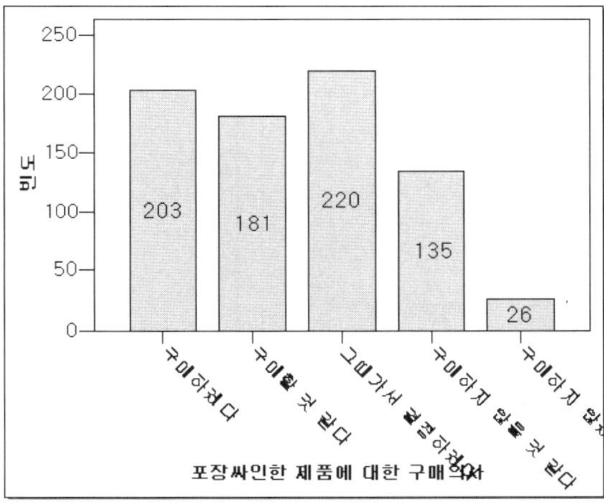

빈도
250
200
150
100
50
0
203
181
220
135
26
구매하겠다
포장싸인한 제품에 대한 구매의사

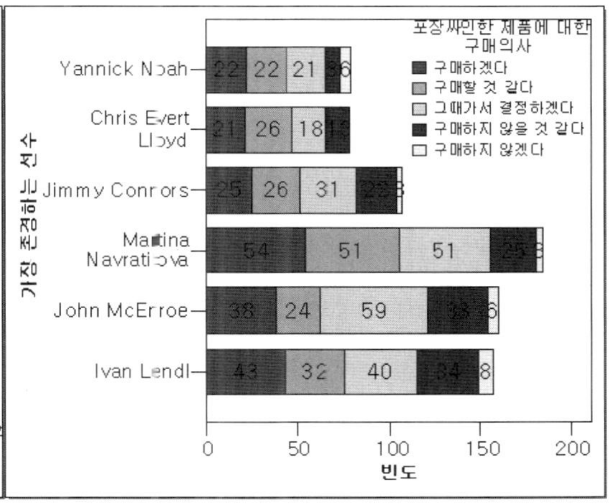

포장싸인한 제품에 대한 구매의사
구매하겠다
구매할 것 같다
그때가서 결정하겠다
구매하지 않을 것 같다
구매하지 않겠다
가장 존경하는 선수
Yannick Noah
Chris Evert Lloyd
Jimmy Connors
Martina Navratilova
John McEnroe
Ivan Lendl
22
22
21
21
26
18
25
26
31
54
51
51
24
59
6
43
32
40
34
8
0
50
100
150
200
빈도

		빈도	열 %
즐겨하는 운동종목(이분형)	라켓볼, 스쿼시, 핸드볼	250	18.7
	달리기, 조깅	434	32.4
	에어로빅	275	20.6
	자전거 타기	179	13.4
	야구, 소프트볼	37	2.8
	축구	94	7.0
	배구	69	5.2
합계		652	48.7

		포장싸인한 제품에 대한 구매의사										합계	
		구매하겠다		구매할 것 같다		그때가서 결정하겠다		구매하지 않을 것 같다		구매하지 않겠다			
		빈도	열 %	빈도	열 %	빈도	열 %	빈도	열 %	빈도	열 %	빈도	열 %
즐겨하는 운동종목(이분형)	라켓볼, 스쿼시, 핸드볼	61	17.7	49	15.8	55	19.7	32	21.5	5	23.8	202	18.3
	달리기, 조깅	117	33.9	101	32.6	91	32.6	52	34.9	6	28.6	367	33.2
	에어로빅	75	21.7	73	23.5	52	18.6	25	16.8	2	9.5	227	20.6
	자전거 타기	47	13.6	43	13.9	33	11.8	19	12.8	3	14.3	145	13.1
	야구, 소프트볼	8	2.3	9	2.9	6	2.2	3	2.0	1	4.8	27	2.4
	축구	22	6.4	21	6.8	26	9.3	8	5.4	3	14.3	80	7.2
	배구	15	4.3	14	4.5	16	5.7	10	6.7	1	4.8	56	5.1
합계		170	49.3	151	48.7	145	52.0	73	49.0	11	52.4	550	49.8

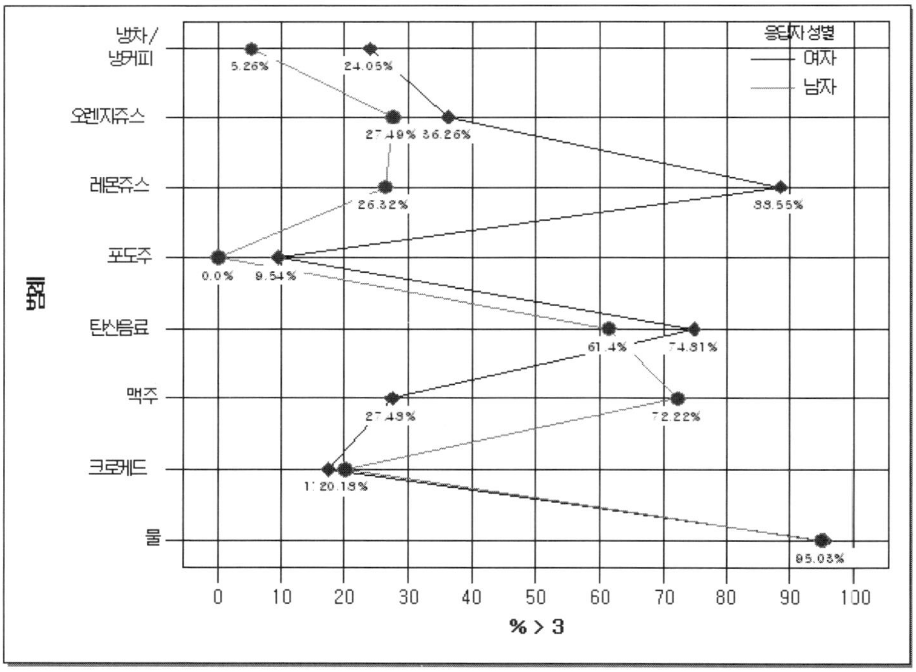

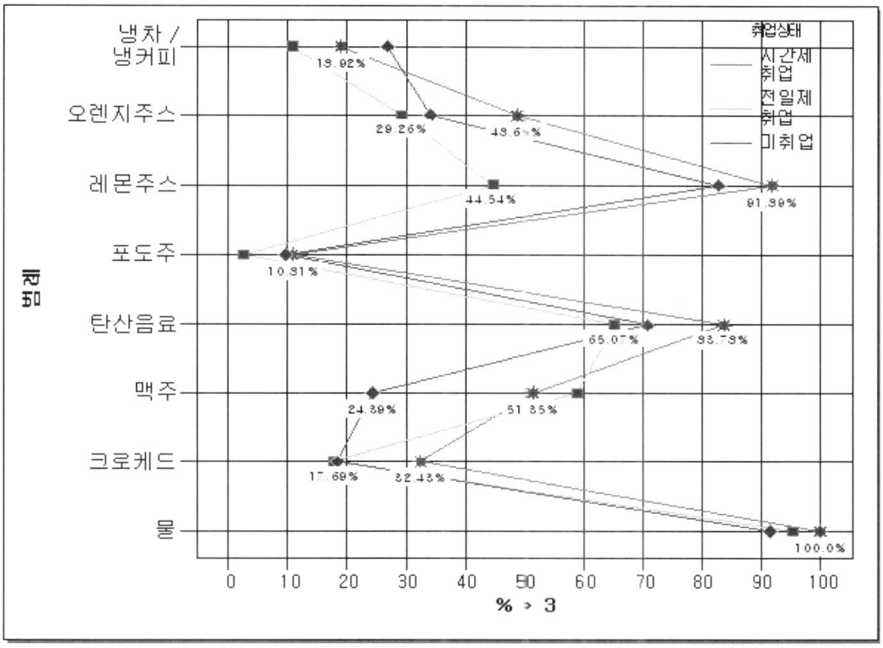
냉차 / 냉커피
오렌지주스
레몬주스
포도주
탄산음료
맥주
크로케드
물
취업상태
시간제 취업
전일제 취업
미취업
19.92%
29.26%
48.6%
44.54%
91.89%
10.81%
65.07%
83.78%
24.39%
51.35%
17.69%
32.43%
100.0%
0
10
20
30
40
50
60
70
80
90
100

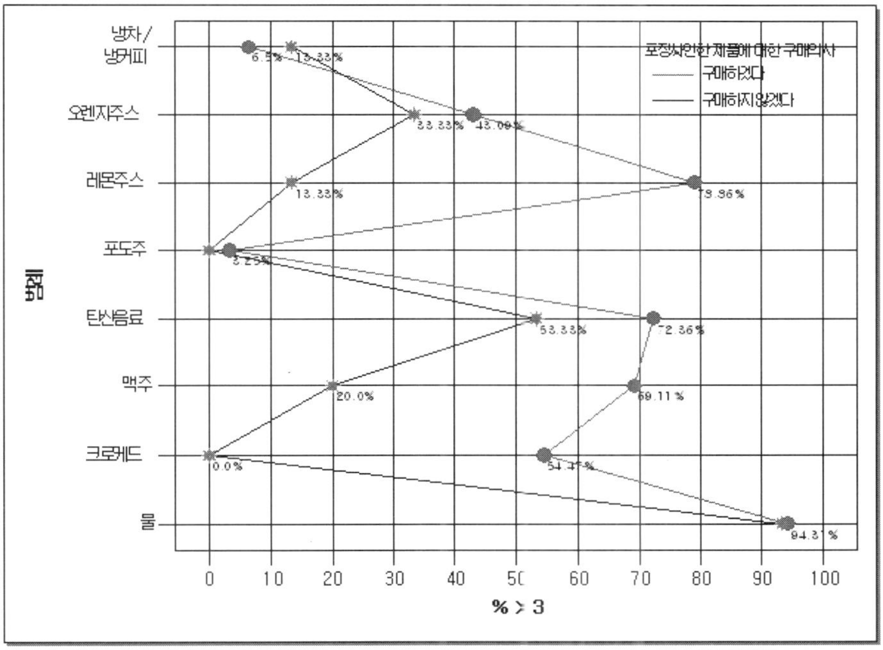
냉차/ 냉커피
오렌지주스
레몬주스
포도주
탄산음료
맥주
크로케드
물
포장사인한 제품에 대한 구매의사
구매하겠다
구매하지않겠다
6.5%
13.33%
33.33%
43.09%
13.33%
78.86%
3.25%
53.33%
72.36%
20.0%
69.11%
0.0%
54.47%
94.31%
0
10
20
30
40
50
60
70
80
90
100

		포장싸인한 제품에 대한 구매의사					
		구매하겠다	구매할 것 같다	그때가서 결정하겠다	구매하지 않을 것 같다	구매하지 않겠다	합계
식습음료: 물	평균	4.68	4.77	4.65	4.70	4.54	4.69
	N	200	181	216	132	24	753
	표준편차	.71	.61	.65	.54	.93	.65
식습음료: 크로케드	평균	3.66	2.52	1.78	1.48	1.10	2.37
	N	190	180	218	132	21	741
	표준편차	1.05	1.04	.88	.55	.30	1.24
식습음료: 맥주	평균	3.59	3.12	3.26	3.09	2.96	3.27
	N	192	173	205	126	23	719
	표준편차	1.31	1.56	1.38	1.34	1.22	1.41
식습음료: 탄산음료	평균	3.94	3.68	3.53	3.28	2.38	3.59
	N	201	181	215	131	26	754
	표준편차	1.66	1.69	1.60	1.57	1.60	1.66
식습음료: 포도주	평균	1.24	1.40	1.18	1.32	1.13	1.27
	N	173	167	183	116	23	662
	표준편차	.78	.97	.65	.83	.46	.80
식습음료: 레몬주스	평균	4.17	4.07	3.60	3.23	3.12	3.78
	N	195	177	214	132	25	743
	표준편차	1.21	1.18	1.25	1.26	1.20	1.28
식습음료: 오렌지주스	평균	2.86	2.56	2.35	2.07	1.87	2.47
	N	170	166	179	114	23	652
	표준편차	1.72	1.65	1.67	1.58	1.60	1.68
식습음료: 냉차 / 냉커피	평균	1.54	2.08	1.69	1.92	1.48	1.79
	N	153	158	164	100	23	598
	표준편차	1.16	1.44	1.26	1.40	1.08	1.32

Chapter 10

통계적 가설검정

10.1 가설검정의 개요

가설검정이란 모집단에 대한 어떤 가설을 설정한 뒤에 표본 관찰을 통하여 그 가설의 채택 여부를 결정하는 분석방법이다.

일반적으로 가설을 모수에 대하여 설정하는데, 다음과 같은 세 가지 사례에 대한 통계적 추론에 대하여 생각해 보기로 한다.

[사례 1] 1995년도 회사의 신제품의 월평균 판매량 3,000개 정도였다. 매년 이 제품의 월평균 판매량이 증가하였다고 할 수 있는가?

[사례 2] 서울의 강남 지역과 강북 지역 고등학생들의 학력고사 성적이 같은가?

[사례 3] 새로운 방법으로 제작된 자동차 타이어의 평균 수명이 재래식 방법으로 제작된 타이어보다 더 길다고 할 수 있나?

위와 같은 문제들에 대하여 통계적 결론을 유도하는 과정을 가설검정이라고 하는데 각각의 문제에 대한 접근방법은 다음과 같다.

[사례 1]의 경우는 "1996년도 신제품의 월평균 판매량이 1995년도 신제품의 월평균 판매량에 비하여 증가하였다고 할 수 있는가?"의 문제로 이를 수리적으로 표현하면

μ =1996년도 신제품의 월평균 판개량

이라고 할 때, $\mu=3000$인가?(즉, 1995년도 신제품의 월평균 판매량과 같은가?) 또는 $\mu>3000$인가?(즉, 1995년도 신제품의 월평균 판매량에 비하여 증가하였는가?)를 알고자 하는 것이다. 이 문제에 대한 답을 구하기 위하여 1996년도 신제품의 월평균 판매량을 조사하기 위하여 몇 개의 점포를 표본으로 추출하여 월평균 판매량을 조사하여야 한다. 예를 들어 100의 점포를 무작위로 선발하여 월평균 판매량을 조사한 결과 표본평균 $\overline{X}$와 S^2을 구하였다면 이 두 통계량을 이용하여 1996년도 제품의 월평균 판매량이 1995년도와 같이 3,000개라 할 수 있는지 또는 1995년도보다는 증가하였다고 할 수 있는지를 판단한다.

[사례 2]의 경우에는 서울의 강남 지역과 강북 지역의 고등학생 등 학력고사 성적을 비교하기 위하여 두 지역에서 각각 100명씩을 '무작위로' 선발하여 동일한 시험을 실시한 후 그 시험 점수에 의하여 두 집단의 학력고사 성적을 비교할 수 있다. 이 경우 비교의 초점은 "강남 지역과 강북 지역의 고등학교 학생들의 학력고사 평균 점수가 같은가? 또는 다른가?"인데, 이를 수리적으로 표현하면

$\mu_1=$ 강남 지역 학생들의 평균 성적

$\mu_2=$ 강북 지역 학생들의 평균 성적

이라고 할 때, 각 지역에서 표본으로 추출된 학생들의 시험 성적에 의하여 $\mu_1=\mu_2$인가 또는 $\mu_1\neq\mu_2$인가를 알고자 하는 것이다.

[사례 3]의 경우에는 두 제조 방법에 의하여 제조된 타이어의 수명을 비교하는 문제로 과거의 재래식 제조 방법으로 제조된 타이어 n_1개와 새로운 제조 방법에 의하여 제조된 타이어 n_2개를 '무작위로' 표본으로 추출하여 동일한 차종을 이용하여 타이어의 수명을 조사한다. 이렇게 조사된 표본 결과를 이용하여 "새로운 제조 방법에 의하여 만들어진 타이어의 수명이 더 긴가? 또는 두 제조 방법에 차이가 없는가?"를 결정하게 되는데 이를 수리적으로 표현하면

$\mu_1=$ 재래식 제조 방법에 의해 만들어진 타이어의 평균 수명

$\mu_2=$ 새로운 제조 방법에 의해 만들어진 타이어의 평균 수명

이라고 할 때, 표본관측에 의하여 "$\mu_1=\mu_2$인가 또는 $\mu_1<\mu_2$인가"를 결정하는 것이다.

위의 세 가지 사례 모두 표본관측을 통하여 모집단의 모수에 대한 어떤 결론을 유도하는 가설검정의 문제인데, 표본 추출에서 표본이 '무작위로' 선택되어야 함은 당연하다. 즉, [사례 2]의 경우 강남 지역에서 가장 열등한 학생 100명을 선발하고 강북 지역에서 가장 우수한 학생 100명을 선발하여 시험을 치르게 한다면 전반적으로 강남지역 학생들의 성적이 우수한 경우에도 검정결과는 강북 지역 학생들의 성적이 우수하다고 판단될 수 있다.

10.2 가설의 설정

가설검정에서 가장 기본적인 사항은 검정하고자 하는 모집단의 모수에 대하여 가설을 설정하는 것이다. 가설(hypothesis)은 항상 귀무가설(null hypothesis: H_0)과 대립가설(alternative hypothesis: H_1)의 2가지로 설정하며 가설검정이란 표본 관찰 또는 실험을 통하여 귀무가설과 대립가설 중에서 하나를 선택하는 과정이라고 할 수 있다. 두 가설 H_0과 H_1은 각각의 경우에 따라서 결정되는데 모수에 대한 가설 중에서 "항상 간단하고 구체적인 표현"을 귀무가설로 설정한다. [사례 1]의 경우 "$\mu=3000$인가 또는 $\mu>3000$인가"를 판단하고자 하므로 H_0와 H_1은 각각

H_0: $\mu = 3000$(1995년도 월평균 판매량이 3000개이다)

H_1: $\mu > 3000$(1995년도 월평균 판매량이 3000개보다 많다)

와 같이 설정하며, [사례 2]의 경우 "$\mu_1 = \mu_2$인가 또는 $\mu_1 \neq \mu_2$인가"를 판단하고자 하므로 H_0과 H_1은 각각

H_0: $\mu_1 = \mu_2$(강남 지역과 강북 지역 학생의 평균 성적이 같다)

H_1: $\mu_1 \neq \mu_2$(강남 지역과 강북 지역 학생의 평균 성적이 같지 않다)

와 같이 설정하며, [사례 3]의 경우 "$\mu_1 = \mu_2$인가 또는 $\mu_1 < \mu_2$인가"를 판단하고자 하므로 H_0과 H_1은 각각

H_0: $\mu_1 = \mu_2$(재래식 제조 방법과 새로운 제조 방법에 의한 타이어의 평균 수명이 같다)

H_1: $\mu_1 < \mu_2$(새로운 제조 방법에 의한 타이어의 평균 수명이 재래식 방법보다 길다)

와 같이 설정한다.

가설검정이란 두 가설 H_0과 H_1 중에서 하나를 선택하는 과정이므로 H_0을 채택(accept)하면 H_1을 기각(reject)하게 되고 H_0을 기각하면 H_1을 채택하게 된다. 따라서 가설검정이란 "귀무가설 H_0을 채택하든지 또는 기각하는 과정"이라고 이해할 수 있다.

가설의 설정

가설검정에서 가설은 귀무가설(H_0)과 대립가설(H_1)로 설정하는데, 귀무가설은 "모수가 특정한 값이다" 또는 "두 모수의 값이 같다"와 같이 간단하고 구체적인 경우를 지정하며 대립가설은 "모수가 특정한 값이 아니다" 또는 '한 모수의 값이 다른 모수의 값보다 크다" 또는 "두 모수의 값이 다르다" 등과 같이 므수에 대한 관심의 영역 중에서 귀무가설로 지정되지 않은 모든 경우를 포괄적으로 지정한다.

통계학에서는 가설검정의 문제를 다루는데 주로 귀무가설에만 관심을 두어 귀무가설을 기각하거나 또는 채택하는 반면 연구자는 대립가설에 관심을 두게 된다. 그러므로 통계적인 가설검정은 귀무가설이 사실이라 가정하고 모집단으로부터 추출된 표본이 귀무가설이 사실이라는 근거를 충분히 제시해 주지 못하면 귀무가설을 기각하게 되어 결과적으로 대립가설을 채택하는 의사 결정을 내리게 된다. 그러므로 일반적인 보고서에 가설 설정의 문제에서 연구자는 대립가설을 제시하게 되며, 실제 가설의 기각 여부는 통계적인 기준에 따라 귀무가설의 기각 여부에 따라서 대립가설의 채택 여부가 결정되어 의사를 결정하게 된다. 이러한 의미에서 대립가설은 연구가설이라고도 하며 또한 귀무가설은 가설의 내용이 "같다" 또는 "0이다"의 의미를 포함하므로 영가설이라고도 한다.

10.3 검정통계량

가설검정은 모수에 대한 가설을 설정한 후에 표본 관찰을 통하여 검정에 필요한 통계량을 구한다. 이와 같이 검정에 이용되는 통계량을 검정통계량(test statistic: $T(X)$) 이라고 하는데, 검정통계량의 분포는 항상 가설에서 주어지는 모수를 갖는 분포를 따른다. 예를 들면 [사례 1]에서 $(X_1, X_2, \cdots, X_{100})$을 표본으로 추출된 점포들의 월평균 판매량이라고 할 때 표본평균과 표본분산은 각각

$$\overline{X} = \frac{1}{n}\sum_{i=1}^{n} X_i$$

$$S^2 = \frac{1}{n-1}\sum_{i=1}^{n} (X_i - \overline{X})^2, n = 100$$

과 같으며, 여기에서 가설 $H_0 : \mu = 3000$과 $H_1 : \mu > 3000$에 대한 검정통계량은 표본평균 $\overline{X}$이다. $\overline{X}$의 분포는 모집단 분포가 $N(\mu, \sigma^2)$이라고 할 때, $\overline{X} \sim N(\mu, \sigma^2/n)$이며, 표준화 공식에 의하여

$$\frac{\overline{X} - \mu}{\sigma/\sqrt{n}} \sim N(0, 1)$$

이다. 가설검정이란 귀무가설이 옳다는 전제 하에서 검정통계량의 값을 구한 후에 이 값이 나타날 가능성의 크기에 의하여 귀무가설의 채택 여부를 결정하는 것이다. 다시 말하면 모평균 μ가 귀무가설에서 주어진 특정값 μ_0이라고 할 때, 검정통계량

$$T(X) = \frac{\overline{X} - \mu_0}{\sigma/\sqrt{n}}$$

의 값이 표준정규분포에서 나타날 가능성의 크기에 의하여 귀무가설의 채택 여부를 결정한다.

앞의 문제에서 표본평균과 표본분산이 각각 $\overline{X} = 3100$, $S^2 = 500$이라고 할 때, 모분산 σ^2을 알지 못하므로 σ^2을 표본분산 S^2으로 대치하면, 검정통계량은

$$t = \frac{\overline{X} - \mu}{S/\sqrt{n}} \sim t_{n-1}, n = 100$$

으로 자유도가 $n-1=99$인 t-분포를 따른다. 자유도 99는 30보다 크므로 위의 t-값은 근사적으로 표준정규분포 $N(0,1)$을 따른다(이는 중심극한정리에 의하여...)고 할 수 있다. 귀무가설에서 $\mu=3000$으로 주어져 있으므로, 귀무가설에서 검정통계량의 값은

$$t = \frac{\overline{X} - \mu_0}{S/\sqrt{n}} = \frac{3100-3000}{\sqrt{500/100}} = \frac{100}{2.2361} = 44.72$$

가 된다. 이 값은 귀무가설이 옳다는 전제 하에서 구한 검정통계량의 값인데, 이 t-값은 표준정규분포를 따름을 알고 있다. 표준정규분포에서 위의 t-값 '44.72'가 나타날 가능성이 거의 '0'과 같음을 알 수 있는데 이에 근거하여 귀무가설의 채택 여부를 다음과 같이 결정한다. 귀무가설이 옳다는 전제하에서, 즉 모평균이 $\mu=3000$이라는 가정 하에서 구한 검정통계량의 분포에 의할 때 표본관측에 의한 값은 나타날 가능성이 거의 없다는 것이다. 즉 실제로 $\mu=3000$이 옳다면 표본관측에 의한 표본평균 $\overline{X}=3100$은 나타날 수 없는 값인데, 실제 관측에서 이 값이 나타났다는 사실은 확률변수 X에 주어진 전제조건(즉, X분포의 평균이 $\mu=3000$이다)이 잘못되었다는 증거이다. 따라서 귀무가설 $H_0:\mu=3000$은 받아들일 수 없다. 즉, 가설검정에서는 귀무가설이 옳다는 전제 하에서 표본 관찰에 의하여 구한 검정통계량의 값이 나타날 가능성이 크면 귀무가설을 채택하고 가능성이 적으면 귀무가설을 기각하게 되는데, "가능성이 크다" 또는 "가능성이 적다"의 판단 기준이 다음에 설명하는 유의수준이다.

검정통계량

검정통계량이란 가설검정에서 관찰된 표본으로부터 구하는 통계량으로 분포가 가설에서 주어지는 모수에 의존한다. 귀무가설이 옳다는 전제 하에서 구한 검정통계량의 값이 나타날 가능성이 크면 귀무가설을 채택하고 나타날 가능성이 적으면 귀무가설을 기각한다.

10.4 유의수준과 기각역

가설검정은 항상 귀무가설이 옳다는 전제 하에서 검정통계량의 분포를 구하고, 실제 표본관측으로부터 구한 검정통계량의 값이 나타날 가능성에 의하여 귀무가설의 채택 여부를 결정한다. 앞에서 설명한 바와 같이 검정통계량이 나타날 가능성이 크거나 귀무가설을 채택하고 나타날 가능성이 적은 경우에는 귀무가설을 기각하게 되는데, 여기에서 가능성이 "크다" 또는 "작다"의 판단 기준을 유의수준(significance level: α)이라고 한다. 유의수준 α는 일반적으로 1%, 5%, 10% 등을 이용하는데, 이를테면 한 검정에서 유의수준 α를 5%로 정한다면, 귀무가설 하에서 구한 검정통계량의 값이 나타날 가능성이 5% 이하이면 귀무가설을 기각하고 5% 이상이면 귀무가설을 채택하게 된다. 다시 말하면 나타날 가능성이 5% 이하일 때 "가능성이 작다"라고 판단한다는 것이다. 따라서 유의수준이란 귀무가설을 기각하게 되는 확률의 크기로 "귀무가설이 옳은데도 불구하고 이를 기각하는 확률의 크기"로 정의한다.

기각역(critical region: C)이란 귀무가설이 옳다는 전제 하에서 구한 검정통계량의 분포에서 확률이 유의수준 α인 부분을 말하는데, 검정통계량이 나타날 가능성이 유의수준 α보다 작은 경우에 귀무가설을 기각한다는 것은 곧 검정통계량의 값이 기각역에 속하면 귀무가설을 기각한다는 것과 같은 의미이다. 즉, 기각역이란 귀무가설이 옳다는 전제 하에서 검정통계량이 기각역에 속할 확률이 유의수준 α인 검정통계량 분포의 일부 영역이다.

유의수준과 기각역

유의수준 α란 귀무가설이 옳은데도 불구하고 이를 기각하는 확률의 크기를 말하며 검정통계량을 구하는 것과는 무관하게 검정을 실시하는 사람의 판단에 따라 결정한다. 기각역이란 가설검정에서 유의수준 α가 정해졌을 때, 검정통계량의 분포에서 이 유의수준의 크기에 해당하는 영역을 말하는데, 검정통계량의 분포에서 이 영역의 위치는 대립가설의 형태에 따라 다르다. 기각역 C와 유의수준 α의 관계는 다음과 같이 표현할 수 있다.

$$P[\mathrm{T(X)} \in \mathrm{C} \mid \mathrm{H}_0] = \alpha$$

10.5 대립가설과 기각역

검정통계량의 분포에서 유의수준 α 에 의하여 기각역의 크기가 결정되는데 기각역의 위치는 대립가설 H_1 의 형태에 의하여 결정된다. 대립가설의 형태는 가설검정의 목적에 의하여 결정되는데 가설검정은 대립가설의 형태에 따라 양쪽검정과 한쪽검정으로 나누어지고, 한쪽검정은 다시 왼쪽 한쪽검정과 오른쪽 한쪽검정으로 분류된다. 여기에서 양쪽검정이란 귀무가설이 "모수가 특정값이다"라고 할 때, 대립가설이 "모수가 특정값이 아니다"라고 주어지는 경우로

$$H_0:\ \mu = \mu_0\ ;\ \mu_0\text{은 고정된 상수}$$
$$H_1:\ \mu \neq \mu_0$$

과 같이 표현할 수 있고, 왼쪽 한쪽검정은 위와 동일한 귀무가설 H_0 에 대하여 대립가설 H_1 이 "모수가 μ_0 보다 작다"로 주어지는 경우로

$$H_0:\ \mu = \mu_0$$
$$H_1:\ \mu < \mu_0$$

과 같이 표현할 수 있고, 오른쪽 한쪽검정은 위와 동일한 귀무가설 H_0 에 대하여 대립가설 H_1 이 "모수가 μ_0 보다 크다"로 주어지는 경우로

$$H_0:\ \mu = \mu_0$$
$$H_1:\ \mu > \mu_0$$

과 같이 표현할 수 있다. 두 모집단의 모평균의 동일성 검정에 있어서도 귀무가설 $H_0: \mu_1 = \mu_2$ 에 대하여 다음과 같이 세 가지 경우를 정의할 수 있다.

양쪽 검정 $H_1:\ \mu_1 \neq \mu_2$
왼쪽 한쪽 검정 $H_1:\ \mu_1 < \mu_2$
오른쪽 한쪽 검정 $H_1:\ \mu_1 > \mu_2$

앞에서 주어진 [사례 1]~[사례 3]에 있어서 [사례 2]는 양쪽검정이고, [사례 1]과

[사례 3]은 오른쪽 한쪽검정에 해당된다. 위와 같이 대립가설의 형태에 따라 세 가지 서로 다른 검정을 정의할 수 있는데, 각각의 검정에 있어서 기각역 C는 유의수준 α가 주어졌을 때 검정통계량 $T(X)$의 분포에서 다음과 같이 결정된다.

양측 검정 $C = \mathrm{T(X)} \le -c_1$ 또는 $\mathrm{T(X)} \ge -c_1$

왼쪽 한쪽 검정 $C = \mathrm{T(X)} \le c_2$

오른쪽 한쪽 검정 $C = \mathrm{T(X)} \ge c_3$

위에 정의된 기각역에서 c_1, c_2, c_3의 값은 귀무가설 하에서 $P\,\mathrm{T(X)} \in \mathrm{C} = \alpha$에 의하여 결정된다. 이를테면 유의수준 $\alpha = 0.05$일 때 검정통계량의 분포가 n이 클 때 다음을 만족한다.

$$T(X) = \frac{\overline{\mathrm{X}} - \mu}{S/\sqrt{n}} \sim N(0,\ 1)$$

이라면, 표준정규분포에서

$$P(Z \ge 1.96) = P(Z \le -1.96) = 0.025$$

$$P(Z \ge 1.645) = P(Z \le -1.645) = 0.05$$

에 의하여 기각역은 [그림 10-1]과 같이 표현할 수 있다.

A. 양쪽검정(H_1 : $\mu \ne \mu_0$)

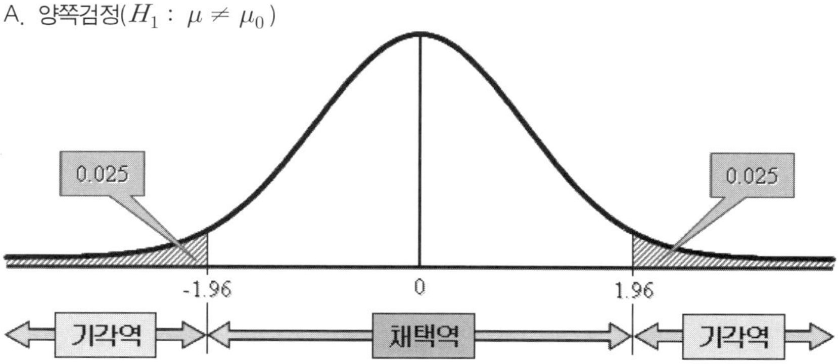

B. 왼쪽 한쪽검정(H_1 : $\mu < \mu_0$)

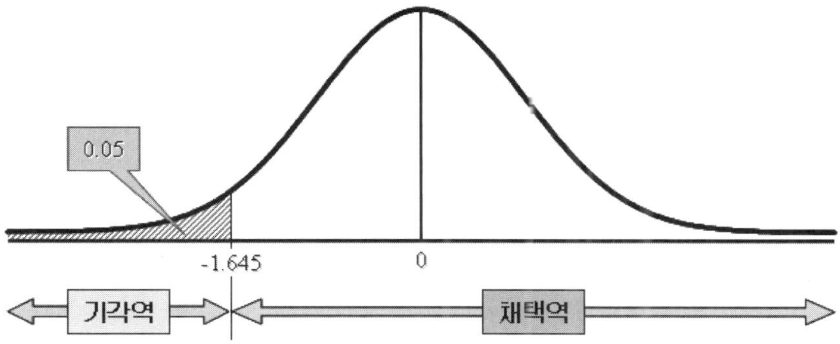

C. 오른쪽 한쪽검정($H_1 : \mu > \mu_0$)

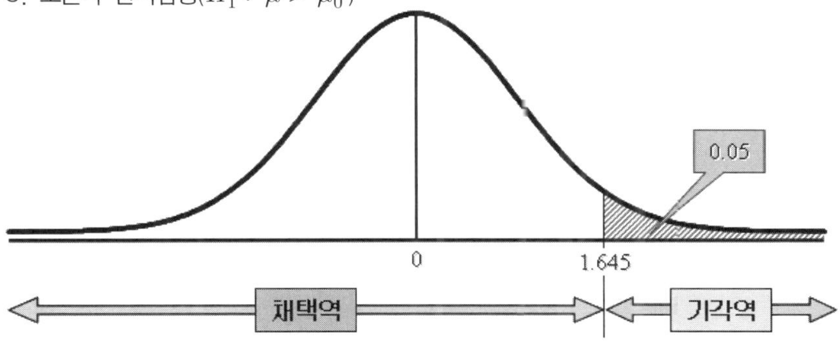

[그림 10-1] 대립가설과 기각역($\alpha = 0.05$)

가설검정단계

위에 설명한 가설검정에 대한 과정을 단계적으로 설명하면 다음과 같다.

단계 1. 검정하고자 하는 목적에 따라서 귀무가설과 대립가설을 설정한다.

단계 2. 검정방법을 결정하고 실행(검정통계량을 계산)한다.

단계 3. 유의수준을 결정한다.

단계 4. 귀무가설이 옳다는 전제 하에서 표본관측에 의한 검정통계량의 값의 꼬리확률인 p-값을 확인한다.

단계 5. 단계 4에서 구한 p-값이 유의수준보다 작으면 기각역에 속하므로 귀무가설 H_0을 기각하고 그렇지 않으면 귀무가설 H_0을 채택한다.

10.6 제1종 오류와 제2종 오류

가설검정에서는 두 가지 가설 H_0과 H_1을 설정하며, 표본 관찰을 통하여 둘 중 하나를 채택하게 된다. 이와 같은 가설검정 과정에서는 다음과 같은 두 가지 오류(error)가 발생될 수 있는데, 첫째는 귀무가설 H_0이 옳은데도 불구하고 H_0을 기각하게 되는 오류이고 둘째는 귀무가설 H_0이 옳지 않은데도 H_0을 채택하는 오류(즉, 대립가설이 옳은데도 귀무가설을 채택하는 오류)이다.

처음 오류의 크기, 즉 H_0이 옳은데도 불구하고 H_0을 기각하는 오류를 제1종 오류(type I error)라고 하며, 제1종 오류를 일으킬 확률을 α라고 하는데, 이는 앞에서 정의된 유의수준 α와 같으며, 두 번째 오류는 제2종 오류(type II error)라고 하며, 제2종 오류를 일으킬 확률을 β로 표현한다. 가설검정에서는 두 가지 오류가 모두 작은 경우가 바람직한데, 기각역의 크기를 작게 하면 제1종 오류는 작아지나 제2종 오류는 커지며, 기각역을 크게 하면 제2종 오류는 작아지나 제1종 오류가 커진다.

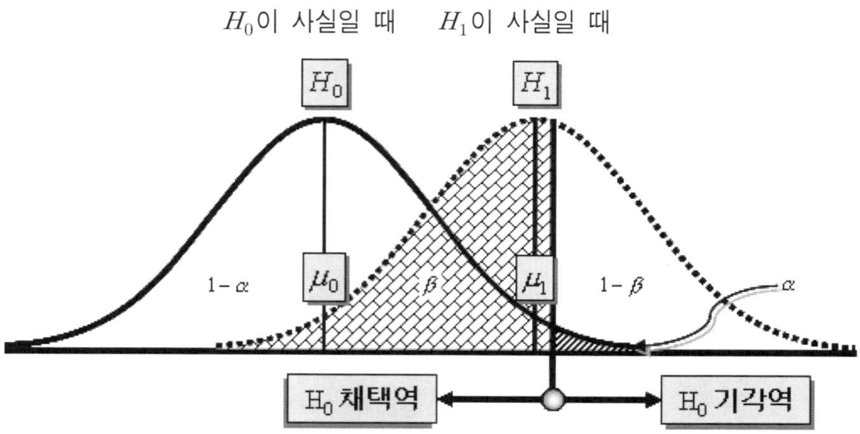

[그림 10-2] 계속

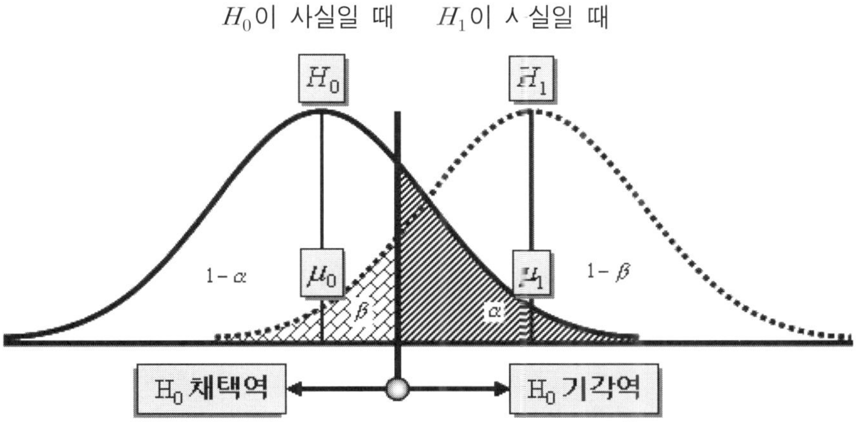

[그림 10-2] α와 β의 관계

[그림 10-2]를 보면 α를 작게 하면 β가 커지고, β를 작게 하면 α가 커진다. 그러므로 통계적 가설검정에서는 이와 같은 드 종류의 오류를 항상 피할 수 없으므로 제1종 오류의 확률인 α를 일정한 값으로 고정시키고, β를 최소화하여 검정력을 최대화하는 것이 가장 바람직하다. 따라서 가설검정에서는 제1종 오류 확률 α의 크기를 0.1, 0.05, 0.01 등으로 고정시킨 다음 제2종 오류 확률 β가 최소가 되도록 기각역을 설정한다. 가설검정의 판정과 오류와의 관계는 [표 10-3]과 같다.

[표 10-3] 가설검정 결과와 오류

가설검정 결과 \ 정확한 사실	H_0를 채택	H_0를 기각
H_0이 사실	옳은 결정($1-\alpha$) 신뢰 수준	제1종 오류(α) 유의수준
H_0이 거짓	제2종 오류(β)	옳은 결정($1-\beta$) 검정력

10.7 유의수준과 p-값

앞 절에서 여러 가지 모수에 대한 가설검정에 대하여 설명하였다. 가설검정이란 기본적으로 귀무가설의 채택 여부를 결정하는 것으로 귀무가설 하에서(즉, 귀무가설이 옳다는 전제 하에서) 구한 검정통계량의 값이 통계적으로 거의 나타날 수 없는 값이라면 이는 귀무가설을 기각할 수 있는 증거가 될 것이다. 즉, 가설검정이란 귀무가설 하에서 구한 검정통계량 값의 희귀성에 의하여 귀무가설의 기각 및 채택 여부를 결정하는데 이 희귀성이 어느 정도일 때 귀무가설을 기각할 것인가를 판단하는 기준이 유의수준 α 이다. 귀무가설 하에서 구한 검정통계량의 값이 나타날 가능성(확률)이 α 보다 작으면 귀무가설을 기각하고 α 보다 크면 귀무가설을 채택하는데 유의수준 α 는 0.1, 0.05, 0.01 등의 값을 많이 사용하고 있으나 어떤 획일적인 규칙에 의하여 결정되는 것이 아니라 그때 그때의 상황에 맞게 선택하여 사용하다. 따라서 모든 가설검정에서 귀무가설의 채택 여부를 결정하는 경우에는 항상 유의수준이 제시되어야 한다.

다음 예와 같은 가설검정 문제를 생각해 보기로 한다.

[예 10-4] $H_0: \ \mu_1 = \mu_2, \ \ H_1: \ \mu_1 \neq \mu_2$ 의 검정통계량의 값이 $\mathrm{T(X)} = 2.05$ 이며, $\mathrm{T(X)} \sim \mathrm{N}(0,1)$ 이라고 할 때 귀무가설은 기각될 수 있는가?

[풀이] 정답은 "예"와 "아니오" 모두 맞다. 이 검정은 양쪽검정이므로 표준정규분포에 의하여 유의수준 α 와 기각역은 다음과 같은 관계가 있다.

$\alpha = 0.05 \Leftrightarrow$ 기각역: $|\mathrm{T(X)}| > 1.96$

$\alpha = 0.01 \Leftrightarrow$ 기각역: $|\mathrm{T(X)}| > 2.57$

또한 이를 그림으로 표현하면 [그림 10-5]와 같다.

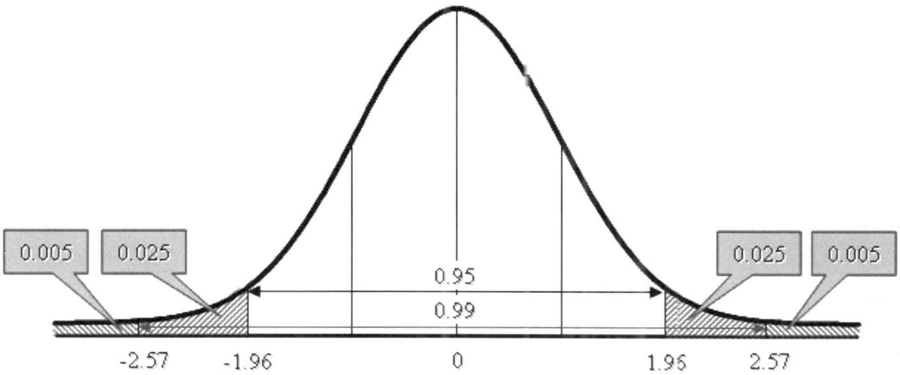

[그림 10-5] $N(0,\ 1)$의 확률분포

따라서 $\alpha = 0.05$인 경우에는 귀무가설은 기각되지만 $\alpha = 0.01$인 경우에는 귀무가설은 기각되지 않는다.

위의 [예 10-4]에서와 같이 귀무가설의 기각 여부는 유의수준 α와 직접적인 관련이 있으며 동일한 검정통계량의 경우에도 유의수준의 크기에 따라 귀무가설을 기각할 수도 있고 기각하지 않을 수도 있다. 따라서 실제 가설검정을 실시하는 경우에는 귀무가설의 채택 여부가 아니라 다음과 같이 정의되는 p-값(p-value)이 주어진다. 즉, p-값이란 귀무가설 하에서 검정통계량의 값이 나타날 가능성을 측정하는 확률로서 귀무가설의 채택 여부를 결정하는 기준인 유의수준 α와는 직접적인 관계가 있다. 만약에 검정에서 p-값이 α보다 작으면 귀무가설 하에서 그 검정통계량의 값이 나타날 가능성이 희귀하다고 판단되므로 귀무가설은 기각되며, p-값이 α보다 크면 귀무가설 하에서 그 검정통계의 값이 나타날 가능성이 크다고 판단되므로 귀무가설은 기각되지 않는다. 예를 들면 [예 10-4]에서 귀무가설 하에서의 검정통계량의 값이 $t(X) = 2.05$이고 양쪽검정이므로 표준정규분포를 이용하여 p-값은 p-값$= P(|T(X)| \geq 2.05) = 0.0404$를 계산할 수 있다.

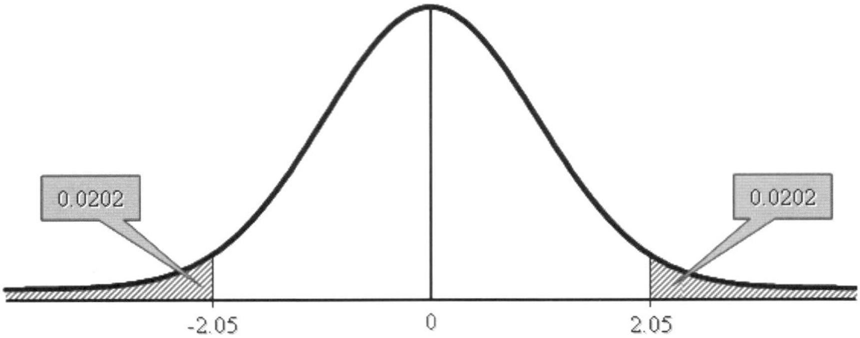

따라서 $\alpha = 0.05$인 경우에는 p-값 < α 이므로 귀무가설은 기각되고, $\alpha = 0.01$인 경우에는 p-값 > α 이므로 귀무가설은 기각되지 않는다. 유의수준이 달라지면 신뢰 수준 $1-\alpha$가 달라진다. $\alpha = 0.05$인 경우에는 95%의 신뢰 수준을 가지는 검정이 되며, $\alpha = 0.01$인 경우에는 99%의 신뢰 수준을 가지는 검정이 된다.

p-값과 유의수준

가설검정에서 p-값(유의확률)과 유의수준 α 와는 다음과 같은 관계가 있다.

p-값 $\geq \alpha$: 귀무가설 채택
p-값 $< \alpha$: 귀무가설 기각

A. 양쪽검정($H_1 : \mu_1 \neq \mu_2$), $\mathrm{P} - 값 = \mathrm{Pr}(|T(x)| \geq t(x))$

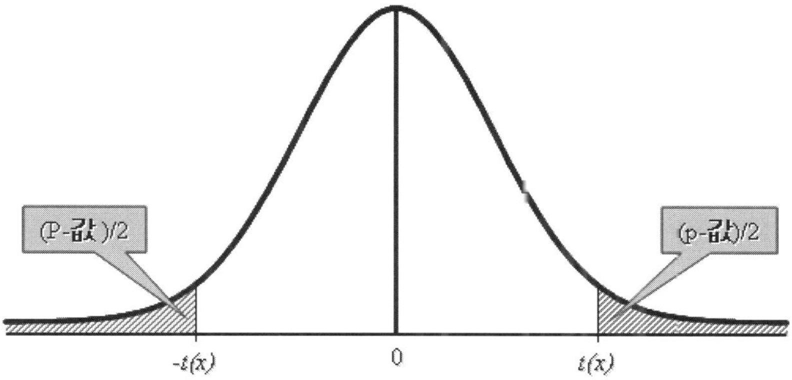

B. 왼쪽 한쪽검정($H_1 : \mu_1 < \mu_2$), $\mathrm{P} - 값 = \mathrm{Pr}(T(x) \leq t(x))$

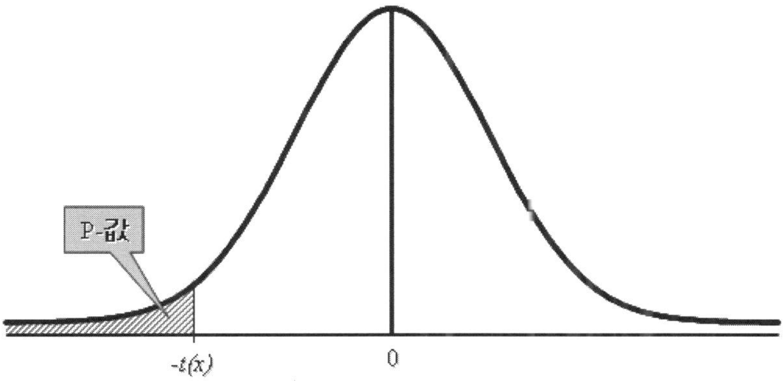

C. 오른쪽 한쪽검정($H_1 : \mu_1 > \mu_2$), $\mathrm{P} - 값 = \mathrm{Pr}(T(x) \geq t(x))$

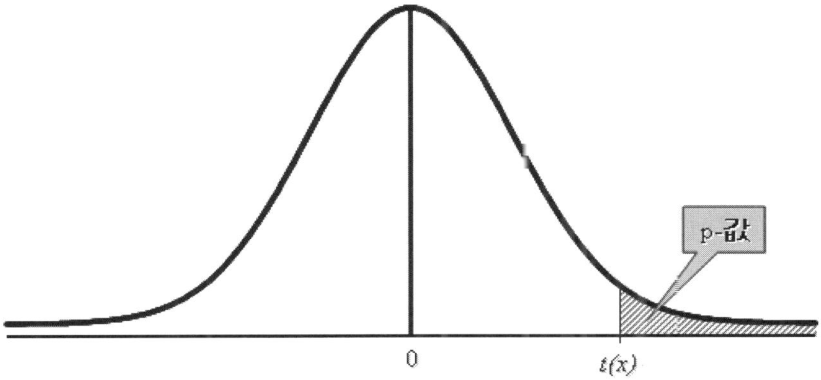

[그림 10-6] 검정통계량 $T(X)$의 분포와 p－값

Chapter 11

평균의 비교(T-검정)

11.1 T-검정의 개요

T-검정이란 두 모집단의 평균의 차이 유무를 판단하는 통계적 검정방법으로, "두 모집단의 평균 간의 차이는 없다"라는 영가설과 "두 모집단의 평균 간에 차이가 있다"라는 대립가설 중에 하나를 선택하는 통계적 검정방법이다.

모든 통계적 검정방법과 마찬가지로, T-검정은 영가설이 옳다는 가정 하에 두 모집단으로부터 추출된 표본들로부터 계산된 검정통계량에 근거하여 영가설을 부정할 수 있는 상당한 근거를 보이면 영가설을 기각하고, 그렇지 않은 경우에는 영가설을 받아들이게 된다.

좀 더 통계적인 표현으로 검정 절차를 묘사하면, 영가설 하에서 두 모집단의 표본평균(sample mean) 간의 차이는 표본오차(sampling error)에서 기인한 것이라고 간주한다. 즉, 두 표본평균 간의 차이가 표본을 잘못 추출한 데서 비롯된 것이라고 가정한다. 그런 후 T-검정통계량을 계산하여 두 표본평균 간의 차이가 영가설 하에 있을 확률, 즉 표본오차로 인해 차이가 발생할 확률(유의확률: P-값)을 계산한다. 만약 계산된 확률이 영가설을 기각하기로 설정한 유의수준(통상적으로 5%)과 같거나 작다면 영가설을 기각하고 대립가설을 채택하게 된다.

T-검정은 두 모집단의 독립 여부에 따라 "독립 2표본 T-검정"과 "대응 2표본 T-검정"으로 나눌 수 있다.

11.2 독립표본 T-검정

전국적인 점포망을 갖고 있는 한 제과 회사에서 두 가지 색상의 쿠키 제품 포장에 대한 판매 효과를 평가하고자 한다.

쿠키의 월간 매출이 유사한 20개 점포를 선정하고, 이들 점포를 무작위로 10개 점포씩 두 개의 집단으로 나눈 다음, 한 집단에는 적색포장만을 진열하고, 다른 집단에는 청색포장만을 진열하였다. 2주 동안에 모든 점포에서 각 포장들이 품절되지 않도록 잘 감독한 후, 2주간의 점포별 시험 포장품의 판매량을 조사하였더니 그 결과가 [표 11-1]과 같았다.

[표 11-1] 점포별 쿠키 판매량(쿠키.sav)

적색포장		청색포장	
점포 1	70	점포 11	60
점포 2	68	점포 12	65
점포 3	82	점포 13	55
점포 4	78	점포 14	58
점포 5	72	점포 15	67
점포 6	68	점포 16	59
점포 7	67	점포 17	61
점포 8	68	점포 18	68
점포 9	88	점포 19	77
점포 10	60	점포 20	66

이제 SPSS를 사용하여 두 포장 집단 간의 쿠키 판매량이 차이가 있는지를 검정하여 보자. 독립인 표본의 평균에 대한 T-검정을 하려면 주메뉴에서

'분석 〉 평균 비교 〉 독립표본 T 검정 …'

을 선택하면 다음과 같은 '독립표본 T 검정' 대화상자가 열린다.

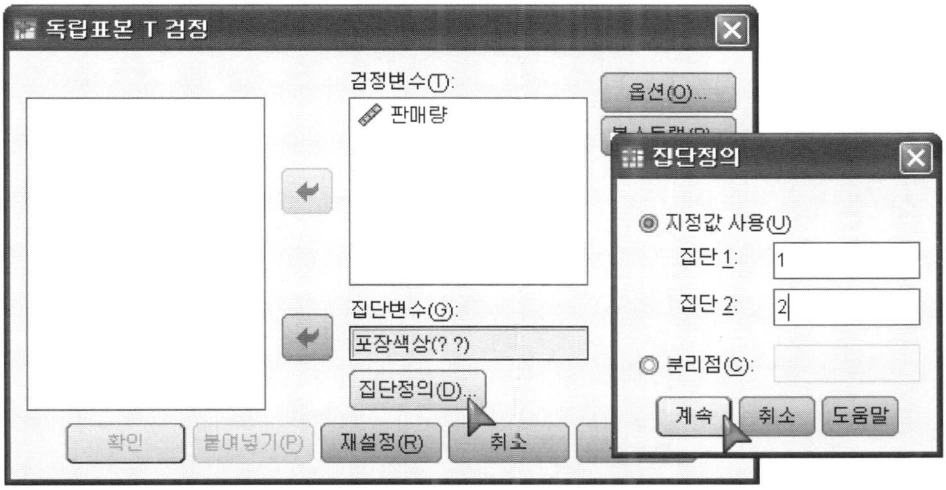

연속형 변수 '판매량'을 '검정변수:'에 선탁 이동시키고 '집단변수:'에 범주형 변수 '포장색상'을 선택 이동시킨다. 그리고 [집단정의 D)...] 단추를 클릭하여 다음과 같이 집단을 표시하는 변수값을 지정한다. [계속] 단추를 클릭하고 주대화상자에서 [확인] 단추를 클릭하여 실행한다.

[결과 11-2] 독립 2표본 T-검정의 수행 결과

집단통계량

	포장색상	N	평균	표준편차	평균의 표준오차
판매량	청색포장	10	72.10	8.252	2.610
	적색포장	10	63.60	6.363	2.012

독립표본 검정

		Levene의 등분산 검정		평균의 동일성에 대한 t-검정						
									차이의 95% 신뢰구간	
		F	유의확률	t	자유도	유의확률(양쪽)	평균차	차이의 표준오차	하한	상한
판매량	등분산이 가정됨	.497	.490	2.579	18	.019	8.500	3.295	1.577	15.42
	등분산이 가정되지 않음			2.579	16.90	.020	8.500	3.295	1.545	15.45

[결과 11-2]의 윗부분에 두 포장색상별 판매량의 기술통계량이 계산되었다. 청색포장 제품의 평균 판매량은 72.1개이고 적색포장 제품의 평균 판매량은 63.6이다. 각 집단의 표준편차를 살펴보면, 첫 번째 집단의 판매량의 변동 폭(8.252)이 두 번째 집단의 판매량의 변동 폭(6.363)보다 다소 더 큼을 알 수 있다.

20개 점포의 2주간의 판매 경우에 국한하여 결론을 내린다면, 확실히 청색포장제품의 판매량이 적색포장 제품의 판매량보다 많다고 할 것이다. 그러나 관심 대상은 20개 점포의 경우에 국한된 것이 아니라, 위 제과사의 쿠키 제품을 취급하고 있는 모든 점포의 판매량이고, 더 나아가 자사의 제품을 구매할 모든 고객의 제품 포장색상의 선호도이다.

포장색상별 판매량의 차이가 얼마나 크게 나타나야, 전체 모집단의 경우에 포장색상에 따라 제품의 판매량이 차이가 있다고 결론을 내릴 수 있겠는가? 즉, 청색포장 제품의 평균 판매량(72.1개)과 적색포장 제품의 평균 판매량(63.6개)의 차이(8.5개)가 정말로 모집단이 제품 포장색상의 선호도에 따라 발생하는 판매량의 차이인지, 아니면 표본 추출 과정에서 발생된 차이인지를 결정하는 기준은 무엇인가?

독립 2표본 T-검정에서 두 집단의 흩어진 정도(분산)가 같은가 혹은 다른가에 따라 검정통계량을 계산하는 방법이 다르므로, 먼저 두 집단의 모분산이 같은지 혹은 다른지를 판단하여야 한다. 이 또한 20개 점포에 대하여 두 포장색상별 제품의 판매량의 모분산이 같은지 다른지를 판단하여, 전체 모집단에 적용하고자 하는 것이므로 통계적 가설검정을 하여야 한다(F-검정: Levene의 등분산 검정).

[결과 11-2]에서 두 집단의 모분산이 같은지 또는 다른지를 검정하는 F-검정의 귀무가설("두 집단의 모분산은 같다")의 유의수준이 0.05(5%)라 할 때, 검정통계량의 p-값, 즉 '유의확률'은 0.490으로 이는 유의수준보다 크므로 귀무가설을 채택한다. 즉, 두 집단의 모분산이 같다고 할 수 있다.

두 집단의 모분산이 같으므로, 두 집단 간 평균치의 검정에는 [결과 11-2]에서 '등분산이 가정됨' 부분의 검정통계량을 사용하여야 한다. 즉, 검정통계량의 유의확률은 0.019로 유의수준 0.05보다 작다. 그러므로 "유의수준 5%하에서 두 집단 간의 차이가 존재한다"라고 결론을 내릴 수 있다. 즉, "제품 포장색상에 따라 쿠키의 판매량은 차이가 있다"라는 결론을 내릴 수 있다. 즉, 평균(72.1)이 큰 청색포장의 쿠키가 더 많이 팔렸다고 할 수 있다.

11.3 대응 2표본 T-검정

한 회사에서는 매년 사원들을 대상으로 실시되는 정규 컴퓨터 교육이 업무효율성을 증진시키는 효과가 있는지를 판단하고자 한다.

16명의 사원을 임의로 추출하여 이들에게 정규 컴퓨터 교육을 실시한 후, 개개의 사원에 대해서 교육전과 교육후의 업무효율성을 측정하였더니 [표 11-3]과 같았다.

[표 11-3] 정규 컴퓨터 교육 전후의 업무효율성(컴퓨터교육.sav)

일련번호	교육전 업무효율성	교육후 업무효율성
1	75	80
2	83	90
3	96	92
4	77	75
5	81	86
6	90	90
7	82	81
8	67	70
9	94	89
10	85	88
11	78	82
12	82	79
13	96	91
14	80	90
15	87	78
16	81	89

SPSS를 사용하여 교육전의 업무효율성과 교육후 업무효율성이 차이가 있는지 검정하여 보자. 대응표본 T-검정을 하려면 주메뉴에서

'분석 〉 평균 비교 〉 대응표본 T 검정 …'

을 선택하면 다음과 같은 "대응표본 T 검정" 대화상자가 열린다.

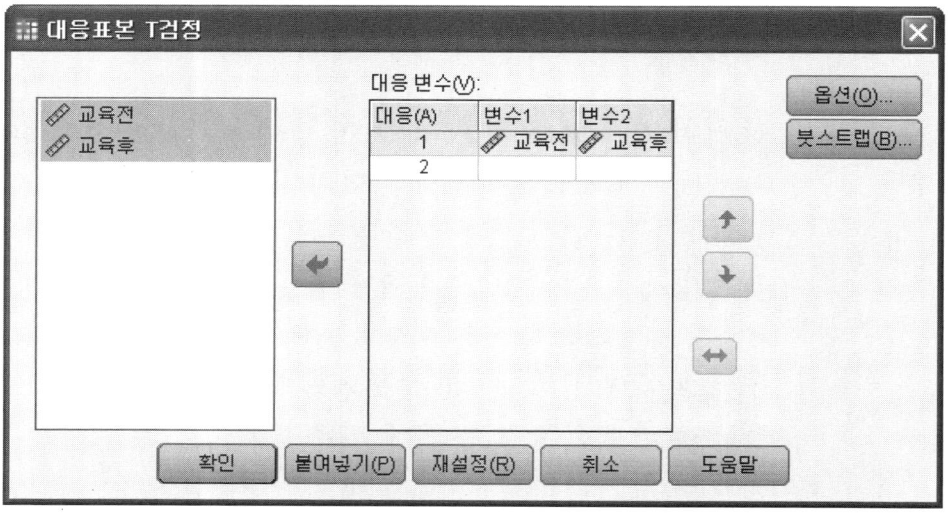

대응되는 두 변수를 선택 이동시킨 후 확인 단추를 클릭한다.

[결과 11-4] 대응 2표본 T-검정의 수행 결과

대응표본 통계량

		평균	N	표준편차	평균의 표준오차
대응 1	교육전 업무효율성 점수	83.38	16	7.856	1.964
	교육후 업무효율성 점수	84.38	16	6.612	1.653

대응표본 상관계수

		N	상관계수	유의확률
대응 1	교육전 업무효율성 점수 & 교육후 업무효율성 점수	16	.731	.001

대응표본 검정

		대응차					t	자유도	유의확률 (양쪽)
					차이의 95% 신뢰구간				
		평균	표준편차	평균의 표준오차	하한	상한			
대응 1	교육전 업무효율성 점수 - 교육후 업무효율성 점수	-1.000	5.428	1.357	-3.893	1.893	-.737	15	.473

[결과 11-4]에서 교육전의 평균점수는 83.38이고 교육후의 평균점수는 84.38로, 교육후 평균점수가 '1'점 더 올라갔다.

이를 통계적으로 유의한 차이로 볼 수 있을 것인가? 검정통계량의 유의확률이 0.473으로 이는 유의수준 0.05보다 크다. 그러므로 "유의수준 5%하에서 교육전과 교육후의 평균점수는 차이가 없다"는 결론을 내릴 수 있다.

이상으로 T-검정을 살펴보았는데, 비교하고자 하는 두 변수가 같은 개체에서 나온 값이라면 '대응표본 T-검정'을 수행하고, 다른 개체에서 나온 값이라면 '독립표본 T-검정'을 수행한다.

11.4 연습 문제

1. 두 개의 서로 다른 자동차 제동장치의 성능을 비교하기 위하여 각각 10대의 동일 모형 자동차에 장착한 후에 80km/h로 달리다가 제동을 하는 데 필요한 거리(m)를 관측한 결과가 다음과 같다. 두 제동장치의 성능이 동일한가에 대한 검정을 유의수준 5% 하에서 실시하라.

제동장치 I	10.2	10.5	10.3	10.8	9.8	10.6	10.7	10.2	10.0	10.6
제동장치 II	9.8	9.6	10.1	10.2	9.7	9.5	9.6	10.1	9.8	9.9

2. 두 종류의 타이어 (A, B)의 성능을 비교하기 위하여 5대의 자동차를 임의로 선발하여 각 자동차의 뒷바퀴 중에서 한 쪽에는 A타이어를 그리고 다른 한 쪽에는 B타이어를 끼우고 500km를 주행한 뒤에 타이어의 마모 상태를 조사한 결과가 다음과 같이 주어져 있다. 두 타이어의 마모율에 차이가 있는가를 유의수준 5% 하에서 검정하라.

자동차	타이어 A	타이어 B
1	10.6	10.2
2	9.4	9.8
3	12.3	11.8
4	9.7	9.1
5	8.3	8.8

3. 여덟 사람이 한 다이어트 프로그램에 한 달 동안 참석하였다. 이들이 처음 시작할 때와 한 달 후 다이어트 프로그램이 끝났을 때 측정한 체중이 아래와 같다고 한다. 다이어트 프로그램이 체중을 줄이는 효과가 있는지를 유의수준 5% 하에서 검정하라.

사람	처음 체중(A)	한 달 후 체중(B)
1	110	95
2	95	91
3	87	85
4	105	98
5	70	68
6	123	110
7	77	74
8	99	95

Chapter 12

일원배치 분산분석

12.1 확률화 실험의 개요

확률과 실험의 개념

실험 계획에 의한 분산분석에서는 각각의 처리를 가한 표본의 관측 결과, 즉 반응에 의하여 모평균의 동일성을 검정한다. 여기에서 반응은 처리 효과(treatment effect)와 오차 효과(error effect)의 결합된 형태로 설명할 수 있는데, 처리 효과란 각각의 처리에 의하여 나타난 효과를 말하며 오차 효과란 반응 중에서 처리에 의하여 설명되지 않는 효과를 말한다.

학생들의 성적은 서로 다른 교육방법에 의한 효과도 있지만 학생들 개개인의 IQ라든지 기타 기본적인 학습능력에도 영향을 받는데, 실험에서는 단지 교육방법에 의한 처리 효과를 비교하고자 하므로 다른 요인의 효과를 고려하지 않는다. 따라서 이 실험에서는 서로 다른 세 가지 교육방법의 효과가 처리 효과이고 기타 다른 모든 요인에 의한 효과를 오차 효과라고 할 수 있다.

분산분석에서는 각 처리집단 간의 반응의 차이가 실제로 처리 수준이 다름으로 하여 발생되었는가를 분석하고자 하므로 반드시 각 처리집단의 오차효과가 각 집단에서 동일하게 나타나도록 실험을 계획하여야 한다. 만약 위의 실험에서 추출된 6개 반이 처음 2개 반에는 우수반, 다음 2개 반은 보통반, 그리고 나머지 2개 반은 열등반이라고 하고 처음 2개 반에는 처리1, 다음 2개 반에는 처리2, 나머지 2개 반에는 처리3을 가한다면 각 처리집단별 학기말 교사 성적의 평균이

$$\overline{X}_1 > \overline{X}_2 > \overline{X}_3$$

와 같이 나타난 경우에도 이 결과가 교육방법의 차이에 의하여 나타났는지 또는 우열반 구분에 의한 각 학생들의 기본적인 학습능력의 차이에 의한 것인지를 구분할 수 없게 되어 서로 다른 교육방법의 효과를 분석할 수 없다.

이와 같은 실험에서 실험 대상으로 선발된 학생 360명을 '무작위로' 60명씩 6개 반으로 재편성한 후에 2개 반씩 임의로 뽑아서 각각의 교육방법을 실시하면 각 반에 배정된 학생들의 기본적인 학습능력은 비슷하다고 할 수 있으며 따라서 각 반의 성적 차이는 서로 다른 교육방법에 의하여 나타난다고 할 수 있다.

이와 같이 처리의 효과를 구분하기 위하여 실험 단위들을 각 처리집단에 '무작위로(확률적으로)' 배정하는 실험 계획을 확률화 실험 계획(completely randomized design)이라고 한다.

실험 계획의 과정

실험 계획은 분석 목적에 적합한 자료의 수집 과정이라고 할 수 있고 분산분석은 수집된 자료를 이용하여 처리 수준 간의 효과의 차이를 분석하는 것이라고 할 수 있는데, 여기에서는 앞에서 설명한 실험 계획의 과정을 다음 예를 통하여 요약・정리한다.

[예제] 의학 연구에서 특정한 암에 대한 서로 다른 세 가지 치료제 A, B, C가 있다고 할 때, 이 세 가지 치료제의 효과를 비교하기 위한 실험을 계획하라.

[풀이] 위에 주어진 세 가지 치료제 A, B, C의 효과를 비교하기 위한 실험에서 위의 암에 걸려서 병원에 입원한 환자 30명을 실험 대상자로 한다고 하자. 이 경우 30명의 암 환자를 '무작위로' 각각 10명씩 세 집단으로 나눈 후에 첫째 집단에는 치료제 A를, 두 번째 집단에는 치료제 B를, 그리고 세 번째 집단에는 치료제 C를 투여한 후에 병이 치료되는 데까지 걸리는 시간을 관측하여 세 치료제의 효과를 분석하는 실험을 계획할 수 있다. 이 실험에서 모집단은 그 병을 앓는 모든 환자이며, 표본은 실험 대상이 된 30명의 환자이고 요인은 치료약이며 요인의 수준은 각각의 치료약 A, B, C

를 말한다. 반응은 평균과 분산을 이용하여 각각의 약에 있어서 치료에 소요되는 평균시간이 동일한가를 검정한다. 확률화 실험의 원칙에 의하여 실험 대상인 30명의 환자들은 각 실험 집단에 '무작위로' 배정되어야 하며 만약에 특정집단에 증세가 심한 환자들이 모여 있게 되면 세 가지 약의 치료 효과를 비교 분석할 수 없게 된다.

실험 계획의 방법

실험 계획에 있어서 실험 단위들을 각 처리집단에 배치하는 방법에는 완전확률화 계획법(completely randomized design)과 확률화 블록계획법(random-ized block design)이 있다. 완전확률화 계획법은 실험 단위들이 각 처리집단에 '무작위로' 배치되는 방법으로 실험 단위들이 각 처리집단에 배치될 가능성이 균등한 실험 계획법을 말하며, 확률화 블록계획법은 실험 단위들이 상당히 이질적일 때 완전확률화 계획법에 의한 실험 단위들의 배치에서 우연히 나타날 수 있는 실험 단위들의 편향적 분포에 대한 가능성을 줄이기 위하여 실험 단위들을 유사한 것끼리 묶어서 몇 개의 블록으로 만든 후에 각 블록 내에서 실험 단위들을 각각의 처리 수준에 확률적으로 배치하는 실험 계획법이다.

예를 들어 네 가지 돼지 사료 A, B, C, D의 비육 효과를 실험하고자 할 때 갓 태어난 새끼돼지를 실험 대상으로 한다고 하자. 비슷한 시기에 3마리의 어미돼지가 각각 12마리의 새끼를 낳아 모두 36마리의 새끼돼지를 실험 대상으로 할 때 다음과 같이 두 가지의 배치방법을 생각할 수 있다.

완전확률화 계획법: 36마리의 새끼돼지를 섞어 놓은 후에 임의로 9마리씩 4개 집단으로 나누고 각 집단에 A, B, C, D의 사료를 일정 기간 먹인 후 각 돼지의 체중을 측정하여 사료의 성장에 미치는 효과가 같은지를 비교한다.

확률화 블록계획법: 돼지의 발육은 어미돼지로부터의 유전적 요인에 의해서도 영향을 받는다고 할 때, 위와 같은 완전확률화 계획법에 의한 새끼돼지의 배치는 특정 처리집단에 특정 어미에 의한 새끼돼지가 많이 배치될 가능성이 있다. 이러한 문제점의 해결 방안으로 각 어미돼지에 의한 새끼돼지 12마리를 각각의 블록으로 하여 3개의

블록을 만들고 각 블록 내에서 '무작위로' 각각 3마리씩 네 개의 집단을 만든 후에 각 집단에 서로 다른 사료를 먹이는 실험을 일정 기간 계속한 후에 체중을 측정하여 사료의 효과를 비교할 수 있다. 이와 같이 새끼돼지를 배치하면 각 블록 내에 있는 새끼돼지들의 유전적 요인이 같으므로 각 사료의 효과를 보다 객관적으로 비교할 수 있다.

즉, 확률화 블록계획법은 완전확률화 계획법에서 우연하게 한 집단에 선천적으로 우량인 새끼돼지들이 많이 배치되어 실험 결과에 영향을 미치는 것을 방지하기 위한 방법이라고 할 수 있으며, 실험 단위가 서로 상당히 이질적일 때에는 이와 같이 실험 단위를 서로 유사한 것끼리 블록으로 묶은 후에 각 블록 내에서 실험 단위들을 각 처리집단에 확률적으로 배치하는 방법이 보다 합리적일 수 있다.

12.2 일원배치 분산분석의 개요

분산분석 모형의 개요

두 집단에서 나온 자료가 동일한 분포를 갖는가를 검정하는 T-검정을 확장하여, k개의 표본들이 같은 분포를 갖는가를 검정하는 데 분산분석을 사용하며, 요인이 하나인 실험에 대한 분산분석법을 일원배치 분산분석(oneway ANOVA)이라고 한다.

예를 들어 3대의 기계에서 생산되는 공구들의 파괴강도를 실험한 후, 3개 공구의 파괴강도 간에 차이가 있는지를 검정할 경우에 분산분석(ANalysis Of VAriance: ANOVA)을 적용할 수 있다.

분산분석 모형의 종류

분산분석 모형은 구분 기준을 어떻게 하느냐에 따라, 다음과 같이 나누어 볼 수 있다.

ⓐ 요인의 수에 따라
일원배치 모형(oneway), 이원배치 모형(twoway), …
예) 교육 수준, 성별 등에 따른(TV시청 시간의 차이)
처리방법, 환자 나이

ⓑ 요인의 형태에 따라
Fixed effect model(모수효과 모형)
Random effect model(변량효과 모형)
Mixed effect model(혼합효과 모형)

등으로 나눌 수 있다.

12.3 일원배치 분산분석의 예

3대의 기계에서 생산되는 공구들의 파괴강도들이 차이가 있는지를 알아보기 위하여 실험의 결과 [표 12-1]과 같은 데이터를 수집하였다.

[표 12-1] 파괴강도 데이터(기계강도.sav)

기계 1	36	41	42	49	
기계 2	40	48	39	45	44
기계 3	35	37	42	34	32

3대의 기계에서 생산된 공구 간의 파괴강도의 차이가 있는지를 검정하여 보자. 이 예에서 귀무가설과 대립가설은 다음과 같다.

귀무가설: 3대의 기계에서 생산되는 공구들의 파괴강도는 차이가 없다.
대립가설: 3대의 기계에서 생산되는 공구들의 파괴강도는 차이가 있다.

이를 통계적 표현을 빌려 묘사하여 보면 다음과 같다.

H_0 : $\mu_1 = \mu_2 = \mu_3$
H_1 : H_0 은 사실이 아니다.
단, μ_1 은 기계 1에서 생산된 공구들의 평균 파괴강도
μ_2 는 기계 2에서 생산된 공구들의 평균 파괴강도
μ_3 은 기계 3에서 생산된 공구들의 평균 파괴강도

즉, 귀무가설 H_0 은 모든 처리집단의 모평균이 동일하다는 것을 의미하며 대립가설 H_1 은 모평균 모두가 동일하지는 않다는 것, 즉, 최소한 하나는 다른 값과 다르다는 것을 의미한다.

SPSS에서 일원배치 분산분석을 수행하려면 주메뉴에서

'분석 〉 평균 비교 〉 일원배치 분산분석 …'

을 선택하면 다음과 같은 '일원배치 분산분석' 대화상자가 열린다.

옵션(O)... 단추를 클릭하면 '일원배치 분산분석: 옵션' 대화상자가 나타난다.

각 집단의 분산이 동일한가를 검정하기 위하여 '분산 동질성 검정'을 체크하고, 만일 분산의 동질성이 위배되는 경우에는 ANOVA 표를 보고 검정할 수 없으므로 이분산인 경우의 평균 차이를 검정하는 'Brown–Forsythe'와 'Welch'의 검정도 출력하기로 한다. 이제 계속 을 클릭한다. 다시 주대화상자에서 확인 을 클릭하여 분산분석을 수행한다.

[결과 12-2] 일원배치 분산분석 수행 결과

분산의 동질성 검정

파괴강도

Levene 통계량	df1	df2	유의확률
.096	2	11	.909

분산분석

파괴강도

	제곱합	df	평균 제곱	거짓	유의확률
집단-간	146.057	2	73.029	4.041	.048
집단-내	198.800	11	18.073		
합계	344.857	13			

평균의 동질성 검정

파괴강도

	통계량[a]	df1	df2	Sig.
Welch	4.455	2	6.628	.059
Brown-Forsythe	3.783	2	8.240	.068

a. 자동으로 F 분배합니다.

[결과 12-2]에서 첫 번째 피벗표는 각 집단에 대한 모분산의 동질성 검정결과이다. 여기에서 유의확률(p-값)은 0.909로 유의수준 5% 하에서 각 집단들의 모분산이 같다는 귀무가설을 채택하게 되므로 각 집단들의 분산이 같다고 할 수 있다. 결국 등분산의 가정이 만족된다고 할 수 있으므로 분산분석표를 볼 수 있게 되었다. 그러므로 평균의 동일성 검정은 두 번째 분산분석표에서 실시할 수 있다. 가설을 검정하기 위한 검정통계량(F)의 유의확률이 0.048로 이는 유의수준 0.05보다 작으므로 유의수준 5% 하에서 귀무가설을 기각하게 된다. 즉 "3대의 기계에서 생산된 공구들의 파괴강도는 차이가 있다"는 결론에 도달할 수 있다. 만일 이분산인 경우의 평균 차이를 검정할 경우는 'Brown-Forsythe'와 'Welch'의 검정을 사용해야 한다. 그러므로 여기에서는 세 번째 피벗표는 사용하지 않는다. 그리고 결과의 2번째 표의 '거짓'으로 번역된 부분 F-값을 나타내므로 'F'로 표시되어야 한다. 역시 성의 없이 포팅하는 실수는 여전하다. 그리고 결과의 3번째 피벗표의 각주 a를 보면 'Brown-Forsythe'와 'Welch'의 F-검정은 근사적인 F-검정법으로 번역이 잘못되어 있는데 즉, "자동으로

F분배합니다"가 아니라 "근사적으로 F분포를 따른다"라고 번역되어야 한다. 애교(??)로 봐주고 넘어 가자.

12.4 사후분석

앞 절에서 3대의 기계에 의해 생산된 공구의 파괴강도가 차이가 있다고 결론을 내렸는데, 이러한 차이가 어떠한 기계들의 차이에서 기인하는지를 검토하기 위하여 개별적인 기계에 대한 추가적인 통계분석을 해야 한다.

이러한 추가분석을 사후분석(Post Hoc Mu tiple Comparisons) 또는 다중비교(multiple comparison)라 하며, 즉, 각 기계 수준의 파괴강도의 평균값들을 서로 비교하여 대소관계를 파악하는 방법을 다중비교(multiple comparison)라고 하며 이는 등분산인 경우 분산분석표에서 검정한 결과가 평균의 차이를 인정한 경우나 이분산인 경우 'Brown-Forsythe'와 'Welch'의 검정에서 둘 다 유의한 경우에만 실시하는 절차이다. 일반적으로 등분산이건 이분산이건 간에 평균의 차이가 없다는 영가설을 채택한 경우에는 더 이상 분석을 진행할 필요가 없게 되지만 영가설을 기각한 경우에는 각 집단별 평균을 비교하는 다중비교 절차를 수행해야 하기 때문에 이를 사후분석(Post Hoc)이라고도 한다. 이러한 사후분석 방법은 SPSS에서는 등분산인 경우 Scheffe, Tukey, S-N-K, LSD, Duncan …… 등이 이분산인 경우에 Tamhane의 T2, Dunnett T3, Games-Howell, Dunnett의 C 등 여러 가지 다중비교 방법들을 제공하고 있으며, 이분산인 경우의 다중비교 방법들은 SPSS R7.5 이후 버전부터 추가되었다.

이 데이터에서는 등분산을 가정할 수 있으므로 Duncan의 다중범위 검정(multiple range test)을 수행하기로 한다. 일원배치 분산분석 주대화상자에서 [사후분석(H)...] 단추를 클릭하고 "일원배치 분산분석: 사후분석" 대화상자에서 "Duncan"을 선택하면 된다.

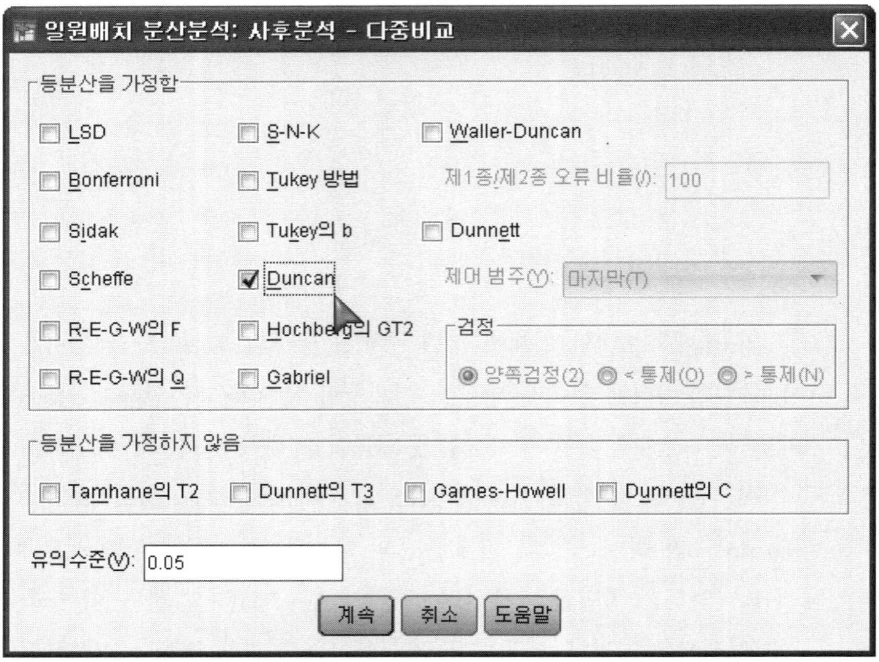

[결과 12-3] Duncan의 다중비교 수행 결과

파괴강도

Duncan[a,b]

기계종류	N	유의수준 = 0.05에 대한 부집단	
		1	2
기계 3	5	36.00	
기계 1	4	42.00	42.00
기계 2	5		43.20
유의확률		.055	.676

동일 집단군에 있는 집단에 대한 평균이 표시됩니다.

a. 조화평균 표본 크기 4.615을(를) 사용합니다.

b. 집단 크기가 동일하지 않습니다. 집단 크기의 조화평균이 사용됩니다. I 유형 오차 수준은 보장되지 않습니다.

Duncan의 검정결과 기계 2에서 생산된 공구들의 평균 파괴강도와 기계 3에서 생산된 공구들의 평균 파괴강도의 차이는 유의수준 0.05 하에서 두드러짐을 알 수 있다. 그러나 기계 3에서 생산된 공구들의 평균 파괴강도와 기계 1에서 생산된 공구들의 평균 파괴강도는 통계적으로 차이가 나지 않는 것으로 판단한다. 역시 기계 1에서 생산된 공구들의 평균 파괴강도와 기계 2에서 생산된 공구들의 평균 파괴강도 사이에도 차이가 존재하지 않는 것으로 판단한다.

12.5 연습 문제

1. 네 가지 교육방법의 효과를 비교분석하기 의하여 학생 40명을 무작위로 10명씩 4개 집단으로 나누고 한 학기 동안 각 교육방법으로 교육을 시킨 후에 치른 학기말 시험 성적이 다음 표와 같다. 학기 중에 질병이나 전학 등으로 인하여 학기말 시험을 치른 학생의 수가 많지 않은데, 다음과 같은 데이터에 근거하여 네 가지 교육방법의 효과가 다르다고 할 수 있는지를 검정하라.

교육방법	1	2	3	4
시험성적	65	75	59	94
	87	69	78	89
	73	83	67	80
	79	81	62	88
	81	72	83	
	69	79	76	
		90		

2. 미국의 한 제과사에서는 쿠키 제품 포장에 대한 두 가지 색깔의 판매 효과를 평가하고자 쿠키의 월간 매출이 유사한 10개 점포를 선정하고, 이를 무작위로 다섯 개씩 두 개의 집단으로 나누었다, 그리하여 한 집단에는 적색포장만 진열하고, 다른 집단에는 청색포장만 진열한 후, 2주에 걸쳐 모든 점포에서 각 포장들을 적절히 진열하고 품절이 발생하지 않도록 잘 감독하였다. 2주간 점포별 시험 포장품의 판매량은 다음과 같이 나타났다. 포장색상별로 판매 효과가 차이가 있는지를 검정하라.

적색포장		청색포장	
A 점포	6	V 점포	16
B 점포	8	W 점포	18
C 점포	10	X 점포	20
D 점포	12	Y 점포	22
E 점포	14	Z 점포	24

3. 두 가지 서로 다른 생산 공정에 의하여 생산된 플라스틱의 탄력도를 조사한 결과가 다음과 같았다. 두 공정에 의한 플라스틱의 평균 탄력도가 동일한가를 검정하라.

공정 A	6.1	7.1	7.8	6.9	7.6	8.2
공정 B	9.1	8.2	8.6	6.9	7.5	7.9

4. 돼지 사육에 이용되는 세 가지 사료(A, B, C)의 효과를 비교하기 위하여, 비슷한 시기에 태어난 30마리의 새끼돼지를 각각 무작위로 세 집단으로 나눈 후에 세 가지 사료를 이용하여 100일 동안 양육한 결과 각 돼지의 무게(단위 kg)가 다음과 같았다. 세 가지 사료의 효과가 동일한가를 검정하라.

A 사료	B 사료	C 사료
30.1	34.5	28.3
31.6	30.3	27.1
25.4	31.7	28.3
33.3	29.0	30.2
29.0	30.5	31.5
30.9	32.6	29.4
28.5	33.1	30.4
29.3	31.9	24.6
31.2	32.2	32.3
32.7	26.7	28.7

Chapter 13

이원배치 분산분석

13.1 이원배치 분산분석의 개요

요인이 둘인 실험에 대한 분산분석법을 이원배치 분산분석(two-way ANOVA)이라고 한다. 이원배치 분산분석에서는 두 요인에 대한 상호작용(interaction effect)이 존재하는가를 제일 먼저 검정하고, 상호작용이 존재하지 않아야만 각각의 요인의 효과를 따로 떼어서 분석하는 것이 가능해진다.

예를 들어 상호작용이란 소화제와 두통약을 동시에 먹었을 때 소화도 해결되고 두통도 해결된다면 이 두 약 사이에 상호작용이 없다고 말할 수 있다. 그러나 소화제와 두통약을 동시에 먹었을 때, 두 약 사이에 부작용 때문에 애초에 기대했던 효과, 즉, 소화제 효과와 두통약 효과를 더한 가법효과(加法效果: additive effects)로부터 이탈된다면 바로 이러한 이탈 현상이 상호작용이라 할 수 있다. 따라서 이원배치 분산분석에서는 두 요인의 각각의 효과 이외에 드 요인 간의 상호작용이 추가될 수 있다.

다중비교 절차를 요약하면 다음과 같다.

① 두 요인 간의 상호작용이 존재하는지 확인한다.

② 상호작용이 존재하지 않으면 요인효과를 따로 분리하여 각각의 요인에 대하여 다중비교를 실시할 수 있다.

③ 상호작용이 존재한다면 '적절한' 변수변환을 통하여 상호작용을 제거할 수 있는지 시도해 본다.

④ "적절한" 변수변환으로 상호작용이 제거된다면 ②로 되돌아간다.

⑤ "적절한" 변수변환으로도 상호작용이 제거되지 않는다면 두 요인의 효과를 동시에 고려한 처리 평균에 대하여 다중비교를 실시한다.

상호작용이 존재하면 해석상의 어려운 점이 생기므로 될 수 있는 한 상호작용을 제거하도록 해야 한다. 그러나 현실에서는 상호작용을 제거하는 것보다 상호작용 자체를 분석하는 것이 더 이로울 경우가 왕왕 있음을 주지하기 바란다.

13.2 이원배치 분산분석의 예

세 종류의 토양과 두 종류의 비료에 따라 옥수수를 실험 재배하여 수확량을 조사하였더니 다음과 같았다.

[표 13-1] 옥수수 수확량 데이터(데이터: 옥수수.sav)

요인	비료 1	비료 2
토양 1	21	21
	23	22
	19	20
토양 2	30	26
	29	29
	26	27
토양 3	25	23
	22	19
	23	20

옥수수 수확량이 토양과 비료에 따라 차이가 있는지를 검정하고자 할 때, 분산분석(ANOVA)을 적용할 수 있다. 이원배치 분산분석에서는 상호작용이 존재하는가를 제일 먼저 검정하고, 상호작용이 존재하지 않아야만 토양과 비료의 효과를 따로 떼어서 분석하는 것이 가능해진다.

단순요인 분산분석(simple factorial ANOVA) 프로시저는 2원-배치 이상의 분산분석을 수행할 수 있으나 R10.0k에서부터 GLM 일변량 ANOVA 프로시저로 흡수되었으므로 SPSS에서 이원배치 분산분석을 수행하려면 주메뉴에서

'분석 〉 일반선형모형 〉 일변량 ……'

을 선택하면 다음과 같은 '일변량' 분산분석 대화상자가 열린다.

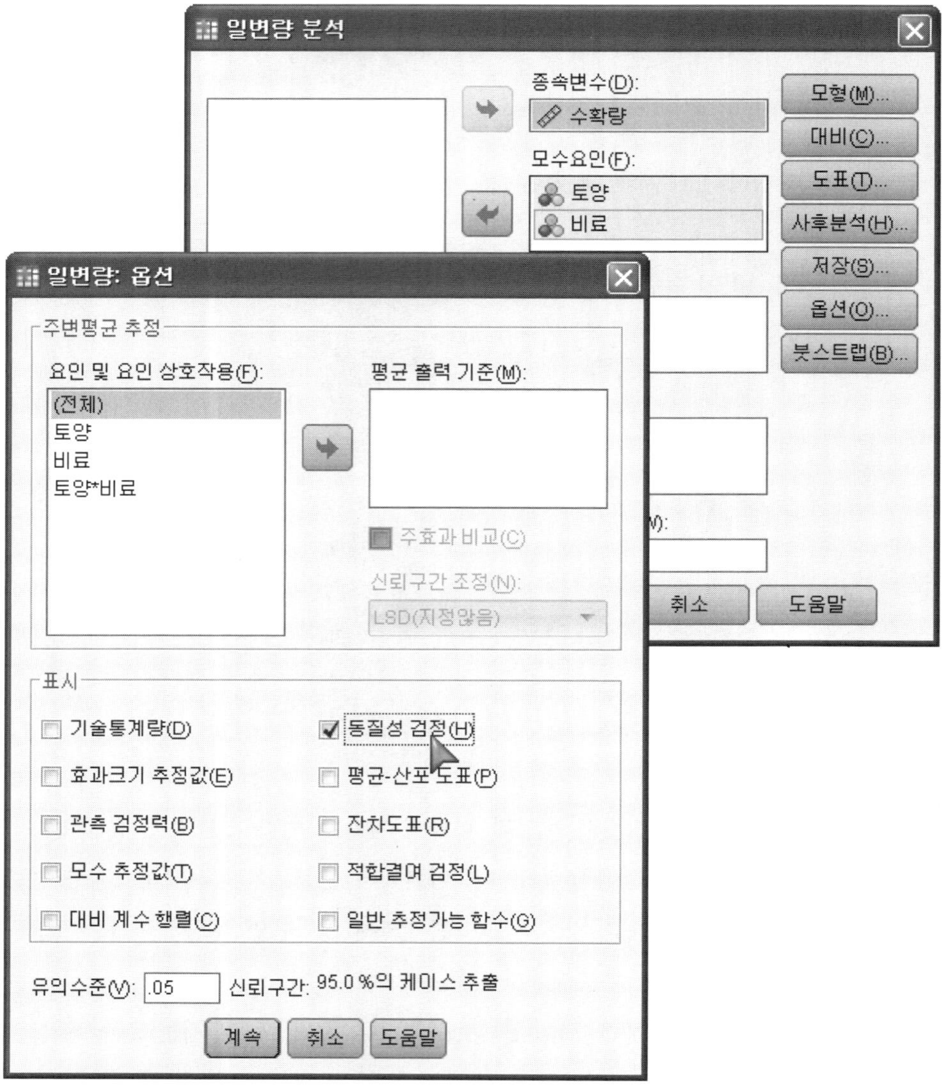

옵션(O)... 단추를 클릭하여 분산의 동질성 검정을 출력하도록 지정한다.

도표(T)... 단추를 클릭하여 2개 요인의 수준별 평균 선도표를 출력하여 상호작용의 존재 정도를 그림으로 볼 수 있도록 한다.

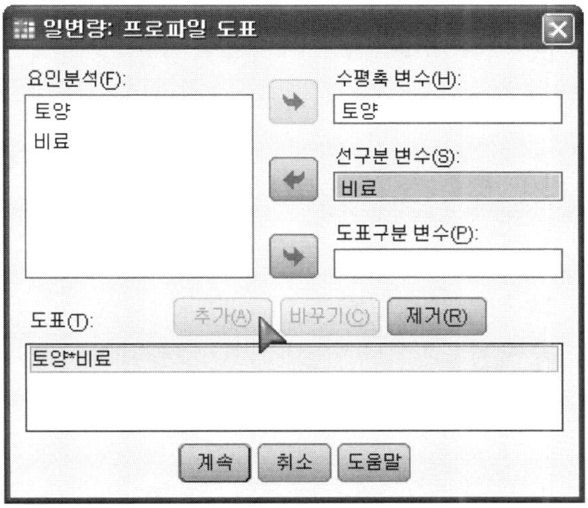

즉, 토양을 수평축 변수에 지정하고, 비료는 선구분 변수에 지정한 다음 추가시키고 [계속] 단추를 클릭한다. 다시 주대화상자에서 [확인] 단추를 클릭하여 수행한다. 즉 이를 프로파일 도표라고 한다. 프로파일 도표는 두 요인의 평행성을 보는 것으로 둘 이상의 선이 가파르게 교차되지 않는 한 평행으로 보며 아래와 같이 교차되지 않고 평행성을 띠게 되면 이 두 요인 간의 상호작용 효과는 없을 가능성이 커진다.

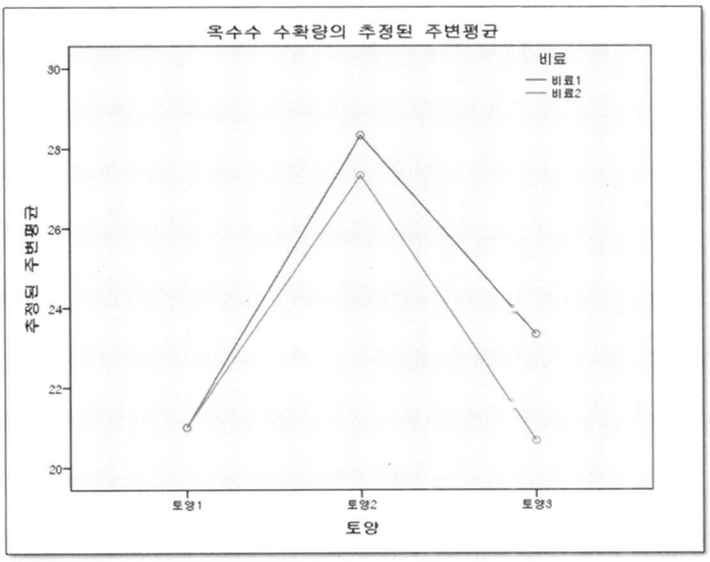

분산의 동질성 검정

분산분석은 집단 간의 모분산이 같다고 가정하고 설계된 이론이다. 그러므로 분산이 같다는 결론을 먼저 검정하고 등분산이라고 가정할 수 있다면 비로소 다음 단계의 검정으로 진행할 수 있다. [결과 13-2]에서 유의확률이 0.05보다 크므로 "집단 간의 분산이 동일하다"라는 귀무가설을 채택하게 된다. 그러므로 5% 하에서 모분산이 동일하다고 판단할 수 있다.

[결과 13-2] 등분산 검정

오차 분산의 동일성에 대한 Levene의 검정[a]

종속 변수:옥수수 수확량

F	df1	df2	유의확률
.506	5	12	.766

여러 집단에서 종속변수의 오차 분산이 동일한 영가설을 검정합니다.

a. Design: 절편 + 토양 + 비료 + 토양 * 비료

모형의 타당성 검정(수정모형)

[결과 13-3]에서 각각의 요인 효과 및 상호작용 효과가 없다는 가설을 검정하는 부분으로 가장 먼저 검정해야 될 부분(수정 모형)이다. 만일 가설을 채택하면 이원배치 분산분석 모형은 그 타당성을 상실하게 되며, 더 이상의 분석을 할 수 없게 된다. 그러나 여기에서 수정 모형의 유의확률이 0.000으로 나타났으므로 유의수준 5%하에서 귀무가설을 기각하게 된다. 그러므로 이 옥수수 수확량 자료에 대한 이원배치 분산분석 모형은 유의수준 5% 하에서 타당한 것으로 판단할 수 있다. 즉, 이원배치 모형의 종속변수인 옥수수의 수확량의 변화를 2개의 요인 및 상호작용으로 설명할 수 있다는 결론을 내릴 수 있다.

상호작용의 검정(2원-배치 상호작용)

[결과 13-3]에서 두 요인이 복합적으로 작용하여 옥수수 수확량에 영향을 주는가

를 알아보기 위한 상호작용(interaction)의 검정결과를 보면 유의확률(0.436)이 0.05보다 크므로, "두 요인의 상호작용 효과는 없다"라고 할 수 있다. 상호작용이 존재하지 않으므로 각각의 요인의 효과를 따로 떼어서 분석하는 것이 가능해진다. 그러므로 각 주효과를 검정하게 된다. 만일 상호작용 효과가 존재한다면 분석을 더 이상 진행할 수 없다. 상호작용이 존재하는 경우는 다음 절에서 설명하기로 한다.

[결과 13-3] 분산분석 수행 결과

개체-간 효과 검정

종속 변수:옥수수 수확량

소스	제 III 유형 제곱합	자유도	평균 제곱	F	유의확률
수정 모형	175.611[a]	5	35.122	11.495	.000
절편	10034.722	1	10034.722	3284.091	.000
토양	163.444	2	81.722	26.745	.000
비료	6.722	1	6.722	2.200	.164
토양 * 비료	5.444	2	2.722	.891	.436
오차	36.667	12	3.056		
합계	10247.000	18			
수정 합계	212.278	17			

a. R 제곱 = .827 (수정된 R 제곱 = .755)

주효과 검정(주효과)

상호작용 효과가 없으므로 [결과 13-3]에서 각 주효과의 유의확률을 보면 비료의 효과는 유의확률 0.164는 0.05보다 크므로 "유의수준 5% 하에서 두 종류의 비료에 따른 옥수수 수확량은 차이가 없다"라는 결론을 내릴 수 있다. 또한 토양의 효과를 보면 유의확률 0.000이 0.05보다 작으므로, "유의수준 5% 하에서 세 종류의 토양에 따라 옥수수의 수확량이 차이가 있다"고 결론을 내린다. 즉, 2종의 비료 효과는 없으나 세 종류의 토양에 따라 옥수수의 수확량이 차이가 존재하므로 어떤 종류의 토양이 옥수수의 수확량에 가장 크게 영향을 미치는지를 분석할 필요가 있다. 사후분석으로 다중비교 절차를 수행하면 해결될 것이다. 이를 수행하기 위하여 주대화상자에서 [사후분석(H)...]을 클릭하고 다음과 같이 지정한다.

토양 요인에 대한 효과를 분석하기 위하여 '토양'을 사후검정변수로 지정하고 등분산을 가정하고 있으므로 Duncan의 방법을 선택하고 [계속] 단추를 클릭하고 주대화상자에서 [확인] 단추를 클릭하여 실행한다.

[결과 13-4] Duncan의 다중비교 결과

옥수수 수확량

Duncan[a,b]

토양	N	집단군 1	집단군 2
토양1	6	21.00	
토양3	6	22.00	
토양2	6		27.83
유의확률		.341	1.000

동일 집단군에 있는 집단에 대한 평균이 표시됩니다.
관측평균을 기준으로 합니다.
오류 조건은 평균 제곱(오류) = 3.056입니다.

a. 조화평균 표본 크기 6.000을(를) 사용합니다.

b. 유의수준 = .05.

Duncan의 검정결과를 보면 토양1과 토양3은 통계적으로 유의수준 5% 하에서 차이가 없음을 알 수 있으며 토양2와는 유의한 차이를 나타내고 있다. 그러므로 앞에서 분석한 결론과 함께 종합해 보면 옥수수의 수확량을 극대화하는 데 비료의 효과는 없으나 토양의 조건은 영향을 미치며 토양 조건에서도 토양2의 조건이라고 할 수 있다. 토양2에서 옥수수를 수확한다면 다른 조건의 토양보다 옥수수의 수확량을 극대화할 수 있다.

13.3 상호작용 효과가 존재하는 경우

미국의 한 캔디회사에서는 세 가지 캔디향(A, B, C)과 세 가지 가격(79센트, 89센트, 99센트)의 판매 효과를 시험하려고 한다. 캔디 매출 수준이 유사한 9개의 점포를 선정하고 이들 점포에 새로운 향의 캔디를 제공하여 4주간에 걸쳐 적절한 진열과 가격이 유지되도록 통제하였다. 4주 후에 팔리지 않은 캔디를 회수하여 가격 수준별 캔디향 제품의 판매량을 계산하였다. 세 가지 캔디향에 따라 캔디 판매량이 차이가 있는지 검정하라. 또한 가격에 따른 효과의 유무도 아울러 검정해 보기로 한다(데이터: 캔디판매량.sav).

[표 13-5] 캔디 판매량 데이터(단위: 상자)

가격	캔디향								
	A			B			C		
79센트	8	7	10	8	9	9	14	13	15
89센트	4	6	7	14	12	15	12	13	14
99센트	9	10	11	8	7	10	13	14	15

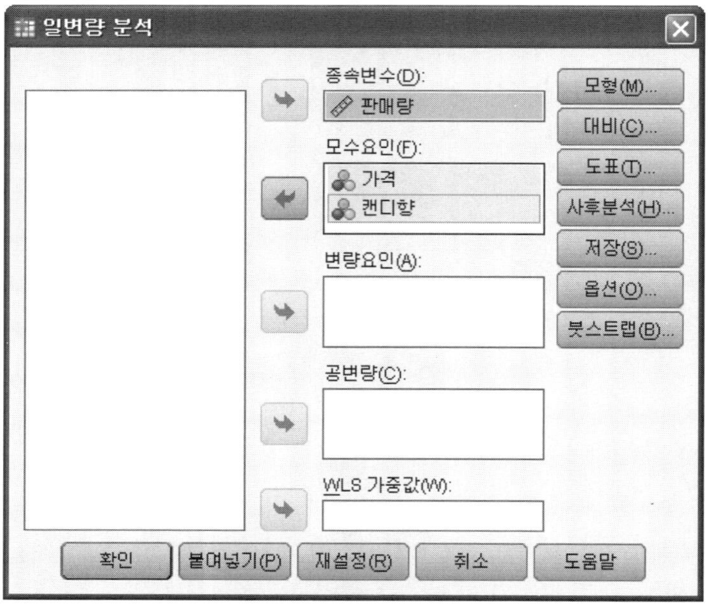

[결과 13-6] 상호작용이 존재하는 분산분석

오차 분산의 동일성에 대한 Levene의 검정[a]

종속 변수:판매량

F	df1	df2	유의확률
.584	8	18	.778

여러 집단에서 종속변수의 오차 분산이 동일한 영가설을 검정합니다.

a. Design: 절편 + 가격 + 캔디향 + 가격 * 캔디향

개체-간 효과 검정

종속 변수:판매량

소스	제 III 유형 제곱합	자유도	평균 제곱	F	유의확률
수정 모형	230.963[a]	8	28.870	19.012	.000
절편	3050.704	1	3050.704	2009.000	.000
가격	1.185	2	.593	.390	.682
캔디향	146.741	2	73.370	48.317	.000
가격 * 캔디향	83.037	4	20.759	13.671	.000
오차	27.333	18	1.519		
합계	3309.000	27			
수정 합계	258.296	26			

a. R 제곱 = .894 (수정된 R 제곱 = .847)

[결과 13-6]의 Levene의 검정결과 집단 간 오차의 분산이 동일한 것으로 판단할 수 있다. 그러므로 분산분석표를 보고 평균 간의 동일성을 검정할 수 있게 되었다. 분산분석표의 수정 모형의 유의확률이 0.000으로 나타났으므로 유의수준 5% 하에서 귀무가설을 기각하게 된다. 그러므로 이 캔디 판매량 데이터에 대한 이원배치 분산분석 모형은 유의수준 5% 하에서 타당한 것으로 판단할 수 있다. 그러므로 이제 상호작용 효과를 검정할 수 있게 되었다.

가격과 캔디향의 상호작용 효과를 보면 유의확률(0.000)이 0.05보다 작으므로 기각하게 되어 "두 요인의 상호작용 효과는 있다"라고 할 수 있다. 상호작용이 존재하므로 각각의 요인의 효과를 따로 떼어서 분석하는 것이 불가능하다. 그러므로 각 주효과를 독립적으로 검정할 수 없다. 즉, 상호작용 효과가 존재하므로 분석을 더 이상 진행할 수 없다. [결과 13-7]의 프로파일 도표를 확인하면 역시 서로 평행이 아닌 형

태, 즉, 선들이 서로 교차되어 있는 형태를 볼 수 있다.

[결과 13-7] 프로파일 도표

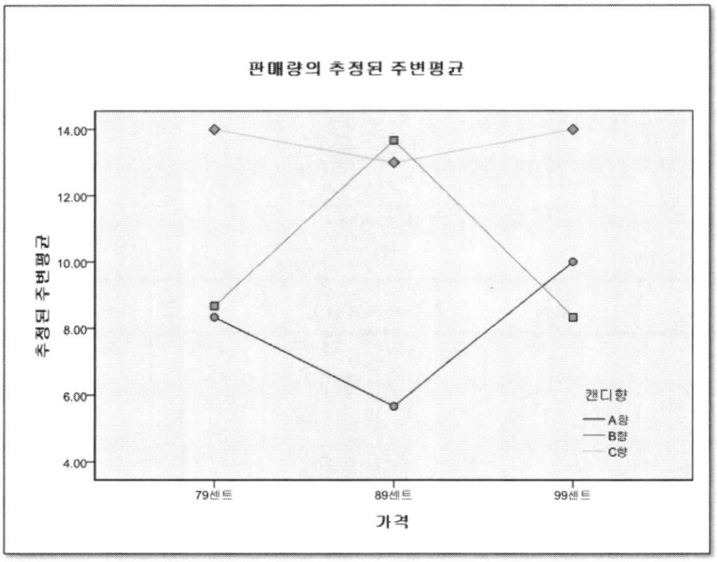

그렇다면 이제 어떻게 분석할 것인가? 일반적으로 상호작용 효과가 존재하면 이 효과가 제거되도록 변수변환을 사용하도록 권하고 있지만 여기에서는 상호작용 효과 자체가 중요한 의미를 가지므로 상호작용 자체를 분석하기로 한다. 우선 가격 수준과 캔디향 수준의 조합을 만들면 3×3=9개의 수준 조합(처리: treatments)이 만들어진다. 즉, 이 9개의 집단을 나타내는 변수를 만들고 이 9개 집단 간의 평균 비교를 수행하면 된다. 상호작용 효과란 두 요인의 수준 조합 간 평균의 차이를 말한다. 그러므로 이 9개 집단에 대해 일원배치 분산분석에서 다중비교를 실시하면 최적의 캔디 판매량의 가격 수준과 캔디향의 수준을 결정할 수 있을 것이다. 이는 연습 문제에 있으므로 이 문제를 해결하기 바란다.

13.4 연습 문제

1. 미국의 한 캔디회사에서는 세 가지 캔디향(A, B, C)과 세 가지 가격(79센트, 89센트, 99센트)의 판매 효과를 시험하려고 한다. 컨디 매출 수준이 유사한 9개의 점포를 선정하고 이들 점포에 새로운 향의 캔디를 제공하여 4주간에 걸쳐 적절한 진열과 가격이 유지되도록 통제하였다. 4주 후에 팔리지 않은 캔디를 회수하여 가격 수준별 캔디향 제품의 판매량을 계산하였다. 세 가지 캔디향에 따라 캔디 판매량이 차이가 있는지 검정하여라. 또한 가격에 다른 효과의 유무도 아울러 검정하여라.

가격	캔디향								
	A			B			C		
79센트	8	7	10	8	9	9	14	13	15
89센트	4	6	7	14	12	15	12	13	14
99센트	9	10	11	8	7	10	13	14	15

(단위: 상자)

2. 어떤 음료 제조업체에서는 대학생들이 자사의 콜라에서 카페인을 제거해 주길 원하는지 궁금하였다. 그리하여, 해당 도시의 주립대학에서 학년별로 250명의 남녀 대학생들(전체 표본=2,000명)을 각각 무작위로 선정하여 조사하였더니, 카페인이 없는 콜라를 선호하는 대학생들의 비율은 다음과 같이 나타났다. 이러한 경우 이 회사는 어떠한 결론을 내릴 수 있는가?

	4학년	3학년	2학년	1학년
여학생	60%	48%	41%	29%
	58%	49%	43%	27%
남학생	55%	53%	37%	33%
	56%	56%	39%	35%

3. 미국의 한 회사는 전국 10대 도시에서 매년 시행하는 가구별 아침 식사용 시리얼 소비량 조사를 지금 완료하였다. 센서스 조사에 따르면, N과 C의 2개 도시는 인구 통계적 특성이 매우 유사한 가구로 구성되어 있었는데 이들에 대한 조사 결과는 다음과 같았다.

가족 규모	소득(N도시)			소득(C도시)		
	저	중	고	저	중	고
5인 이상	55	51	40	66	42	43
3~4인	48	78	58	53	75	61
1~2인	39	71	60	31	66	63

위의 표를 보면 각 도시별 500가구가 소득 및 가족 규모 범주에 따라 어떻게 구분되는지 알 수 있다. 가능한 요인들을 결합하여 분산분석을 실시하라.

Chapter 14

비모수검정

14.1 비모수검정의 개요

사카린과 담배는 일반적으로 암을 유발시킨다고 알려져 있는 반면에 살구씨, 복숭아씨 또는 인터페론 같은 것들은 암을 치료하는 데 효과가 있다고 한다. 근래에 커피와 당근도 각각 암을 유발하고 치료하는 데 영향을 미치는 것으로 보고되었다. 이러한 것들은 모두 실험적인 것이고 또 매우 복잡한 요인들이 작용한다. 이러한 증거는 주로 동물 실험이나 환자의 병력을 토대르 한 것으로 사실 많은 문제가 있다. 동물에 어떤 시약을 투여한 결과 또는 오랜 기간 동안 조금씩 사용한 결과를 근거로 어떤 사실을 사람에 대하여 예측한다는 것은 사실 많은 문제가 있다.

사람들의 생활 습관을 구성하는 요소들을 따로따로 분리하여 각 요소별로 어떤 영향을 주는가를 밝히는 것은 매우 어려운 일이다. 예를 들어 비만, 운동 부족, 커피, 음주, 흡연, 도시 생활 등과 카페인의 영향을 어떻게 밝힐 것인가?

음식물의 섭취 또한 암의 유발과 발전 과정에 밀접한 관련이 있다고 한다. 예를 들어 지방의 섭취와 유방암 및 결장암은 서로 양의 상관관계를 가진다. 또 근래에 다이어트와 종양의 상관관계가 조사되었다. 같은 나이, 같은 종, 같은 물리적 조건 하에서 세 그룹의 동물들에 종양 세포를 이식하였다. 그리고 세 그룹의 동물들에 각각 포화 지방, 불포화 지방, 저지방을 먹여 그 관계를 조사하였다. 포화 지방을 먹인 동물에 있어서 종양 세포가 활성화되는 시간이 서로 다르다는 가설을 검정하려 한다. 만약 이 두 그룹의 시간이 각각 정규분포를 따른다면 제2장에서 설명한 T-검정을 이용하여 두 모평균이 같다는 가설을 검정할 수 있을 것이다. 그러나 걸린 시간의 분포가 정규분포가 아니고 또 표본의 크기가 작으면 분포에 대한 기본 가정을 필요로 하지 않는 통계적 기법을 이용해야 한다.

두 가설검정을 요약하면 모수적 방법(parametric method)은 관측값이 어느 특정한 확률분포(이를테면 정규분포, 이항분포 등)를 따른다고 전제한 후 그 분포의 모수(parameter)에 대한 검정을 실시하는 방법이며, 비모수적 방법(nonparametric method)은 관측값이 어느 특정한 확률분포를 따른다고 전제할 수 없는 경우에 실시하는 검정방법으로 모수에 대한 언급이 없으며 분포무관방법(distribution free method)이라고 하기도 한다. 비모수적 방법의 특징은 첫째, 최소한의 가정을 전제로 하므로 가정이 만족하지 않음으로써 발생하는 오류를 줄일 수 있다는 점이며, 둘째, 대부분의 경우 관측값보다는 상대적 순위를 이용하여 검정통계량을 유도하므로 순서척도로 관측된 자료의 검정에 유용하다는 점이며, 셋째, 계산 과정이 단순하고 통계적 의미를 이해할 수 있으므로 통계에 대한 깊은 지식을 필요로 하지 않는다는 점을 들 수 있다.

14.2 독립인 표본의 Mann-Whitney 검정

독립인 두 집단의 평균의 차이를 비교할 때 모집단의 가정이 만족된다면 T-검정을 사용해야 된다. 그러나 모집단의 가정이 만족되지 않는다면 T-검정 대신에 비모수적 방법인 Mann-Whitney 검정을 사용해야 된다. 이때 데이터를 순위 또는 구간으로 나타낼 수 있어야 한다. Mann-Whitney 검정과 같은 다른 비모수검정 기법들은 데이터의 분포에 대하여 엄격한 가정을 필요로 하지 않기 때문에 이런 비모수검정은 일반적으로 모수검정보다 검정 능력이 떨어진다. 따라서 비모수검정은 모수검정이 적절하지 못한 상황일 때 이용하는 것이 좋다. 모수검정이 적절하지 못한 상황이란, 데이터가 명목 혹은 순서 데이터로 측정되었거나 등간 데이터라 하더라도 정규분포를 따르지 않을 때를 말한다.

[자료] 흡연이 운전기술에 미치는 영향을 평가하기 위하여 경력 5년 이상의 모범 운전자를 무작위로 추출하여 이들의 운전 습관, 주의력, 속도감 등을 점수화한 결과가 다음과 같다. 두 집단 사이의 운전기술에 차이가 있는지 검정하시오.

[표 14-1] 흡연자와 비흡연자의 운전기술 점수(데이터: 흡연.sav)

흡연자	28	53	39	27	41	63	27	28	45	48	65	78		
비흡연자	32	35	61	43	82	44	78	38	85	63	46	30	47	57

SPSS에서 Mann-Whitney 검정을 수행하려면 주메뉴에서

'분석 〉 비모수검정 〉 레거시 대화상자〉 독립 2-표본 ……'

을 선택하면 다음과 같은 '독립 2-표본 비도수검정' 대화상자가 열린다. 여기에서 '검정 유형' 상자에서 'Mann-Whitney의 U'를 선택하면 된다. 이는 디폴트로서 이미 선택되어 있을 수 있다.

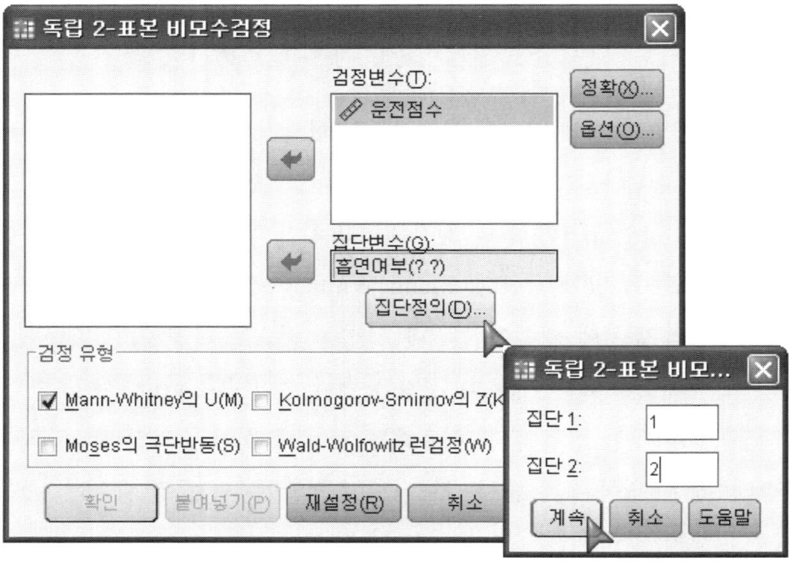

[집단정의(D)...] 단추를 클릭하여 변수의 집단값 1과 2를 지정한다. [계속] 단추를 클릭하고 주대화상자에서 [확인] 단추를 클릭한다.

[결과 14-2] Mann-Whitney 검정 수행 결과

순위

	흡연여부	N	평균순위	순위합
운전기술점수	흡연자	12	11.79	141.50
	비흡연자	14	14.96	209.50
	합계	26		

검정 통계량[b]

	운전기술점수
Mann-Whitney의 U	63.500
Wilcoxon의 W	141.500
Z	-1.055
근사 유의확률(양측)	.291
정확한 유의확률 [2*(단측 유의확률)]	.297[a]

a. 동률에 대해 수정된 사항이 없습니다.

b. 집단변수: 흡연여부

[결과 14-2]의 순위 피벗표를 보면 흡연자 집단은 12개 케이스의 순위(rank)를 평균한 값이 11.79로 나타났고, 비흡연자 집단의 14개 케이스의 순위를 평균한 값이 14.96으로 나타났다. 즉, 이 두 집단의 순위를 평균한 값이 서로 비슷한 값이면 H_0이 채택되기가 쉬우며, 서로 차이가 크면 H_0은 기각되기가 쉬울 것이다. 검정통계량 피벗표에서는 Mann-Whitney의 U 통계량값이 63.5이며, 141.5는 Wilcoxon의 순위합(rank sum)인 W 통계량의 값으로서 관측값의 수가 적은 집단의 순위합을 나타낸다. 정확한 유의확률의 P값 0.297은 동률(ties)에 의해 수정되지 않은 값으로 유의수준 0.05보다 크므로 H_0을 기각할 수 없다. 근사 유의확률(양쪽)의 P값 0.291은 동률에 의해 수정된 값이며 유의수준 0.05보다 크므로 H_0을 기각할 수 없다. 그러므로 "흡연자와 비흡연자 집단 사이의 운전기술의 차이가 없다"고 판단한다.

14.3 대응표본에 대한 부호검정

부호검정(sign test)은 대응표본에 대한 평균 간의 차이를 검정하는 절차로서 대응표본 T-검정에 대한 비모수적 검정방법이다. 두 생산라인 '라인1', '라인2'에서 생산된 전구를 10일 동안 관측한 결과 각 생산라인의 일별 불량품의 수가 [표 14-3]과 같이 관측되었다.

[표 14-3] 두 생산라인에서 생산된 전구 중 불량품의 수(전구불량.sav)

일 자	생 산 라 인	
	Line1	Line2
1	170	201
2	179	164
3	140	159
4	184	195
5	174	177
6	142	170
7	191	183
8	169	179
9	161	170
10	200	212

두 생산라인의 일별 생산량이 동일하다고 할 때 위의 자료를 이용하여 두 생산라인에서 생산된 제품 중에서 불량품 수의 분포가 동일한가를 검정하기 위하여 다음과 같은 가설을 설정한다.

H_0: 두 생산라인의 일별 생산량 중에서 불량품 수의 분포는 동일하다.

H_a: 두 생산라인의 일별 생산량 중에서 불량품 수의 분포는 동일하지 않다.

SPSS에서 대응표본에 대한 부호검정을 수행하려면 주메뉴에서

'분석 〉 비모수검정 〉 레거시 대화상자 〉 대응 2-표본 ……'

을 선택하면 다음과 같은 '대응 2-표본 비모수검정' 대화상자가 열린다. 여기에서 '검정 유형' 상자에서 '부호'를 선택하면 된다.

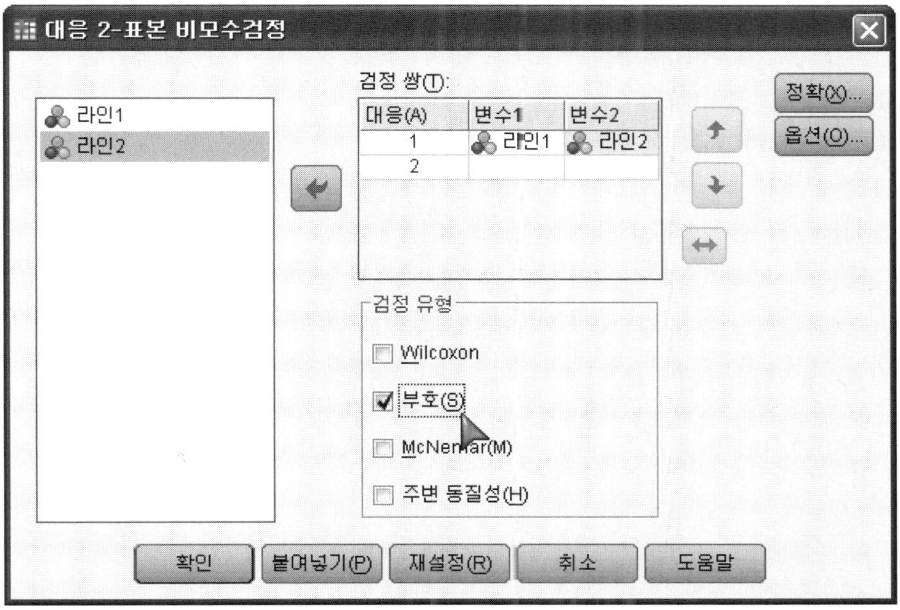

빈도 분석

		N
생산라인 2 - 생산라인 1	음수차[a]	2
	양수차[b]	8
	동률[c]	0
	합계	10

a. 생산라인 2 < 생산라인 1
b. 생산라인 2 > 생산라인 1
c. 생산라인 2 = 생산라인 1

검정 통계량[b]

	생산라인 2 - 생산라인 1
정확한 유의확률(양측)	.109[a]

a. 이항분포를 사용함.
b. 부호검정

[그림 14-4] 부호검정의 수행 결과

'라인2'에서의 불량품의 수에서 '라인1'의 불량품의 수를 빼서 +, −, 동률(ties) 등을 결정하여 개수를 표시한다. 즉, +부호가 8개이고 −부호가 2개, 그리고 동률은 없는 것으로 나타났다. 검정통계량은 +부호(양수 차)의 개수이므로 검정통계량의 귀무가설 분포는 이항분포(Binomial)인 B(10, 1/2)를 따른다. 그러나 여기에서는 가설이 양쪽검정이므로 P-값은 0.109로 유의수준 0.05보다 크므로 귀무가설을 기각할 만한 충분한 증거를 제시하지 못한다. 즉, 두 생산라인의 일별 생산량 중에서 불량품의 수의 분포는 동일하다는 결론을 내릴 수 있다.

14.4 Kruskal-Wallis의 일원배치 분산분석

앞 절에서 논의한 Mann-Whitney 검정은 두 모평균 혹은 중위수 간의 차에 대한 검정을 하는 비모수적 검정 절차였다. 일반적으로 두 개 이상의 모평균 간의 차이를 검정해 주는 절차로서 Kruskal-Wallis 검정을 다루기로 한다. 모수검정에서 T-검정이 분산분석으로 일반화될 수 있듯이 비모수검정에서 Mann-Whitney 검정은 Kruskal-Wallis 검정으로 일반화될 수 있다.

[자료] 네 종류의 사료를 사용하여 실험용 쥐를 사육하고 있다. 이 네 종류 사료에 따라서 성장에 차이가 있는지를 검정하기 위하여 네 종류의 사료를 사용하여 12주 동안 사육한 후 체중을 측정하였다 그 결과 [표 14-5]와 같다.

[표 14-5] 사료 종류에 따른 쥐의 체중(사료.sav)

사료의 종류			
1	2	3	4
257	201	248	202
205	237	265	276
206	197	187	207
164	185	220	204
190		212	230
214		215	227
228		281	
203			

SPSS에서 Kruskal-Wallis의 H 검정을 수행하려면 주메뉴에서

'분석 〉 비모수검정 〉 레거시 대화상자 〉 독립 K-표본 ……'

을 선택하면 다음과 같은 '독립 K-표본 비모스검정' 대화상자가 열린다. 여기에서 '검정 유형' 상자에서 'Kurskal-Wallis의 H'를 선택하면 된다.

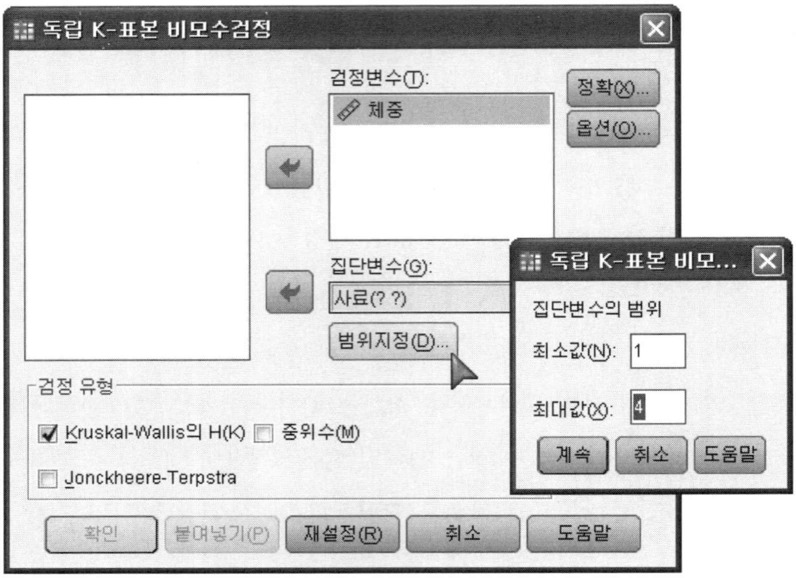

범위지정(D)... 단추를 클릭하고 다음과 같이 최소, 최대값 1과 4를 지정한다. 계속 단추를 클릭하고 주대화상자에서 확인 단추를 클릭하여 실행한다.

[결과 14-6] Kruskal-Wallis 검정의 수행 결과

순위

	사료의 종류	N	평균순위
쥐의 체중	사료1	8	11.00
	사료2	4	8.25
	사료3	7	16.57
	사료4	6	14.67
	합계	25	

검정 통계량[a,b]

	쥐의 체중
카이제곱	4.213
자유도	3
근사 유의확률	.239

a. Kruskal Wallis 검정

b. 집단변수: 사료의 종류

[결과 14-6]의 검정통계량 피벗표에서 첫 번째 값은 동률을 나타내는 관측값이 없거나 적은 경우를 가정하고 계산된 카이제곱 통계량 값(4.213)이다. 유의확률은 0.239로서 유의수준 0.05 하에서 유의수준보다 유의확률이 크므로 귀무가설을 기각할 수 없다. 즉, 네 가지 종류의 사료에 의하여 사육된 쥐의 체중에는 차이가 없다고 판단한다.

14.5 연습 문제

1. 가전제품의 구매 결정에 있어서 남편과 아내의 영향력을 알아보기 위해 가전제품의 구매 결정에 영향을 미치는 정도를 17쌍의 부부에게 7점 척도로 평가하게 하였다. 유의수준 5% 하에서 남편과 아내는 가전제품의 구매 결정에 있어서 동일한 영향력을 발휘하는지를 검정하시오.

부부 일련번호	남편의 구매 영향력	아내의 구매 영향력
1	5	3
2	4	3
3	6	4
4	6	5
5	3	3
6	2	3
7	5	2
8	3	3
9	1	2
10	4	3
11	5	2
12	4	2
13	4	5
14	7	2
15	5	5
16	5	3
17	5	1

2. 일련의 훈련 과정에 있어서 엄격한 통과 기준이 있을 때는 통과 기준이 없을 때와 그 결과가 달라질 것으로 예상된다. 한 산업 훈련 기관의 교관이 훈련 과정에 입소한 18명의 훈련원생들을 9명씩 두 집단으로 나누어 한 집단(실험 집단)은 전체의 20% 이내에 든 사람에게만 수료증을 교부한다고 하였으며 다른 집단(통제 집단)에게는 그런 기준을 제시하지 않았다. 일주일 동안의 훈련 기간 동안 매일 저녁 각 훈련원생의 그 날의 성적을 알림판에 공고하였으며, 최종적으로 3일간의 성적을 평균한 성적은 다음과 같다. 유의수준 5%하에서 두 집단의 성적이 동일한지를 검정하시오.

실험 집단	25	15	17	19	12	17	15	12	8
통제 집단	12	16	6	13	13	3	10	10	11

3. 알코올 섭취가 자동차의 운전 능력에 얼마나 영향을 주는지 살펴보고자 12명의 운전자들을 대상으로 각각 50ml, 100ml, 150ml 등의 알코올을 차례로 섭취하도록 한 후 운전 능력을 측정하여, 20개의 장애물 중에 쓰러뜨린 장애물의 개수가 다음과 같다. 유의수준 5% 하에서 알코올 섭취가 운전 능력에 영향을 주는지를 검정하시오.

운전자	50ml	100ml	150ml
1	6	11	13
2	6	7	12
3	7	9	11
4	15	11	10
5	14	16	18
6	11	19	19
7	8	7	15
8	5	11	16
9	4	12	16
10	2	13	17
11	8	7	14
12	4	12	19

Chapter 15

카이제곱검정

15.1 카이제곱검정

두 범주형 변수가 서로 상관이 있는지 독립인지를 판단하는 통계적 검정방법을 카이제곱검정(Chi-Square Test)이라 한다.

어느 TV 프로그램의 반응을 서울과 기타 지역으로 구분하여 시청자들에게 문의한 결과 다음 [표 15-1]과 같은 데이터를 얻었다.

[표 15-1] 특정 TV 프로그램의 반응 데이터(TV.sav)

응답자	지역	반응
1	서울	나쁘다
2	기타	나쁘다
3	서울	좋다
4	서울	나쁘다
5	기타	좋다
6	기타	좋다
7	서울	나쁘다
8	기타	좋다
9	기타	나쁘다
⋮	⋮	⋮

여기에서 우리가 관심이 있는 것은 두 변수 간의 독립 여부를 판단하는 것이다. 즉, 지역 간에 특정 TV 프로그램에 대한 반응이 차이가 있는지를 판단하는 것이다. 또한 두 변수가 독립이 아니라면 즉, 지역 간의 반응에 차이가 있다면, 얼마나 차이가 있는가를 측정하는 데 관심이 있을 것이다.

SPSS에서 카이제곱검정을 수행하려면 주메뉴에서

'분석 〉 기술통계량 〉 교차분석 ……'

을 선택하면 다음과 같은 '교차분석' 대화상자가 열린다.

여기에서 [통계량(S)...] 단추를 클릭하면 다음과 같은 '교차분석: 통계량' 대화상자에서 '카이제곱'을 선택하면 된다.

또한 두 범주형 변수가 서로 관련성이 존재할 경우 결합 정도를 확인하기 위하여

'람다'와 '감마', 'Somers의 D'를 선택하고 [계속] 단추를 클릭한다. 다시 주대화상자에서 [확인] 단추를 클릭하여 수행한다.

[결과 15-2] 교차표 및 독립성 검정결과

지역 * 반응 교차표

빈도

		반응		전체
		좋다	나쁘다	
지역	서울	10	35	45
	기타	44	11	55
전체		54	46	100

카이제곱 검정

	값	자유도	점근 유의확률 (양측검정)	정확한 유의확률 (양측검정)	정확한 유의확률 (단측검정)
Pearson 카이제곱	33.262[a]	1	.000		
연속수정[b]	30.976	1	.000		
우도비	35.271	1	.000		
Fisher의 정확한 검정				.000	.000
선형 대 선형결합	32.929	1	.000		
유효 케이스 수	100				

a. 0 셀 (.0%)은(는) 5보다 작은 기대 빈도를 가지는 셀입니다. 최소 기대빈도는 20.70입니다.

b. 2x2 표에 대해서만 계산됨

위의 문제를 검정하기 위한 가설은 다음과 같다.

H_0 : 지역 간에 반응은 차이가 없다(영가설, 귀무가설).
(서울 지역의 긍정 비율과 기타 지역의 긍정 비율은 같다)

H_1 : 지역 간에 반응은 차이가 있다(연구가설, 대립가설).
(서울 지역의 긍정 비율과 기타 지역의 긍정 비율은 다르다)

카이제곱 통계량은 기대빈도가 5개 미만인 셀의 수가 전체 셀의 수에서 약 20% 이상 넘으면 검정력이 급격히 떨어져 검정통계량으로서의 역할을 다하지 못한다. 즉, 검정결과를 신뢰할 수 없으므로 먼저 기대빈드가 5개 미만인 셀의 비율이 얼마나 되는지를 확인해야 한다. [결과 15-2]의 카이제곱 검정표의 하단의 각주 b에 0%로 나타나 있으므로 기대빈도가 5개 미만인 셀이 없다는 뜻이다. 그러므로 카이제곱 통계량의 유의확률을 보고 검정해도 무방하다.

변수 지역과 변수 반응의 독립성을 검정하기 위한 Pearson 카이제곱 통계량이 $\chi^2 = 33.262$이고, 귀무가설 분포는 $\chi^2_{(1)}$이고 점근유의확률이 0.000이므로 유의수준 $\alpha = 0.05$ 하에서 독립성의 가설인 H_0을 기각할 수 있다. 즉, 지역 간에 특정 TV 프로그램에 대한 반응은 차이가 있다.

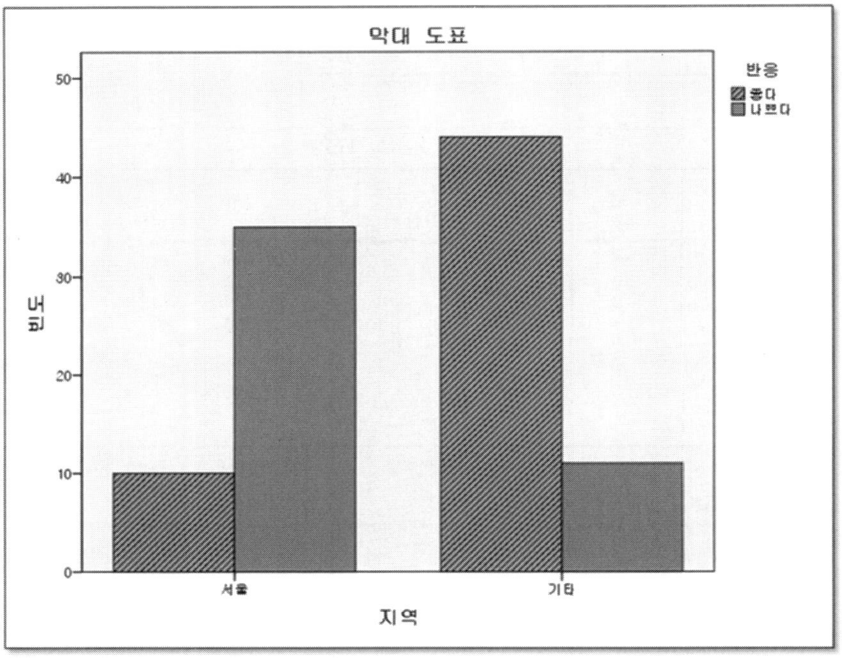

수평누적 막대도표를 보면 서울 지역에서는 '나쁘다'는 의견이 35개 케이스, 기타 지역은 '좋다'는 의견이 44개 케이스로 서로 반대 의견을 보이고 있다.

15.2 결합도의 측정

앞의 검정에서 지역 간의 반응이 차이가 있다고 판단하였다. 그러면 우리의 다음 관심사는 지역 간의 반응의 차이가 얼마나 있는가를 측정하는 것이다.

결합도를 측정하는 데는 칼 피어슨의 분할계수 C(contingency coefficient), 크레머의 V, 굿만과 크루스칼의 람다(LAMBDA), 감마(GAMMA), 쏨머스의 d(D), 켄달의 타우(BTAU, CTAU) 등이 있다. 이중에서 C와 V 등은 행태적 해석(operational interpretation)의 어려움이 있고 타우는 몇 가지 기술적인 문제점으로 근래에는 자주 사용하지 않고,

명목 데이터인 경우: 람다(LAMBDA)
순서 데이터인 경우: 감마(GAMMA), 쏨머스 d(D)

등의 통계량을 많이 사용한다.

일반적으로 결합도(measures of association)는

두 개의 변수가 명목 데이터일 경우
$0 \leq$ 결합도 ≤ 1
결합도 = 0: 두 개의 변수가 통계적으로 독립일 때
결합도 = 1: 두 개의 변수가 완전 의존적일 때

두 개의 변수가 순서 데이터일 경우
$-1 \leq$ 결합도 ≤ 1
결합도 = 0: 두 개의 변수가 통계적으로 독립일 때
결합도 = +1: 두 개의 변수가 같은 방향으로 완전 의존적일 때
결합도 = −1: 두 개의 변수가 반대 방향으로 완전 의존적일 때

이다. 또한 두 변수 간에 시간적 우선이 존재하거나, 인과관계의 방향이 존재하는 경우를 비대칭적(asymmetric) 관계라 하고, 시간적 우선이나 인과관계의 방향이 존재하지 않는 경우를 대칭적(symmetric) 관계라고 한다.

[결과 15-3] 결합도의 측정 결과

방향성 측도

			값	점근 표준오차[a]	근사 T 값[b]	근사 유의확률
명목척도 대 명목척도	람다	대칭적	.538	.098	4.187	.000
		지역 종속	.533	.103	3.783	.000
		반응 종속	.543	.099	4.016	.000
	Goodman과 Kruskal 타우	지역 종속	.333	.095		.000[c]
		반응 종속	.333	.095		.000[c]
순서척도 대 순서척도	Somers의 d	대칭적	-.577	.082	-6.963	.000
		지역 종속	-.576	.082	-6.963	.000
		반응 종속	-.578	.082	-6.963	.000

a. 영가설을 가정하지 않음.
b. 영가설을 가정하는 점근 표준오차 사용
c. 카이제곱 근사법을 기준으로

대칭적 측도

		값	점근 표준오차[a]	근사 T 값[b]	근사 유의확률
순서척도 대 순서척도	감마	-.867	.061	-6.963	.000
유효 케이스 수		100			

a. 영가설을 가정하지 않음.
b. 영가설을 가정하는 점근 표준오차 사용

두 변수 모두 명목 데이터이고, 시간적 우선이 존재하므로(지역이 먼저 정해지고 반응이 나타남) 두 변수는 비대칭적이므로 반응이 종속변수로 취급되어야 하므로 결합도 람다는 0.543이다.

또한 결과가 ‘1’과 ‘2’ 등의 두 가지인 경우의 명목 데이터는 순서 데이터로 취급할 수 있으므로 Somers의 d는 −0.578로 음의 결합도를 갖는다. 즉, 서울에서 기타 지역으로 갈수록(↓) 부정적 반응에서 긍정적 반응으로(←) 변하고 있음을 알 수 있다. 음의 결합도는 한 변수의 변수값이 커지면 다른 변수는 작아지는 방향으로 해석하면 된다. 이와는 반대로 양의 결합도는 두 변수가 동일하게 커지면 커지고 작아지면 작아지는 방향으로 해석한다. 그리고 절대값의 크기는 상대적인 비교의 대상이 있을 때 결합의 방향성의 강함 정도로 해석한다. 그리고 감마계수는 대칭적일 때 사용하므로 여기에서는 적용할 수 없다.

15.3 연습 문제

1. 한국 성인들의 정당별 선호도가 성별에 따라 차이가 있는지를 검정하고자 다음과 같은 설문지를 작성하여 1,000명의 성인을 대상으로 데이터를 수집하였다. 수집된 데이터는 'PARTY.SAV'라는 파일로 보관되어 있다. 적절한 교차표를 작성하고 성별과 정당 선호도에 관한 독립성 유무를 검정하라.

> **정당별 선호도 조사표**
>
> 1. 성별 ( )
>   1) 남자 2) 여자
>
> 2. 귀하가 가장 선호하는 정당은 ?( )
>   1) 민자당 2) 평민당 3) 민주당 4) 민중당 5) 지지하는 정당 없음

2. 한 컴퓨터 제조업체에서는 "가장의 교육 수준이 높은 가족과 컴퓨터에 흥미가 있는 10대 자녀를 둔 가족에 대한 퍼스널 컴퓨터의 판매가 급격히 증가하고 있다"는 가설을 설정하고 이를 검정해 보기 위해 1,000가구를 대상으로 퍼스널 컴퓨터의 구입 경험 유무, 가족 중의 10대 자녀 유무, 그리고 가장의 교육수준 등의 내용을 중심으로 면접하는 통계조사를 실시하였다. 조사 결과 수집된 데이터는 "PC.SAV"라는 파일로 보관되어 있다. 적절한 빈도집계를 하고 10대 자녀의 유무에 따라 퍼스널 컴퓨터의 보유 여부가 차이가 있는지를 검정하여라. 또한 가장의 교육 수준에 따라 퍼스널 컴퓨터의 노유 여부에 차이가 있는지도 아울러 검정하라.

변수 이름	내용	응답 범주
ID	응답자 일련번호	1-1000
PC	퍼스널 컴퓨터의 구입 경험 유무	1=유 2=무
CHILD	10대 자녀의 유무	1=유 2=무
GRADE	가장의 교육 수준	1=대졸 미만 2=대졸 이상

Chapter 16

상관분석(Correlation Analysis)

16.1 상관분석

사업을 하는 사람이라면 누구나 어떻게 하면 판매량을 늘일 수 있는지에 관심이 있을 것이다. 따라서 판매량을 증가시키기 위하여 TV 광고도 하고, 신문에 광고를 싣기도 하며, 스티커나 입간판을 설치하기도 한다. 그러나 이러한 광고 활동이 판매량에 얼마나 영향을 미치는지를 파악하기란 쉽지 않으므로 도대체 어떤 요인이 제품의 판매를 결정짓는지 알아내기 위하여 많은 노력을 기울인다. 또 다른 예를 들면 교통 문제가 날로 심각해짐에 따라 과연 어떤 요인이 교통사고 수에 어떻게 영향을 미치는가에 대한 관심이 있다고 할 때, 자동차 대수를 제한함으로써 사고 수를 줄일 수 있으며, 또한 교통 경찰관의 인원을 늘리므로 해서 사고 수를 줄일 수도 있을 것이다. 그리고 이 외에 다른 많은 요인이 있을 수 있다. 즉, 이러한 많은 요인이 과연 교통사고 수에 어떠한 관계가 있는지를 파악할 수 있다면 교통 정책을 수립하는 데 많은 도움을 줄 것이다.

상관분석(correlation analysis)이란 두 변수 간에 상관관계가 존재하는지를 파악하고, 상관관계의 정도를 측정하는 것이다. 이 장에서는 변수들 간에 다양한 형태의 상관도를 살펴보고, 이러한 상관도를 통계적으로 어떻게 측정하는지를 살펴볼 것이다.

통계학적인 측면에서 상관도란 선형적 상관도를 말하는 것으로, 이는 두 변수의 변수값이 산점도 상의 직선을 중심으로 분포되어 있는 정도를 나타낸다. 즉, 상관계수의 절대값이 '1'이면 모든 관측값이 정확하게 직선상에 나타나며 '0'에 가까울수록 직선상에서 이탈하여 원형의 형태로 퍼지게 된다.

16.2 산점도

두 변수 사이의 관계를 알아보고자 할 때 가장 먼저 해볼 수 있는 일은 산점도(scatterplot)를 그려보는 것이다. 산점도를 이용하면 여러 형태의 두 변수 간의 상관관계를 파악할 수 있다. 예를 들어 [표 16-1]과 같은 데이터에서 교통사고건수와 차량대수, 교통사고건수와 교통경찰관수의 상관관계를 알아보기로 하자(사고건수.SAV).

[표 16-1] 표본도시별 교통사고건수, 차량대수 및 교통경찰관수

도시 일련번호	교통사고건수	차량대수	교통경찰관수
1	1	4	20
2	4	10	6
3	5	15	2
4	4	12	8
5	3	8	9
6	4	16	8
7	2	5	12
8	1	7	15
9	4	9	10
10	2	10	10

SPSS에서 산점도를 그리기 위해서는 주메뉴에서

'그래프 ▷ 레거시 대화상자 ▷ 산점도/점도표 ……'

를 선택하면 다음과 같은 대화형 그래프 대화상자가 나타난다.

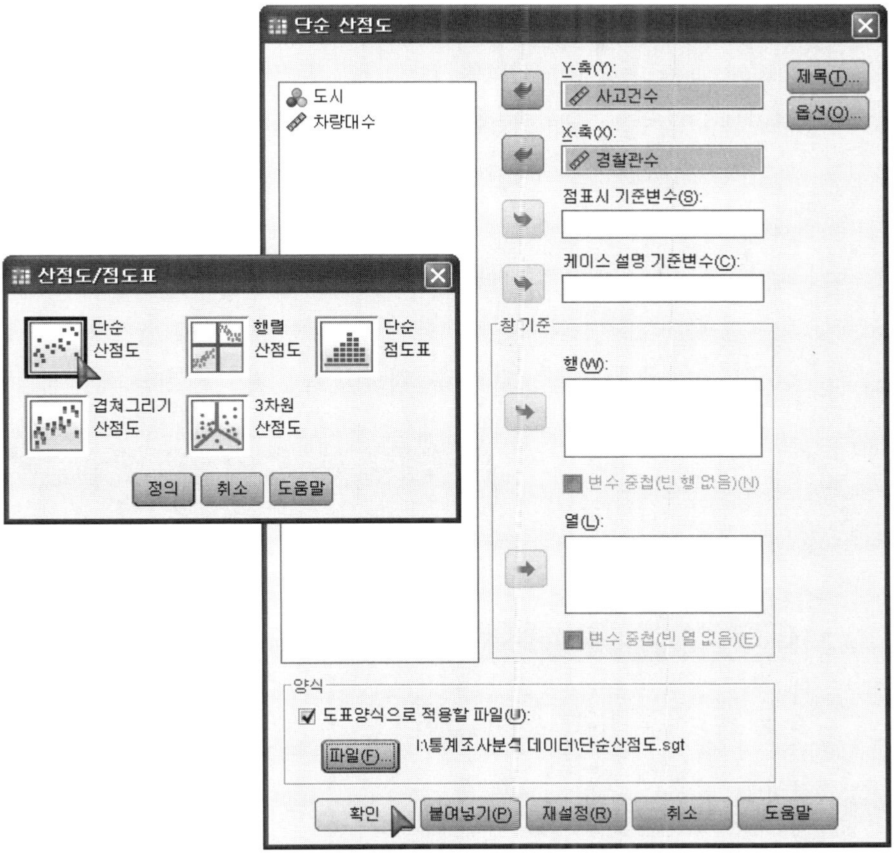

여기에서 각 변수를 위와 같이 지정하고 [확인] 단추를 클릭한다.

[결과 16-2] 교통사고건수와 차량대수

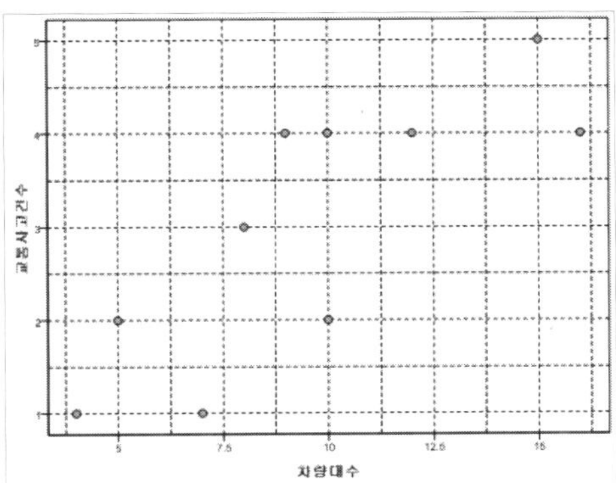

[결과 16-3] 교통사고건수와 교통경찰관수

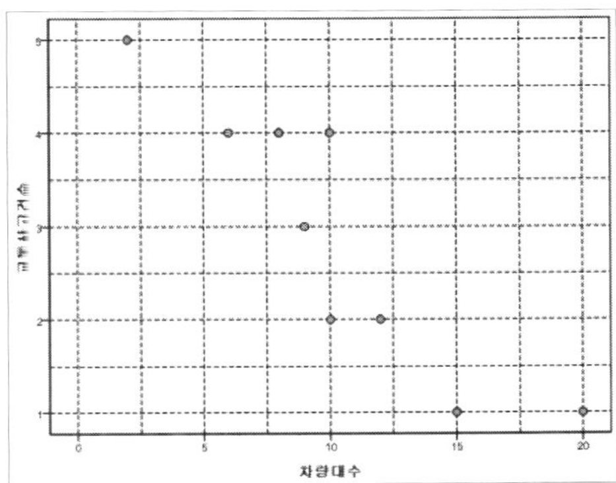

[결과 16-2]에서 '사고건수'와 '차량대수'의 산점도는 두 변수가 양의 선형관계(positive linear relationship)를 보이고 있다는 점을 알 수 있으며, 이는 '차량대수'가 증가하면 '사고건수'도 증가한다는 것을 의미한다.

[결과 16-3]에서 '사고건수'와 '경찰관수'의 산점도는 두 변수가 음의 선형관계(negative linear relationship)를 보이고 있다는 점을 알 수 있다. 이는 '경찰관수'가 증가하면 '사고건수'는 감소한다는 것을 의미한다.

다음은 3차원 산점도를 작성한 것이다. 이 그림을 회전시켜 보고 3차원 공간상에 산점이 어떻게 나타나는지를 시각적으로 확인하기 바란다.

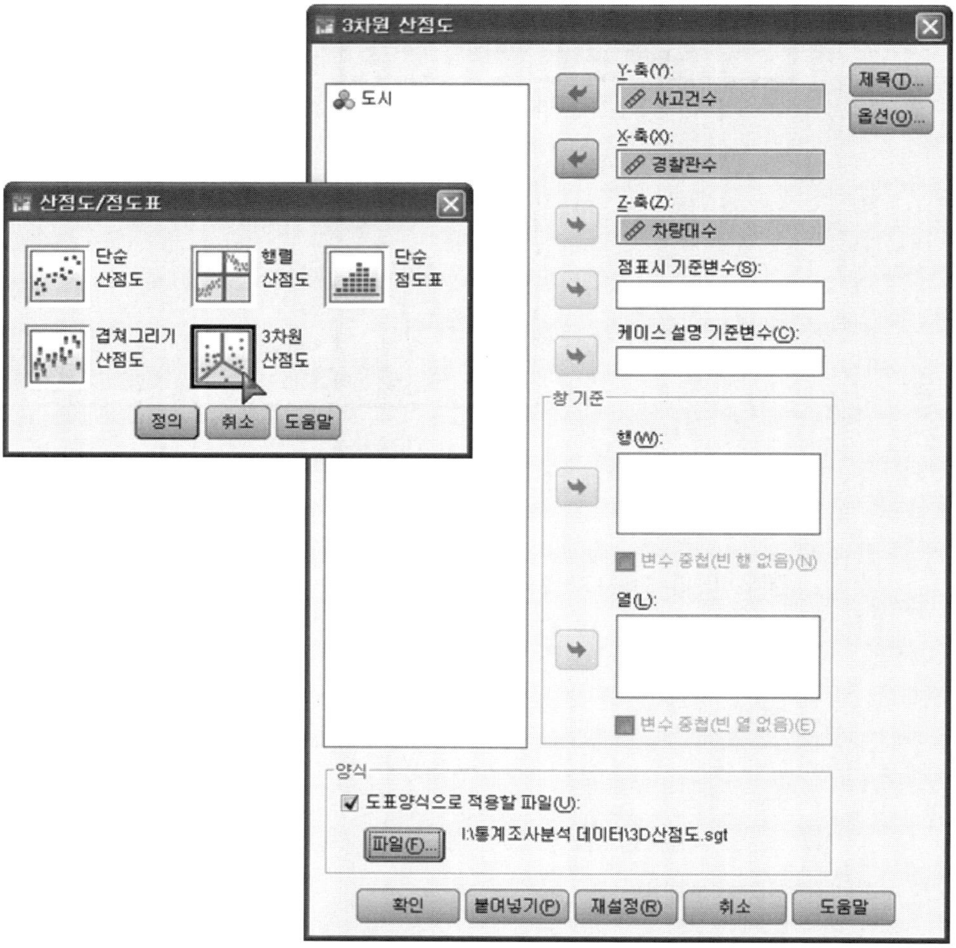

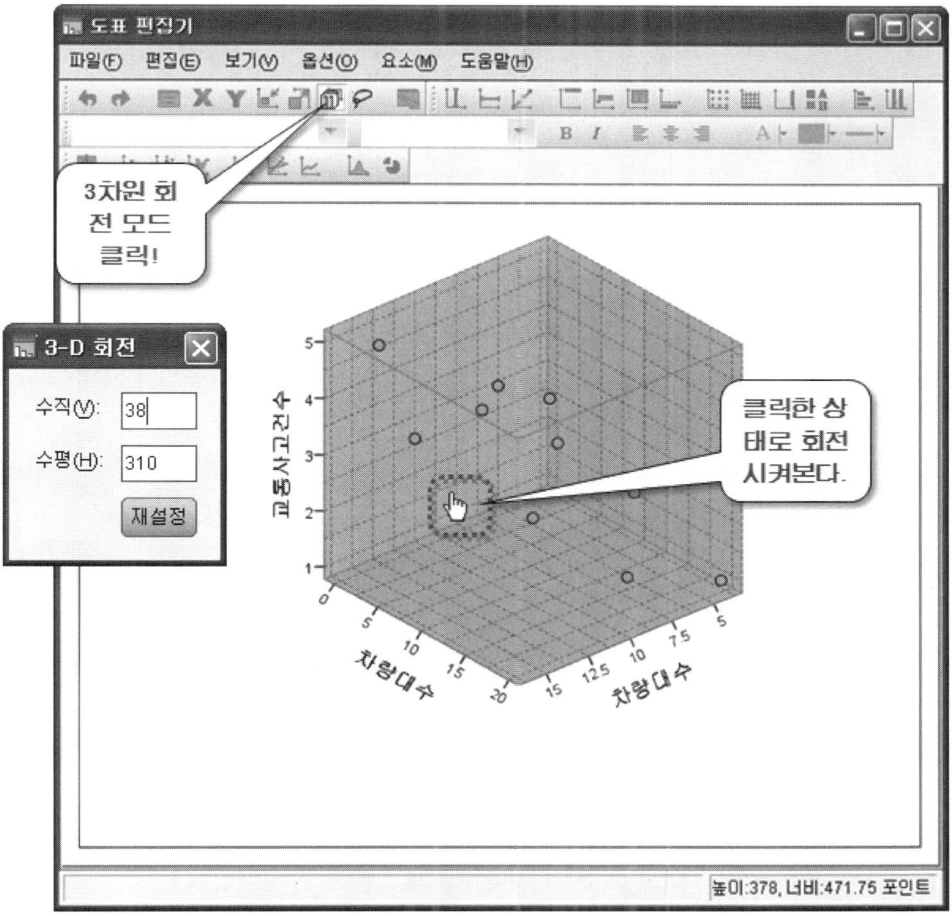
도표 편집기
파일(F) 편집(E) 보기(V) 옵션(O) 요소(M) 도움말(H)
3차원 회전 모드 클릭!
3-D 회전
수직(V): 38
수평(H): 310
재설정
교통사고건수
차량대수
차량대수
클릭한 상태로 회전시켜본다.
높이:378, 너비:471.75 포인트

16.3 상관계수

변수들 간의 상관관계의 정도를 통계적으로 측정하는 방법 중에 가장 많이 사용하는 것이 "피어슨의 상관계수(correlation coefficient)"이다. 피어슨의 상관계수는 r로 표기하는데 r의 통계적 정의식은 [표 16-4]와 같다.

[표 16-4] 피어슨 상관계수의 통계적 정의식

$$r = \frac{\sum_{i=1}^{n} (\mathrm{X_i} - \overline{\mathrm{X}})(\mathrm{Y_i} - \overline{\mathrm{Y}})}{(n-1)\, s_X \, s_Y}$$

단, n은 표본의 크기, s_X 와 s_Y는 각각 변수 X와 Y의 표준편차

SPSS에서 피어슨 상관계수를 구하려면 주메뉴에서

'분석 ▷ 상관분석 ▷ 이변량 상관계수 ……'

을 선택하면 다음과 같은 '이변량 상관계수' 대화상자가 열린다.

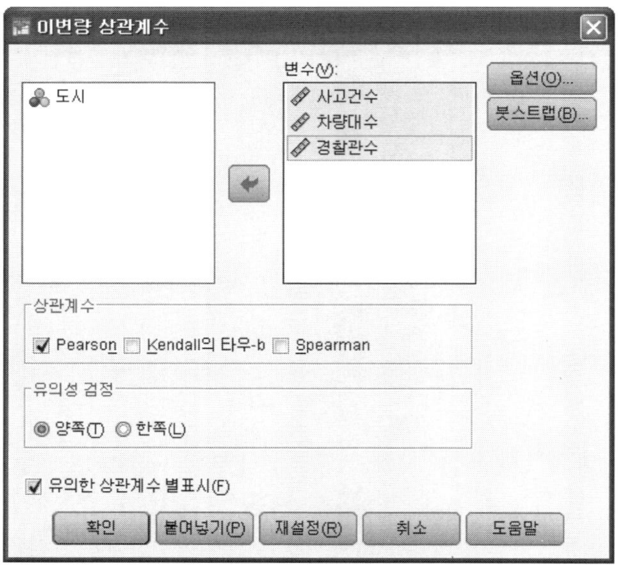

세 가지 변수를 선택하고 [확인] 단추를 클릭한다.

[결과 16-5] 상관계수의 출력결과

상관계수

		교통사고건수	차량대수	경찰관수
교통사고건수	Pearson 상관계수	1	.801**	-.894**
	유의확률 (양쪽)		.005	.000
	N	10	10	10
차량대수	Pearson 상관계수	.801**	1	-.800**
	유의확률 (양쪽)	.005		.005
	N	10	10	10
경찰관수	Pearson 상관계수	-.894**	-.800**	1
	유의확률 (양쪽)	.000	.005	
	N	10	10	10

**. 상관계수는 0.01 수준(양쪽)에서 유의합니다.

[결과 16-5]에서 '사고건수'와 '차량대수'의 상관계수는 0.801, '사고건수'와 '경찰관수'의 상관계수는 −0.894라는 것을 알 수 있다. 이것은 '사고건수'와 '차량대수'가 강한 양의 선형관계에 있다는 사실을 확인하여 주며, '사고건수'와 '경찰관수'는 강한 음의 선형관계에 있다는 사실을 확인하여 준다.

상관계수 r은 −1부터 1까지의 값을 취할 수 있는데, 일반적으로

r 이 −1.0과 −0.7 사이면 강한 음적 선형관계,

r 이 −0.3과 −0.7 사이면 뚜렷한 음적 선형관계,

r 이 −0.1과 −0.3 사이면 약한 음적 선형관계,

r 이 −0.1과 +0.1 사이면 거의 무시될 수 있는 선형관계,

r 이 +0.1과 +0.3 사이면 약한 양적 선형관계,

r 이 +0.3과 +0.7 사이면 뚜렷한 양적 선형관계,

r 이 +0.7과 +1.0 사이면 강한 양적 선형관계,

로 해석한다.

상관계수의 통계적 유의성은 다음과 같은 검정 절차를 따라 계산된다. 모상관계수가 '0'이라는 가정 하에서 아래와 같은 r의 변환

$$t = r\sqrt{(n-2)/(1-r^2)}$$

은 자유도 $(n-2)$인 t-분포를 따른다는 사실을 이용하며 P-값(유의확률)은 양쪽 꼬리 확률로부터 얻어진다. 이것이 [결과 16-5]에서 '유의확률'에 나타나 있다. 예를 들어 '사고건수'와 '차량대수' 사이의 상관계수 0.801의 유의확률은 0.005, 즉 0.1% 미만이다. 이러한 통계적 유의성은 r의 크기가 작은 경우라도 표본의 크기 n만 충분히 크면 자연히 드러나게 마련이므로 유의확률(p-값)에 지나치게 의존하는 것은 좋지 않다.

상관계수를 해석하는 데 흔히 실수하는 경우는 상관계수를 인과관계로 잘못 해석하는 경우가 종종 있다. 상관계수는 단지 연관성만을 의미한다. 정확하게 표현하면 두 연속형 변수 간의 선형의 정도를 나타낸다. 산점도에서 산점들이 직선의 성향이 강할수록 상관계수의 절대값이 '1'에 접근한다. 즉, 상관계수는 선형관계(linearity)를 나타내는 측도로 사용하는 것이다. 해석에 주의를 요한다.

16.4 연습 문제

1. 은행 임금 데이터(은행임금.sav)에서 초임과 현재임금 간에는 밀접한 관계가 있을 것이다. 이 관계가 선형관계인가를 산점도를 작성하여 확인하고 이에 대한 상관계수를 구하시오. 또 다른 변수들의 현재임금과의 관련 정도도 상관계수를 통해 판단하시오.

2. 1952년~1986년 동안의 4~6월 분기에 대한 소가격과 '1인당 쇠고기 생산량', '1인당 돼지고기 및 닭고기 생산량', '소비자의 1인당 가처분 소득', '소비자물가지수' 등의 네 가지 요인 데이터가 다음과 같은 형식으로 "소가격.SAV"라는 파일에 보관되어 있다. SPSS를 사용하여 산점도를 그리고 상관계수를 구하시오.

변수 이름	변수 내용	응답 범주
년도	년도	
소 가격	100파운드당 소가격	단위: 달러($)
소 생산량	1인당 쇠고기 생산량	단위: 파운드
돼지, 닭	1인당 돼지고기 및 닭고기 생산량	단위: 파운드
가처분	소비자의 1인당 가처분 소득	단위: 달러($)
물가 지수	소비자물가지수	1967년=100

Chapter 17

회귀분석(Regression Analysis)

17.1 회귀분석의 개요

상관분석은 단순히 두 연속형 변수 사이에 어느 정도 밀접한 상관관계가 있는가를 분석하는 것으로 두 변수 사이의 관계에 있어서 원인과 결과의 관계는 설명할 수 없는데, 실제의 데이터 분석에 있어서 하나의 변수로부터 다른 변수의 값을 예측하고자 하는 경우가 많다.

예를 들어 모의시험성적과 대학입학시험성적의 관계를 분석하고자 하는 경우 단순히 두 변수 사이의 관계의 밀접도뿐만 아니라 한 학생의 모의시험성적이 주어졌을 때 그 학생의 대학입학시험성적을 예측하고자 한다. 이때 적용될 수 있는 통계적 분석방법이 선형 회귀분석(linear regression analysis)이다.

선형 회귀분석이란 쌍으로 관찰된 연속형 변수들 사이의 관계에 있어서 한 변수를 원인으로 하고 다른 변수들을 결과로 하여 원인 변수들과 결과 변수 사이의 선형식을 구하고 그 식을 이용하여 원인 변수들의 변수값들이 주어졌을 때 결과 변수의 변수값을 예측하는 통계적 분석방법이다.

선형 회귀분석에서 원인의 역할을 하는 변수를 설명변수(explanatory variable) 또는 독립변수(independent variable)라 하고, 결과를 관측하는 변수를 반응변수(response variable) 또는 종속변수(dependent variable)라 한다. 하나의 종속변수와 하나의 독립변수 사이의 선형모형을 단순선형 회귀모형(simple linear regression model)이라고 하고, 하나의 종속변수와 둘 이상의 독립변수들 사이의 선형모형을 다중선형 회귀모형(multiple linear regression model)이라 한다.

17.2 단순선형 회귀선의 유도

[표 17-1]은 대학입학 수험생들 중에서 임의로 10명의 학생을 표본으로 추출하여 모의시험을 치르게 한 후에 그 학생들의 대학입학시험성적을 구하여 만든 표이다.

[표 17-1] 모의시험성적과 대학입학시험성적(STUDENT.SAV)

학생번호	모의시험성적	대학입학시험성적
1	39	65
2	43	78
3	20	51
4	64	81
5	57	90
6	47	85
7	28	75
8	75	98
9	34	56
10	52	76

모의시험성적과 대학입학시험성적 간에 어떤 관계가 있는가를 살펴보기 위하여 우선 [그림 17-2]와 같은 산점도를 고려하여 보자.

모의시험성적이 증가함에 따라 대학입학시험성적이 증가하는 경향을 보이므로, 두 변수 간의 관계를 다음과 같은 직선식으로 생각해 볼 수 있다.

$$\text{대학입학시험성적의 예측값} = B_0 + B_1(\text{모의시험성적})$$

여기에서 B_0과 B_1을 회귀계수라 하며, 기울기 B_1은 모의시험성적의 변화에 상응하는 대학입학시험성적의 적합값의 변화를 나타내고, 절편 B_0은 모의시험성적이 0일 때 이론적으로 추정한 대학입학시험성적의 예측값이다.

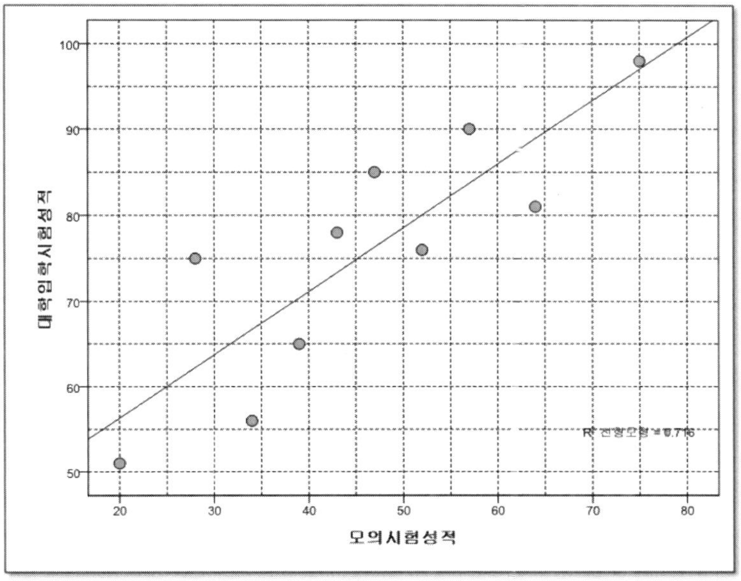

[그림 17-2] 모의시험성적과 대학입학시험성적의 산점도

모든 관측점들이 직선상에 위치하지는 않지만 직선을 중심으로 분포되어 있음을 알 수 있다. 이러한 관측점들을 통과하는 직선은 수없이 많이 존재하는데, 어떠한 직선을 선택하여야 두 변수의 관계를 잘 대변하여 줄 수 있을까?

각각의 관측점에서 직선에 수직으로 내려 그은 거리의 제곱합이 최소가 되는 직선을 유도하는 방법을 최소제곱법(least square method)이라 한다. 다시 말해 산점도 위의 각 관측점들에 가장 가깝게 통과하는 직선식을 추정하는 방법이며, 직선이 각 관측점을 가장 가깝게 통과하는 직선이라면 그 직선과 각 관측점과의 수직적 잔차(수직적 거리)의 제곱의 합계가 최소여야 하는 조건을 만족하여야 한다.

최소제곱법에 의하여 절편(B_0)과 기울기(B_1)를 추정하려면 SPSS의 주메뉴에서 '분석 ▷ 회귀분석 ▷ 선형...'을 선택하면 다음과 같은 '선형 회귀분석' 대화상자가 열린다. 여기에서 '종속변수:' 항목에 변수 '대입성적'을 선택하고 '독립변수:' 항목에 변수 '모의성적'을 선택하고 확인 단추를 클릭하면 [결과 17-3]과 같은 결과가 SPSS 뷰어에 출력된다.

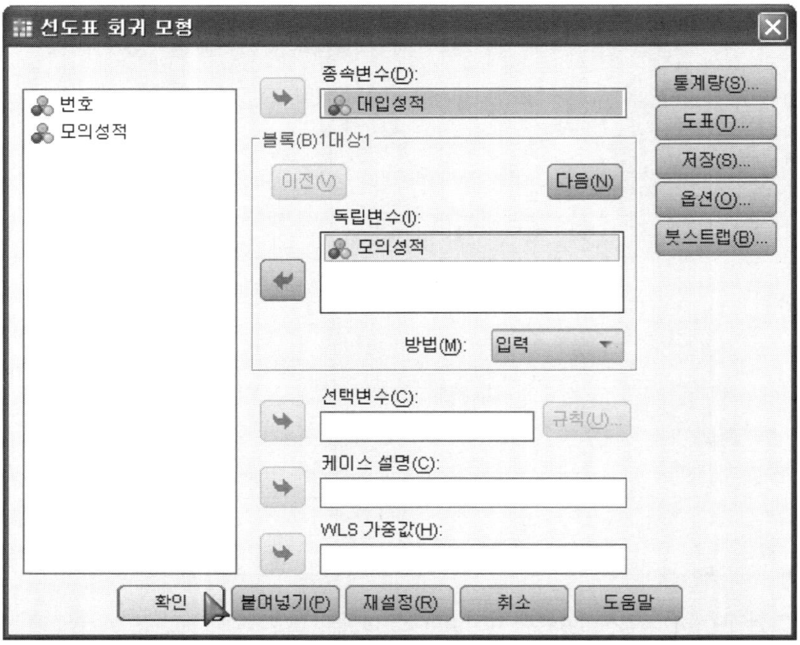

[결과 17-3] 최소제곱법에 의해 추정된 회귀계수

계수[a]

모형		비표준화 계수 B	비표준화 계수 표준오차	표준화 계수 베타	t	유의확률
1	(상수)	41.514	8.017		5.178	.001
	모의시험성적	.740	.165	.846	4.486	.002

a. 종속변수: 대학입학시험성적

① ② ③ ④ ⑤

[결과 17-3]의 ①에서 기울기(B_1)는 0.740, 절편(B_0)은 41.514로 추정되었으므로 단순선형회귀식은 다음과 같이 된다.

$$대학입학시험성적 = 41.514 + 0.740 \times 모의시험성적$$

②는 ①에서 추정된 회귀계수의 표준오차이며, ③은 베타계수(Beta)로서 이것은 회귀모형에서의 각 변수들이 평균이 '0'이고 표준편차 '1'을 갖도록 조정되었을 때의

회귀계수를 말하는데, 해당 독립변수에 의하여 설명되는 종속변수의 비율을 의미한다. 수식으로 표현하면 다음과 같다.

$$B = B_1 \frac{S_X}{S_Y}$$

여기에서 S_Y와 S_X는 종속변수(Y)와 독립변수(X)의 표준편차이다. ④와 ⑤는 각각 추정된 회귀계수의 t-통계량 값과 각 회귀계수가 '0'이라는 귀무가설을 검정하기 위한 유의확률이다. 여기에서 각 유의확률의 값들이 유의수준 0.05보다 작기 때문에 추정된 회귀계수들이 유의함을 알 수 있다.

17.3 단순선형회귀모형의 추론

관측된 점들로부터 선형식을 계산하는 것만으로 회귀분석의 목적을 마쳤다고 할 수 없다. 관측된 표본의 값들로부터 모집단의 두 변수들 간의 관계에 대한 추론을 생각하여 보자. 대학입학시험을 보는 모든 수험생의 경우에 있어서 모의시험성적과 대학입학시험성적과의 관계는 어떠할까? 이러한 모집단 값(모수)에 대한 추론은 다음과 같은 가정에서 출발할 수 있다.

회귀모형의 기본가정

① 정규성(Normality)과 등분산성(Equality of Variance)

[그림 17-4]와 같이 독립변수 X의 고정된 어떤 값에 대하여 종속변수 Y는 정규분포를 따르며, 독립변수 X의 값에 관계없이 종속변수 Y의 분산은 일정하다.

② 독립성(Independence)

종속변수 Y는 통계적으로 서로 독립이어야 한다. 즉, 한 관측값이 다른 관측값들에 영향을 받아서는 안 된다.

③ 선형성(Linearity)

독립변수 X와 종속변수 Y 사이의 관계는 선형이다.

상기와 같은 가정 하에서 모회귀선은 다음과 같이 표현된다.

$$Y_i = \beta_0 + \beta_1 X_i + \epsilon_i \ , \quad i = 1, \cdots , n$$

기울기와 절편의 모집단값(모수)은 각각 β_0과 β_1로 표시하며 ϵ_i는 오차항(error term)으로 평균이 '0'이고 분산이 σ^2인 정규확률변수이다.

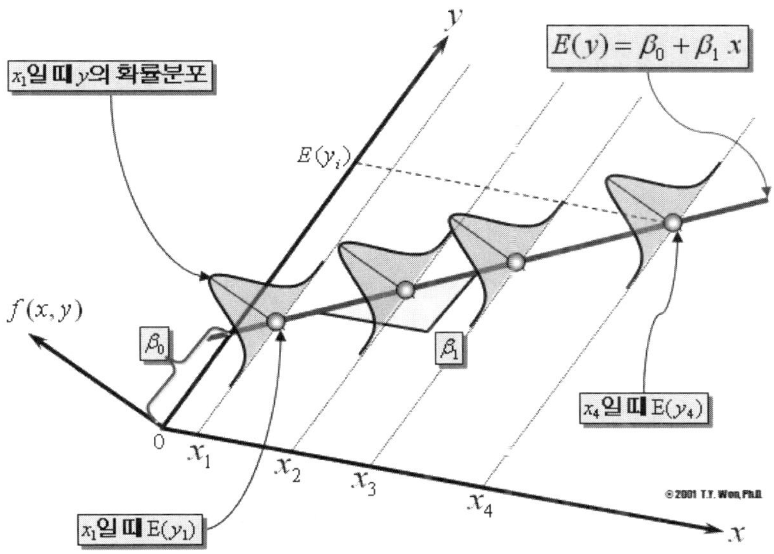

[그림 17-4] 회귀분석의 기본 가정

모수의 추정

β_0과 β_1은 미지의 모수이므로 표본을 통하여 추정하여야 한다. 앞 절에서 최소제곱법으로 추정한 회귀계수 B_0과 B_1이 이들 모수에 대한 추정값이다.

기울기와 절편이 단일 표본으로부터 추정되었지만 모수와는 차이가 날 수 있으며 추출되는 표본에 따라 차이가 날 수 있다. 그러므로 이들을 모수에 대한 추정값으로 사용하려면 이들 통계량에 대한 표본 분포가 필요하다. 선형회귀모형의 가정 사항이 만족할 때 B_0과 B_1의 표본 분포는 평균이 β_0과 β_1이고, B_0의 표준오차(standard error)는

$$\sigma_{B_0} = \sigma\sqrt{\frac{1}{n} + \frac{\overline{X}^2}{(n-1)}S_X^2}$$

단, S_X^2는 독립변수의 표본분산이다.

이고 B_1의 표준오차는

$$\sigma_{B_1} = \frac{\sigma}{\sqrt{(n-1)S_X^2}}$$

인 정규분포를 따른다. 오차항의 모분산인 σ^2 을 모르므로 추정된 값을 사용하는데 σ^2 의 추정값은 다음과 같다.

$$S^2 = \frac{\sum_{i=1}^{n}(Y_i - B_0 - B_1 X_i)^2}{n-2}$$

여기에서 S^2 의 제곱근인 S를 추정의 표준오차 또는 잔차의 표준편차라고 한다. 기울기와 절편의 표준오차의 추정값(표준오차)이 [결과 17-3]의 ②에 출력되어 있다. 즉, 대학입학시험성적 데이터에서 기울기의 추정 오차는 0.165이고 절편의 추정 오차는 8.017이다.

가설검정

빈번히 사용되는 가설검정은 종속변수 Y와 독립변수 X 간에 아무런 선형관계가 없다는 것이다. 즉, 모회귀모형의 기울기가 '0'이라는 영가설에 대한 검정이다. 이러한 가설검정에 대한 검정통계량은

$$t = \frac{B_1}{S_{B_1}}$$

이고 회귀모형의 기본 가정이 만족하고 영가설이 옳다는 가정 하에 검정통계량의 분포는 자유도가 $n-2$인 t-분포를 따른다. 또한 모회귀모형의 절편이 0이라는 영가설에 대한 가설검정에 대한 검정통계량은

$$t = \frac{B_0}{S_{B_0}}$$

으로 이는 역시 자유도가 $n-2$인 t-분포를 따른다.

위의 두 가지 검정통계량이 [결과 17-3]의 ④는 각 회귀계수가 통계적으로 볼 때 유의한가를 검정하는 검정통계량인 T-통계량(t)을 의미하며, ⑤는 검정통계량 T-통계량의 p-값(양쪽 유의확률)이다. 두 값 모두 유의수준 0.05보다 작으므로 모회귀계수의 추정값으로 사용할 수 있다. 즉, 회귀계수로서 의미를 가질 수 있다.

17.4 단순선형회귀모형의 적합도 검토

어떠한 통계분석에서도 중요하게 취급되는 부분이 데이터로부터 설정한 모형이 잘 적합하는가에 대한 검토를 하는 과정이다. 이를 적합도(goodness of fit) 검토라 하는데 이는 분석하고자 하는 데이터가 주어진 가정 사항을 잘 만족하는지 검토하는 것도 포함하고 있다.

결정계수

[결과 17-4]의 ⑥은 결정계수(R-Square: R^2)로 종속변수의 전체 변동 중에서 회귀모형에 의하여 설명된 변동의 비율을 말한다. 수식으로는 다음과 같다.

$$R^2 = \frac{\text{회귀선에 의해 설명되는 변동}}{\text{전체변동}} = \frac{\sum(\widehat{Y}_i - \overline{Y})^2}{\sum(Y_i - \overline{Y})^2}$$

결정계수가 클수록(1에 가까울수록) 좋은 회귀모형이라고 할 수 있으나, 절대적으로 얼마 이상이어야 된다는 규칙은 없다. 결정계수는 독립변수의 수가 많을수록 자연히 증가하는 성질이 있으므로 이러한 경향을 수정하기 위하여 제안된 것이 ⑦의 수정결정계수(Adjusted R-Square)인데 이는 다음과 같이 계산된다.

$$\begin{aligned} AdjR^2 &= 1-(\mathrm{n}-1)/(\mathrm{n}-\mathrm{p}-1)\,(1-\mathrm{R}^2) \\ &= 1-\frac{\text{잔차제곱합}/(n-p-1)}{\text{전체제곱합}/(n-1)} \end{aligned}$$

여기서 n은 표본 크기, p는 설명변수의 수이다.

[결과 17-4] 적합도 검토에 관한 출력결과

모형 요약

모형	R	R 제곱	수정된 R 제곱	추정값의 표준오차
1	.846a	⑥ .716	⑦ .680	8.294

a. 예측값: (상수), 모의시험성적

분산분석표

[결과 17-5]의 ⑧은 분산비 F-값으로써 회귀모형의 통계적 유의성을 검정하기 위한 통계량이다. F-통계량은

$$F = \frac{\text{회귀선에 의해 설명되는 변동}}{\text{회귀선에 의해 설명되지 않는 변동}}$$

$$= \frac{(n-p-1)}{p} \frac{\sum(\hat{Y}_i - \overline{Y})^2}{\sum(Y_i - \hat{Y}_i)^2}$$

Y_i: 종속변수의 i번째 관측값

$\overline{Y}$: 종속변수의 평균값

$\hat{Y}_i$: 종속변수의 i번째 예측값

으로 정의된다. 여기서 p는 설명변수의 수이며, n은 표본 크기이다.

F-통계량은 귀무가설

$$H_0 : B_1 = \cdots = B_p = 0 \text{(모든 회귀계수가 '0'이다)}$$

을 검정하는 검정통계량이고, ⑨의 유의확률은 검정통계량 F의 p-값을 말한다.

[결과 17-5] 분산분석 출력결과

분산분석[b]

모형		제곱합	자유도	평균 제곱	F	유의확률
1	회귀 모형	1384.225	1	1384.225	20.124	.002[a]
	잔차	550.275	8	68.784		
	합계	1934.500	9			

a. 예측값: (상수), 모의시험성적

b. 종속변수: 대학입학시험성적

⑧ ⑨

17.5 회귀진단

어떤 통계적 모형에 의한 분석이든지 간에 모형적합(model fitting)만으로 분석을 마쳤다고 볼 수는 없다. 왜냐하면 개별 관측점의 온갖 특이성이 전체 모양에 수용되는 것을 거부(?)하는 사례가 있기 때문이다. 혹은 전체 모양 자체가 소수의 몇몇 관측점들에 의하여 거의 결정되어 버리는 경우도 있기 때문에 그러한 관측점들의 식별에 주의해야 한다. 전자의 경우의 관측점을 이상점(outliers)이라고 하고 후자의 경우의 관측점을 영향력 관측점(influential observations)이라고 하는데, 이 절에서는 SPSS를 사용하여 이러한 회귀진단(regression diagnostics)을 하는 방법을 설명하기로 한다.

SPSS에서 회귀진단에 관련된 통계치를 출력하려면 '선형 회귀분석' 주대화상자에서 순서대로 [통계량(S)...] 및 [도표(T)...] 단추를 클릭하고 [그림 17-6a,b]와 같이 통계량 대화상자에서는 'Durbin-Watson'과 '케이스별 진단'을 선택하고, 도표 대화상자의 '표준화잔차 도표' 상자에서 '히스토그램', '정규확률도표' 등을 선택한다.

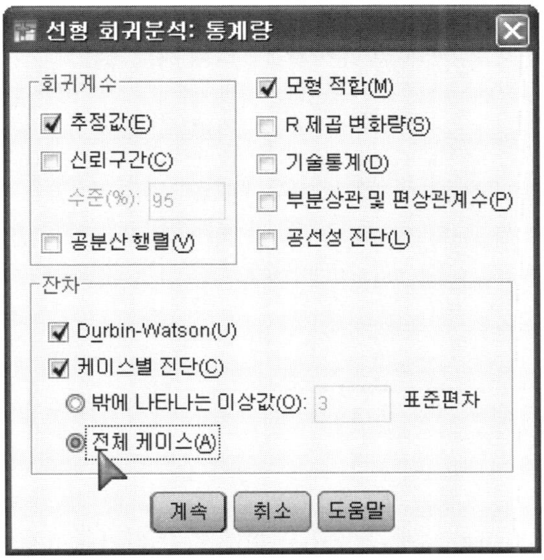

[그림 17-6a] 선형 회귀분석: 통계량 대화상자

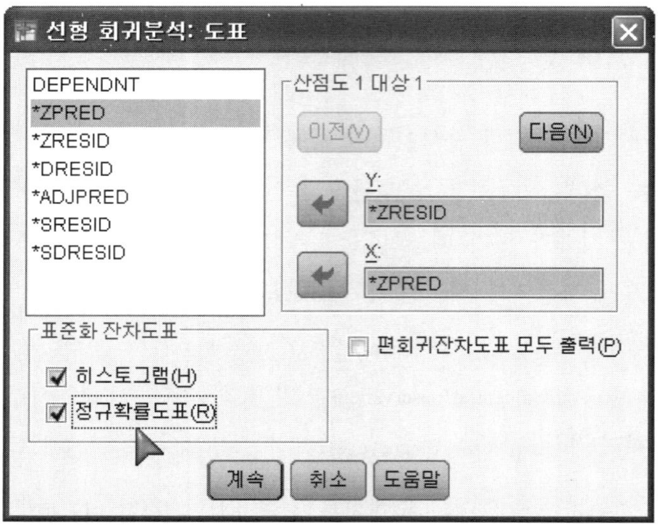

[그림 17-6b] 선형 회귀분석: 도표 대화상자

[결과 17-7] 표준화잔차에 대한 진단 결과

케이스별 진단ᵃ

케이스 번호	표준화 잔차	대학입학시험 성적	예측값	잔차
1	-.650	65	70.39	-5.391
2	.560	78	73.35	4.647
3	-.642	51	56.32	-5.323
4	-.953	81	88.90	-7.902
5	.757	90	83.72	6.281
6	1.047	85	76.31	8.686
7	1.538	75	62.25	12.754
8	.115	98	97.05	.954
9	-1.289	56	66.69	-10.689
10	-.484	76	80.02	-4.017

a. 종속변수: 대학입학시험성적

표준화잔차(standardized residuals)란 잔차(residual)를 각각의 표준편차로 나누어 표준화한 것인데 이것은 이상값 판정의 중요한 기준이 된다. [결과 17-7]의 케이스별 진단에서는 표준화잔차의 절대값이 3 이상인 관측점이 없음을 알 수 있으며, 아울러 반응(종속)변수의 관측값(대학입학성적), 예측값(predicted value)과 잔차를 보여 준다. 표준화

잔차의 절대값이 3 이상이면 이상값인 것이 거의 확실하며, 2와 3 사이이면 이상값일 가능성이 있으므로 관심을 갖고 보아야 한다.

[결과 17-8] 각종 잔차통계에 관한 요약값 출력결과

잔차 통계량[a]

	최소값	최대값	평균	표준편차	N
예측값	56.32	97.05	75.50	12.402	10
잔차	-10.689	12.754	.000	7.819	10
표준 오차 예측값	-1.546	1.737	.000	1.000	10
표준화 잔차	-1.289	1.538	.000	.943	10

a. 종속변수: 대학입학시험성적

[결과 17-9]는 표준화잔차의 히스토그램이다. 히스토그램 중의 실선은 표준정규분포를 나타내므로, 표준정규분포와 비교해 볼 수 있다.

[결과 17-9] 표준화잔차의 히스토그램

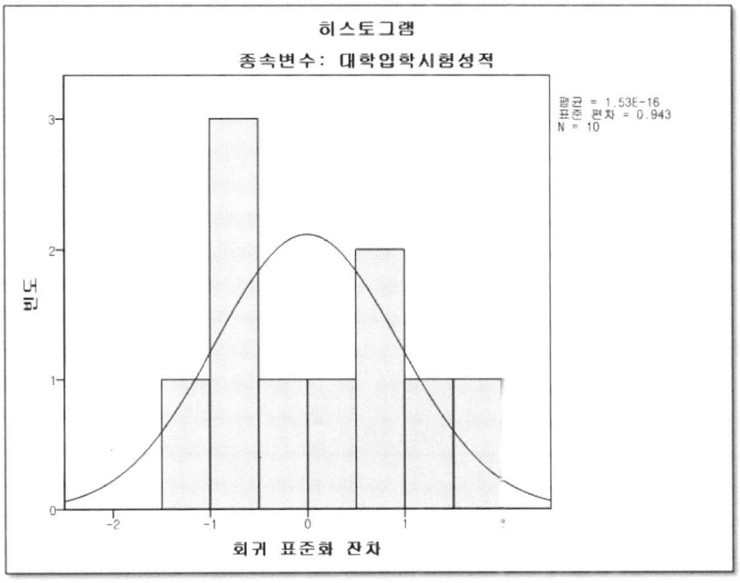

[결과 17-10]은 표준화잔차의 정규확률도표의 한 종류인 P-P Plot이다. 표준화잔

차들이 표준정규분포를 따른다면 도표상의 점들이 45° 직선상에 놓여야 한다. 정규성을 만족하는 것으로 보인다.

[결과 17-10] 표준화잔차의 p-p 도표

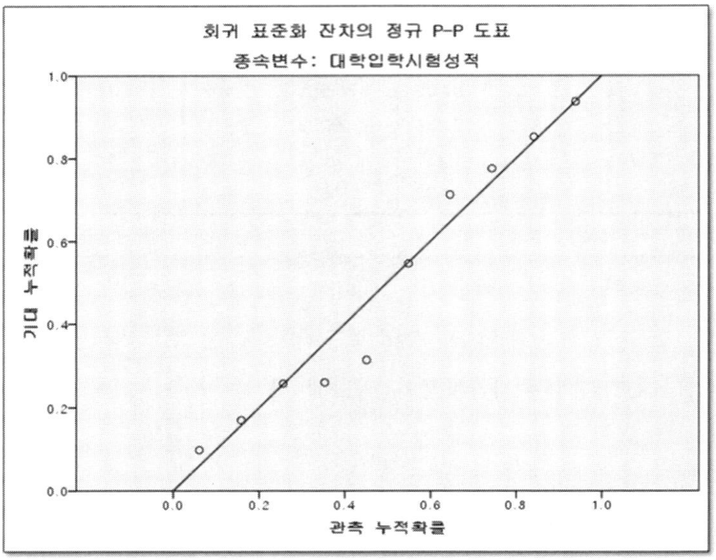

[결과 17-11] 표준화잔차와 표준화 예측값의 산점도

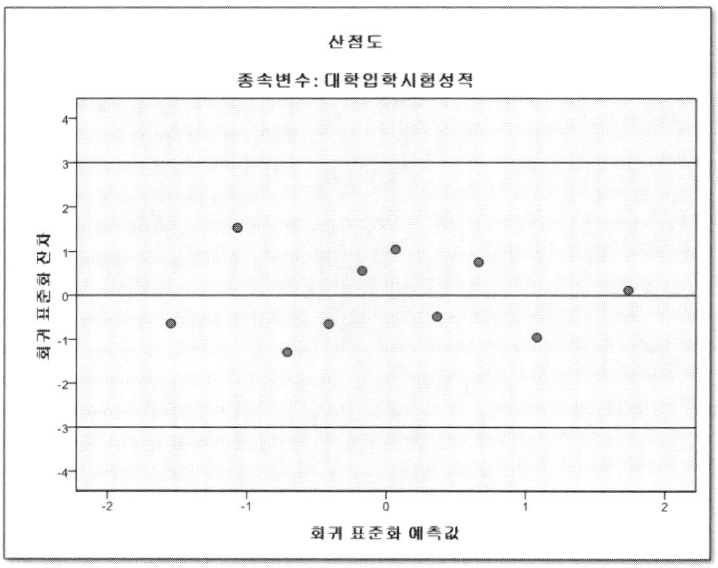

[결과 17-11]은 표준화잔차(*ZRESID)와 표준화 예측값(*ZPRED)과의 관계를 보여준다. 원칙적으로 이 두 통계량은 무상관관계에 있어야 한다. 따라서 이 도표는 등분산성의 가정을 검정하는 데 쓰일 수 있다.

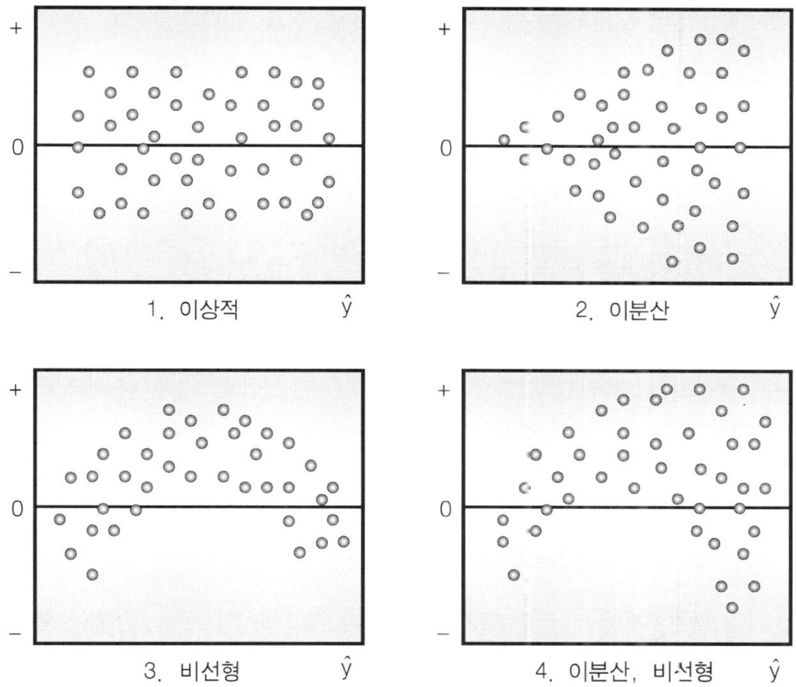

[그림 17-12] 표준화된 잔차도표의 기본 형태

잔차 도표를 판단하는 기준으로 잔차 도표를 읽는 방법을 생각해 보자. [그림 17-12]에서 1번 그림이 선형성과 등분산성을 만족하는 상태이다. 즉 0위치의 수평선을 중심으로 산점의 상하 폭이 고르게 되어 있다고 판단되면 이는 등분산을 만족한다고 할 수 있다. 그리고 산점의 형태가 수평선을 중심으로 상하 대칭이면 선형성을 만족한다고 판단할 수 있다. 즉, 산점의 형태가 직선이 아니고 곡선의 형태로 휘어져 있으면 선형성을 만족하지 않는 것으로 판단한다. 2는 산점의 형태가 상하 폭이 갈수록 넓어지는 메가폰의 형태이므로 등분산은 만족하지 못하나 상하 대칭이므로 선형성은 만족한다. 3은 상하 폭은 동일하고 휘어져 있으므로 등분산이고 비선형이다. 4는 상하 폭과 상하 대칭 둘 다 만족하지 않으므로 이분산이고 비선형이다.

17.6 다중회귀모형

미국의 한 사료 제조회사에서는 취급 제품에 대한 정확한 수요예측을 하지 못했기 때문에 수요를 과대평가한 경우에는 과다한 재고가 남았고, 수요를 과소평가한 경우에는 품절이 발생하곤 했다. 이 회사는 비타민, 철분, 옥수수 및 기타 곡물과 콩 식품과 같은 단백질 공급품 등을 구입하여 사료로 가공한 후, 중서부지역에 있는 농가와 사료 유통업체에 판매하는 사료 제조회사이다. 이 회사의 사장은 자사의 수요예측 문제에 관계되는 가장 중요한 요인은 소를 키우는 농가와 사료 유통업체들의 판단이라고 생각했다. 만약 이들이 향후 1~6년에 걸쳐 쇠고기 가격이 인상될 것이라고 판단하면 보다 많은 송아지를 구입하여 이를 사육할 것이다. 따라서 그는 효과적인 원료 구입, 생산 및 재고 관리의 열쇠는 이듬해의 소 가격을 잘 추정하는 데 있다고 결론을 내리고, 소가격의 변화에 가장 큰 영향을 줄 수 있는 다음의 네 가지 요인을 고려하여 소가격의 예측 모형을 구성하고자 하였다.

첫 번째 요인은 '1인당 쇠고기 생산량'으로 '1인당 쇠고기 생산량'이 증가한다면 단순한 초과 공급의 이유만으로도 그 가격은 떨어질 것으로 보았다. (−)

두 번째 요인은 '1인당 돼지고기 및 닭고기 생산량'으로, '1인당 돼지고기 및 닭고기 생산량'이 증가한다면 가격이 떨어져서 소비자들은 쇠고기보다는 돼지고기와 닭고기를 더 많이 먹게 될 것이므로 쇠고기 가격은 떨어질 것으로 보았다. (−)

세 번째 요인은 '소비자의 1인당 가처분 소득'으로, 소비자들이 전통적으로 쇠고기를 선호해 왔으므로 가처분 소득이 높아질수록 쇠고기를 더 많이 먹게 되고 따라서 수요의 증가로 소가격이 인상될 것으로 보았다. (+)

네 번째 요인은 '물가 인플레이션'인데, 소가격은 '소비자물가지수'로 측정되는 일반 물가 인플레이션에 따라 인상될 것으로 보았다. (+)

1952년~1986년 동안의 4~6월 분기에 대한 소가격과 상기의 네 가지 요인 데이터가 [표 17-13]과 같은 형식으로 "소가격.sav"라는 파일에 보관되어 있다.

[표 17-13] 소가격 데이터의 형식(소가격.sav)

변수 이름	변수 내용	응답 범주
년도	년도	
소가격	100파운드당 소가격	단위: 달러($)
소생산량	1인당 쇠고기 생산량	단위: 파운드
돼지 닭	1인당 돼지고기 및 닭고기 생산량	단위: 파운드
가처분	소비자의 1인당 가처분 소득	단위: 달러($)
물가지수	소비자물가지수	1967년=100

[결과 17-14]의 수행 결과는 다음과 같이 지정하고 확인 단추를 클릭한다.

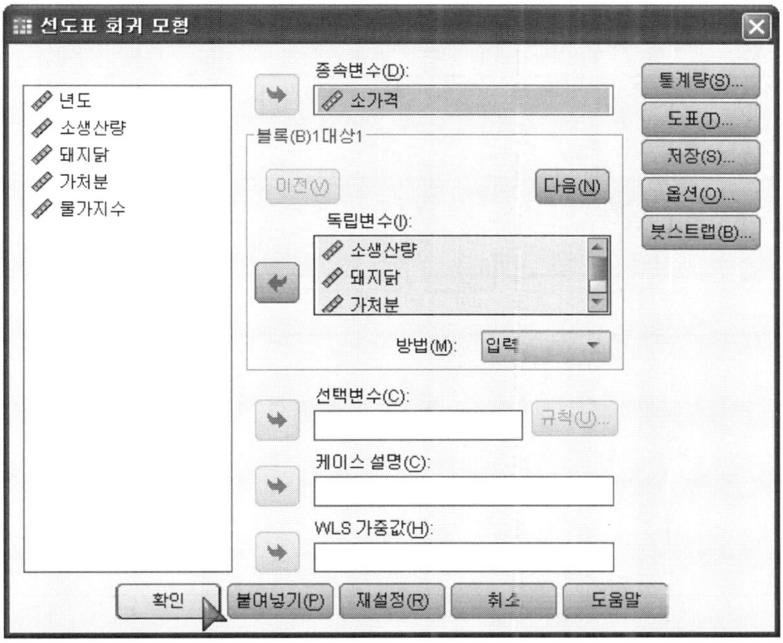

[결과 17-14] 다중회귀분석 수행 결과

진입/제거된 변수[b]

모형	진입된 변수	제거된 변수	방법
1	소비자 물가지수(CPi), 쇠고기생산량/1인, 돼지고기 및 닭고기 생산량/1인, 소비자 가처분소득/1인[a]	.	입력

a. 요청된 모든 변수가 입력되었습니다.

b. 종속변수: 소가격/100파운드

모형 요약

모형	R	R 제곱	수정된 R 제곱	추정값의 표준오차
1	.937[a]	.878	.862	6.29022

a. 예측값: (상수), 소비자 물가지수(CPi), 쇠고기생산량/1인, 돼지고기 및 닭고기 생산량/1인, 소비자 가처분소득/1인

분산분석[b]

모형		제곱합	자유도	평균 제곱	F	유의확률
1	회귀 모형	8548.697	4	2137.174	54.014	.000[a]
	잔차	1187.005	30	39.567		
	합계	9735.702	34			

a. 예측값: (상수), 소비자 물가지수(CPi), 쇠고기생산량/1인, 돼지고기 및 닭고기 생산량/1인, 소비자 가처분소득/1인

b. 종속변수: 소가격/100파운드

계수[a]

모형		비표준화 계수		표준화 계수		
		B	표준오차	베타	t	유의확률
1	(상수)	-14.615	13.685		-1.068	.294
	쇠고기생산량/1인	-.472	.508	-.094	-.929	.360
	돼지고기 및 닭고기 생산량/1인	1.213	.490	.367	2.478	.019
	소비자 가처분소득/1인	-.009	.004	-1.681	-2.012	.053
	소비자 물가지수(CPi)	.480	.171	2.318	2.810	.009

a. 종속변수: 소가격/100파운드

[결과 17-14]의 3번째 피벗표의 결과에 의해 추정된 회귀식은 다음과 같다.

소가격=−14.615−0.472*소생산량+1.213*돼지닭−0.009*가처분+0.480*물가지수

유의확률⇒ .294 .360 .019 .05 .009

추정된 회귀계수의 유의확률을 보면 유의수준 5% 하에서 상수항, 소생산량, 가처분 등의 회귀계수가 유의수준 5% 하에서 유의하지 않음을 알 수 있다. 그러므로 추정된 회귀식을 적용할 수 없다. 혹 회귀계수가 유의하지 않은 독립변수들을 임의로 삭제하는 실수를 범해서는 안 된다. 그렇다면 이러한 경우 어떻게 회귀식을 적합시키는 것이 좋을까? 대안으로써 변수선택법을 사용하여 회귀식에 좋지 않은 영향을 주는 변수를 제거해야 한다. 독립변수들에 대한 선택법은 다음 절에서 설명하기로 한다.

17.7 독립변수의 선택

회귀모형에 포함되어야 할 설명(독립)변수들이 명확히 주어지는 것보다는 잠재적인 설명력이 있다고 생각되는 여러 변수들 중에서 꼭 필요하다고 생각되는 변수들을 선택하는 것이 바람직한 경우가 많다. 즉, 가능성이 있는 많은 독립변수들을 대상으로 변수선택방법을 사용하여 의미 있는 독립변수만을 추려내는 것이 보다 타당성 있고 합리적인 회귀식을 유도할 수 있다. 이런 변수선택 방법들로는 전진선택법(forward selection method), 후진제거법(backward elimination method), 단계선택법(stepwise selection method) 등이 있으며, 다음과 같이 '선형 회귀분석' 대화상자의 '방법:' 항목에서 전진, 후진, 단계선택 등을 지정함으로써 변수선택방법들을 선택할 수 있다.

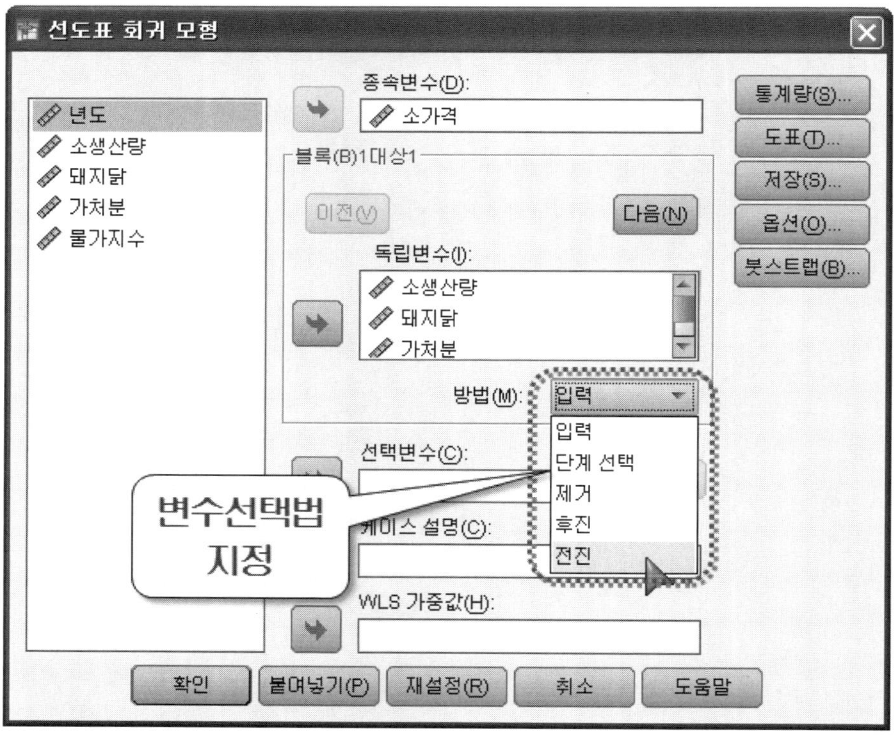

전진선택법

전진선택법(forward selection method)은 독립변수를 하나도 포함시키지 않은 회귀식에서 출발하여 연구자가 정한 기준에 따라 독립변수를 하나씩 회귀식에 추가시키는 방법으로, 모든 독립변수가 포함되거나 일정한 정지 기준(stoping criteria)이 충족되었을 때 독립변수의 추가를 중지하고 회귀식을 확정시킨다. 독립변수 선택의 정지 기준은 '선형 회귀분석' 주대화상자에서 옵션(O)... 단추를 클릭한 후 열리는 대화상자에서 지정할 수 있으며 진입 F-값이나 진입 F-값의 유의확률을 지정할 수 있다. 디폴트 진입 F-값은 3.84이고 디폴트 진입 P-값(PIN)은 0.05이다.

[결과 17-15] 전진선택법에 의한 변수선택

진입/제거된 변수[a]

모형	진입된 변수	제거된 변수	방법
1	소비자 물가지수(CPi)	.	전진 (기준: 입력할 F 확률 <= .050)
2	소비자 가처분소득/1인	.	전진 (기준: 입력할 F 확률 <= .050)
3	돼지고기 및 닭고기 생산량/1인	.	전진 (기준: 입력할 F 확률 <= .050)

a. 종속변수: 소가격/100파운드

모형 요약

모형	R	R 제곱	수정된 R 제곱	추정값의 표준오차
1	.912[a]	.831	.826	7.05200
2	.923[b]	.852	.843	6.70297
3	.935[c]	.875	.862	6.27631

a. 예측값: (상수), 소비자 물가지수(CPi)

b. 예측값: (상수), 소비자 물가지수(CPi), 소비자 가처분소득/1인

c. 예측값: (상수), 소비자 물가지수(CPi), 소비자 가처분소득/1인, 돼지고기 및 닭고기 생산량/1인

분산분석[d]

모형		제곱합	자유도	평균 제곱	F	유의확률
1	회귀 모형	8094.588	1	8094.588	162.768	.000[a]
	잔차	1641.115	33	49.731		
	합계	9735.702	34			
2	회귀 모형	8297.947	2	4148.974	92.343	.000[b]
	잔차	1437.755	32	44.930		
	합계	9735.702	34			
3	회귀 모형	8514.549	3	2838.183	72.050	.000[c]
	잔차	1221.153	31	39.392		
	합계	9735.702	34			

a. 예측값: (상수), 소비자 물가지수(CPi)

b. 예측값: (상수), 소비자 물가지수(CPi), 소비자 가처분소득/1인

c. 예측값: (상수), 소비자 물가지수(CPi), 소비자 가처분소득/1인, 돼지고기 및 닭고기 생산량/1인

d. 종속변수: 소가격/100파운드

계수[a]						
모형		비표준화 계수		표준화 계수	t	유의확률
		B	표준오차	베타		
1	(상수)	10.242	2.512		4.078	.000
	소비자 물가지수(CPi)	.189	.015	.912	12.758	.000
2	(상수)	-1.624	6.067		-.268	.791
	소비자 물가지수(CPi)	.518	.155	2.497	3.337	.002
	소비자 가처분소득/1인	-.008	.004	-1.592	-2.127	.041
3	(상수)	-22.624	10.605		-2.133	.041
	소비자 물가지수(CPi)	.562	.146	2.711	3.836	.001
	소비자 가처분소득/1인	-.011	.004	-2.058	-2.826	.008
	돼지고기 및 닭고기 생산량/1인	.974	.415	.295	2.345	.026

a. 종속변수: 소가격/100파운드

위의 출력결과를 보면 전진선택법의 적합된 회귀식은 다음과 같다.

$$\text{소가격} = -22.624 + 0.562^*(\text{소비자 물가지수}) - 0.011(\text{소비자 가처분소득}) + 0.974^*(\text{돼지닭 생산량})$$

제외된 변수[d]						
모형		베타 입력	t	유의확률	편상관계수	공선성 통계량
						공차
1	쇠고기생산량/1인	-.062[a]	-.755	.456	-.132	.775
	돼지고기 및 닭고기 생산량/1인	.198[a]	1.482	.148	.253	.276
	소비자 가처분소득/1인	-1.592[a]	-2.127	.041	-.352	.008
2	쇠고기생산량/1인	.038[b]	.409	.685	.073	.549
	돼지고기 및 닭고기 생산량/1인	.295[b]	2.345	.026	.388	.256
3	쇠고기생산량/1인	-.094[c]	-.929	.360	-.167	.397

a. 모형내의 예측값: (상수), 소비자 물가지수(CPi)

b. 모형내의 예측값: (상수), 소비자 물가지수(CPi), 소비자 가처분소득/1인

c. 모형내의 예측값: (상수), 소비자 물가지수(CPi), 소비자 가처분소득/1인, 돼지고기 및 닭고기 생산량/1인

d. 종속변수: 소가격/100파운드

후진제거법

후진제거법(backward elimination method)은 모든 독립변수를 포함시킨 회귀식에서 출발하여 각 단계마다 일정한 기준에 따라 한 변수씩 모형에서 제외시키는 방법으로 일정한 정지 기준이 만족되었을 때 독립변수의 제거를 중지하고 회귀식을 확정시킨다. 독립변수 제거의 정지 기준은 앞에서 설명한 전진선택법과 마찬가지로 제거 F-값(FOUT)이나 제거 F-값의 유의확률인 P-값(POUT)으로 지정할 수 있다. 디폴트 제거 F-값(FOUT)은 2.71이고 디폴트 제거 P-값(POUT)은 0.1이다.

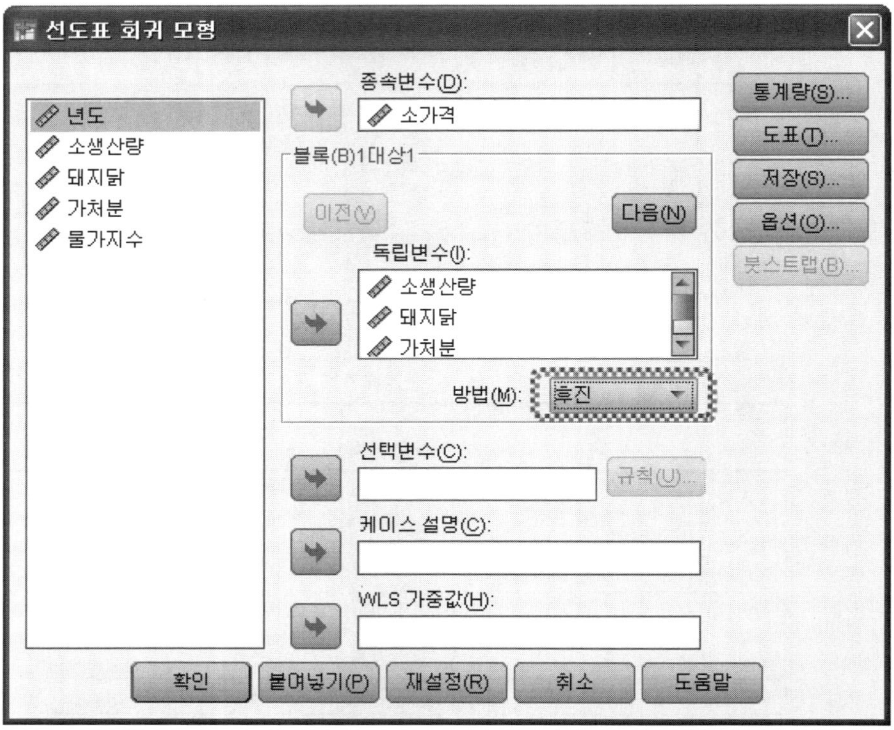

[결과 17-16] 후진제거법에 의한 변수선택

진입/제거된 변수[b]

모형	진입된 변수	제거된 변수	방법
1	소비자 물가지수 (CPi), 쇠고기생산량/1인, 돼지고기 및 닭고기 생산량/1인, 소비자 가처분소득/1인[a]	.	입력
2	.	쇠고기생산량/1인	후진 (기준: 제거할 F의 확률 >= .100).

a. 요청된 모든 변수가 입력되었습니다.

b. 종속변수: 소가격/100파운드

모형 요약

모형	R	R 제곱	수정된 R 제곱	추정값의 표준오차
1	.937[a]	.878	.862	6.29022
2	.935[b]	.875	.862	6.27631

a. 예측값: (상수), 소비자 물가지수(CPi), 쇠고기생산량/1인, 돼지고기 및 닭고기 생산량/1인, 소비자 가처분소득/1인

b. 예측값: (상수), 소비자 물가지수(CPi), 돼지고기 및 닭고기 생산량/1인, 소비자 가처분소득/1인

분산분석[c]

모형		제곱합	자유도	평균 제곱	F	유의확률
1	회귀 모형	8548.697	4	2137.174	54.014	.000[a]
	잔차	1187.005	30	39.567		
	합계	9735.702	34			
2	회귀 모형	8514.549	3	2838.133	72.050	.000[b]
	잔차	1221.153	31	39.392		
	합계	9735.702	34			

a. 예측값: (상수), 소비자 물가지수(CPi), 쇠고기생산량/1인, 돼지고기 및 닭고기 생산량/1인, 소비자 가처분소득/1인

b. 예측값: (상수), 소비자 물가지수(CPi), 돼지고기 및 닭고기 생산량/1인, 소비자 가처분소득/1인

c. 종속변수: 소가격/100파운드

계수[a]

오형		비표준화 계수		표준화 계수		
		B	표준오차	베타	t	유의확률
1	(상수)	-14.615	13.685		-1.068	.294
	쇠고기생산량/1인	-.472	.508	-.094	-.929	.360
	돼지고기 및 닭고기 생산량/1인	1.213	.490	.367	2.478	.019
	소비자 가처분소득/1인	-.009	.004	-1.681	-2.012	.053
	소비자 물가지수(CPi)	.480	.171	2.318	2.810	.009
2	(상수)	-22.624	10.605		-2.133	.041
	돼지고기 및 닭고기 생산량/1인	.974	.415	.295	2.345	.026
	소비자 가처분소득/1인	-.011	.004	-2.058	-2.826	.008
	소비자 물가지수(CPi)	.562	.146	2.711	3.836	.001

a. 종속변수: 소가격/100파운드

위의 출력결과를 보면 후진제거법의 적합된 회귀식은 다음과 같다.

$$소가격 = -22.62 + 0.974*(돼지닭\ 생산량) - 0.011(소비자\ 가처분소득) + 0.562*(소비자\ 물가지수)$$

제외된 변수[b]

오형		베타 입력	t	유의확률	편상관계수	공선성 통계량
						공차
2	쇠고기생산량/1인	-.094[a]	-.929	.360	-.167	.397

a. 오형내의 예측값: (상수), 소비자 물가지수(CPi), 돼지고기 및 닭고기 생산량/1인, 소비자 가처분소득/1인

b. 종속변수: 소가격/100파운드

후진제거법에서 제거된 변수는 '소고기 생산량/1인'으로 나타났다.

단계선택법

단계선택법(stepwise selection method)은 앞에서 설명한 전진선택법과 후진제거법을 개선한 방법으로 독립변수의 추가와 제거를 적절히 조합하여 최선의 회귀식을 도출하는 방법이다. 단계선택법은 현재 가장 많이 사용하고 있는 독립변수 선택 방법이다.

변수선택의 경우 디폴트 진입 p-값과 진입 F-값은 각각 0.05와 3.84이며, 변수제거의 경우 디폴트 제거 p-값과 제거 F-값은 각각 0.1과 2.71이다.

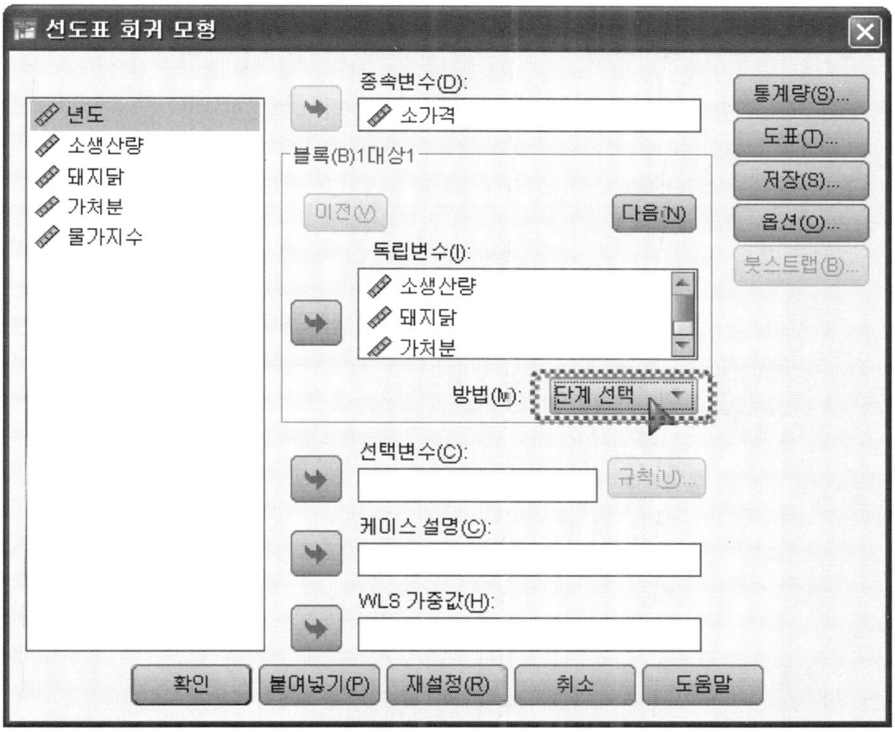

[결과 17-17] 단계선택법에 의한 변수선택

진입/제거된 변수[a]

모형	진입된 변수	제거된 변수	방법
1	소비자 물가지수(CPi)	.	단계선택 (기준: 입력할 F의 확률 <= .050, 제거할 F의 확률 >= .100).
2	소비자 가처분소득/1인	.	단계선택 (기준: 입력할 F의 확률 <= .050, 제거할 F의 확률 >= .100).
3	돼지고기 및 닭고기 생산량/1인	.	단계선택 (기준: 입력할 F의 확률 <= .050, 제거할 F의 확률 >= .100).

a. 종속변수: 소가격/100파운드

모형 요약

모형	R	R 제곱	수정된 R 제곱	추정값의 표준오차
1	.912[a]	.831	.826	7.05200
2	.923[b]	.852	.843	6.70297
3	.935[c]	.875	.862	6.27631

a. 예측값: (상수), 소비자 물가지수(CPi)

b. 예측값: (상수), 소비자 물가지수(CPi), 소비자 가처분소득/1인

c. 예측값: (상수), 소비자 물가지수(CPi), 소비자 가처분소득/1인, 돼지고기 및 닭고기 생산량/1인

분산분석[d]

모형		제곱합	자유도	평균 제곱	F	유의확률
1	회귀 모형	8094.588	1	8094.588	162.768	.000[a]
	잔차	1641.115	33	49.731		
	합계	9735.702	34			
2	회귀 모형	8297.947	2	4148.974	92.343	.000[b]
	잔차	1437.755	32	44.930		
	합계	9735.702	34			
3	회귀 모형	8514.549	3	2838.183	72.050	.000[c]
	잔차	1221.153	31	39.392		
	합계	9735.702	34			

a. 예측값: (상수), 소비자 물가지수(CPi)

b. 예측값: (상수), 소비자 물가지수(CPi), 소비자 가처분소득/1인

c. 예측값: (상수), 소비자 물가지수(CPi), 소비자 가처분소득/1인, 돼지고기 및 닭고기 생산량/1인

d. 종속변수: 소가격/100파운드

계수[a]

모형		비표준화 계수		표준화 계수	t	유의확률
		B	표준오차	베타		
1	(상수)	10.242	2.512		4.078	.000
	소비자 물가지수(CPi)	.189	.015	.912	12.758	.000
2	(상수)	-1.624	6.067		-.268	.791
	소비자 물가지수(CPi)	.518	.155	2.497	3.337	.002
	소비자 가처분소득/1인	-.008	.004	-1.592	-2.127	.041
3	(상수)	-22.624	10.605		-2.133	.041
	소비자 물가지수(CPi)	.562	.146	2.711	3.836	.001
	소비자 가처분소득/1인	-.011	.004	-2.058	-2.826	.008
	돼지고기 및 닭고기 생산량/1인	.974	.415	.295	2.345	.026

a. 종속변수: 소가격/100파운드

위의 출력결과를 보면 단계선택법의 적합된 회귀식은 다음과 같다.

$$소가격 = -22.624 + 0.562^*(소비자\ 물가지수) - 0.011(소비자\ 가처분소득) + 0.974^*(돼지닭\ 생산량)$$

제외된 변수[d]

모형		베타 입력	-	유의확률	편상관계수	공선성 통계량
						공차
1	쇠고기생산량/1인	-.062[a]	-.755	.456	-.132	.775
	돼지고기 및 닭고기 생산량/1인	.198[a]	1.482	.148	.253	.276
	소비자 가처분소득/1인	-1.592[a]	-2.127	.041	-.352	.008
2	쇠고기생산량/1인	.038[b]	.409	.685	.073	.549
	돼지고기 및 닭고기 생산량/1인	.295[b]	2.345	.026	.388	.256
3	쇠고기생산량/1인	-.094[c]	-.929	.360	-.167	.397

a. 모형내의 예측값: (상수), 소비자 물가지수(CPi)

b. 모형내의 예측값: (상수), 소비자 물가지수(CPi), 소비자 가처분소득/1인

c. 모형내의 예측값: (상수), 소비자 물가지수(CPi), 소비자 가처분소득/1인, 돼지고기 및 닭고기 생산량/1인

d. 종속변수: 소가격/100파운드

결과적으로 세 가지 변수선택법을 사용한 결과 세 가지 방법 모두 동일하게 설명변수 '쇠고기생산량/1인'을 제거할 것을 제안하고 있다. 그러나 '쇠고기생산량'은 소가격을 결정하는 중요한 변수임은 누구라도 인정할 수 있을 것이다. 그럼에도 불구하고 회귀모형에서 제거된 이유는 무엇일까? '쇠고기생산량'이 직선 회귀식을 접합하는 데 중요하지 않은 변수로 판정되었다는 사실은 직선을 접하는 데 문제의 심각성을 나타낸다. 이는 직선식의 접합이 적절하지 않아 설명변수에서 제외된 것이다. 그렇다면 '쇠고기생산량'은 곡선 회귀모형이나 시계열 모형으로 적합시켜야 할 것이다. [결과 17-18]의 산점도를 보면 직선식의 적합이 전체 회귀식에 악영향을 미치는 것을 짐작할 수 있으며, 산점들을 보면 곡선 적합의 필요성을 느끼게 한다. 이러한 경우 '쇠고기생산량' 변수를 변환하여 직선 적합에 유리하도록 하여 다시 회귀분석을 시도하는 것도 좋은 방법이라 할 수 있으나 변수를 변환하는 일반적인 규칙은 없다. 변환은 로그변환, 제곱근, 역수, 제곱 등 여러 가지 변환을 생각할 수 있으며, 이렇게 변환된 변수에 대해 산점도를 그려 보고 회귀모형에 적합해 보면 보다 개선된 해법을 찾을 수 있을 것이다.

[결과 17-18] 제거된 변수와 종속변수 간의 산점도와 회귀선

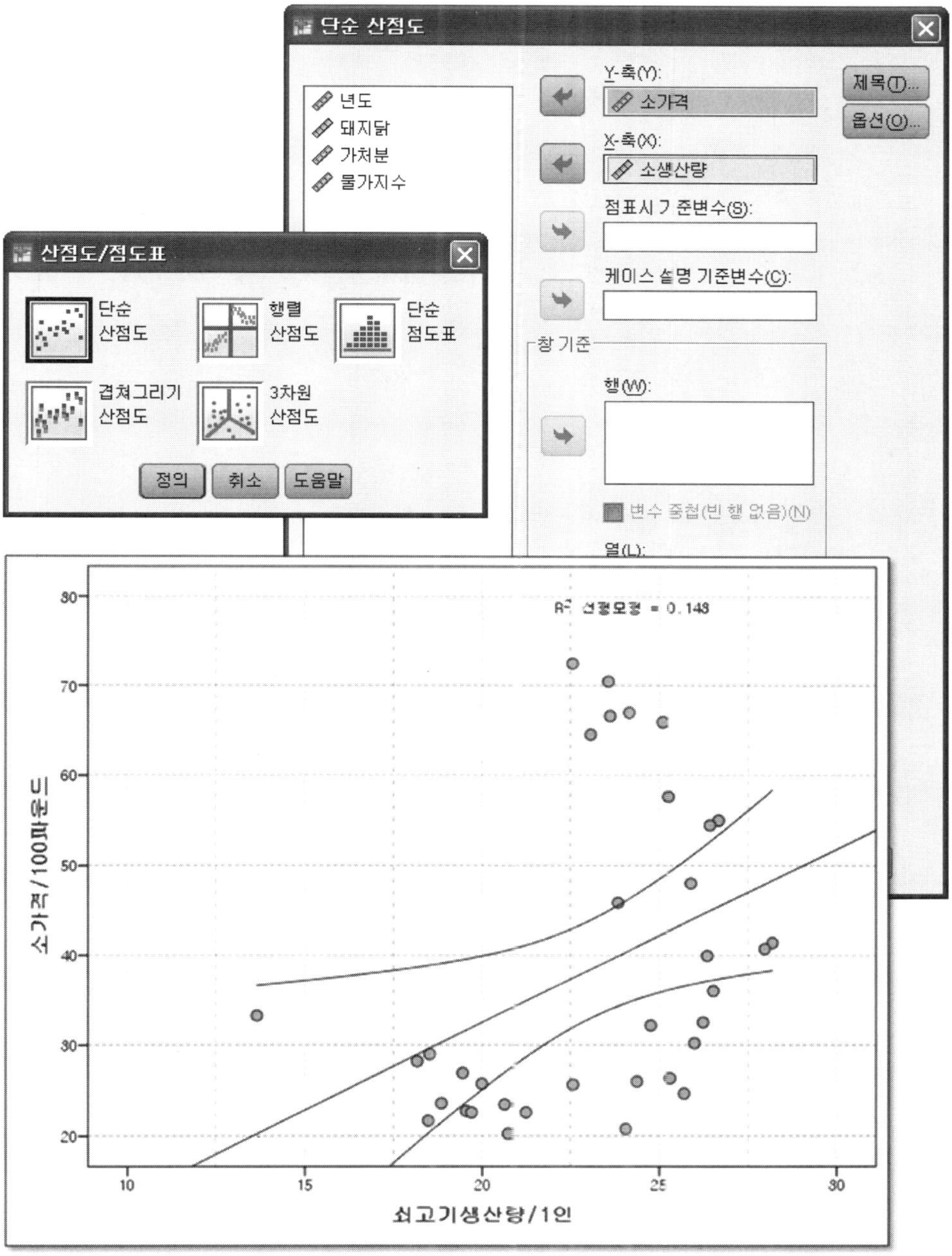

Chapter 18

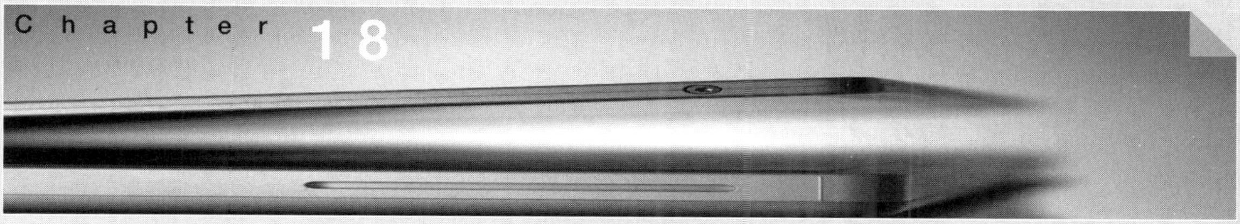

다변량 통계분석의 개요

18.1 다변량 통계분석이란?

흔히 단일 독립변수와 단일 종속변수 간의 인과관계를 파악하고자 할 때 일변량 통계분석(univariate statistical analysis)을 적용한다. 즉, 하나의 변수의 변동 원인을 규명하기 위하여 많은 수의 요인 중 한 요인을 선택하여, 선택된 요인과 연구하고자 하는 변수와의 관계를 분석한 후, 다른 요인을 또 선택하여, 같은 절차를 반복하게 된다. 이렇게 하여 개별 분석된 결과를 종합하여 연구하고자 하는 변수를 이들 요인에 의하여 설명하는 것이다. 이러한 일변량 통계분석은 개개의 요인들이 서로 상호작용을 하지 않는 상태에서 연구하고자 하는 변수에만 작용한다고 가정하였을 때에는 아무 문제가 없다. 그러나 현실에서는 요인들 간의 상호작용이 존재하며, 연구하고자 하는 변수 또한 요인들에게 영향을 주는 경우가 많다. 즉, 어떤 변수가 종속변수이고 어떤 변수가 독립변수인지 불분명하며, 독립변수들 간에도 종속 독립의 관계가 존재한다. 이러한 문제점들을 해결하기 위하여 개발된 분석방법이 바로 다변량 통계분석(multivariate statistical analysis)이다.

다변량 통계분석은 한마디로 말한다면, 차원(dimension)을 줄이고자 하는 통계분석 체계라고 할 수 있다. 즉, 많은 수의 변수를 최소한의 정보 손실(information loss)을 유지하면서 가능한 한 적은 수의 변수로 줄이는 분야와 많은 수의 케이스를 그 특성이 비슷한 몇 가지 집단으로 분류하여 전체 케이스가 가지고 있는 의미를 이들 분류된 몇 개의 집단으로 설명하고자 하는 분야 등으로 양분되는 분석방법을 다변량 통계분석이라 한다.

18.2 다변량 통계분석의 분류

앞 절에서 언급한 내용에 근거하여 다변량 통계분석을 분류하면 다음과 같다.

■ 변수의 차원을 줄이는 분석

① 다변량 회귀분석(Multivariate Regression Analysis)
② 다변량 분산분석(Multivariate ANOVA: MANOVA)
③ 주성분 분석(Principal Component Analysis)
④ 요인분석(Factor Analysis)
⑤ 정준상관분석(Canonical Correlation Analysis)

■ 케이스의 차원을 줄이는 분석

① 군집분석(Cluster Analysis)
② 판별분석(Discriminant Analysis)
③ 다차원척도법(Multidimensional Scaling: MDS)

다변량 통계분석은 많은 변수들을 한꺼번에 고려하여야 하므로, 분산-공분산행렬, 상관행렬, 거리행렬, 고유값(eigenvalue), 고유벡터(eigenvector) 등 복잡한 행렬 이론의 이해가 다변량 통계분석의 이론을 숙지하는 데 절대적으로 필요하다.

18.3 유사성 및 상이성 행렬

일반적으로 두 변수의 공분산이 크거나 상관계수가 작다는 말은 두 변수가 서로 이질적이어서 서로 상이한 관계를 나타낸다고 할 수 있다. 이는 곧 공간 상에 두 변수를 점으로 표시한다면 두 점 간의 거리가 멀다고 할 수 있다. 반대로 두 변수의 공분산이 작거나 상관계수의 절대값이 '1'에 가깝다면 두 변수는 유사한 변수로 판단할 수 있으며 역시 공간에서 두 변수 간의 거리는 가깝게 위치하고 있음을 의미한다. 다변량 분석에서는 변수들이 많아 변수들의 유사함의 정도를 표시하는 값들을 행렬로서 표현하게 된다. 즉 계산된 통계량의 값이 커질수록 유사함을 의미하는 척도값들이 원소로 구성된 행렬을 유사성(similarity) 행렬이라 한다. 대표적인 유사성 행렬은 상관행렬(correlation matrix)을 들 수 있다. 반대로 상이함을 의미하는 척도값들이 원소로 구성된 행렬을 상이성(dissimilarity) 행렬이라 하며, 대표적인 상이성 행렬은 분산-공분산행렬(variance-covariance matrix)과 거리행렬(distance matrix)을 들 수 있다.

분산-공분산행렬(Variance-Covariance Matrix)

두 변수 X, Y가 다음

$$X: X_1, X_2, \cdots, X_n$$

$$Y: Y_1, Y_2, \cdots, Y_n$$

과 같이 쌍으로 관측되었다고 한다면 이 두 변수의 표본분산과 표본공분산은 다음과 같이 계산된다.

$$Var(X) = \frac{1}{n-1}\sum_{i=1}^{n}(X_i - \overline{X})^2, \overline{X} = \frac{1}{n}\sum_{i=1}^{n} X_i$$

$$Var(Y) = \frac{1}{n-1}\sum_{i=1}^{n}(Y_i - \overline{Y})^2, \overline{Y} = \frac{1}{n}\sum_{i=1}^{n} Y_i$$

$$Cov(X, Y) = \frac{1}{n-1}\sum_{i=1}^{n}(X_i - \overline{X})(Y_i - \overline{Y})$$

[X와 Y의 분산-공분산행렬]

	X	Y
X	Var(X)	Cov(Y,X)
Y	Cov(X,Y)	Var(Y)

Cov(X,Y)= Cov(Y,X)이므로 분산-공분산행렬은 대칭행렬이다. 일반적으로 k개(≥ 2)의 변수들($X_1, X_2, \cdots, X_k$)에 대한 분산-공분산 다음과 같이 표현할 수 있다.

[k개의 변수(X_1, X_2, …, X_k)의 분산-공분산행렬]

	X_1	X_2	…	X_k
X_1	$Var(X_1)$	$Cov(X_1, X_2)$	…	$Cov(X_1, X_k)$
X_2	$Cov(X_2, X_1)$	$Var(X_2)$	…	$Cov(X_2, X_k)$
⋮	⋮	⋮	⋱	⋮
X_k	$Cov(X_K, X_1)$	$Cov(X_K, X_2)$	…	$Var(X_k)$

상관행렬(Correlation Matrix)

상관행렬은 두 변수 사이의 상관계수를 행렬로 표시한 것으로써 분산-공분산행렬로부터 구할 수 있다. 두 변수 X와 Y의 표본상관계수는

$$\Upsilon_{XY} = \frac{Cov(X,\ Y)}{\sqrt{Var(X)}\ \sqrt{Var(Y)}}$$

로 정의되고 같은 변수 사이의 상관계수는 '1'이다. 즉, 변수 X와 X의 표본상관계수는

$$\Upsilon_{XX} = \frac{Cov(X,\ X)}{\sqrt{Var(X)}\ \sqrt{Var(X)}} = 1$$

이며, 변수 Y와 Y의 표본상관계수는

$$\Upsilon_{YY} = \frac{Cov(Y,\ Y)}{\sqrt{Var(Y)}\ \sqrt{Var(Y)}} = 1$$

이다.

[X와 Y의 상관행렬]

	X	Y
X	1	Υ_{XY}
Y	Υ_{YX}	1

$\Upsilon_{XY} = \Upsilon_{YX}$이므로 상관행렬은 대칭정방행렬이다.

일반적으로 k개(≥ 2)의 변수들($X_1, X_2, \cdots, X_k$)에 대한 상관행렬은 다음과 같이 표현할 수 있다.

[k개의 변수(X_1, X_2, $\cdots$, X_k)의 상관행렬]

	X_1	X_2	X_3	$\cdots$	X_k
X_1	1	r_{12}	r_{13}	$\cdots$	r_{1k}
X_2		1	r_{23}	$\cdots$	r_{2k}
.			.		
.				.	
.	대칭			.	
X_k					1

여기에서 Υ_{ij}, X_i와 $X_j(i, j = 1, 2, \cdots, k)$의 상관계수이다.

거리행렬(Distance Matrix)

거리행렬은 두 변수 사이의 거리를 행렬르 표시한 것으로서 일반적으로 유클리드 거리(Euclidean distance)와 유클리드 제곱거리(squared Euclidean distance)를 주로 사용한다. 표본크기가 n인 두 변수 X와 Y의 유클리드 거리는

$$D_{xy} = \sqrt{(x_1 - y_1)^2 + (x_2 - y_2)^2 + \cdots + (x_n - y_n)^2}$$

$$= \sqrt{\sum_{i=1}^{n} (x_i - y_i)^2}$$

로 정의되고 같은 변수 사이의 유클리드 거리는 '0'이다. X와 Y의 유클리드 제곱거리는

$$D_{xy}^2 = (x_1 - y_1)^2 + (x_2 - y_2)^2 + \cdots + (x_n - y_n)^2$$

$$= \sum_{i=1}^{n} (x_i - y_i)^2$$

이며, 일반적으로 k개(≥ 2)의 변수들($X_1, X_2, \cdots, X_k$)에 대한 상관행렬은 다음과 같이 표현할 수 있다.

[k개의 변수($X_1, X_2, \cdots, X_k$)의 유클리드 거리행렬]

	X_1	X_2	X_3	…	X_k
X_1	0	D_{12}	D_{13}	…	D_{1k}
X_2		0	D_{23}	…	D_{2k}
.			.		
.				.	
.	대칭			.	
X_k					0

여기에서 D_{ij}, X_i와 $X_j(i, j = 1, 2, \cdots, k)$의 유클리드 거리이다.

18.4 고유값과 고유벡터

고유값(eigenvalue)은 k차의 정방행렬 A에 대하여 다음을 만족하는 λ를 말한다.

$$|A-\lambda I| = 0$$

단, I는 k차 단위행렬이며, | | 표시는 행렬식을 의미한다.

이때 $f(\lambda) = |A-\lambda I|$ 을 행렬 A의 특성함수(characteristic function)라고 하며 고유값은 특성근(characteristic root)이라고도 한다.

고유벡터는 k차의 정방행렬 A에 대해 다음을 만족하는 벡터 $\underline{v}$를 말한다.

$$[A-\lambda I]\,\underline{v} = 0 \quad 또는 \quad A\underline{v} = \lambda \underline{v}$$

단, λ는 고유값, I는 k차 단위행렬

이때 $\underline{v}$를 고유값 λ에 대응하는 고유벡터라 하며, 고유값에 따라 고유벡터가 달라진다. 고유벡터는 임의의 상수를 가지므로 유일하지 않을 수 있다. 따라서 각 고유값 λ_i에 대하여 $\underline{v}_i{}'\underline{v}_i = 1$이 되도록 정규화(normalize)해야 한다. 즉, 고유벡터의 길이(norm)가 '1'이 되도록 하려면 다음과 같이 계산하면 된다.

$$\underline{v}_i = \frac{\underline{v}}{\sqrt{\underline{v}'\underline{v}}}$$

다변량 데이터 분석에서는 고유값에 대한 해석이 매우 중요하다. 그러므로 정의식에서 정방행렬 A는 분산-공분산행렬 Σ로 생각하여 고유값의 성질을 해석에 필요한 사항만을 설명하기로 한다. 기타 자세한 사항은 통계학 서적이나 행렬대수를 참고하기 바란다.

[고유값의 성질]

① 고유값들을 전부 곱하면 $|\Sigma|$의 값과 같다.

② 고유값들을 모두 합하면 Σ의 대각원소들의 합인 트레이스 $tr(\Sigma)$와 같다. 이는 분산-공분산행렬의 대각원소들의 합은 총분산을 의미하며 총분산은 고유

값들의 합이 된다.

③ 대각행렬의 고유값은 대각선의 원소가 된다.

④ 분산-공분산행렬 Σ의 고유값 $\lambda_i > 0$이면 역행렬 Σ^{-1}의 고유값은 $1/\lambda_i$이 된다.

[고유벡터의 성질]

① 행렬 Σ은 대칭행렬이므로 Σ의 서로 다른 고유값 λ_i와 λ_j의 고유벡터 $\underline{v}_i$와 $\underline{v}_j$는 서로 직교(직각으로 교차)한다. 각 고유벡터의 곱 $\underline{v}_i' \underline{v}_j = 0$을 만족하면 직교하며 통계적으로 독립임을 의미한다.

② 행렬 Σ은 양정치행렬(positive definite matrix)이므로 $\underline{v} \neq \underline{0}$인 고유벡터가 있을 때 $\underline{v}'\Sigma\underline{v} = \underline{v}'(\Sigma\underline{v}) = \underline{v}'(\lambda\underline{v}) = \lambda\underline{v}'\underline{v} = \lambda$, ($\because$ $\underline{v}'\underline{v} = 1$)인 관계가 성립한다.

이와 같은 고유값과 고유벡터의 의미를 이해하고 기억한다면 앞으로 설명할 다변량 분석법의 결과에서 자주 나타나는 고유값의 의미를 해석하는 데 많은 도움이 될 것이다.

Chapter 19

판별분석(Discriminant Analysis)

19.1 판별분석이란?

수정 구슬을 통하여 앞으로 일어날 일을 예견하는 일은 이제 더 이상 점쟁이들만의 점유물이 아니다. 판사, 회계사, 금융인 및 기타 많은 전문인들이 법정 판결, 기업 재무구조의 적정 여부, 고객의 신용도 판정 등과 같이 미지의 현상을 예측하여야만 한다.

이러한 문제들을 해결하기 위해서 먼저 해볼 수 있는 일은, 이미 결과를 알고 있는 개체들의 사례를 비교해 보는 것이다. 이렇게 함으로써 결과가 다르게 나타난 개체들의 집단 간 유사점과 차이점을 기준으로 아직 결과를 알 수 없는 개체에 대한 결과를 예측할 수 있는 것이다. 통상적으로 이러한 예측은 의사 결정자의 경험과 지식을 바탕으로 한 주관적인 판단에 의하여 수행된다. 그러나 당면한 문제가 점점 더 복잡해지고 잘못된 판단으로 야기되는 손해가 점점 더 심각해지면서, 결과를 예측하는데 보다 객관적인 절차를 만드는 것이 점점 더 필요하게 되었다.

판별분석(discriminant analysis)은 'R. A. Fisher'에 의하여 체계화된 통계 이론으로서 앞에서 언급한 것들과 유사한 문제들을 다루는 데 많이 적용되고 있다. 판별분석의 기초 개념은 비교적 단순한 것으로, 사전에 정의된 하나의 집단변수(group variable) 개개의 변수값을 판별하는 데 중요한 역할을 하는 판별변수(discriminant variable)의 선형결합(linear combination)인 판별함수(discriminant function)를 만든 후, 이 판별함수에 새로운 개체의 특성을 대입하여 어떤 집단에 속할지를 판별하는 것이다. 여기에서 사전에 정의된 하나의 집단변수는 종속변수(dependent variable)라 하겠고 판별에 중요한 역할을 하는 판별변수는 독립변수(independent variable)라고 할 수 있다.

19.2 판별분석에 사용되는 변수들의 특성

① 집단변수(종속변수)는 범주형 변수(categorical variable)이어야 한다. 즉, 사고, 비사고 또는 파산, 비파산 등 어떤 범주나 집단을 구별하는 변수이어야 한다.

② 판별변수(독립변수)들은 연속형 변수(continuous variable)여야 한다. 그러나 연속형 변수가 아닌 범주형 변수가 판별변수로 사용되기도 한다.

19.3 판별분석의 가정 사항

판별함수가 최적(optimal)이 되기 위해서는 즉, 잘못 판별되는 확률이 최소가 되는 판별함수를 도출하기 위해서는 다음과 같은 몇 가지 가정들이 필요하다.

① 판별함수의 도출에 사용된 개체들이 다변량 정규분포(multivariate normal distribution)로부터 추출된 표본이어야 한다.

② 각 부분집단들의 모집단 분포가 동일한 공분산행렬(covariance matrix)을 가지고 있어야 한다.

상기의 가정 사항들은 극단적으로 틀리지 않는 한 일반적으로 큰 문제를 발생시키지는 않는다.

19.4 판별분석의 과정

① 어떤 집단에 속하는지 구별하는 데 중요한 역할을 하는 판별변수들을 독립변수들 중에서 택한다.

② 선택된 판별변수들의 선형결합(판별함수)을 만들어 개체들을 집단으로 분류하는 기준을 마련한다.

③ 판별함수에 의하여 개체들이 얼마나 정확히 분류되는지 그 판별 정도를 파악한다.

④ 새로운 개체가 유입되었을 때 판별변수와 판별함수에 적용하여 어떤 집단에 속할지를 판단한다.

19.5 은행 신용도 판별분석

은행 신용도 데이터 소개

일본의 한 은행에 대출 담당자가 있다. 그는 자신에게 대출 신청이 너무 많이 밀려 있고, 그 절차 또한 매우 까다롭기 때문에, 그 많은 서류를 일일이 다 검토하고 대출 여부를 결정하는 것은 너무나 많은 시간과 비용이 소비된다고 느꼈다. 따라서 어떻게 하면 가장 적은 변수로 고객의 신용도가 좋은지 나쁜지를 효과적으로 판별할 수 있는가 하는 것이 이 대출 담당자의 주된 관심사이다. 이 문제를 해결하기 위하여 기존의 대출 실적이 있는 고객들을 대상으로 [표 19-1]과 같은 데이터를 수집하였다.

[표 19-1] 은행의 대출실적 데이터(은행신용도.sav)

변수 이름	내용	코딩 형식
일련번호	고객의 일련번호	
결혼상태	결혼상태	0 = 미혼, 1 = 기혼, 2 = 이혼
신용카드	신용카드 사용 여부	0 = 미사용, 1 = 사용
주택소유	주택소유 여부	0 = 미소유, 1 = 소유
집세	월 평균 집세	단위 1,000엔(¥)
수입	월 평균 수입	단위 1,000엔(¥)
연령	연령	단위 년
거주년수	현재의 주택에 거주한 년수	단위 년
교육년수	피교육 년수	단위 년
고객년수	은행의 고객이 된 년수	단위 년
근무년수	현 직장에서 근무한 년수	단위 년
신용도	은행에서 판별한 신용도 정도	0 = 신용도 양호 1 = 신용도 모호 2 = 신용도 불량

고객의 신용도 정도는 상기 은행에서 다음과 같은 기준으로 판정한 것이다.

- 신용도 양호: 현재까지 입금 일자를 어긴 적이 없이 대출금을 모두 입금하였음
- 신용도 모호: 현재까지 대출금은 모두 입금하였으나, 가끔 입금 일자를 지키지 않았음
- 신용도 불량: 현재까지 대출금을 모두 입금하지 않았고, 입금 일자를 지키지 않은 적이 많음

판별분석 프로시저의 수행

SPSS에서 판별분석을 수행하려면, 주메뉴에서

'분석 〉 분류분석 〉 판별분석 ……'

을 선택하면 다음과 같은 '판별분석' 대화상자가 열린다.

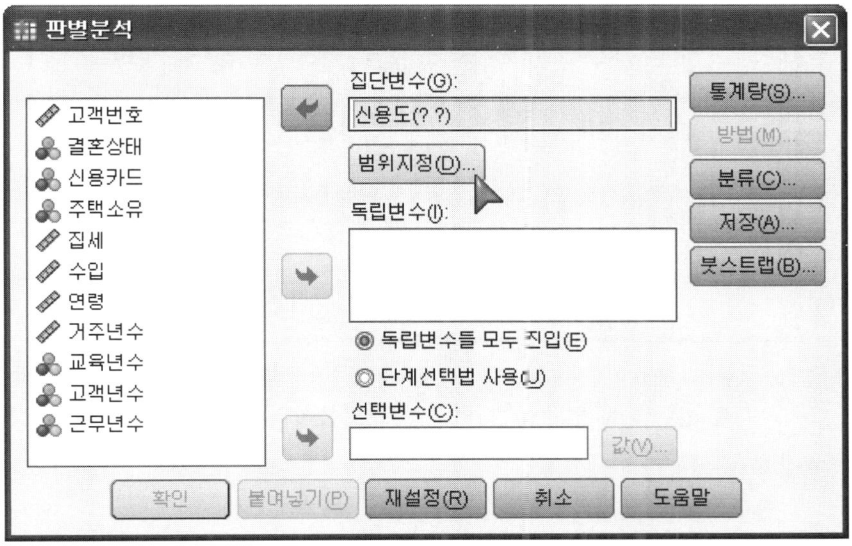

'집단변수:'에 '신용도' 변수를 지정하고, 범위지정(D)... 단추를 클릭하면, 다음과 같은 범위지정 부대화상자가 열리는데, 여기에 집단변수가 갖는 변수값의 최소값, 최대값을 괄호 내에 지정하여야 한다.

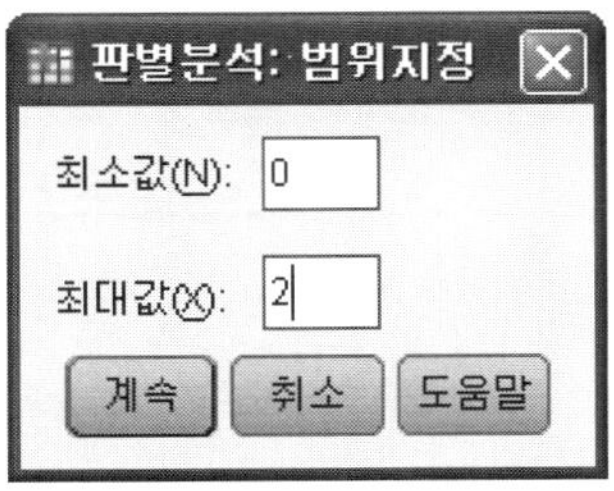

계속 단추를 클릭한 후, 판별분석 주대화상자의 '독립변수:'에 판별변수로 사용되는 변수들을 지정한다. 여기에서는 결혼상태, 신용카드 사용 여부, 주택소유 여부, 월

평균 집세, 월평균 수입, 연령, 현재의 주택에 거주한 년수, 피교육년수, 은행의 고객이 된 년수, 현 직장에서 근무한 년수 등 10개 변수를 지정하였다.

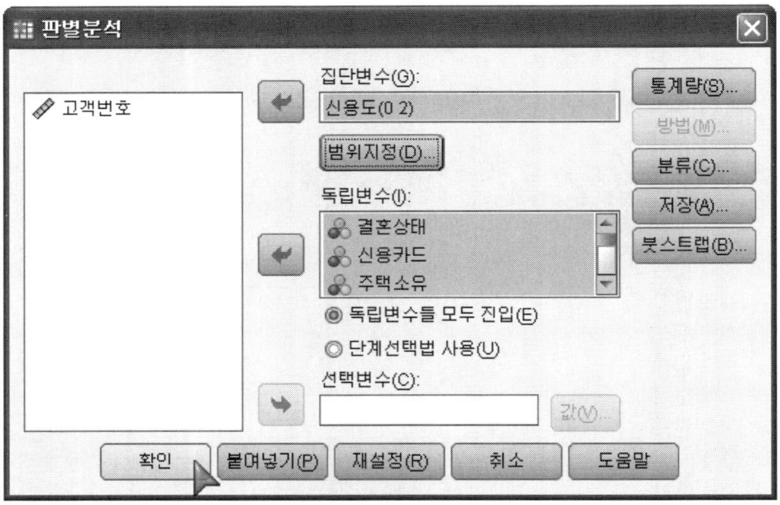

이제 확인 단추를 클릭하면 판별분석의 수행 결과가 SPSS 출력결과 항해사 창에 출력된다.

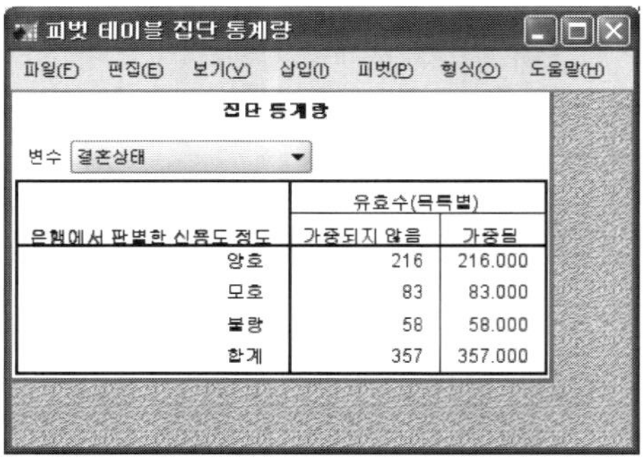

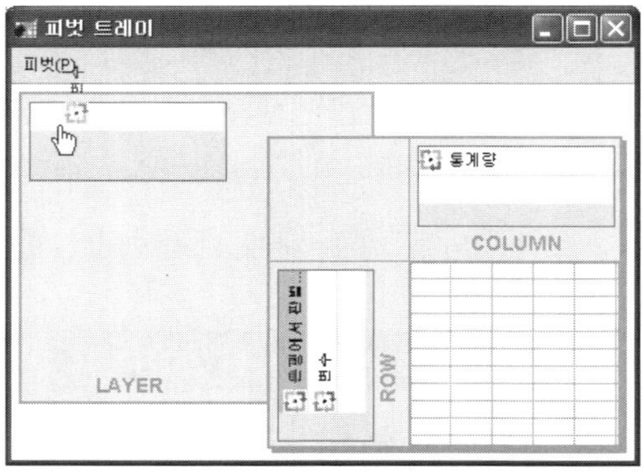

[결과 19-2] 집단별 기초 통계량

집단 통계량

변수=결혼상태

은행에서 판별한 신용도 정도	유효수(목록별)	
	가중되지 않음	가중됨
양호	216	216.000
모호	83	83.000
불량	58	58.000
합계	357	357.000

전체 357명의 고객 중 216명은 위험도가 거의 없는 고객들이므로 대출을 해줘도 별문제가 없고, 58명은 위험도가 매우 큰 고객들이므로 대출해 줘서는 안 되며, 83명은 다소 위험한 고객들이므로 서류를 좀 더 검토한 후 대출 여부를 결정하여야 할 것이다.

판별함수의 수를 결정하는 기준

판별분석에서 판별함수는 하나 이상이 도출될 수 있는데 판별함수의 수는, 집단의 수에서 하나를 뺀 값과 판별변수의 수중에서 작은 값보다 같거나 작아야 한다. 즉,

$$\text{판별함수의 수} \leq \min[(\text{집단의 수} - 1), \text{판별변수의 수}]$$

이다. 이 예에서는 집단의 수가 '3'이고 판별변수의 수가 '10'이므로 판별함수의 수는 2개(=3-1)까지 가능하다. 판별함수는 집단을 판별하는 데 기여도가 가장 큰 것부터 순서대로 도출되므로 나중에 도출되는 판별함수일수록 기여도가 점점 작아진다. 따라서 몇 개의 판별함수까지 도출하여야 하는가 하는 문제가 발생되는데 일반적으로 둘 이하의 판별함수를 도출하는 경우가 많다. 판별함수의 수를 결정하는 데는 다음과 같은 몇 가지 기준들이 있다.

① **고유값의 비율**(relative percentage of eigenvalue)

각 판별함수에 대하여 고유값(eigenvalue)이 계산되는데 이 고유값이 클수록 판별함수의 기여도가 커지므로 각 판별함수의 중요도를 판단하는 기준이 될 수 있다. 즉, 특정 판별함수의 고유값을 모든 판별함수들의 고유값의 합으로 나눈 값(고유값 비율=분산비율)은 특정 판별함수의 상대적인 기여도로 볼 수 있다. [결과 19-3]에서 2개의 판별함수가 도출되었는데, 각 판별함수의 고유값이 1.637, 0.340으로 출력되었으며, '분산의 %' 부분에 고유값의 비율이 82.8, 17.2로 출력되었다. 각 판별함수의 고유값 비율은 각 판별함수의 설명력이라고 할 수 있는데

$$\text{분산비} = \frac{\lambda_i}{\sum_{i=1}^{k}\lambda_i} \times 100 \ , \qquad \lambda_i \ , \ i\text{번째} \sim \text{고유값}$$

으로 계산된다. 여기에서 k는 유도된 판별함수의 개수이다. 첫 번째 판별함수의 설명력은 82.8%이고, 두 번째 판별함수의 설명력은 17.2%이다.

[결과 19-3] 고유값과 윌크스 람다

고유값

함수	고유값	분산의 %	누적 %	정준 상관
1	1.637[a]	82.8	82.8	.788
2	.340[a]	17.2	100.0	.504

a. 첫 번째 2 정준 판별함수가 분석에 사용되었습니다.

Wilks의 람다

함수의 검정	Wilks의 람다	카이제곱	자유도	유의확률
1에서 2	.283	441.180	20	.000
2	.746	102.306	9	.000

② 정준상관계수(canonical correlation)

정준상관계수는 고유값과 비슷한 의미를 가지는데 정준상관계수의 제곱은 집단들에 의하여 설명될 수 있는 판별함수의 분산의 비율을 말한다. 정준상관계수는 1에 가까울수록 설명력이 크게 된다. [결과 19-3]에서 '정준 상관' 부분에 정준상관계수가 출력되었는데 각각이 0.788, 0.504이다. 이는 다음의 식으로 계산된 것이다.

$$r_i = \sqrt{\frac{\lambda_i}{1+\lambda_i}} \quad , \quad \lambda_i \text{ , } i\text{번째 고유값}$$

③ 유의성 검정

이미 도출된 판별함수에 의하여 반영되지 못한 정보의 양이 얼마나 통계적으로 유의한지를 검정하는 방법으로 검정결과 유의하다면 판별함수를 더 도출하여야 할 필요가 생기며, 유의하지 않다면 판별함수를 더 도출한다 하여도 별로 도움이 되지 않을 것이다. [결과 19-3]의 두 번째 피벗표 우측 부분에 유의성 검정의 결과가 출력되어 있는데, 먼저 판별함수를 도출하기 전에 유의성 검정의 카이제곱(chi-square) 검정통계량이 441.180이고 이 검정통계량의 유의확률(p-값)이 0.000으로 이는 유의수준(α)을 0.05로 하였을 때(5%)보다 작으므로, 유의수준 5% 하에서 잔여 정보의 설명력이 유의하지 않다는 귀무가설을 기각하게 되므로 추가적인 판별함수의 도출을 필요로 한다. 또한 첫 번째 판별함수를 도출한 후의 카이제곱 검정통계량 102.306의 유의확률은 0.000으로 마찬가지로 유의수준 5% 하에서 잔여 정보의 설명력이 유의하다고 판단되므로 두 번째 판별함수를 도출한 것이다.

판별함수의 도출

각 판별변수의 측정 단위는 상호 다를 수 있으므로 이를 표준화하는 경우가 많은데 SPSS는 특별히 다르게 지정하지 않는 한 표준화된 판별함수를 도출한다.

[결과 19-4] 표준화 정준판별함수의 계수

표준화 정준 판별함수 계수

	함수	
	1	2
결혼상태	-.073	.852
신용카드 사용여부	.884	.293
주택소유여부	-.049	-.005
월평균집세(1000엔)	.127	-.136
월평균수입(1000엔)	.348	.085
연령	-.398	.087
현재의 주택에 거주한 년수	.098	.038
피교육년수	.692	-.430
은행의 고객이 된 년수	-.177	-.180
현 직장에서 근무한 년수	.254	-.222

[결과 19-4]에 표준화된 판별함수의 계수가 출력되었는데 이는 표준화된 정준판별함수를 각각 Z함수1, Z함수2라 하였을 경우 [표 19-5]와 같은 함수식으로 표현된다. 여기에서 각 변수들은 표준화된 변수를 사용한다.

[표 19-5] 표준화된 판별함수식

Z함수1 = − 0.073 × Z결혼상태 + 0.884 × Z신용카드 − 0.049 × Z주택소유 + 0.127 × Z집세 + 0.348 × Z소득 − 0.398 × Z연령 + 0.098 × Z거주년수 + 0.692 × Z교육년수 − 0.177 × Z고객년수 + 0.254 × Z근무년수

Z함수2 = 0.852 × Z결혼상태 + 0.293 × Z신용카드 − 0.005 × Z주택소유 − 0.136 × Z집세 + 0.085 × Z소득 + 0.087 × Z연령 + 0.039 × Z거주년수 − 0.430 × Z교육년수 − 0.180 × Z고객년수 − 0.222 × Z근무년수

판별변수의 기여도

[결과 19-6]에는 각 변수와 판별함수 간의 상관계수가 출력되었는데, 이러한 상관계수를 통하여 각 변수가 추출된 판별함수에 얼마나 많은 기여를 하는지를 살펴볼 수 있다.

[결과 19-6] 변수와 함수의 상관계수

구조행렬

	함수	
	1	2
신용카드 사용여부	.552*	.425
피교육년수	.530*	-.380
월평균수입(1000엔)	.399*	-.218
연령	.228*	-.102
현 직장에서 근무한 년수	.209*	-.119
현재의 주택에 거주한 년수	.120*	.090
결혼상태	.069	.779*
월평균집세(1000엔)	.163	-.166*
은행의 고객이 된 년수	-.093	-.131*
주택소유여부	.001	.024*

판별변수와 표준화 정준 판별함수 간의 집단-내 통합 상관행렬. 변수는 함수내 상관행렬의 절대값 크기순으로 정렬되어 있습니다.

*. 각 변수와 임의의 판별함수 간의 가장 큰 절대 상관행렬

첫 번째 판별함수의 경우에는 상관계수의 절대값이 가장 큰 '신용카드 사용 여부'가 가장 큰 기여를 하고 있고 다음으로 '피교육년수'가 높은 기여를 하고 있다. 두 번째 판별함수의 경우에는 '결혼상태'가 가장 큰 기여를 하고 있다.

[결과 19-7] 표준화되지 않은 집단 중심점

함수의 집단중심점

은행에서 판별한 신용도 정도	함수	
	1	2
양호	.861	-.257
모호	-.390	1.040
불량	-2.648	-.530

표준화하지 않은 정준 판별함수가 집단 평균에 대해 계산되었습니다.

[결과 19-7]에서는 2개의 판별함수를 X축, Y축으로 하였을 경우에 각 집단의 중심점에 대한 좌표가 출력되었다. 각 판별점수의 집단별 평균값을 계산한 것으로 이는 차후에 새로운 개체가 어떠한 집단에 소속될 것인지를 판별할 때 필요한 값들이다. 즉, 집단 중심점에 가까운 개체는 그 집단 구성원으로 판별한다.

판별분석의 정확도

앞에서 도출한 판별함수에 의하여 실제로 얼마나 정확하게 집단을 판별할 수 있는지를 검토해 보는 것은 매우 중요한 일이다.

주대화상자에서 분류(C)... 단추를 클릭하면 다음과 같은 분류 부대화상자가 열리는데, 출력상자에서 '요약표'를 선택한 후 계속 단추를 클릭하고, 주대화상자에서 확인 단추를 클릭하면, 판별된 결과를 일목요연하게 제시해 주는 결과표가 출력된다.

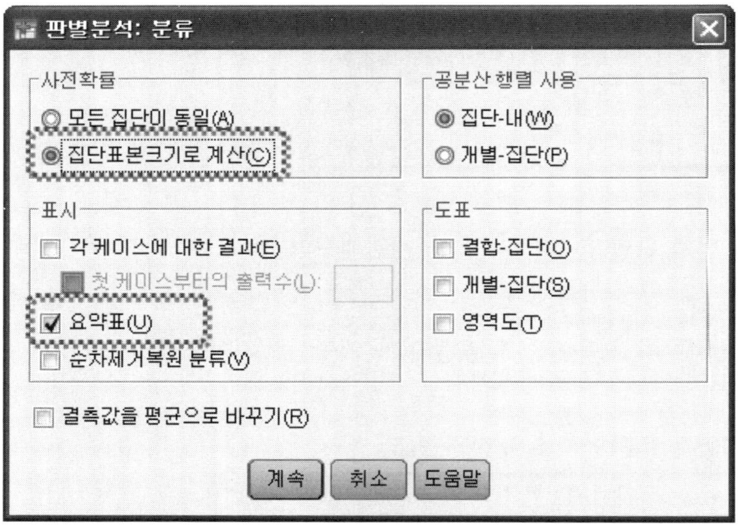

여기에서 보다 신중하게 생각해야 될 사항은 사전확률을 모든 집단에 동일하게 적용할 것인가 아니면 다르게 적용할 것인가이다. 그렇다면 사전확률이 무엇인가를 알아야 할 것이다. 사전확률(prior probability)이란 분석하고자 하는 신용도 3개 집단이 실제로 모집단에서 차지하는 비율이다. 은행의 경우 일반적으로 신용도가 양호한 고객이 많고 불량인 고객이 매우 적은 것이 정상적인 은행일 것이다. 그러므로 실제 은행의 경우 사전확률이 신용도 3개 집단이 동일하지 않은 것이 당연하다고 할 수 있다. 그리고 표본은 모집단으로부터 무작위(random)로 추출되었음을 가정하므로 표본에서의 각 집단의 비율은 모집단에서 각 집단이 차지하는 비율을 추정한 것이다. 그러므로 표본에서 차지하는 비율을 사전확률의 추정값으로 사용하는 것이 바람직하다. 즉, 사전확률을 표본의 각 집단의 크기를 계산하여 적용하는 것으로 지정하였다. [결과 19-8]을 보면 사전확률이 각 집단마다 다르게 적용되었음을 알 수 있다. 즉, 양호 집단은 216개 케이스로 60.5%를 차지하며, 모호는 23.2%, 불량은 16.2%를 차지하고 있음을 알 수 있다. 이는 표본비율로서 고집단의 비율, 즉, 사전확률의 추정값이 된다. 이와 같이 사전확률을 어떻게 정하느냐에 따라 분류 결과의 정확도에 영향을 미칠 수 있음을 주지하고 데이터의 측정 상황을 고려하여 사전확률을 어떻게 결정해야 할지를 결정해야 됨을 잊지 말아야 한다.

[결과 19-8] 사전확률의 추정값

집단에 대한 사전확률

은행에서 판별한 신용도 정도	사전확률	분석에 사용된 케이스	
		가중되지 않음	가중됨
양호	.605	216	216.000
모호	.232	83	83.000
불량	.162	58	58.000
합계	1.000	357	357.000

[결과 19-9] 분류결과 요약표

분류결과[a]

		은행에서 판별한 신용도 정도	예측 소속집단			전체
			양호	모호	불량	
원래값	빈도	양호	211	4	1	216
		모호	27	50	6	83
		불량	5	9	44	58
	%	양호	97.7	1.9	.5	100.0
		모호	32.5	60.2	7.2	100.0
		불량	8.6	15.5	75.9	100.0

a. 원래의 집단 케이스 중 85.4%이(가) 올바로 분류되었습니다.

[결과 19-9]에서 신용도가 좋은 고객 216명 중에 97.7%에 해당하는 211명은 정확히 판별된 반면 4명은 신용도가 모호한 고객으로, 1명은 신용도가 불량인 고객으로 잘못 판단되었으므로 신용도가 좋은 고객의 판별 정확성은 97.7%라고 할 수 있다. 같은 요령으로 신용도가 모호한 고객은 60.2%, 신용도가 불량인 고객은 75.9%의 판별 정확성을 보였다. 결국 전체적으로 앞에서 도출한 판별함수로 전체고객의 85.4%를 정확히 판별할 수 있다는 것이다.

케이스별 분류결과

각 케이스별로 어떠한 집단으로 분류되는지를 확인하려면, 판별분석 주대화상자에서 [분류(C)...] 단추를 클릭하면 다음과 같은 부대화상자가 열리는데 여기에서 출력상자에서 '각 케이스에 대한 결과'를 선택하고 데이터의 양이 많으므로 처음 10개의 케이스만을 출력하도록 '첫 케이스부터 출력수'에 '10'이라 지정하면 10개의 각 케이스별로 집단 분류 결과가 출력된다.

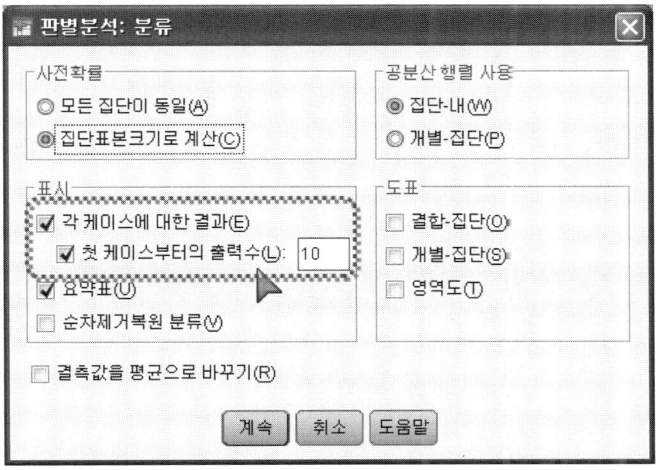

케이스별 통계량

	케이스 수	실제 집단	최대집단					두 번째로 큰 최대집단			판별점수	
			예측 집단	P(D>d l G=g)		P(G=g l D=d)	중심값까지의 제곱 Mahalanobis 거리	집단	P(G=g l D=d)	중심값까지의 제곱 Mahalanobis 거리	함수 1	함수 2
				확률	자유도							
원래값	1	0	0	,746	2	,767	,587	1	,230	1,084	,282	,245
	2	1	1	,366	2	,733	2,009	0	,267	5,944	,489	2,152
	3	1	0**	,158	2	,997	3,692	1	,003	13,359	1,579	-2,039
	4	0	0	,763	2	,779	,542	1	,218	1,176	,265	,175
	5	0	0	,007	2	1,000	9,790	1	,000	23,127	3,810	-1,304
	6	0	0	,687	2	,966	,752	1	,033	5,593	,631	-1,093
	7	0	0	,402	2	,539	1,824	1	,450	,275	-,229	,541
	8	0	0	,630	2	,699	,926	1	,298	,716	,249	,486
	9	0	0	,591	2	,673	1,051	1	,323	,608	,115	,446
	10	0	0	,977	2	,909	,047	1	,091	2,747	,868	-,040

**. 오분류 케이스

분류 도표(결합-집단 도표)

각 집단별로 분류된 결과를 도표로 일목요연하게 출력할 수 있는데 다음과 같이 도표상자에서 '결합-집단'을 선택하면 된다. 또한 '영역도'를 선택하면 각 판별집단에 대한 영역을 표시해 주는 영역도(territorial map)를 출력한다.

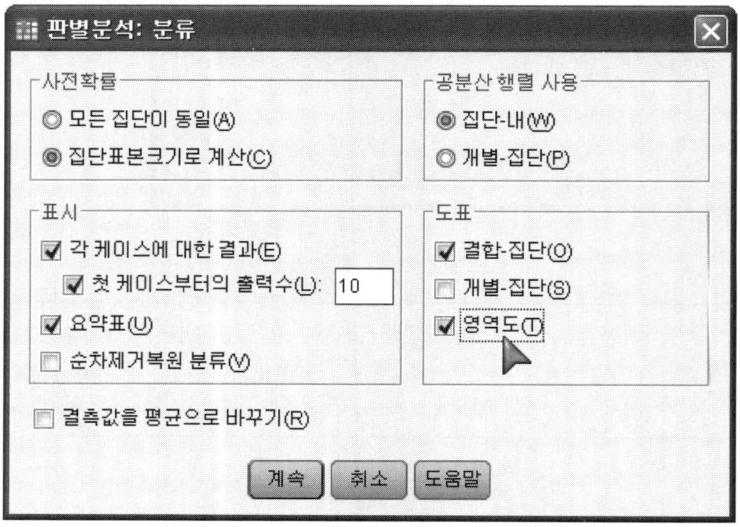

[결과 19-10] 세 집단을 동시에 표현하는 결합-집단 도표

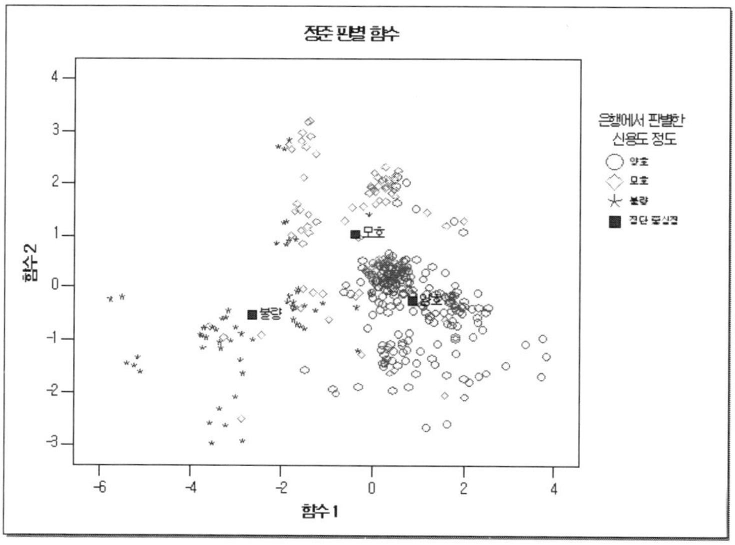

영역도(Territorial map)

```
                                    영역도
 정준 판별
 함수 2
     -6.0      -4.0      -2.0        .0       2.0       4.0       6.0
       +---------+---------+---------+---------+---------+---------+
   6.0 +32                                                     211 +
       I 32                                                  221   I
       I  322                                              2211    I
       I   332                                           2211      I
       I     32                                         211        I
       I      32                                      221          I
   4.0 +       32+         +         +         +     2211+         +
       I        32                                 2211            I
       I         32                               211              I
       I          322                           221                I
       I           332                        2211                 I
       I             32                      211                   I
   2.0 +         +    32   +         +     221 +         +         +
       I               32                2211                      I
       I                32             2211                        I
       I                 322        * 211                          I
       I                  332       221                            I
       I                    32    2211                             I
    .0 +         +         + 32 2211 +         +         +         +
       I                      3211       *                         I
       I                *      31                                  I
       I                       31                                  I
       I                       31                                  I
       I                       31                                  I
  -2.0 +         +         +   31    +         +         +         +
       I                       31                                  I
       I                       31                                  I
       I                        31                                 I
       I                        31                                 I
       I                        31                                 I
  -4.0 +         +         +    31   +         +         +         +
       I                        31                                 I
       I                        31                                 I
       I                        31                                 I
       I                         31                                I
       I                         31                                I
  -6.0 +                         31                                +
       +---------+---------+---------+---------+---------+---------+
     -6.0      -4.0      -2.0        .0       2.0       4.0       6.0
                               정준 판별 함수 1

 영역도에서 사용한 기호

 기호  집단  설명
 ----  ----  ----------------
   1     0   양호
   2     1   모호
   3     2   불량
   *         집단 중심 표시
```

위의 영역도는 각 집단의 변수값으로 판별 영역을 구분하여 표시해 주고 있으며 각 판별집단의 중심점은 '*'로 표시되어 있다. 두 개의 판별 점수를 계산한 다음 이 영역도 위에 좌표로 표시하면 어느 영역에 속하는지를 쉽게 알 수 있다. 그러나 이러한 영역도는 고해상도의 그림으로 나타내지 않았으므로 다소 부정확한 그림이다. 즉, 경계선의 위치가 부정확하므로 경계선 주위에 좌표가 위치한다면 판별하기가 쉽지 않다. 물론 이러한 영역도에서 어떤 개체를 판별할 필요는 없다. 데이터 편집기에서 추가되는 개체의 정보를 입력하고 다시 판별분석을 수행하면 자동으로 소속되는 집단을 판별해 주기 때문이다.

판별방법

새로운 개체가 어떠한 집단에 소속될 것인지를 판별하는 데는 판별함수(discriminant function)에 의한 방법과 Fisher가 제시한 분류함수(classification function)에 의한 방법이 있다.

판별함수에 의한 방법

판별함수에 의하여 새로운 개체의 집단 소속을 판별하려면, 표준화되지 않은 판별함수에 적용하는 것이 표준화된 판별함수에 적용시키는 것보다 편리하다.

표준화되지 않은 판별함수를 구하려면 판별분석 주대화상자에서 통계량(S)... 단추를

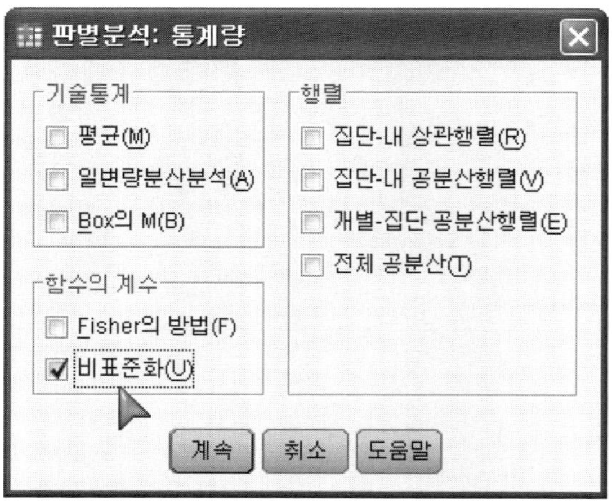

클릭하면 다음과 같은 통계량 부대화상자가 열리는데, '함수의 계수' 상자에서 '비표준화'을 선택하면 된다.

[결과 19-11] 표준화하지 않은 판별함수의 계수

정준 판별함수 계수

	함수	
	1	2
결혼상태	-.136	1.588
신용카드 사용여부	3.609	1.197
주택소유여부	-.110	-.012
월평균집세(1000엔)	.000	.000
월평균수입(1000엔)	.003	.001
연령	-.039	.009
현재의 주택에 거주한 년수	.009	.004
피교육년수	.398	-.247
은행의 고객이 된 년수	-.040	-.040
현 직장에서 근무한 년수	.072	-.063
(상수)	-9.601	1.517

표준화하지 않은 계수

[결과 19-11]의 계수를 적용하여 구한 2개의 판별함수식에 새로운 개체의 변수값들을 대입하여 값들을 각 집단의 중심값과 비교하여 집단 소속을 판별하게 된다. 즉 [결과 19-12]의 각 집단의 중심점의 좌표와 가까운 집단으로 판별하면 된다.

[결과 19-12] 집단 중심점(group centroid)

함수의 집단중심점

은행에서 판별한 신용도 정도	함수	
	1	2
양호	.861	-.257
모호	-.390	1.040
불량	-2.648	-.530

표준화하지 않은 정준 판별함수가 집단 평균에 대해 계산되었습니다.

통계량 부대화상자에서 '함수의 계수' 상자에서 'Fisher의 방법'을 선택하면, R. A. Fisher가 제시한 분류함수(classification function) 계수가 출력되는데 일반적으로 판별함수를 이용하여 집단을 판별하는 것보다 훨씬 쉽기 때문에 분류함수를 이용하는 방법을 많이 사용하기도 한다.

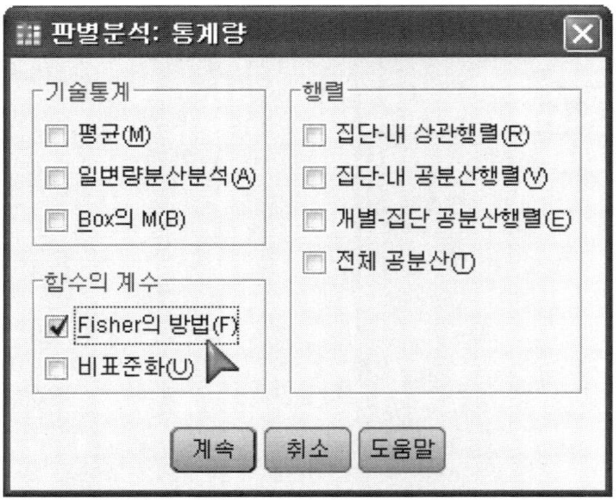

[결과 19-13] Fisher의 분류함수 계수

분류 함수 계수

	은행에서 판별한 신용도 정도		
	양호	모호	불량
결혼상태	.872	3.102	.916
신용카드 사용여부	30.374	27.413	17.382
주택소유여부	2.017	2.140	2.408
월평균집세(1000엔)	.001	.000	-4.878E-5
월평균수입(1000엔)	-.059	-.062	-.069
연령	.084	.144	.219
현재의 주택에 거주한 년수	-.058	-.065	-.091
피교육년수	10.313	9.495	8.985
은행의 고객이 된 년수	.177	.174	.327
현 직장에서 근무한 년수	-.149	-.320	-.384
(상수)	-90.672	-77.868	-61.954

Fisher의 선형 판별함수

[결과19-13]의 계수를 사용하여 3개의 분류함수를 만든 후 새로운 개체의 변수값을 대입하여 구한 세 가지 분류점수 중에서 가장 큰 값을 갖는 분류점수에 해당하는 집단으로 판별하면 된다.

판별변수의 선택

앞에서 도출한 판별함수들은 10개의 판별변수를 고려한 것이다. 그러나 판별분석의 최대 목적은 가장 적은 수의 판별변수만을 가지고도 효율적으로 판별이 가능한 판별함수를 도출해 내는 데 있다. 따라서 기여도가 적은 독립변수를 제거시키고 기여도가 큰 독립변수만을 판별변수로 채택하여 판별함수를 만들어야 하는데, 이러한 과정을 변수선택(variable selection)이라 한다. 변수선택의 어려움은 각 독립변수가 한 개씩만 사용될 경우에 종속변수(집단변수)에 대한 기여도가 높다고 좋은 것이 아니므로, 변수를 선택할 때 다른 독립변수들과의 상관관계도 고려하여야 한다는 점이다.

독립변수를 선택하는 방법에는 기여도에 따라 하나씩 판별함수에 포함시키는 단계선택법(stepwise method)과 독립변수들의 기여도를 검토하지 않고 모든 독립변수를 판별함수에 포함시키는 직접선택법(direct method)이 있다. 단계선택법은 많은 수의 독립변수를 고려하여야 할 때 유용하며, 각 단계별로 선택되는 변수들의 기여도를 확인할 수 있는 장점이 있다. 직접선택법은 모든 독립변수들을 다 고려하고자 할 때 사용되며, 분석의 시간이 단축되는 반면에 분석의 중간 과정을 볼 수 없다.

SPSS에 제공되는 판별분석의 변수선택 방법들은 다음과 같다.

선택법	선택기준설명
강제 선택	직접선택법, 디폴트 변수선택방법
Wilk의 람다	Wilk의 람다 통계량에 의한 단계선택법
설명되지 않는 분산	잔차최소제곱을 기준으로 한 단계선택법
Mahalanobis의 거리	Mahalanobis의 거리에 근거한 단계선택법
최소 F-비	집단간 최대 F-값에 기준으로 한 단계선택법
Rao의 V	Rao의 V 통계량에 의한 단계선택법

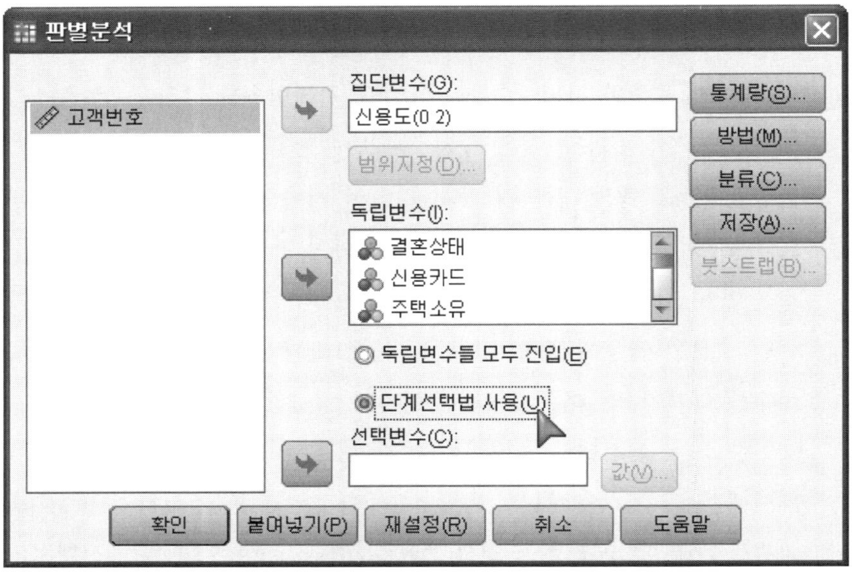

주대화상자에서 방법(M)... 단추를 클릭하면 다음과 같은 단계선택법을 지정할 수 있다. 특별한 경우를 제외하고 디폴트를 사용하기로 한다.

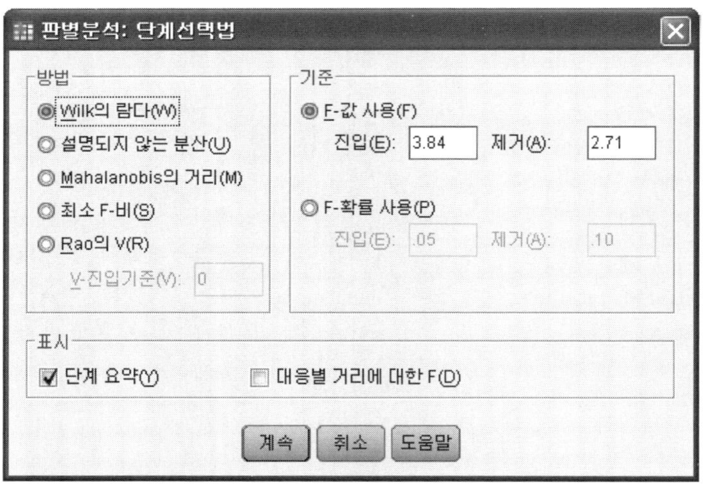

진입된/제거된 변수[a,b,c,d]

단계	진입된	Wilks 람다							
						정확한 F			
		통계량	자유도1	자유도2	자유도3	통계량	자유도1	자유도2	유의확률
1	신용카드 사용여부	.641	1	2	354.000	99.269	2	354.000	.000
2	피교육년수	.377	2	2	354.000	110.933	4	706.000	.000
3	결혼상태	.310	3	2	354.000	93.257	6	704.000	.000
4	은행의 고객이 된 년수	.303	4	2	354.000	71.755	8	702.000	.000

각 단계에서 전체 Wilks의 람다를 최소화하는 변수가 입력됩니다.

a. 최대 단계 수는 20입니다.

b. 입력할 최소 부분 F는 3.84입니다.

c. 제거할 최대 부분 F는 2.71입니다.

d. F 수준, 공차한계 또는 VIN 부족으로 계산을 더 수행할 수 없습니다.

위의 결과를 보면 네 개의 변수가 차례대로 판별분석 모형에 진입된 것을 알 수 있다. 나머지 결과는 각 변수가 진입될 때의 통계량을 표현하고 있으나 가장 최종모형은 '단계4'이다.

분석할 변수

단계		공차한계	제거할 F	Wilks 람다
1	신용카드 사용여부	1.000	99.269	
2	신용카드 사용여부	.885	133.849	.663
	피교육년수	.885	123.396	.641
3	신용카드 사용여부	.881	129.210	.538
	피교육년수	.864	128.838	.538
	결혼상태	.977	37.777	.377
4	신용카드 사용여부	.875	130.802	.528
	피교육년수	.864	128.036	.523
	결혼상태	.975	37.913	.368
	은행의 고객이 된 년수	.992	4.512	.310

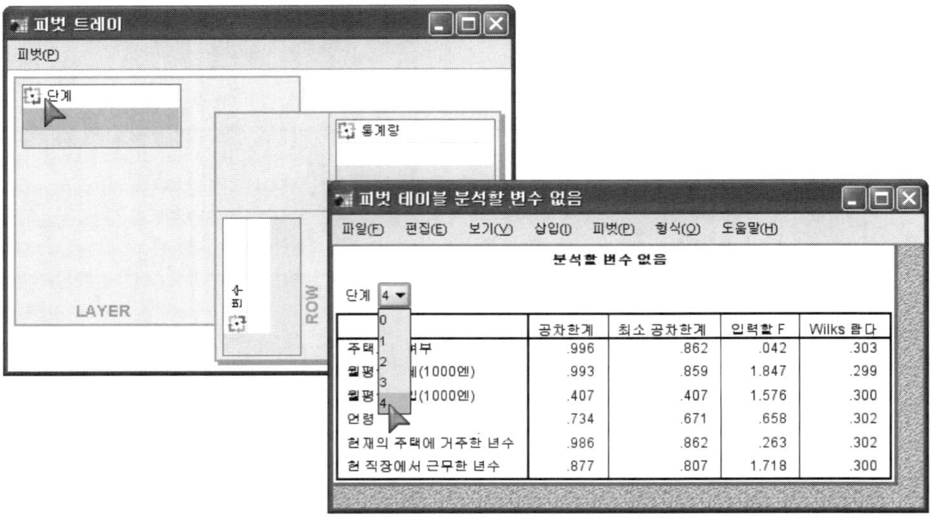

분석할 변수 없음

단계=4

	공차한계	최소 공차한계	입력할 F	Wilks 람다
주택소유여부	.996	.862	.042	.303
월평균집세(1000엔)	.993	.859	1.847	.299
월평균수입(1000엔)	.407	.407	1.576	.300
연령	.734	.671	.658	.302
현재의 주택에 거주한 년수	.986	.862	.263	.302
현 직장에서 근무한 년수	.877	.807	1.718	.300

Wilks의 람다

단계						정확한 F			
	변수의 수	람다	자유도1	자유도2	자유도3	통계량	자유도1	자유도2	유의확률
1	1	.641	1	2	354	99.269	2	354.000	.000
2	2	.377	2	2	354	110.933	4	706.000	.000
3	3	.310	3	2	354	93.257	6	704.000	.000
4	4	.303	4	2	354	71.755	8	702.000	.000

고유값

함수	고유값	분산의 %	누적 %	정준 상관
1	1.497[a]	82.3	82.3	.774
2	.323[a]	17.7	100.0	.494

a. 첫 번째 2 정준 판별함수가 분석에 사용되었습니다.

Wilks의 람다

함수의 검정	Wilks의 람다	카이제곱	자유도	유의확률
1에서 2	.303	421.298	8	.000
2	.756	98.666	3	.000

표준화 정준 판별함수 계수

	함수	
	1	2
결혼상태	-.046	.861
신용카드 사용여부	.886	.267
피교육년수	.858	-.438
은행의 고객이 된 년수	-.169	-.184

구조행렬

	함수	
	1	2
신용카드 사용여부	.581*	.414
피교육년수	.551*	-.410
월평균수입(1000엔)[a]	.338*	-.258
연령[a]	.303*	-.086
현 직장에서 근무한 년수[a]	.140*	.014
현재의 주택에 거주한 년수[a]	.094*	.029
월평균집세(1000엔)[a]	.069*	-.043
주택소유여부[a]	.014*	.000
결혼상태	.079	.797*
은행의 고객이 된 년수	-.098	-.131*

판별변수와 표준화 정준 판별함수 간의 집단-내 통합 상관행렬. 변수는 함수내 상관행렬의 절대값 크기순으로 정렬되어 있습니다.

*. 각 변수와 임의의 판별함수 간의 가장 큰 절대 상관행렬

a. 이 변수는 분석에 사용되지 않습니다.

정준 판별함수 계수

	함수	
	1	2
결혼상태	-.085	1.604
신용카드 사용여부	3.616	1.090
피교육년수	.493	-.252
은행의 고객이 된 년수	-.038	-.041
(상수)	-10.813	1.815

표준화하지 않은 계수

함수의 집단중심점

은행에서 판별한 신용도 정도	함수	
	1	2
양호	.814	-.257
모호	-.334	1.016
불량	-2.552	-.496

표준화하지 않은 정준 판별함수가 집단 평균에 대해 계산되었습니다.

집단에 대한 사전확률

은행에서 판별한 신용도 정도	사전확률	분석에 사용된 케이스	
		가중되지 않음	가중됨
양호	.605	216	216.000
모호	.232	83	83.000
불량	.162	58	58.000
합계	1.000	357	357.000

분류 함수 계수

	은행에서 판별한 신용도 정도		
	양호	모호	불량
결혼상태	-.516	1.626	-.612
신용카드 사용여부	33.644	30.881	21.213
피교육년수	7.232	6.346	5.633
은행의 고객이 된 년수	.162	.153	.299
(상수)	-78.804	-65.243	-47.171

Fisher의 선형 판별함수

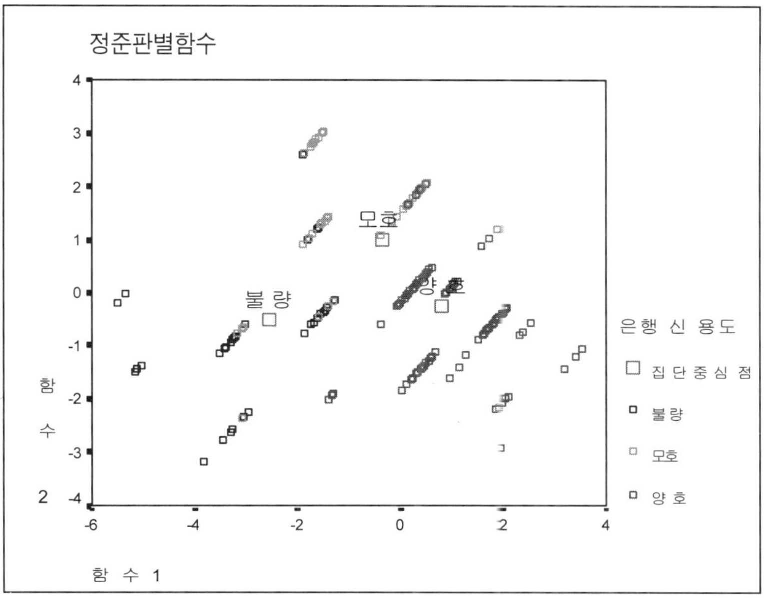

분류결과a

은행에서 판별한 신용도 정도			예측 소속집단 양호	모호	불량	전체
원래값	빈도	양호	208	5	3	216
		모호	25	49	9	83
		불량	3	11	44	58
	%	양호	96.3	2.3	1.4	100.0
		모호	30.1	59.0	10.8	100.0
		불량	5.2	19.0	75.9	100.0

a. 원래의 집단 케이스 중 84.3%이(가) 올바로 분류되었습니다.

사전확률의 부여

만약 상기 은행의 모든 대출 고객에 대한 사전정보를 알고 있다면, 즉, 현재 판별분석에 포함 고객은 물론 본 판별분석의 결과를 적용하고자 하는 모든 대상(미래의 대출고객 포함)에 대한 비율을 알 수 있다면 보다 정확한 분석을 수행할 수 있다. 사전확률(prior probability)이란 판별하고자 하는 집단들이 모집단 속에서 차지하는 비율을 말한다. 그러므로 은행 신용도 데이터의 경우 신용도가 양호한 고객이 일반적으로 모집단에서 차지하는 비율이 높고, 신용도가 도호하거나 불량인 고객은 모집단에서 차지하는 비율이 비교적 낮은 비율을 차지할 것이다. 그리고 표본 추출이 '무작위로' 추출되었다면 표본에서 각 집단이 차지하는 비율은 곧 모집단에서 차지하는 비율을 추정한 값으로 생각할 수 있다. 그러므로 각 집단이 표본에서 차지하는 비율은 곧 모집단에서 차지하는 비율로 적용하는 것이 타당하다.

SPSS의 경우 디폴트 사전확률은 모든 집단에 대하여 동일한 확률을 적용하고 있으나 이는 실제 데이터에 적용하는 사례는 그리 흔하지 않을 것이다. 사전확률이 동일하지 않는 경우에는 고객들을 각 집단으로 분류하는 판별경계점이 달라지게 되는데

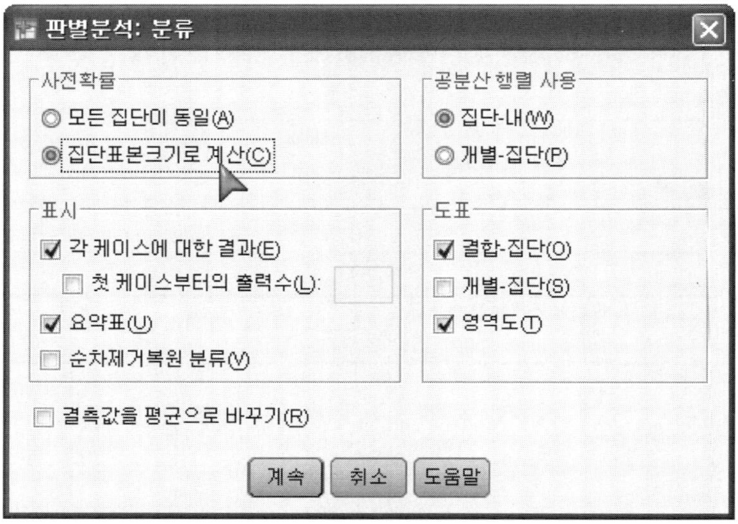

윈도용 SPSS에서는 주어진 데이터로부터 이러한 사전확률을 추정하여 판별분석에 적용시키는 기능이 있다. 판별분석 주대화상자에서 분류(C)... 단추를 클릭하면 다음과 같은 대화상자가 나타나며 사전확률 상자에서 '집단표본크기로 계산'을 선택하면 각 집단이 표본에서 차지하는 비율로 사전확률을 적용하게 된다.

다음의 출력결과를 보면 사전확률이 신용도가 양호, 모호, 불량인 집단의 순으로 0.605, 0.232, 0.162로 계산되어 있음을 알 수 있다. 즉, 어느 정도 현실에 맞게 사전확률을 적용할 수 있게 된다.

집단에 대한 사전확률			
은행에서 판별한 신용도 정도	사전확률	분석에 사용된 케이스	
		가중되지 않음	가중됨
양호	.605	216	216.000
모호	.232	83	83.000
불량	.162	58	58.000
합계	1.000	357	357.000

그리고 사전확률을 표본으로부터 추정하지 않고 이미 사전에 알려져 있는 경우는 명령문을 사용하여 직접 사전확률을 지정할 수 있다. 즉, 판별하고자 하는 집단변수의 변수값의 크기 순(오름차순)으로 사전확률을 0.7, 0.2, 0.1을 지정한다면 다음과 같이 명령문을 작성하여 '/PRIORS 0.7 0.2 0.1'라고 부명령문을 지정하면 된다.

```
DISCRIMINANT
 /GROUPS=신용도(0 2)
 /VARIABLES=결혼상태 신용카드 주택소유 교육년수 고객년수
 /ANALYSIS ALL
 /PRIORS 0.7 0.2 0.1
 /HISTORY
 /STATISTICS=COEFF RAW TABLE
 /PLOT=COMBINED MAP
 /CLASSIFY=NONMISSING POOLED .
```

19.6 연습 문제

1. 다음은 현재 재무구조가 건전한 기업과 파산한 기업들에 관한 약 2년 전의 재무 자료이다. 데이터는 다음과 같은 형태로 "BANKRUPT.SAV"라는 파일로 보관되어 있다. 판별분석을 적용하여 아래의 네 가지 변수로 기업의 파산/비파산 여부를 판별할 수 있는 적절한 모형을 만들고 이에 대해 설명하라.

변수 이름	변수의 내용	응답 범주와 내용
ID	일련번호	
X1	현금보유지수(현금보유액/총부채)	단위: 지수
X2	자산순수익지수(순수익/총자산)	단위: 지수
X3	유동지수1(유동자산/유동부채)	단위: 지수
X4	유동지수2(유동자산/매출액)	단위: 지수
Y	파산 여부	1 = 파산 2 = 비파산

2. 한 가전제품 판매회사에서 판매 목표량을 달성한 성공적인 판매원과 판매 목표량을 달성하지 못한 판매원 등 60명의 판매원들을 대상으로 판매 제품의 기능, 특징 및 경제 제품의 현황 등에 대한 지식 보유 정도를 측정하는 테스트와 소비자 행동 이론, 화술 이론, 판매 행동 이론 등의 제품 판매 방법에 대한 테스트를 실시하였다. 두 테스트 모두 100점 만점의 점수를 계산한 후 이를 개인번호, 판매 목표 달성 여부 등의 내용과 함께 "SALESMAN.SAV"라는 데이터 파일에 입력하였다. 판별분석을 적용하여 판매 목표 달성 여부를 판단하는 판별식을 구하라.

변수 이름	변수의 내용	응답 범주와 내용
ID	일련번호	
SUCESS	판매 목표 달성 여부	1 = 목표 달성 2 = 목표 미달
PRODUCT	판매 제품에 대한 지식 점수	100점 만점
METHOD	판매 방법에 대한 지식 점수	100점 만점

3. 어느 경영대학원에서 입학 지원자들의 입학 여부를 결정하기 위하여 GPA 점수와 GMAT 점수를 평가 기준으로 사용하였다. 과거 85명 지원자들의 데이터가 다음과 같은 코딩형식으로 "ADMIT.SAV"라는 파일에 보관되어 있다. 판별분석을 사용하여 입학 여부를 판별할 수 있는 판별함수를 도출하고 이에 대해 설명하라.

변수 이름	내용	응답 범주
ID	지원자 일련번호	
PASS	입학 여부	1 = 입학 허가 2 = 입학 보류 3 = 불입학
GPA	GPA 점수	
GMAT	GMAT 점수	

4. 한 광고대행사에서 제품A의 예상 고객 60명을 대상으로 제품A에 대한 광고를 보게 하고 나서 할인 쿠폰을 나누어 준 후, 이 할인 쿠폰을 가지고 제품A를 구매하였는지 여부를 판별할 수 있는 판별모형을 만들고자 한다. 데이터가 다음과 같은 코딩형식으로 "Coupon.sav"에 보관되어 있다.

변수 이름	내용	응답 범주
ID	응답자 일련번호	
BUY	할인 쿠폰에 의한 구매 여부	1=구매, 2=비구매
SIG	제품A에 대한 신뢰도	10점 척도
CON	제품A의 광고에 대한 호감도	10점 척도
AGE	연령	단위: 세
FAMILY	가족 수	단위: 명
EDUC	피교육년수	단위: 년
MARIAGE	결혼 여부	0=미혼, 1=기혼

Chapter 20

요인분석(Factor Analysis)

20.1 요인분석이란?

요인분석(factor analysis)은 많은 변수의 상호관련성을 소수의 기본적인 요인(factor)으로 집약하는 방법의 하나로 전체 변수에 공통적인 요인이 있다고 가정하고 이 요인을 찾아내어 각 변수가 어느 정도 영향을 받고 있는지 그 정도를 산출하기도 하고 그 집단의 특성이 무엇인가를 기술하려는 통계분석방법이다.

예를 들어 설문지의 질문 중에 키와 몸무게를 묻는 질문이 있다면 이 두 질문(두 변수)은 영양 상태라는 요인에 의하여 좌우된다고 볼 수 있을 것이다. 이와 같이 설문이나 검사 또는 실험에서 나오는 여러 개의 질문에 대한 응답에서 실제 그 결과를 초래하게 된 작은 수의 요인을 찾아내고 그 요인을 통하여 목표로 하는 명제를 설명, 분석하는 다변량 통계분석 방법이 바로 요인분석이다.

20.2 요인분석의 목적

요인분석의 목적은 여러 개의 변수들에 내재된 정보를 최대한 사용하여, 보다 적은 수의 요인들로 압축, 요약하는 데 있다.

일반적인 요인분석의 목적들을 기술하면 다음과 같다.

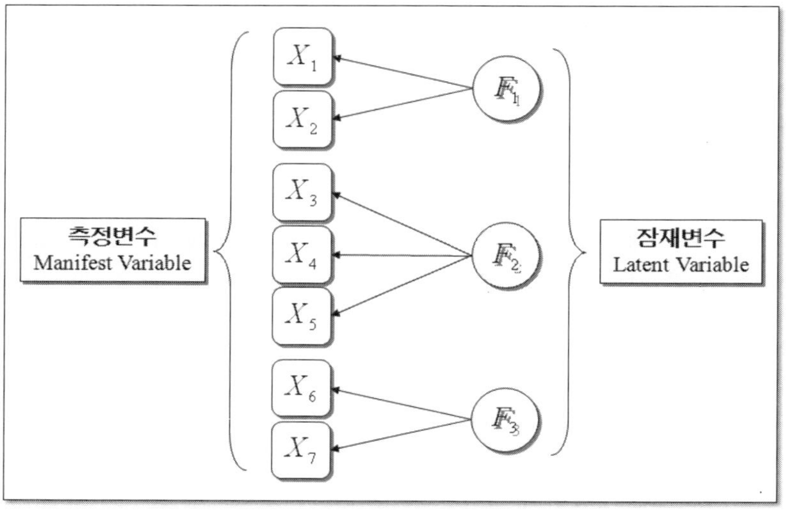

① 많은 수의 변수들 속에 숨어 있는 일련의 요인들을 찾아낸다.

② 많은 수의 변수들로부터 회귀분석이나 상관분석 또는 판별분석 등의 통계분석에 사용할 적절한 변수를 선정한다.

③ 회귀분석이나 상관분석 또는 판별분석에 사용할 적은 수의 변수를 새로 만들어 낸다.

앞에서 ①은 요인분석의 결과로서 나타나는 요인적재값(factor loading)의 추정으로 가능하며, ②도 요인적재값에 의존하는 데 분석하려는 다른 통계분석에서 사용할 변수들을 선택하는 근거로서 그 적재값들을 사용한다. ③에서는 요인점수(factor score)를 추정하고, 그 요인점수를 새로운 독립변수로 취급하여 다른 통계분석방법에 적용한다.

20.3 요인분석의 용어

① 변수(variable): 분석에 적용하고자 하는 내용을 포함하고 있는 데이터를 뜻한다.

② 요인(factor): 서로 상관계수가 높은 변수들끼리 모아서 작은 수의 변수집단으로 나눈 것이다.

③ 요인적재값(factor loadings): 변수들과 요인 사이의 상관계수로서, 요인적재값의 제곱은 해당 변수가 요인에 의하여 설명되는 분산의 비율을 나타낸다.

④ 요인행렬(factor matrix): 각 요인들에 대한 모든 변수들의 요인적재값을 모아놓은 행렬이다.

⑤ 공통성(communality): 여러 요인에 의하여 설명될 수 있는 한 변수의 분산 양을 백분율로 나타낸 것으로, 어떤 변수에 대하여 추출된 요인들에 의하여 그 변수에 담겨진 정보(분산)를 얼마나 표현할 수 있는가를 나타내는 비율이다.

⑥ 고유값(eigenvalue): 각각의 요인으로 설명할 수 있는 변수들의 분산 총합으로 각 요인별로 모든 변수의 요인적재값을 제곱하여 더한 값이다. 즉, 변수 속에 담겨진 정보(분산)가 어떤 요인에 의하여 어느 정도 표현될 수 있는가를 말해주는 비율이다. 먼저 추출된 요인의 고유값은 항상 다음에 추출되는 요인의 고유값의 값보다 크다.

20.4 요인분석의 선행조건

요인분석을 하기 위해서는 다음과 같은 선행조건이 지켜져야 한다. 첫째, 요인분석의 대상이 되는 모든 변수는 등간척도 이상의 연속형이어야 한다. 또 각 변수는 정규분포를 이루어야 하고, 각 변수의 관찰치는 상호독립적이며, 각 변수의 분산은 같아야 한다. 둘째, 표본의 수는 일반적으로 최소한 '50' 이상으로서 '100'을 넘는 것이 정상이며, 분석하려는 변수 수의 약 4~5배 정도로 표본을 관찰하는 것이 일반적이다. 하지만 이 비율은 다소 보수적이므로 경우에 따라서는 변수 수의 약 2배 정도의 관찰치를 갖고 분석해야만 하는 경우도 있을 수 있다. 적은 수의 표본으로 분석할 경우에는 통계분석 결과를 설명할 때에 좀 더 신중하여야 한다. 셋째, 변수의 분산은 다른 모든 변수와 공유하는 분산인 요인 공통분산(common variance), 특정변수에만 존재하는 고유분산(unique variance), 그리고 여러 가지 오류에 의해 발생된 오차분산(error variance)이 있다. 요인 분석에서는 체계적 분산을 요인 공통분산과 변수 고유분산으로 분리하고 단지 요인 공통분산만을 분석의 대상으로 삼는 반면 주성분분석(principal component analysis)에서는 체계적 분산 전부를 분석의 대상으로 한다.

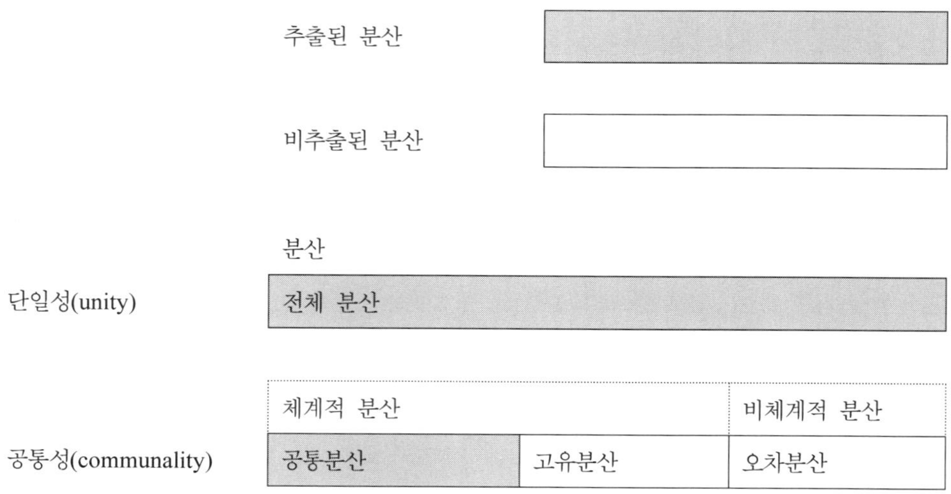

[그림 20-1] 요인분석과 분산의 분할

20.5 요인분석의 과정

요인분석의 과정은 흔히 다음의 다섯 단계로 나누어진다. 하지만 이러한 과정은 단 한 번의 시행에 의해 완성되는 것이 아니고, 시행착오를 겪으면서 반복적으로 진행시켜 나가야 한다.

1. 요인분석의 적용 가능성 점검	
1) Bartlett의 단위행렬 점검	2) 고유값의 점검
3) 공통변량의 점검	4) 잔영상관행렬의 점검
5) KMO의 표본적합도 점검	
2. 최초 요인의 추출	
1) 주대각성분 분석법	2) 최소제곱법
3) 최우추정요인 추출법	4) 주축요인 추출법
5) 알파요인 추출법	6) 이미지요인 추출법
3. 요인의 수 결정	
1) 최소고유값(Eigenvalue) 기준	2) 스크리검정(Scree test)
3) 통계적 가설검정	4) 분산의 비율
5) 선행 이론	
4. 요인의 회전	
1) 쿼티멕스회전	2) 베리멕스회전
3) 이쿼멕스회전	4) 프로멕스회전
5) 오브리민회전	
5. 분석결과의 해석	

[그림 20-2] 요인분석의 주요 5단계

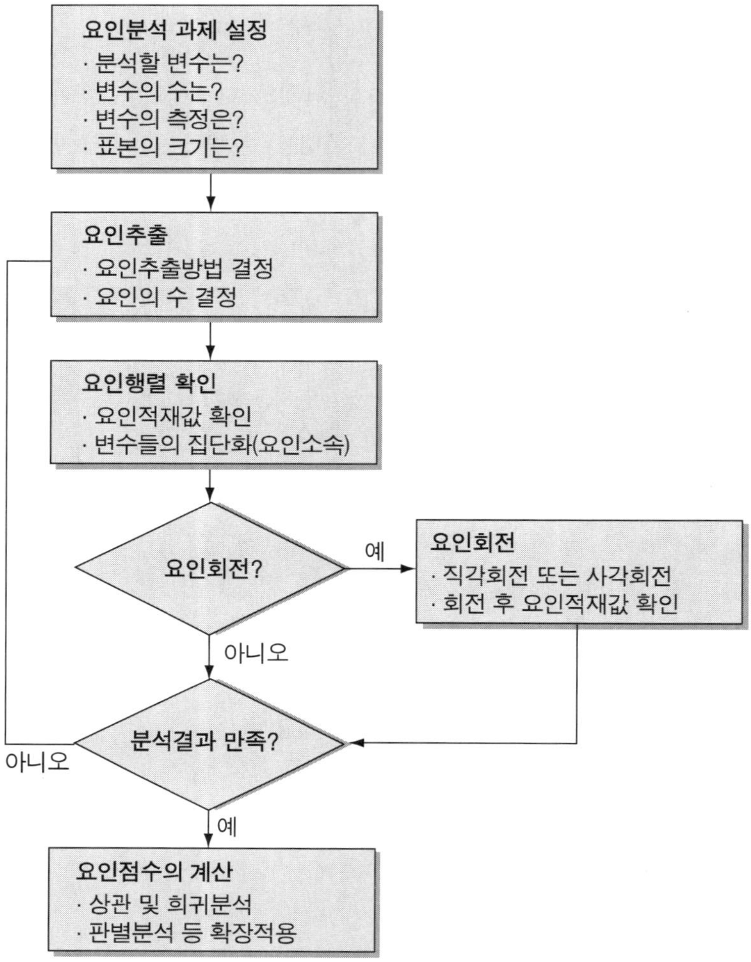

[그림 20-3] 요인분석 과정의 흐름도

20.6 시리얼 시장 조사 예제

새로운 제품에 대한 여러 가지 특성(변수)들이 소비자의 선호도와 관련하여 어떤 요인들을 형성하는지 알아보기 위하여 100명의 소비자를 대상으로 '맛', '가격', '향기', '적당한 요깃거리', '영양가' 등의 다섯 가지 특성에 대하여 조사를 하였다. 즉, 각 요소가 소비자의 제품 선정에 중요한가를 질문하는 문항에 대하여 선호도 정도에 따라 '적극 반대', '반대', '약간 반대', '중립', '약간 찬성', '찬성', '적극 찬성' 등의 7점 척도로 응답하게 하였다. 수집된 데이터를 정리하여 "시리얼시장조사.sav"라는 파일로 보관하였다.

연구과제의 설정

다른 통계분석 방법과 마찬가지로 요인분석의 첫 번째 단계는 연구과제에 대한 정확한 정의이다. 만약에 연구의 목적이 데이터의 요약, 정리라면 요인분석이 적당한 방법이 될 수 있을 것이다. 이때에 연구자는 다음과 같은 사항들을 확인하여야 한다.

- 어떤 변수들이 포함되어야 하는가?
- 몇 개의 변수가 포함되어야 하는가?
- 어떻게 변수들을 측정할 것인가?
- 표본 크기는 충분히 큰가?

요인분석에 포함될 변수는 연구과제와 관련하여 측정 가능한 변수라면 어떤 것이든 포함될 수 있다. 이론적으로는 양적인 변수만을 취급하도록 되어 있으나, 사회 과학 분야의 질적인 변수를 요인분석에 사용하여도 크게 문제가 되지 않는다.

이제 메뉴에서

'분석 〉 차원 감소 〉 요인분석 ……'

과 같이 선택하고 다음과 같이 실행해 보자.

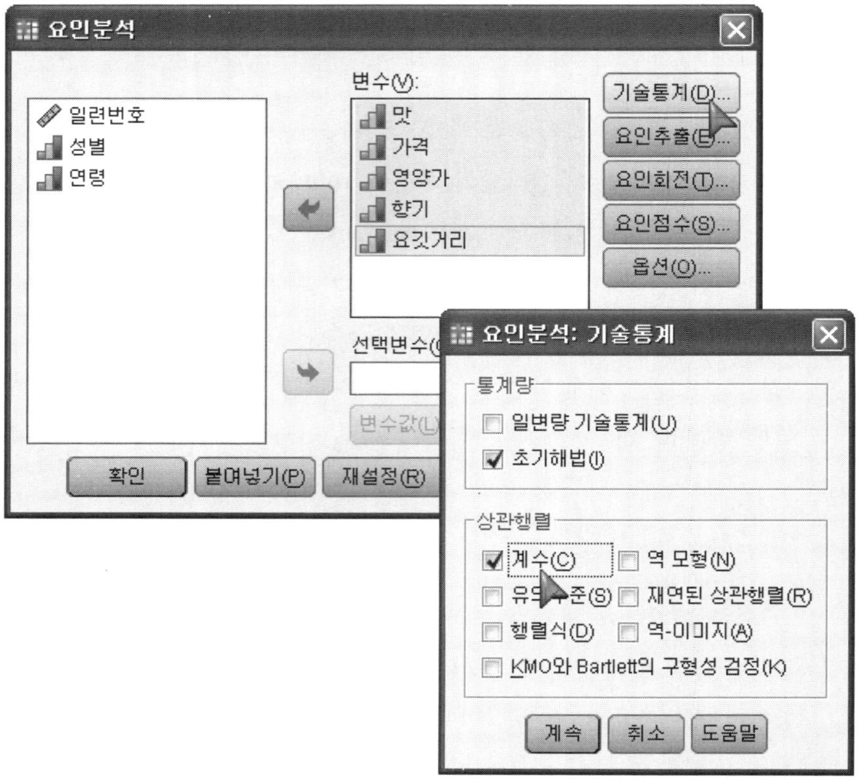

상관계수행렬의 계산

다음의 과정은 상관계수행렬(correlation matrix)의 계산이다. [결과 20-4]에 '시리얼 시장조사' 데이터의 상관계수행렬이 출력되었는데, 맛과 향기는 상관계수가 높으므로 같은 집단을 이루고, 가격, 영양가를 한 집단으로 분류할 수 있다. 또 '적당한 요깃거리'는 변수 (맛, 향기)의 집단보다는 변수 (가격, 영양가)의 집단과 더 상관계수가 높으므로 변수 (맛, 향기)과 변수 (가격, 영양가, 요깃거리)의 두 집단으로 묶을 수 있다. 즉 새로운 제품에 대한 소비자의 선호도는 변수 (맛, 향기) 집단으로 표현되는 미각에 관한 요인과 변수 (가격, 영양가, 요깃거리)의 집단에 의한 효율성 요인으로 나누어 생각할 수 있을 것이다. 이렇게 각 변수들 간의 상관계수행렬로부터 상관계수가 높은 것끼리 집단을 형성할 때 그 집단들을 요인(factor)이라 한다.

[결과 20-4] 시리얼시장조사 데이터의 상관행렬

상관행렬

		맛	가격	영양가	향기	적당한 요깃거리
상관계수	맛	1.000	.147	.138	.962	.152
	가격	.147	1.000	.846	.075	.687
	영양가	.138	.846	1.000	.049	.800
	향기	.962	.075	.049	1.000	.064
	적당한 요깃거리	.152	.687	.800	.064	1.000

요인의 추출

다음 단계는 요인을 추출하는 과정이다. 요인을 추출하는 과정에는 어떠한 추출 방법을 적용하여 몇 개의 요인을 추출하는가를 결정하여야 한다.

- 어떤 요인추출 방법을 사용할 것인가?
- 몇 개의 요인을 추출할 것인가?

요인의 추출 방법의 결정

요인추출 방법(factor extraction method)에는 다음과 같은 것들이 있다.

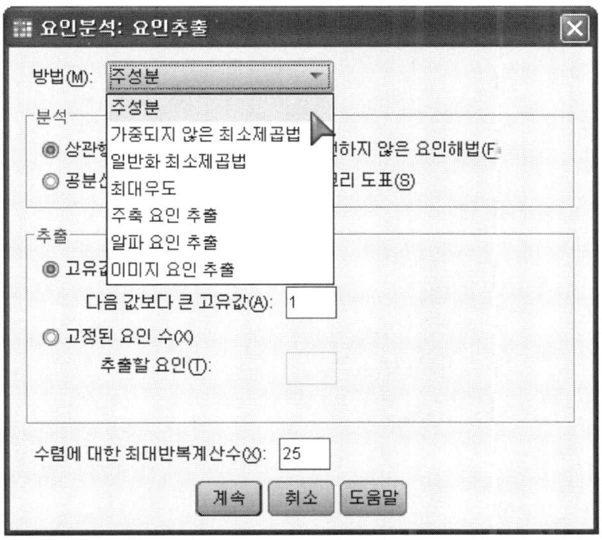

① 주성분 분석법(Principal component): SPSS에서 디폴트로 사용하는 요인추출 방법으로 데이터의 총분산을 이용하며 가장 널리 사용되고 있는 방법이다.

② 최소제곱 요인추출법(Least squares): 공통 요인분석 방법의 하나로 연구에 사용되는 변수가 모집단이고 대상자가 표본이라고 가정할 수 있을 때 사용된다. 요인 수에 대한 가설검정이 가능하다. 이 최소제곱법은 관측된 상관행렬과 재연된 상관행렬 간의 차이 제곱합을 최소화하는 요인추출방법으로 가중되지 않은 최소제곱법(unweighted least squares)과 일반화 최소제곱법(generalized least squares)이 있다. 일반화 최소제곱법은 상관관계는 역으로 가중되므로 고유값이 높은 변수는 고유값이 낮은 변수보다 가중값을 작게 부여한다.

③ 최대우도 요인추출법(Maximum likelihood): 최소제곱 요인추출법과 마찬가지로 공통 요인분석 방법의 하나로 연구에 사용되는 변수가 모집단 전체이고 대상자는 모집단의 일부인 표본일 경우에 사용된다. 요인 수에 대한 가설검증이 가능하다. 또 표본의 수가 많을 경우 다른 방법보다 우수한 분석 결과를 얻을 수 있는 것으로 알려져 있다.

④ 주축요인추출법(Principal axis factoring): 주축요인추출법은 측정대상자와 변수가 모두 모집단이기에 그 분석결과는 다른 모집단에 대해 일반화시킬 수는 없다. 따라서 많은 표본과 많은 변수와의 관계를 기술하는 것이 목적일 경우에 유용한 방법이다.

⑤ 알파 요인추출법(Alpha factoring): 알파 요인추출법은 측정대상자는 모집단이고 변수는 모집단으로부터 추출된 표본이기에 연구목적이 최대우도요인추출법이나 최소제곱법과는 달리 표본인 변수를 분석하여 얻은 결론을 변수의 모집단에 일반화시킬 수 있는 방법이다. 따라서 정신측정학적 추정(psychometric inference)에 많이 사용된다.

⑥ 이미지 요인추출법(Image factoring): 이미지 요인추출법은 주축요인추출법과 마찬가지로 측정 대상자와 변수가 모두 모집단이기에 그 분석결과는 다른 모집단에 대해 일반화시킬 수는 없다. 따라서 많은 표본과 많은 변수와의 관계를 기술하는 것이 목적일 경우에 유용한 방법이다.

요인 수의 결정

몇 개의 요인을 추출할 것인가는 차후의 요인의 해석에 관건이 되므로 매우 중요하다.

① 최소고유값(minimum eigenvalue) 기준: 가장 많이 사용되는 방법의 하나로 적용하기가 매우 간단한데, 분석자가 기본 모형으로 주대각성분 분석법 또는 공통요인 분석법을 사용하는가에 따라 적용이 달라진다. 주대각성분 분석법에서는 상관행렬의 대각에 '1'이 들어간다는 것을 상기하면 분석에서 전체 변량이 고려된다. 주대각성분분석법에서 요인들은 고유값(eigenvalue)이 '1'보다 적을 경우에는 의미가 없는 것으로 간주하고 무시한다. 공통요인 분석법을 선택할 경우 고유치는 약간 하향 조정되어야 한다. 요인 수의 결정에 있어서 최소고유값 기준 하나만으로 결정하는 것은 매우 위험하다. 다른 기준들도 고려한 후 결정하는 것이 좋다. SPSS에서는 요인추출을 결정하는 최소고유값은 기본값이 '1'이다.

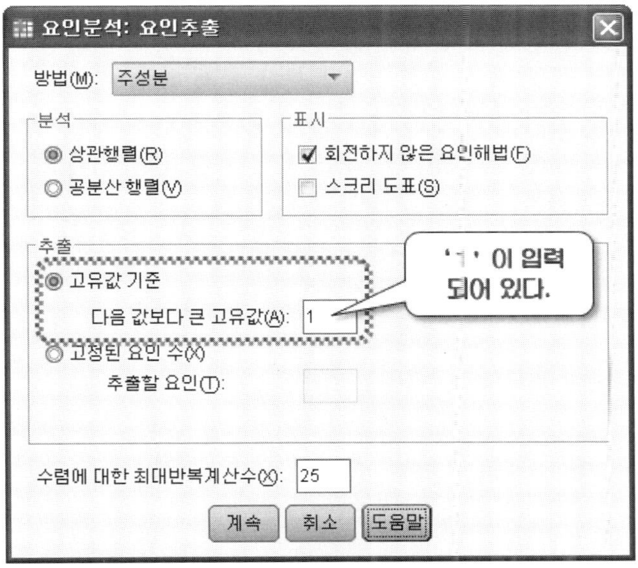

[결과 20-5] 분산설명 통계치

공통성

	초기	추출
맛	1.000	.983
가격	1.000	.838
영양가	1.000	.917
향기	1.000	.983
적당한 요깃거리	1.000	.803

추출 방법: 주성분 분석.

설명된 총분산

성분	초기 고유값			추출 제곱합 적재값		
	합계	% 분산	% 누적	합계	% 분산	% 누적
1	2.655	53.092	53.092	2.655	53.092	53.092
2	1.869	37.381	90.473	1.869	37.381	90.473
3	.316	6.327	96.800			
4	.127	2.530	99.330			
5	.034	.670	100.000			

추출 방법: 주성분 분석.

② 스크리검정(Scree test): 주대각성분 분석법에서 뒤에 추출되는 요인들은 공통변량과 고유변량을 포함한다. 모든 요인들은 고유변량을 포함하는데 초기에 추출된 요인의 고유변량의 비율은 뒤에 추출되는 요인들의 고유변량의 비율보다 적은 데 근거하여, 요인의 수가 증가하면 고유값이 점점 작아지다가 일정 수준에 이르면 완만하게 된다. X-축과 평행을 이루기 직전의 요인이 추출하여야 할 요인의 수이다. 실제에 있어서 고유값에 의한 기준보다 스크리 검정 기준(Scree test criterion)에 의한 것이 하나 또는 둘, 세 개의 요인이 더 추출되는 경향이 있다. 다음 스크리 도표를 보고 요인의 수를 결정하는 방법은 팔꿈치를 연상하여 팔꿈치에 해당하는 부분을 찾아보도록 한다. 대략 성분 번호 '3' 부분을 팔꿈치로 가정할 수 있을 것이다. 스크리 도표에서 팔꿈치로 생각되는 부분을 제외하고 위에 나타난 점의 수를 곧 요인의 수로 결정하면 된다. 팔꿈치 부분에 점 표시가 존재하면 그 점은 요인의 수에서 제외시킨다. 그러므로 요인의 수는 2개로 결정할 수 있을 것이다.

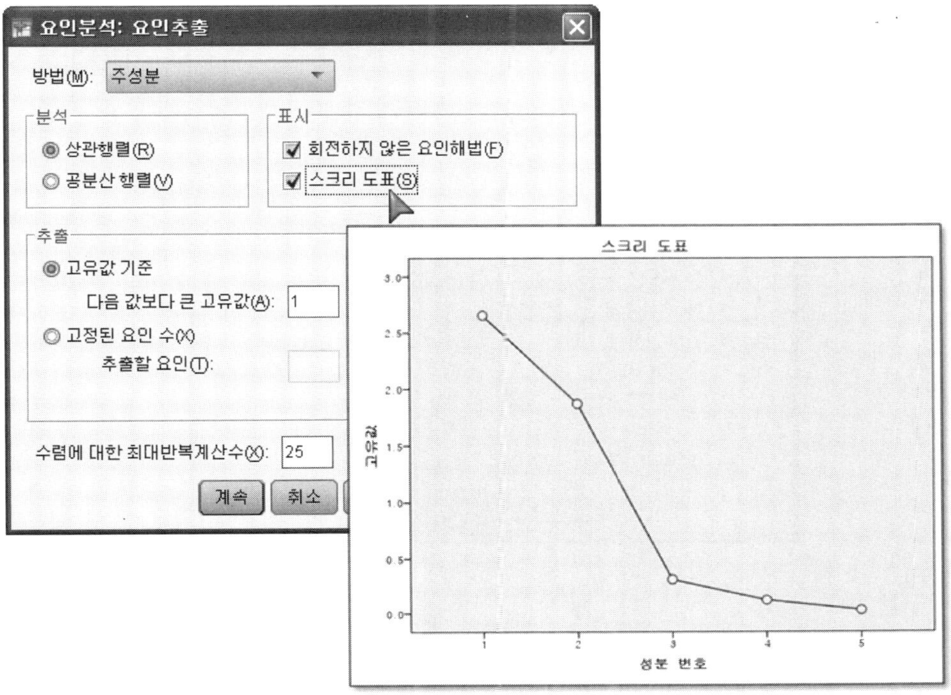

③ 분산의 비율(percentage of variance): 각 변수의 고유값을 변수의 수로 나누면 각 요인이 설명할 수 있는 요인 공통분산의 총분산에 대한 비율을 구할 수 있다. 모든 자료에서 채택될 수 있는 기준은 없지만 엄격하게는 가장 작은 분산의 비율이 5%가 될 때까지, 또 전체의 추출된 요인이 95%를 설명하게 될 때까지로 기준을 삼는다. 하지만 사회 과학에서는 자료가 덜 단순하기 때문에 전체 분산의 약 60%를 설명하는 것이 보통의 기준이다.

④ 선행이론: 선행이론에 의한 방법은 특별한 상황에서 믿을 만하게 사용될 수 있는 좋은 방법이다. 이것을 적용할 때에는 몇 개의 요인이 추출될 것인가를 분석 전에 알고 있어야 한다. 분석자는 간단하게 지정된 숫자에서 컴퓨터는 수행을 멈출 것이다. 이러한 상황은 선행연구에 대한 복사연구, 이론이나 가설의 검정에서 사용될 수 있다. 요인추출 대화상자에서 '요인의 수'를 선택하고 연구자가 직접 요인의 수를 지정한다.

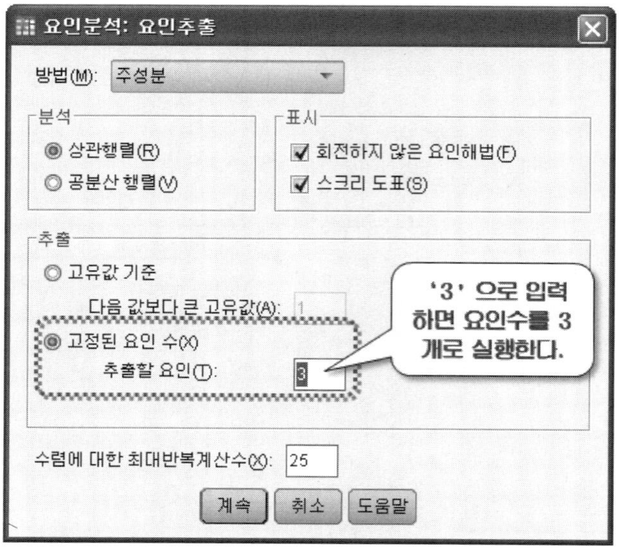

회전되지 않은 요인행렬의 해석

상관행렬이나 요인추출 방법들이 결정되면 분석자는 초기 회전하지 않은 요인을 추출할 준비가 된 것이다. 회전되지 않은 요인들을 분석자가 검토한 후 대략 몇 개의 요인을 추출할 것인지를 가늠해 볼 수 있다.

[결과 20-6]은 시리얼 시장 조사 데이터의 예에 대한 회전되지 않은 요인행렬을 주성분 분석방법으로 구한 것이다.

[결과 20-6] 시리얼 시장 조사 데이터의 회전되지 않은 요인행렬

성분행렬a

	성분	
	1	2
맛	.439	.889
가격	.877	-.261
영양가	.910	-.297
향기	.355	.926
적당한 요깃거리	.859	-.256

요인추출 방법: 주성분 분석.

a. 추출된 2 성분

[결과 20-6]의 각 수치들은 성분행렬의 각 요소(element)로서 요인적재값(factor loading)이라 부르는데 이것은 해당 변수와 해당 요인 사이의 상관계수를 말한다. 따라서 요인적재값의 제곱은 해당 변수가 해당 요인에 의하여 표현되는 분산(정보)의 비율을 나타낸다. 즉 변수 j와 요인 i에 대한 요인적재값을 a_{ij}로 표기한다면 변수 j의 분산은 요인 i에 의하여 a_{ij}^2만큼 반영된다. 예를 들어 '가격'과 요인 1과의 상관계수는 0.877이고 '가격'의 분산은 요인 1에 의하여 77%만큼($0.877^2 = 0.77$) 표현된다.

공통성

	초기	추출
맛	1.000	.983
가격	1.000	.838
영양가	1.000	.917
향기	1.000	.983
적당한 요깃거리	1.000	.803

추출 방법: 주성분 분석.

일반적으로 어떤 변수에 담긴 분산(정보)이 m개의 요인들에 의하여 어느 정도 표현될 수 있는지의 비율을 나타내는 것을 그 변수의 커뮤날리티(communality) 또는 '공통성'이라고 한다. 커뮤날리티가 '1'에 가까우면 가까울수록 요인들에 의하여 변수가 더 잘 설명될 수 있고, 요인의 수가 많아지면 커뮤날리티도 커진다. 하지만 아주 작은 양의 커뮤날리티를 증가시키기 위하여 요인을 추가할 필요는 없다.

요인행렬에서 각 행의 제곱의 합은 커뮤날리티로서 해당 변수가 요인들에 의하여 대변되는 분산의 비율을 말하고, 요인적재값의 제곱을 각 열에 대하여 합하면 해당 요인에 의하여 표현될 수 있는 전체 분산이 될 것이다. 이것을 각 요인의 고유값(eigenvalues)이라 한다. [결과 20-5]에서 요인 1의 고유값은 2.655이고 요인 2의 고유값은 1.869이다.

요인행렬에서 모든 변수들은 표준화되었으므로 각 변수의 분산은 '1'이다. 따라서 데이터의 총분산은 변수의 수와 같다. 그러므로 각 요인에 의하여 표현될 수 있는 분산의 총분산에 대한 비율은 그 요인에 대한 고유값을 변수의 수로 나눈 값이 된다.

[결과 20-5]에서 요인 1의 분산 비율은 53.1%이고 요인 2의 분산 비율은 37.4%이다. 이는 전체 변수의 총변동의 53.1%를 요인 1로 설명할 수 있고 37.1%를 요인 2로 설명할 수 있다는 것이며, 두 비율의 합 90.5%는 두 요인에 의해서 설명되는 비율이다.

요인의 회전

요인들의 회전은 요인분석에서 중요한 개념이다. 요인회전이란 단어의 의미 그대로 요인들의 축을 어떤 원하는 위치에 도달할 때까지 원점을 중심으로 돌리는 것을 말한다. 이때 각 요인의 축 사이의 각도를 90°로 유지하면 직각회전(orthogonal rotation), 직각을 유지하지 않으면 사각회전(oblique rotation)이라 한다. 직교회전에는 쿼티멕스(QUARTIMAX), 베리멕스(VARI- MAX), 이퀴멕스(EQUIMAX) 등의 방법이 있다. 요인분석에서 요인을 회전시키는 것은 보다 간편하고 이론적으로 더 의미가 있는 요인의 해를 구하기 위함이다. 대부분의 경우 요인들의 회전은 초기 회전되지 않은 요인의 해에서 보여지는 불확실성을 줄여서 설명하기 편하게 만든다.

쿼티멕스회전(QUARTIMAX)

쿼티멕스회전의 궁극적인 목적은 요인행렬의 행을 단순화하는 것이다. 그것은 요인행렬의 열에 해당하는 각 변수의 요인들 중 요인적재값이 작은 것은 더욱 극소화시키고 요인적재값이 큰 것은 더욱 극대화시킴으로써 그 차이를 극대화하려는 방법이다. 그래서 요인적재값 행렬의 행에 해당되는 각 변수에 대해서 단 하나의 요인에 의해서만 크게 실리고, 나머지 요인에 대해서는 극히 적게 실리든지 '0'의 값으로 실리도록 하는 것이다. 이 방법은 어떤 특정 변수에 대해서 그 변수와 관련된 요인의 수를 작게 회전하는 방법이므로 그 변수에 대한 해석을 쉽게 하는 대신 요인에 대한 해석을 소홀히 할 위험이 있다.

베리멕스회전(VARIMAX)

쿼티멕스회전이 각 변수 별로 각 요인에 실린 적재값 제곱의 분산이 최대가 되도록 회전하는 방법인 데 비해 베리멕스 회전은 각 요인 별로 전체의 관찰변수에 실린 적재값 제곱에 대한 분산이 최대가 되도록 요인축을 회전하는 방법이다. 즉, 쿼티멕스회전은 요인행렬의 각 변수를 단순화시키려는 것임에 반해 베리멕스 회전은 요인행렬의 각 요인을 단순구조에 맞도록 단순화시키려는 차이가 있다. 이 원칙에 따라 요인을 단순화시키면 동시에 변수도 단순구조에 부합되어 간다는 논리이다. 이와 같이 요인행렬의 요인의 변량을 극대화하면 가능성과 단순화가 극대화된다.

이퀴멕스회전(EQUIMAX)

이퀴멕스회전은 쿼티멕스회전(QUARTIMAX)과 배리멕스회전(VARIMAX)을 절충한 방법이다. 행과 열을 동시에 간략히 하려는 방법이다. 하지만 이 방법은 널리 인정받지 못하고 있고, 따라서 자주 사용되지 않는다.

오블리민회전(OBLIMIN)

대부분의 사회 과학에 관련된 요인들 간의 관계가 상호독립적인 경우는 매우 드물다. 일반적으로 어느 정도의 관계는 항상 존재하기 때문에 앞에서 사용한 직각회전 방법들을 사용하는 것은 현실성을 외면하는 것이다. 보통 분석자가 단순히 이론적으로 더 의미있는 구조, 차원을 얻는 데 관심이 있다면 사각회전을 많이 사용한다.

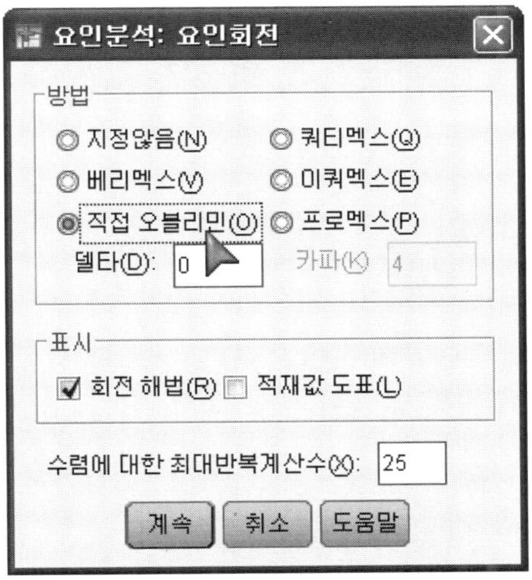

[결과 20-7]은 시리얼 시장조사 데이터를 오블리민회전방법으로 요인을 회전한 결과이다.

[결과 20-7] 오블리민 요인회전 후의 요인행렬 출력

패턴 행렬[a]

	성분	
	1	2
맛	.047	.985
가격	.914	.008
영양가	.959	-.016
향기	-.045	.996
적당한 요깃거리	.895	.007

요인추출 방법: 주성분 분석.
회전 방법: Kaiser 정규화가 있는 오블리민.

a. 3 반복계산에서 요인회전이 수렴되었습니다.

구조행렬

	성분	
	1	2
맛	.158	.990
가격	.915	.112
영양가	.957	.092
향기	.067	.991
적당한 요깃거리	.896	.109

요인추출 방법: 주성분 분석.
회전 방법: Kaiser 정규화가 있는 오블리민.

성분 상관행렬

성분	1	2
1	1.000	.113
2	.113	1.000

요인추출 방법: 주성분 분석.
회전 방법: Kaiser 정규화가 있는 오블리민.

앞의 [결과 20-6]의 회전하지 않은 요인행렬의 요인적재값과 패턴행렬을 비교하여 보면 훨씬 더 각 요인들에 의해 설명되는 변수들이 명확해졌다. 즉, 변수 '가격', '영양가', '요깃거리'는 요인 2(성분2)에 의해서보다 요인 1에 의해서 더 잘 설명되며, 변수 '맛', '향기'는 요인 1(성분1)보다 요인 2에 의해 더 잘 설명된다. 통상적으로 요인적재값이 '0.5' 이상이면 '아주 유의하다'라고 하고, '0.4' 이상이면 '유의하다'라고 하고 '0.3' 이상인 경우를 '유의한 편이다'라고 말한다. 이러한 요인적재값은 일반적으로 회전하지 않은 경우와 직각회전한 경우에는 해당 변수와 해당 요인 사이의 단순상관계수(simple correlations)를 나타낸다. 상관계수의 경우와 같이 표본의 크기에 따라 다소 기준이 되는 수치 차이가 있다. 그러나 사각회전의 경우는 해당변수와 해당요인 사이의 편상관계수(partial correlations)를 나타낸다. 그러므로 단순상관계수인 구조행렬의 값들과는 다음 [그림 20-8]과 같은 관계가 성립된다.

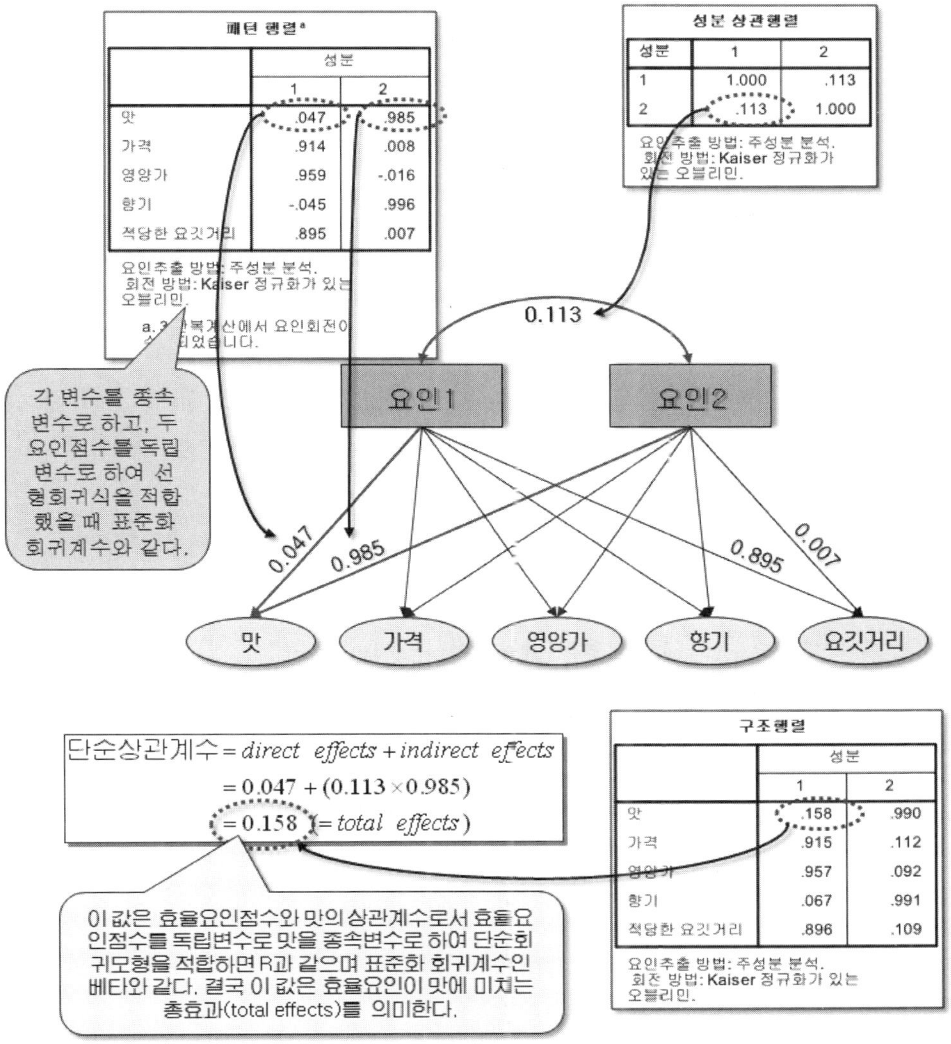

패턴 행렬[a]

	성분 1	성분 2
맛	.047	.985
가격	.914	.008
영양가	.959	-.016
향기	-.045	.996
적당한 요깃거리	.895	.007

요인추출 방법: 주성분 분석.
회전 방법: Kaiser 정규화가 있는 오블리민.
a. 3 반복계산에서 요인회전이 수렴되었습니다.

성분 상관행렬

성분	1	2
1	1.000	.113
2	.113	1.000

요인추출 방법: 주성분 분석.
회전 방법: Kaiser 정규화가 있는 오블리민.

구조행렬

	성분 1	성분 2
맛	.158	.990
가격	.915	.112
영양가	.957	.092
향기	.067	.991
적당한 요깃거리	.896	.109

요인추출 방법: 주성분 분석.
회전 방법: Kaiser 정규화가 있는 오블리민.

$$\text{단순상관계수} = direct\ \ effects + indirect\ \ effects$$
$$= 0.047 + (0.113 \times 0.985)$$
$$= 0.158\ (= total\ \ effects)$$

[그림 20-8] 직 · 간접 효과와 단순상관계수 - 경로도

요인의 해석

요인분석의 마지막 단계로 요인의 수가 결정되고 적합한 방법에 의해 회전된 요인분석의 결과를 연구목적에 알맞게 해석하는 단계이다.

① 요인행렬을 검사한다. 요인의 위치와 변수의 위치를 파악한다. 변수의 이름을 기억하면 더 쉽게 해석이 가능할 것이다.

② 요인을 해석하기 위해서 요인적재값이 고려할 만한가를 결정해야 한다.

수학적인 가정에 기초한 것은 아니지만, 요인분석에 의해 가장 많이 사용되는 규칙으로 요인적재값이 +.30 이상이면 고려할 만한 유의성을 갖는 것이고, +.40 이상이면 더 중요하게 고려되어야 한다. 또 +.50 이상일 경우 매우 의미 있는 것이다. 이와 같은 기준은 표본의 수가 50개 이상일 때 유용하다. 이 기준은 매우 단순한 면이 있지만 아직까지 받아들여질 만한 것이다. 해석을 시작하기 위해 제일요인의 첫 변수에서 왼쪽에서 오른쪽으로 가면서 가장 높은 요인적재값을 찾는다. 가장 높은 적재값을 확인하고 그것이 유의하다면 밑줄을 친다. 이런 식으로 다음의 나머지 줄에서도 밑줄을 친다. 100개보다 작은 표본에서는 가장 작은 요인적재값이 의미가 있기 위해서는 +.30이 되어야 한다는 점을 명심하자.

밑줄을 긋는 단계에서 기억해야 할 점은 각 변수에 대해 단지 하나의 의미 있는 요인적재값이 존재하는 것이 아닐 수 있다는 것이다. 각 변수의 한 요인에 대해 의미 있다고 고려되는 요인적재값이 하나일 때, 각 요인은 상당히 단순화되어 있다고 해석된다. 실제로는 많은 변수들이 여러 개의 적절한 요인적재값을 가지게 되는데, 이때에는 해석이 복잡해진다. 이러한 어려움은 여러 개의 의미가 있는 요인적재값을 갖는 변수는 해당되는 요인마다 해석되어야 하는 데 있다. 거의 모든 요인분석의 결과는 단순구조를 갖는 것이 아니기 때문에 분석자는 모든 요인에 대한 변수마다의 의미 있는 적재값에 밑줄을 치며 요인행렬을 계속 평가하여야 한다. 궁극적으로 분석자는 의미 있는 적재값의 수를 최소화하고 무시할 만한 적재값을 최대화하기 위해 계속 노력한다.

③ 분석자는 다음으로 밑줄이 그어지지 않은 즉, 어떤 요인에도 실리지 않은 변수를 확인한다. 이런 경우는 두 가지 해결방법이 있다. 하나는 의미 있는 적재값이 없는 변수를 단순히 무시해 버리는 것이고, 또 다른 한 가지 방법은 적재값이 없는 변수 각각을 비판적으로 평가하는 것이다. 이 평가는 변수의 공통성(communality)뿐만 아니라 변수의 연구 전반에 대한 기여도를 살펴보는 것이 될 것이다. 만약 변수가 연구목적에 덜 중요하거나 공통성이 낮을 경우, 분석자는 변수를 제거하고 새로운 요인분석결과를 얻을 수 있을 것이다.

④ 더 높은 적재값을 가진 변수가 요인 해석의 단계에서는 더 중요하게 여겨진다.

> 그것들이 요인을 나타내는 이름에 더 큰 역할을 한다. 이 절차는 요인이 추출된 다음의 과정이다. 마지막 결과는 가능하면 정확하게 표현된 요인들의 이름이 될 것이다. 어떤 경우에는 요인의 이름을 정하는 것이 불가능할 때도 있다. 그런 상황이 되면, 그 요인에 '무명'이라고 정하는 수밖에 없다. 이런 경우, 분석자는 의미가 있는 요인만을 해석하고 명명할 수 없거나 의미가 없는 요인은 버려야 한다. 중요한 것은 요인분석의 결과를 기술할 때, 명명할 수는 없지만 파생되어 나온 요인과 의미있는 관계를 나타내는 요인들을 표시해야 한다.

이제 모든 변수들을 각 요인으로 분류하였으면, 요인적재값의 형태에 따라 요인을 설명한다. 즉 적재값이 높은 변수에 더 비중을 두어 각 요인들을 설명한다.

시리얼 시장조사 데이터의 경우 요인1을 '효율요인'으로, 요인2를 '미각요인'으로 볼 수 있다.

[결과 20-9]에서 [결과 20-11]까지 각 회전방식에 따라 요인회전 후 요인을 축으로 한 각 변수의 위치를 나타내는 적재값 도표이다. 도표 상에서 요깃거리, 영양가, 가격 변수들은 서로 유사한 위치에 중복되어 도표 상에는 잘 나타나지 않았으나 도표 우측의 각 변수의 좌표를 참조하면 그 위치를 잘 알 수 있다.

[결과 20-9] 요인을 축으로 한 각 변수의 위치[회전 않음]

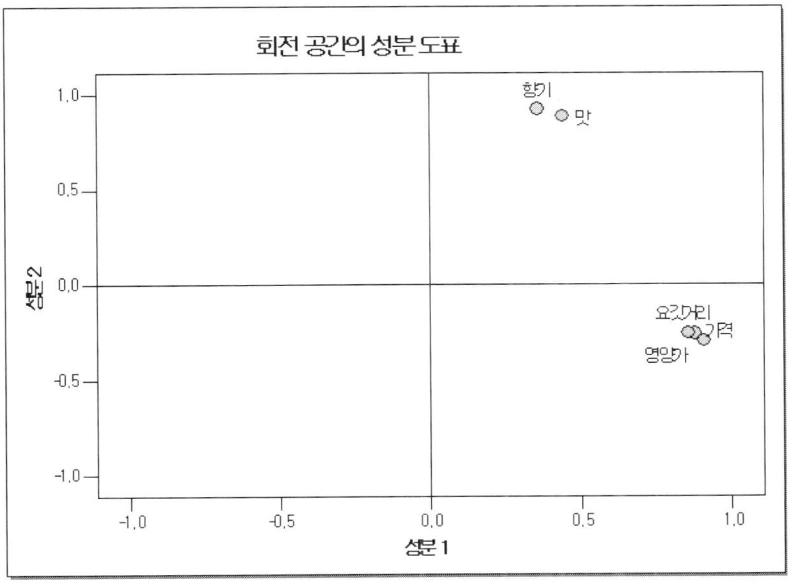

[결과 20-10] 요인을 축으로 한 각 변수의 위치[베리맥스회전]

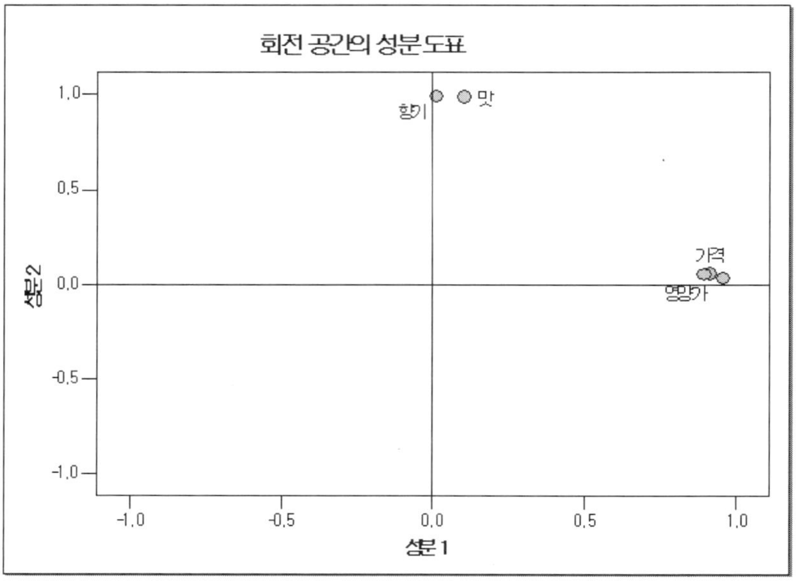

[결과 20-11] 요인을 축으로 한 각 변수의 위치[오블리민회전]

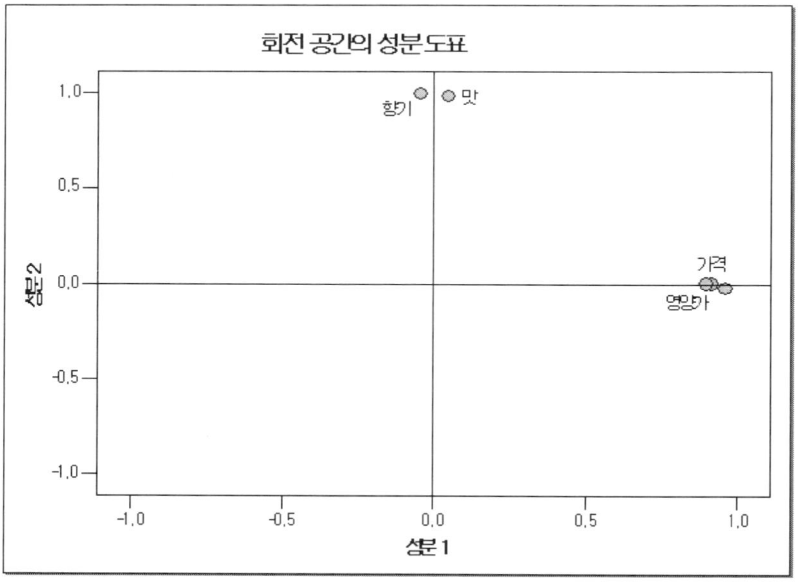

요인점수의 계산

요인분석을 적용하려는 목적에 따라, 요인에 의한 설명뿐만 아니라 요인점수(factor score)를 구한 후 다른 통계분석으로 연결될 수도 있다. 만약 연구목적이 변수나 응답자의 합리적인 조합을 만들어 내는 것이라면 요인에 대한 설명으로 분석이 끝난다. 그러나 연구목적이 다른 통계분석에 적용하기 의하여 적절한 변수를 가려내는 것이라면 요인행렬을 검토한 후 각 요인에 대하여 가장 큰 적재값을 갖는 변수를 뽑아야 하고, 다른 통계분석에 적용하기 위하여 원래 변수들을 대신할 수 있는 적은 수의 새로운 변수들을 만들어 내는 것이 목적이라면, 각 요인을 대표할 수 있는 요인점수(factor score)를 계산한다. 이러한 요인점수는 이어서 사용될 회귀분석이나 판별분석, 상관분석 등 다른 통계분석의 독립변수로 사용된다. 즉, 요인점수는 어떤 대상이 원래의 변수보다는 새로 만들어진 요인에 대하여 어떤 수준을 갖는지를 나타낸다.

요인점수를 계산하기 위하여 다음과 같이 지정하면

[결과 20-12]과 같이 출력되며, 이 결과에 나타난 요인점수계수(factor score coefficient)를 사용하여 요인점수를 계산한다. 즉, 어떤 대상에 대한 요인점수는 각 변수의 표준화된 값들을 해당하는 요인점수 계수에 곱하여 합하면 구해진다.

[결과 20-12] 시리얼 시장조사 데이터의 요인점수 계수의 출력(오블리민)

성분점수 계수행렬

	성분	
	1	2
맛	.018	.502
가격	.357	.004
영양가	.374	-.008
향기	-.018	.507
적당한 요깃거리	.349	.004

요인추출 방법: 주성분 분석.
회전 방법: Kaiser 정규화가 있는 오블리민.
요인 점수.

예를 들어 시리얼 시장조사 데이터의 첫 번째 응답자는 다섯 개의 문항에 대하여 [7, 6, 6, 7, 6]으로 답하였으므로 효율요인(요인1)에 대한 요인점수(F1)와 미각요인(요인2)에 대한 요인점수(F2)는 각 응답값의 표준화값 [1.211, 1.110, 0.730, 2.242, 1.141]을 대입하여 각각

$$F_1 = 0.018*1.211 + 0.357*1.110 - 0.018*0.730 + 0.349*2.242 + 0.374*1.141$$
$$= 1.61619$$
$$F_2 = 0.502*1.211 + 0.004*1.110 + 0.507*0.730 + 0.004*2.242 - 0.008*1.141$$
$$= 0.98220$$

이 된다. 첫 번째 응답자의 미각요인점수(0.9822)가 다른 응답자보다 미각 요인점수보다 크다면 첫 번째 응답자는 상대적으로 다른 응답자보다 미각에 해당하는 변수에 높은 척도값을 부여하였음을 의미한다.

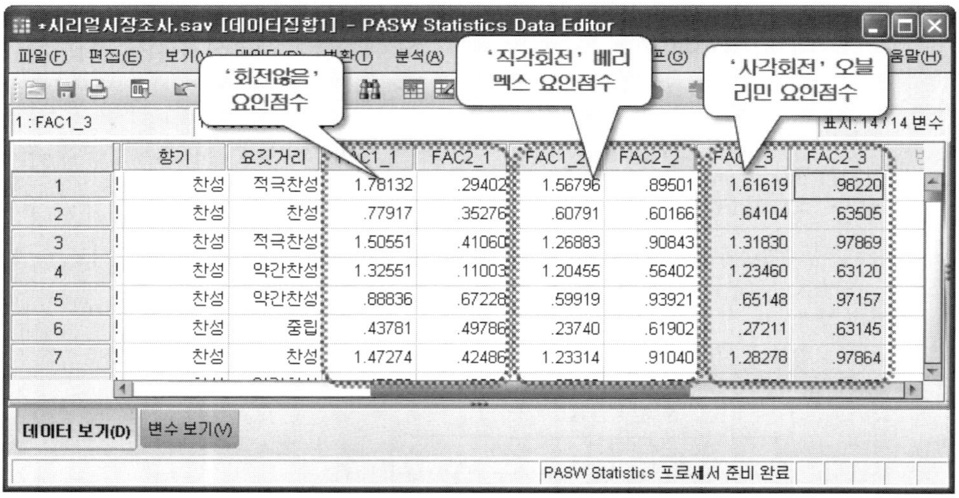

[그림 20-13] 시리얼 시장조사 데이터의 계산된 요인점수(오블리민회전)

요인점수의 분석

오블리민 회전된 요인점수의 변수 이름 FAC1_3과 FAC2_3을 '효율3'과 '미각3'으로 변경하고 각 변수의 설명에 효율요인점수(사각회전), 미각요인점수(사각회전)라고 붙인다.

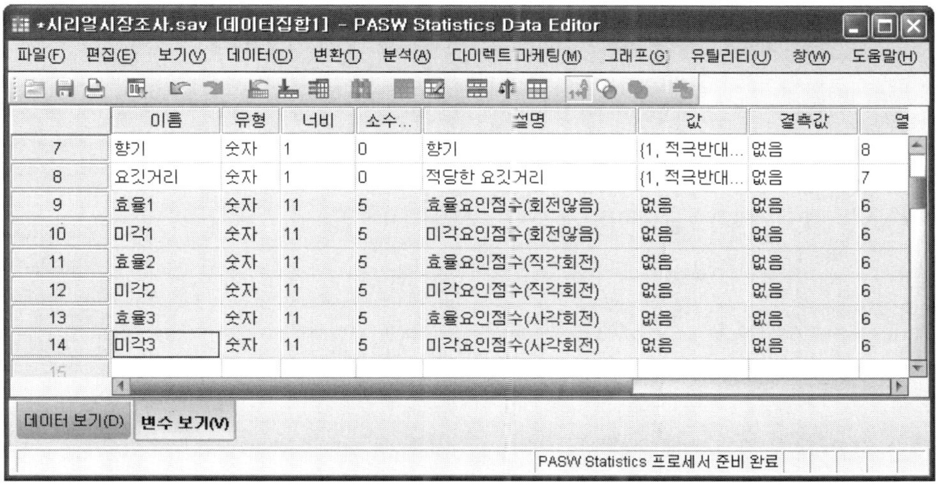

	이름	유형	너비	소수...	설명	값	결측값	열
7	향기	숫자	1	0	향기	{1, 적극반대...	없음	8
8	요깃거리	숫자	1	0	적당한 요깃거리	{1, 적극반대...	없음	7
9	효율1	숫자	11	5	효율요인점수(회전않음)	없음	없음	6
10	미각1	숫자	11	5	미각요인점수(회전않음)	없음	없음	6
11	효율2	숫자	11	5	효율요인점수(직각회전)	없음	없음	6
12	미각2	숫자	11	5	미각요인점수(직각회전)	없음	없음	6
13	효율3	숫자	11	5	효율요인점수(사각회전)	없음	없음	6
14	미각3	숫자	11	5	미각요인점수(사각회전)	없음	없음	6

이제 요인점수에 대해 분석하는 하나의 예를 설명하기로 한다. 두 요인점수를 X-Y 축으로 하여 산점도를 작성하되 연령대를 기초로 점표시를 구분한다. 그리고 두 요인점수의 평균이 '0'이므로 도표에서 '0'에 참조선을 표시하도록 한다.

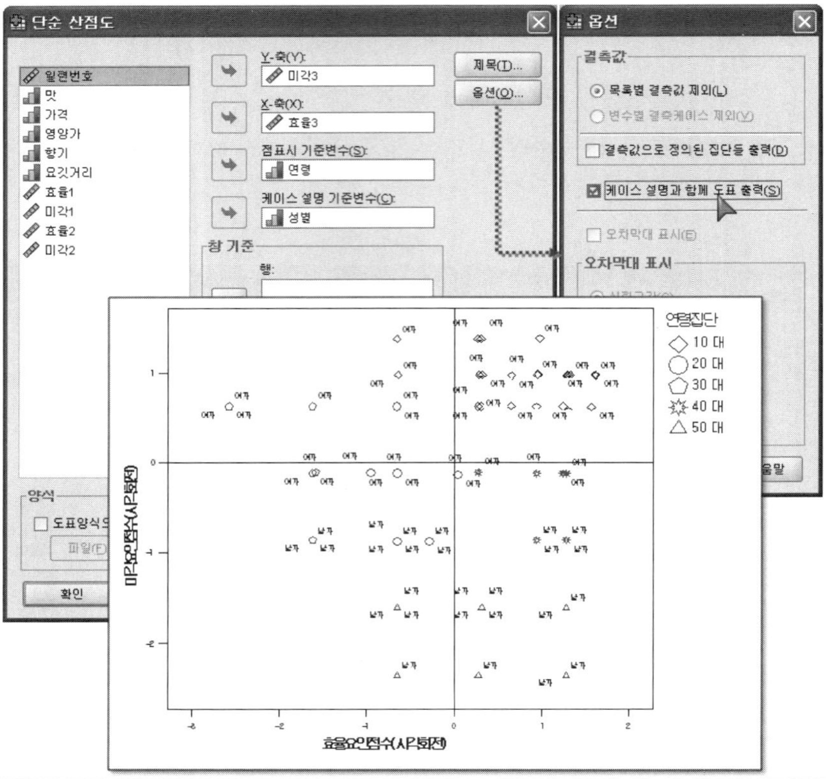
단순 산점도
일련번호
맛
가격
영양가
향기
요깃거리
효율1
미각1
효율2
미각2
Y-축(Y):
미각3
X-축(X):
효율3
점표시 기준변수(S):
연령
케이스 설명 기준변수(C):
성별
창 기준
행:
제목(T)...
옵션(O)...
양식
도표양식의
파일(F)
확인
옵션
결측값
목록별 결측값 제외(L)
변수별 결측케이스 제외(V)
결측값으로 정의된 집단들 출력(D)
케이스 설명과 함께 도표 출력(S)
오차막대 표시(E)
오차막대 표시
연령집단
10 대
20 대
30 대
40 대
50 대
미각요인점수(시각회전)
효율요인점수(시각회전)

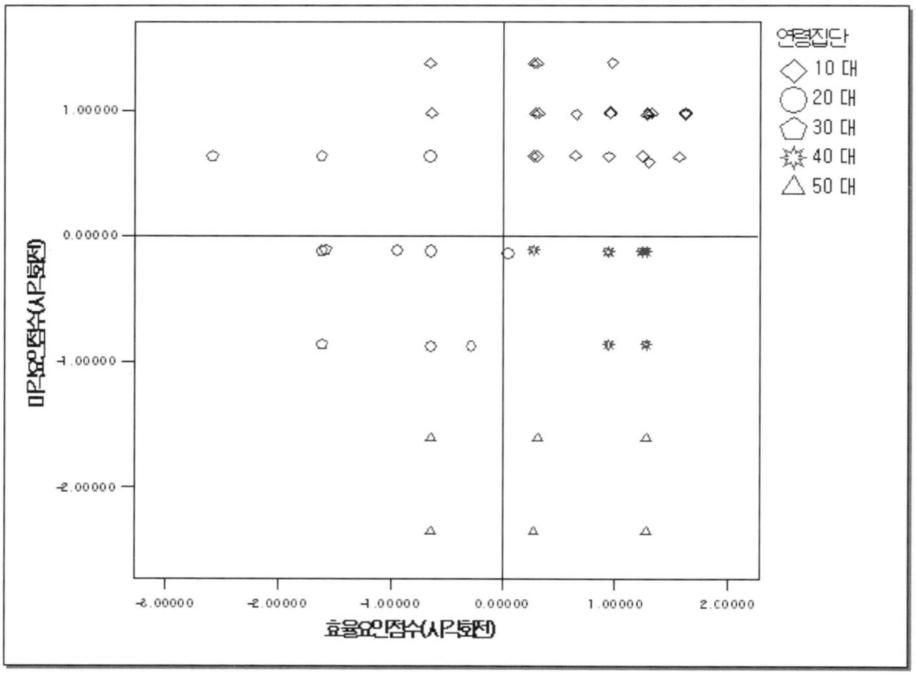
연령집단
10 대
20 대
30 대
40 대
50 대
1.00000
0.00000
-1.00000
-2.00000
-3.00000
-2.00000
-1.00000
0.00000
1.00000
2.00000
미각요인점수(시각회전)
효율요인점수(시각회전)

연령별로 나타낸 그림을 보면 연령대가 50대, 40대, 10대 등이 효율적인 측면에 긍정적인 의사를 나타내고 있음을 알 수 있으며, 30대는 효율보다는 미각에 더 긍정적인 반응을 나타내고 있음을 알 수 있다. 다음의 도표는 성별에 따른 표시를 한 결과이다. 여기에서 미각요인점수는 남자가 여자에 비해 작게 나타난 것을 확인할 수 있으며, 이는 결국 여자가 남자에 비해 미각이 대해 보다 높은 평가척도에 응답하는 경향이 있음을 알 수 있다. 그러나 효율요인점수는 남녀 간에 차이가 없는 것으로 볼 수 있다. 이는 도표에서 시각적으로 판단한 결과이지만 실제 성별에 따른 평균비교검정인 독립표본 T-검정을 실시해 보면 확증할 수 있게 된다.

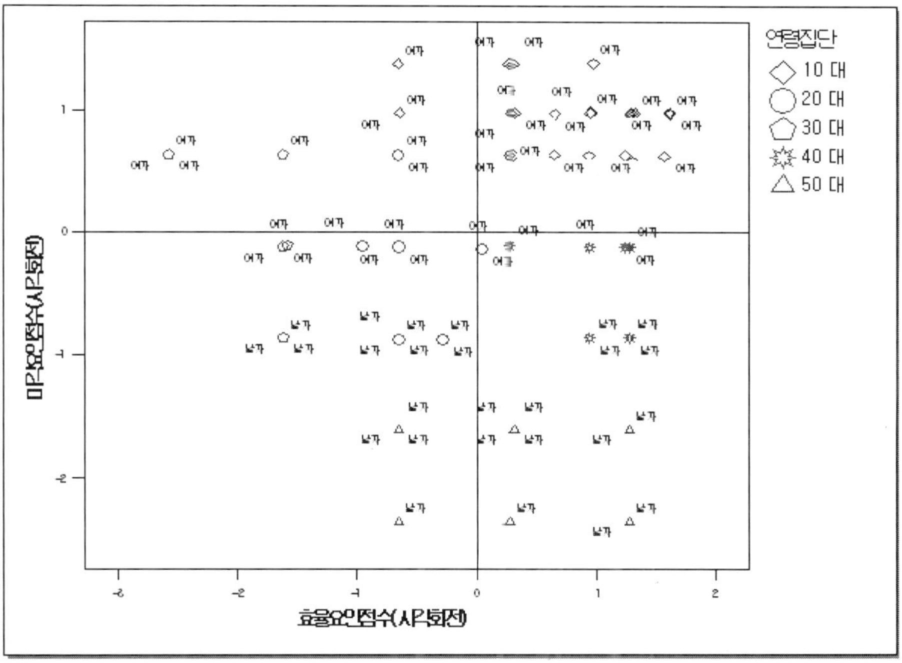

이제 연령대별로 각 집단별 평균을 다중선 도표로 나타내 보면 다음과 같다.

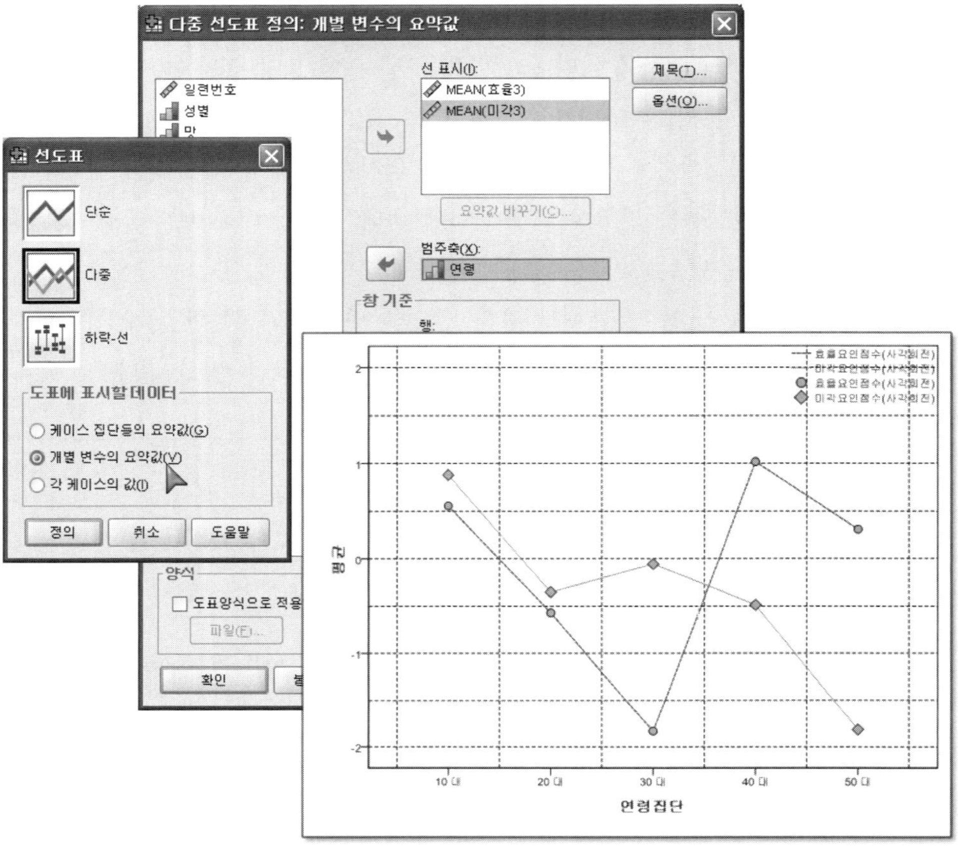

다중 선도표를 보면 10대와 20대는 효율과 미각요인점수 간의 차이가 없어 보이며, 30대는 효율보다는 미각에 더 긍정적인 평가를 하였음을 알 수 있고, 40대와 50대는 효율에 더 긍정적인 평가를 하였음을 알 수 있다. 그렇다면 다중선 도표에서 각 연령집단별로 각 요인점수 간의 차이는 과연 통계적으로 인정할 수 있는 차이일까? 이 질문에 답을 구하기 위하여 어떠한 분석방법을 적용해야 하는가를 생각해 보자. 각 연령집단별로 두 개의 연속변수가 서로 대응되어 있다. 즉, 연령집단별로 두 연속변수가 대응표본(paired sample)을 이루고 있다. 그러므로 각 연령대에서 효율요인점수와 미각요인점수의 차이에 대한 유의성을 검정하여 통계적으로 유의한 차이가 있다면 그 해당 연령대의 효율과 미각의 긍정적 반응의 차이를 인정하게 된다. 이 문제를 해결하기 위하여 대응표본 T-검정을 시도해 보자.

우선 각 연령대별로 대응표본 T-검정을 시도하기 위하여 먼저 '데이터 〉 파일분할(split file)'을 다음과 같이 실행한다.

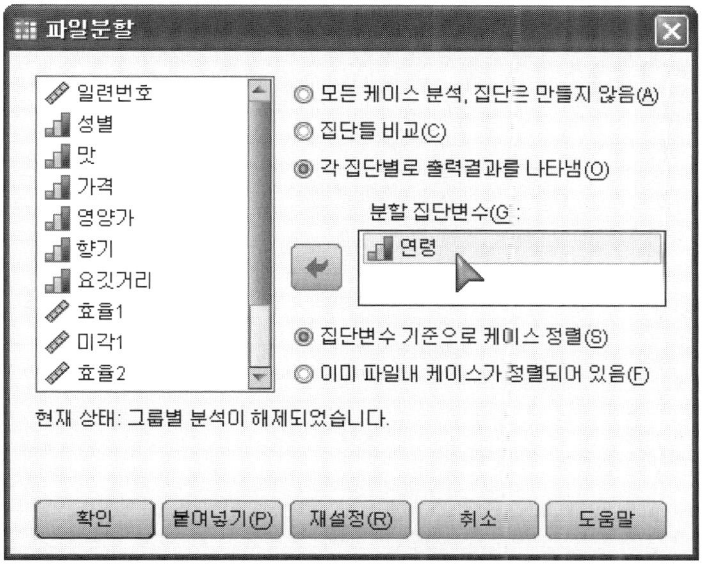

이제 주메뉴의 '분석 ▷ 평균비교 ▷ 대응표본 T-검정'을 선택하고 두 변수 효율3과 미각3을 지정한다.

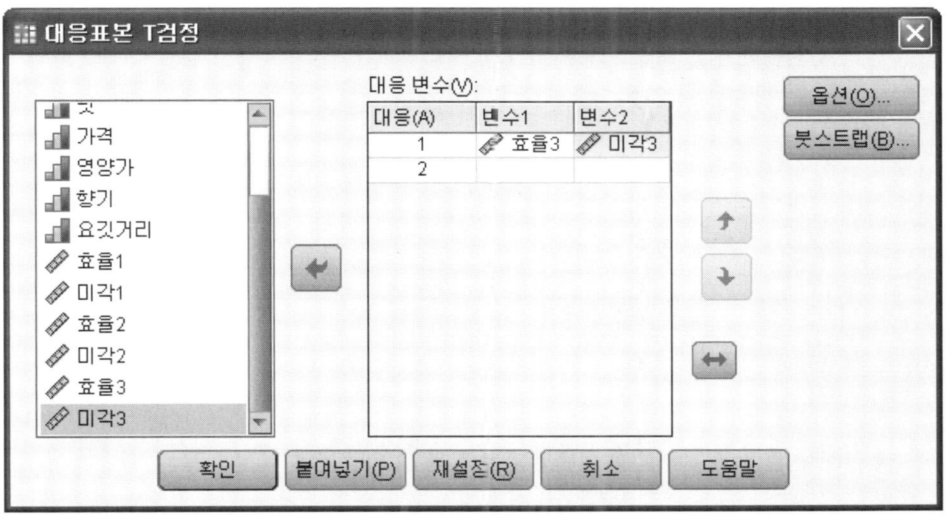

대응표본 검정[a]

		대응차					t	자유도	유의확률 (양쪽)
		평균	표준편차	평균의 표준오차	차이의 95% 신뢰구간 하한	차이의 95% 신뢰구간 상한			
대응 1	효율요인점수(사각회전) - 미각요인점수(사각회전)	-.32423346	.65603242	.10004401	-.52613044	-.12233648	-3.241	42	.002

a. 연령집단 = 10 대

대응표본 검정[a]

		대응차					t	자유도	유의확률 (양쪽)
		평균	표준편차	평균의 표준오차	차이의 95% 신뢰구간 하한	차이의 95% 신뢰구간 상한			
대응 1	효율요인점수(사각회전) - 미각요인점수(사각회전)	-.21668702	.55006600	.11727446	-.46057262	.02719858	-1.848	21	.079

a. 연령집단 = 20 대

대응표본 검정[a]

		대응차					t	자유도	유의확률 (양쪽)
		평균	표준편차	평균의 표준오차	차이의 95% 신뢰구간 하한	차이의 95% 신뢰구간 상한			
대응 1	효율요인점수(사각회전) - 미각요인점수(사각회전)	-1.77973	.91302875	.25322861	-2.33146693	-1.22799143	-7.028	12	.000

a. 연령집단 = 30 대

대응표본 검정[a]

		대응차					t	자유도	유의확률 (양쪽)
		평균	표준편차	평균의 표준오차	차이의 95% 신뢰구간 하한	차이의 95% 신뢰구간 상한			
대응 1	효율요인점수(사각회전) - 미각요인점수(사각회전)	1.50564477	.59452688	.21019699	1.00860786	2.00268168	7.163	7	.000

a. 연령집단 = 40 대

대응표본 검정[a]

		대응차					t	자유도	유의확률 (양쪽)
		평균	표준편차	평균의 표준오차	차이의 95% 신뢰구간 하한	차이의 95% 신뢰구간 상한			
대응 1	효율요인점수(사각회전) - 미각요인점수(사각회전)	2.12860532	.89493504	.23918145	1.61188521	2.64532543	8.900	13	.000

a. 연령집단 = 50 대

유의수준 0.05 하에서 검정하면 20대는 효율과 미각요인점수의 차이가 인정되지 않으며, 다른 연령대는 통계적으로 차이가 인정된다. 이상의 결과를 다음과 같이 도표 위에 표시하기로 한다.

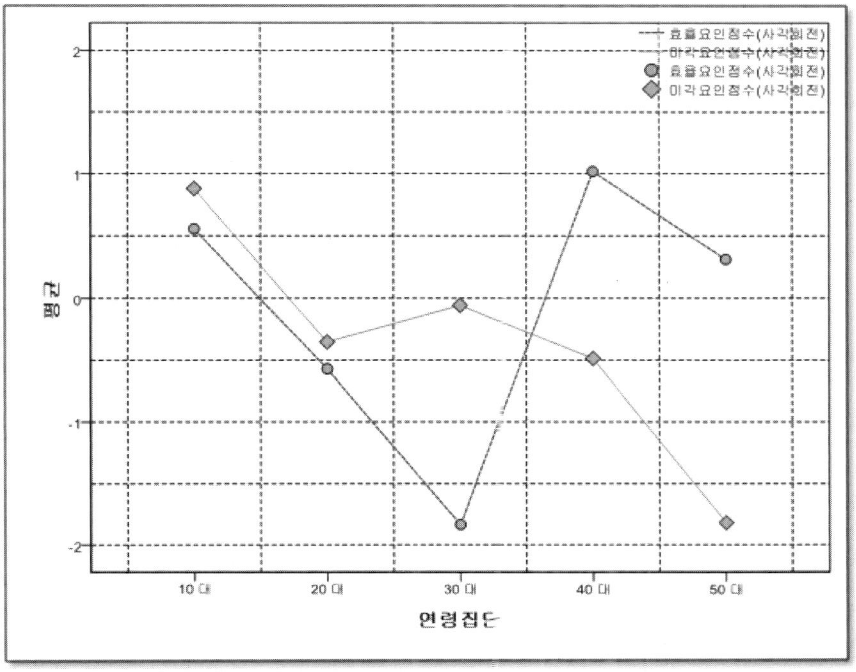
효율요인점수(사각회전)
미각요인점수(사각회전)
효율요인점수(사각회전)
미각요인점수(사각회전)
2
1
0
-1
-2
평균
10 대
20 대
30 대
40 대
50 대
연령집단

20.7 연습 문제

1. 시리얼 시장조사 데이터에서 남녀 간의 효율과 미각요인점수 간의 차이가 있는가를 분석하고 또 효율요인점수와 미각요인점수를 기준의 각 점수의 평균인 '0'점보다 큰 집단과 작은 집단을 고효율, 저효율, 고미각, 저미각이라고 설명문을 붙이고 각 집단과 개인특성(성별, 연령대) 간의 연관성이 있는가를 분석하시오.

2. 한 소형차 제조업체에서 소형차 구매자들이 매우 중요하다고 생각하는 자동차의 특성을 파악하고자 한다. 이를 위하여 중요하다고 생각되는 자동차의 모든 특성에 관한 100개의 질문을 준비하여, 확률적으로 선정한 300명의 소형차 잠재고객을 대상으로 각 질문에 대하여 찬성도에 따라 7점 척도로 응답하도록 요청하였다. 즉, '적극 찬성'=7, '상당히 찬성'=6, '찬성'=5, '찬성도 반대도 아님'=4, '반대'=3, '상당히 반대'=2, '적극 반대'=1 등과 같이 측정하였다. 여기에서는 편의상 100명의 잠재 고객들에 대한 다음의 여섯 가지 질문(변수)에 대한 데이터를 정리하여 "SMALLCAR.SAV"라는 데이터 파일로 보관하였다.

   X1 = 소형차는 내구성이 있도록 설계해야 한다.
   X2 = 소형차의 연료효율은 최소한 갤론당 30마일은 되어야 한다.
   X3 = 소형차는 소유자가 보수 및 수리하기가 쉬워야 한다.
   X4 = 소형차는 4명의 성인이 편하게 탈 수 있도록 설계해야 한다.
   X5 = 소형차는 모든 승객들에게 머리 위와 다리 공간이 충분해야 한다.
   X6 = 소형차의 브레이크는 가장 중요한 부품이다.

   상기의 데이터를 가지고

   ① 세 가지 중요한 측정치(분산, 표준화 점수, 상관계수)의 계산
   ② 중요한 요인의 발견
   ③ 발견된 요인에 대한 평가

   등을 중심으로 요인분석을 하라.

3. 한 판매회사에서 50명의 영업사원들을 대상으로 매출 성장률, 판매 수익률, 신규 고객 확보율 등의 매출에 대한 세 가지 내용과 창의성 점수, 역학추리 점수, 추상 추리 점수, 수학 점수 등의 개인 능력에 관한 네 가지 내용을 측정하였다. 이 데이터는 "SALES.SAV"라는 이름으로 보관되어 있다. 요인분석을 적용하여 7개 변수 이면에 내재된 요인을 추출하고 적절한 설명을 하라.

변수 이름	변수 내용	비고
ID	영업사원의 일련번호	1 - 50
X1	매출 성장률	퍼센트(%)
X2	판매 수익률	퍼센트(%)
X3	신규고객 확보율	퍼센트(%)
X4	창의성 점수	점수(20점 만점)
X5	역학추리 점수	점수(20점 만점)
X6	추상추리 점수	점수(20점 만점)
X7	수학 점수	점수(50점 만점)

4. 미국의 Los Angeles Statistical Area에서 1169개의 국세조사 표준지역(LA시에서 세분된 작은 지역)에 67개 변수를 가진 전체 데이터로부터 12개 지역의 5개의 변수를 선택하여 얻은 데이터가 다음과 같은 입력 형식으로 "LA.SAV"라는 파일로 보관되어 있다. 요인분석을 적용하여, 적절한 수의 요인을 추출하고 이에 대해 설명하라.

변수 이름	내용	응답 범주
POP	총인구	단위: 명
SCHOOL	피교육 년수의 중위수(Median)	단위: 년
EMPLOY	총 고용자 수	단위: 명
SERVICE	전문 서비스업 종사자 수	단위: 명
HOUSE	주택 가격의 중우수(Median)	단위: $

5. 미국의 어떤 회사에 입사 응시한 48명에 대하여 15개 부문에 10점 만점으로 채점한 면접시험 점수 데이터가 다음과 같은 입력 형식으로 "JOBAPT.SAV"라는 파일로 보관되어 있다. 요인분석을 적용하여, 면접위원의 마음속에 어떠한 요인이 내재되어 있는지를 분석하라.

변수 이름	내용	응답 범주
ID	응시자 일련번호	
X1	지원서 작성	
X2	외모	
X3	학업성적	
X4	사교성	
X5	자신감	
X6	명석함	
X7	정직성	
X8	세일즈맨쉽	10점 만점의 점수
X9	사회적 경험	
X10	운전능력	
X11	패기	
X12	성취력	
X13	잠재력	
X14	화합성	
X15	업무 적합성	

Chapter 21

군집분석(Cluster Analysis)

21.1 군집분석이란?

"새들은 깃털이 같은 것끼리 모인다"라는 말이 있다. 이러한 말 이면에는 전체 새들을 특성이 서로 유사한 몇 개의 집단으로 분류할 수 있다는 의미를 내포하고 있다.

이 경우 개개의 새들을 가리켜 "객체" 또는 "대상"이라 하고 특성이 서로 유사한 각각의 집단을 "군집"이라 하며 집단의 분류에 기준이 되는 유사성들을 가리켜 "속성" 또는 "설명변수"라 한다.

군집분석(cluster analysis)이란 많은 객체(object)들을 일정한 속성에 따라 몇 개의 군집(cluster)으로 분류하여, 같은 군집에 속한 객체들의 유사성과 서로 다른 군집에 속한 객체 간의 상이성을 규명하고자 하는 통계분석법이다.

생물학에서 동식물들을 분류하는 데 군집분석이 사용되며, 의학에서는 환자를 대상으로 질병의 종류 및 상태를 분류하는 데 군집분석을 사용할 수 있으며, 심리학에서는 성격유형에 따른 개인의 분류에 군집분석이 사용된다.

또한, 마케팅 조사(marketing research)에서는 소비자들의 상품구매 행태나 생활양식에 따라 몇 개의 소비자 군으로 분류하여 시장세분화(market segmentation) 전략을 수립하고자 할 때에 군집분석을 이용하며, 동종 업종에서 생산된 많은 기존 상품들을 몇 개의 속성에 근거하여 군집화(clustering)함으로써 새로운 상품의 시장진출 가능성을 예측해 볼 때에도 군집분석이 사용된다.

21.2 군집분석의 절차

군집분석의 기본 원리는 분석하고자 하는 객체들의 여러 가지 특성들을 유사성 거리로 환산하여, 유사성 거리가 상대적으로 가까운 객체들을 동질적인 집단으로 군집화(clustering)하는 것으로, 다음과 같은 세 가지 중심과제가 있다.

① 어떠한 특성들을 비교할 것인가?(설명변수들의 선정 문제)

② 어떻게 유사성 거리를 측정할 것인가?(유사성 거리의 측정방법)

③ 어떻게 동질적인 집단으로 분류할 것인가?(군집화 방법)

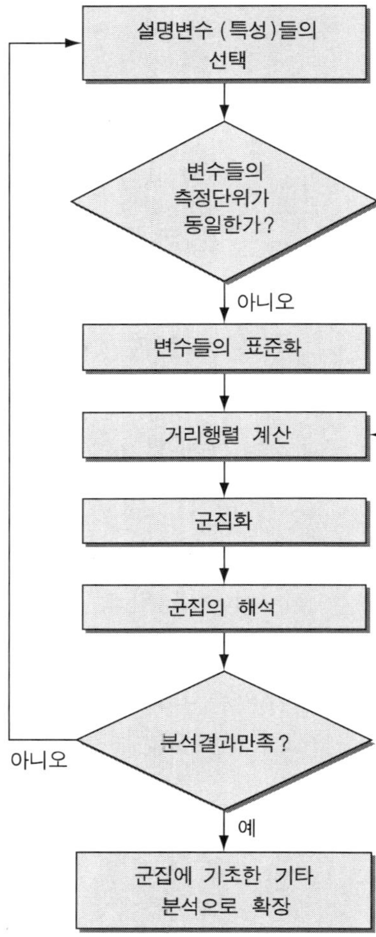

[그림 21-1] 군집분석 절차

21.3 설명변수의 선정

군집분석에서 가장 중요한 문제로, 중요한 설명변수를 제외시키거나 불필요한 설명변수가 추가되는 경우 유사성 거리가 제대로 측정되지 못하게 된다. 회귀분석이나, 판별분석 등과는 달리 군집분석에는 의미없는 설명변수들을 제외시키는 기능이 없으므로 특히 설명변수의 선정에 유의하여야 한다. 즉, 군집분석에서는 선정된 설명변수들이 모두 동일한 비중으로 유사성 거리의 측정에 반영되므로, 잘못된 설명변수의 선정은 엉뚱한 결과를 도출하게 되는 직접적인 원인이 된다. 또한 군집분석은 다른 분석방법들과는 달리 최종결과에 대한 통계적 유의성 검정의 방법이 없으므로, 더욱 설명변수의 선정에 유의하여야 한다.

경우에 따라서는 요인분석(Factor Analysis)을 통하여 사전에 변수들 간의 중복부분을 제거한 순수요인(요인점수)들을 도출하여 군집분석의 설명변수로 사용하기도 한다.

21.4 유사성 거리의 측정방법

각 객체들이 가지고 있는 여러 특성들을 종합하여, 각 객체 간의 유사성거리를 측정하게 되는데, 두 객체 간의 속성이 유사할수록 유사성 거리는 가깝게, 두 객체 간의 속성이 상이할수록 유사성 거리는 멀게 측정되어야 한다. 이와 같은 유사성 거리의 측정방법에는 다음과 같은 것들이 있다.

① 유클리드 거리(Euclidean distances)

- 변수값 차이를 제곱하여 합산한 거리로 다차원 공간에서 직선 최단거리를 말한다. 가장 일반적으로 사용되는 측정방법이다.

$$Distance(O_1, O_2) = \sqrt{\sum_{j=1}^{n} (X_{1j} - X_{2j})^2}$$

단, $O_i =$ i번째 객체

$X_{ij} =$ i번째 객체의 j번째 변수의 값

② 유클리드 제곱거리(squared Euclidean distances)

- 유클리드 거리를 제곱한 거리이다. SPSS에서 디폴트로 사용되는 방법이다.

$$Distance(O_1, O_2) = \sum_{j=1}^{n} (X_{1j} - X_{2j})^2$$

③ 도시-블록, 맨해튼 거리(City-Block distances, Manhattan distances)

- 변수값 차이의 절대값을 합한 거리

$$Distance(O_1, O_2) = \sum_{j=1}^{n} |X_{1j} - X_{2j}|$$

④ 코사인 거리(Cosine distance)

- 변수값의 코사인 벡터로 환산한 거리

$$\sim ilarity(O_1, O_2) = \frac{\sum_{j=1}^{n} (X_{1j} \cdot X_{2j})}{\sqrt{\sum_{j=1}^{n} (X_{1j})^2 \sum_{j=1}^{n} (X_{2j})^2}}$$

⑤ 체비셰프 거리(Chebychev distance)

- 변수값 차이의 절대값 중 가장 큰 값을 환산한 거리

$$Distance(O_1, O_2) = \max_j |X_{1j} - X_{2j}|$$

⑥ 민코우스키 거리(Minkowski distance)

- 변수값 차이의 p 제곱합의 1/r 누승근으로 환산한 거리

$$Distance(O_1, O_2) = \left(\sum_{j=1}^{n} |X_{1j} - X_{2j}|^p\right)^{1/r}$$

유사성 거리의 측정시 주의해야 할 점은 변수값들을 표준화(standardized)하여야 한다는 점이다. 만약 변수값을 표준화하지 않는다면 변수값의 단위에 따라 상이한 결과를 초래할 수 있기 때문이다. 예를 들어 자동차의 배기량과 가격을 기준으로 자동차를 군집화할 때 배기량은 1,000~2,000cc 정도의 편차가 있을 수 있지만, 가격은 1,000,000원 이상의 편차가 있을 수 있다. 그러므로 배기량에서는 1,000이란 차이가

매우 큰 차이지만, 가격에 있어서 1,000이란 차이는 매우 적은 차이므로 유사성 거리의 측정에 있어서 배기량의 차이가 거의 무시되며 가격의 차이가 객체 간의 거리를 완전히 좌우하게 될 것이다. 따라서 선정된 설명변수들의 단위가 서로 다를 경우에는 표준화를 통하여 설명변수들의 중요도를 동일하게 하여야만 한다.

21.5 군집의 유형

군집의 유형은 대체로 다음과 같이 나누어 생각할 수 있다.

① 상호배반적(disjoint) 군집

- 각 객체들이 상호배반적인 여러 군집 중에서 어느 한 군집에만 속하는 경우로, 군집이 구형(spherical)을 이루고 있으므로 대부분의 군집화 방법들이 만족할 만한 결과를 유도하게 된다.

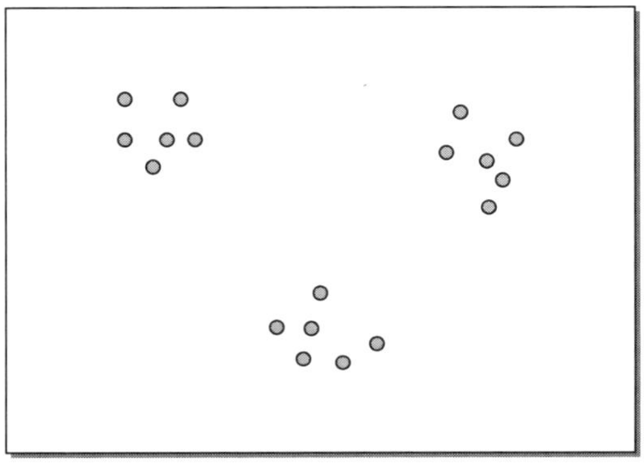

② 계층적(hierarchical) 군집

- 한 군집이 다른 군집의 내부에 포함되나 군집 간의 중복이 허용되지 않고 가계보 또는 나무모양의 형태를 가지고 있는 경우로, 객체 A는 객체 C와 같은 군집에 속한다고 보아야 하나, 객체 B와 더 가깝다고 판정되기 쉽다. 따라서 이 같이 군집의 모양이 긴 경우에는 군집의 기준으로서 단순히 객체들 사이의 단순거리만을 사용하면 잘못된 결과를 얻기가 쉽다.

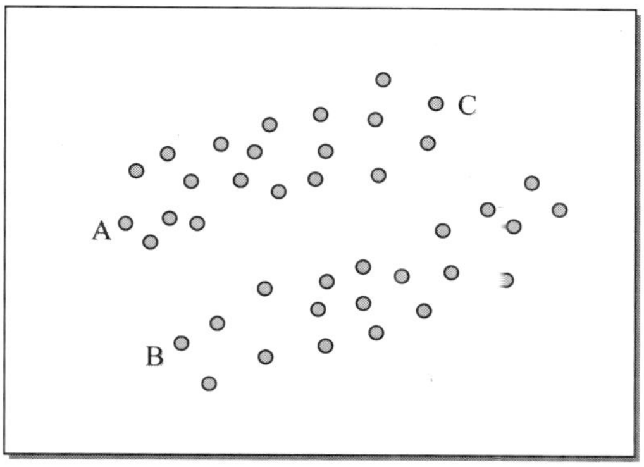

③ 중복(overlapping) 군집

- 두 개 이상의 군집에 한 객체가 동시에 소속되는 경우로, 객체 A와 객체 B가 두 군집 사이에 '고리' 역할을 하여 군집화 방법에 따라서 상이한 군집으로 판정될 수 있다.

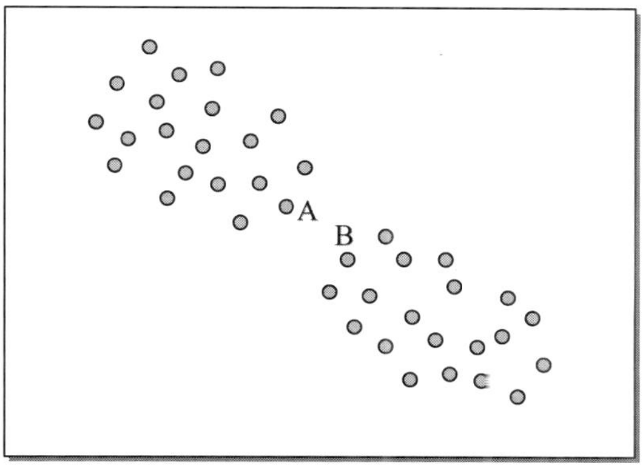

21.6 군집화 방법

객체들을 군집화하는 방법에는 다음과 같은 것들이 있는데, 모든 방법들이 같은 군집 내의 유사성 거리는 되도록 가깝게 하고 군집 간의 유사성 거리는 되도록 멀게 한다는 기본 원리에 입각한 것이다.

① 최단연결법(Single Linkage Method, Nearest Neighbor Method)

- 기존의 군집에 속해 있는 객체들 중에서 어느 한 객체와 가장 가까운 객체부터 군집에 포함시키는 방법이다. SPSS 군집방법 대화상자에서 '가장 가까운 항목'을 지정한다.

이제 예를 들어 최단연결법을 설명하겠다. 5개의 객체들 간의 유사성 거리가 다음과 같은 거리행렬로 주어졌다고 하였을 때,

$$D = \begin{array}{c} \\ 1 \\ 2 \\ 3 \\ 4 \\ 5 \end{array} \begin{array}{c} \begin{matrix} 1 & 2 & 3 & 4 & 5 \end{matrix} \\ \begin{bmatrix} 0 & 7 & 1 & 9 & 8 \\ 7 & 0 & 6 & 3 & 5 \\ 1 & 6 & 0 & 8 & 7 \\ 9 & 3 & 8 & 0 & 4 \\ 8 & 5 & 7 & 4 & 0 \end{bmatrix} \end{array}$$

첫 단계로 $d_{13} = 1$ 이 최소거리이므로 객체1과 객체3을 묶어 군집 (1,3)을 만든다. 다음으로 군집(1,3)과 나머지 객체들 2,4,5와의 거리는

$$d\{(2)(1,3)\} = \min\{d_{21},\ d_{23}\} = d_{23} = 6$$

$$d\{(4)(1,3)\} = \min\{d_{41},\ d_{43}\} = d_{43} = 8$$

$$d\{(5)(1,3)\} = \min\{d_{51},\ d_{53}\} = d_{53} = 7$$

이므로, 다음과 같은 거리행렬 D_1을 얻는다.

$$D_1 = \begin{array}{c} \\ (1,3) \\ 2 \\ 4 \\ 5 \end{array} \begin{array}{c} \begin{matrix} (1,3) & 2 & 4 & 5 \end{matrix} \\ \begin{bmatrix} 0 & 6 & 8 & 7 \\ 6 & 0 & 3 & 5 \\ 8 & 3 & 0 & 4 \\ 7 & 5 & 4 & 0 \end{bmatrix} \end{array}$$

두 번째 단계로서 $d_{24}=3$이 최소거리가 되므로 객체 2와 객체 4를 묶어 군집 (2,4)을 만든다. 그러면

$$d\{(1,3)(2,4)\} = \min[d\{(2)(1,3)\},\ d\{(4)(1,3)\}] = d\{(2)(1,3)\} = 6$$

$$d\{(5)(2,4)\} = \min\{d_{52},\ d_{54}\} = d_{54} = 4$$

이므로 다음 거리행렬 D_2를 얻는다.

$$D2 = \begin{array}{c} (1,3) \\ (2,4) \\ 5 \end{array} \overset{\begin{array}{ccc} (1,3) & (2,4) & 5 \end{array}}{\begin{bmatrix} 0 & 6 & 7 \\ 6 & 0 & 4 \\ 7 & 4 & 0 \end{bmatrix}}$$

세 번째 단계로서 d{(2,4)(5)} = 4가 최소거리가 되므로 군집(2,4)와 객체 5를 묶어 군집(2,4,5)를 이루고 최종적으로 전체가 한 군집을 이루게 된다. 이와 같은 군집과정을 덴드로그램(dendrogram)으로 나타내면 다음과 같다.

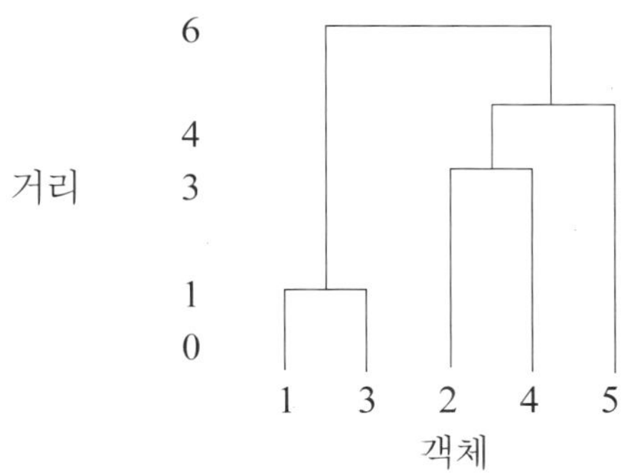

최단연결법은 수리적인 면이 우수하고, 컴퓨터 처리시간이 다른 방법들에 비하여 적게 걸리며, 순서 데이터를 군집화할 때 좋은 결과가 도출되나, 이른바 '고리' 현상의 객체들의 군집화할 때에는 매우 불리하다.

② 최장연결법(Complete Linkage Method, Furthest Neighbor Method)

- 기존의 군집에 포함되어 있는 모든 객체에 대하여 일정 거리 이내에 들어와야만 동일한 군집에 포함시키는 방법이다. 또한 군집 간의 거리는 각 군집에 속해 있는 객체 간에 가장 먼 거리로 산정된다. 따라서 새로운 객체를

포함시킬 때도 가장 먼 거리에 있는 객체와 비교하여 그 거리가 가장 가까운 군집에 포함시킨다. SPSS 군집방법 대화상자에서 "가장 먼 항목"을 지정한다.

최단연결법의 설명에서 사용한 거리행렬을 가지고 최장연결법을 설명하겠다. 즉, 5개의 객체들 간의 유사성 거리가 다음과 같은 거리행렬로 주어졌다고 하였을 때,

$$D = \begin{array}{c} \\ 1 \\ 2 \\ 3 \\ 4 \\ 5 \end{array} \begin{array}{c} \begin{matrix} 1 & 2 & 3 & 4 & 5 \end{matrix} \\ \begin{bmatrix} 0 & 7 & 1 & 9 & 8 \\ 7 & 0 & 6 & 3 & 5 \\ 1 & 6 & 0 & 8 & 7 \\ 9 & 3 & 8 & 0 & 4 \\ 8 & 5 & 7 & 4 & 0 \end{bmatrix} \end{array}$$

첫 단계로 최단연결법과 동일하다. 즉, d_{13}=1이 최소거리이므로 객체 1과 객체 3을 묶어 군집(1,3)을 만든다. 다음으로 군집(1,3)과 나머지 객체들 2,4,5와의 거리는

$$d\ \{(2)(1,3)\} = \max\{d_{21},\ d_{23}\} = d_{21} = 7$$
$$d\ \{(4)(1,3)\} = \max\{d_{41},\ d_{43}\} = d_{41} = 9$$
$$d\ \{(5)(1,3)\} = \max\{d_{51},\ d_{53}\} = d_{51} = 8$$

이므로, 다음과 같은 거리행렬 D_1을 얻는다.

$$D_1 = \begin{array}{c} \\ (1,3) \\ 2 \\ 4 \\ 5 \end{array} \begin{array}{c} \begin{matrix} (1,3) & 2 & 4 & 5 \end{matrix} \\ \begin{bmatrix} 0 & 7 & 9 & 8 \\ 7 & 0 & 3 & 5 \\ 9 & 3 & 0 & 4 \\ 8 & 5 & 4 & 0 \end{bmatrix} \end{array}$$

두 번째 단계로서 d_{24} =3이 최소거리가 되므로 객체 2와 객체 4를 묶어 군집(2,4)를 만든다. 그러면

$$d\ \{(1,3)(2,4)\} = \max[\{d(2)(1,3)\},\ d\{(4)(1,3)\}] = d\{(4)(1,3)\} = 9$$

$$d\{(5)\ (2,4)\} = \max\{d52,\ d54\} = d52 = 5$$

이므로 다음 거리행렬 D_2를 얻는다.

$$D2 = \begin{array}{c} \\ (1,3) \\ (2,4) \\ 5 \end{array} \begin{array}{c} \begin{array}{ccc} (1,3) & (2,4) & 5 \end{array} \\ \begin{bmatrix} 0 & 9 & 8 \\ 9 & 0 & 5 \\ 8 & 5 & 0 \end{bmatrix} \end{array}$$

세 번째 단계로서 d{(2,4)(5)} = 5가 최소거리가 되므로 군집(2,4)와 객체 5를 묶어 군집(2,4,5)를 이루고 최종적으로 전체가 한 군집을 이루게 된다. 이와 같은 군집과정을 덴드로그램(dendrogram)으로 나타내면 다음과 같다.

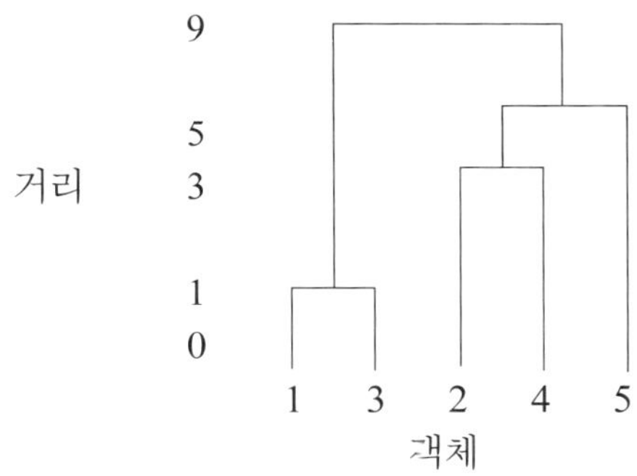

최장연결법은 앞서 소개한 최단연결법과 상호 보완적인 관계가 있다. 즉, 최단연결법이 고립(isolated)되어 있는 군집을 찾는 데 치중하고 있다면, 최장연결법은 군집들 간의 내부적 응집성(internal cohesion)에 중점을 두고 있다고 하겠다. 따라서 두 방법의 장단점을 모두 고려한 군집화 방법으로 중심연결법, 중위수연결법, 평균연결법 등이 제안되어 있다.

③ 중심연결법(Centroid Linkage Method)

- 군집 간의 거리는 각 군집의 중심들 사이의 '거리'를 사용한다. 따라서 새로운 객체를 포함시킬 때도 군집의 중심과의 거리가 가장 가까운 군집에 객체를 포함시킨다. SPSS 군집방법 대화상자에서 '중심점 군집화'를 지정한다. 중심연결법은 반드시 유클리드 제곱거리로 측정한 유사성 거리를 사용하여야 한다. 또한, 중심연결법은 이상값(outlier)의 영향을 적게 받으므로, 특이한

객체들이 포함되어 있는 경우의 군집화에 매우 효과적이다.

④ 중위수연결법(Median Linkage Method)

- 앞의 중심연결법은 새로운 군집의 중심은 군집의 크기에 따른 가중 평균값(weighted mean)을 사용한다. 이러한 군집화 방법은 군집의 크기가 매우 상이한 경우에는 크기가 작은 군집이 크기가 큰 군집에 포함되는 단점이 생긴다. 그러므로 중위수연결법에서는 이러한 단점을 극복하기 위하여 군집의 크기에 관계없이 일정한 중심을 갖도록 하였다. SPSS 군집방법 대화상자에서 '중위수 군집화'를 지정한다.

  중위수연결법은 앞의 중심연결법과 마찬가지로 반드시 유클리드 제곱거리로 측정한 유사성거리를 사용하여야 한다.

⑤ 군집 간 평균연결법(Between Average Linkage Method)

- 군집 간의 거리는 각 군집에 속해 있는 객체와의 평균거리로 산정된다. 따라서 새로운 객체가 기존의 군집에 포함될 때 기존의 군집 내에 있는 모든 객체와의 평균거리가 가장 가까운 군집에 포함시키는 방법으로 SPSS에서 디폴트로 사용하는 방법이다. SPSS 군집방법 대화상자에서 '집단-간 연결'을 지정한다.

⑥ 군집 내 평균연결법(Within Average Linkage Method)

- 앞의 군집 간 평균연결법과 유사하나, 새로운 객체를 기존의 군집에 포함시킬 때 새로운 객체를 포함한 모든 객체 간의 평균거리가 최소가 되는 군집에 포함시키는 방법이다. 즉, 군집 내의 객체들의 응집에 더 중점을 두는 군집화 방법이다. SPSS 군집방법 대화상자에서 '집단-내 연결'을 지정한다.

⑦ 왈드 군집법(Ward's Method)

- 중심연결법과 유사한 방법으로 군집중심(centroid) 간의 거리에 가중치를 부여하여 군집 간의 거리를 계산한다는 점이 다르다. SPSS 군집방법 대화상자에서 'Ward의 방법'을 지정한다.

  왈드 군집법은 앞의 중심연결법, 중위수연결법과 마찬가지로 반드시 유클리드 제곱거리로 측정한 유사성 거리를 사용하여야 한다.

21.7 미국 맥주의 군집화

이제 1983년 미국의 맥주 소비자 보고서에서 발췌한 데이터를 가지고 군집분석을 수행하여 보겠다. 본 데이터는 SPSS 설명서에서도 널리 사용되는 것으로 20가지 맥주의 칼로리 함량, 염분 함량, 알코올 농도, 생산원가, 판매가 등을 발췌하여 "맥주군집.sav"라는 파일로 저장하였는데, 본 군집분석의 수행 예에서는 칼로리 함량, 염분 함량, 알코올 농도 및 생산원가 등의 네 가지 변수를 기준으로 20가지 맥주들을 군집화하고자 한다.

[표 21-2] 맥주 데이터 입력형식(맥주군집.sav)

변수 이름	변수의 내용	응답범주와 내용
맥주이름	상품명	문자 변수
칼로리	칼로리 함량(12온스 용량 1병)	
염분	염분 함량(mg 12온스 용량 1병)	
알코올	알코올 농도(% 퍼센트)	소수점 이하 1자리
생산가	생산원가(달러 12온스 용량 1병)	소수점 이하 2자리

군집분석을 수행하기 위해 다음과 같이 주메뉴에서

'분석 〉 분류분석 〉 계층적 군집분석 ……'

을 선택하면 군집분석 대화상자가 열리는데, '변수:' 항목에 4개의 변수를 선택하고, '케이스 설명 기준변수:'에 '맥주이름'을 지정하고 [확인] 단추를 클릭하면 군집분석이 수행된다.

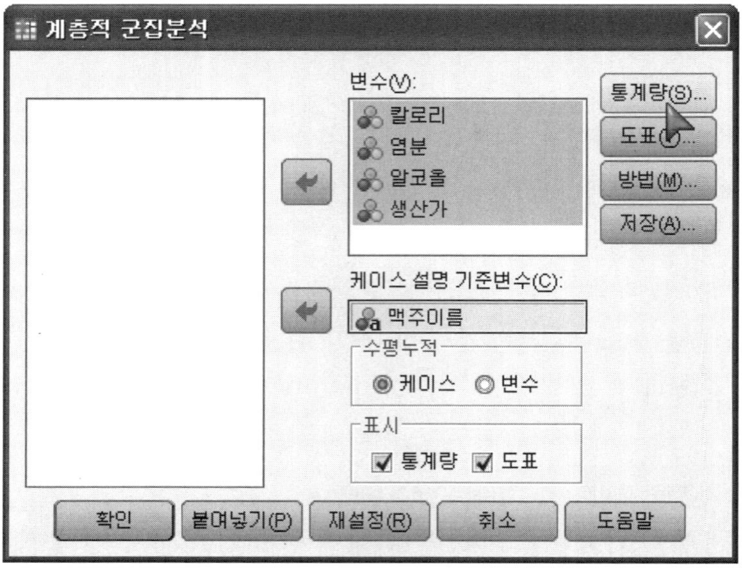

거리행렬을 구하려면 군집분석 주대화상자에서 [통계량(S)...] 단추를 클릭하면 아래와 같은 통계량 부대화상자가 열리는데, '근접행렬' 항목을 선택하면 된다. 이 결과는 [결과 21-3]에 나타나 있다.

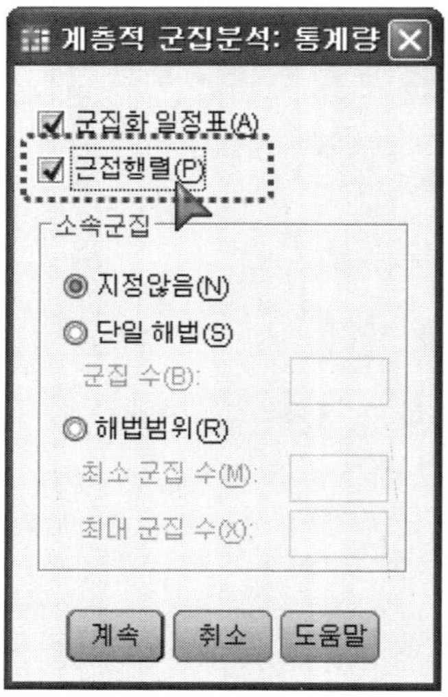

[결과 21-3] 유클리드 제곱거리 계수행렬

근접행렬

케이스	제곱 유클리디안 거리																			
	1:Budweiser	2:Schlitz	3:Lowenbrau	4:Kronenbourg	5:Heineken	6:Old Milwaukee	7:Augsberger	8:Strohs Bohemian Style	9:Miller Light	10:Budweiser Light	11:Coors	12:Coors Light	13:Michelob Light	14:Becks	15:Kirin	16:Pabst Extra Light	17:Hamms	18:Heilemans Old Style	19:Olympia Gold Light	20:Schlitz Light
1:Budweiser	.00	.49	.37	7.0	6.1	2.5	4.0	3.3	3.0	3.9	.24	2.5	1.1	5.6	8.3	16.	.59	1.9	13.	4.4
2:Schlitz	.49	.00	.53	8.2	7.0	1.6	1.8	1.5	5.4	6.8	.31	4.1	2.8	5.3	10.	19.	.67	.63	17.	7.4
3:Lowenbrau	.37	.53	.00	4.8	4.4	3.7	3.1	3.6	4.9	5.8	.75	4.4	1.7	4.2	6.6	20.	1.4	2.1	16.	6.2
4:Kronenbourg	7.0	8.2	4.8	.00	.87	17.	12.	14.	11.	11.	8.4	12.	6.0	4.2	.74	33.	10.	11.	23.	10.
5:Heineken	6.1	7.0	4.4	.87	.00	15.	11.	12.	9.5	10.	6.8	9.1	4.9	1.6	.60	28.	7.9	9.5	19.	9.1
6:Old Milwaukee	2.5	1.6	3.7	17.	15.	.00	3.1	1.3	7.4	8.9	1.8	5.4	6.0	11.	19.	17.	1.6	1.2	19.	10.
7:Augsberger	4.0	1.8	3.1	12.	11.	3.1	.00	2.0	13.	15.	3.6	11.	9.0	8.6	16.	32.	4.3	1.7	30.	16.
8:Strohs Bohemian Style	3.3	1.5	3.6	14.	12.	1.3	2.0	.00	9.6	11.	1.9	6.4	6.8	7.0	16.	20.	1.8	.30	22.	12.
9:Miller Light	3.0	5.4	4.9	11.	9.5	7.4	13.	9.6	.00	.93	3.4	.70	1.6	10.	10.	8.6	3.3	7.3	4.6	.30
10:Budweiser Light	3.9	6.8	5.8	11.	10.	8.9	15.	11.	.93	.00	4.5	1.5	1.3	10.	10.	6.9	4.2	9.4	3.0	.77
11:Coors	.24	.31	.75	8.4	6.8	1.8	3.6	1.9	3.4	4.5	.00	2.2	1.6	5.1	9.6	15.	.11	1.0	13.	5.1
12:Coors Light	2.5	4.1	4.4	12.	9.1	5.4	11.	6.4	.70	1.5	2.2	.00	1.6	7.8	10.	7.1	1.8	4.9	5.3	1.5
13:Michelob Light	1.1	2.8	1.7	6.0	4.9	6.0	9.0	6.8	1.6	1.3	1.6	1.6	.00	5.4	5.9	12.	1.7	5.0	7.9	1.9
14:Becks	5.6	5.3	4.2	4.2	1.6	11.	8.6	7.0	10.	10.	5.1	7.8	5.4	.00	4.1	24.	5.6	5.9	20.	10.
15:Kirin	8.3	10.	6.6	.74	.60	19.	16.	16.	10.	10.	9.6	10.	5.9	4.1	.00	29.	10.	13.	19.	9.0
16:Pabst Extra Light	16.	19.	20.	33.	28.	17.	32.	20.	8.6	6.9	15.	7.1	12.	24.	29.	.00	13.	20.	2.8	9.0
17:Hamms	.59	.67	1.4	10.	7.9	1.6	4.3	1.8	3.3	4.2	.11	1.8	1.7	5.6	10.	13.	.00	1.0	12.	5.1
18:Heilemans Old Style	1.9	.63	2.1	11.	9.5	1.2	1.7	.30	7.3	9.4	1.0	4.9	5.0	5.9	13.	20.	1.0	.00	20.	10.
19:Olympia Gold Light	13.	17.	16.	23.	19.	19.	30.	22.	4.6	3.0	13.	5.3	7.9	20.	19.	2.8	12.	20.	.00	3.6
20:Schlitz Light	4.4	7.4	6.2	10.	9.1	10.	16.	12.	.30	.77	5.1	1.5	1.9	10.	9.0	9.0	5.1	10.	3.6	.00

이것은 상이성 행렬입니다.

각 맥주의 칼로리 함량, 염분 함량, 알코올 농도 및 생산원가 등의 설명변수들이 각기 다른 측정 단위를 가지고 있으므로 동일한 중요도를 갖게 하기 위하여 표준화해야 한다. 각 변수들에 대해 표준화를 지정하기 위하여 주대화상자에서 [방법(M)...] 단추를 클릭하여 다음과 같은 대화상자에서 'Z 점수'를 지정한다. 반드시 변수를 기준으로 표준화해야 한다. 그리고 군집방법의 '집단-간 연결'은 평균연결법(average linkage method)을 의미한다.

여기에서 단일 맥주들 사이의 거리에 있어서 "Coors"와 "Hamms"간의 거리가 0.1147로 가장 짧고, "Kronenbourg"와 "Pabst Extra Light" 간의 거리가 33.3380으로 가장 멀다. 이는 [표 21-4]와 같이 이들 네 가지 맥주에 대한 칼로리 함량, 염분 함량, 알코올 농도 등의 특성을 비교하여 보면 잘 알 수 있다.

[표 21-4] 네 가지 맥주의 특성 비교

번호	상품명	칼로리 함량	염분 함량	알코올 농도	생산원가
11	Coors	140	18	4.6	0.44
17	Hamms	136	19	4.4	0.43
4	Kronenbourg	170	7	5.2	0.73
16	Pabst Extra Light	68	15	2.3	0.38

일단 거리행렬이 계산되었으면, 다음 단계는 군집의 형성 과정이다. [결과 21-5]는 평균연결법(average linkage method)으로 형성된 군집분석의 결과이다. 이러한 도표를 수직고드름 도표(vertical icicle plot)라 하는데, 이는 처마에 매달린 고드름의 모양과 유사하기 때문이다.

[결과 21-5] 수직고드름 도표(Vertical Icicle Plot)

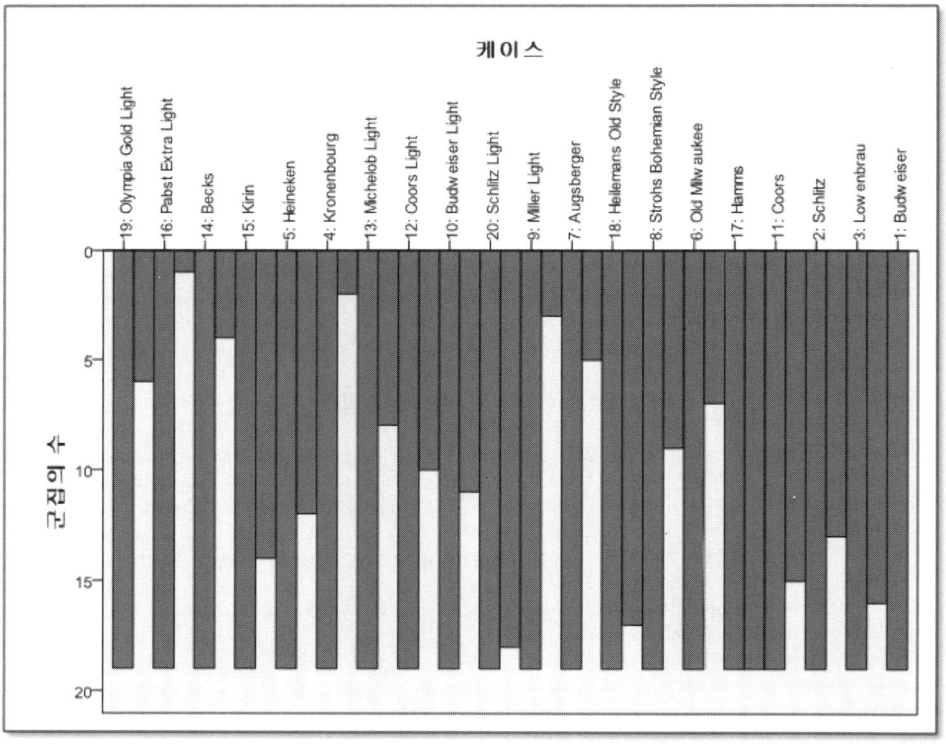

도표 상의 상단에는 20개의 맥주이름이 출력되었고, 이어 이러한 맥주들의 일련번호가 출력되었다. 즉, 첫 번째 열에 19번 맥주인 “Olympia Gold Light”가 출력되었고, 맨 마지막 열에는 1번 맥주인 “Budweiser”가 출력되었다.

전체 20개 맥주가 최종적으로 1개의 군집으로 형성되는 과정은 도표 상의 최하단에서부터 시작된다. 즉, 전체 20개 맥주 중에서 가장 유사성 거리가 가까운 11번 맥주와 17번 맥주가 하나의 군집이 되면서 총 19개로 축소된 결과가 도표 상의 최하단 ‘19’라고 표시된 줄에 표시된다. 다음 단계에는 20번 맥주와 9번 맥주가 또 다른 하나의 군집이 되면서 총 18개로 축소된 결과가 ‘18’이라고 표시된 줄에 표시된다. 동일한 요령으로 군집의 형성이 반복되어 ‘1’이라고 표시된 줄에는 1개의 군집만이 존재하게 된다.

객체의 수가 많아서 모든 객체들을 가로로 전부 나열하기가 곤란한 경우에는 [결과 21-6]과 같은 수평고드름 도표(horizontal icicle plot)를 출력시킬 수 있다. 수직고드름 도표는 디폴트로서 출력되며 수평고드름 도표를 출력하기 위해서는 주대화상자에서 도표(T)... 단추를 클릭하고 ‘출력방향’을 ‘수평’으로 지정한다.

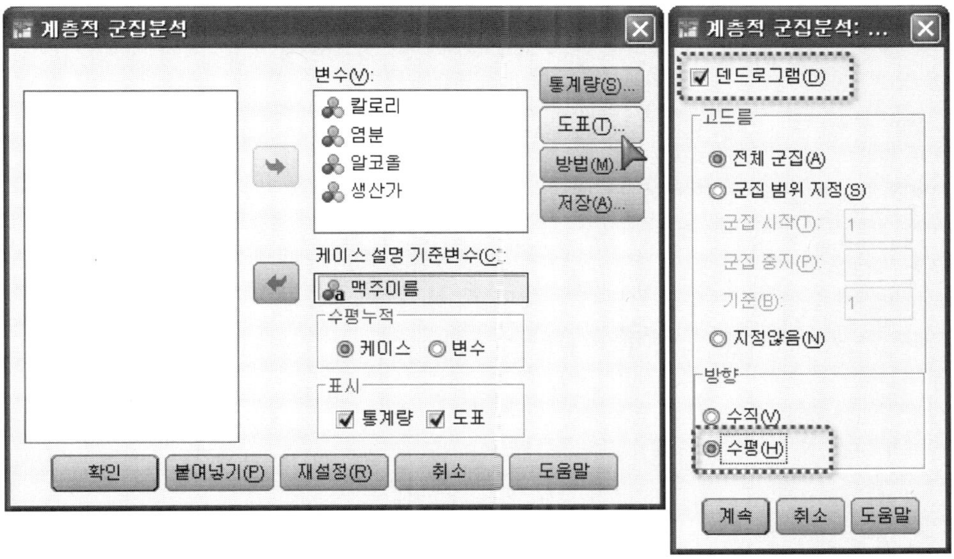

[결과 21-6] 수평고드름 도표(Horizontal Icicle Plot)

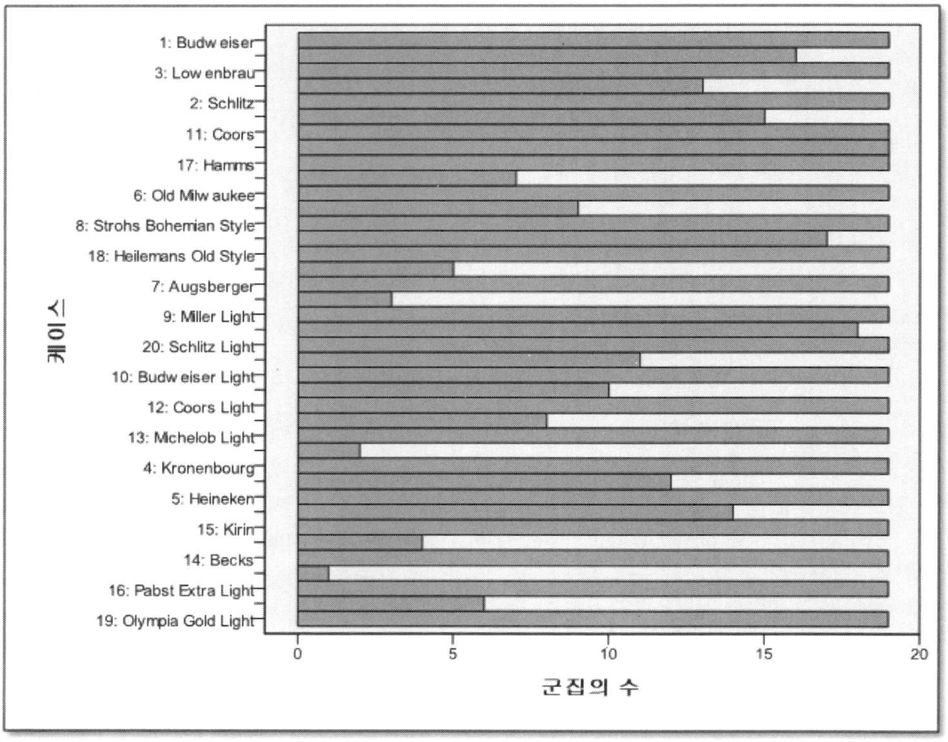

군집화 과정의 각 단계별 설명을 원한다면, [결과 21-7]과 같은 군집화 일정표(agglomeration schedule)를 출력할 수 있다. 도표 상에서 첫 번째 단계에서는 11번 맥주와 17번 맥주가 하나의 군집을 형성함을 알 수 있으며, 이 단계에서 두 군집 간의 유사성 거리인 0.115가 '계수'로 표시된 열에 표시된다. 첫 번째 단계에서 '계수'는 실제로 11번 맥주와 17번 맥주의 유사성 거리와 같다.

[결과 21-7] 군집화 일정표

군집화 일정표						
단계	결합 군집		계수	처음 나타나는 군집의 단계		다음 단계
	군집 1	군집 2		군집 1	군집 2	
1	11	17	.115	0	0	5
2	9	20	.307	0	0	9
3	8	18	.309	0	0	11
4	1	3	.375	0	0	7
5	2	11	.497	0	1	7
6	5	15	.606	0	0	8
7	1	2	.671	4	5	13
8	4	5	.809	0	6	16
9	9	10	.857	2	0	10
10	9	12	1.262	9	0	12
11	6	8	1.311	0	3	13
12	9	13	1.670	10	0	17
13	1	6	2.042	7	11	15
14	16	19	2.821	0	0	19
15	1	7	3.004	13	0	17
16	4	14	3.328	8	0	18
17	1	9	6.376	15	12	18
18	1	4	9.528	17	16	19
19	1	16	16.914	18	14	0

"처음 나타나는 군집의 단계"로 표시된 열에는 각 단계의 객체가 몇 번째 단계에서 처음으로 군집을 형성하였는지를 표시하여 준다. 즉, 5번째 단계의 **군집** 2의 숫자 '1'은 2번 맥주가 11번 맥주와 군집을 형성하는데 11번 맥주는 1번째 단계와 처음으로 군집을 형성하였음을 알려 준다. 실제로 4번째 단계에서 1번 맥주와 3번 맥주가 하나의 군집을 이루었다.

마지막의 '다음 단계'로 표시된 열에서는 각 단계에서 형성된 군집에 새로운 객체나 군집이 포함되게 될 단계를 표시하고 있다. 즉, 5번째 단계에서 숫자 '7'은 새로 형성된 군집(2번 및 11번(1단계에서 11번과 17번 맥주 군집을 지정한 것임을 상기할 것))에 새로운 객체나 군집의 추가가 7번째 단계에서 이루어질 것임을 표현한다. 실제로 7번째 단계에서 1번과 2번 군집을 형성하고 있으나 이는 각각 4단계(1번과 3번)와 5단계(2번과 11번)에서 이미 형성된 군집과 연결되며, 또한 5단계를 보면 1단계(11번과 17번)에서 형성된 군집과 연결되어 있음을 알 수 있다. 이와 같이 말로 설명하였으나 이해하기가 쉽지 않을 것이다. 결국 이러한 결과를 쉽게 표현한 그림으로 고드름 도표나 덴드로그램을 사용하므로 이 결과를 이해하지 않아도 크게 걱정할 일은 아니다.

앞에서 출력된 고드름 도표에서는 제공되지 않은 유사성 거리계수가 [결과 21-7]의 군집화 일정표에는 출력되는데, 이러한 계수(coefficient)들은 각 단계에서 얼마나 상이한 군집이 형성되었는지를 판단할 수 있으며, 군집의 수를 몇 개로 결정하여야 하는지에 대한 유익한 정보를 주고 있다. 즉, 각 단계의 계수가 클수록 상이한 두 개의 군집이 합쳐짐을 말하며, 계수가 작을수록 유사한 두 군집이 합쳐짐을 의미한다. 따라서 이러한 계수가 갑자기 큰 폭으로 증가하기 전 단계에서 군집의 형성을 종료하면 결과적으로 군집의 수를 몇 개로 하여야 할 것인가를 판단할 수 있다. 맥주 군집화의 경우에는 16번째 단계와 17번째 단계에서 계수가 가장 크게 증가하므로 군집의 개수는 네 개로 하는 것이 적절할 것이다.

군집화 결과를 도식적으로 표현하는 또 다른 방법이 [결과 21-8]과 같은 덴드로그램(Dendrogram)이다. 도표 상의 상단에는 [결과 21-7]의 계수가 0에서 25 사이의 숫자로 재측정되어 출력되었으며, 수평축인 “Rescaled Distance Cluster Combine”의 수치가 적은 지점에서부터 수직축의 맥주들이 나무구조(tree structure)로 군집화되는 결과가 출력되었다.

[결과 21-8] 덴드로그램(Dendrogram)

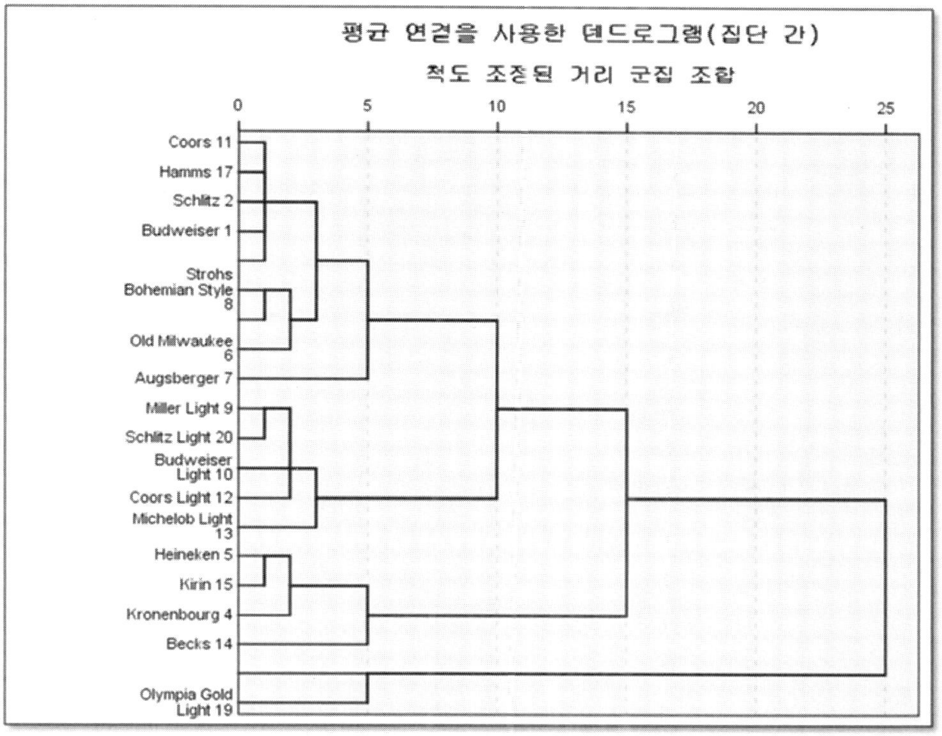

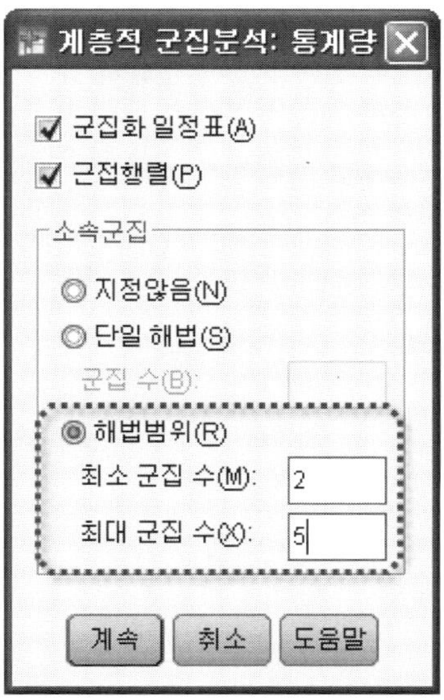

군집의 수가 증가함에 따라, 개개의 맥주들이 어떠한 군집에 포함될 것인가를 명확히 알고자 한다면, [결과 21-9]와 같이 군집의 수에 따른 군집 번호를 출력할 수 있다.

[결과 21-9] 군집 번호의 출력

소속군집

케이스	5 군집	4 군집	3 군집	2 군집
1:Budweiser	1	1	1	1
2:Schlitz	1	1	1	1
3:Lowenbrau	1	1	1	1
4:Kronenbourg	2	2	2	1
5:Heineken	2	2	2	1
6:Old Milwaukee	1	1	1	1
7:Augsberger	1	1	1	1
8:Strohs Bohemian Style	1	1	1	1
9:Miller Light	3	3	1	1
10:Budweiser Light	3	3	1	1
11:Coors	1	1	1	1
12:Coors Light	3	3	1	1
13:Michelob Light	3	3	1	1
14:Becks	4	2	2	1
15:Kirin	2	2	2	1
16:Pabst Extra Light	5	4	3	2
17:Hamms	1	1	1	1
18:Heilemans Old Style	1	1	1	1
19:Olympia Gold Light	5	4	3	2
20:Schlitz Light	3	3	1	1

몇 개의 군집으로 전체 객체들을 분류한 후에 각 군집에 속하는 객체들의 특성을 살펴봄으로써 각 군집에 대한 의미를 부여할 수 있게 된다.

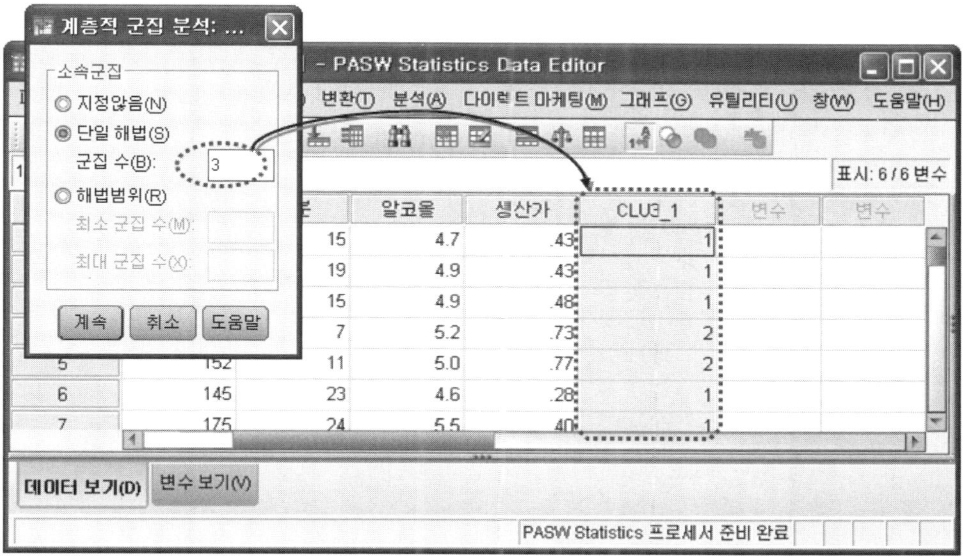
계층적 군집 분석: ...
소속군집
지정않음(N)
단일 해법(S)
군집 수(B): 3
해법범위(R)
최소 군집 수(M):
최대 군집 수(X):
계속
취소
도움말
PASW Statistics Data Editor
변환(T) 분석(A) 다이렉트 마케팅(M) 그래프(G) 유틸리티(U) 창(W) 도움말(H)
표시: 6 / 6 변수
알코올
생산가
CLU3_1
변수
데이터 보기(D)
변수 보기(V)
PASW Statistics 프로세서 준비 완료

*맥주군집.sav [데이터집합1] - PASW Statistics Data Editor
파일(F) 편집(E) 보기(V) 데이터(D) 변환(T) 분석(A) 다이렉트 마케팅(M) 그래프(G) 유틸리티(U) 창(W) 도움말(H)
보고서(P)
기술통계량(E)
표
평균 비교(M)
일반선형모형(G)
일반화 선형 모형(Z)
집단별 평균분석(M)...
일표본 T 검정(S)...
독립표본 T 검정(T)...
1 : CLU3_1
표시: 6 / 6 변수
칼로리
염분
CLU3_1
변수
데이터 보기(D)
변수 보기(V)
집단별 평균분석(M)...
평균
맥주이름
종속변수(D):
칼로리
염분
옵션(O)...
붓스트랩(B)...
레이어1대상1
이전(V)
다음(N)
독립변수(I):
CLU3_1
확인
붙여넣기(P)
재설정(R)
취소
도움말

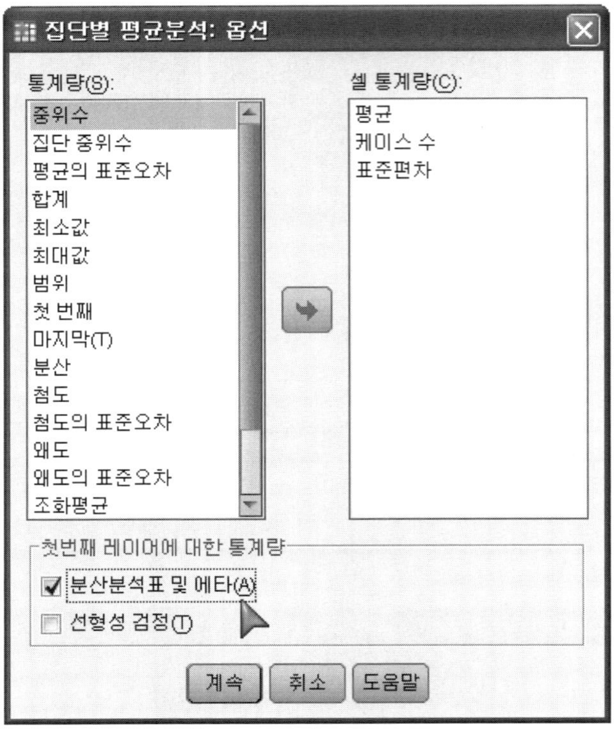

[결과 21-10] 군집별 평균과 표준편차

보고서

CLU3_1 Average Linkage (Between Groups)		칼로리 칼로리 (cal)	염분 염분 (mg)	알코올 알코올 (%)	생산가 생산가 ($)
1	평균	134.79	16.79	4.550	.4314
	N	14	14	14	14
	표준편차	23.430	6.327	.4451	.05082
2	평균	155.25	10.75	4.975	.7625
	N	4	4	4	4
	표준편차	9.912	5.909	.2062	.02500
3	평균	70.00	10.50	2.600	.4200
	N	2	2	2	2
	표준편차	2.828	6.364	.4243	.05657
합계	평균	132.40	14.95	4.440	.4965
	N	20	20	20	20
	표준편차	30.257	6.581	.7598	.14376

1번째 군집에는 염분 함량이 높은 맥주들이 포함되었고, 2번째 군집에는 생산원가가 비싼 맥주들이 주로 포함되었으며, 3번째 군집에는 알코올 농도가 비교적 낮은 라이트 맥주들이 포함되었고, 4번째 군집에는 알코올 농도가 매우 낮은 슈퍼라이트 맥주들이 포함되었다.

[결과 21-11] 군집별 차이 검정

분산분석표

			제곱합	자유도	평균제곱	F	유의확률
칼로리 칼로리 (cal) * CLU3_1 Average Linkage (Between Groups)	집단-간	(조합)	9955.693	2	4977.846	11.375	.001
	집단-내		7439.107	17	437.595		
	합계		17394.800	19			
염분 염분 (mg) * CLU3_1 Average Linkage (Between Groups)	집단-간	(조합)	157.343	2	78.671	2.009	.165
	집단-내		665.607	17	39.153		
	합계		822.950	19			
알코올 알코올 (%) * CLU3_1 Average Linkage (Between Groups)	집단-간	(조합)	8.085	2	4.043	23.843	.000
	집단-내		2.882	17	.170		
	합계		10.968	19			
생산가 생산가 ($) * CLU3_1 Average Linkage (Between Groups)	집단-간	(조합)	.354	2	.177	77.862	.000
	집단-내		.039	17	.002		
	합계		.393	19			

[결과 21-11]을 보면 군집들 간의 차이는 칼로리, 염분, 생산가 등이 유의수준 0.05 하에서 인정되며, 염분의 차이는 인정할 수 없다. 그러므로 차이가 인정되는 맥주의 속성들만을 다중비교하여 각 군집 1, 2, 3의 속성을 파악하고 군집을 정의해야 한다.

21.8 연습 문제

1. 일본의 한 모터사이클 제조회사에서 현재 시판되고 있는 33종류의 제품에 대하여 '실린더 수', '엔진 용량', '무게' 등의 사양과 '최고속도', '갤론당 주행거리', '제동거리' 등의 성능을 조사하여 "MOTOR.SAV"라는 데이터 파일에 다음과 같은 형식으로 입력하였다. 군집분석을 적용하여 33종류의 제품을 몇 개의 군집으로 분류한 후 개개 군집의 특성들을 분석하라.

변수 이름	변수의 내용	응답범주와 내용
MAKE	제조회사	문자 변수
MODEL	모델명	문자 변수
NUMCYL	실린더 수	단위: EA
ENGCC	엔진 크기	단위: cc
ETIME	1/4 마일 주파 시간	단위: 초
ETMPH	1/4 마일 주파시 최고속도	단위: MPH
TOPSPD	최대 속도	단위: MPH
WT	중량	단위: pound
MINMILE	1갤론당 최소 주행거리	단위: miles
MAXMILE	1갤론당 최대 주행거리	단위: miles
BRAK60	60 MPH의 속도에서 제동거리	단위: Cm

2. 북미 정보기술 공급업체 50개 기업의 1989년도 정보산업 수익, 1990년도 정보산업 수익, 1990년도 총수익, 순이익 등의 데이터가 다음과 같은 형식으로 "IS.SAV"라는 파일에 보관되어 있다. 군집분석을 적용하여 이들 50개 기업들을 몇 개의 군집으로 분류하고 개별 군집의 특성을 기술하라.

변수 이름	변수의 내용	응답범주와 내용
COMPANY	회사명	문자 변수
IS89	1989년도 정보산업 수익	단위: 백만 달러
IS90	1990년도 정보산업 수익	단위: 백만 달러
TI90	1990년도 총수익	단위: 백만 달러
AI90	1990년도 순이익	단위: 백만 달러

3. 우리나라 증권시장에 상장된 회사 중에서 66개 회사에 대한 데이터가 다음과 같은 형식으로 "TOCKKOR.SAV"라는 파일에 보관되어 있다. 군집분석을 적용하여 이들 66개 회사를 몇 개의 군집으로 분류한 후 적절한 군집해석을 하라.

변수 이름	변수의 내용		응답범주
ID	일련번호		
A1	회사명		문자 변수
A2	상장 년도	Listed of Year	
A3	종업원 수	Number of Employees	
A4	수권자본금	Capital Stock	
A5	노무비	Ratio of Salary	소수점 1자리
A6	수출 비중	Ratio of Export	소수점 2자리
A7	증자	Capital Increase(90,91)	
A8	91년 최고주가	Stock Price(highest 91)	
A9	91년 최저주가	Stock Price(lowest 91)	
A10	주당 순이익	Net Income/Share	
A11	주당 순자산	Net Assets/Share	
A12	주당 매출액	Sales Share	
A13	주당 유동현금	flow Cash Flow/Share	
A14	자산총계	Total Assets	소수점 1자리
A15	부채총계	Total Liabilities	소수점 1자리
A16	매출액	Sales Revenue	소수점 1자리
A17	매출 총이익	Gross Margin	소수점 1자리
A18	영업이익	Operating Income	소수점 1자리
A19	92년 최고주가	Stock Price(highest 92)	
A20	92년 최저주가	Stock Price(lowest 92)	

Chapter 22

신뢰도분석(Reliability Analysis)

22.1 척도화란?

우리는 태어나는 그 순간부터 수많은 측정의 세계를 경험하게 된다. 신체 측정, 지능 측정, 학업성취도 측정, 직업적성 측정, 신용도 측정, 제품 선호도 측정, 제품만족도 측정 등 수없이 많은 측정의 대상물이 된다.

개인의 키나 몸무게 등과 같은 물리적 특성들은 계측기에 의해 직접 측정할 수 있지만, 성격, 지능, 태도 등과 같은 심리적 특성들은 직접 측정하기가 매우 곤란하다. 그러므로 이러한 심리적 특성들을 측정하기 위해서는 특별히 고안된 측정 도구가 필요하다. 과거에는 경험적 관측을 통하여 이러한 심리적 특성들을 직감하였으나, 과학적인 분석법이 중시되는 현시점에서는 보다 합리적이고 계량적인 측정방법이 요구된다. 체계적인 법칙과 의미 있는 측정의 단위를 개발하여 경험적 관측들을 적절히 수량화하는 과정을 가리켜 척도화(scaling)라고 한다.

척도화의 목적은 같은 속성 또는 태도를 가진 사람들 중 대부분이 같은 점수(score)를 갖도록 숫자를 배정하는 데 있다. 이러한 목적을 달성하기 위해 여러 가지 척도화 방법들이 제안되었는데, Thurstone 척도법, Likert 척도법, Guttman 척도법 등이 있다.

- Thurstone 척도법 – 자극 또는 문항 중심의 접근방법
- Likert 척도법 – 응답자 중심의 접근방법
- Guttman 척도법 – 반응 중심의 접근방법

이중에서 제작이 용이하고 경제적인 Likert 척도법이 가장 널리 사용된다.

22.2 신뢰도(Reliability)란?

신뢰도의 의미

한 검사가 측정 대상이 되는 내용을 어느 정도의 안정성을 가지고 일관성 있게 측정하고 있느냐 하는 것과 관련된 정확성(accuracy)을 말한다.

점수 = 참값 + 오차

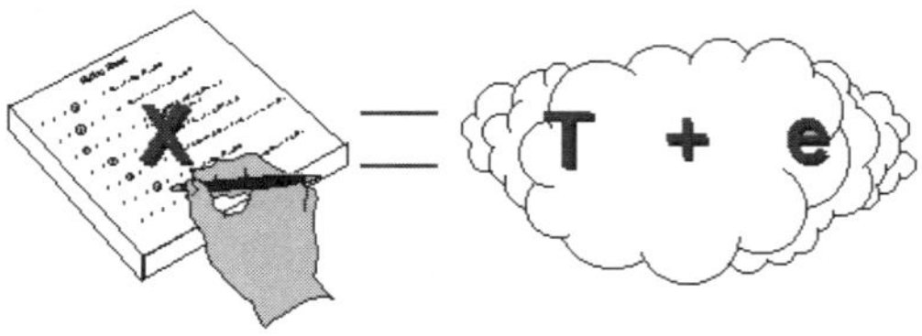

X = 검사결과 점수

T = 참점수

e = 오차 점수(측정오차)

그러므로 신뢰도는 다음과 같이 표현된다. 즉 반응의 오차가 전혀 없다면 신뢰도는 '1'이 되며 오차가 크면 클수록 신뢰도는 '0'에 가까워진다. 결국 신뢰도가 높다는 말은 측정오차가 작은 상태를 말한다.

$$신뢰도 = \frac{T}{T+e}$$

신뢰도의 종류

■ 재검사 신뢰도(test-retest reliability)

동일한 설문을 같은 응답자에게 2회 실시하는 것으로 가장 고전적인 방법이다. 이 방법은 동일한 설문을 일정 시간 후에 단순히 반복하여 신뢰도를 추정하는 방법이다. 만약 응답자가 두 검사에서 동일한 결과를 보인다면 신뢰도는 당연히 '1'이어야 하나 실제로는 서로 다른 두 시점에서의 응답자 반응은 여러 이유에서 다를 수 있다. 이 방법은 매우 단순하다는 이점이 있으나, 응답자의 기억효과(memory effect)로 인하여 신뢰도가 과대 추정될 소지가 있으며, 충분한 간격의 두 시점에서 동일한 응답자로부터 측정이 이루어져야 하므로 관리상의 애로점이 있다.

■ 동형검사 신뢰도(equivalent form reliability)

형식이 같은 A형과 B형의 설문을 실시하는 것으로 수준이 같고 내용은 다른 문항의 제작에 어려움이 있다. 이 방법은 서로 매우 유사한 유형의 설문지를 2부 개발하여 각 응답자에게 적용하여 신뢰도를 추정하는 방법이다. 이 방법에서는 두 설문지의 각 문항들은 서로 유사하나 같지는 않으므로 재검사 신뢰도에서 나타나는 기억효과가 여기에서는 문제가 되지 않는다. 그러나 동형(equivalent form)의 설문지 개발이 경우에 따라서는 상당히 어려울 수 있다는 사실이 현실적 문제로 남는다.

■ 반분 신뢰도(split-half reliability)

설문의 문항들을 양분하여 각각 채점하는 방법이다. 이 방법은 한 설문지의 문항들을 반으로 나누어 구성된 두 부분의 상관계수로부터 신뢰도의 추정값을 얻는 방법이다. 예를 들어 홀수 문항의 응답치 합계를 X_1, 짝수 문항의 응답값의 합계를 X_2라고 할 때 X_1과 X_2의 상관계수 ρ_{x_1, x_2}를 가지고 신뢰계수 ρ에 관한 추정을 하는 것이다. 그러나 ρ_{x_1, x_2}는 문항 수가 절반인 설문지의 신뢰도에 관한 척도이므로 전체 설문지의 신뢰도 ρ에 대한 것으로 쓰기 위해서는 다음과 같이 수정되어야 한다.

$$\rho = \frac{2\,\rho_{x1.x2}}{(1+\rho_{x1.x2})}$$

그 이유는 X와 동등한 X'을 가상하고 $\rho = corr(X_1 + X_2,\ X_1' + X_2')$을 계산하여 보면 명확하다. 이 식은 스피어만-브라운 공식으로 알려져 있다.

■ 문항 내적 합치도(inter-item consistency reliability)

한 개의 문항을 한 개의 설문지로 가정하는 것으로, 예를 들어 문항이 10개라면 설문조사를 10번 한 것처럼 가정한다. 앞에서 설명한 반분 신뢰도의 결점은 실제의 데이터 분석에 있어서는 어떻게 설문지를 두 부분으로 나누느냐에 따라 신뢰도 ρ의 추정값이 달라진다는 사실이다. 이에 대한 대안으로서 다음과 같은 생각을 할 수 있다. $X_1, \cdots, X_N$ 을 각 문항 점수라고 하고 $X_1', \cdots, X_N'$ 을 동형의 문항 점수라고 한다면(즉, 문항 1,⋯, N, 1′ ,⋯, N′ 이 문항들의 전체 집단으로부터의 확률표본이라면), 등분산성(equal variances)과 등공분산성(equal covariances)의 가정 하에서

$$Cov(X_1 + \cdots + X_N,\ X_1' + \cdots + X_N') = N^2 \sigma_{12}$$

$$Var(X_1 + \cdots + X_N) = Var(X_1' + \cdots + X_N')$$

$$= N\sigma^2 + N(N-1)\sigma_{12}$$

이다. 여기서 $\sigma_{12} = Cov(X_i, X_j)$, $\sigma^2 = Var(X_i)$이다. 한편

$$Cov(X_1 + \cdots + X_N,\ X_1' + \cdots + X_N') =$$

$$\frac{N}{(N-1)}[Var(X_1 + \cdots + X_N) - \sum Var(X_i)]$$

이 된다. 따라서 신뢰도는

$$\rho = Corr(X_1 + \cdots + X_N,\ X_1' + \cdots + X_N')$$

$$= \frac{N}{(N-1)} \frac{Var(X_1 + \cdots + X_N) - \sum Var(X_i)}{Var(X_1 + \cdots + X_N)}$$

$$= \frac{N}{(N-1)}\left[1 - \frac{\sum Var(X_i)}{Var(\sum X_i)}\right]$$

으로 표현된다. 이 공식을 Cronbach의 Alpha(크론바흐 알파) 혹은 그냥 알파계수라고 한다. 만약 각 문항의 동등성에 관한 가정이 깨지게 되면 알파는 신뢰도 ρ를 과소 추정하게 된다는 사실이 알려져 있으므로 실제 알파계수는 신뢰도의 하한(lower bound)으로 생각될 수 있다. 알파계수는 각 문항이 이분형(0 또는 1)인 경우 KR-20(Kuder-Richardson-20) 계수로도 알려져 있다.

만약 모든 문항 점수를 표준화하여 $Var(X_i) = 1$이라면

$$\rho = \frac{N\rho_{12}}{1 + \rho_{12}(N-1)}$$

이 된다. 이 식에서 N이 2인 경우는 스피어만-브라운 공식과 일치하며, 또 이 식으로부터 신뢰도 ρ는 문항 간의 상관계수 ρ_{12}에뿐만 아니라 문항 수 N에도 의존하고 있음을 알 수 있다. 신뢰도에 관한 [표 22-1]에서 볼 수 있는 분명한 사실은 비록 문항 간의 상관계수가 작다고 하더라도 문항 수가 충분히 많으면 신뢰도 혹은 알파계수는 1에 가깝게 커진다는 것이다. 이 점이 설문지의 문항 수가 커지는 경향이 있게 되는 부분적 이유이다. 그렇지만 응답자의 인내 한계와 반응 오류를 고려한다면 설문지의 문항 수 N이 작을수록 좋으므로, 연구자는 절약의 원칙을 지켜야 할 것이다.

[표 22-1] 상관계수와 표본 크기에 따른 신뢰도

		문항 간의 상관계수 ρ_{12}					
		0.0	0.2	0.4	0.6	0.8	1.0
문항 수 (N)	2	0.0	0.33	0.57	0.75	0.89	1.0
	6	0.0	0.60	0.80	0.90	0.96	1.0
	10	0.0	0.71	0.87	0.94	0.98	1.0
	14	0.0	0.78	0.90	0.95	0.98	1.0
	18	0.0	0.82	0.92	0.96	0.99	1.0
	22	0.0	0.85	0.94	0.97	0.99	1.0
	26	0.0	0.87	0.95	0.98	0.99	1.0
	30	0.0	0.88	0.95	0.98	0.99	1.0

22.3 리커트(Likert) 척도화 방법

리커트 척도화 방법은 응답자에게 언어적 자극을 준 후 나타나는 반응으로부터 측정하고자 하는 속성을 척도화하는 것이다.

리커트 척도의 제작과정을 살펴보면 다음과 같다.

① 측정하려고 하는 1차원의 속성을 정의한다.

- 원자력(nuclear power) 산업에 대한 긍정도
- 라면에 대한 호의도
- TV 광고에 대한 호의도

② 정의된 속성에 대해 강한 긍정의 문항과 강한 부정의 문항들을 만든다. 긍정의 문항과 부정의 문항들이 반반씩 되도록 한다. 이러한 문항들을 무작위로 배열한다.

- 원자력 산업은 과학의 진보이다. (강한 긍정)
- 원자력 산업은 삶의 질을 향상시킨다. (강한 긍정)
- 원자력 산업은 철폐되어야 한다. (강한 부정)
- 원자력 산업은 나라를 망치게 한다. (강한 부정)

- 라면은 경제적인 식품이다. (호의적)
- 라면은 편리한 식품이다. (호의적)
- 라면은 영양가가 없는 식품이다. (비호의적)
- 라면은 비위생적인 식품이다. (비호의적)

- TV 광고는 재미있다. (호의적)
- 나는 TV 광고의 제품들을 구입하려고 한다. (호의적)
- TV 광고는 좋은 제품을 구입하도록 도와준다. (호의적)
- TV 광고는 정규 TV 프로그램보다 더 재미있다. (호의적)
- TV 광고는 다양한 정보를 제공하여 준다. (호의적)
- TV 광고를 법적으로 금지해야 한다. (비호의적)

- TV 광고를 보는 것은 시간낭비이다. (비호의적)
- TV 광고는 해롭다. (비호의적)
- TV 광고는 허위이거나 과장되어 있다. (비호의적)
- TV 광고는 백해무익하다. (비호의적)

③ 연구 대상과는 비슷하면서도 측정하려는 태도 또는 속성에 관해 다양성을 보일 수 있는 사람들(보통 50~100명)에게 각 문항마다 주어진 범주(보통 5~7개) 중 하나를 택하도록 한다.

범 주	강한 부정	부 정	보 통	긍 정	강한 긍정
점 수	1	2	3	4	5
범 주	적극 반대	반 대	중 립	찬 성	적극 찬성
점 수	1	2	3	4	5

부정적인 문항은 범주 점수를 반대로 부여한다.

④ 응답자들이 택한 각 범주 점수를 합하여 그들의 점수로 한다.

⑤ 다음 두 가지 기준에 근거하여 문항을 평가한다.

- 각 문항과 전체 점수(그 문항을 제외한) 간의 상관계수를 계산한다.
- 음수의 상관계수가 나오면 부정적인 문항들의 범주 점수를 거꾸로 주었는지를 확인하고, 제대로 주었는데도 음수의 상관계수가 나오면 해당 문항은 뜻이 애매모호한 것으로 간주하여 수정하거나 삭제한다.
- 0에 가까운 상관계수가 나오면, 응답자들이 구별하지 못하는 불명료한 문항이거나, 모든 사람들이 동의해야 하는 사실에 대한 문항이거나, 또는 처음에 정의한 1차원 속성 이외의 속성을 측정하는 문항일 수 있으므로 배제하는 것이 바람직하다.
- 척도의 내적 일치성을 측정하기 위하여 알파계수나 반분계수 신뢰도를 구한다.

⑥ 바람직한 상관계수를 나타내고, 또 알파계수가 높은 값을 가지는 데 기여하는 문항들로써 개정된 척도를 제작한다

SPSS에서 신뢰도 프로시저를 사용하면 상관계수와 알파계수를 손쉽게 구할 수 있다.

[나쁜 예]

Item-total Statistics

	Scale Mean if Item Deleted	Scale Variance if Item Deleted	Corrected Item-Total Correlation	Alpha if Item Deleted
SC21	9.5636	1.7718	.3050	-.1177
SC22	9.7152	1.5952	.3217	-.1908
SC23	8.8606	2.6207	-.1839	.5134
SC24	9.9879	1.9755	.0603	.2096

Reliability Coefficients

N of Cases = 165.0 N of Items = 4

Alpha = .1984

[좋은 예]

Item-total Statistics

	Scale Mean if Item Deleted	Scale Variance if Item Deleted	Corrected Item-Total Correlation	Alpha if Item Deleted
V1	19.1000	11.8889	.4977	.7239
V2	19.6800	12.7451	.5560	.6966
V3	19.2800	13.2339	.4406	.7388
V4	19.7000	13.5859	.5504	.7029
V5	19.6400	12.8792	.5888	.6870

Reliability Coefficients

N of Cases = 100.0 N of Items = 5

Alpha = .7535

⑦ 개정된 척도를 규준 집단(보통 수백 명)을 대상으로 실시한다. 이러한 과정을 통해서 앞에서 얻은 상관계수와 알파계수가 우연히 얻은 값이 아님을 확인할 수 있다. 규준 집단에서도 계속 바람직한 상관계수와 알파계수를 유지하는 문항

들로 구성된 최종적 척도를 만든다.

⑧ 이 검사를 연구 대상 집단에게 실시하여 응답자들의 척도값, 즉, 합산 점수를 구한다.

문항 작성 시 주의하여야 할 사항

1) 명확하고 간단한 문항을 사용한다. 되도록 "만약에", "왜냐하면" 등의 단어를 포함하는 절은 쓰지 않는다.

   예) 만약 내가 죽으면 많은 사람들이 슬퍼할 것이다. (X)

2) 각 문항은 단일한 idea를 가져야 한다.

   예) 많은 국민들이 건강 상태가 안 좋고, 의사들은 너무 많은 돈을 요구하므로 정부는 낮은 비용의 의료 서비스를 제공해야 한다. (X)

3) 이중 부정은 혼동을 일으킬 수 있으므로 피한다.

   예) 나는 흡연자들이 공공장소에서 담배를 피우지 않아야 한다는 것을 믿지 않는다. (X)

4) 문장이 애매해서 사람에 따라 해석이 두 개 이상으로 될 수 있는 문장은 피한다.

5) 서술적 문장을 써야 하며 모든 사람이 동의해야 하는 사실을 다루어서는 안 된다.

   예) 담배를 피우는 것은 건강에 좋지 않다.

6) 문장은 현재의 시제를 사용한다.

7) 긍정과 부정의 느낌을 표현하는 문항들의 수가 거의 같도록 한다.

8) 문법적으로 적절한 문장이어야 한다.

9) 항상(always), 모두(all), 절대로(never), 아무도(none) 등의 전체 긍정이나 부정어를 포함하는 문장을 피하는 것이 좋다.

10) 응답자들이 이해하기 쉬운 단어를 사용한다.

22.4 대학생 PC 만족도의 신뢰도분석

PC를 보유하고 있는 29명의 대학생을 대상으로, 현재 보유하고 있는 PC에 대한 종합적인 만족도를 측정하는 다음과 같은 14개 항목에 대하여 '전혀 아니다', '아니다', '보통', '그렇다', '매우 그렇다' 등의 5개의 범주를 제시하고 이중에 하나씩을 선택하도록 하여 "대학생PC만족도.sav"라는 파일로 저장하였다.

- 주위에 추천하고 싶다.
- 최고의 제품이다.
- 다음에도 같은 회사 제품을 구입하겠다.
- 주위에서 같은 제품을 산다면 만류하겠다.
- 나에게 충분한 제품이다.
- 기대 이상의 성능을 가지고 있다.
- 가끔 갖다 버리고 싶도록 화가 난다.
- 타인의 PC에 비하여 성능이 떨어진다.
- 본 제품을 구매한 것을 후회한다.
- 정말 매력적인 제품이다.
- 생각보다 괜찮은 제품이다.
- 타사의 제품광고에 관심이 있다.
- 만족스럽다.
- 역시 현명한 선택이었다.

응답자들로부터 설문지를 수집하여, '전혀 아니다'에 1점, '아니다'에 2점, '보통'에 3점, '그렇다'에 4점, '매우 그렇다'에 5점을 부여하였다. 그리고 신뢰도분석을 하기 위해서는 문항들이 부정과 긍정의 의미가 섞여 있을 경우에는 반드시 같은 방향으로 척도값을 변환하여야 한다. 그러므로 이미 부정적인 질문 항목에 대하여는 반대로 점수를 부여하였다.

분석 〉 척도 〉 신뢰도분석...

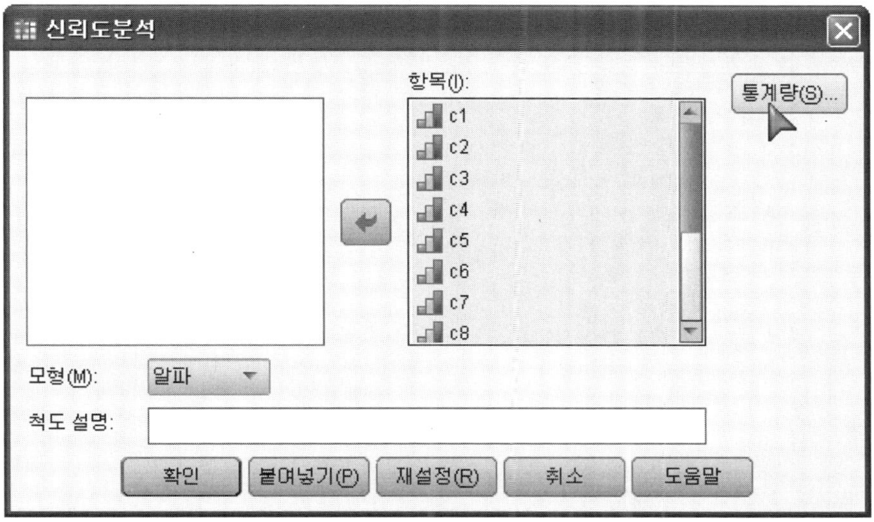
신뢰도분석
항목(I):
통계량(S)...
c1
c2
c3
c4
c5
c6
c7
c8
모형(M):
알파
척도 설명:
확인
붙여넣기(P)
재설정(R)
취소
도움말

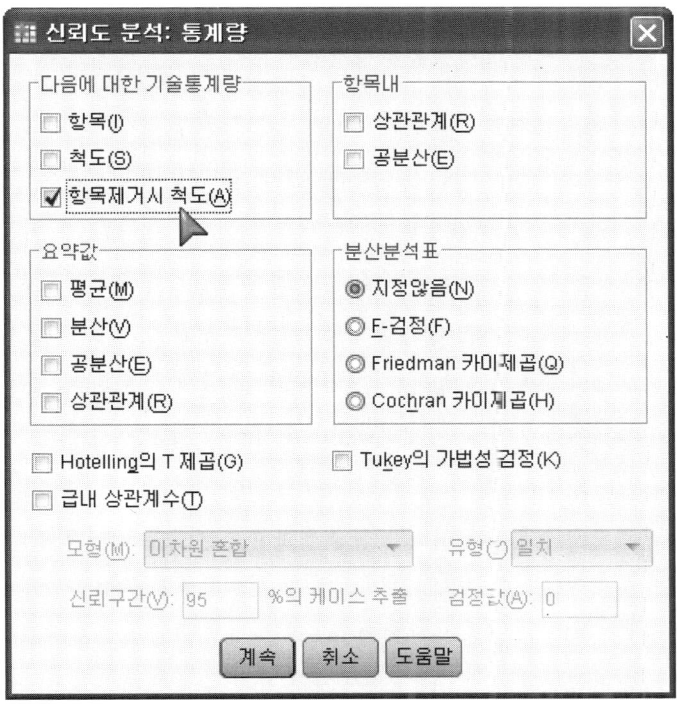
신뢰도 분석: 통계량
다음에 대한 기술통계량
항목(I)
척도(S)
항목제거시 척도(A)
항목내
상관관계(R)
공분산(E)
요약값
평균(M)
분산(V)
공분산(E)
상관관계(R)
분산분석표
지정않음(N)
F-검정(F)
Friedman 카이제곱(Q)
Cochran 카이제곱(H)
Hotelling의 T 제곱(G)
Tukey의 가법성 검정(K)
급내 상관계수(T)
모형(M):
이차원 혼합
유형(Y):
일치
신뢰구간(V):
95
%의 케이스 추출
검정값(A):
0
계속
취소
도움말

신뢰도 통계량

Cronbach의 알파	항목 수
.917	14

항목 총계 통계량

	항목이 삭제된 경우 척도 평균	항목이 삭제된 경우 척도 분산	수정된 항목-전체 상관관계	항목이 삭제된 경우 Cronbach 알파
c1 주위에 추천하고 싶다.	38.55	60.613	.735	.908
c2 최고의 제품이다.	38.69	59.865	.743	.907
c3 다음에도 같은 회사제품을 구입하겠다.	38.55	60.613	.538	.917
c4 주위에서 같은 제품을 산다면 만류하겠다.	38.34	58.377	.795	.905
c5 나에게 충분한 제품이다.	38.31	63.436	.501	.916
c6 기대 이상의 성능을 가지고 있다.	38.69	65.507	.655	.913
c7 가끔 갖다 버리고 싶도록 화가 난다.	37.97	64.463	.426	.919
c8 타인의 PC에 비하여 성능이 떨어진다.	38.38	58.458	.738	.907
c9 본제품을 구매한 것을 후회한다.	38.07	62.209	.685	.910
c10 정말 매력적인 제품이다.	38.83	61.076	.736	.908
c11 생각보다 괜찮은 제품이다.	38.48	62.044	.747	.908
c12 타사의 제품광고에 관심이 있다.	38.97	65.177	.316	.924
c13 만족스럽다.	38.45	60.613	.795	.906
c14 역시 현명한 선택이었다.	38.55	62.328	.729	.909

알파계수는 '0.917'로 비교적 높게 나타났다. 그러나 '항목이 삭제된 경우 Cronbach 알파' 부분은 해당 문항을 제외하고 나머지 문항들만을 가지고 계산할 경우의 알파계수를 나타내므로 알파계수 '0.917'보다 큰 값은 전체 신뢰도에 좋지 않은 영향을 주는 문항으로 간주할 수 있다. 즉, '가끔 갖다 버리고 싶도록 화가 난다'와 '타사의 제품광고에 관심이 있다' 문항은 전체 알파계수 값보다 크므로 수정 보완하는 것이 바람직하다. 또한 이 두 문항의 '수정된 항목-전체 상관관계'를 보면 상대적으로 적게 나타난 4개 항목(C3, C5, C7, C12)을 수정 보완할 필요가 있을 것으로 판단된다. 실제 필드에서는 이와 같은 문항들은 단어의 의미를 다시 검토하여 수정하거나 삭제하게 되는데 수정하는 경우에 다시 2차 예비 조사(pilot test)를 실시하고 전체 신뢰도에 악영향을 주지않도록 해야 한다. 그러나 여기에서는 문항을 수정하여 재조사할 수 없으므로 기존 문항을 삭제하여 신뢰도를 최적화하는 것으로 연습하겠다. 일단 '항목이 삭제된 경우 Cronbach 알파' 부분에서 전체 알파계수보다 큰 값을 가지는 C7과 C12를 삭제하고 다시 신뢰도분석을 수행해 보자.

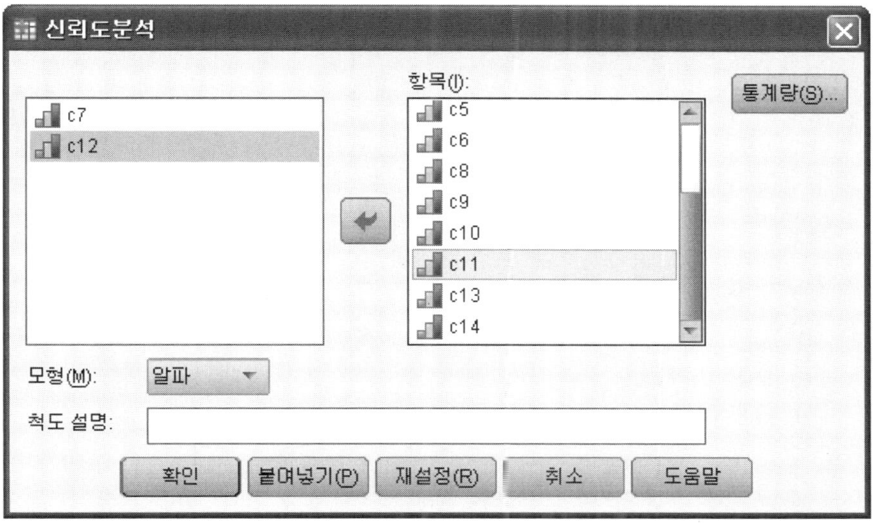

신뢰도 통계량

Cronbach의 알파	항목 수
.926	12

항목 총계 통계량

	항목이 삭제된 경우 척도 평균	항목이 삭제된 경우 척도 분산	수정된 항목-전체 상관관계	항목이 삭제된 경우 Cronbach 알파
c1 주위에 추천하고 싶다.	32.59	48.751	.742	.917
c2 최고의 제품이다.	32.72	47.921	.764	.916
c3 다음에도 같은 회사제품을 구입하겠다.	32.59	48.966	.526	.929
c4 주위에서 같은 제품을 산다면 만류하겠다.	32.38	46.815	.796	.915
c5 나에게 충분한 제품이다.	32.34	51.091	.523	.926
c6 기대 이상의 성능을 가지고 있다.	32.72	53.064	.682	.922
c8 타인의 PC에 비하여 성능이 떨어진다.	32.41	46.537	.766	.916
c9 본제품을 구매한 것을 후회한다.	32.10	50.667	.646	.921
c10 정말 매력적인 제품이다.	32.36	49.195	.742	.918
c11 생각보다 괜찮은 제품이다.	32.52	50.330	.727	.919
c13 만족스럽다.	32.48	48.973	.783	.916
c14 역시 현명한 선택이었다.	32.59	50.537	.713	.919

전체 알파계수는 0.926으로 높아졌으며 '항목이 삭제된 경우 Cronbach 알파' 부분의 값이 0.926보다 큰 값을 가지는 문항은 '나에게 충분한 제품이다(C5)'와 '다음에도 같은 회사 제품을 구입하겠다(C3)'임을 알 수 있다. 다시 이 두 문항을 삭제하고 신뢰도분석을 수행하도록 한다.

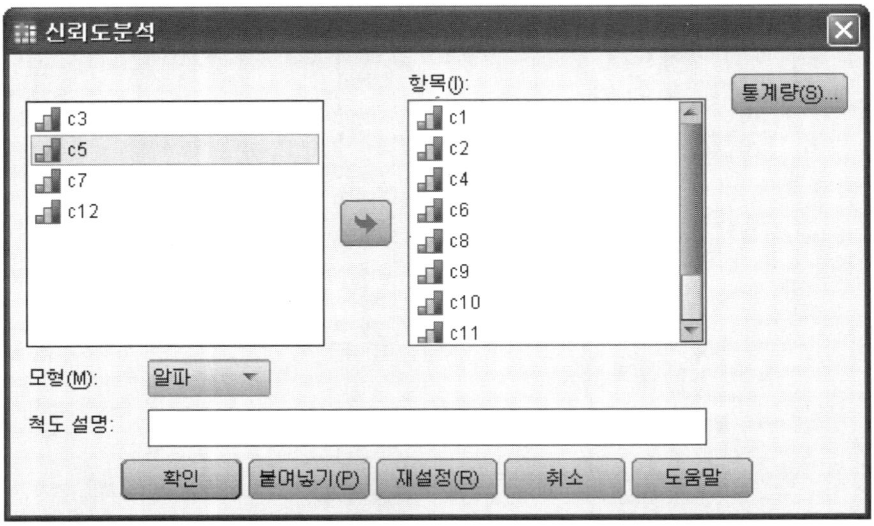

신뢰도 통계량

Cronbach의 알파	항목 수
.930	10

항목 총계 통계량

	항목이 삭제된 경우 척도 평균	항목이 삭제된 경우 척도 분산	수정된 항목-전체 상관관계	항목이 삭제된 경우 Cronbach 알파
c1 주위에 추천하고 싶다.	26.55	33.399	.774	.920
c2 최고의 제품이다.	26.69	32.865	.777	.920
c4 주위에서 같은 제품을 산다면 만류하겠다.	26.34	32.520	.750	.922
c6 기대 이상의 성능을 가지고 있다.	26.69	37.436	.661	.928
c8 타인의 PC에 비하여 성능이 떨어진다.	26.38	31.815	.768	.921
c9 본제품을 구매한 것을 후회한다.	26.07	35.138	.662	.926
c10 정말 매력적인 제품이다.	26.83	34.148	.731	.922
c11 생각보다 괜찮은 제품이다.	26.48	35.044	.722	.923
c13 만족스럽다.	26.45	33.899	.780	.920
c14 역시 현명한 선택이었다.	26.55	35.185	.712	.923

알파계수가 0.930으로 상당히 높아졌으며, '항목이 삭제된 경우 Cronbach 알파' 부분의 삭제 시 알파계수 값 또한 전체 알파계수 0.930보다 큰 값이 없으므로 이들 항목들은 전체 신뢰도에 좋지 않은 영향을 주는 문항은 없는 것으로 판단할 수 있다. 그리고 각 문항과 전체 점수와의 상관계수도 높게 나타났다. 최종만족도 점수를 구하려면 SPSS의 새로운 변수 계산 기능을 사용하여 상기의 10가지 문항에 대한 합산점수를 척도값으로 사용해도 될 것이다.

22.5 연습 문제

1. 새로운 제품에 대한 여러 가지 특성(변수)들이 소비자의 선호도와 관련하여 어떤 요인들을 형성하는지 알아보기 위하여 100명의 소비자를 대상으로 '맛', '가격', '향기', '적당한 요깃거리', '영양가' 등의 다섯 가지 특성에 대하여 조사를 하였다. 즉, 각 요소가 소비자의 제품 선정에 중요한가를 질문하는 문항에 대하여 선호도 정도에 따라 '적극 반대', '반대', '약간 반대', '중립', '약간 찬성', '찬성', '적극 찬성'등의 7점 척도로 응답하게 하였다. 수집된 데이터는 "시리얼 시장조사.sav"라는 파일로 보관하였다. 신뢰도분석을 통하여 다섯 가지 문항에 대한 신뢰도를 구하라.

Chapter 23

다차원척도법(Multidimensional Scaling)

23.1 9대 도시의 위치화

지도는 흔히 각 지리적 개체의 상대적 위치에 대한 정보를 표현한 매체이다. 이러한 지도 상에서 두 점들 간의 거리를 쉽게 계산할 수 있다. 또한 특정한 개체들이 다른 개체들과 얼마나 유사한가를 알아볼 수 있다. 즉, 지도를 보면, 한 도시가 다른 도시와 얼마나 가까운가를 알 수 있다.

대부분의 데이터 분석에서 하나의 그림은 수천 개의 수치들보다 더 가치가 있다. 이 말은 그림으로 표현된 정보가 수치로 표현된 정보보다 훨씬 더 이해하기가 쉽다는 것을 의미한다.

각 개체들의 좌표를 알면 쉽게 지도를 그릴 수 있다. 즉, 축을 먼저 그리고 좌표에 따라 각 개체들을 위치시키면 되는 것이다. 예를 들어 [표 23-1]과 같이 동거 및 북거 등의 좌표를 알고 있는 세 개의 도시를 생각하여 보자.

[표 23-1] 세 도시의 좌표

도시명	동거	북거
A	1	2
B	5	2
C	1	5

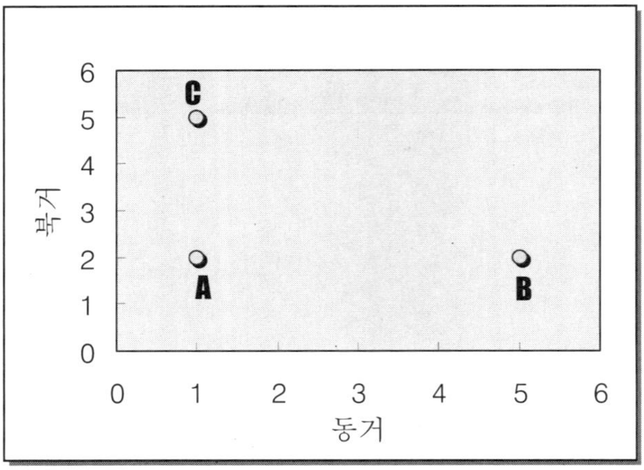

[그림 23-2] 좌표에 따른 세 도시의 위치화

만약, 각 개체 간의 상대적 거리만 알 수 있는 경우에 지도를 그리는 것은 그리 쉽지 않다.

세 도시의 위치화의 경우에 [표 23-3]과 같이 도시 간의 상대적 거리가 주어졌을 경우를 고려하여 보자.

[표 23-3] 세 도시 간의 상대적 거리

도시	거리
A - B	4
A - C	3
B - C	5

이 경우 우선 [그림 23-4]와 같이 수평선을 긋고 'A - B'의 거리에 따라 A, B 두 도시를 표시한다. 그런 다음 A를 중심점으로 반지름이 'A - C'의 거리인 3이 되는 원을 그리고 B를 중심점으로 반지름이 'B - C'의 거리인 5가 되는 원을 그리면, 두 원이 교차하는 점에 도시 C를 위치시키면 된다.

개체의 수가 3개인 경우에 위치화는 비교적 쉬운 편이나, 개체의 수가 3개를 넘어가면 훨씬 더 복잡해지게 된다. 그러나 다행히 여러 개의 개체들을 위치화시켜 주는 매우 강력한 도구가 있다. 그것은 다차원척도법(MDS)라고 불리는 분석기법으로 많은 수의 개체들의 상대적 거리에 기초하여 2차 평면 또는 다차원 공간 상에 위치화시켜 주는 분석법이다. 윈도용 SPSS는 "ALSCAL"이라 불리는 MDS 프로시저를 제공하고 있다.

이제 [표 23-5]와 같은 보다 현실적인 예를 들어보기로 하자. 우리나라의 9대도시에 대한 상대적 거리가 주어졌다고 가정하자.

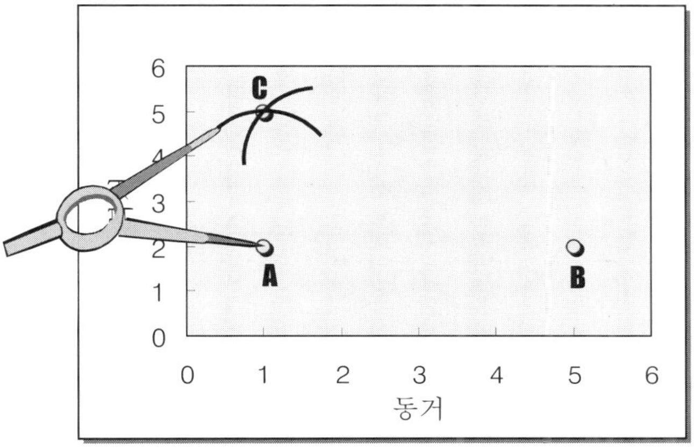

[그림 23-4] 거리에 따른 세 도시의 위치화

[표 23-5] 9대 도시의 상대적 거리(도시.sav)

	서울	인천	부산	대구	대전	청주	춘천	광주	전주
1	0	.	.	.	.	.	.	.	.
2	28	0	.	.	.	.	.	.	.
3	306	315	0	.	.	.	.	.	.
4	213	224	94	0	.	.	.	.	.
5	128	130	187	104	0	.	.	.	.
6	100	107	208	118	31	0	.	.	.
7	91	119	295	202	158	128	0	.	.
8	240	232	177	154	126	156	284	0	.
9	173	169	178	118	57	87	215	69	0

[표 23-5]는 항공로의 이정표와 비슷한 것이다. 윈도용 SPSS를 사용하여 MDS 분석을 하면 [결과 23-6]과 같은 지도를 얻을 수 있다.

[결과 23-6] 지리적 거리에 따른 9대 도시의 위치화(도시.sav)

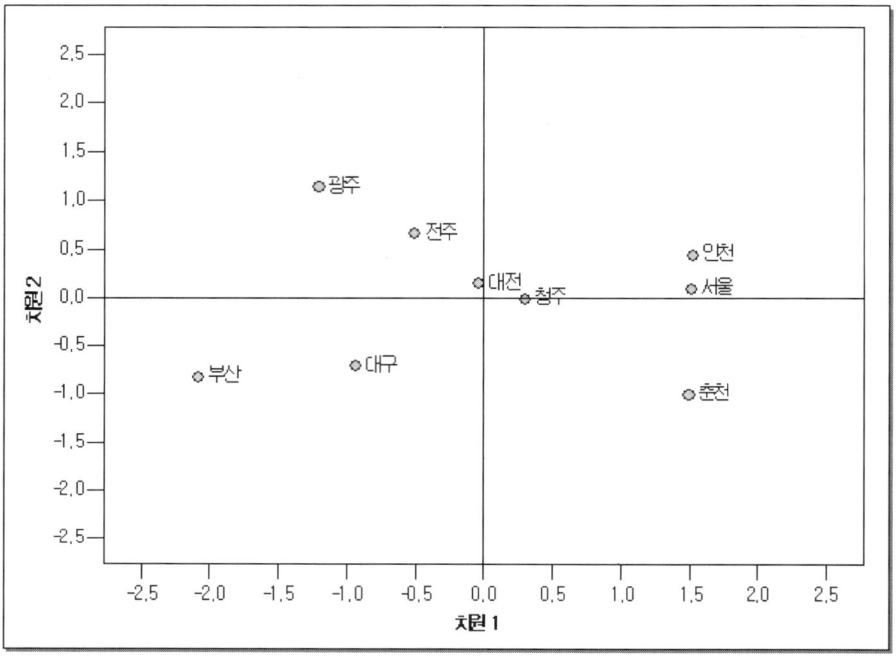

[결과 23-6]의 도표는 실제의 지도와 유사하다. 지도상의 북쪽이 도표상에 오른쪽에 나타나고 지도상의 동쪽이 도표 상에 하단에 나타나는 점만이 다르다.

MDS의 첫 번째 장점은 상대적인 거리만 알고 있는 많은 개체들의 위치도를 쉽게 작성할 수 있다는 점이다.

MDS의 두 번째 장점은 물리적인 거리는 물론 심리적인 거리에 근거하여 위치도를 작성할 수 있다는 점이다.

일단 심리적인 태도에 따른 개체 간의 거리만 계산하면, MDS 프로시저를 사용하여 위치화 도표를 작성할 수 있다. 이러한 이유로 MDS는 시장조사에서 시장세분화에 적용할 수 있으며, 사회조사에서는 심리적 태도에 따라 사람들을 위치화할 수 있다.

이제 정치적 성향에 따라 9대 도시의 위치도를 작성하는 예를 들어보자. [표 23-7]과 같은 22개의 요인들을 고려하였다.

[표 23-7] 정치 위치도 작성에 사용된 주요 변수

남북관계 전망	국회의원에 대한 평가
원하는 권력 구조	민주주의 이해도
진정한 평화적 정권 교체	우리나라 민주주의의 평가
학원의 경찰 투입	민정당의 대야 자세
평화적 정권 교체 가능성	양보와 타협을 중시하는 정치
재야인사에 대한 평가	정치화 국민 여론 반영도
민추협 인지도	정치 지도자의 연령
민정당의 신뢰도	외채상환 능력
지역구 국회의원 인지도	12대 국회에의 기대 정도
국회의원의 대우 문제	민한당 의원의 신민당 입당에 대한 평가
국회의원 겸직	국민의 민주적 역량

[표 23-7]에 기초하여 [표 23-8]과 같은 거리행렬을 구하였다.

[표 23-8] 9대 도시의 정치성향 거리(도시2.sav)

서울	인천	부산	대구	대전	청주	춘천	광주	전주
.000	.	.	.	.	.	.	.	.
8.691	.000	.	.	.	.	.	.	.
7.780	9.164	.000	.	.	.	.	.	.
11.980	12.056	4.397	.000	.	.	.	.	.
14.885	16.029	9.161	8.539	.000	.	.	.	.
15.790	16.789	8.894	5.680	11.203	.000	.	.	.
25.852	26.544	19.277	15.512	15.318	15.449	.000	.	.
5.400	13.024	12.812	16.977	19.082	19.972	30.251	.000	.
5.267	13.442	11.162	14.949	15.983	18.483	26.632	4.922	.000

[결과 23-9] 정치적 태도에 따른 9대 도시의 위치도

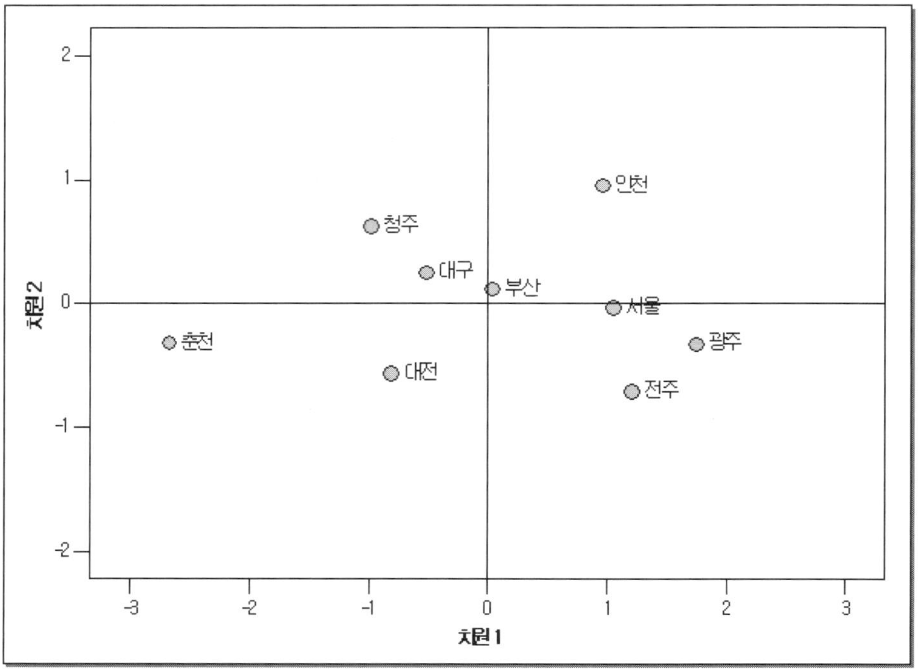

SPSS의 ALSCAL 프로시저를 사용하여 위치도를 작성한 결과가 [결과 23-9]와 같다. 이 위치도는 [결과 23-6]과는 매우 상이한 모습이다.

각 도시들의 위치와 관련하여 X축, Y축에 이름을 부여할 수 있다. 각 도시별로 22개 요인들의 값들을 살펴보면 X축 양의 방향에 '부정적 정치발전 전망', X축 음의 방향을 '낙관적 정치발전 전망'으로 부여할 수 있으며, Y축 양의 방향에 '긍정적 정치평가', 음의 방향에 '부정적 정치평가'로 이름을 부여할 수 있다.

복잡한 변수를 가지는 축척지도를 해석하기 위해서는 요인분석의 결과를 이용하면 도움이 될 수 있다. 요인분석의 요인적재량(factor loading)이 선형 회귀분석의 회귀계수와 같은 성질을 가지기 때문이다. 그러나 2차원의 다차원 축척에 의해 축척된 지도와 같지 않다. 즉, 요인분석에서 처음 두 요인에 의해 설명된 분산도가 50% 정도라면 나머지 요인이 차지하는 50%까지를 반영하여 작성한 지도가 다차원 축척지도이며, 두 요인에 의한 지도는 나머지 분산도를 전혀 반영시키지 않고 평면에 투영(projection)한 형태이기 때문이다.

SPSS의 ALSCAL 프로시저는 실제 개체들 간의 거리가 2차 평면상에 정보의 손실이 없이 얼마나 잘 위치하였는가를 판단해 볼 수 있는 [결과 23-10]과 같은 도표를 출력하여 주는데 이를 "선형 적합 산점도(Scatterplot of Linear Fit)"라 한다. X축의 거리는 실제 유클리드 거리이며 Y축은 추정 유클리드 거리이다. 모든 쌍의 실제거리와 추정거리가 일치하여 스트레스 값이 '0'인 경우가 되면 모든 점들은 대각선 상에 정확하게 위치하게 된다. 그러므로 정보의 손실이 적을수록 산점의 형태가 선형(linear)에 가깝게 나타난다.

[결과 23-10] 선형 적합 산점도

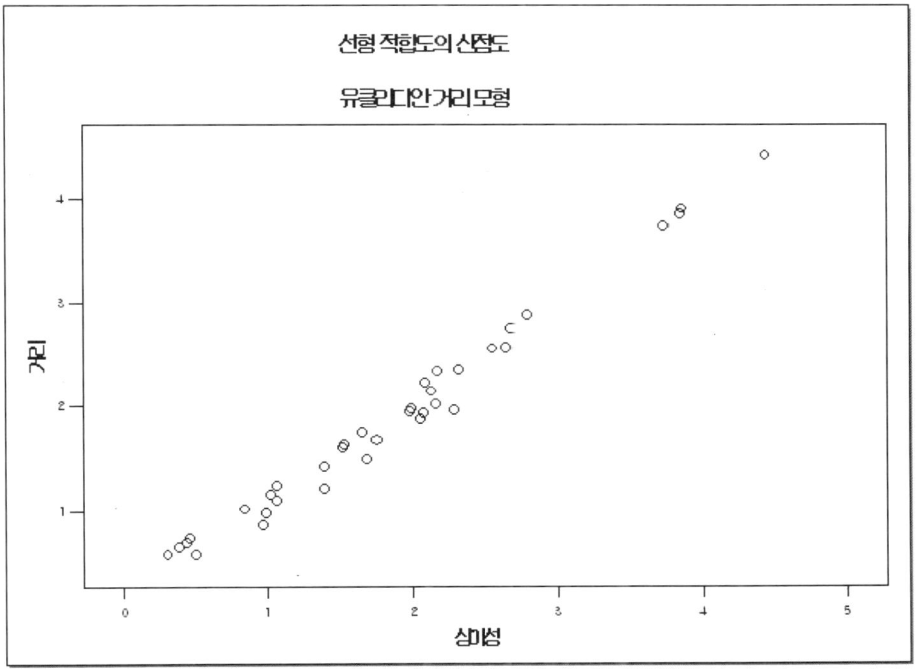

23.2 14가지 승용차의 위치화

이제 국내에서 생산되는 대표적인 14종의 승용차에 대한 위치도 작성에 MDS 기법을 적용시켜 보자.

[표 23-11] 국내 14종의 승용차의 재원(KCAR1.SAV)

	model	cc	kg	kml	price	length	width
1	엑셀GLSi	1,468	989	15.37	5,799	1,825	1,330
2	스쿠프	1,468	945	15.40	6,250	1,720	1,340
3	엘란트라 1.5 GLSi	1,468	1,064	15.36	7,210	1,830	1,390
4	소나타 GLSi	1,997	1,250	12.14	10,960	1,930	1,460
5	그랜저 2.0	1,997	1,409	10.04	17,200	1,955	1,460
6	티코	796	640	24.10	3,647	1,600	1,115
7	르망 GTi	1,498	1,013	15.07	6,710	1,700	1,360
8	프린스 2000	1,998	1,280	12.23	11,900	1,905	1,410
9	에스페로1.5 DOHC	1,498	1,116	14.84	8,595	1,880	1,405
10	슈퍼살롱	1,998	1,295	12.29	15,900	1,872	1,420
11	프라이드 5DR DM	1,323	780	16.79	4,750	1,705	1,315
12	프라이드베타 GLXi	1,323	855	16.87	5,543	1,760	1,315
13	캐피탈1.5 SLX	1,498	1,027	14.33	6,788	1,900	1,430
14	콩코드2.0 GTX	1,998	1,150	11.36	12,150	1,900	1,430

여기에서 사용된 승용차의 재원은 엔진의 크기(cc), 자동차의 무게(kg), 가솔린 1리터당 주행거리(km), 승용차용 가격(1,000원), 승용차의 실내 길이(length)와 폭(width)등이다. 괄호 안의 영문자는 SPSS에서 정의된 변수 이름이다.

먼저 [표 23-11]과 같은 승용차의 재원에 근거하여 각 승용차 간의 상이성 거리를 계산하였다. SPSS에서 거리측도 프로시저를 사용하면 이와 같은 상이성 거리를 계산할 수 있다. 윈도용 SPSS 상에서는 [그림 23-12]와 같이 주메뉴에서 '분석 ▷ 상관분석 ▷ 거리측도'를 선택함으로써 [그림 23-13]과 같은 거리측도 대화상자를 호출할 수 있다.

[그림 23-12] 거리측도 대화상자 호출 메뉴

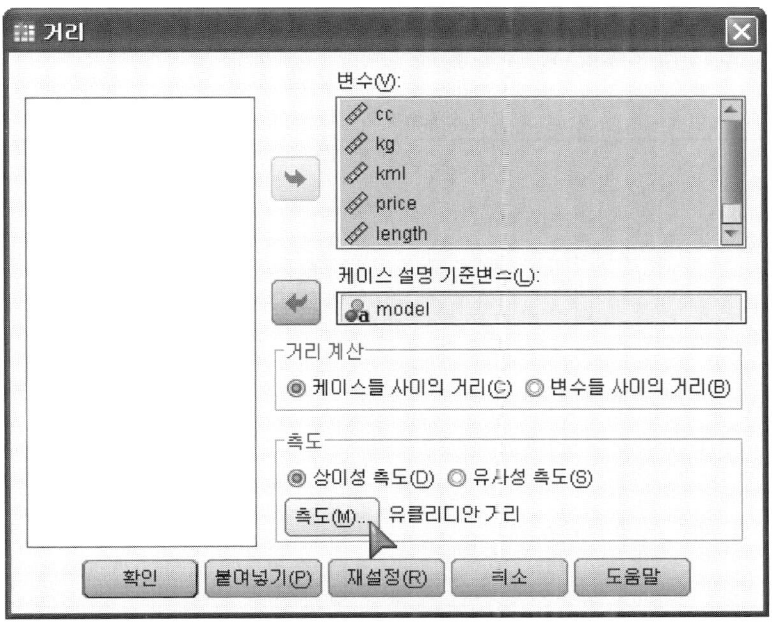

[그림 23-13] 유사성 거리 계산 대화상자

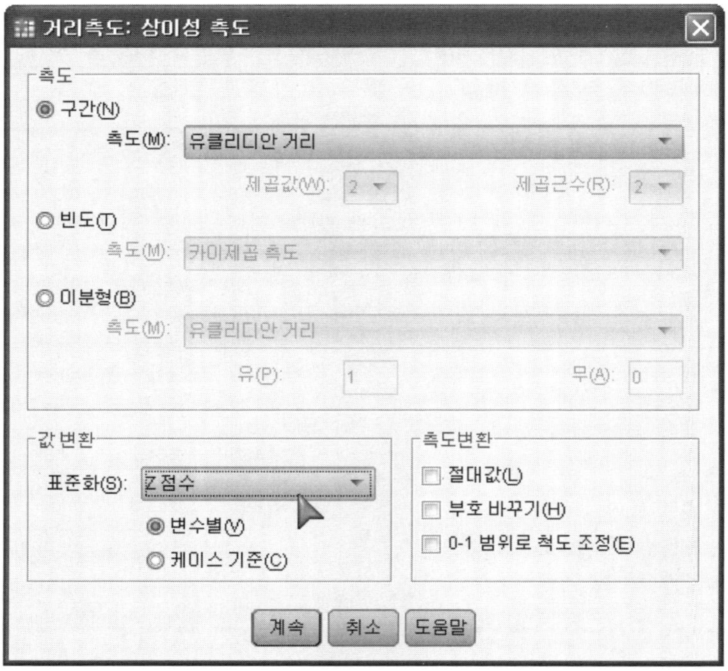

[그림 23-14] 유사성 거리 계산 대화상자

[결과 23-15] 14가지 승용차의 재원에 따른 상이성 거리 행렬

근접행렬

	유클리디안 거리													
	1:엑셀 GLSi	2:스쿠프	3:엘란트라 1,5 GLSi	4:소나타 GLSi	5:그랜저 2,0	6:티코	7:르망 GTi	8:프린스 2000	9:에스페로1,5 DOHC	10:슈퍼살롱	11:프라이드 5DR DM	12:프라이드베타 GLXi	13:캐피탈 1,5 SLX	14:콩코드 2,0 GTX
1:엑셀GLSi	,000	1,023	,834	3,036	4,428	4,835	1,256	2,900	1,347	3,484	1,634	1,077	1,397	2,867
2:스쿠프	1,023	,000	1,325	3,485	4,796	4,491	,465	3,318	1,949	3,731	1,076	,882	2,042	3,227
3:엘란트라 1,5 GLSi	,834	1,325	,000	2,479	3,869	5,390	1,304	2,422	,671	2,962	2,135	1,621	,881	2,401
4:소나타 GLSi	3,036	3,485	2,479	,000	1,796	7,716	3,303	,665	1,971	1,396	4,430	3,975	2,153	,740
5:그랜저 2,0	4,428	4,796	3,869	1,796	,000	8,836	4,574	1,712	3,308	1,278	5,768	5,305	3,652	1,863
6:티코	4,835	4,491	5,390	7,716	8,836	,000	4,791	7,455	5,935	7,724	3,649	3,902	6,040	7,461
7:르망 GTi	1,256	,465	1,304	3,303	4,574	4,791	,000	3,131	1,891	3,505	1,472	1,312	2,055	3,068
8:프린스 2000	2,900	3,318	2,422	,665	1,712	7,455	3,131	,000	1,951	1,016	4,297	3,834	2,299	,702
9:에스페로1,5 DOHC	1,347	1,949	,671	1,971	3,308	5,935	1,891	1,951	,000	2,511	2,764	2,220	,706	1,963
10:슈퍼살롱	3,484	3,731	2,962	1,396	1,278	7,724	3,505	1,016	2,511	,000	4,704	4,275	2,954	1,194
11:프라이드 5DR DM	1,634	1,076	2,135	4,430	5,768	3,649	1,472	4,297	2,764	4,704	,000	,655	2,718	4,158
12:프라이드베타 GLXi	1,077	,882	1,621	3,975	5,305	3,902	1,312	3,834	2,220	4,275	,655	,000	2,224	3,741
13:캐피탈1,5 SLX	1,397	2,042	,881	2,153	3,652	6,040	2,055	2,299	,706	2,954	2,718	2,224	,000	2,165
14:콩코드2,0 GTX	2,867	3,227	2,401	,740	1,863	7,461	3,068	,702	1,963	1,194	4,158	3,741	2,165	,000

이것은 상이성 행렬입니다.

[결과 23-15]의 상이성 거리행렬에서 '스쿠프'와 '르망' 간의 거리가 0.465로 가장 가까우며, '티코'와 '그랜저' 간의 거리가 3.836으로 가장 멀다.

다차원공간사의 개체들을 3차원이나 2차 평면상으로 투영하는 작업은 필연적으로 정보의 손실을 수반하게 된다. 또한 자칫 잘못 투영하게 되면 원래의 모양으로부터 상당히 동떨어진 위치도를 작성하게 된다.

주메뉴에서 '분석 ▷ 척도 ▷ 다차원척도법(ALSCAL)'을 선택하면 [그림 23-16]과 같은 ALSCAL 프로시저 대화상자가 열린다

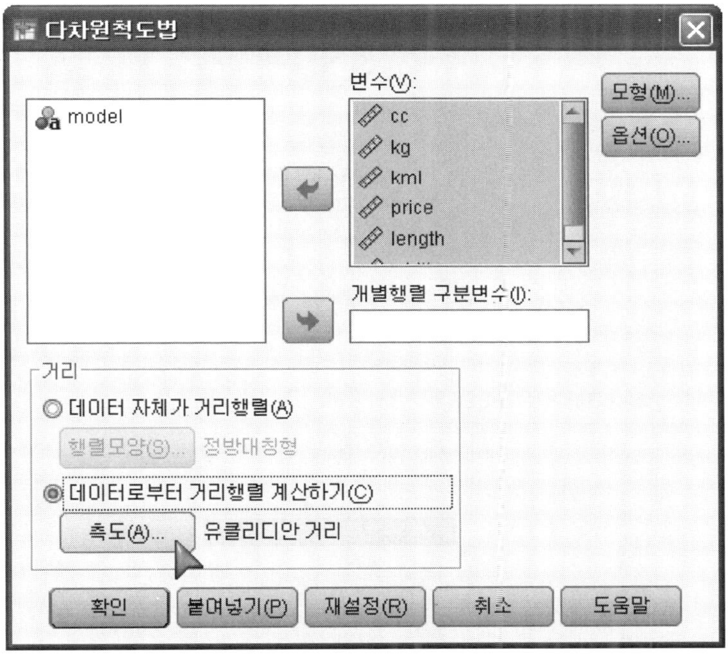

[그림 23-16] 다차원척도 대화상자

[결과 23-17]의 모형의 적합은 부적합도를 최소로 하는 방법으로 반복 알고리즘을 사용하여 최적해(optimal solutions)를 찾게 되며 이 값이 일정한 값(0.001)보다 작을 때 최종적으로 적합된 모형으로 제시하게 된다.

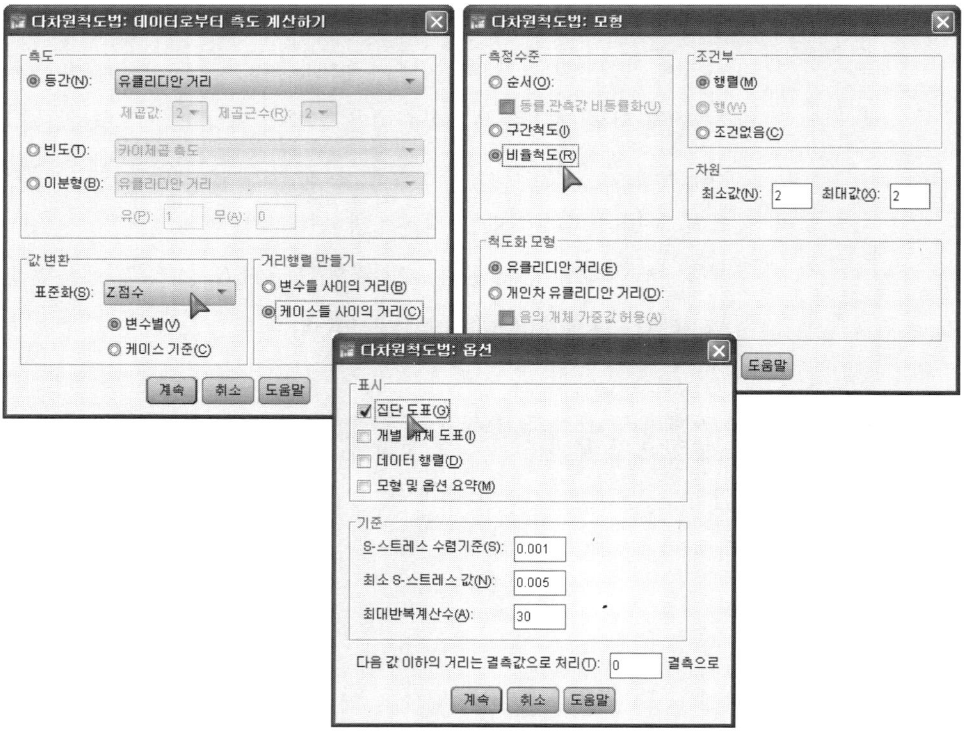

[결과 23-17] 최적해법과 STRESS

```
Iteration history for the 2 dimensional solution (in squared distances)

            Young's S-stress formula 1 is used.

          Iteration     S-stress     Improvement

              1           .03258
              2           .02967         .00291
              3           .02929         .00038

                 Iterations stopped because
          S-stress improvement is less than  .001000


          Stress and squared correlation (RSQ) in distances

RSQ values are the proportion of variance of the scaled data (disparities)
      in the partition (row, matrix, or entire data) which
       is accounted for by their corresponding distances.
        Stress values are Kruskal's stress formula 1.


           For  matrix
  Stress  =   .04226      RSQ =  .99725
```

2차원 평면에 표현된 최적 위치의 부적합도는 Kruskal의 STRESS(STandardized REsidual Sum of Squares)를 사용한다. 이 값은 0~1 사이의 값으로 주어지며 '0'에 가까울수록 적합된 모형이 적절하다고 판단한다. Kruskal은 자신의 논문에서 다음과 같은 [표 23-18]을 기준으로 제시하였으므로 이를 참고하여 적합도를 판단하기 바란다.

[결과 23-19]은 각 차종의 이름이 위치도 상의 점에 나타나 있지 않으므로 그림을 파악하는 데 불편함이 있다. 그러므로 다음과 같은 명령문을 작성하여 위치도 상에 각 차종의 이름이 나타나도록 다시 위치도를 작성하여 보기로 한다.

[표 23-18] 적합도 판정기준

STRESS	적합 정도
0	Perfect
0~0.05	Excellent
0.05~0.10	Satisfactory
0.10~0.15	Acceptable, but dcubt
0.15 이상	Poor

[결과 23-19] ALSCAL에 의한 위치도

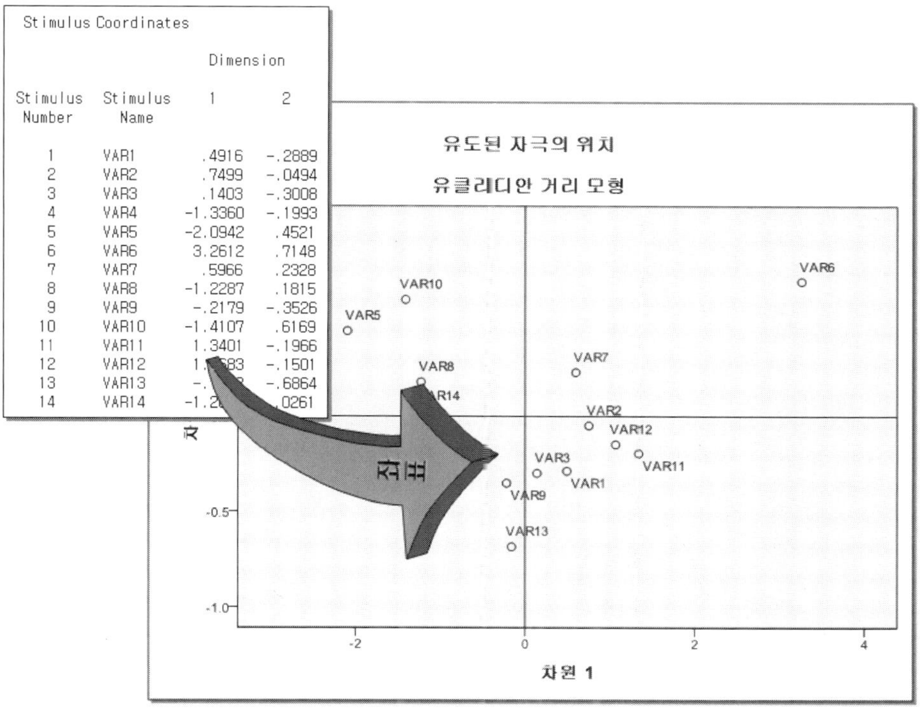
Stimulus Coordinates

Stimulus Number	Stimulus Name	Dimension 1	Dimension 2
1	VAR1	.4916	-.2889
2	VAR2	.7499	-.0494
3	VAR3	.1403	-.3008
4	VAR4	-1.3360	-.1993
5	VAR5	-2.0942	.4521
6	VAR6	3.2612	.7148
7	VAR7	.5966	.2328
8	VAR8	-1.2287	.1815
9	VAR9	-.2179	-.3526
10	VAR10	-1.4107	.6169
11	VAR11	1.3401	-.1966
12	VAR12	[illegible]	-.1501
13	VAR13	[illegible]	-.6864
14	VAR14	[illegible]	.0261

우선 출력된 좌표를 복사하고 새로운 명령문 편집기를 열어 붙여넣기한다. 그리고 다음과 같이 명령문을 완성하고 모두 실행한다.

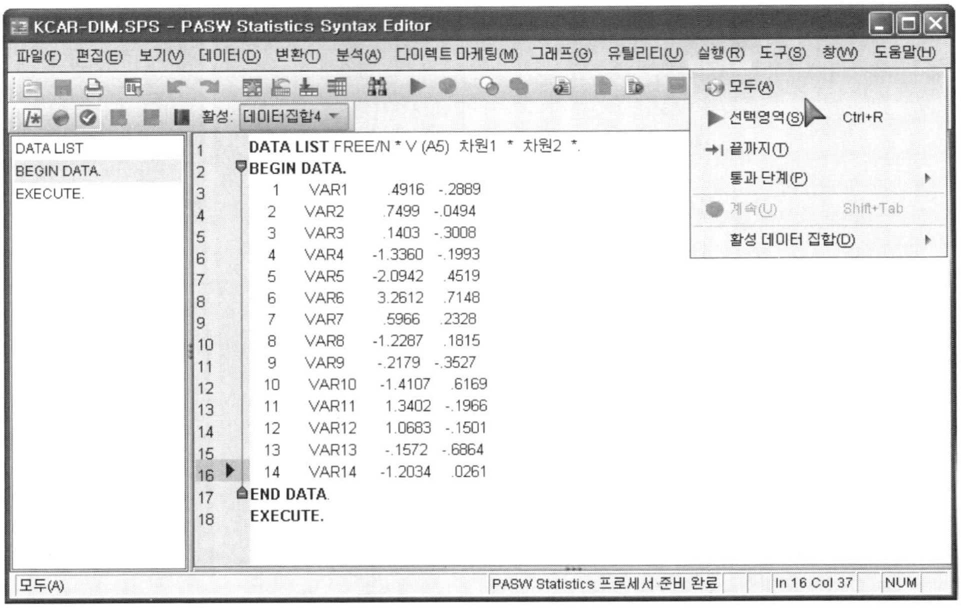

이제 두 개의 차원 변수를 선택하고 잘라내기한 다음 원래 데이터 파일을 다시 불러들여 변수들 끝에 붙여넣기하면 위치도를 다시 작성할 준비가 된 것이다.

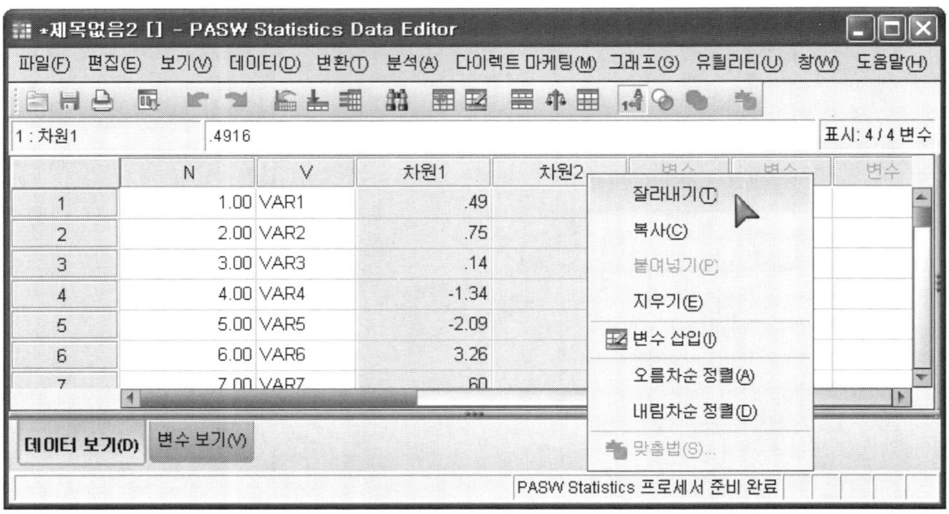

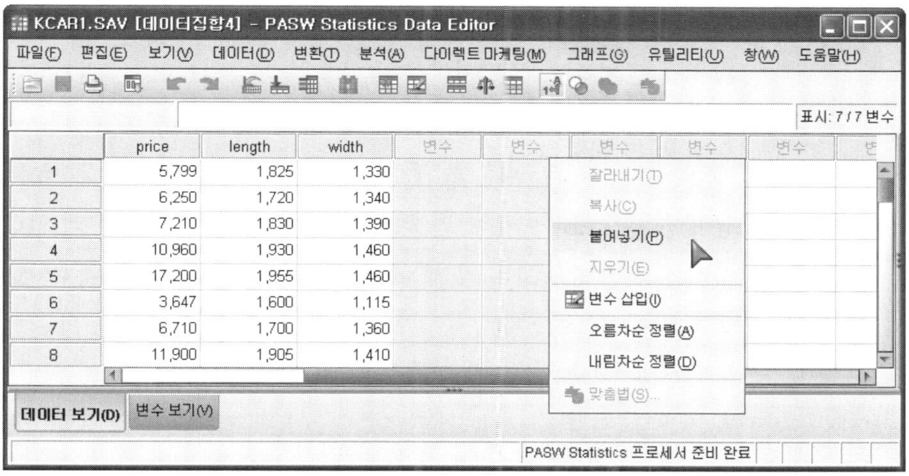

주메뉴에서 '그래프 〉 산점도'를 선택하고 다음과 같이 지정한다.

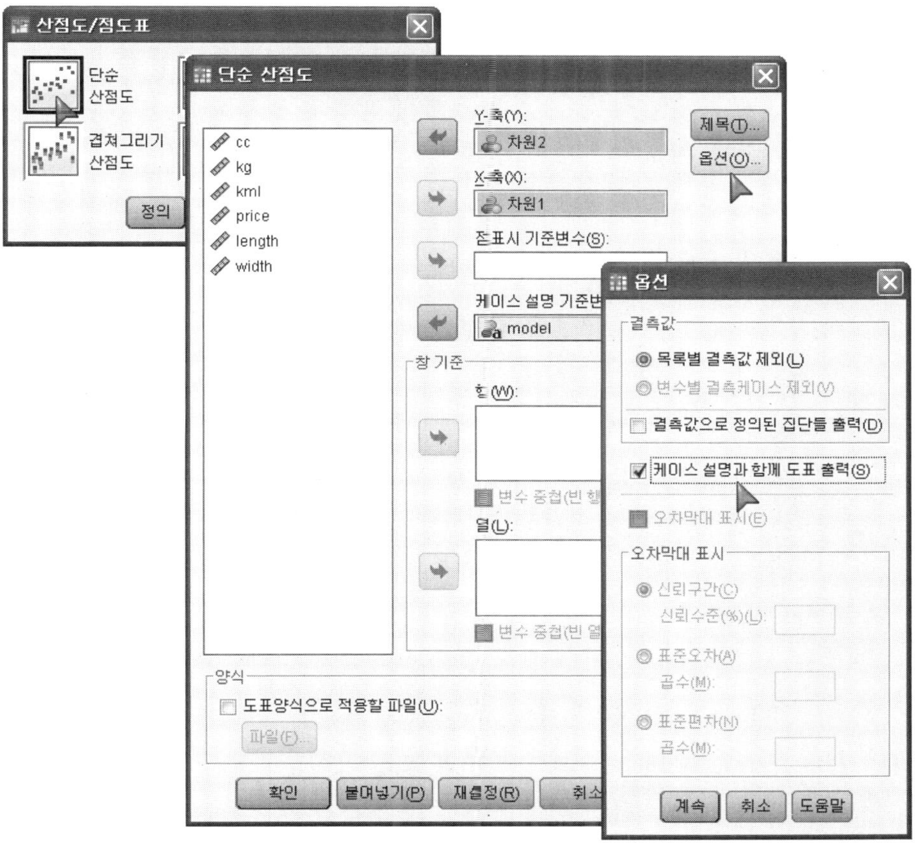

[결과 23-20]에서 '티코'를 보면 X축 양의 방향으로 갈수록 차의 크기가 작고, 저가(low price), 저중량, 경제적인 차종이라 할 수 있으며, '그랜저'의 위치는 엔진이 크며, 고중량, 고가(high price)이며 비경제적인 차종이라 할 수 있다. 에스페로는 보통 크기, 중가(middle price), 보통의 경제성을 가지는 차종이라 할 수 있다. 그러나 이는 각 자동차의 사양으로 미루어 짐작할 수 있는 것으로 설득력이 미약하다고 할 수 있으므로 이를 확연하게 보여 주기 위해 6개 재원에 새로운 구매 선호도 변수를 추가하여 위치도를 작성하겠다.

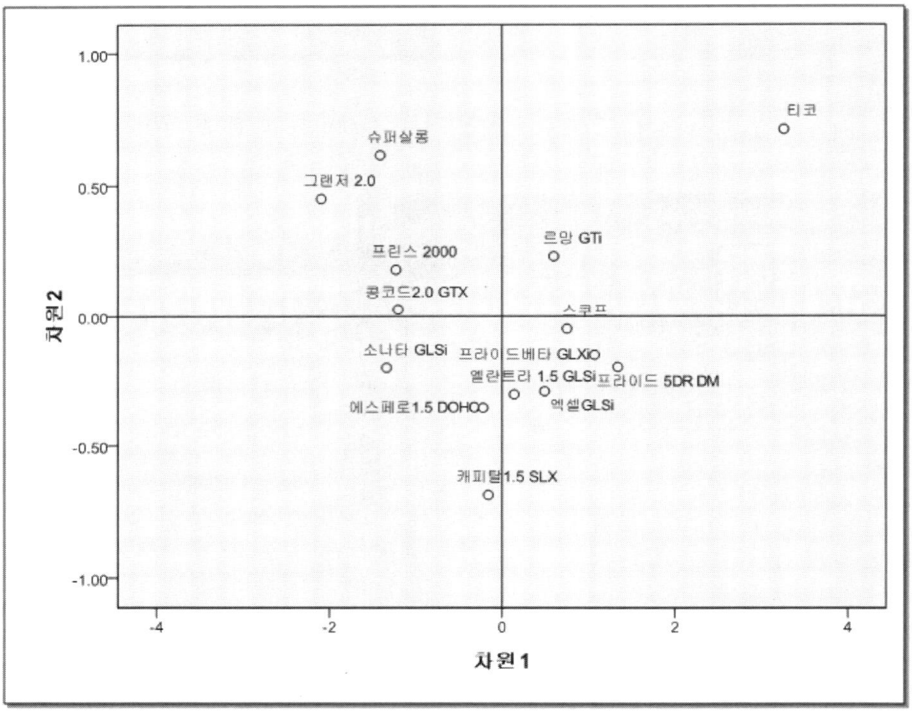

[결과 23-20] 재원에 따른 승용차의 위치도

또한 2차원 평면 상의 위치도에서 각 차원에 대한 축을 해석할 때, 보통 요인분석(factor analysis)의 적재값 도표(loading plot)를 이용할 수 있다. SPSS의 요인분석 프로시저를 수행하여 원래 다차원의 축을 표현해 보도록 하자.

선호도는 물리적인 특성과는 달리 추상적이며 심리적인 개념이다. 따라서 측정해

내기가 쉽지 않다. '선호도'를 측정하는 가장 쉬운 방법이 응답자의 마음속에 내재된 선호도의 기준에 따라 선호의 순위를 작성하도록 요구하는 것이다.

그러나 14가지 승용차에 대하여 1등에서 14등까지 순위를 매기는 것 역시 쉽지 않은 일이다. 따라서 많은 심리학자들이 이러한 문제를 해결하려고 노력을 하였는데, 그중에서도 일본의 유명한 심리학자인 Hiraki 교수가 개발한 BIB 테스트라는 것이 있다. 이는 실험 계획법에서의 balanced incomplete block design(BIBD)을 응용한 것으로 기본 원리는 매우 간단하다. 사람의 손가락은 정상적인 사람인 경우 모두 10개인데 그중에서도 한손에 붙어 있는 5개 손가락의 범위 내의 순위를 매기는 것이 인간의 한계일 수도 있다는 점에서 출발하여 10개 이상의 개체들을 사전에 엄격한 규칙에 의거하여 5개 미만의 개체를 반복적으로 추출하여 추출된 5개 미만의 개체에 대하여 순위를 매기도록 하는 것이다. 그런 후, 특수한 계산처리를 하여 10개 이상의 전체 개체들에게 순위를 매긴 것과 같은 효과를 계산하여 내는 것이다.

BIB 설계방법을 예를 들어 설명하기로 한다. 일단 문제를 단순화하기 위하여 제품의 수가 4개(A, B, C, D)만 있다고 가정하자. 물론 실제로 제품의 수가 4개인 경우는 BIB 설계를 할 필요가 없을 것이다. 이는 BIB를 설계하는 예를 쉽게 이해하기 위하여 사용하는 예제임을 명심하기 바란다.

제품의 수가 4개이므로 문항의 수는 제품의 수와 동일하게 4개로 구성한다. 각 문항에는 보통 3~5개의 제품을 배치하는데 3개 제품을 배치한다고 하면, 일단 제품의 순서를 무작위로 배치하여 B, C, A, D로 순서를 정했다고 하면 첫 번째 제품 B를 4개의 문항 중에서 3개의 문항을 무작의로 선정하여 배치해야 하는데 1번, 2번, 4번 문항이 무작위로 뽑혔다고 한다면 1번에 두 번째에 B를 배치하고, 2번에 세 번째에 그리고 4번에 첫 번째에 B를 배치한다. 이는 무작위로 선정된 3개의 문항에 배치 위치가 같지 않도록 균형 있게 배치해야 된다(지금 종이에 4개의 문항을 설정하고 3개씩 집어넣는다고 생각하여 직접 따라 해보기 바란다!). 다음으로 C를 배치하려면 역시 무작위로 3개의 문항을 선정하여(2, 3, 4번 문항이 선정되었다면) 이미 B가 자리잡고 있는 위치에 C를 위치시킬 수 없으므로 선정된 2번 문항의 첫 번째에 C를 위치시키고 4번에 두 번째, 그러면 3번에는 어쩔 수 없이 세 번째에 C를 배치할 수밖에 없게 된다. 다음으로 A는 1, 3, 4번 문항이라면 4번 문항에 세 번째밖에 없으므로 선택의 여지가 없이 A

를 세 번째에 배치하고 1번에 첫 번째에, 3번에 두 번째에 배치할 수밖에 없게 된다. 마지막으로 제품 D는 선택의 여지없이 빈자리를 찾아 배치하면 된다. 직접 제품의 수를 작게 하여 직접 해보면 나름대로 보다 잘 응용할 수 있을 것이다.

결국 처음 배치할 때 무작위로 문항을 선정하면 그 이후에는 무작위성(randomness)이 좀 약화되는(미리 결정되는) 경향이 있으므로 처음 몇 개의 제품을 배치할 때 무작위의 법칙을 철저히 따르도록 하는 것이 바람직하다. 물론 아무런 편견없이 배치하면 되지만 특정한 생각으로 일부 제품들을 같은 문항에 배치하는 것은 삼가기 바란다. 이론적 배경을 상실하여 타당성을 잃을 수 있다. 이상의 과정을 그림으로 요약하면 다음과 같다.

제품배치순서: B→C→A→D

선정문항: 1, 2, 4

문항1	문항2
___ ___ ***B*** ___	___ ___ ___ ***B***
문항3	문항4
___ ___ ___	___ ***B*** ___ ___

선정문항: 2, 3, 4

문항1	문항2
___ ___ B ___	___ ***C*** ___ ___ B
문항3	문항4
___ ___ ___ ***C***	___ B ___ ***C*** ___

선정문항: 1, 3, 4

문항1	문항2
___ ***A*** ___ B ___	___ C ___ ___ B
문항3	문항4
___ ___ ***A*** ___ C	___ B ___ C ___ ***A***

남은 문항: 1, 2, 3

문항1	문항2
___ A ___ B ___ ***D***	___ C ___ ***D*** ___ B
문항3	문항4
___ ***D*** ___ A ___ C	___ B ___ C ___ A

[표 23-21] 14종의 자동차 선호도에 대한 BIB 테스트

각 항목(Section)에서 나타난 네 가지 승용차에 대하여 가장 구입하고 싶은 차에 수치 '1'을 부여하고, 그 다음 차에 '2', 가장 구입하고 싶지 않은 차에 '4'를 부여하세요.

문 1	문 2	문 3
___ 프라이드 5DR DM	___ 프라이드베타 GLXi	___ 엘란트라 1.5 GLSi
___ 케피탈 1.5 SLX	___ 그랜저 2.0	___ 르망 GTi
___ 소나타 GLSi	___ 스쿠프	___ 프라이드 5DR DM
___ 엘란트라 1.5 GLSi	___ 티코	___ 프린스 2000
문 4	**문 5**	**문 6**
___ 그랜저 2.0	___ 케피탈 1.5 SLX	___ 콩코드 2.0 GTX
___ 티코	___ 에스페로 1.5 DOHC	___ 프라이드 Beta GLXi
___ 엑셀 GLSi	___ 프라이드베타 GLXi	___ 케피탈 1.5 SLX
___ 스쿠프	___ 엑셀 GLSi	___ 프라이드 5DR DM
문 7	**문 8**	**문 9**
___ 르망 GTi	___ 소나타 GLSi	___ 에스페로 1.5 DOHC
___ 엑셀 GLSi	___ 콩코드 2.0 GTX	___ 프린스 2000
___ 콩코드 2.0 GTX	___ 티코	___ 엘란트라 1.5 GLSi
___ 에스페로 1.5 DOHC	___ 슈퍼살롱	___ 르망 GTi
문 10	**문 11**	**문 12**
___ 슈퍼살롱	___ 프린스 2000	___ 엑셀 GLSi
___ 프라이드 5DR DM	___ 슈퍼살롱	___ 스쿠프
___ 프린스 2000	___ 르망 GTi	___ 그랜저 2.0
___ 소나타 GLSi	___ 프라이드베타 GLXi	___ 콩코드 2.0 GTX
문 13	**문 14**	
___ 슈퍼살롱	___ 티코	설문에 응해 주셔서
___ 스쿠프	___ 소나타 GLSi	감사합니다.
___ 엘란트라 1.5 GLSi	___ 에스페로 1.5 DOHC	수고하셨습니다.
___ 그랜저 2.0	___ 케피탈 1.5 SLX	

일단 응답자로부터 테스트 용지가 수집되면 다음과 같이 각 응답에 대한 선호도를 계산하여야 한다.

만약 한 응답자가 [표 23-22]와 같이 응답하였을 경우 각 선호도는 수치 5에서 각 순위의 값을 빼면 된다. 그런 후 각 승용차별로 부여된 점수를 합산하면 된다. 각 승용차별로 4번 반복되어 있으므로 각 승용차의 선호도 점수는 최소 4점에서 최고 16점이 된다. 각 승용차별로 모든 응답자의 선호도 점수로부터 평균 점수를 구하면 [표 23-23]과 같다.

[표 23-22] BIB 테스트의 점수화하는 예

문 1	선호점수계산
_1_ 프라이드 5DR DM	☞ 5 − 1 = 4
_4_ 케피탈 1.5 SLX	☞ 5 − 4 = 1
_2_ 소나타 GLSi	☞ 5 − 2 = 3
_3_ 엘란트라 1.5 GLSi	☞ 5 − 3 = 2

[표 23-23] 14가지 승용차의 재원과 선호도 점수(kcar2.sav)

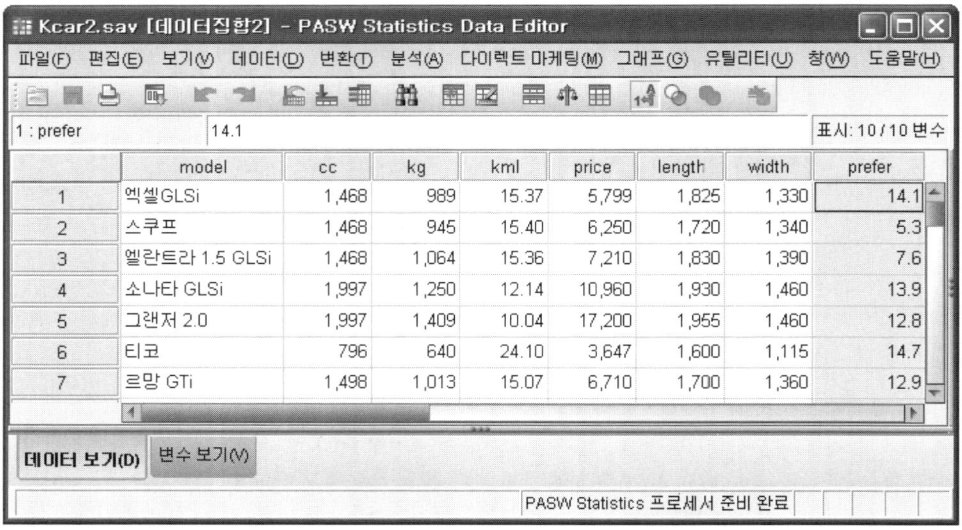

	model	cc	kg	kml	price	length	width	prefer
1	엑셀GLSi	1,468	989	15.37	5,799	1,825	1,330	14.1
2	스쿠프	1,468	945	15.40	6,250	1,720	1,340	5.3
3	엘란트라 1.5 GLSi	1,468	1,064	15.36	7,210	1,830	1,390	7.6
4	소나타 GLSi	1,997	1,250	12.14	10,960	1,930	1,460	13.9
5	그랜저 2.0	1,997	1,409	10.04	17,200	1,955	1,460	12.8
6	티코	796	640	24.10	3,647	1,600	1,115	14.7
7	르망 GTi	1,498	1,013	15.07	6,710	1,700	1,360	12.9

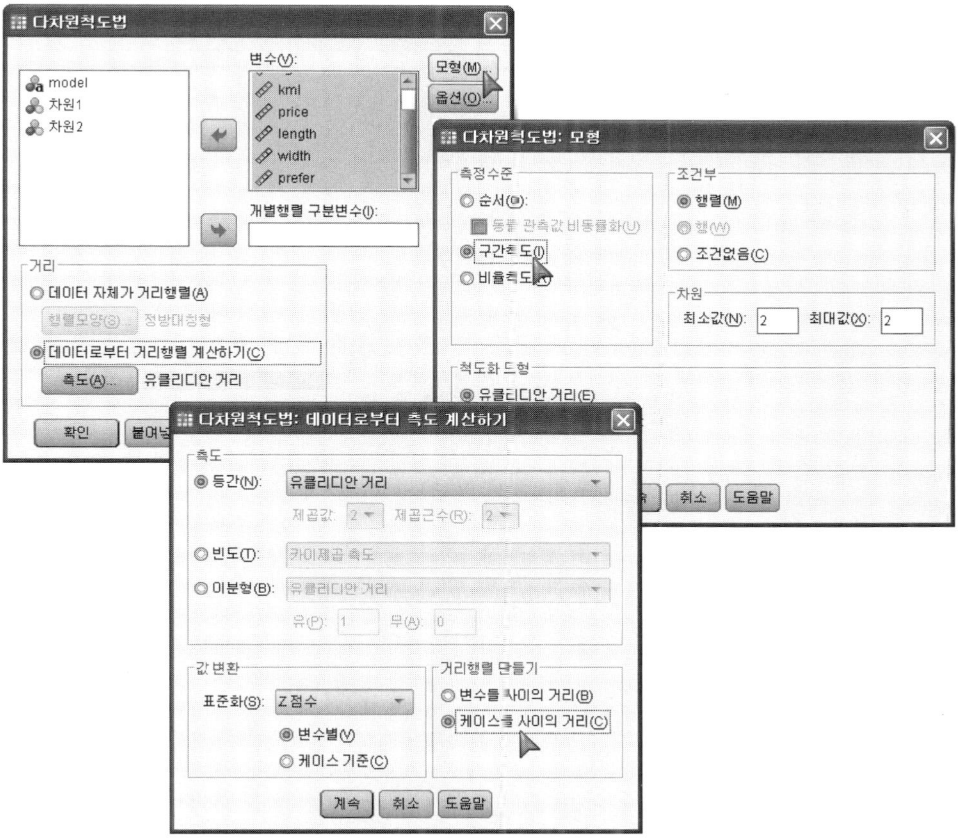

다차원척도법을 수행한 후에 출력결과에서 자극좌표를 복사하고 명령문 창에서 좌표를 변수로 읽어 들인 다음 원래 데이터 파일의 뒤에 붙여넣기한다. 그리고 다시 산점도를 그리면 [결과 23-24]와 같이 표현된다.

[결과 23-24] 승용차의 재원과 선호도에 따른 위치도

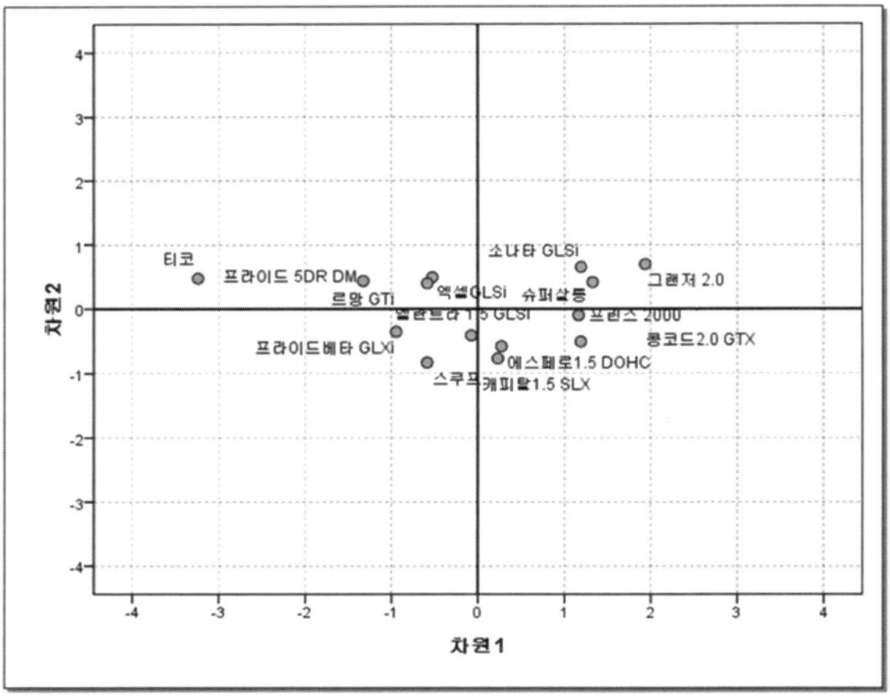

7개 변수를 기준으로 각 점들의 위치가 서로 가까울수록 그만큼 유사한 차종임을 알 수 있다. 상대적 거리가 가까울수록 그만큼 유사한 차종이 된다. 그리고 선호도가 큰 차종은 티코, 엑셀GLSi, 프라이드 5DR DM, 소나타 GLSi, 등이 선호도가 13점 이상인 차종으로 이들 차종에 가까이 접근한 차종일수록 선호도가 높음을 알 수 있다. 그러므로 이들 차종의 공통적인 방향으로 원래 선호도 축이 놓여 있을 것이다.

[결과 23-24]에 나타난 점들은 원래 7차원 공간상에 위치한 점들이었다. 이 점들을 2차원으로 축소한 공간상에 작도하였으므로 원래 7차원 공간에 존재하던 7개의 축(axis)도 역시 2차원에 표현할 수 있을 것이다. 이러한 축들의 방향을 알게 되면 매우 다양한 각도에서 해석할 수 있게 되고, 미처 보지 못한 사실을 시각적으로 파악할 수 있게 될 것이다. 이러한 축을 표현하고 각 축을 기준으로 각 차종의 위치를 해석하기 위하여 요인분석을 수행하기로 한다.

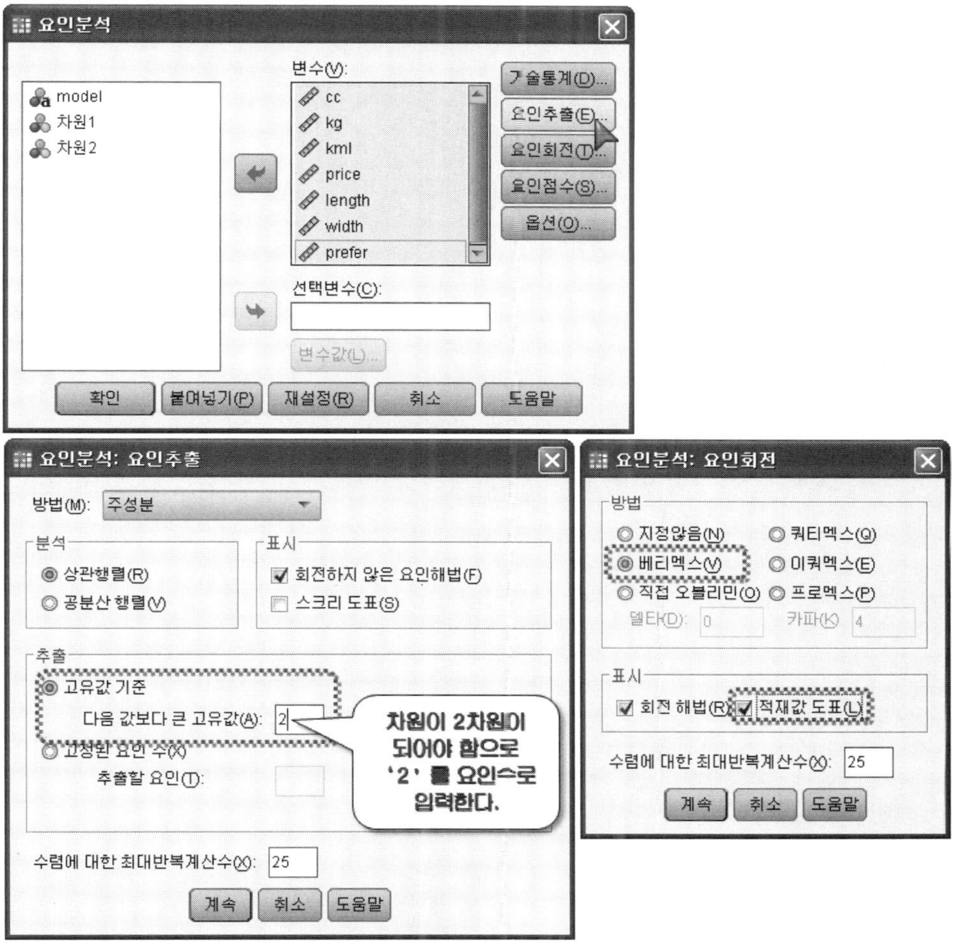

여기에서 사용하는 요인추출방법은 주성분(principle component) 분석을 사용하여 요인을 추출하였고, 여섯 가지 재원과 선호도를 2차원 평면상에 표시하기 위해서 요인의 수를 '2'로 한다. 회전(rotate) 방식은 직각회전인 'VARIMAX'를 사용하여야 하며, 이때의 요인적재값(factor loading)을 사용하여 2개의 요인을 축으로 하는 각 변수들의 위치는 [그림 23-25]와 같다.

[결과 23-25] 6 재원과 선호도의 요인분석 결과

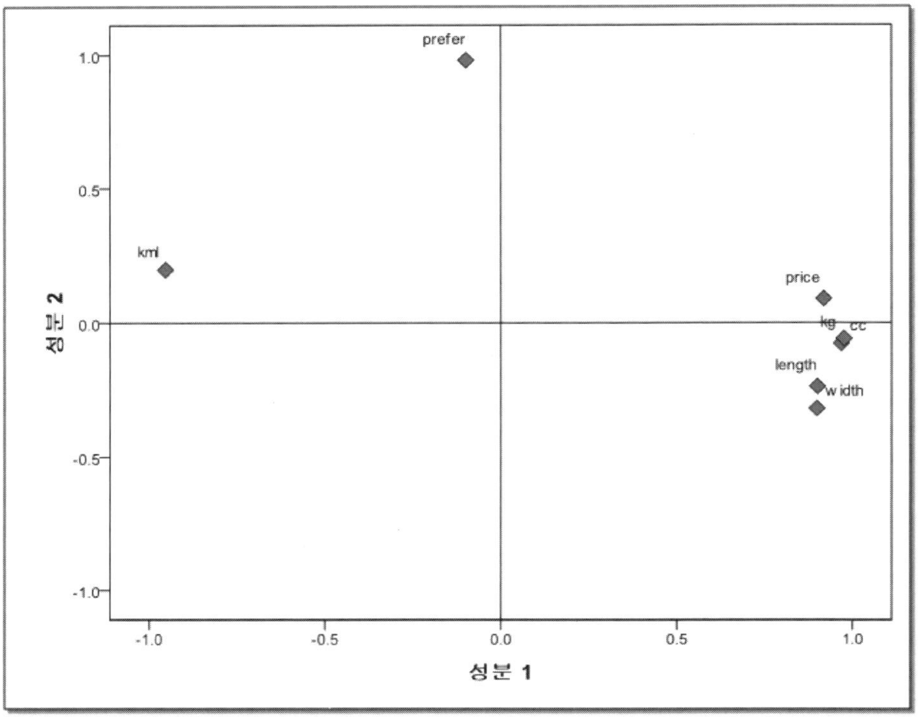

'선호도'는 요인 2(성분 2)에 높게 적재되어 있으며, '가격', '배기량', '중량', '실내 길이', '실내 폭' 등은 요인 1(성분 1)에 높게 적재되어 있다. '주행거리' 역시 요인적재값의 절대값이 요인 1에 높게 적재되어 있음을 알 수 있다.

적재값 도표에서 점표시에 더블 클릭하면 [그림 23-26]과 같은 대화상자가 나타나며 말뚝표시 탭에서 원점을 지정하면 원점에서 각 점까지 선이 연결된다.

[결과 23-24]의 위치도와 [결과 23-26]의 요인분석 그림을 겹치면 최종적으로 [결과 23-27]을 얻을 수 있으며, 요인분석의 요인적재값의 좌표 방향을 하나의 축으로 해석할 수 있게 된다.

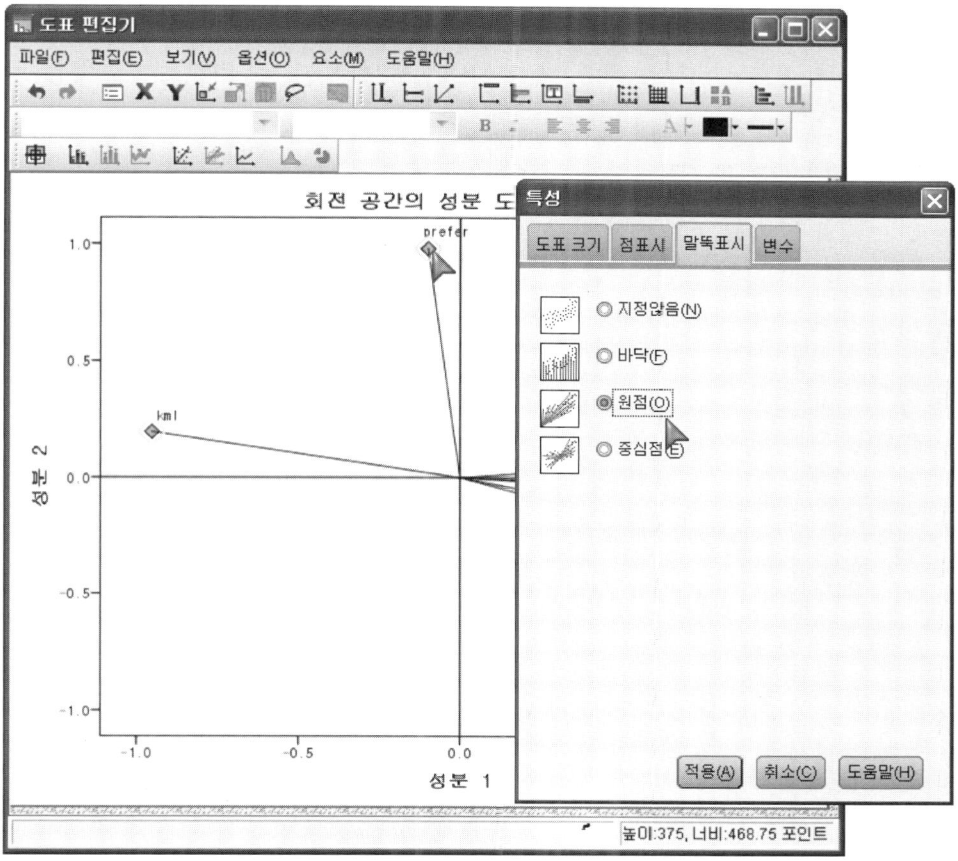

[그림 23-26] 각 점에 말뚝표시하기

[결과 23-27]에서 주행거리가 나타난 방향으로 벡터로 표현하여 이 벡터를 축으로 한 양의 방향으로 나타나 있는 '티코'는 리터당 주행거리가 가장 긴 승용차로 정반대 방향(음의 방향)에 있는 차종과는 반대르 경제적이며, 승용차의 '중량'이 가볍고, 저가의 승용차, 작은 '배기량', 실내 공간이 작은 차종임을 알 수 있으며, X축의 양의 방향으로 나타나 있는 벡터 축들(배기량, 실내 길이, 폭, 엔진크기, 가격 ...등)은 '티코'와는 반대로 보통 고가의 승용차, 비경제적, 배기 량이 크며, 중량이 많이 나가고, 실내 공간이 넓은 차종임을 알 수 있다.

Y축(성분2)은 '선호도'가 높게 적재되어 있다. 선호도가 나타난 방향으로 벡터를 표현하여 이 벡터를 축으로 한 양의 방향으로 가면 갈수록 선호도가 높은 차종(티코,

그랜저, 소나타, 엑셀 등)이라 할 수 있으며, 벡터의 반대 방향인 음의 방향으로 갈수록 선호도가 낮은 차종(스쿠프, 캐피탈, 에스페로 등)으로 해석할 수 있다.

[결과 23-27] 14가지 승용차의 최종 위치도

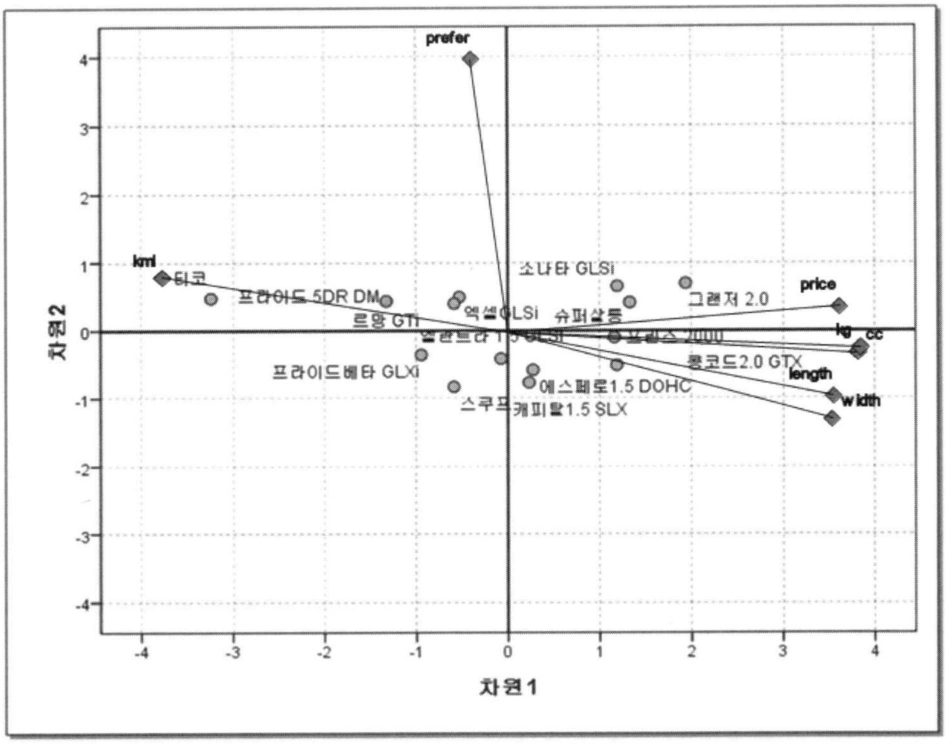

이와 같이 두 분석의 결과를 합칠 때 주의해야 할 사항은 MDS의 결과가 방향성이 없기 때문에 요인적재값 도표와 겹칠 때 반드시 몇 개의 개체의 특성을 확인하여 축의 방향을 적절하게 맞추어 겹쳐야 함을 유의하기 바란다. 그리고 위치도의 X-Y 축의 스케일을 동일하게 지정해 주어야 되며, 실제 출력된 그림의 틀이 정사각형이 되도록 가로와 세로의 비율을 같게 해주어야 그림에서 시각적으로 왜곡이 생기는 문제를 방지할 수 있다.

23.3 연습 문제

1. 미국의 주요 자동차에 대한 25명의 선호도 데이터가 다음과 같이 0점에서 9점까지의 리커트 척도로 측정되어 "MDPREF.SAV"라는 데이터 파일로 보관되어 있다. 다차원척도법을 사용하여 17가지 승용차의 위치도를 작성하라.

2. 미국의 10대 도시 애틀랜타, 시카고, 덴버, 휴스턴, LA, 마이애미, 뉴욕, 샌프란시스코, 시애틀, 워싱턴 DC 등의 상대거리가 "USACITY.SAV"라는 파일에 저장되어 있다. MDS를 적용하여 10대 도시들의 위치도를 작성하라.

Chapter 24

컨조인트 분석(Conjoint Analysis)

24.1 컨조인트 분석이란?

소비재 상품을 생산, 판매하는 대부분의 기업들은 효율적인 상품의 개발 및 성공적인 판매를 위하여 상품 개발, 제조, 판매, 마케팅 조사 등의 4단계의 관리 모형을 구성하고 있다. 이러한 경우에 상품 개발은 상품 기획실 혹은 상품 개발실 등의 부서에서, 제조는 생산부에서, 판매는 영업부에서, 마케팅 조사는 마케팅부에서 담당하게 된다.

마케팅 조사란 효율적인 상품의 개발 및 성공적인 판매에 매우 큰 역할을 수행하게 된다. 마케팅 조사를 잘 수행하면 목표 시장 구매자들의 필요와 욕구에 일치하는 상품이 어떠한 것인지를 판단할 수 있게 되므로, 이를 기초로 상품을 개발하여 성공적인 판매를 이끌어 낼 수 있기 때문이다.

마케팅 조사에서 매우 빈번히 수행되는 분야가 바로 특정한 상품에 대하여 소비자들이 가장 중요하게 생각하는 특성들을 찾아내는 것이다. 컨조인트 분석(conjoint analysis)이란 바로 이와 같은 분야에 가장 적합한 마케팅 조사 도구이다.

컨조인트 분석을 통하여 조사자는 특정 상품의 어떠한 특성이 소비자에게 중요한가를 알 수 있으며, 특정한 상품 특성이 어떤 경우에 소비자에게 바람직하게 인식되고, 어떤 경우에 바람직하지 않게 인식되는지 등의 각 특성의 상대적 중요성을 알 수 있으며, 자사의 기존 상품이나 개발 예정의 상품이 경쟁사의 상품과 비교하여 소비자의 선호도를 어느 정도 충족시켜 줄 수 있는가? 등을 알 수 있다. 어떤 경우에는 소비자가 가장 선호하는 상품이 가격 등의 이유로 현실적이지 못할 수 있는데, 이런 경우 컨조인트 분석을 통하여 차선의 상품이 어떠한 것인지를 알 수 있다. 또한 응답자의 연령, 직업, 경제력 등 여러 가지 사회적 배경 등의 정보를 같이 조사하면, 특정한 상품의 전체 시장을 몇 개의 표적 시장으로 분할하여, 분할된 표적 시장에 따라 상품 차별화를 실시할 수 있다. 이와 같은 내용들은 성공적인 상품의 개발 및 판매에 결정적으로 중요한 요소이다.

이와 같은 컨조인트 분석은 유형의 상품의 경우에만 적용되는 것이 아니라 교육, 정보 제공, 관광 안내 등의 무형의 서비스 상품에까지 확대하여 적용할 수 있다.

24.2 컨조인트 분석의 절차

① 특정상품의 몇 가지 특성들을 서로 다양하게 결합하여 여러 가지의 가상상품을 만든다. 이 경우 특정한 상품에서 고려하고자 하는 몇 가지 특성들을 각 수준에 따라 모두 조합하면 상당히 많은 가상 상품들이 나오게 되는데, SPSS의 직교계획(ORTHOPLAN) 프로시저를 사용하면 이들 특성들을 분석하는 데 적절한 최소한의 가상상품만을 만들어 낼 수 있다.

② 응답자들이 구매를 희망하는 순위를 정하게 한다.

③ 응답자들의 순위 결정의 이면에 배경이 되는 선호 특성들을 분석하여 각 특성들이 특정상품에 기여하는 효용도와 최적 선호상품을 찾아낸다. SPSS의 CONJOINT 프로시저를 사용하면 이러한 분석을 수행할 수 있다.

24.3 컨조인트 분석의 예

어떤 한 여행사는 소규모 여행상품의 개발에 주력하고 있다. 즉, 계절에 따라 새로운 고객에게 특별한 내용의 여행상품을 소개하고 있었다. 처음에는 매우 성공적이었으나, 시간이 지나갈수록 고객들의 예약 건수가 현저하게 줄었고, 특히 새로운 여행상품에 대한 고객들의 선호도가 매우 떨어져 있었다. 이 문제를 해결하기 위하여 먼저 고객들이 여행상품을 결정하는 데 중요한 요인이 되는 것이 무엇인가를 조사한 결과 다음과 같은 내용을 알 수 있었다.

1. 여행지 : 하와이가 가장 인기가 있다.
2. 가격 : 싸면 쌀수록 좋다.
3. 숙박시설: 질이 높을수록 좋다.
4. 부가사항: 식사와 여행 안내자가 포함되면 좋다.

위와 같은 정보를 바탕으로 하여 미래의 고객들에게 다음과 같은 내용의 질문을 하였다.

1. (여행지) 하와이, 호주, 싱가폴
2. (가격) ₩176,000 ₩242,000 ₩305,000
3. (숙박시설) 최상급, 특급, 보통
4. (부가사항) 식사와 여행 안내자의 제외, 포함

위의 내용을 중심으로 생각해 보면, 총 54가지(3 × 3 × 3 × 2)의 서로 다른 여행상품을 생각해 낼 수 있는데, 응답자들이 검토하기에는 여행상품의 수가 너무 많다.

SPSS의 ORTHOPLAN 프로시저(직교계획)를 사용하면, 선호도 특성을 분석하는 데 필요한 최소의 여행상품을 선정하여 줄 것이다. 여행상품의 선정에 있어서 직교배열이라는 통계적 기법을 사용하기 때문에 그 결과는 가능한 모든 조합의 여행상품을 선정한 것과 같은 효과를 얻을 수 있다.

이 경우 전체 54가지의 가능한 여행상품들 중에서 잘 선정한 단 아홉 가지의 서로 다른 여행상품만으로도 고객들의 선호도를 분석하기에 충분하다. 그리고 분석된 선호도 모형의 타당성을 검정하기 위하여, 두 가지의 여행상품을 추가로 선정하여야 한다.

직교계획을 설정하려면 SPSS 주메뉴에서

'데이터 〉 직교계획 〉 생성 …'

을 선택하면 다음과 같은 '직교계획 생성' 대화상자가 열린다.

요인이름 항목에 네 가지 요소명과 변수 설명문을 각각 입력하고 [추가(A)] 단추를 클릭한다.

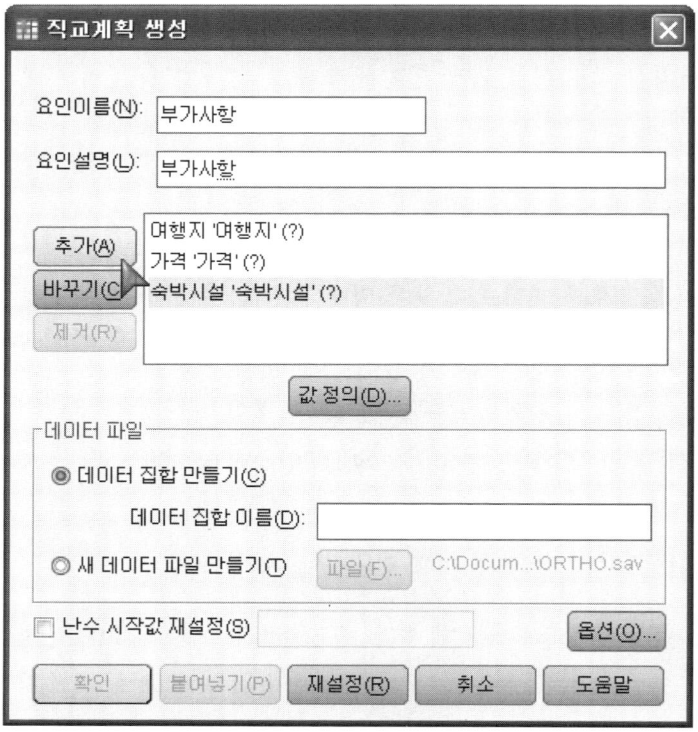

각 요소의 수준을 지정하려면, 해당 요소를 선택한 후 [값 정의(D)...] 단추를 클릭하면 다음과 같은 '직교계획 생성: 값 정의' 부대화상자가 열린다. 여기에서 각 변수값과 설명을 입력한 후 [계속] 단추를 클릭한다.

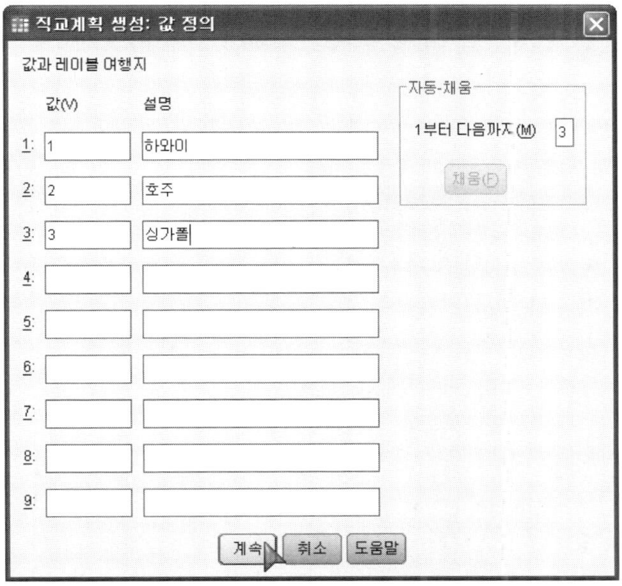

차후에 컨조인트 분석을 수행할 때, 모형의 타당성을 검정하기 위하여 타당성 검정용(Holdout) 상품을 추출할 수 있는데, '직고계획 생성' 주대화상자에서 옵션(O)... 단추를 클릭하면 다음과 같은 '직교계획 생성: 옵션' 부대화상자가 열리는데 여기에서 '검정용 케이스의 수'를 지정하면 된다.

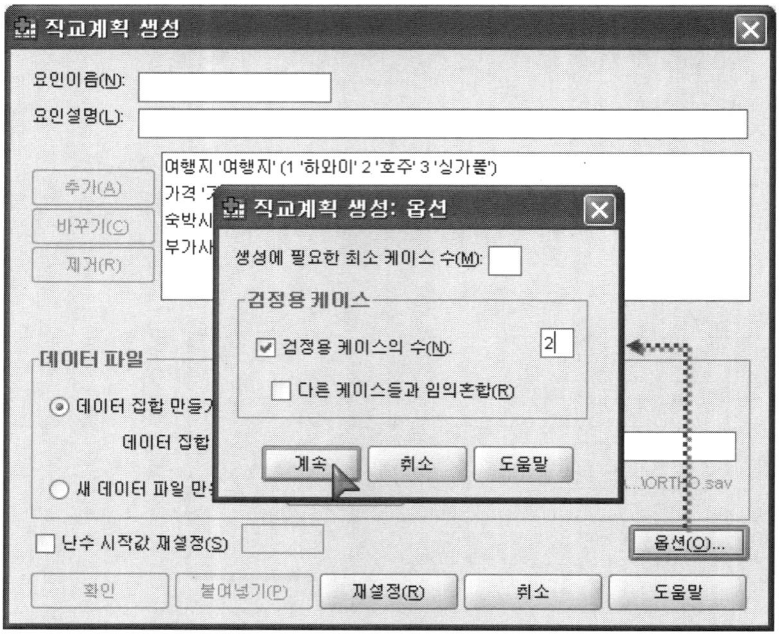

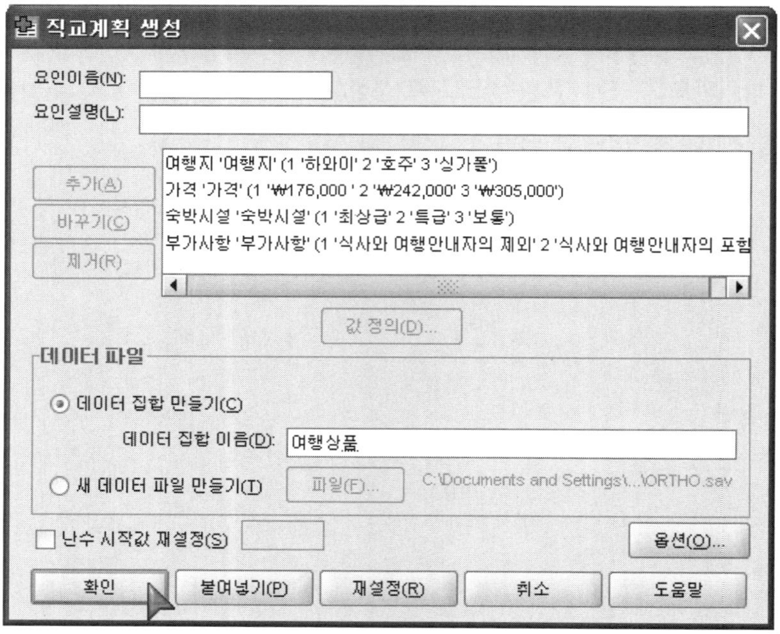

'직교계획 생성' 주대화상자에서 '데이터 파일' 항목을 '작업데이터 파일로 대체'를 택하고 [확인] 단추를 클릭하면 SPSS 데이터 편집기에 다음과 같은 9개의 가상

상품과 두 개의 검정용 상품이 생성된다.

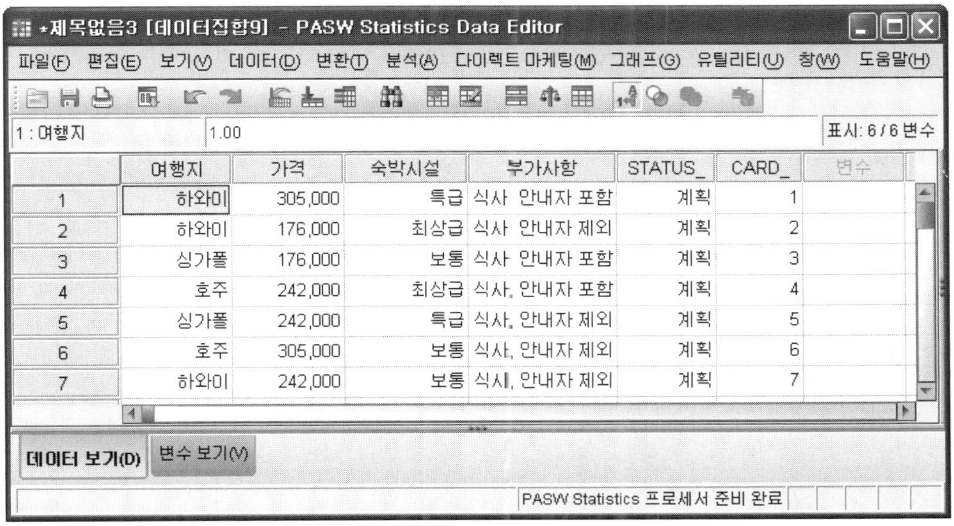

SPSS의 ORTHOPLAN 프로시저는 54가지의 가능한 조합의 상품 중에서 무작위(random)로 지정한 수의 가상 상품 카드를 추출하므로 매번 동일한 ORTHOPLAN 프로시저를 수행하더라도 각기 순서가 무작위로 배열된 가상상품 카드가 출력된다. 따라서 가상 상품 카드가 한번 출력되면 이를 반드시 SPSS 시스템파일로 보관하여야 한다. 예상 고객들로부터 데이터를 수집한 후에 CONJOINT 프로시저를 수행할 때에는 여기에서 보관한 시스템 파일을 사용한다.

이 예에서는 가상 상품 카드를 “CARDS.SAV”라는 데이터 파일로 보관하였다. 선정된 카드의 내용을 출력하려면 SPSS 주메뉴에서 다음과 같이

‘데이터 〉 직교계획 〉 표시 …’

을 선택하면 다음과 같은 ‘직교계획 표시’ 대화상자가 열린다.

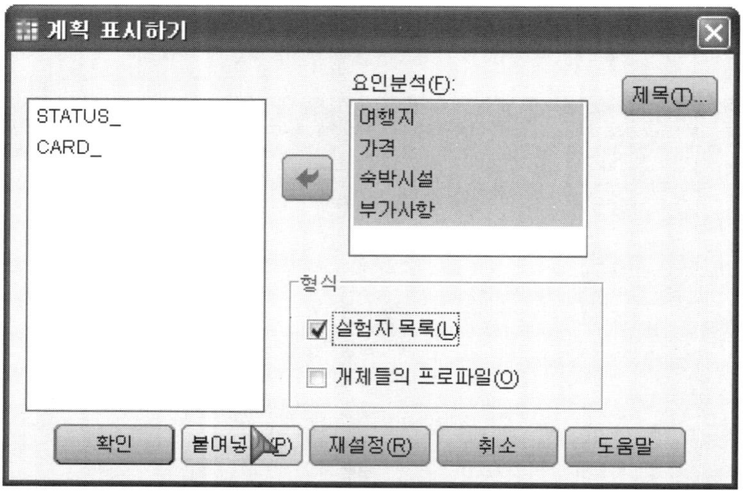

카드의 출력 형식을 지정하는 '형식' 항목에서 '실험자 목록'을 선택한 후 확인 단추를 클릭하면 다음과 같이 카드의 내용이 출력된다.

카드 목록

	카드 ID	여행지	가격	숙박시설	부가사항
1	1	하와이	305,000	특급	식사, 안내자 포함
2	2	하와이	176,000	최상급	식사, 안내자 제외
3	3	싱가폴	176,000	보통	식사, 안내자 포함
4	4	호주	242,000	최상급	식사, 안내자 포함
5	5	싱가폴	242,000	특급	식사, 안내자 제외
6	6	호주	305,000	보통	식사, 안내자 제외
7	7	하와이	242,000	보통	식사, 안내자 제외
8	8	호주	176,000	특급	식사, 안내자 제외
9	9	싱가폴	305,000	최상급	식사, 안내자 제외
10[a]	10	싱가폴	242,000	보통	식사, 안내자 포함
11[a]	11	호주	305,000	특급	식사, 안내자 제외

a. 검증용

이제 앞에서 선정한 11개의 서로 다른 여행상품에 대하여, 12명의 예상 고객에게 그 선호도를 응답하게 한다. 즉, 가장 좋은 것은 1번으로 하고, 가장 바람직하지 못한 여행상품은 11번으로 응답하게 한다. 이와 같이 수집된 데이터를 다음과 같이 "카드선호도측정.SAV"라는 파일로 보관하였다.

우선 다음과 같이 주메뉴에서

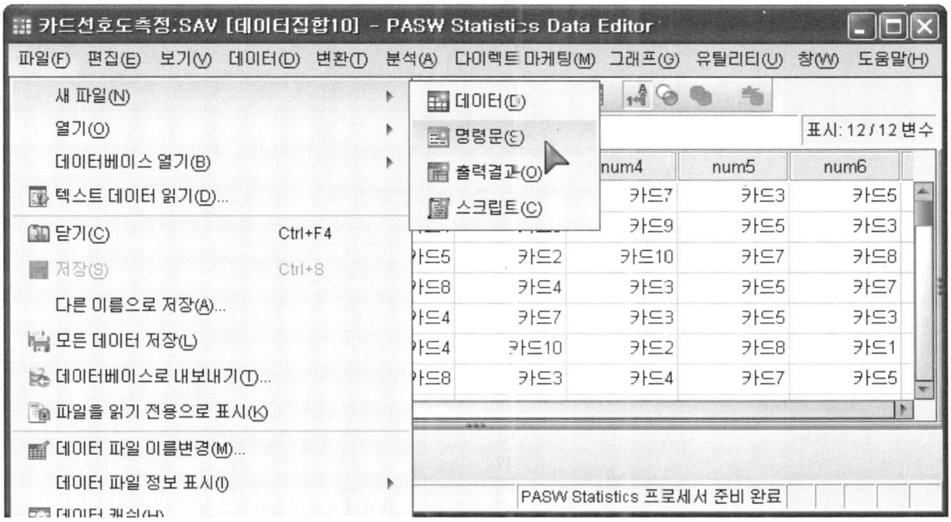

을 선택하여 명령어 창을 열고, 다음과 같이 CONJOINT 명령문을 작성한다.

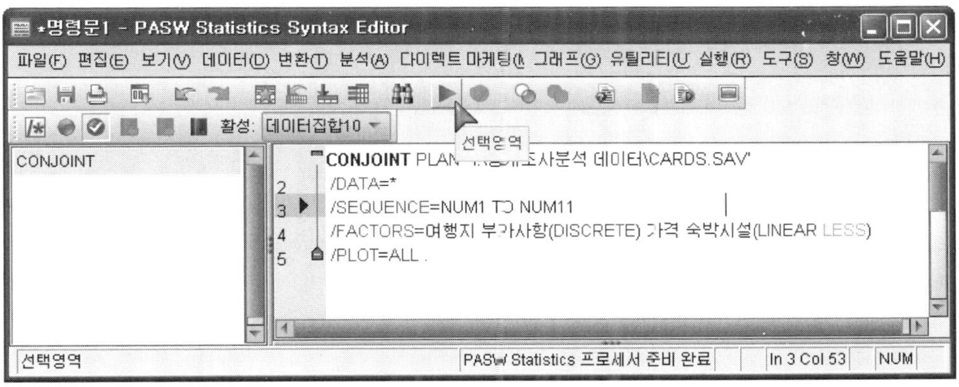

▶을 클릭하여 수행하면, 고객들의 취향에 관한 컨조인트 분석 결과를 얻을 수 있다.

모형 설명

	수준 수	순위 또는 점수에 관련
여행지	3	이산형
가격	3	선형 (적은)
숙박시설	3	선형 (적은)
부가사항	2	이산형

모든 요인이 직교됩니다.

유틸리티

		유틸리티 추정	표준 오차
여행지	하와이	.556	.215
	호주	-.056	.215
	싱가폴	-.500	.215
부가사항	식사, 안내자 제외	-.104	.162
	식사, 안내자 포함	.104	.162
가격	176,000	-2.111	.187
	242,000	-4.222	.373
	305,000	-6.333	.560
숙박시설	최상급	-1.083	.187
	특급	-2.167	.373
	보통	-3.250	.560
(상수)		11.424	.552

중요도 값

여행지	13.793
부가사항	2.722
가격	55.172
숙박시설	28.312

평균 중요도 점수

계수

	B 계수 추정값
가격	-2.111
숙박시설	-1.083

상관계수[a]

	값	유의확률
Pearson의 R	.991	.000
Kendall의 타우	.889	.000
검증용 Kendall의 타우	1.000	.

a. 관측 및 추정 기본 설정 간 상관관계

네 가지 요소 중에 고객들이 여행상품을 선정하는 데 가장 크게 작용하는 요소는 가격으로 상대적 중요도는 55.17%로 나타났다. 즉, 본 컨조인트 모형으로 설명할 수 있는 부분의 55.17%를 가격이란 요소로 볼 수 있다. 다음으로 숙박시설, 여행지, 부가사항 등의 순으로 중요한 것으로 나타났다.

Pearson's R과 Kendall's tau는 관측된 선호도와 추정된 선호도 간의 상관계수로 얼마나 잘 컨조인트 모형에 적합하는지를 나타내 준다.

이제 첫 번째 여행상품의 선호도(효용도)를 계산하여 보면

Card 1
숙박시설 특급
여행지 하와이
부가사항 포함
가격 305,000

(−2.1667) + 0.5556 + 0.1042 + (−6.3333) + 11.4236 = 3.5834가 된다.

같은 요령으로 11개 상품에 대한 선호도(효용도)를 계산하여 보면 여행상품 2가 8.68로 가장 높게 나타났으며

Card 2
숙박시설 최상급
여행지 하와이
부가사항 제외
가격 176,000

여행상품 6이 1.68로 가장 낮게 나타났다.

Card 6
숙박시설 보통
여행지 호주
부가사항 제외
가격 305,000

각 요소별로 선호 수준을 도표로 나타내려면 다음과 같이 PLOT 부명령문을 사용하면 된다.

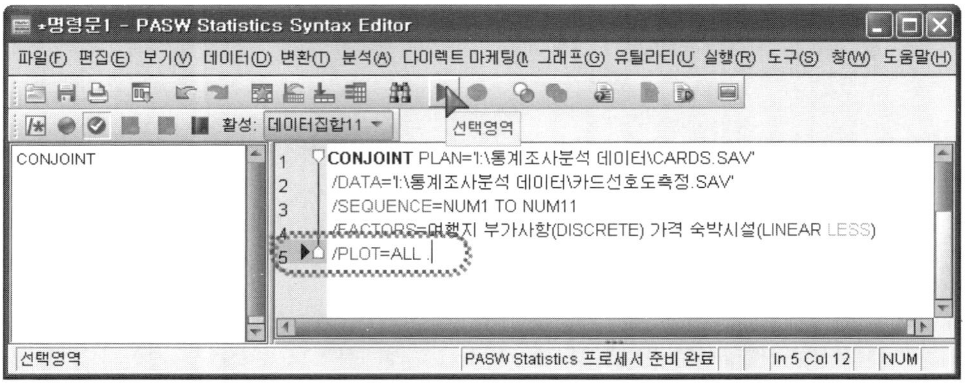
*명령문1 - PASW Statistics Syntax Editor
파일(F) 편집(E) 보기(V) 데이터(D) 변환(T) 분석(A) 다이렉트 마케팅(M) 그래프(G) 유틸리티(U) 실행(R) 도구(S) 창(W) 도움말(H)
활성: 데이터집합11
선택영역
CONJOINT
CONJOINT PLAN='I:\통계조사분석 데이터\CARDS.SAV'
/DATA='I:\통계조사분석 데이터\카드선호도측정.SAV'
/SEQUENCE=NUM1 TO NUM11
/FACTORS=여행지 부가사항(DISCRETE) 가격 숙박시설(LINEAR LESS)
/PLOT=ALL .
선택영역
PASW Statistics 프로세서 준비 완료
In 5 Col 12
NUM

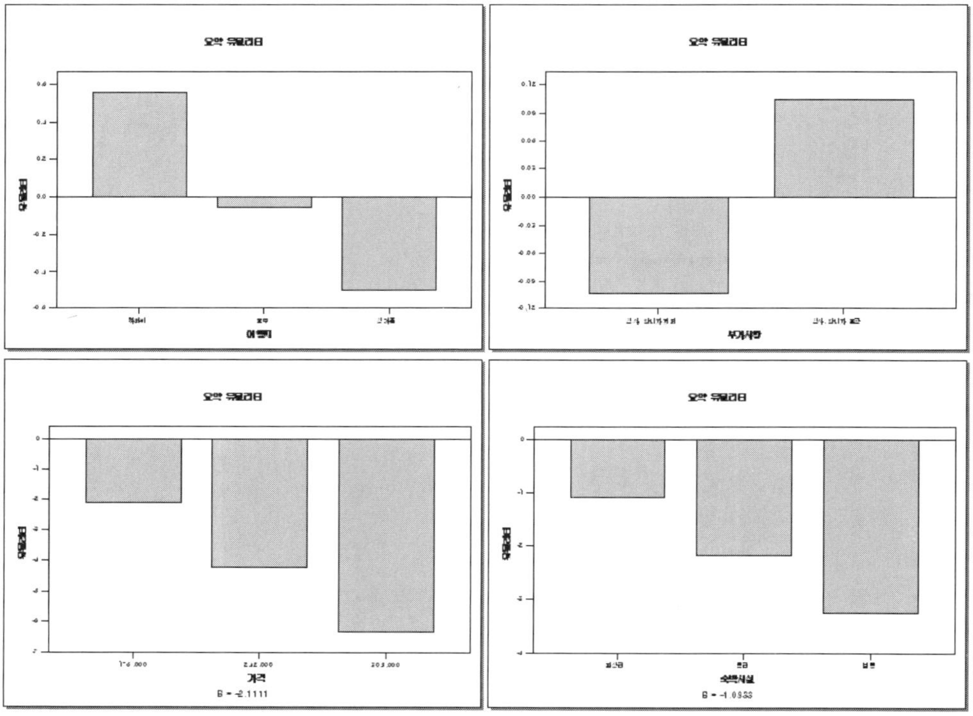

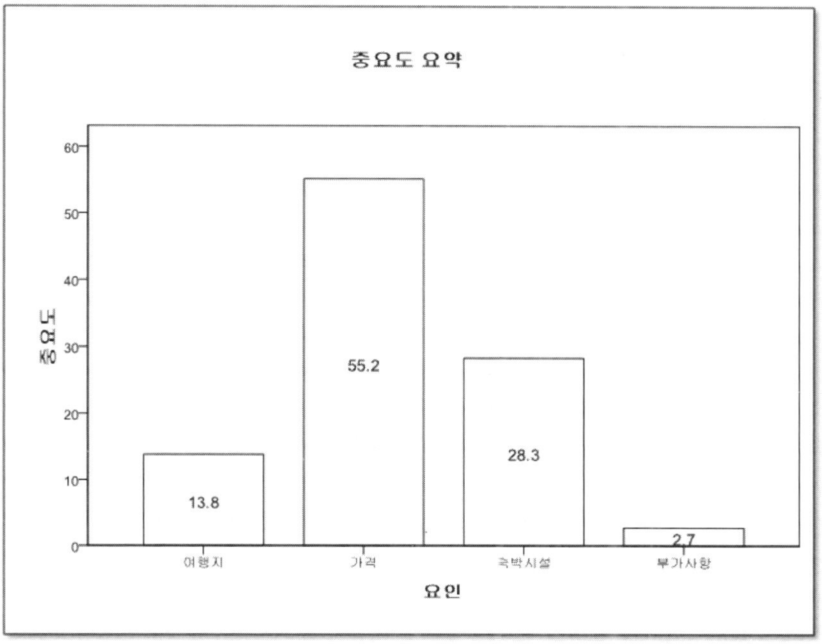

또한 원하는 가상 여행상품에 대한 고객의 가상의 선호도(효용도)를 계산할 수 있는데, 다음의 두 가지 가상 여행상품에 대한 선호도를 계산하여 보자.

Card 12
숙박시설 보통
여행지 하와이
부가사항 포함
가격 305,000

Card 13
숙박시설 최상급
여행지 호주
부가사항 제되
가격 242,000

상기와 같은 Card를 모의실험 카드(Simulation Cards)라고 하는데 기존의 상품카드의 내용을 가지고 있는 "CARDS.SAV" 파일의 뒷부분에 추가하면 된다. 이때 주의할 사항은 변수 STATUS_에서 변수값을 '2'로 하여 '모의실험'으로 지정해야 한다. '모의실험'으로 지정하려면 해당 데이터 셀을 클릭하고 다음과 같은 단축메뉴에서 '모의실험'을 선택하면 된다.

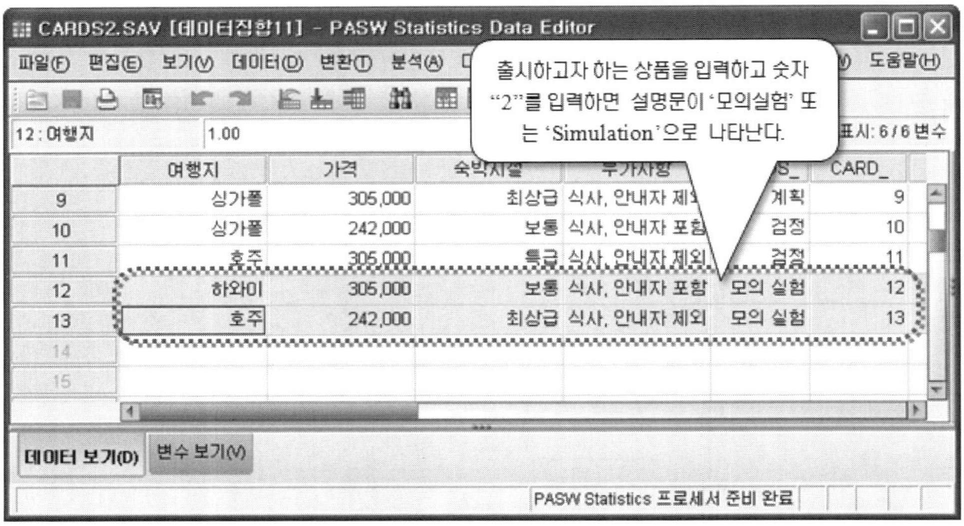

두 가지 가상 여행상품이 추가된 데이터를 "CARDS2.SAV"로 저장한 후, "카드선호도측정.SAV"를 읽어 들인 후, 다음과 같은 SPSS 명령문을 수행하면, 두 가지 가상 여행상품에 대한 고객들의 선호도를 측정할 수 있다.

[가상 여행상품에 대한 검정결과]

모형 설명

	수준 수	순위 또는 점수에 관련
여행지	3	이산형
가격	3	선형 (적은)
숙박시설	3	선형 (적은)
부가사항	2	이산형

모든 요인이 직교됩니다.

시뮬레이션의 기본 설정 점수

카드 번호	ID	점수
1	12	2.500
2	13	5.958

시뮬레이션의 기본 설정 확률[b]

카드 번호	ID	최대 유틸리티[a]	Bradley-Terry-Luce	로짓 로그선형분석
1	12	.0%	29.6%	3.1%
2	13	100.0%	70.4%	96.9%

a. 동률 시뮬레이션 포함

b. 이러한 개체에 모두 음수가 아닌 점수가 있기 때문에 1/1 개의 개체가 Bradley-Terry-Luce 및 로짓 방법에 사용됩니다.

12번과 13번 카드의 선호 예측 점수는 각각 2.500과 5.958로 나타났으며, Simulation Summary에 출력된 결과는 예측된 시장점유율(market share)이다. Max Utility는 13번 카드의 효용도가 가장 크므로 100%로 표현되었으며, 시장점유율에서 제시된 BTL(Bradly-Terry-Luce) 모형은 다음과 같이 계산된 것이다.

$$\text{Card 12의 시장점유율: } BTL_{12} = \frac{2.5}{2.5+6.0} \times 100 = 29.6\%$$

$$\text{Card 13의 시장점유율: } BTL_{13} = \frac{6.0}{2.5+6.0} \times 100 = 70.4\%$$

또한 Logit 모형은 다음과 같이 계산된 것이다.

$$\text{Card 12의 시장점유율: } Logit_{12} = \frac{e^{2.5}}{e^{2.5}+e^{6.0}} \times 100 = 3.1\%$$

$$\text{Card 13의 시장점유율: } Logit_{13} = \frac{e^{6.0}}{e^{2.5} + e^{6.0}} \times 100 = 96.9\%$$

컨조인트 분석은 어떤 종류의 서비스에 관하여, 그에 대한 고객의 선호도를 효과적으로 측정하는 데 매우 유용한 분석방법이다.

근본적으로 모든 고객들은 높은 질, 최고의 만족도, 낮은 유지비 그리고 비교적 낮은 가격을 원하고 있다. 그러나 실제로는 그런 조건들을 동시에 만족시킬 수는 없고, 상호 보완적인 결정을 내려야 한다. 이런 경우에 바로 컨조인트 분석은 고객의 흥미를 해치지 않는 범위 내에서 상호 보완적인 결정을 내릴 수 있도록 도와줄 것이다.

24.4 연습 문제

1. 미국의 한 카페트 청소기 제조회사에서는 소비자들의 선호도에 영향을 줄 수 있는 다음의 다섯 가지 요소들을 분석하고자 한다. 단, 18개의 가상상품 카드와 4개의 HOLDOUT카드와 2개의 모의실험을 위한 카드 등에 관한 데이터가 "CPLAN.SAV"라는 파일로 보관되어 있고, 이중 22개의 카드를 사용하여 10명의 예상 고객들로부터 수집한 선호 순위 데이터가 "CARPET.SAV"라는 파일로 보관되어 있다. CONJOINT 프로시저를 사용하여 각 요소들의 선호도(효용도)를 분석하라.

   ① 세 가지의 포장디자인('a', 'b', 'c')
   ② 세 가지의 상표명('K2R', 'Glory', 'Bissell')
   ③ 세 가지의 가격('$1.19','$1.39','$1.59')
   ④ 제품보증서 포함 여부('예', '아니오')
   ⑤ 현금환불보증 가능 여부('예','아니오')

2. SPSS 교육을 받는 수강생들의 선호도에 영향을 줄 수 있는 강사의 수준, 시간당 강사료, 강의방법 등의 세 가지 요소들을 분석하고자 한다.

   ① 강사의 수준: 1 '대학교수' 2 '시간강사' 3 '회사소속 강사'
   ② 시간당 강사료: 1 '50,000원' 2 '100,000'원 3 '150,000원'
   ③ 강의방법: 1 '강의식' 2 '문답식'

   9개의 가상 상품 카드와 3개의 Holdout 카드 등에 관한 데이터가 "INSTCARD.SAV"라는 파일로 보관되어 있고 수강생들의 선호도를 측정한 데이터가 "INSTPREF.SAV"라는 파일에 보관되어 있다. 컨조인트 분석을 수행하라.

Chapter 25

최적화 척도법(Optimal Scaling)

25.1 최적화 척도법의 개요

시장조사, 서베이 조사를 비롯한 많은 사회과학적 조사에서 가장 많이 접하는 데이터는 범주형 데이터이다. 실제로 많은 조사 분석가들이 전적으로 범주형 데이터만을 취급하고 있다.

범주형 데이터를 요약하는 가장 전통적인 방법은 교차표를 작성하는 것이다. 교차표로 요약된 데이터를 분석하는 데 있어서 적용되는 통계적 분석모형은 통상적인 상관분석이나 회귀분석과 같은 연속형 데이터에 적용되는 통계적 접근법과는 성격을 달리하고 있다.

최적화 척도법(optimal scaling)은 변수들 간의 관계를 가능한 한 적은 수의 차원(2차원 또는 3차원)에 표시함으로써 변수들 간의 내적구조나 패턴을 설명하고자 하는 통계적 분석기법이다. 시장조사 분야에서는 이러한 분석기법을 위치도(perceptual mapping)라고 하는 위치도 작성에 활용할 수 있다.

위치도(perceptual map)란 사람들이 유사한 많은 제품이나 개체들 중에서 각 제품이나 개체의 이미지를 어떻게 지각하는가를 나타내는 지도이다. 위치도는 통상적으로 '지각도', '인지도' 또는 '포지셔닝 맵'이라고도 부른다.

SPSS의 Categories 옵션에서 제공되는 최적화 척도법 프로시저는 다음과 같은 것들이 있다.

① ANACOR - 대응일치분석(Correspondence Analysis)

: 2차원 교차표로 나타낼 수 있는 범주형 데이터의 분석

② MCA - 다중대응일치분석(Multiple Correspondence Analysis)

: 다차원 교차표로 나타낼 수 있는 범주형 데이터의 분석, 동질성분석 (Homogeneity Analysis: HOMALS)이라고도 함.

③ CatPCA - 범주형 주성분분석(Categorical Principal Components Analysis)

: 한 종류의 혼합형 변수군의 변동 유형을 분석

④ OVERALS - 비선형 정준상관분석(Nonlinear Canonical Correlation Analysis)

: 두 종류 이상의 혼합형 변수군들의 변동 유형을 분석

25.2 대응일치분석(ANACOR)

대응일치분석(correspondence analysis)은 2차원 교차표로 나타낼 수 있는 정보를 일목요연하게 도식화하는 분석방법이다.

위치도(perceptual map) 작성에 널리 사용되는 통계분석기법인 다차원척도법(MDS)은 주로 연속성 변수에 적용되는 데 반하여 대응일치분석은 주로 범주형 변수에 폭넓게 적용될 수 있다.

흔히 두 범주형 변수의 상관관계를 분석하고자 할 때 교차표(Crosstabs)를 작성하고, 두 변수 간의 독립성검정(카이제곱검정)을 하여 통계적으로 유의한 상관이 있다고 판단될 때에는 두 변수 간에 얼마만큼의 연관성이 있는지를 나타내는 상관도, 즉, 결합도(measure of association)를 계산한다. 그러나 상관도는 단지 두 변수 간의 상관의 정도만을 나타내 줄 뿐 두 변수의 각 수준별로 어떻게 상관이 있는지에 대한 정보를 제시하여 주지 못한다. 대응일치분석은 두 변수의 각 수준별 관측점들을 2차 평면상에 도식화하여 줌으로써 개개의 수준에 따른 차이를 명확히 볼 수 있게 한다.

개인용 컴퓨터(PC) 이미지의 위치화

삼성, 삼보, 금성, 현대, 대우 및 용산상가 조립품의 여섯 가지 컴퓨터 브랜드에 대하여 32명의 대학생을 대상으로 A/S, 가격, 성능, 확장성, 디자인, 안정성 및 다기능성 등의 일곱 가지 제품 이미지를 중복을 허용하여 선택하도록 하여 수집된 데이터는 [표 25-1]과 같다.

[표 25-1] PC 이미지와 브랜드명과의 교차집계표(Cs_co.sav;Cs_co2.sav)

	삼성	삼보	금성	현대	대우	상가조립품
A/S가 잘된다	18	8	4	4	3	3
가격이 저렴하다.	1	2	1	1	0	25
성능이 우수하다.	8	14	3	2	3	8
확장성이 뛰어나다.	7	5	4	3	1	10
디자인이 세련됐다.	10	5	9	2	1	2
안정성이 높다.	9	9	5	7	1	1
기능이 다양하다.	10	4	4	3	1	7

윈도용 SPSS 상에서 이와 같은 데이터를 입력하려면, 우선 브랜드명과 제품 이미지를 나타내는 2개의 변수를 준비한다. 범주형 변수이므로 변수값 설명문을 부여한다.

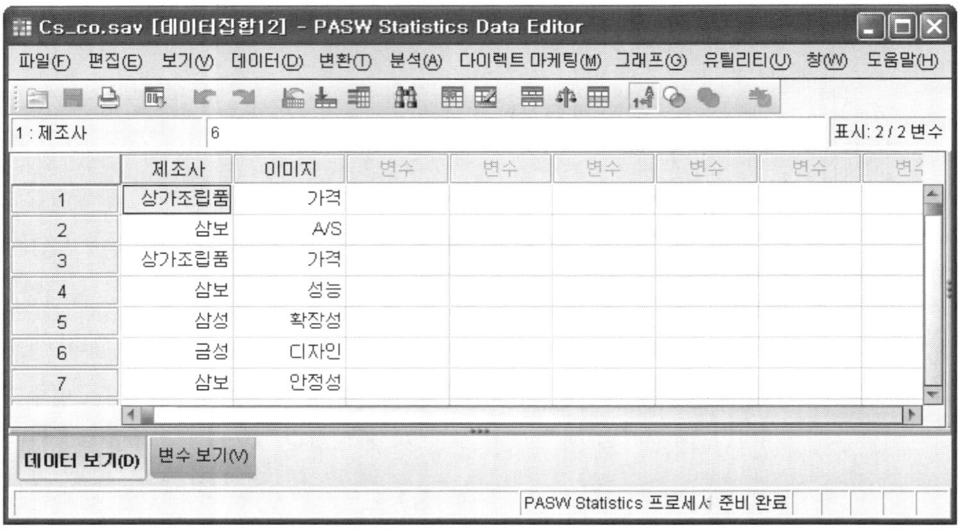

통상적인 설문지의 데이터 입력에서는 케이스의 수가 설문지의 매수가 되고, 변수의 수는 문항의 수가 되지만, 대응일치분석의 경우에는 케이스의 수는 반응의 수이고 변수의 수는 두 개가 된다.

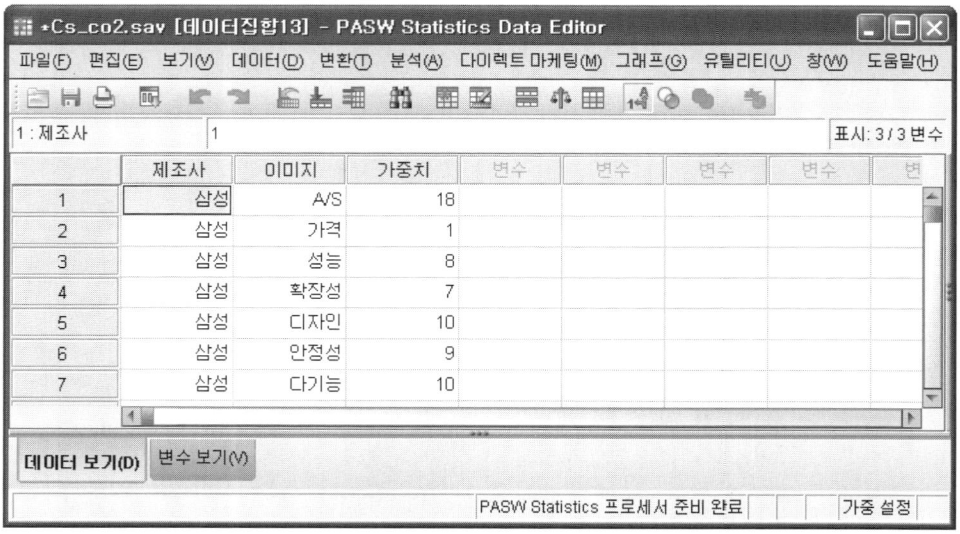

반응의 수를 가중치라는 변수로 입력하고 이 변수값이 결국 케이스의 수를 의미하므로 가중치 변수의 변수값을 가중값으로 부여하기 위하여 다음과 같이 지정하고 확인 단추를 클릭한다.

데이터 〉 가중 케이스 ……

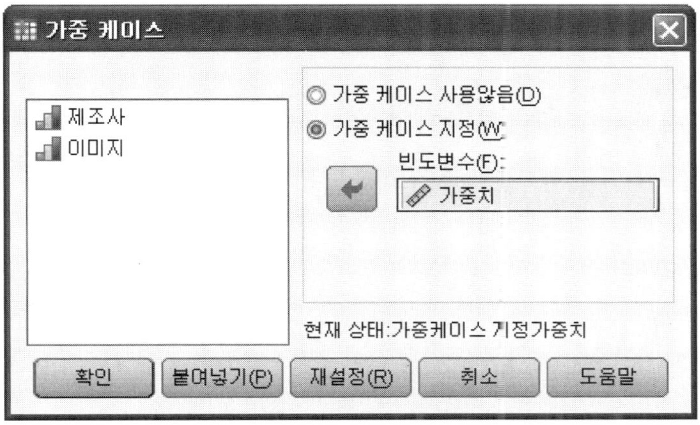

이제 작업 데이터 파일이 준비되었다. 실행에 앞서 교차표를 분석해 보자.

[표 25-1]의 교차표를 보면 가장 많은 반응을 보인 PC 제품은 상가조립품으로 나타났으며, 가장 적은 반응을 보인 것은 대우 제품인 것으로 나타났다. 이는 "말도 많고 탈도 많다"로 표현되는 상가조립품 PC를 대변하는 현상이다. 반면에 대우 제품은 본 설문의 응답학생들에게 가장 무미건조한 제품으로 평가된 것이다.

개별 제품 이미지와 PC 제품명을 연결시켜서 살펴보면, 상가조립품은 가격이 저렴하고 확장성이 뛰어난 것으로 인지되고 있으며, 삼성 제품은 A/S가 잘되며, 디자인이 세련되고 기능이 다양한 것으로 인지되고 있으며, 대부분의 제품 이미지에서 지명도가 높은 것으로 나타났다. 삼보 제품은 특히 성능이 우수하며 안정성이 뛰어난 것으로 인지되고 있으며, 금성 제품은 디자인이 세련된 것으로 인지되고 있다.

이제 윈도용 SPSS를 사용하여 여섯 가지 PC 제품과 일곱 가지 제품 이미지를 결합하여 도식화하는 결합도표(joint plot)를 그려보도록 하자.

우선 윈도용 SPSS의 주메뉴에서

'분석 〉 차원 감소 〉 대응일치 분석 …'

을 선택하면, 다음과 같은 '대응일치분석' 대화상자가 열린다.

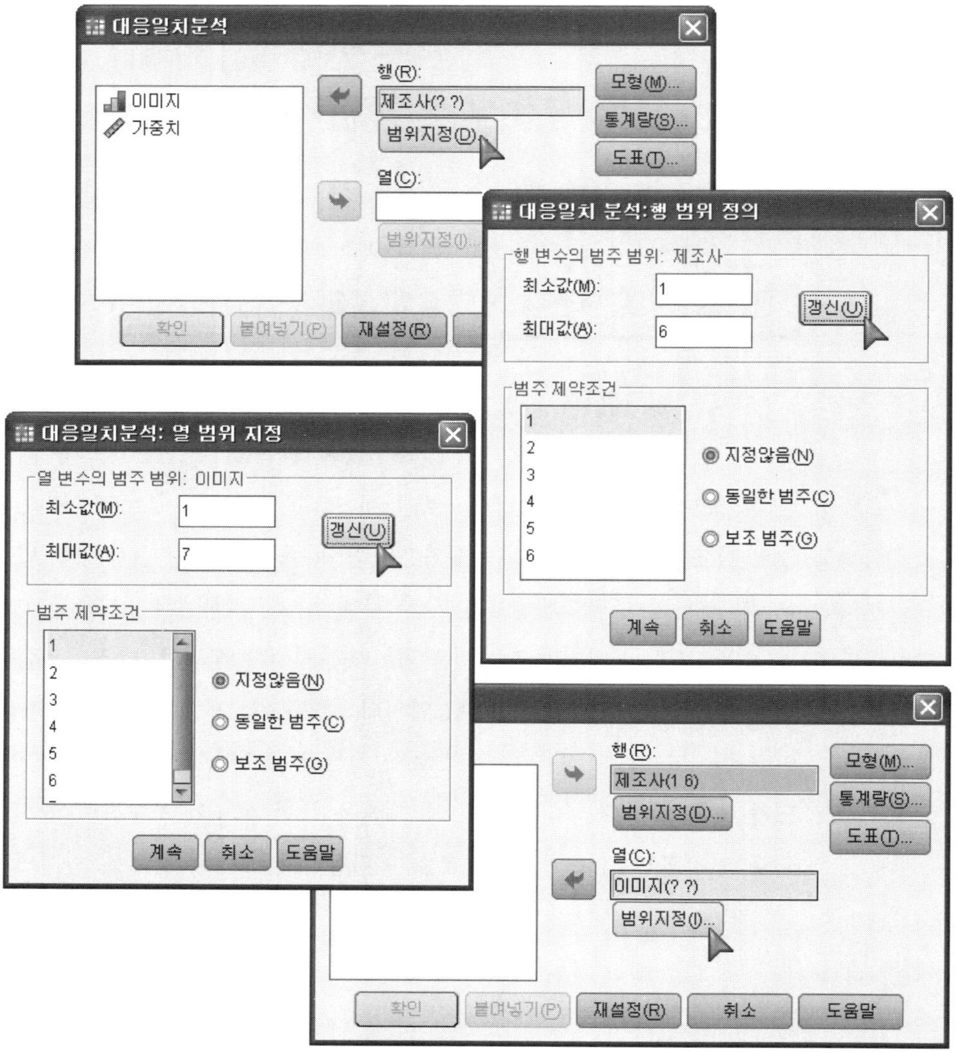

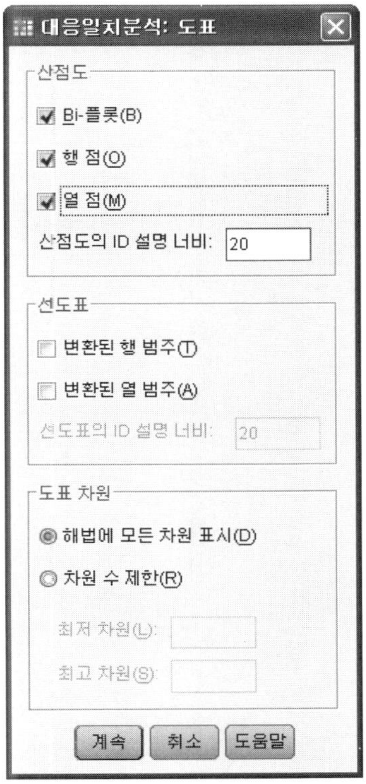

행변수(row) 항목에 변수 '제조사'를 선택하고, 열변수(Column) 항목에 변수 '이미지'를 선택한다. 간혹 특정한 범주를 제외하고 분석하는 경우가 있을 수 있으므로 윈도용 SPSS의 대응일치분석 대화상자에서는 분석에 포함시킬 각 변수의 범주의 범위를 지정하도록 되어 있다. 범위지정(D)... 단추를 클릭하고 분석에 포함시킬 범주의 최소값과 최대값을 지정한 다음 갱신(U)을 클릭한다. 주대화상자에서 도표(T)...를 클릭하고 다음과 같이 산점도를 추가한다.

계속을 클릭하고, 주대화상자에서 확인을 클릭하면 윈도용 SPSS는 대응일치분석을 수행하여 분석결과를 PASW Statistics Viewer에 출력한다.

대응일치표

제조사 제조회사	이미지 제품이미지							
	A/S	가격	성능	확장성	디자인	안정성	다기능	액티브 주변
삼성	18	1	8	7	10	9	10	63
삼보	8	2	14	5	5	9	4	47
금성	4	1	3	4	9	5	4	30
현대	4	1	2	3	2	7	3	22
대우	3	0	3	1	1	1	1	10
상가조립품	3	25	8	10	2	1	7	56
액티브 주변	40	30	38	30	29	32	29	228

다른 옵션을 지정하지 않는 한 윈도용 SPSS는 두 개의 도표를 출력하는데 하나는 행변수에 따른 각 범주의 위치도이고 다른 하나는 열변수에 따른 각 범주의 위치도이다.

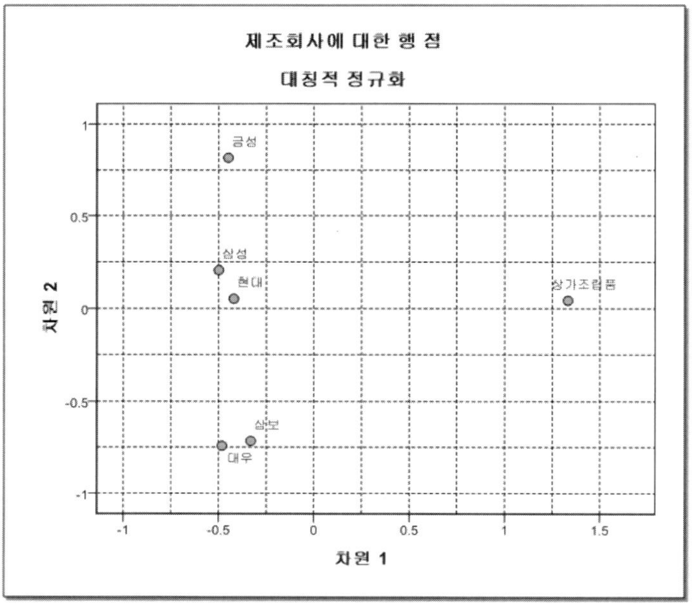

먼저 행변수인 제조사에 따른 각 제품의 위치도를 살펴보면, 삼성과 현대 제품이 매우 근사하게 위치하고 있으며, 대우와 삼보 제품이 역시 근사하게 위치하여 있는 것을 알 수 있다.

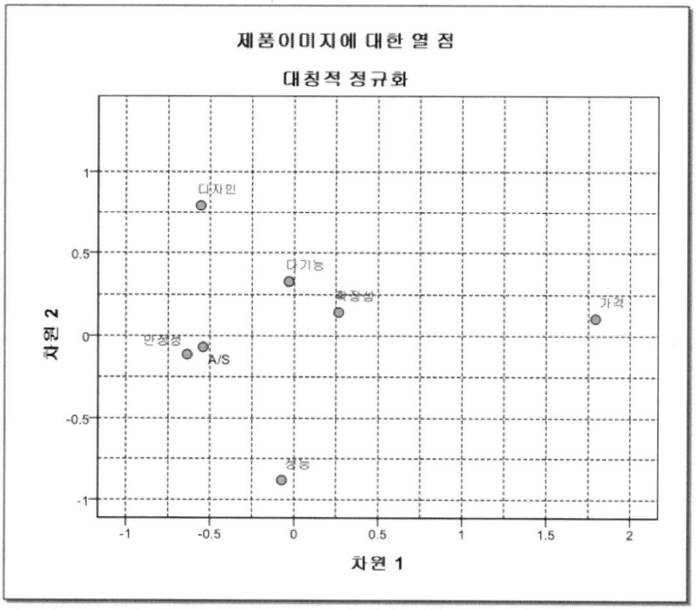

열변수인 제품 이미지에 따른 위치도를 살펴보면, 안정성과 A/S는 매우 근사하게 위치하고 있으며, 다기능과 확장성 역시 근사하게 위치하고 있다.

이제 제조사와 제품 이미지를 결합한 위치도(결합도표)를 확인해 보도록 하자. 상가조립품은 가격이 저렴한 것이 가장 특징적인 이미지로 나타났으며, 삼보와 대우는 성능에 가장 부각되는 이미지를 갖고 있는 것으로 나타났다. 또한 삼성과 현대는 안정성과 A/S로 이미지가 부각되었으며, 금성은 디자인에서 탁월한 이미지로 부각되었음을 알 수 있다.

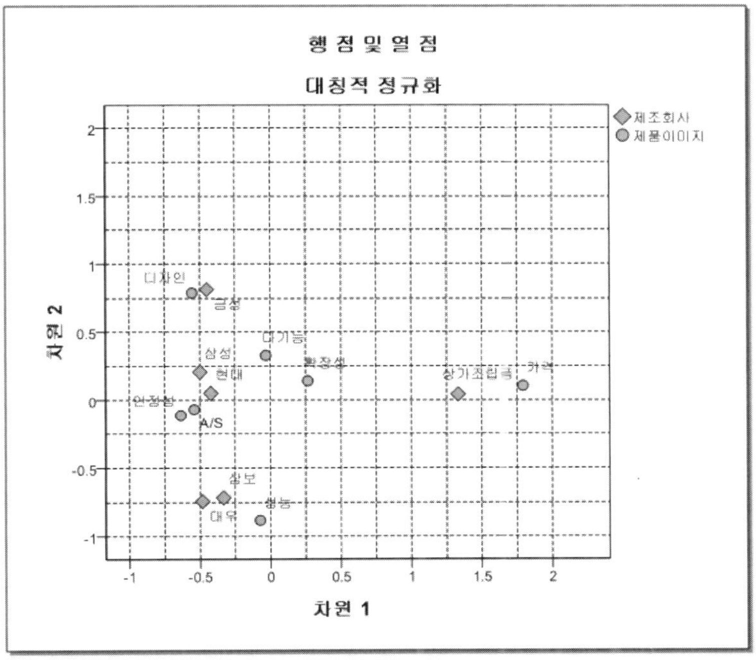

대응일치분석은 가능한 적은 수의 차원에 행변수와 열변수 간의 관계를 표현하고자 하는 것인데, 가능하면 적은 차원에서 정보의 손실을 최소화하여 표현된다면 매우 바람직할 것이다.

요약

차원					관성비율		신뢰 비정칙값	
								상관계수
	비정칙값	요약 관성	카이제곱	유의확률	설명됨	누적	표준편차	2
1	.581	.337			.760	.760	.056	.049
2	.230	.053			.119	.879	.070	
3	.169	.029			.064	.944		
4	.158	.025			.056	1.000		
5	.011	.000			.000	1.000		
전체		.444	101.191	.000[a]	1.000	1.000		

a. 자유도 30

SPSS는 각 차원별로 원래의 모든 데이터가 갖고 있는 정보를 얼마만큼 표현해 주는가를 알 수 있는 통계표를 출력하여 주는데 상기의 결과에서 알 수 있듯이 2차원 평면에서 나타난 결합도표는 전체 데이터가 갖고 있는 정보의 87.9%(누적 열)를 나타내 준다고 볼 수 있다. 다른 말로 표현하면 2차원 공간상에 각 관측점들을 투영했을 때 약 12.1%의 정보 손실이 발생된다는 것을 의미한다.

만약 3차원 공간상에 각 관측점들을 투영했다면 원래 데이터가 갖고 있는 정보의 94.4%를 표현할 수 있음을 알 수 있다.

열 포인트 개요[a]

이미지 제품이미지		차원의 점수			기여도				
					차원의 관성에 대한 포인트		포인트의 관성에 대한 차원		
	매스	1	2	요약 관성	1	2	1	2	전체
A/S	.175	-.541	-.069	.045	.088	.004	.659	.004	.663
가격	.132	1.794	.105	.246	.729	.006	.998	.001	.999
성능	.167	-.073	-.881	.036	.002	.563	.014	.820	.834
확장성	.132	.265	.142	.006	.016	.012	.848	.096	.944
디자인	.127	-.555	.793	.051	.067	.348	.445	.359	.804
안정성	.140	-.636	-.114	.053	.098	.008	.622	.008	.629
다기능	.127	-.032	.327	.005	.000	.059	.014	.580	.594
액티브 전체	1.000			.444	1.000	1.000			

a. 대칭 정규화

올바른 축의 해석을 위하여 각 관측점의 공헌도를 검토하여야 하는데, 제품 이미지에 있어서 X축에 가장 크게 기여한 것은 가격으로 기여도가 72.9%으로 나타났으므로 X축은 가격 축으로 해석하여도 크게 무리가 없다. Y축의 경우에는 성능이

56.3%의 기여도를 나타냈으며, 디자인이 34.8%의 기여도를 보이므로, Y축은 성능과 디자인 축으로 해석하면 되겠다.

행 포인트 개요[a]

제조사 제조회사	매스	차원의 점수		요약 관성	기여도				
					차원의 관성에 대한 포인트		포인트의 관성에 대한 차원		
		1	2		1	2	1	2	전체
삼성	.276	-.499	.206	.055	.118	.051	.725	.049	.774
삼보	.206	-.332	-.715	.042	.039	.459	.313	.575	.888
금성	.132	-.449	.817	.046	.046	.382	.335	.437	.772
현대	.096	-.421	.052	.032	.029	.001	.314	.002	.316
대우	.044	-.482	-.741	.016	.018	.105	.377	.353	.731
상가조립품	.246	1.332	.043	.253	.750	.002	.999	.000	1.000
액티브 전체	1.000			.444	1.000	1.000			

a. 대칭 정규화

반면에 제품의 측면에서 살펴본다면 가격 축인 X축에 가장 기여한 제품은 상가조립품으로 약 75.0%의 설명력을 보인다고 할 수 있다. 삼브 제품은 성능 축에 의하여 약 45.9% 정도 설명된다고 볼 수 있으며, 금성 제품인 경우 디자인 축에 의하여 약 38.2% 정도 설명된다고 볼 수 있다.

결론적으로 말하면 상가조립품은 저렴한 가격의 이미지가 소비자의 머릿속에 뚜렷이 인지되어 있으며, 삼보 제품은 우수한 성능의 이미지로, 금성 제품은 세련된 디자인 이미지로 소비자의 머릿속을 점하고 있는 것으로 나타났다. 이 조사를 보다 다양한 계층에 적용하여 실시하였다면 계층별로 각 PC 제품이 어떠한 이미지로 부각되고 있는지를 분석할 수 있을 것으로 기대된다. 지금까지 살펴본 바와 같이 대응일치분석은 많은 사회 과학 조사에서 쉽게 얻을 수 있는 범주형 데이터에 근거하여 각 제품 또는 서비스 등을 소비자에 마음속에 인지되고 있는 다양한 이미지와 결합시켜 분석해볼 수 있는 매우 유용한 분석법이다.

25.3 다중 대응일치분석(MCA)

다중 대응일치분석(multiple correspondence analysis: MCA)은 동질성 분석(homogeneity analysis)으로 보다 더 잘 알려져 있는 분석이다. 케이스(개체)와 범주에 계량적 수치를 부여함으로써 범주형 데이터를 수량화하는 분석법으로 HOMALS로 부르기도 한다.

음료수와 스낵 선호도의 위치화

대학생 25명에게 국내에서 판매되는 음료수 네 가지 중에 어떤 것을 가장 선호하는지를 물어보았으며, 아울러 일주일에 음료수 구입 비용은 얼마만큼 지출하는지와 음료수와 함께 가장 즐겨 먹는 스낵은 어떠한 것인지를 질문하였다.

- 다음의 4가지 음료 중에 귀하가 가장 선호하는 음료는 어떤 것입니까?
  1) 콜라 2) 사이다 3) 홍차 4) 주스
- 귀하는 1주일 동안에 평균적으로 얼마만큼의 돈을 음료수 구입비로 지출하십니까?
  1) 1,000원 미만 2) 1,000원~3,000원 미만 3) 3,000원 이상
- 다음의 5가지 스낵 중에서 1번 문항에서 선택한 음료수와 같이 먹기를 선호하는 것은 어떤 것입니까?
  1) 젤리 2) 땅콩 3) 초콜릿 4) 포테이토 칩 5) 과일

수집된 데이터(SOFTDRiNK.SAV)는 다음과 같다.

음료	구입비용	스낵'
사이다	1,000원 미만	과일
주스	3,000원 이상	포테이토칩
콜라	1,000~3,000원	젤리
콜라	1,000~3,000원	땅콩
홍차	1,000~3,000원	초콜릿
사이다	1,000원 미만	과일
주스	3,000원 이상	포테이토칩

콜라	1000~3000원	젤리
주스	3,000원 이상	포테이토칩
홍차	1,000~3,000원	땅콩
사이다	1,000원 미만	과일
홍차	1,000~3,000원	초콜릿
사이다	1,000원 미만	과일
주스	3,000원 이상	포테이토칩
⋮	⋮	⋮

SPSS 주메뉴에서

'분석 〉 차원 감소 〉 최적화 척도법 ……'

을 선택하면 다음과 같은 대화상자가 열린다.

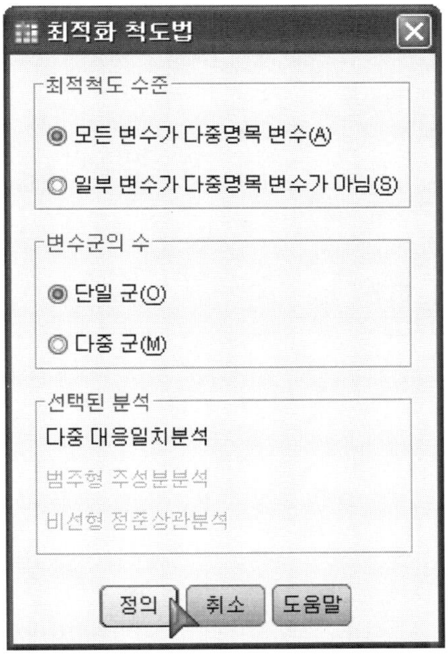

여기에서 '최적척도 수준' 항목에서 '모든 변수가 다중명목'을 선택하고, '변수군의 수' 항목에서 '단일 군'을 선택하고 정의 단추를 클릭하면 다음과 같은 다중 대응일치(동질성 분석: HOMALS) 대화상자가 열린다.

'분석 변수:' 항목에 음료, 구입 비용, 스낵 등의 세 개 변수를 선택하고 변수 가중값 정의(D)... 단추를 클릭하여 각 변수 가중값을 정의한 후(여기에서는 디폴트를 사용함) 확인 단추를 클릭하면 다음과 같은 위치도가 출력된다.

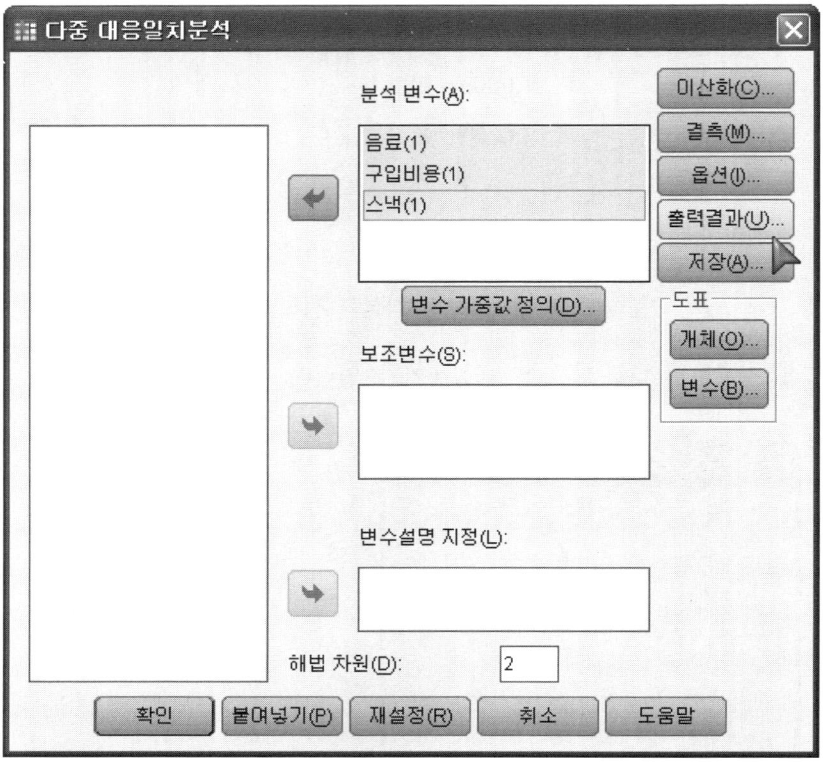

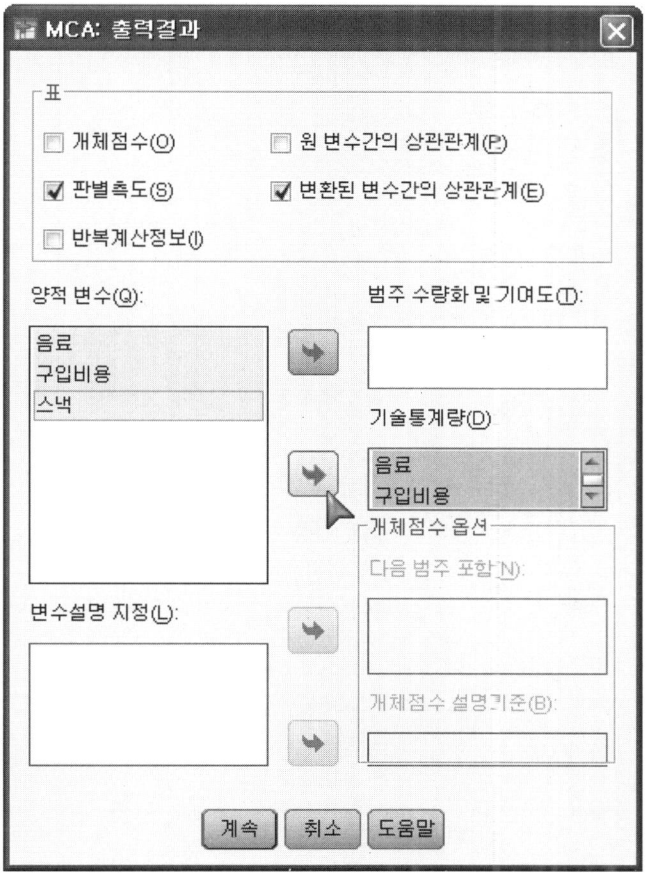

음료 가장 좋아하는 음료

		빈도
유효	콜라	5
	사이다[a]	8
	홍차	5
	쥬스	7
	전체	25

a. 최빈값.

구입비용 주간 음료 소비액

		빈도
유효	1000원미만	5
	1000-3000원	9
	3000원 이상[a]	11
	전체	25

a. 최빈값.

스낵 가장 좋아하는 스낵

		빈도
유효	젤리	4
	땅콩	3
	초코렛	4
	포테이토칩[a]	7
	과일[a]	7
	전체	25

a. 최빈값.

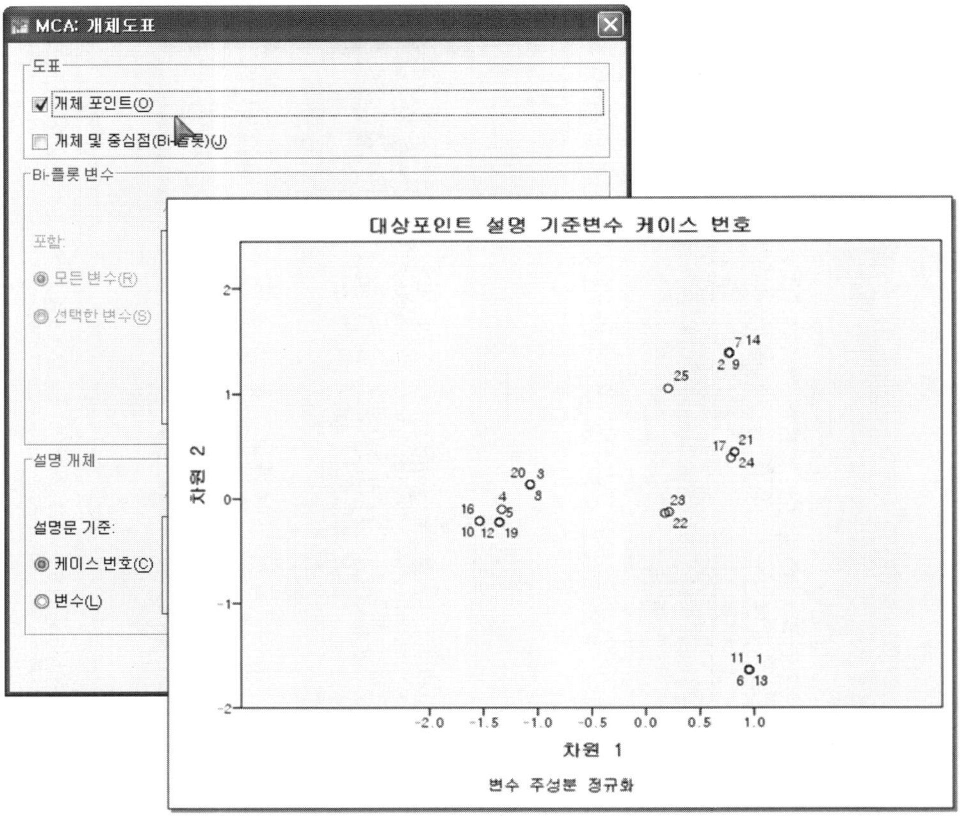

먼저 '대상포인트' 도표가 출력되는데, 이는 25명의 대학생들을 2차원 도표상에 위치시킨 것이다. 같은 위치에 많은 관측점들이 존재하면 SPSS는 최초 점에서 관측점의 수에 비례하여 점차 원모양을 크게 표시한다. 각각의 관측점들은 각 케이스에 부여되는 대상점수(object scores)에 따라 위치하게 된다.

다음으로 범주 수량화(category qualifications) 도표가 출력되는데, 각 범주에 부여되는 수치인 범주수량화점수(category qualifications scores)에 따라 위치하게 되는데, 이는 한 범주에 속한 모든 대상의 평균대상 점수를 뜻한다.

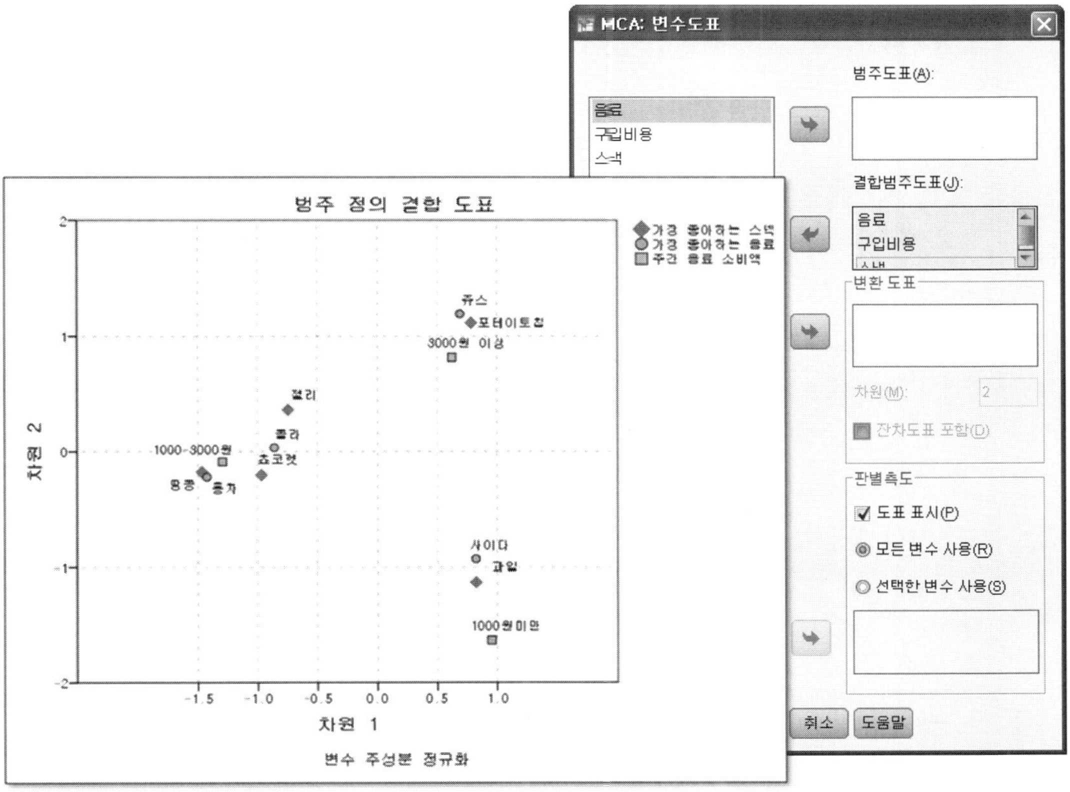

X축 양의 방향에 콜라나 카페인이 있는 음료들이 위치하고 X축의 음의 방향에 주스나 카페인이 없는 음료들이 위치하므로 X축(차원 1)을 카페인 축으로 해석할 수 있다. 반면 Y축(차원 2)은 명확히 소비 습성에 의해 좌우된다.

주스를 선호하는 소비자들이 가장 많은 돈을 지출하였으면 포테이토칩을 선호하는 것으로 나타났다. 반면에 사이다를 선호하는 소비자들이 가장 적은 돈을 지출하였으며, 과일류의 스낵을 선호하는 것으로 나타났다. 콜라와 홍차를 선호하는 사람들은 다소 유사한 소비 습성을 가지고 있는 것으로 판단된다.

이와 같이 동질성 분석의 목적은 각 범주들을 가능한 한 잘 분류해 주는 최적의 수량화 점수를 찾아내는 데 있다. 즉, 같은 범주에 속한 대상들이 도표상에 가까이 위치하고 다른 범주에 속한 대상들과는 가능한 한 멀리 위치하도록 하는 것이 동질성 분석의 목적이다.

25.4 범주형 주성분 분석(CatPCA)

범주형 주성분분석(Categorical Principal Components Analysis)은 CatPCA로 불리는데, 동질성분석과 마찬가지로 모수를 추정하기 위한 계산적 알고리즘에 교류최소제곱법(alternating least squares)을 사용한다.

범주형 주성분 분석은 고전적인 주성분 분석과 같이 차원의 축소에 많이 활용되며, 일련의 변수군 내부에 주요 변동의 축을 해석하여 원래의 데이터를 대체할 적은 수의 성분을 추출하여 낼 수 있다. 그리고 이렇게 추출된 보다 작은 차원의 성분들은 서로 독립이므로 상관관계가 '0'이 된다.

범주형 주성분 분석이 고전적인 주성분 분석과 다른 점은 분석에 적용될 데이터의 척도에 있다. 즉, 고전적인 주성분 분석은 등간척도나 비율척도의 데이터를 사용하는데 반하여, 범주형 주성분 분석은 명목척도, 순서척도 등의 데이터에도 적용할 수 있다.

TV 뉴스캐스터의 외적 이미지의 위치화

▣ 다음의 각 문항에 대하여 귀하에게 가장 호감이 가는 남성 뉴스캐스터가 갖추어야 할 특징을 하나씩만 선택하여 주십시오.

◉ 얼굴형
1) 둥근형　　2) 갸름한 세모형　　3) 각진 네모형

◉ 머리 모양(헤어 스타일)
1) 짧은 머리　　2) 뒤로 넘긴 머리　　3) 긴 머리

◉ 연령
1) 30대　　2) 40대　　3) 50대

◉ 의상 색조
1) 밝은 계통　　2) 짙은 계통

◉ 얼굴표정
1) 부드럽고 밝은 표정　　2) 진지하고 굳은 표정

시청자가 선호하는 남성 뉴스캐스터의 호의적인 외모 유형을 알아보기 위하여 대학생 30명을 대상으로 얼굴형, 머리모양, 연령, 의상색조, 얼굴표정 등에 대하여 선호하는 범주를 선택하도록 하였다. 수집된 데이터(Newscast.sav)는 다음과 같다. SPSS 주메뉴에서 '분석 〉 차원 감소 〉 최적화 척도법 ……'을 선택하면 다음과 같은 대화상자가 열린다.

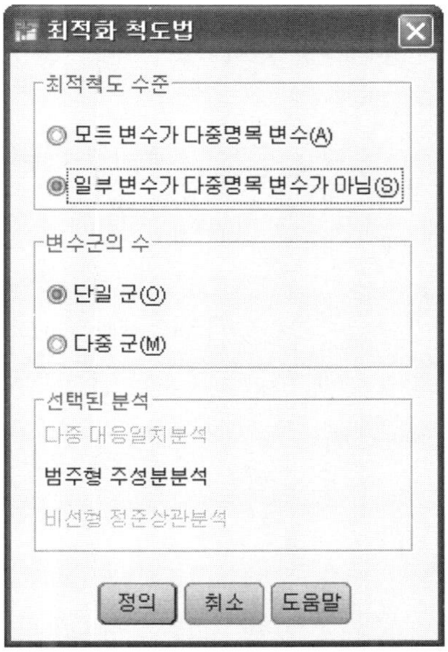

여기에서 '최적척도 수준' 항목에서 '일부 변수는 다중명목 아님'을 선택하고, '변수군의 수' 항목에서 '단일 군'을 선택하고 정의 단추를 클릭하면, 다음과 같은 '범주형 주성분분석' 대화상자가 열린다.

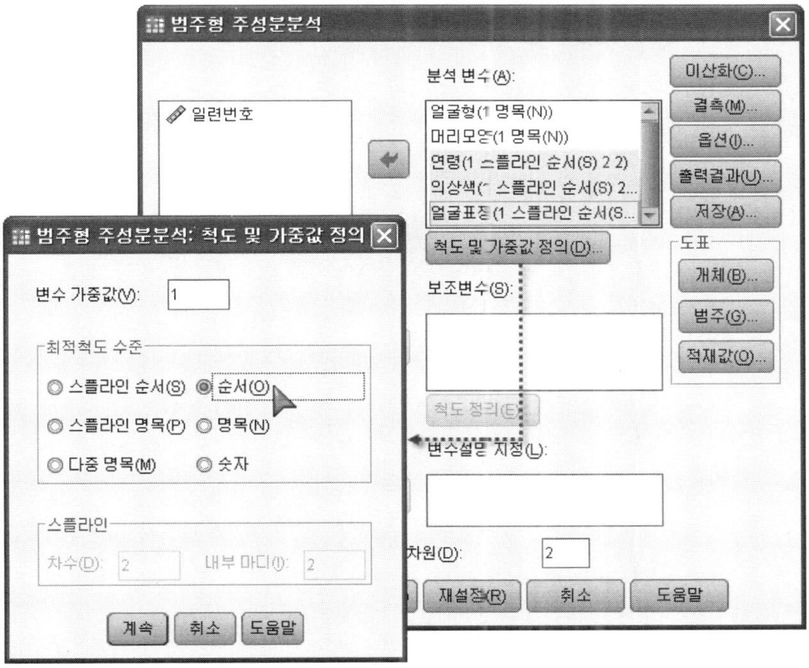

'최적척도 수준'은 각 변수를 수량화하기 위하여 사용하는 척도수준(scaling level)을 정할 수 있다.

- 스플라인 순서(Spline ordinal): 최적 척도화되는 변수에서도 관측된 변수의 범주들의 순서가 유지된다. 범주 점들은 원점을 통과하는 직선(벡터) 상에 놓인다. 변환 결과는 지정한 차수만큼의 구분별 평면단조다항식(smooth monotonic piecewise polynomial)이 된다. 구분(piece)은 내부마디(interior knots)에 지정한 값에 의해 결정된다.

- 스플라인 명목(Spline nominal): 관측된 변수들의 정보가 최적 척도화되는 변수에서도 그대로 유지된다. 즉, 대상들이 원래 소속한 동일한 집단으로 유지된다. 그러나 관측된 변수의 범주들의 순서는 유지되지 않는다. 범주 점들은 원점을 통과하는 직선(벡터) 상에 놓이게 된다. 변환 결과는 지정한 차수에서 평탄(smooth)하고, 혹시 단조하지 않는 구분별 다항식이 된다. 구분(piece)은 내부마디에 지정한 값에 의해 결정된다.

- 다중 명목(Multiple nominal): 관측된 변수들의 정보가 최적 척도화되는 변수에서도 그대로 유지된다. 즉, 대상들이 원래 소속한 동일한 집단으로 유지된다. 그러나 관측된 변수의 범주들의 순서는 유지되지 않는다. 범주 점들은 특정 범주들 내에 속한 대상들의 중앙에 놓이게 된다. 다중(multiple)은 각 차원에 대해 서로 다른 수량화 값을 얻는다는 의미이다.

- 순서(Ordinal): 관측된 변수의 범주들의 순서가 최적 척도화되는 변수에서도 유지된다. 범주 점들은 원점을 통과하는 직선(벡터) 상에 놓이게 된다. 변환 결과는 '스플라인 순서' 변환보다도 잘 적합되지만 덜 평탄(smooth)하게 된다.

- 명목(Nominal): 관측된 변수들의 정보가 최적 척도화되는 변수에서도 그대로 유지된다. 즉, 대상들이 원래 소속한 동일한 집단으로 유지된다. 그러나 관측된 변수의 범주들의 순서는 유지되지 않는다. 범주 점들은 원점을 통과하는 직선(벡터) 상에 놓이게 된다. 변환 결과는 '스플라인 명목' 변환보다도 잘 적합되지만 덜 평탄(smooth)하게 된다.

- 상수(Numeric): 범주들을 등간격으로 서열을 부여할 수 있는 것으로 취급(등간척도 측정수준)한다. 관측된 변수의 범주들의 순서와 범주번호들 사이의 거리가 동일함이 최적 척도화되는 변수에서도 유지된다. 범주 점들은 원점을 통과하는 직선(벡터) 상에 놓이게 된다. 모든 변수들이 등간척도 이상일 때는 표준화된 주성분 분석과 비슷하게 된다.

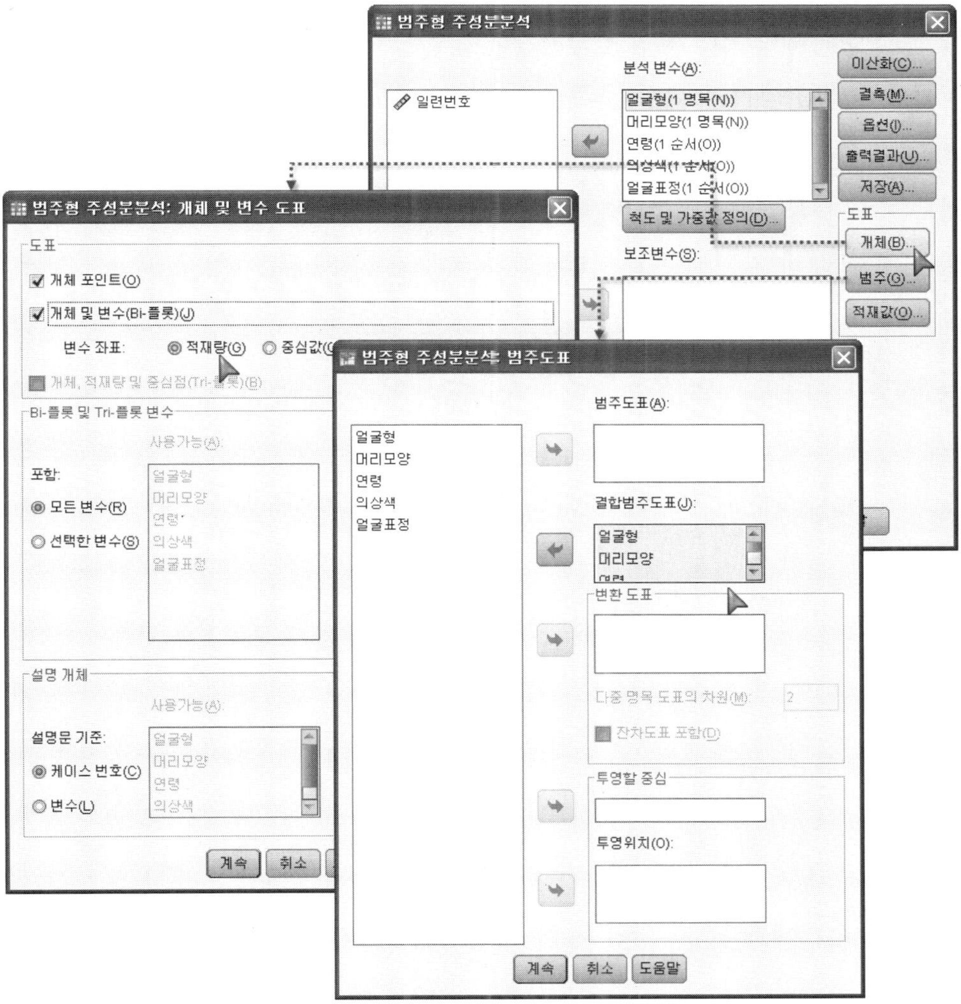

대상 포인트 도표가 출력되는데, 이는 30명의 대학생들을 2차원 도표 상에 위치시킨 것이다. 각 점 위의 번호는 케이스 번호이며, 번호들이 많이 겹쳐 있을수록 같은

위치에 많은 관측점들이 존재함을 나타낸다. 각각의 관측점들은 각 케이스에 부여되는 대상 점수에 따라 위치하게 된다.

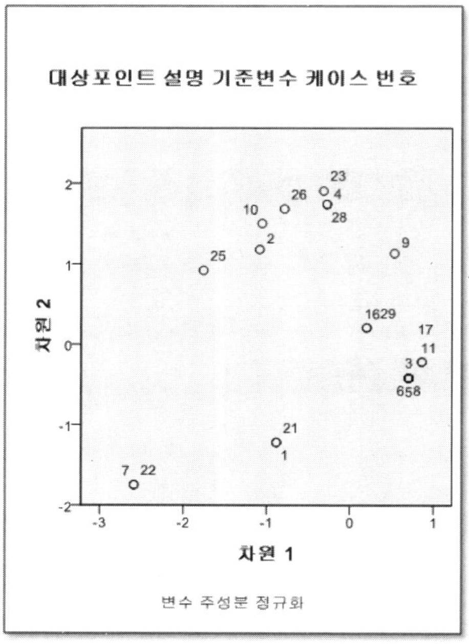

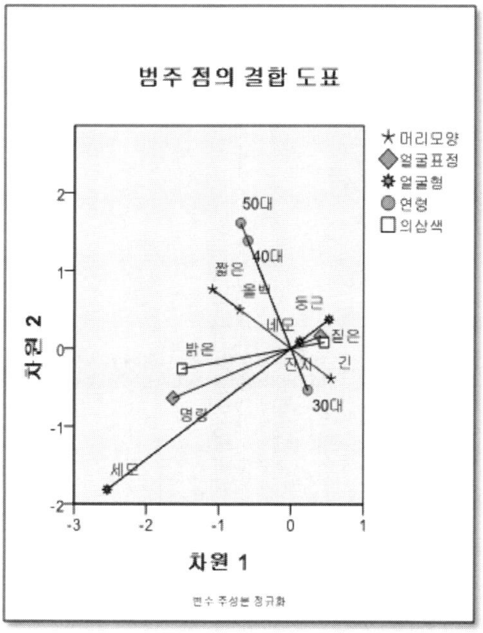

다음으로 '범주 점의 결합도표'를 대상 포인트 도표에 겹쳐서 생각해 보면 30대, 긴 머리, 네모형 얼굴에 짙은 계통의 의상을 입고 진지하고 굳은 표정을 짓는 남성 뉴스캐스터를 가장 많은 학생들이 선호하는 것으로 나타났다. 이는 앞의 두 장의 그림을 원점을 기준으로 겹쳐서 그린 그림을 연상하여 대상이 가장 많이 겹쳐 있는 위치와 맞아떨어지기 때문이다.

각 축을 해석하기 위하여 각 변수들이 X축, Y축에 걸리는 적재량(loading)의 각도를 살펴보기 위하여 'Bi-플롯' 도표를 검토해 본다.

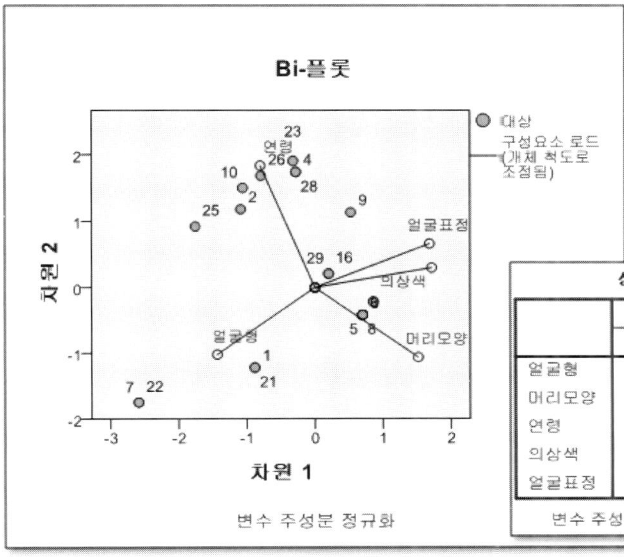

성분 적재

	차원	
	1	2
얼굴형	-.693	-.494
머리모양	.735	-.515
연령	-.387	.889
의상색	.831	.144
얼굴표정	.815	.319

변수 주성분 정규화

의상색, 얼굴표정, 얼굴형은 같은 성향을 띠는 것으로 나타났으며, 머리모양과 연령 역시 서로 같은 성향을 띠는 것으로 나타났다.

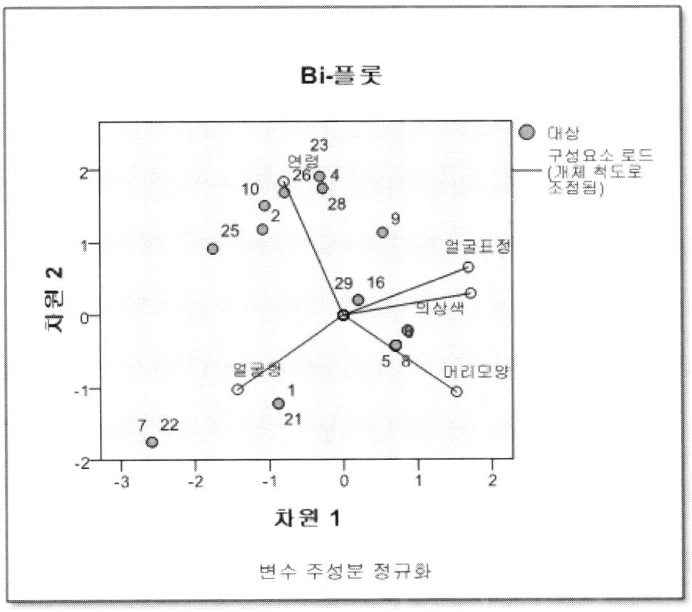

앞에서 대상 포인트와 범주들의 Bi-플롯(위치도)을 작성하면 위의 그림과 같으며,

타원 점선으로 표시한 부분을 보면 30대, 긴 머리, 네모형 얼굴에 짙은 계통의 의상을 입고 진지하고 굳은 표정을 짓는 남성 뉴스캐스터를 가장 많은 학생들이 선호하는 것으로 판단할 수 있다.

주의! 사용하는 소프트웨어가 초기 한글판인 SPSS 10.0K라면 이 CatPCA 프로시저를 실행할 경우에 에러를 발생하고 SPSS가 종료되는 경우가 있을 수 있다. 이러한 경우에는 명령어를 작성하여 수행하면 된다. 참고로 Newcast.sps라는 명령어 파일로 이 절에서 사용한 프로시저의 명령어를 보관해 두었다.

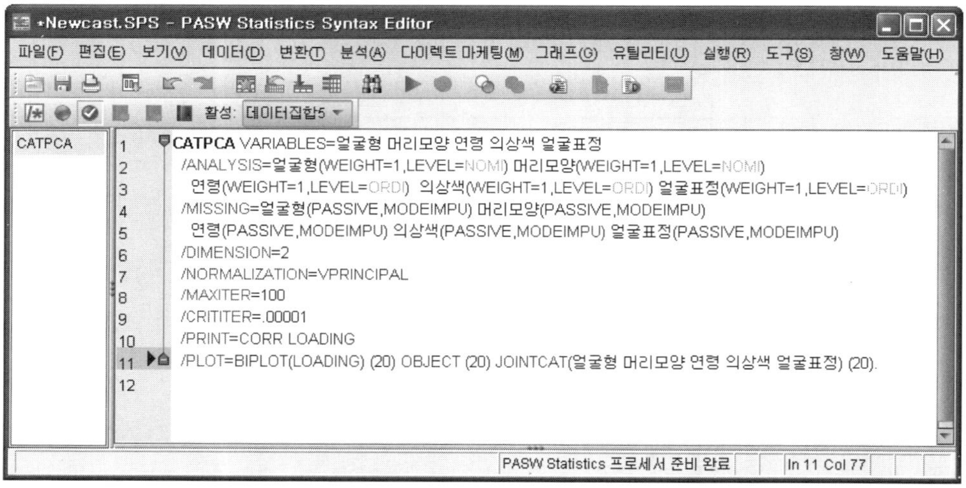

25.5 비선형 정준상관분석(OVERALS)

비선형 정준상관분석(Nonlinear Canonical Correlation Analysis)은 OVERALS로 불린다. 비선형 정준상관분석의 목적은 하나의 범주형 변수군이 다른 범주형 변수군과 얼마나 유사한가를 살펴보는 데 있다.

비선형 정준상관분석은 선형 정준상관분석과 달리 명목척도, 순서척도 등의 데이터에도 적용시킬 수 있다. 일반적인 정준상관분석은 다중회귀분석의 확장된 형태로 반응변수가 하나가 아니라 여러 반응변수가 적용된다. 즉, 목적은 저차원 공간에서 두 연속형 변수군 간의 분산을 가능한 한 많이 설명하려는 것이다.

[가정] 변수들은 둘 이상의 군으로 분류할 수 있으며, 분석에 포함되는 변수들의 척도는 다중명목, 단일명목, 순서, 또는 연속형일 수 있다. 프로시저에 이용되는 최대 차원수는 변수들의 최적척도 수준에 따라 달라진다. 만일 모든 변수들이 순서, 단일명목, 또는 연속형이라면 최대 차원수는 min(관측수-1, 변수의 수)이다. 그러나 두 개의 변수군만이 정의된다면 최대 차원수는 작은 변수군의 변수의 수가 된다. 만일 일부 변수들이 다중명목이라면 최대 차원수는 [다중명목범주들의 수 + 비다중명목변수의 수 - 다중명목변수의 수]가 된다. 예를 들어 분석에 5개 변수를 포함되고 이들 중에 하나는 4개 범주를 가지는 다중명목이라면 최대 차원수는 (4+4-1)로 '7'이 된다. 만일 최대값보다 더 큰 수를 지정한다면 최대값을 사용한다.

청량 음료 선호도의 위치화

30명의 소비자를 대상으로 주스, 콜라, 섬유음료, 이온음료, 커피, 홍차 등의 음료수에 대한 식습빈도를 1) 전혀 마시지 않는다, 2) 가끔 마신다, 3) 자주 마신다 등의 3점 척도로 측정하였다. 아울러 연령, 성별, 운동빈도 등을 다음 설문을 작성하여 조사하였다(데이터: HDRINK.SAV).

▣ 다음의 각 음료에 대해 식습빈도 정도를 선택하여 주십시오.

음료	식습빈도		
	전혀 마시지 않는다	가끔 마신다	자주 마신다
주스	-	*	+
콜라	-	*	+
섬유음료	-	*	+
이온음료	-	*	+
커피	-	*	+
홍차	-	*	+

⊙ **연령**

1) 30대　　2) 40대　　3) 50대

⊙ **성별**

1) 남자　　2) 여자

⊙ **운동 빈도**

1) 전혀 하지 않는다.　　2) 가끔 한다.　　3) 자주 한다.

SPSS 주메뉴에서

'분석 〉 차원 감소 〉 최적화 척도법 ……'

을 선택하면 다음과 같은 대화상자가 열린다.

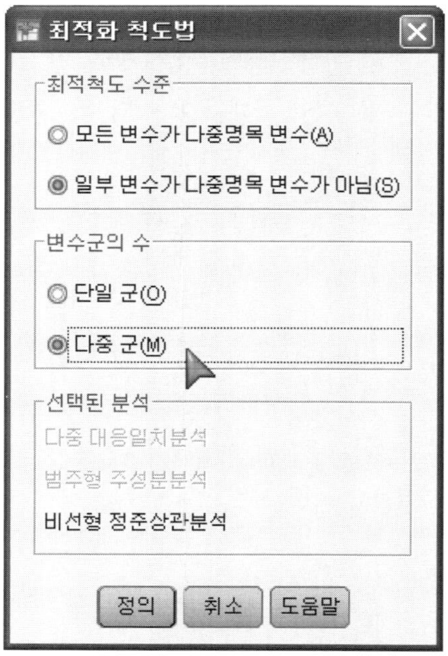

여기에서 '최적척도 수준' 항목에서 '모든 변수가 다중명목'을 선택하고, '변수군의 수' 항목에서 '다중 군'을 선택하고 정의 단추를 클릭하면, 다음과 같은 '비선형 정준상관분석(OVERALS)' 대화상자가 열린다.

주스, 콜라, 섬유음료, 이온음료, 커피, 홍차 등의 첫 번째 변수군을 선택한 후 다음(N) > 단추를 클릭하면 두 번째 변수군을 선택할 수 있다.

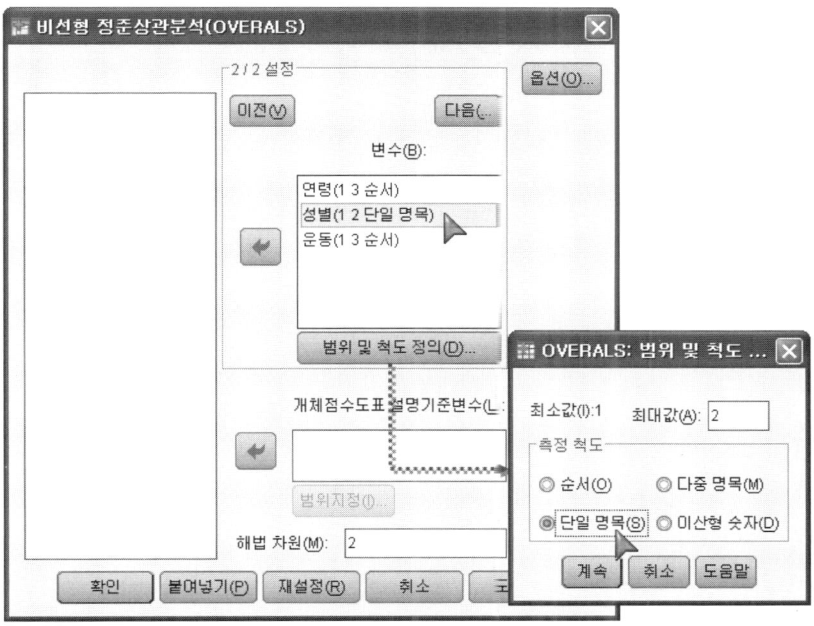

연령, 성별, 운동 등의 두 번째 변수군을 선택한 후 [확인]을 클릭하면 성분적재(component loadings) 도표와 대상점수(object scores) 도표가 다음과 같이 출력된다.

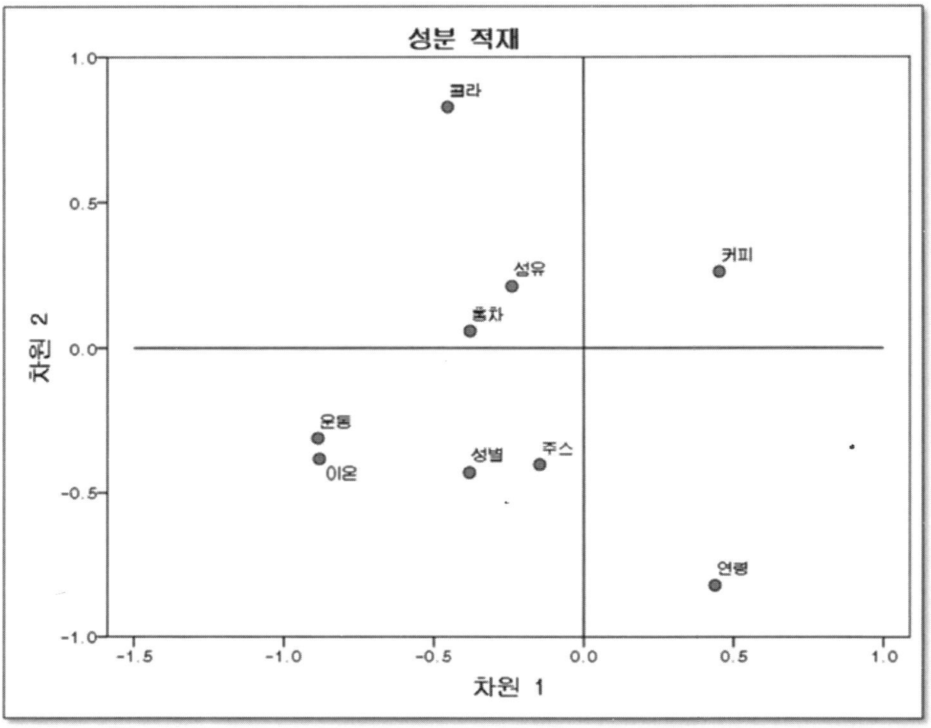

커피, 운동, 이온, 성별, 주스 등이 상관도가 높게 나타났으며, 콜라, 섬유, 홍차, 연령 등이 상관도가 높게 나타났다. 따라서 첫 번째 변수군과 두 번째 변수군 간의 정준상관 역시 높게 나타날 것이다.

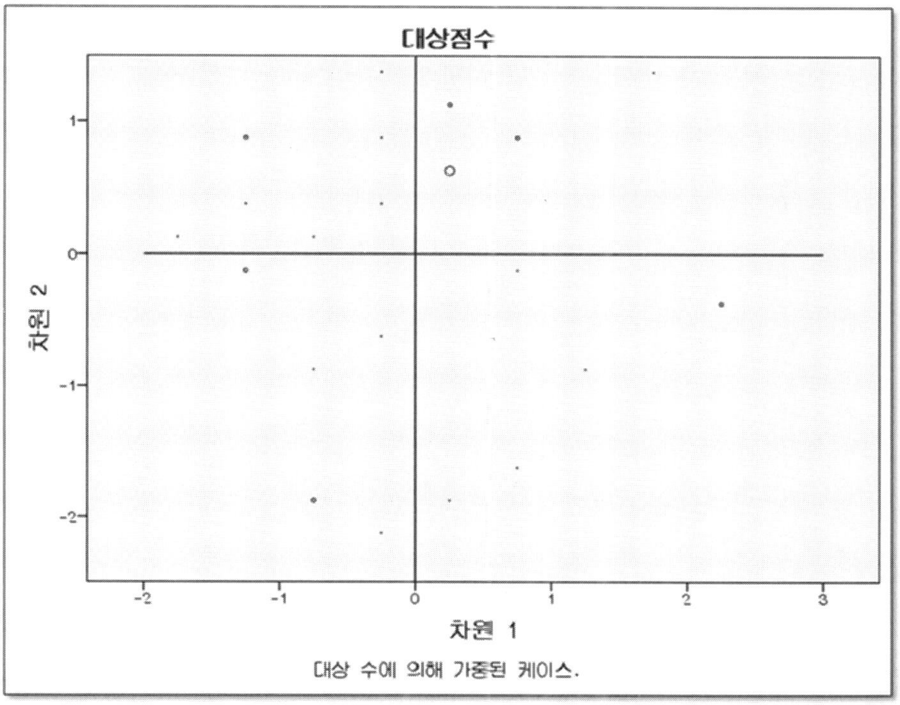
대상점수
차원 2
1
0
-1
-2
-2
-1
0
1
2
3
차원 1
대상 수에 의해 가중된 케이스.

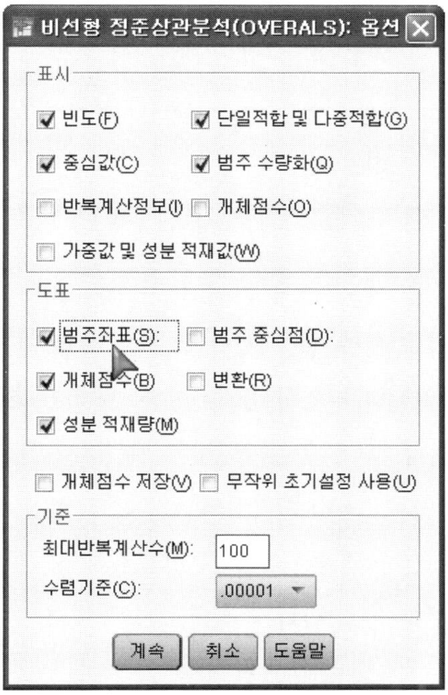
비선형 정준상관분석(OVERALS): 옵션
표시
빈도(F)
단일적합 및 다중적합(G)
중심값(C)
범주 수량화(Q)
반복계산정보(I)
개체점수(O)
가중값 및 성분 적재값(W)
도표
범주좌표(S):
범주 중심점(D):
개체점수(B)
변환(R)
성분 적재량(M)
개체점수 저장(V)
무작위 초기설정 사용(U)
기준
최대반복계산수(M):
100
수렴기준(C):
.00001
계속
취소
도움말

각 변수들의 범주에 대한 위치도를 출력하려면, 주메뉴에서 옵션(O)... 단추를 클릭하고, 다음과 같은 부대화상자에서 **도표** 항목에 **'범주좌표'**를 선택하면 다음과 같은 '다중 범주 좌표' 도표가 출력된다.

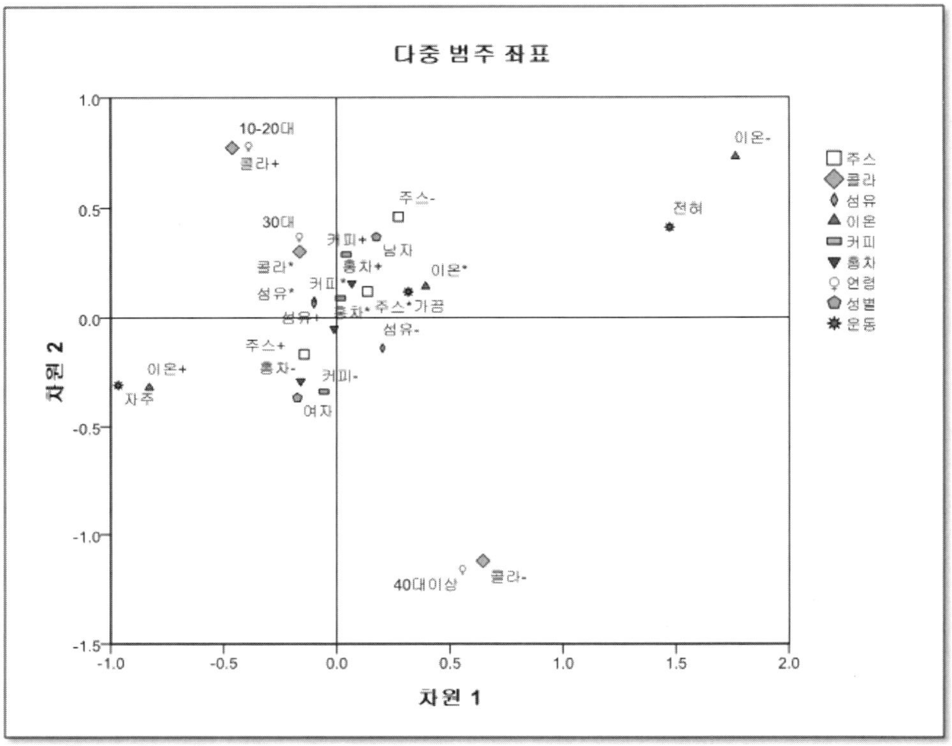

도표의 상단 왼쪽의 모인 점들을 예로 들어 읽어 보면 10~20대는 콜라를 자주 마시는 것으로 나타나며, 오른쪽의 위치한 점들을 읽어 보면 운동을 전혀 하지 않는 사람들은 이온음료를 거의 마시지 않는다는 것을 알 수 있다. 그리고 중간 하단은 40대 이상으로 콜라를 전혀 마시지 않는다. 왼쪽 중앙 부분은 운동을 자주하며 이온음료를 자주 마시는 것으로 나타난다. 중앙에 산점이 밀집되어 있는 부분은 도표 편집기의 도구모음에서 점식별 도구를 사용하여 해당하는 위치에 클릭하면 겹쳐진 점들의 설명을 볼 수 있으며 설명을 선택함으로써 나타내기도 하고 감추기도 할 수 있다. 다음 그림에서 남자는 주스를 마시지 않는 것으로 나타난다.

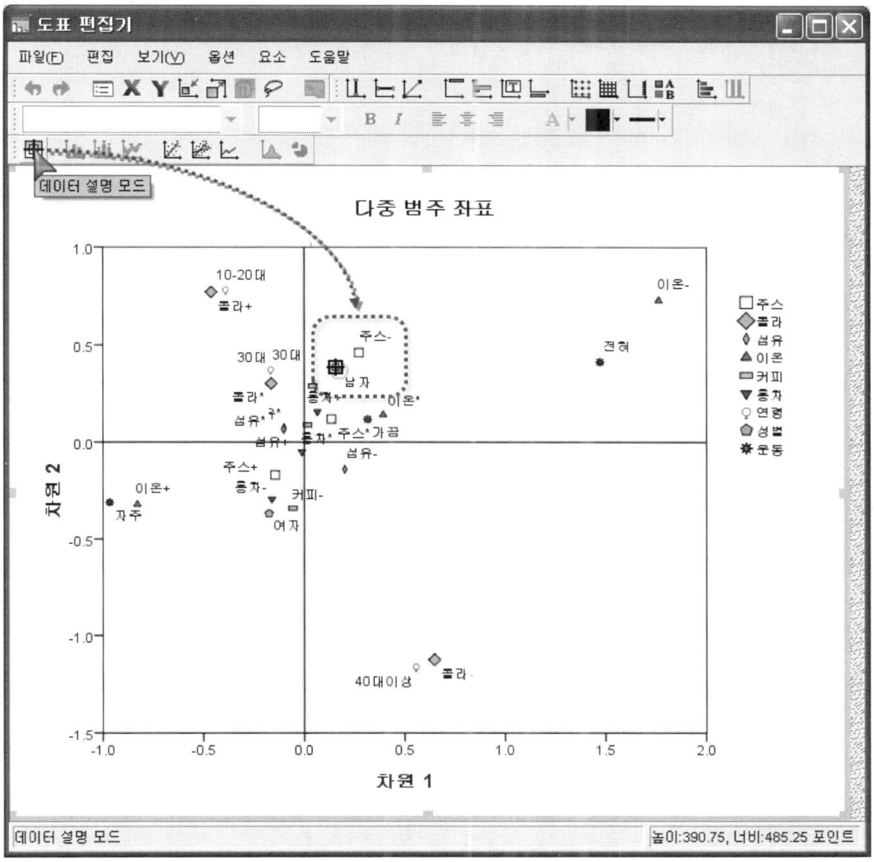
도표 편집기
파일(F) 편집 보기(V) 옵션 요소 도움말
데이터 설명 모드
다중 범주 좌표
차원 1
차원 2
주스
콜라
섬유
이온
커피
홍차
연령
성별
운동
10-20대
30대
40대이상
남자
여자
자주
전혀
가끔
데이터 설명 모드
높이:390.75, 너비:485.25 포인트

25.6 연습 문제

1. 소비자 34명을 대상으로 시중에 시판되고 있는 대표적인 음료수 8종류에 대한 구매경험 여부를 질문하여, 34명의 소비자들을 군집화하고자 한다. 적절한 분석방법을 적용하여 보라.

   제　　품: 1=코카콜라, 2=다이어트 코카콜라, 3=다이어트 펩시
   4=다이어트 세븐업, 5=펩시, 6=스프라이트, 7=펩시,
   8=세븐업

   구매 경험: 1=과거에 해당제품을 구매한 경험이 있다.
   0=과거에 해당제품을 구매한 경험이 없다.

소비자	1	2	3	4	5	6	7	8	소비자	1	2	3	4	5	6	7	8
1	1	0	0	0	1	1	0	1	18	1	0	0	0	1	1	0	1
2	1	0	0	0	1	0	0	0	19	1	0	0	0	1	0	0	0
3	1	0	0	0	1	0	0	0	20	1	0	0	0	1	0	0	0
4	0	1	0	1	0	0	1	0	21	0	1	0	1	0	0	1	0
5	1	0	0	0	1	0	0	0	22	1	0	0	0	1	0	0	0
6	1	0	0	0	1	1	0	0	23	1	0	0	0	1	1	0	0
7	0	1	1	1	0	0	1	0	24	0	1	1	1	0	0	1	0
8	1	1	0	0	1	1	0	1	25	1	1	0	0	1	1	0	1
9	1	1	0	0	0	1	1	1	26	1	1	0	0	0	1	1	1
10	1	0	0	0	1	0	0	1	27	1	0	0	0	1	0	0	1
11	1	0	0	0	1	1	0	0	28	1	0	0	0	1	1	0	0
12	0	1	0	0	0	0	1	0	29	0	1	0	0	0	0	1	0
13	0	0	1	1	0	1	0	1	30	0	0	1	1	0	1	0	1
14	1	0	0	0	0	1	0	0	31	1	0	0	0	0	1	0	0
15	0	1	0	0	0	0	1	0	32	0	1	0	0	0	0	1	0
16	0	0	0	0	1	1	0	0	33	0	0	0	0	1	1	0	0
17	0	1	1	0	0	1	0	0	34	0	1	1	0	0	1	0	0

2. 다음은 담배를 피우는 정도와 직장에서의 직위에 관한 데이터이다. 이 데이터를 근거로 각 직위별로 어느 정도 담배를 피우는지를 분석하라.

직급	안 피움	약간	중간	골초
이사	4	2	3	2
부장	4	3	7	4
과장	25	10	12	4
사원	18	24	33	13
비서	10	6	7	2

INDEX

저 자 약 력

원 태 연(tywon.yonisi.com;tywontywon@naver.com)

중앙대학교 대학원 통계학과 석사, 박사
중앙대학교 응용통계학과 졸업
현, 한나라당 여의도연구소 정책자문위원
현, 중앙대학교 대학원 강사, 창업경영대학원 외래교수
현, 淵 혁신전략연구소(www.yonisi.com) 대표
07' 한나라당 대통령후보 경선관리위원회 여론조사전문가위원 역임
07' 여의도연구소 정책조사팀 자문위원 역임
Global Consulting Group BI 본부장/이사 역임
99~06', LG 전자 Learning Center 기술교육 외래교수, TQ Six Sigma 자문교수 역임
2000' LG 전자 CU Six Sigma 연구회 사외 자문교수 역임
KSA 2001년도 교육과정개발 TFT 자문위원 역임
KSA 연구소 Six Sigma 품질혁신전략 교재개발 위원 역임
KSA (QM) 교육부 통계분과 자문위원 역임

저 서

SPSS 바이블, 원태연, 홍릉과학출판사, 근간
Six Sigma 통계적 사고, 원태연, 홍릉과학출판사, 근간
Minitab & SixSigma Tools 통계자료분석, 원태연, 홍릉과학출판사, 2010
EXCEL SixSigma Tools 2007 GuideBook, 원태연, 홍릉과학출판사, 2010
EXCEL 고객만족 전략분석, 원태연, 홍릉과학출판사, 2009
SPSS 통계자료 시각화분석, 원태연, 홍릉과학출판사, 2009
SPSS 서베이리서치, 원태연, 홍릉과학출판사, 2009
시계열 자료와 단순화 분석 Series II, 원태연 외 1인, SPSS 아카데미, 2003
시계열 자료와 단순화 분석 Series I, 원태연 외 1인, SPSS 아카데미, 2001
고객정보조사분석 , 원태연, SPSS 아카데미, 2001
시각화 데이터 분석법-BASIC, 원태연, SPSS 아카데미, 2001
시각화 데이터 분석법-Advanced, 원태연, SPSS 아카데미, 2001
통계조사분석-10k 개정판, 원태연 외 1인, SPSS 아카데미, 2001
마케팅조사 분석론-은행 고객만족도 조사-, 원태연 외 2인, 율곡출판사, 2000
SAS를 이용한 통계자료분석, 원태연 외 1인, 중앙대학교 출판부, 1995
기타 생략함....

경영혁신 Tools 개발

09` CSM Analyzer 7 개발(Excel 2007-2020용)
09` SixSigma Tools 2007 개발(Excel 2007-2010용)
09` DoE MasterWare 7 개발(Excel 20072010용)
주) www.yonisi.com에서 다운로드 가능
Six Sigma Project 수행 Tools 개발 (TQ-6Sigma Tools V1.0 for LGE) 완료-LG 전자 CU 내에서 사용권 허용 …

정 성 원(jung@spss.co.kr)

중앙대학교 대학원 통계학과 석사
중앙대학교 응용통계학과 졸업
SPSS Academy 교육강사/SPSS 데이터솔루션 마케팅 담당 이사

저 서

SPSS/PC+ I, II, 정성원 외 2인, 자유아카데미
SPSS/PC+ 데이터분석, 정성원 외 1인, 고려정보산업㈜ SPSS 총서(3) ~(5)
윈도우용 SPSS 전문 통계분석, 정성원 외 1인, 고려정보산업㈜ SPSS 총서(8)
윈도우용 SPSS 범주형 데이터분석, 정성원 외 1인, 고려정보산업㈜ SPSS 총서(10)
윈도우용 SPSS 통계조사분석 I , 정성원 외 1인, SPSS Korea
윈도우용 SPSS 통계조사분석 II , 정성원 외 1인, SPSS Korea
통계조사분석- 개정판, 정성원 외 1인, 데이타 솔루션,